Geschichte und Geschehen A3

Geschichtliches Unterrichtswerk
für die Sekundarstufe 1

Lehrerband

Ernst Klett Verlag
Stuttgart Leipzig

Verfasser des Schülerbandes

Ludwig Bernlochner
Friedhelm Büchse
Michael Epkenhans
Edith Hambach
Jürgen Kochendörfer
Rudolf Pfeil
Erhard Rumpf
Hans Steidle
Jürgen Steinhäuser

Verfasser des Lehrerbandes

Ludwig Bernlochner (S. 70f.; 79–90)
Rolf Brixius (S. 265; 280–284; 286f.)
Michael Epkenhans (S. 217–242; 262)
Edith Hambach (S. 70–79; 250f.; 270; 278f.; 287)
Jürgen Kochendörfer (S. 128–130; 161–201; 259–264; S. 272f.; 285)
Rudolf Pfeil (S. 201–216; 264; 274)
Erhard Rumpf (S. 120–128; 132–160)
Bernd Schmidt (S. 91–120; S. 252–257; 271f.)
Hans Steidle (S. 7–39; S. 244f.; S. 267)
Jürgen Steinhäuser (S. 40–69; S. 246–249; S. 267–270; 275–277; 287)

Koordination: Rolf Brixius / Jochen Grube

Inhalt

Konzeption und Aufbau von Schüler- und Lehrerband

Zum Schülerbuch

„Geschichte und Geschehen“ ist ein für den Geschichtsunterricht an Gymnasien konzipiertes Unterrichtswerk. In seiner Basisausgabe „A“ entspricht es den Vorgaben der Richtlinien und des Lehrplans Geschichte für die Sekundarstufe I an Gymnasien des Landes Nordrhein-Westfalen aus dem Jahr 1993.
Das grundlegende Ziel des Werkes ist es, das Interesse der Schülerinnen und Schüler an historischen Frage- und Problemstellungen zu wecken und ihnen die wesentlichen Inhalte und Methoden des Faches Geschichte nahe zu bringen. Im Unterrichtsprozess stellt „Geschichte und Geschehen“ deshalb ein Leitmedium dar, mit dem sie nicht nur Kenntnisse erwerben, sondern auch weitgehend selbstständig Fragen und Probleme entdecken können. Lehrerinnen und Lehrern eröffnen die Bände des Gesamtwerks mehrere methodische Möglichkeiten und thematische Zugriffe zugleich. Gegenwartsbezüge sind Teil dieser thematischen Vermittlung und werden – falls notwendig – über die Verfassertexte und Materialien, vor allem aber in den „Fragen und Anregungen“ am Ende jedes (Teil-)Kapitels hergestellt.
Die Bände sind in übersichtliche Großabschnitte gegliedert und die Abfolge der Themen ist weitgehend chronologisch-genetisch angelegt, damit die Schülerinnen und Schüler Geschichte als Kontinuum erfahren. Die verschiedenen Dimensionen der historischen Erfahrung (z. B. die politikgeschichtliche, wirtschaftsgeschichtliche, sozialgeschichtliche und die kulturgeschichtliche Dimension) werden in den einzelnen Großabschnitten integrativ behandelt. Dies schließt jedoch nicht aus, dass innerhalb eines Großabschnitts eine dieser Dimensionen stärker in den Vordergrund rückt. Die in diesem Sinne multidimensionale Ausarbeitung der einzelnen Themen wirkt sich nicht nur in den Darstellungstexten, sondern besonders auch bei der Zusammenstellung der thematisch facettenreichen Materialteile aus. Der dadurch ermöglichte Perspektivenwechsel erlaubt zudem verschiedene Zugriffsweisen.
Darstellung und Materialien stehen in einem Dialogverhältnis. Beide Elemente können unabhängig voneinander verwendet werden. Sie sind aber zugleich so aufeinander abgestimmt, dass auch bei Kenntnis nur des einen Teils mit dem anderen mit Erkenntnisgewinn im Sinne einer Vertiefung, Erweiterung, Relativierung oder Problematisierung gearbeitet werden kann und somit neue Einsichten zum Thema oder zum historischen Prozess vermittelt werden.
„Geschichte und Geschehen“ wird auch propädeutischen Ansprüchen gerecht, denn die Schülerinnen und Schüler lernen den Umgang mit den Materialien jedes Bandes – häufig authentischen Quellen – in altersgemäßen Arbeitsweisen und -schritten kennen und können somit schon frühzeitig mit Darstellungstexten und Arbeitsmaterialien umgehen. Die entsprechenden Arbeitsaufträge und -abschnitte, die mit einem Schlüssel als Symbol gekennzeichnet sind, führen in fachspezifische Methoden ein. Das Personen- und Sachregister mit kurzen Erläuterungen am Ende jedes Bandes unterstützt die Arbeit mit ihm zusätzlich. Hinzu kommt, dass besonderer Wert auf eine altersgemäße sprachliche Darstellung gelegt wird, die den Weg zur eigenständigen, interessierten Arbeit der Schüler sowohl mit den Darstellungstexten als auch den Materialien eröffnet.
Die einigen Kapiteln vorangestellten Zeittafeln dienen der systematischen historischen Orientierung der Schülerinnen und Schüler in der Zeit. Dies gilt auch für die Zeitleisten, die teilweise auf den Auftaktdoppelseiten der Bände 2 bis 4 vorkommen.
Diese Auftaktdoppelseiten zu Beginn jedes Großabschnitts sollen den Blick für das neue Thema auf vielfältige Weise öffnen. Sie sollen die erste Orientierung in Raum und Zeit ermöglichen und durch die Aktivierung des Vorverständnisses der Schüler die Herausbildung eines historischen Problembewusstseins fördern. Zugleich stellt die Auftaktdoppelseite – als Ganzes wie in ihren Einzelmaterialien – eine thematische Rückgriffsmöglichkeit während des Unterrichtsprozesses dar und bietet sich zudem zur abschließenden Vertiefung an.
Aus der Konzeption von „Geschichte und Geschehen“ resultiert ein hohes Maß an unterrichtspraktischer Variabilität. Sie bietet Lehrerinnen und Lehrern die Möglichkeit, ihren Unterricht nach der Maßgabe ihrer eigenen didaktischen Vorstellungen und der jeweiligen Unterrichtsbedingungen flexibel zu gestalten. Aufbau und Zuschnitt der einzelnen Kapitel geben ihnen die Freiheit auszuwählen, Schwerpunkte zu setzen und Inhalte umzuordnen, um so – auch unter Einbeziehung zeitökonomischer Gesichtspunkte – ihren Unterricht angemessen zu realisieren.
Im Gegensatz zu den Basis-Lehrerbänden A1 und A2 wurde in diesem Band auf die Synopse des entsprechenden Lehrplans Geschichte für die Sekundarstufe I an Gymnasien des Landes Nordrhein-Westfalen verzichtet, da sich die Abfolge der Großabschnitte und Kapitel in diesem Lehrerband recht genau mit der vorgegebenen Linie der obligatorischen Fachinhalte 9.1–9.4 dieses Lehrplans deckt.

Zum Lehrerband

Konzeption und Aufbau des jeweiligen Lehrerbandes resultieren unmittelbar aus der beschriebenen Zielsetzung. Um eine möglichst enge inhaltliche wie fachdidaktische Abstimmung zwischen den Vorgaben des Schülerbandes und den Ausführungen bzw. Anregungen des Lehrerbandes zu gewährleisten, wurden seine Abschnitte im Normalfall von den Autoren geschrieben, die auch die entsprechenden Kapitel im Schülerband verfasst haben.
Die „Einleitung“ jedes Großabschnitts skizziert seine Inhalte und Schwerpunkte und erläutert sie im Hinblick auf ihre fachdidaktische Reduktion und Problemstellung, so dass die Konzeption eines Großabschnitts in

ihrer Struktur deutlich erkennbar ist. Auch werden bereits hier oder spätestens in den Erläuterungen zu den einzelnen Kapiteln Bezüge zu verwandten Themen anderer Unterrichtseinheiten aufgezeigt.
Hieran schließen sich Ausführungen zur jeweiligen Auftaktdoppelseite an, deren Aufbau und unterrichtspraktische Verwendungsmöglichkeiten erläutert werden. Zusatzinformationen zu den einzelnen Elementen der Auftaktdoppelseite runden diesen Abschnitt ab.
Wie zu jedem Großabschnitt wird auch in den Einzelkapiteln zunächst die Konzeption dargelegt und insbesondere bezüglich der vorgenommenen thematischen und didaktischen Schwerpunktsetzungen oder Reduktionen konkretisiert sowie gelegentlich durch Hinweise auf Fach übergreifenden Unterricht ergänzt.
Die der „Einleitung" folgenden „Aspekte der Unterrichtsgestaltung" sind als unterrichtspraktische Konkretisierung dieser konzeptionellen Überlegungen zu sehen. Sie verstehen sich als Angebot und Anregung. Die Lehrerin oder der Lehrer wird dabei selbst über Schwerpunkte entscheiden und entsprechend ihrem oder seinem didaktischen Zugriff und methodischen Vorgehensweise auswählen. Hinweise auf unterrichtliche Alternativen sowie auf ergänzende Materialien (Quellen, Abbildungen, Arbeitsblätter, ggf. auch Folien), die in diesen Lehrerband aufgenommen sind, werden deshalb meist schon an dieser Stelle gegeben. Hierzu ist auch der Vorschlag für ein „Tafelbild" zu zählen, das meist als Ergebnissicherung, aber auch zur Vertiefung genutzt werden kann.

Gesondert werden dann jeweils die „Zusatzinformationen zum Verfassertext" und die „Zusatzinformationen zu den Materialien" gegeben. Hier finden sich oft Hinweise, die Hintergründe, aber auch weniger offensichtliche und weniger bekannte Zusammenhänge erhellen, und den Blick gegebenenfalls auch auf nicht sogleich erkennbare Wege lenken.
Dies gilt auch für die „Ergänzungen zum Angebot des Schülerbuchs". Es handelt sich zumeist um Textquellen, die Aspekte des Schülerbuchs noch vertiefen oder Themen ergänzen, die im Schülerbuch nur angeschnitten oder wegen seiner deutlichen Schwerpunktsetzung ganz entfallen sind. Diese „Ergänzungen" enthalten hin und wieder zusätzliches Bildmaterial – etwa Karikaturen –, wobei auf eine kopierfähige Qualität der Abbildungen geachtet wurde, was die Erstellung von entsprechenden OHP-Folien erleichtert.
Abschließend wird der Erwartungshorizont im Abschnitt „Zu den Arbeitsvorschlägen und Fragen" skizziert.
Am Ende jedes Großabschnitts werden – soweit dies nicht bereits im Rahmen der Erläuterungen zu den einzelnen Kapiteln erfolgte – Lektürehinweise für die Schülerinnen und Schüler, aber auch auf entsprechende Medien (Diaserien, Filme) gegeben, ohne dass damit ein Anspruch auf Vollständigkeit verbunden ist.
Der Anhang enthält die in den Beiträgen häufig genannten „Arbeitsblätter" (samt ihren Lösungen) und Kopiervorlagen. Deren Verwendungsmöglichkeit im Unterricht ist vielgestaltig und geht über die exemplarisch thematisierte Einbindung in den Unterricht hinaus.

I. Europa: Welche Traditionen führen in die Zukunft?

Einleitung

Dieser erste Großabschnitt des Buches soll die Schülerinnen und Schüler nach einem Jahr Pause im Fach Geschichte (in NRW) wieder an die fachspezifischen Fragestellungen und Themen heranführen. Da der kontinuierliche Lernprozess in der achten Klasse unterbrochen wurde, soll einerseits (noch) vorhandenes Wissen reaktiviert und sollen andererseits die Schülerinnen und Schüler durch gegenwartsorientierte Fragestellungen zu einem problembewussten Geschichtsverständnis hingeführt werden. Ob das Lehrplanthema „Europa als Traditionsraum" altersgemäß und besonders für diese Vermittlungsintentionen geeignet ist, mag offen bleiben. Die Antwort auf diese Frage soll der Unterrichtspraxis vorbehalten bleiben. Niemand wird allerdings die aktuelle Relevanz des Themas bestreiten. Die Vorgaben des NRW-Lehrplans legen nahe, europäische Traditionslinien von ihren Ursprüngen bis in die Gegenwart aufzuzeigen, dabei aber zu vermeiden, in einen Eurozentrismus mit einem einseitigen Europabild zu verfallen. Die negativen Anteile der europäischen Geschichte – Kriege, Verfolgungen, Unterdrückung und intoleranter Fanatismus – sollen nicht übergangen werden. Zu den konstruktiven Traditionen der europäischen Geschichte gehören auch der byzantinisch-slawische und der islamische Kulturkreis. Das Thema unterliegt in seiner ganzen Entfaltung über die Kapitel hinweg zwei grundlegenden Fragen: Was ist zur jeweiligen Zeit unter dem Begriff Europa überhaupt zu verstehen (heutige Perspektive)? Was haben in der jeweiligen Zeit die Zeitgenossen unter diesem Begriff verstanden?
Weniger umfangreich fällt infolge der Schwerpunktsetzungen des Lehrplans eine sozioökonomische, vergleichende Betrachtung aus, die allerdings auch ein beträchtliches Vermittlungsproblem nach sich ziehen könnte.

Inhalte und Schwerpunkte

Der Längsschnitt „Europa: Welche Traditionen führen in die Zukunft?" ist als historische Kreisbewegung konzipiert. Ausgehend von Gegenwartserfahrungen verschiedener Generationen (vgl. Dialog im ersten Kapitel, Schülerbuch, S. 8f.), einem (Karten-)Blick auf die heutige Verbreitung verschiedener Religionen in Europa sowie einer Problematisierung des Begriffs Europa in seiner historischen Dimension – im Unterschied zur geografischen – führt das abschließende Kapitel nach einem Durchgang durch die Epochen wieder an die europäischen Gegenwartsaufgaben heran und eröffnet die Perspektive auf Zukunftsaufgaben und Fragen hinsichtlich einer gesamteuropäischen Entwicklung.
Die Kapitel 2 bis 6 setzen die Behandlung der obligatorischen Fachinhalte der Jahrgangsstufen sechs und sieben voraus. Neue thematische Zugriffe auf Epochen und Inhalte ermöglichen eine anwendungsorientierte Repetition. Die bis dahin gelernten Begriffe, Kategorien und Inhalte werden in einen neuen Kontext gestellt und durch neue Themen konkretisiert (z. B. in den Kapiteln 2, 5 und 6) bzw. erweitert (Kapitel 3 „karolingische Renaissance", 4 und 5).
Die Kapitel 7 bis 10 sind so konzipiert, dass sie als einheitliche Sequenzen aufeinander aufbauender Einheiten unterrichtet oder aber wahlweise als ergänzende bzw. vertiefende Aspekte zu den obligatorischen Fachinhalten (9.2 bis 9.4 in NRW) hinzugezogen werden können (z. B. Kapitel 7 zu den Kapiteln 2 und 3 des zweiten Großabschnittes; Kapitel 8 zu den Kapiteln 4 und 8 des zweiten Großabschnittes; Kapitel 9 zu den Kapiteln 3 und 5 des siebenten Großabschnittes; Kapitel 10 zu den Kapiteln 2, 3, 4 und 6 des achten Großabschnittes.
Jedes Kapitel versucht über eine Persönlichkeit (Hadrian, Karl der Große, Erasmus etc.), die Besonderheit einer Region (das Elsass), eines Ereignisses (3. Kreuzzug) oder einer Epoche (Bildungsreisen) einen konkreten Zugang zum Längsschnittthema zu finden, um der Gefahr zu großer, meist demotivierender Abstraktion und Verallgemeinerung zu entgehen.
Die eingerahmten Informationstexte fallen ein wenig aus dem Rahmen der Buchkonzeption und sind nicht mit den formal gleich gestalteten historischen Grundbegriffen zu verwechseln. In Bezug auf das Thema Europa haben sie dennoch eine ähnliche Funktion. Sie fassen wesentliche Aspekte der europäischen Geschichte zusammen, die das Kapitelthema am konkreten Beispiel entfaltet. Sie geben also einerseits dem Kapitel seinen inhaltlichen Rahmen und eignen sich andererseits gleichzeitig als resümierender Lerntext.

Hinweise für Arbeitsformen

Die Schülerinnen und Schüler können angehalten werden, während der gesamten Dauer der Unterrichtseinheit (etwa fünf bis sechs Wochen lang) Zeitungsartikel oder Karikaturen zum Thema „Europa: Geschichte – Gegenwart – Integration" zu sammeln. Projekte können sich an den Anregungen des Bandes orientieren. Sinnvoll wäre es, einen Schaukasten oder eine Stellwand (vgl. *Arbeitsblatt 1 (I, II): „Europa, ein vielschichtiger Erdteil")* zur Verfügung zu haben, um den aktuellen Stand des Längsschnitts in der jeweiligen Stunde vor Augen zu haben.

Problemkreise europäischer Geschichte – Thesen

Die folgenden Thesen sollen Diskussionsanstöße geben und Fragestellungen auf das Thema öffnen. Sie bieten die Möglichkeiten, Problemkreise zu benennen, besonders Trennungs- und Einigungsprozesse, die in den einzelnen Kapiteln zum Tragen kommen. Aus pragmatischen Gründen werden die unterschiedlichen Forschungsansätze zur europäischen Geschichte nicht aufgeführt. Für eine einführende Lektüre sei empfohlen:

– Jacques Aldebert u. a., „Europäisches Geschichtsbuch", Stuttgart 1992.
– Jean-Baptiste Duroselle, „Europa – Eine Geschichte seiner Völker", Gütersloh/München 1990.

1. Der Begriff „Europa" ist in den verschiedenen Geschichtsepochen mit unterschiedlichen Wertungen und Vorstellungen auch topografischer Natur verbunden. Diese Perspektiven beziehen sich meist nur auf Teile des heutigen Kontinents und epochengebunden auch nur auf bestimmte Völker und Kulturkreise. Ebenso unterliegt das Bewusstsein eines die Regionen, Staaten und Territorien überschreitenden europäischen Zusammenhangs einem historischen Wandel. Die Erfahrungen während des 20. Jahrhunderts legen es nahe, sich auf die einigenden und gemeinsamen Traditionen Europas zu besinnen.
2. Für die Geschichte vor und während der Antike lässt sich ein europaspezifischer Zusammenhang unter den Völkern nur schwer feststellen, selbst wenn man die indoeuropäischen Wanderungen, verschiedene Besiedlungswellen und die Ausdehnungen der Kelten unter dem Aspekt europäischer Gemeinsamkeit interpretieren will.
3. Das römische Kaiserreich, das die hellenistisch-römische Kultur in weite Teile Europas vermittelte, stellte vor allem die kulturelle und politische Einheit der Mittelmeerwelt her. Dennoch wurden in dieser Epoche wesentliche Grundlagen für eine gemeinsame europäische Geschichte gelegt, die über diesen Raum hinausgeht. Die Kontinuität römischer Traditionen trugen zunächst vor allem die christliche Religion und Kirche, eingeschränkt einige Germanenstämme, später dann vor allem Humanismus und Renaissance.
4. Die politische Teilung des Römischen Reiches vollzog eine bereits vorher vorhandene kulturelle Teilung Europas, gekennzeichnet durch die griechisch-lateinische Sprachgrenze. Das Auseinanderfallen in West und Ost wurde durch die konfessionelle Spaltung im Hoch- und Spätmittelalter, aber auch durch das Vordringen der Mongolen und der Türken in Ost- und Südosteuropa weiter vertieft. Dennoch blieben die Verbindungen des byzantinischen Kaiserreichs und der slawischen Reiche, besonders Russlands, mit Mittel- und Westeuropa prägend.
5. Die Franken schufen unter Karl dem Großen für Westeuropa eine kulturelle, politische und gesellschaftliche Einheit. Feudalismus und Christentum wurden zu prägenden Elementen der europäischen Geschichte, die ihre institutionelle Spitze im Kaisertum und im Papsttum fanden. Daher kann man zu Recht vom „christlichen Abendland" sprechen, das mit der islamischen Kultur in Spanien und Palästina sowohl in friedlichem Austausch als auch militärischem Konflikt stand. Die überlegene „orientalische" Zivilisation trug bereichernd zur europäischen Entwicklung bei.
6. Im späten Mittelalter und in der frühen Neuzeit verstärkten sich Gegensätze und Trennungsprozesse durch die Bildung von Territorialstaaten mit nationalem Impetus (England, Frankreich, Spanien) und durch neue christliche Konfessionen (Reformation, Nord-Süd-Spaltung).
7. Diese Entwicklungen waren dauerhaft mit der Ausgrenzung von diffamierten ethnischen und religiösen Minoritäten verbunden, die immer wieder in Verfolgung und Unterdrückung mündeten (Ketzer, Hexen, nationale Minderheiten). Dem standen im kulturellen und politischen Leben europaweite Tendenzen gegenüber, die vor allem in den adligen und gebildeten Schichten grenzübergreifende Lebensformen und neue Weltdeutungen sowie grenzübergreifendes Selbstverständnis verankerten: Humanismus, Absolutismus, Barock und Aufklärung.
8. Die Französische Revolution und die Industrielle Revolution leiten die europäische Modernisierung ein. Sie verändern grundlegend die Strukturen von Staat und Gesellschaft. Es entwickeln sich Industriestaaten und Demokratien. Von Europa ausgehend, erfassen diese Modernisierungswellen andere Kontinente, über die Europa wirtschaftlich und politisch vorübergehend die Vorherrschaft erringt. Der Imperialismus und Kolonialismus wird in den betroffenen Gebieten vor allem als wirtschaftliche und menschliche Ausbeutung erfahren, weniger als Modernisierung. Diese ist aber eine Folge zunehmender ökonomischer Globalisierung.
9. Die internen sozialen Entwicklungen der europäischen Gesellschaften sind durch starke Konflikte gekennzeichnet: den Untergang der agraisch-feudalen Welt, das Aufkommen des politisch und ökonomisch entrechteten Proletariats, dessen politischer Klassenkampf zur Entstehung demokratischer Massengesellschaft beiträgt, aber auch die Krisenanfälligkeit der europäischen Staaten verstärkt.
10. Trotz der demokratischen und sozialen Emanzipations- und der wirtschaftlichen, räumlichen und gesellschaftlichen Integrationsprozesse verschärften sich Gegensätze in Europa mit hohem Konfliktpotential durch den Nationalismus. Die Forderung der Völker nach politischer Autonomie und staatlicher Souveränität führte zusammen mit einem übersteigerten Großmachtstreben in zerstörerische Kriege um nationale Selbstständigkeit und Überlegenheit.
11. Der Erste Weltkrieg wurde für Europa zu einer tief greifenden Zäsur. Er pflanzte eine tiefe Skepsis gegenüber der Moderne in das Weltbild der Nachkriegsgeneration, veränderte die Machtverhältnisse auf dem Kontinent und weltweit. In Osteuropa hinterließ er eine zersplitterte Staatenwelt, weil sich dort das Nationalitätenprinzip nicht konsequent umsetzen ließ. Politische und wirtschaftliche Krisen förderten die Entstehungen totalitärer und autoritärer Diktaturen in vielen europäischen Staaten. Den katastrophalen Höhepunkt fanden diese Tendenzen im nationalsozialistischen Deutschland, dem Massenmord an den europäischen Juden und im Zweiten Weltkrieg.
12. Die Situation in Europa war nach dem Zweiten Weltkrieg vor allem durch die Spaltung der Welt in zwei miteinander konkurrierende Lager geprägt, die von den beiden Supermächten dominiert wurden. In Westeuropa vereinigten sich die parlamentarisch-demokratischen Staaten mit marktwirtschaftlichen Strukturen zu einer wirtschaftlich-politisch und militärisch engen Verbindung mit den USA. Fast ein halbes Jahrhundert stand Osteuropa unter der Vorherrschaft der kommunistischen Diktatur der Sowjetunion. Nach dem Zusammenbruch des östlichen Blocksystems erfolgte in Osteuropa eine weitere nationalistisch gefärbte staatliche Zersplitterung. Viele osteuropäische Staaten suchen den Anschluss an die Europäische Union und die NATO.

13. Die internen Schwierigkeiten der europäischen Integration im Rahmen der EU sind Indiz für die Komplexität und Labilität dieses Prozesses, der allerdings ein irreversibles Fundament zu besitzen scheint. Das ökonomische, institutionelle Zusammenwachsen bedarf der ideellen und mentalitätsmäßigen Vertiefung und Absicherung. Dies scheint um so nötiger, als die ökonomische Globalisierung und die Migrationsbewegungen eine friedliche Begegnung mit den außereuropäischen Kulturkreisen erheischt.

Auftaktdoppelseite 6/7

Sie steht unter dem Aspekt „Gestalt Europas in der politischen Zeichnung und Karikatur". Die unterschiedlichen topografischen und politischen Sichtweisen vermitteln einen ersten Eindruck von der Schwierigkeit, den Begriff „Europa" begrifflich zu fassen. Die inhaltlich und zeitlich voneinander abweichenden Darstellungen sollen die Schüler dazu anregen, Fragen und Probleme zum Thema zu formulieren (vgl. Leitfragen). Selbstverständlich lassen sich die Materialien auch den jeweils entsprechenden Unterrichtseinheiten bzw. Kapiteln zuordnen.

<u>Vorschläge für Themeneinstiege:</u>
- ADS: Bildinterpretation verschiedener Karikaturen und Darstellung Europas
- Brainstorming: Stichworte zum Thema Europa
- Die Sage von Europa und der historische Hintergrund

<u>Leitende Problem-/Fragestellungen:</u>
- Was wird unter Europa in den verschiedenen Zeiten verstanden?
- Zu welchen Zeiten war Europa mehr durch einigende oder mehr durch trennende Kräfte bestimmt?
- Auf welchen geschichtlichen Kräften baut der gegenwärtige europäische Einigungsprozess auf. Welche Kräfte wirken eher hinderlich?
- Wie unterscheiden sich die Lebenserfahrungen der Menschen in Europa
a) historisch
b) national
- Welche Zukunft eröffnet Europa den Jugendlichen?
- Fähigkeit zu europäischem Pluralismus und Interkulturalität.

Auf den einzelnen Darstellungen ist Folgendes zu erkennen:
a) Die allegorische Karte aus dem 15. Jahrhundert zeigt Europa als Frauengestalt mit den kaiserlichen Herrschaftsinsignien Krone, Zepter und Reichsapfel. Das erinnert an die berühmte antike Parabel vom Haupt und den Gliedern. Der überstaatliche Zusammenhalt wird nach dieser Darstellung vom Kaisertum gewährleistet. Diese Idealisierung der politischen Zustände kann für eine Repetition mittelalterlicher Strukturgeschichte genutzt werden: Vergleich von Ideal und (spätmittelalterlicher) Wirklichkeit. Einzelne Völker und Staaten sind einfach zu identifizieren und durch verschiedene Farben hervorgehoben: Spanien (Kopf und Krone), Frankreich (Gallia, Brustbereich), Deutschland (Germania), die Schweiz, Italien (rechter Arm), England, während in Richtung Osten die Zuordnungen verschwimmen, wie sich an den Beispielen Polen, Ungarn, Albanien, Griechenland, Bulgarien, Transsylvanien (Rumänien), Litauen und Russland zeigt. Die Donau zieht sich auf der linken Seite vom Betrachter aus durch das Gewand nach unten und mündet im Schwarzen Meer. Fantasievoll dargestellt ist dagegen der Alpengürtel als Schärpe von West nach Ost. Unter den eingezeichneten Großstädten Paris, London, Rom, Neapel, Konstantinopel, Budapest, Wien, Krakau und Köln wird Prag als Kaiserstadt Karls IV. hervorgehoben. Zur Zeit des Herrschers aus dem Hause Luxemburg bestanden intensive Verbindungen zur aufstrebenden osteuropäischen Staatenwelt. Die Nordorientierung von Karten, wie wir sie heute gewohnt sind, war damals vor allem bei allegorischen Karten noch nicht üblich.
Die Karte eignet sich einerseits, um die Frage nach der Zugehörigkeit einzelner Länder zu Europa zu stellen; hier werden Schweden und Norwegen augenscheinlich ausgegrenzt. Andererseits integriert der allegorische Körper weit mehr Herrschaftsgebiete als zum deutschen Kaiserreich gehörten.
b) Die Karte aus den 60er Jahren des 19. Jahrhunderts, kurz vor der Gründung des Deutschen Kaiserreichs, karikiert die geopolitische Situation Europas und das Verhältnis europäischer Mächte zueinander. Das dichte Gedränge und Geschiebe verstärkt den Eindruck einer angespannten Grundkonstellation. Von Ost nach West wird dargestellt: Russland als hungernder Bauer, den es mit Sack und Pack nach Westen zieht. Schon allein seine Größe ist furchteinflößend, ganz zu schweigen von seinen glotzenden Augen und dem gefräßigen Mund. Die Türkei wird auf dem asiatischen Kontinent als Haremsdame mit Wasserpfeife dargestellt; auf dem europäischen Teil als bärtiger und schreiender Mann, der sich von Asien abwendet und unter der Last von Österreich und Preußen zu leiden hat. Österreich (schmaler, bedrängter Soldat) liegt quer und scheint von Preußen wie gelähmt, das sich mit Pickelhauben in der Mitte Europas für alle angrenzenden Länder unangenehm breit macht. Italien ist als Anspielung auf die Einigungsentwicklung als westlich gewandeter Freiheitskämpfer dargestellt. Frankreich, ein nicht minder unsympatischer Soldat wie der Preuße, zieht den Säbel gegen seinen Hauptfeind im Osten. England ist als alte Hexe mit der Züchtigung der irischen Katze beschäftigt und wendet sich vom Festland ab. Spanien und Portugal bilden ein ungleiches Paar. Die dominierende und stolze Spanierin mit Zigarette im Mund erdrückt fast ihren backenbärtigen portugiesischen Gemahl. Während der Däne mit stolzgeschwellter Brust auf dem Arm Preußens promeniert, hat der Preuße seine fleischige Hand bereits auf Holland und Belgien gelegt. Das Tier, das die skandinavischen Länder symbolisiert, ist nur schwer zu identifizieren, eine Mischung aus Elch und Raubtier, das keinen direkten Kontakt zum übrigen Kontinent hat.

Die Karikaturen auf Seite 7 zeigen Stationen der westeuropäischen Einigung, wobei Europa in Anlehnung an den Ursprungsmythos jeweils als Frauenfigur mit Stier oder nur durch den Stier symbolisiert wird.
c) oben: Für Russland (Mann im Kosakenrock) bleibt auf dem Stier kein Platz mehr. Auf der wohlgenährten EG-Kuh freuen sich die Teilnehmerländer, vorne sitzend Frankreich (Marianne mit phrygischer Mütze bzw. Jakobinermütze) und Deutschland (deutscher Michel

mit Zipfelmütze) als „Motoren der europäischen Einigung“.
d) mittleres Bild (stammt aus der Mitte der 70er Jahre): Europa als Frauengestalt auf dem Stier kommt wegen der Einzelinteressen der neun verschiedenen Nationen im Einigungsprozess nicht voran. Den Stier zerreißt es regelrecht. Die Einzelfiguren von links nach rechts: die Französin mit Jakobinermütze, die Benelux-Staaten (Holländerin mit Holzpantinen und Belgier mit Schnurrbärtchen), der Portugiese (?), der deutsche Michel, der Brite mit Zylinder und Union Jack, der Spanier mit Federhut und der Italiener. Die Karikatur eignet sich, um die Dialektik von Integrationsprozess und Einzelinteressen zu thematisieren.
e) unten rechts: Das vereinte Deutschland beherrscht Europa. Unter der übergewichtigen Germania (blond, mit Zöpfen und Helm) bricht der Stier fast zusammen. Deutschland wird nur in seiner wirtschaftlichen Übermacht gezeigt. Ansonsten wirkt die Figur der Germania harmlos, fast unbedarft und schwerfällig. Ringsum die geschrumpften, staunenden und ratlosen Siegermächte des Zweiten Weltkrieges, links Frankreich und Großbritannien, rechts die USA und die (damals noch existierende) Sowjetunion. Diese Karikatur spricht die neue Rolle Deutschlands in Europa nach der Wiedervereinigung an und ist inzwischen in ihrer Aussage auch schon ein wenig von der tatsächlichen wirtschaftlichen Entwicklung überholt. Vielleicht wird sie nach der Einführung des Euro wieder aktuell.
f) Die beiden Fragezeichen in östlicher Richtung auf der Europafahne (Hintergrundbild) sollen die Frage nach der Osterweiterung der EU ins Blickfeld rücken.

Die Sage von Europa:
Die folgende Erzählung soll die Bedeutung des Stiers in symbolischen Darstellungen Europas erläutern.
„In Phönizien wuchs Europa, die Tochter des Königs Agenor, [...] heran. Diese hatte einst einen seltsamen Traum. Es war ihr, als stritten zwei Erdteile in Frauengestalt um ihren Besitz. Die eine der Frauen, die das Aussehen einer Einheimischen hatte, war Asien; sie wollte ihre geliebte Tochter Europa nicht hergeben. Das andere, fremde Weib aber umfasste sie und zog sie mit sich fort. ‚Komm nur‘, sprach sie, ‚ich trage dich dem Zeus entgegen‘. Mit klopfendem Herzen erwachte Europa. Aber als am Morgen ihre Altersgenossinnen kamen und sie zu fröhlichen Spielen ans Meer holten, war der Traum bald wieder vergessen. [...] da griff das Schicksal ein. Zeus war von einem Pfeil der Eros getroffen worden, die Schönheit der jungen Europa hatte ihn ergriffen. Weil er aber den Zorn der Hera fürchtete, sann er auf eine List. In Gestalt eines herrlichen, schneeweißen Stieres näherte er sich Europa und ihren Gespielinnen. Die Mädchen schlangen ihre Blumenkränze um seine Hörner und als er sich vor Europa auf die Knie niederließ, sie zum Aufsitzen einladend, wagte Europa es und setzte sich auf den Rücken. Der Stier erhob sich und ging langsam dem Strande zu, doch dann setzte er sich plötzlich in eiligen Lauf und ehe sich's Europa versah, schwamm er mit ihr durch die Fluten. [...] Endlich erreichten sie ein fernes Ufer, die Insel Kreta. Hier [...] verwandelte sich der Stier plötzlich in einen herrlichen, göttergleichen Mann. Zeus bat Europa, seine Gemahlin zu werden, und sie willigte ein. Mit ihr zeugte er drei Söhne, den Minos, der später König von Kreta und nach seinem Tode wegen seiner gerechten Gesetzgebung Richter in der Unterwelt wurde. [...] Der Erdteil aber, an den Zeus Europa getragen hatte, erhielt nun ihren Namen.“

(Zit. nach Gustav Schwab, „Die schönsten Sagen des klassischen Altertums“, bearbeitet von J. Guggenmoos, Gütersloh o.J., S. 35f.)

Der Mythos will die Anfänge der griechischen Kultur erklären, die stark von den orientalischen Hochkulturen beeinflusst war und ihren ersten Höhepunkt im minoischen Kreta um 1600 v. Chr. hatte. Deutlich ist aber nicht nur die Abhängigkeit von den asiatischen Kulturen, sondern auch das Bewusstsein von etwas Neuem, Eigenständigem. Diese Sage kann auch in Kapitel 2 „Ein Kaiser durchwandert die Welt“ (vgl. Schülerbuch, S. 10) eingesetzt werden.

1. Europa – unser Alltag

Konzeption

Heutige Jugendliche nehmen das Thema Europa auf ganz unterschiedlichen Ebenen wahr. Sie reisen in europäische Länder und lernen Sprachen der Nachbarländer, haben darüber vielleicht sogar den einen oder anderen Kontakt hergestellt. Sie werden mit der öffentlichen Diskussion um die weitere Integration (Stichworte „Euro“ und „Maastricht“) konfrontiert. Das Wissen um die historische Genese der Integration wie auch um die aktuellen Zusammenhänge und Optionen wird sehr unterschiedlich sein. Das Kapitel setzt bei der persönlichen Erfahrung an. Das fiktive Beispiel soll dazu anregen, nach eigenen Europaerfahrungen zu fragen, und zugleich schon erste historische Informationen vermitteln: deutsch-französische „Erbfeindschaft“ in diesem Jahrhundert; Aussöhnung und Integrationsprozess in den letzten 50 Jahren. Die Karte veranschaulicht die Pluralität Europas und wird durch den Informationskasten mit weiteren Fakten ergänzt. Es verschränken sich also persönliche Erfahrungen mit Europa und von Europa mit abstrakteren Informationen.

Aspekte der Unterrichtsgestaltung

<u>Vorschläge für den Themeneinstieg:</u>
- Lesen des Dialogs M1 (vgl. Schülerbuch, S. 8f.);
- Aussprache über „Europa“-Erfahrungen (Urlaub, Bilder);
- Europabilder Auftaktdoppelseite.

<u>Teilthemen:</u>
- Generationsspezifische und subjektive Erfahrungen von Europa (vgl. M2);
- Europa: Topografie, Pluralitäten (M2, Kasten auf S. 9 im Schülerbuch).

Problem-/Fragestellungen:
Allgemein:
- Was verstehen die verschiedenen Generationen im 20. Jh. unter Europa? Wie erleben sie Europa?
- Welche Merkmale weist der europäische Kontinent auf?
Zur Karte:
- Stelle eine Liste der europäischen Staaten zusammen!
- Zeige die Gründungsstaaten der EG 1951/58!
- Welche Staaten bilden heute die EU?
- Suche die nicht der EU angehörenden Staaten und nenne zwei Beispiele!
- Welche Religionen bestehen in Europa?
- Welche Staaten weisen zwei oder mehrere Konfessionen auf?

Vorschläge für Arbeits-/Sozialformen:
- Freie, gruppendynamische, selbst gesteuerte Arbeitsprozesse unter Berücksichtigung der Arbeitsfragen; Gestaltung von Stellwänden, Schaukästen.
- Offene Aussprache (Familienerfahrungen)
- Einzel-/Gruppenarbeit: Auswertung der Karte M2.

Tafelbild

Die verschiedenen Generationen erfahren Europa verschieden

a) Jugendliche heute:	Schüleraustausch Reisen und Ferien Annäherung Osteuropas
b) Elterngeneration:	Schüleraustausch Deutsch-französische Freundschaft westeuropäische Einigung (EWG, EU)
c) Großeltern:	Zweiter Weltkrieg Erziehung in Feindschaft Deutschland als Besatzungsmacht in Europa
d) Urgroßeltern:	Erster Weltkrieg Feindschaft unter den europäischen Völkern

Europa wächst seit einem halben Jahrhundert zusammen

Rechts im Heft oder auf einem Arbeitsblatt können Spalten für persönliche Hinweise, Erlebnisse der eigenen Familie oder ermittelte Daten der europäischen Einigung bleiben (vgl. M1).

Zusatzinformationen zu den Materialien und zum Verfassertext

M1: Jugendlexika können von den Schülerinnen und Schülern zu weiteren Informationen zum Stichwort „Europa“ herangezogen werden. Der folgende Lexikontext aus dem Jahre 1953 kann mit dem heutigen Informationsstand verglichen werden:
„Der Erdteil Europa umfasst mit 10 Millionen qkm ein knappes Fünftel der Erdoberfläche der Erde. Da Europa mit Asien eine zusammenhängende Landmasse bildet (voneinander geschieden nur durch die willkürlich gezogene Linie: Uralgebirge, Uralfluss, Kaspisches Meer, Kaukasus, Schwarzes Meer), bezeichnet man beide Erdteile zusammen als Eurasien. Dennoch ist Europa nach Eigenart, Entwicklung und weltgeschichtlicher Bedeutung eine in sich geschlossene Einheit.
Mit 546 Mio. Menschen ist Europa der am dichtesten besiedelte Kontinent. Seine Bevölkerung gliedert sich in eine Vielzahl von Nationen. Rund 70 Sprachen werden in Europa gesprochen. Die Nationen haben sich aus der Mischung verschiedener Völker und Rassen (!) ergeben. Sie werden in drei Hauptgruppen eingeteilt: Romanen, Germanen, Slawen. Von 100 Europäern sind 45 römisch-katholischen, 20 orthodoxen, 24 evangelischen und zwei mohammedanischen Glaubens. Der Erdteil ist industriell hoch entwickelt und wegen der hohen Bevölkerungszahl landwirtschaftlich auf das Äußerste genutzt. Sein Eisenbahnnetz ist das verzweigteste der Erde. Dabei ist Europa auf Nahrungs- und Rohstoffzufuhr aus anderen Erdteilen angewiesen. Durch die beiden Weltkriege ist sein Anteil am Welthandel von zwei Dritteln auf weniger als die Hälfte gesunken.“

(„Knaurs Jugendlexikon“, München/Zürich 1953, S. 179f.)

M2: Die Karte zeigt Aspekte der europäischen Vielfalt: religiöse Unterschiede, Bündnissysteme, Grenzverläufe der Staaten. Bei der Interpretation sollte man auf die deutsche Mittellage und die gewachsene Staatenvielfalt in Osteuropa aufmerksam machen. Gerade die staatliche Zersplitterung in Osteuropa, ein Ergebnis des Zerfalls der Sowjetunion, Jugoslawiens und der Tschechoslowakei als Vielvölkerstaaten bedeutet eine neue Instabilität, die nur durch die stufenweise Integration aufgefangen werden kann.

M3: Die Briefmarken weisen hin ...
a) ... auf das Ende des Zweiten Weltkriegs (links). Er bedeutet den tiefsten Einschnitt für die Geschichte und Entwicklung Europas in diesem Jahrhundert. Die nationalistische Politik hat in den schlimmsten aller bisherigen Kriege geführt. Das Ergebnis des Zweiten Weltkrieges führt zur Teilung Europas in zwei Machtblöcke, aber auch zu erneuten Bemühungen einer friedlichen Vereinigung.
b) ... auf die deutsch-französische Freundschaft nach dem Zweiten Weltkrieg, die eng mit den beiden Protagonisten, dem ersten deutschen Bundeskanzler Konrad Adenauer und dem französischen Ministerpräsidenten Charles de Gaulle, verbunden ist.
c) ... auf die aktuelle Integrationsphase. Die Europaflagge mit dem Sternenkreis auf blauem Grund diente ursprünglich nur dem Europarat, heute aber auch der Europäischen Union als offizielles Symbol.

Zu den Arbeitsvorschlägen und Fragen

a) – d): Um die Ergebnisse der selbstständigen Erkundungen sinnvoll zu integrieren, sollte man für die Auswertung zumindest eine weitere Stunde einplanen, die auch die Möglichkeit zur Gestaltung von Wandtafeln,

Informationsblättern und größeren Zeittafeln gibt. Kurzreferate zum Schüleraustausch an der Schule, zu europäischen Partnerschaftsorten, beliebten Reisezielen usw. sollten in dieser ersten Phase Vorrang vor der reinen Stoffvermittlung besitzen. Sie können dann Anknüpfungspunkte für erste historische Fragestellungen sein, die den weiteren Ablauf strukturieren und zu den Themen der anderen Kapitel überleiten.

2. Ein Kaiser durchwandert seine Welt

Konzeption

Dieses Kapitel beginnt einen (unvollständigen) chronologischen Durchgang durch die europäische Geschichte. Obwohl europäische Völkerschaften wie die Kelten schon vor den Römern weite Teile Europas besiedelten und Völker mit traditionsbildender Wirkung wie die Griechen dem Römischen Reich vorausgingen, ist es vertretbar, den geschichtlichen Werdegang Europas mit der Herrschaft Hadrians beginnen zu lassen. Er integrierte in seiner Person griechische und hellenistische Kultur. Herkunft des Kaisers und seine ausgiebige Reisetätigkeit bilden gute Anknüpfungspunkte für die europäische Dimension der Römerherrschaft, wenn es den Römern selbst auch fern lag, ihrer Herrschaft eine europäische Ausrichtung zu geben.
Große Teile Europas gehörten zum römischen Kaiserreich mit seinen Grenzen an Rhein und Donau und waren durch die griechisch-römische Zivilisation, einen einheitlichen Wirtschaftsraum und eine einheitliche politische Herrschaft geprägt. Die Unterrichtseinheit gliedert sich entsprechend in folgende Schwerpunkte:
1. die „europäische Teilung“ um 130 n. Chr.
2. die wachsende, z.T. erzwungene Einigung großer Teile Europas im Römischen Reich
3. die griechischen, römischen und jüdischen Einflüsse in ihrer Bedeutung für die europäische Geschichte.
4. Hinweis auf die Germanen als Erben und das Christentum als Vermittler der Antike.

Aspekte der Unterrichtsgestaltung

Vorschläge für den Themeneinstieg:
- Konfrontation des mythologischen Europabegriffs mit dem Diodors;
- Thema: Reisen in Europa;
- Wiederholung: „Das Römerreich einte weite Teile Europas“.

Teilthemen:
- Europäische Karrieren und Reisen im Römerreich,
- Kulturelle Vereinheitlichung und Trennung,
- Das griechische Erbe,
- Der jüdische Beitrag.

Problem-/Fragestellungen:
- Was verstanden die Römer unter Europa und dem Römischen Reich? (vgl. „Zusatzinformationen zu den Materialien, Lehrerband, S. 13);
- Wie und an welchen Orten vollzog sich Hadrians Aufstieg? Wohin führten ihn seine Reisen? (vgl. Schülerbuch, S. 10f., Karte, S. 11);
- Welche Regierungsmaßnahmen ergriff der Kaiser in den Provinzen gegenüber Griechen und Juden? (vgl. Schülerbuch, S. 11);
- Welche kulturellen Beiträge in Europa gehen auf Römer, Griechen und Juden zurück?

Arbeits-/Sozialformen:
- Gelenkte Auswertung des Verfassertexts nach Abschnitten oder Leitfragen,
- Gruppenweise Auswertung des Verfassertexts nach je einer Leitfrage mit Auswertung im „Plenum“.

Tafelbild

	Das antike Erbe	
Griechen: - Kunst - Philosophie: Wert des Einzelnen - Philosophie vernünftiges Denken	Römer: - technische Errungenschaften: Straßen, Wasserleitungen - Verwaltung - Recht - Herrschaft in Europa - Verschmelzung der Kulturen	Juden: - Eingottglauben - Zerstreuung über Europa
Germanen und Christentum führen in Westeuropa das antike Erbe weiter.		

Die Erstellung des Tafelbildes richtet sich nach dem Grad der jeweiligen Vertiefung im Unterricht; seine Grundstruktur ermöglicht es, zu verkürzen oder zu erweitern.

Zusatzinformationen zu den Materialien und zum Verfassertext

Die Zeit der Adoptivkaiser wird traditionsgemäß im Geschichtsunterricht und im Geschichtsbewusstsein nicht genügend als Friedensperiode eines zivilisatorisch entwickelten Weltreichs gesehen. Zu dieser Zeit jedoch wird die Romanisierung weiter Teile Europas intensiviert und die römische Baukunst erreicht unter Hadrian gerade wegen dessen „griechischen Geschmacks“ eine besondere Blüte. Auch wegen der intensiven Reisetätigkeit des Herrschers ist hier der erste Querschnitt zu setzen. Sie lässt die territoriale Komponente der römischen „orbis“ erkennen, die sich nicht mit heutigen kontinentalen Vorstellungen deckt. Das Römische Reich war

kein europäisches Reich, seine Zivilisation nicht primär europäisch, aber im römischen Kaiserreich wurden die Grundlagen für die Eigenart der europäischen Geschichte gelegt.
Um das antike Europabild, vor allem den Wandel des Begriffs „Europa“, zu verdeutlichen, kann ein Text ergänzend verwendet werden (vgl. „Ergänzungen zum Angebot des Schülerbuchs“).
Das Bildmaterial auf den Seiten 10–12 im Schülerbuch stützt die stoffliche Auswertung der Unterrichtseinheit in verschiedener Weise.

Marginalie, S. 10: Das Porträt des Kaisers lässt mit dem Philosophenbart Hadrians Griechenbegeisterung erkennen.

M1: Der Grenzwall lässt sich in verschiedener Weise interpretieren:
1. als Leistung römischer Vermessungs- und Bautechnik;
2. als politisch-militärische Grenze;
3. als kulturelle Grenze zu den „Barbaren“;
4. aktualisiert auch als Abgrenzung und Abschottung gegenüber Ein- und Zuwanderung.
Im Unterrichtsgespräch sollte auf den Limes in Süddeutschland eingegangen werden. Dass er auf Dauer die Germanen nicht von der Einwanderung, schließlich Eroberung des Römischen Reichs abhalten konnte, verweist auf die Relativität von Grenzen.

M2: Die Engelsburg war die bevorzugte Grablege der Adoptivkaiser. Seinen Festungscharakter erhielt das Bauwerk angesichts der Bedrohung durch die Germanen und diente schließlich den christlichen Nachfolgern der Kaiser in Rom, den Päpsten als Schutzburg und Zufluchtsort. Das letzte Monumentalgrab der Antike, entfernt in Nachfolge des etruskischen Tumulus, vielleicht auch der ägyptischen Pyramiden angelegt, lässt somit den späteren Einfluss von Germanen und Christentum erkennen.

M3: Das Pantheon verdankt seinen ausgezeichneten Erhaltungszustand der Umwandlung in eine christliche Kirche. In einer kunstgeschichtlichen Betrachtung muss der Großbau Hadrians eine Schlüsselstellung einnehmen: Zuerst von Marcus Agrippa 27 v. Chr. errichtet, dann von Hadrian neu erbaut, 609 von Papst Bonifaz IV. als Kirche geweiht. Seine frühere Ausstattung wurde im Laufe der Jahrhunderte entfernt, die Vorhalle mit 16 korinthischen Säulen und einem griechischen Tempelgiebel erinnert an griechische Vorbilder. Der Rundbau (Ziegelmauern, 6,20 m) mit Kuppel (Gussgewölbe, d.h. ein auf Schalung gegossenes Gewölbe, Gussmasse ein mit Steinbrocken vermischter Mörtel) und kreisrunder Öffnung wird seinerseits zum Vorbild der Kuppelbauten von Renaissance und Barock: Dom von Florenz, St. Peter in Rom.

Ergänzungen zum Angebot des Schülerbuchs

„Wie kommt es, dass ausgerechnet Europa unserem Erdteil den Namen gegeben hat? Zitieren wir den ersten wirklichen Historiker, den Griechen Herodot (um 490 bis 430 v. Chr.), der zahlreiche Reisen zu historischen Stätten unternahm und dabei eine außerordentliche Neugier an den Tag legte. In einem Gedicht [...], so fand Herodot, erschien gegen Ende des 8. Jahrhunderts. v. Chr. Europa nicht mehr als Frauenname, sondern als geografische Bezeichnung. Der unbekannte Dichter erinnert darin an die Menschen, ‚die auf dem reichen Peleponnes leben, die Europa bevölkern und die meerumspülten Inseln‘. Mit ‚Europa‘ ist hier also der Norden des griechischen Festlandes gemeint, der Peleponnes und die Inseln gehörten nicht dazu. Zwischen dem 8. und 5. Jahrhundert erfuhr die Bezeichnung ‚Europa‘ eine Ausweitung. Die Griechen, sagt uns Herodot, ‚teilen die Erde in drei Zonen ein – Europa, Asien und Libyen (das heutige Afrika)‘. Europa erstreckt sich nun weit nach Norden, über die Donau hinaus bis in die Küstenregion des Nordmeers und reicht im Osten bis zum Don und Asowschen Meer. [...]
Und noch einmal, warum gerade dieser Name Europa? Herodot schreibt dazu mit viel Humor: ‚Ich kann nicht erraten, warum die Erde, die doch eine Einheit bildet, drei Namen hat und diese von drei Frauen abgeleitet wurden [...]. Es entzieht sich auch meiner Kenntnis, wo sie diese Bezeichnungen gefunden haben [...]. Besonders merkwürdig ist, dass Europa von asiatischer Herkunft war und niemals in den Erdteil gekommen ist, den die Griechen jetzt Europa nennen‘. ‚Aber‘, schließt Herodot, ‚wir werden die überkommenen Namen aus Gewohnheit weiter verwenden!‘ [...].
Plinius der Ältere (1. Jahrhundert n. Chr.) hat seine Naturgeschichte ein knappes Jahrhundert nach Strabo geschrieben. Die Bücher III und IV sind Europa gewidmet. Die Welt ist auch für ihn in drei Teile geteilt: Europa, Asien und Afrika. ‚Ich werde zunächst von Europa sprechen, das ein Volk hervorgebracht hat, das alle anderen besiegte, und bei weitem das schönste aller Länder ist!‘ (Römer). Plinius kannte den Nordosten Europas schlecht. Dort lebten für ihn hinter dem Dnjepr irgendwelche Nomadenvölker, aber auch Menschenfresser und schließlich die ‚Hyperboreer‘, die hinter den Bergen Wohnenden, eine glückliche Nation, berühmt durch ihre Wundergeschichten. Dort ist auch das Ende der Welt. [...]
Der bedeutendste aller Geografen des Altertums, Claudius Ptolemäus aus Alexandria, verbesserte in der zweiten Hälfte des 2. Jahrhunderts die Kenntnis von Europa, aber auch er glaubte noch, dass Skandinavien eine Insel sei. Wie auch immer die geografischen Kenntnisse damals gewesen sein mögen, die römische Eroberung vollzog sich unabhängig davon. Das Mittelmeer diente allein als Ausgangspunkt.“

(Leicht vereinfacht nach: Jean-Baptiste Duroselle, „Europa. Eine Geschichte seiner Völker“, Gütersloh/München 1990, S. 19, 65f.)

Zu den Arbeitsvorschlägen und Fragen

a) Die Beantwortung der Frage ergibt sich zum Teil aus dem Verfassertext (vgl. Marginalien „Der Reisekaiser" und „Romanisierung zur Herrschaftssicherung"). Europa spielte als Teil des Römischen Reichs eine Rolle, nicht als geografische, kulturelle oder politische Einheit. Ein besonderes Interesse galt der Grenzsicherung an Donau und Rhein. Weiterhin intensivierte Hadrian die Romanisierung der jüngeren (Grenz-)Provinzen und damit deren Einbindung in die griechisch-römische Reichskultur.
b) Vgl. „Möglichkeiten der Unterrichtsgestaltung". Selbst gewählte Bildbeispiele der Schülerinnen und Schüler sind vor allem der Renaissance, dem Barock und dem Klassizismus zuzuordnen (Brandenburger Tor, Neue Wache, regionale Beispiele), aber auch Kunstwerke der Antike. Hadrian selbst trug nachhaltig zur griechisch-römischen Synthese bei, förderte die griechische Tradition und deren Weiterleben besonders durch seine Großbauten.
c) 64 v. Chr. Judäa wird Teil des Römischen Reiches (Pompejus)
6 n. Chr. Reich des Herodes wird römisch
70 n. Chr. Zerstörung Jerusalems und des Tempels, Zerstreuung der Juden
136 n. Chr. Hadrian wirft den jüdischen Aufstand des Bar Kochba nieder
In den Großstädten des Römerreichs bilden sich jüdische Gemeinden, die nach seinem Untergang in den christlichen Königreichen weiter bestehen. Bis zu den Kreuzzügen (ab 1095) leben Juden meist unbehelligt unter dem besonderen Schutz der Könige. Die im Zeichen des religiösen Fanatismus einsetzenden Judenverfolgungen haben auch ökonomische Ursachen (Konkurrenz des jüdischen Fernhandels, Bankwesen). Ein festes Potential von judenfeindlichen Vorurteilen („Mörder Jesu", Brunnenvergiftung, Ritualmord) lässt sich seit dem Mittelalter immer wieder neu belegen. Ein Höhepunkt der Judenverfolgungen bilden die Pestzeiten (1346 ff.). Viele deutsche Juden wandern nach Osteuropa aus. Erst im 19. Jahrhundert erringen die europäischen Juden die staatsbürgerliche Gleichberechtigung. Der moderne rassistische Antisemitismus führt schließlich in den Völkermord an den europäischen Juden durch das nationalsozialistische Deutschland von 1941 bis 1945.

3. *Karl der Große – der „Vater Europas"?*

Konzeption

Mit Karl d. Gr. verbindet man europäische Geschichte eher als mit Hadrian. Sein Ehrentitel „der Große" bezeichnet seine „große" Leistung für Europa; das erkannten schon seine Zeitgenossen und die moderne historische Bewertung pflichtet ihnen darin bei. Das Datum seiner Kaiserkrönung an Weihnachten des Jahres 800 zum Anlass der nächsten historischen Station in der europäischen Entwicklung zu nehmen, versteht sich fast von selbst.
Nach der römischen Reichsteilung bildeten sich im Westteil germanische Nachfolgestaaten mit dem Frankenreich als Kristallisationspunkt heraus, während der Ostteil als Oströmisches oder Byzantinisches Reich die spätantike Form des christlichen Kaiserreichs griechischer Prägung fortführte. Im Westen entstand im 8. Jahrhundert jene Dualität von Papsttum und westlichem Herrscher (Kaiser), die die Geschichte Mitteleuropas als des „christlichen Abendlandes" bis ins hohe Mittelalter strukturell mitbestimmte. Die Papstkirche trat kulturell und ideell als Erbin der antiken Kultur auf und sorgte um 800 auch für die Wiederbelebung der weströmischen Kaiserherrschaft, jetzt aber verstanden als Schutzherrin der westlichen, päpstlichen Kirche und Christenheit. Immer wieder bemühten sich die Kaiser um eine vom Papsttum unabhängige Herrschaftslegitimation, was auch in Karls Wiederbelebung der antiken Kunst nachvollziehbar wird. Dass die byzantinischen Kaiser dem päpstlichen Vorhaben um 800 mehr als skeptisch gegenüberstanden, weil sie sich als eigentliche Rechtsnachfolger des Augustus sahen, nimmt nicht wunder.
Diese Unterrichtseinheit will den Schülerinnen und Schülern diese neuen Komponenten des christlichen Europas, das mitnichten ein einiges Europa bildete, in Grundzügen und damit auch die wesentlichen Traditionsträger des Mittelalters in Europa vermitteln. Der europäische „Anspruch" des Karlsbildes soll dabei kritisch beleuchtet werden. Ist die Berufung auf Karl für die moderne europäische Integration wirklich sinnvoll? Pluralität und Perspektivenwechsel in den Quellen lassen schließlich die Krönung in verschiedenen europäischen Blickweisen erscheinen.

Aspekte der Unterrichtsgestaltung

Vorschläge für den Themeneinstieg:
- Kontroverse Aussagen zur Krönung Karls als wichtigem historischen Ereignis (vgl. M3);
- Auseinandersetzung mit der Ideologie des Karlsschreins (vgl. M1, christliche Kaiserideologie);
- Wiederholung: Was wurde aus dem römischen Kaiserreich?

Teilthemen:
- Das Entstehen des östlichen und westlichen Kaisertums (vgl. M3 und M1);
- Die Rolle von Kirche und Papsttum;
- Die bewahrende und innovative Leistung der Franken;
- Der europäische Charakter der Herrschaft Karls (vgl. M1, M2).

Problem-/Fragestellungen:
- Welche Bedeutung wurde von verschiedenen Seiten der Kaiserkrönung zugesprochen? (Multiperspektivität);
- Welche Folgen hatte die Begründung des westlichen Kaisertums für die europäische Geschichte?
- Stellte das Christentum einen einigenden Faktor im (früh-)mittelalterlichen Europa dar?

Vorschläge für Arbeits-/Sozialformen:
- Gruppenweise Auswertung von M1, M2, M3a und M3b als selbst gesteuerter 1. Prozessphase,
- gemeinsame Aussprache zum Austausch und Vertiefung der Informationen,
- Lenkendes Unterrichtsgespräch/Auswertung des Verfassertextes nach Leitfragen.

Tafelbild

Der Zerfall des Römischen Reiches

Papst:	Frankreich:	Oströmisches Kaiserreich:
Geistliches Oberhaupt der westeuropäischen Christen	mächtigster germanischer Staat in Westeuropa	Fortsetzung der römischen Kaiserherrschaft
Kirche bewahrt antikes Erbe	König Karl als Kaiser Schutzherr der Kirche	Ablehnung der Ansprüche von westlichem Kaiser und Papst
Klöster	römische Kaisertradition	

Gegensatz und Miteinander von Papst und Kaiser

↓

„christliches Abendland“

Zusatzinformationen zum Verfassertext und zu den Materialien

Problematisch erscheint an dieser Stelle die Tatsache, dass die soziale und ökonomische Seite der Karolingerzeit, die Herausbildung eines gesellschaftsprägenden Feudalismus als eines für Westeuropa typischen und sich dort ausbreitenden Sozialverhältnisses im Verfassertext wenig beleuchtet wird. Deshalb sollte zumindest der Hinweis auf die Herausbildung von Grundherrschaft und Lehnswesen fallen, da die mehrheitlich agrarisch orientierten Gesellschaften Westeuropas in diesen Formen einen festen sozialen Rahmen fanden. Immerhin dauerte der Feudalismus in seinen verschiedenen Bestandteilen und gewiss mit Variationen fast ein Jahrtausend, aber er legte die Lebensverhältnisse und Erfahrungen in (West-)Europa ebenso fest wie die christliche Religiosität. In einer knappen Skizze ließe sich dies wie folgt einbringen:

Tafelbild

Lehnsherrschaft		
Lehnsherr: - König - geistlicher weltlicher Fürst	leiht: - Ländereien - Rechte gegen Unterstützung und Hilfe	Lehnsmann: - Fürst - Graf - Bischof - Ritter
Grundherrschaft		
Adliger Grundherr oder Leibherr	leiht - Bauernhof/Land gegen Frondienste/Abgaben - Rechte über die Person	Bauern - freier - unfreier Herkunft

M1: Im Karlsschrein präsentiert sich das um Eigenständigkeit bemühte Kaisertum. Im Bildzyklus wird seine Legitimation direkt von Gott abgeleitet. Der Papst und seine Approbationsfunktion wird ausgeblendet. Bereits Karl der Große bestimmte seinen Nachfolger Ludwig nach oströmischem Vorbild ohne päpstliche Beteiligung zum Mitkaiser und Nachfolger. Allerdings eröffnete die geistliche Stellung des Papstes als Spitze der Klerikerhierarchie und Stellvertreter Christi innerhalb der mittelalterlichen Weltordnung diesem immer wieder die Möglichkeit, bei der Verleihung der Kaiserwürde entscheidenden Einfluss zu nehmen. Die Heiligsprechung Karls d. Gr. im Jahre 1163 geschah auf Betreiben Friedrich Barbarossas, der damit die Unabhängigkeit seiner kaiserlichen Position betonten wollte. – Nicht anders ist der Auftrag seines Enkels Friedrich II. zu verstehen, den Karlsschrein mit zwölf christlichen Kaisern zu schmücken, eine Art Ahnengalerie, die zu dem ebenfalls dargestellten Friedrich II. hinführt. Die Popularität des Karlskultes, besonders unter dem Luxemburger Karl IV. um die Mitte des 14. Jahrhunderts, verdeutlicht trotz der Veränderungen in Europa die Kontinuität des kaiserlichen Herrschaftsanspruchs, die über das Mittelalter bis in die Neuzeit reicht. Warum sonst strebte Napoleon in seiner gesamteuropäischen Herrschaft nach einem Kaisertitel?

M2: Das Bild zeigt die päpstliche Position im Konflikt um die rechte Balance zwischen Sacerdotium und Imperium. Umgeben vor allem von Kirchenfürsten (Bischöfen und Kardinälen) wird die Krönung durch den Papst als kirchlicher Gnadenakt dargestellt. In der Bildlegende werden bereits vorher ausführlicher behandelte Aspekte der Kirchengeschichte als wesentliche Bausteine einer europäischen Geschichte wiederholt.

Zu den Arbeitsaufträgen und Fragen

a) Die wesentlichen Veränderungen in großen Zügen: Bildung verschiedener Germanenreiche in Westeuropa, Entstehung des oströmischen Kaiserreichs, Vordringen des Islams bis nach Spanien, das Frankenreich als katholische Vormacht in Mittel- und Westeuropa, der Papst in Rom als geistliches Oberhaupt der Katholiken, die Krönung Pippins (karolingischer Hausmeier) zum fränkischen König, sein Sohn Karl eroberte Italien, Sachsen und das Awarenreich.

b)

	bei Einhard	bei Theophanes
Hintergründe	Der Papst bittet Karl um dessen Hilfe, da er von den Römern schwer misshandelt wurde.	Verwandte des verstorbenen Papstes Hadrian verschwören sich gegen Leo und wiegeln die Römer gegen ihn auf. Diese misshandeln ihn und Leo flieht zu Karl.
Hergang	Karl rächt die versuchte Blendung schwer an den Römern und setzt Leo wieder in sein Amt ein. Karl wird als Gegenleistung durch eine Salbung vom Papst zum Kaiser der Römer gekrönt.	Karl rächt die versuchte Blendung schwer an den Römern und setzt Leo wieder in sein Amt ein. Karl wird als Gegenleistung durch eine Salbung vom Papst zum Kaiser der Römer gekrönt.
Bewertung	Die Ablehnung des oströmischen Kaisers aufgrund des von ihm angenommenen Titels erträgt Karl mit Gelassenheit, da er weit über ihm steht. Karl verkehrt weiter mit ihm und seinen Gesandtschaften, nennt sie in seinen Briefen „Brüder“.	Rom gerät unter die Herrschaft der Franken. Karl wurde lediglich von Leo als Bischof zum Kaiser der Römer gesalbt, was mit der letzten Ölung gleich gesetzt wird und keinen Herrschaftsanspruch begründet.

c) vgl. **Marginalie „Ein christliches Großreich in Europa“**. Die Eroberung „heidnischer“ Gebiete bedeutet Zwangsmissionierung, Massentaufen und gewaltsame Unterdrückung der Unterworfenen (vor allem Sachsen); Förderung der Klöster und ihrer Reform; Förderung des Bildungswesens; Schutz des Papsttums.

d) Der Begriff „Europa“ wird auf den westeuropäisch-katholischen Bereich beschränkt, in dem neben Karls Kaisertum keine vergleichbaren Monarchien bestanden. Mit der karolingischen Renaissance entstand eine einheitliche Kultur, die im gesamten Frankreich zur Blüte kam. Heute sind Berufungen auf Karl d. Gr. als Vorreiter der europäischen Einigung nur eingeschränkt sinnvoll: Einerseits umfasste sein nach und nach erworbenes einheitliches Herrschaftsgebiet viele Staaten der heutigen EU und es bildet damit einen wichtigen Kristallisationspunkt für die west- und mitteleuropäische Geschichte; andererseits kann man nicht einfach darüber hinwegsehen, dass die Vereinheitlichung des Reiches mit Eroberungen und Unterdrückung erreicht wurde und die Bewohner Ost- und Nordeuropas, aber auch die Briten keinen unmittelbaren Bezug ihrer Geschichte zum „Römischen Reich der Franken“ sehen, wie es Karl der Große selbst bezeichnet hat.

4. *Byzanz und das „Dritte Rom“*

Konzeption

Nachdem die Schülerinnen und Schüler die Kontinuität und Diskontinuität Westeuropas von der Antike zum Mittelalter nachvollzogen haben, sollen sie nun im Byzantinischen Reich einen weiteren „Baustein“ Europas kennen lernen, wobei es die Zeitgenossen nicht als europäisches Reich begriffen. Südosteuropa stand rund 1000 Jahre unter dem Einfluss des oströmischen Reichs und seiner Kultur. Konstantinopel bildete einen Schwerpunkt an der Peripherie Europas, der kulturell nicht nur in den Balkanraum, nach Russland und in die Ukraine, sondern lange und nachhaltig auch nach Italien und Deutschland hinein wirkte. Das Jahr 1000 zeigt das Byzantinische Reich auf einem zweiten Höhepunkt nach der Ära Justinians, die fast ein halbes Jahrtausend früher durch den letztlich vergeblichen Versuch, das Imperium Romanum im alten Umfang wieder zu errichten, gekennzeichnet war. Unter dem Kaiser Basilius II. aus der Makedonendynastie errichtete Byzanz nochmals seine militärisch-politische Vormacht im Balkangebiet, in Kleinasien und sogar in kleinen Teilen Italiens.

Die Schüler sollen vor allem die besondere Kaiserherrschaft des „Caesaropapismus“ in Konstantinopel, die Prunkentfaltung von Herrschaft und Kirche und die kulturelle Beeinflussung der Süd- und Ostslawen, der Serben und Russen verstehen. Diese Herrschaft ließ das von der Orthodoxie geprägte Slawentum entstehen, das sich konfessionell und kulturell vom katholischen Westen abgrenzte.

Aspekte der Unterrichtsgestaltung

<u>Vorschläge für den Themeneinstieg:</u>
– Wiederholung: die Bewertung der Kaiserkrönung Karls durch Theophanes;
– Analyse einer Wandkarte: europäische Staatenwelt um das Jahr 1000 (besonders slawische Staaten, Byzanz);
– Die Hochzeit Theophanus (Wiederholung 8. Klasse).

<u>Teilthemen:</u>
– Die politische und kulturelle Eigenart des oströmischen Reichs (orthodoxe Religion, Cäsaropapismus, (Verfassertext, M1, M3);

- Die kulturelle Beeinflussung Osteuropas;
- Gegensätze und Gemeinsamkeiten des westeuropäischen und des byzantinischen Kulturkreises.

Problem- und Fragestellungen:
- Wie sahen sich die Byzantiner und ihre Kaiser, wie beurteilen sie ihre Nachbarvölker?
- Wie regierten die Kaiser das Reich?
- Welche Bedeutung besaß das oströmische Reich für (Ost-)Europa?

Vorschläge für Arbeits-/Sozialformen:
- Gruppenweise Auswertung der Marginalien auf S. 16 des Schülerbuchs;
- Lehrerinformation zur Geschichte des Oströmischen Reichs (vgl. „Zusatzinformationen zu den Materialien“);
- Zusammenfassung nach Leitfragen zum Tafelbild.

Tafelbild

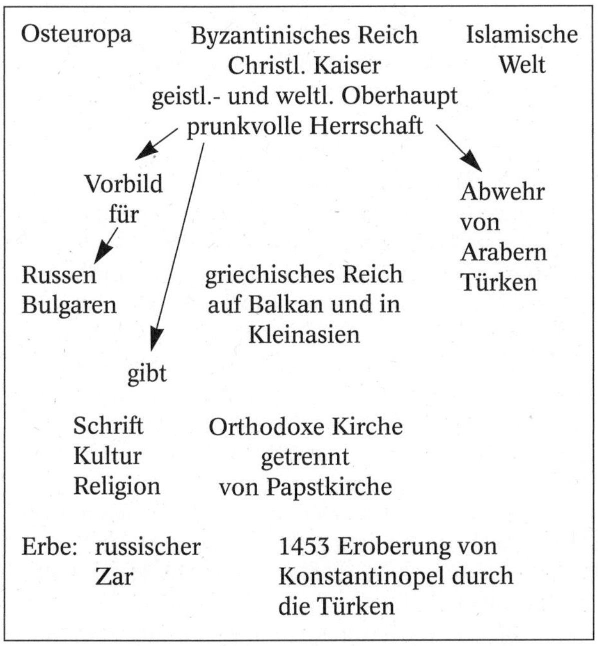

Zusatzinformationen zu den Materialien und zum Verfassertext

VT und **M1:** Das Bild zeigt den byzantinischen Kaiser mit seinen Herrschaftsinsignien: die Krone mit Kreuz, die ihn als christlichen Herrscher kennzeichnet, Reichsapfel und Zepter. Herrschaftszeichen und -zeremoniell mit den verschiedenen Formen der Unterwerfung strebten die westlichen Herrscher vom 7. bis 13. Jahrhundert ebenso an wie eine von der kirchlichen Hierarchie ungetrübte Herrschergewalt. Die Prachtentfaltung sollte die besonders hohe Stellung des Kaisers hervorheben. Die Reisebeschreibung Luitprands von Cremona berichtet, dass Kaiser Konstantins VII. Thron mit Hilfe einer Winde emporgehoben werden konnte. Somit wirkte der Kaiser während des großen Staatsempfangs erhöht, entrückt und drückte so seine überragende Stellung aus. Mit solchen technischen „Tricks“ arbeitete man in Byzanz auch in diplomatischer und religionspolitischer Absicht: So ließ man Engel in der Hagia Sophia aus dem Kuppelraum an Winden „herabschweben“, was Wladimir von Kiew angeblich zum rechten Glauben bekehrte.
Die oströmische Münze verdeutlicht die wirtschaftliche Überlegenheit gegenüber dem Westen, denn das oströmische Geld war bis ins 11. Jahrhundert ein weit verbreitetes Zahlungsmittel. Die 200 000 Einwohner zählende Hauptstadt blieb der Mittelpunkt eines geldwirtschaftlich orientierten Handels und Gewerbes, weswegen sich nach Meinung vieler Chronisten in Konstantinopel unermessliche Reichtümer vor allem in den Kirchen und Klöstern angesammelt hatten. Damit verbunden war auch die städtisch orientierte, bürokratische Herrschaft der Reichsverwaltung.
Der Reichtum und das Image als Hauptstadt eines alten mächtigen Reiches wurde Konstantinopel immer wieder zum Verhängnis. 676 belagerten die moslemischen Araber vergeblich die Stadt, nachdem sie die bisher vom byzantinischen Kaiser regierten Gebiete des Vorderen Orients und Nordafrikas erobert hatten. Bis in das späte Mittelalter verhinderte das Byzantinische Reich eine weitere Ausdehnung des islamischen Einflusses nach Südosteuropa. Angegriffen wurde die kaiserliche Herrschaft und die Hauptstadt Konstantinopel wiederholt auch von den osteuropäischen Völkern, vor allem den Bulgaren und Russen. Allerdings gelang es Byzanz seit dem 9. Jahrhundert, diese kulturell und religiös stark zu beeinflussen. Um 1000 unterwarf Basileios (der „Bulgarenschlächter“) nach langen Kriegen das bulgarische, christliche Reich auf dem Balkan.
Jahrhundertelang half das griechische Feuer bei der Abwehr. Der Chemiker und Erfinder Kallinikos verbesserte während der arabischen Belagerung Konstantinopels die gefürchtete Waffe, die wie ein Flammenwerfer wirkte: Man sprühte, meist vom Bug eines Kriegsschiffes, dünnflüssiges, vorher erhitztes Öl an einem brennenden Span vorbei. Kallinikos gelang es durch eine neue Zusammensetzung (1 Teil Kolophonium, 1 Teil Schwefel, 6 Teile Salpeter), das „griechische Feuer“ auf Wasser unlöschbar zu machen.
1071 gelang den seldschukischen Türken nach einem entscheidenden Sieg die Eroberung weiter Teile Anatoliens. Die Eroberung Konstantinopels durch Kreuzfahrer 1204 beendete die Großmachtrolle des griechischen Kaisertums. Zwar wurde das Byzantinische Reich 1261 wieder errichtet, erlangte aber nicht mehr seine alte Bedeutung. 1453 erobern die Osmanen Konstantinopel, das vergeblich auf westeuropäische militärische Hilfe hoffte.

M2 zeigt die kulturell-religiöse Ausstrahlung und Missionspolitik Ostroms, das ebenso wie die katholische Kirche sehr bewusst die Christianisierung der ostslawischen Völker und der Bulgaren vorantrieb, um die neuen „National“-Kirchen dem Patriarchen von Konstantinopel zu unterstellen. Methodios und Kyrillos waren Vertreter des orthodoxen Mönchtums, das bis heute die Tradition der byzantinisch-christlichen Kultur bewahrt hat. Auf dem nordgriechischen Bergmassiv Athos entstanden angesichts der Arabergefahr im 7. Jahrhundert erste Klöster. Seit dem 10. Jahrhundert wurden die Klöster dort gefördert, um die Slawen des Balkans religiös zu beeinflussen. Mehr als 20 Klöster verwalten sich seit dieser Zeit selbstständig und dies auch in der Zeit der osmanischen Herrschaft, als das orthodoxe Mönchstum die christliche griechische Volkskultur bewahrte. Kyrill wird mit der neuen slawischen Buchstabenschrift gezeigt, die aus dem griechischen Alphabet abgeleitet ist. Er ermöglichte damit erst die schriftliche Vermittlung in slawischer Sprache, was vor allem der religiösen Unterweisung diente.

M3: Das Bild zeigt einen Moment während eines russisch-orthodoxen Gottesdienstes. Der Machtverlust des Byzantinischen Reichs trug zur Verselbstständigung der verschiedenen orthodoxen Kirchen wie der russischen unter einem eigenen Patriarchen bei. Die Formen des Gottesdienstes wurden jedoch bewahrt. Der Ornat des Patriarchen und seine Krone erinnern an das prunkvolle Herrscherzeremoniell des oströmischen Kaiserhofes. Der Altarraum, in dem der Priester die kultischen Handlungen vornimmt, ist durch die Ikonenwand (Ikonostasis) den Blicken der Gläubigen entzogen. Die Verehrung der Ikonen („heilige Bilder") ist eine besondere Form der orthodoxen Frömmigkeit. Die traditionelle Form der Ikone (Heiligenbild auf Goldgrund) hat sich in den letzten Jahrhunderten nicht gewandelt.
Über die Verehrung der Bilder kam es im 8. und 9. Jahrhundert im Oströmischen Reich zum „Bilderstreit", da starke Kräfte jegliche religiöse Verehrung von Bildern ablehnten; dabei spielte auch das Bilderverbot des Islam eine Rolle. Diese Auseinandersetzungen erschütterten die orthodoxe Welt und vertieften auch die Kluft zur westeuropäischen Christenheit, deren geistliches Oberhaupt der Papst eine Gleichrangigkeit des Patriarchen von Konstantinopel nicht anerkennen wollte. Unterschiedliche Glaubensauslegungen und -praktiken, z.B. die Ehelosigkeit der Priester, trugen zusätzlich zum Bruch von 1055 zwischen der weströmischen und oströmischen Kirche bei.

Zu den Arbeitsvorschlägen und Fragen

a) Der byzantinische Einfluss stützte sich einerseits auf die kulturelle und religiöse Beeinflussung der neuen Völker, die Byzanz militärisch bedrohten (hier besonders die Bulgaren, deren Reich allerdings westlich des heutigen Bulgarien lag), zum anderen auf die Entwicklung der kyrillischen Schrift für die Völker in Russland, Ukraine, Bulgarien, Serbien. Die slawischen Völker suchten die byzantinische Kultur als Vorbild (z.B. für ihre religiöse Orientierung), wobei der beeindruckende Prunk, die geheimnisvolle Feierlichkeit des Gottesdienstes ihre Wirkung auf sie ebenso wenig verfehlten wie der allgemeine Reichtum Konstantinopels.
b) Beide Kulturkreise sind christlich geprägt. Beide leiten sich vom römischen Kaiserreich ab, weisen Kaiser als weltliche Oberhäupter auf, befinden sich im Abwehrkampf gegen moslemische Völker und missionieren in Ost- und Südeuropa.
Gegensätze bestehen bis weit ins 11. Jahrhundert in der zivilisatorischen Entwicklung (Vorsprung Ostroms), in der Anerkennung des religiösen Primats des Papstes und in der Stellung des Kaisers (Ostrom: direkte Herkunft vom römischen Kaisertum) als geistliches und weltliches Oberhaupt und in grundlegenden Fragen der christlichen Religion, was zur Kirchenspaltung (Schisma) 1057 führte.

5. Es ging nicht nur um Jerusalem: Eint der Kreuzzug die Christen Europas?

Konzeption

Im Mittelalter prägte neben dem abendländisch-katholischen und dem byzantinisch-orthodoxen auch der islamische Kulturkreis den Kontinent und ist bis heute wirksam geblieben. Man sollte den Islam nicht mehr als Bedrohung des christlichen Europas sehen, die durch den fränkischen Sieg von 732 und den byzantinischen Sieg von 676 behoben wurde.
Allerdings befand sich das Christentum seit dem beginnenden 7. Jahrhundert im Mittelmeerraum zunächst in der Defensive, gewann aber durch die einsetzenden Beziehungen zur islamischen Welt. Die 700 Jahre dauernde Herrschaft der Moslems in Spanien brachte dem Land eine kulturelle Blüte und Europa wertvolle kulturelle Anregungen, die die islamische Welt aus der Antike übernommen und bewahrt hatte. – Auf diese Zusammenhänge verzichtet das Kapitel bewusst und bezieht sich enger auf das Geschehen des 3. Kreuzzugs.
An diesem historischen Ereignis können die Schülerinnen und Schüler exemplarisch mehrere Aspekte der mittelalterlichen europäischen Geschichte kennen lernen:
1. die Zersplitterung des „christlichen Abendlandes" in unterschiedliche Herrschaftsbereiche und Einflusszonen, die weder vom Papsttum noch vom Kaisertum geeinigt werden konnten;
2. die Kreuzzüge als Form der religiös-fundamentalistisch untermauerten Expansion über den eigenen Kulturkreis hinaus und als Form (religiöser) Intoleranz;
3. die Kreuzzüge als einigendes ideologisches und militärisches Unternehmen;
4. der kulturelle und wirtschaftliche Austausch mit dem Orient im Zusammenhang mit den Kreuzzügen;
5. das Rittertum als einigendes Band der Herrschaft in Ost und West.
Somit trägt dieses Kapitel den Veränderungen in Westeuropa in selbstständige, national orientierte Monarchien Rechnung, die den Universalanspruch von Papst und Kaiser einschränkten. Es lässt aber auch Einblicke in die wechselvolle Beziehung von „Orient" und „Okzident" zu. Das Beispiel Saladins (vgl. Marginalie „Saladin – ein ritterlicher Eroberer") und des mittelalterlichen Islams verdeutlichen ansatzweise überdies die Idee und Praxis religiöser und kultureller Toleranz.

Aspekte der Unterrichtsgestaltung

<u>Vorschläge für den Themeneinstieg:</u>
– Brainstorming „Kreuzzüge" (Fremdenfeindlichkeit, Religionskrieg);
– Bedeutung des Islams gegenwärtig in Deutschland und Europa;
– Die Vielfalt der europäischen Staatenwelt im 12. Jahrhundert (vgl. M4).

Teilthemen:
- Die Kreuzzüge als religiös legitimierte europäische Expansion;
- vergebliche „europäische" Einigungsbestrebungen von Papst und Kaiser;
- die Rivalität der (west-)europäischen Königreiche;
- kulturelle und politische Überlegenheit der islamischen Welt;
- die aktuelle Lage der Moslems in Deutschland (und Mitteleuropa).

Problem- und Fragestellungen:
- Was waren die Kreuzzüge? Wie beurteilen wir sie heute?
- Wie sah die europäische Staatenwelt gegen Ende des 12. Jahrhunderts aus? Wie hatte sie sich gegenüber der Zeit Karls des Großen verändert?
- Warum war das christliche Feindbild vom Islam falsch?
- Wie ist das Verhältnis zu den (jungen) Moslems heute in Deutschland?

Vorschläge für Arbeits- und Sozialformen:
- Das Thema eignet sich zur Vertiefung, kann also mit den „Ergänzungen zum Angebot des Schülerbuchs" in einer Doppelstunde behandelt werden;
- M4 als Einstieg;
- Schrittweise Untersuchung des Kreuzzugs nach Anlass, Verlauf, Ergebnissen (vgl. Marginalie, „Kriegerische Religion", Schülerbuch, S. 18) in Gruppenarbeit oder im Unterrichtsgespräch mit Textauswertung.

Tafelbild

Religiöser Fanatismus → Krieg gegen „heidnische" Moslems (Palästina, Spanien) und Slawen
(z.B. Juden/Ketzer)

↓

Papst Urban ruft 1095 zum 1. Kreuzzug auf

↓

Eroberung Jerusalems 1099

↓

Saladin erobert 1187 Jerusalem zurück

↓

3. Kreuzzug

↓

als „europäische Unternehmung" gescheitert, da Streit zwischen England und Frankreich

Folgen: Europäische Adlige übernehmen arabische Lebensweise.
Europäische Gelehrte lernen von islamischen Gelehrten.

Zusatzinformationen zu den Materialien

M1: Der Felsendom ist ein Beispiel der islamischen Kunst, die anfänglich auf der Kultur unterworfener Völker aufbaute, von denen die arabischen Eroberer zunächst lernten. Eine weitgehende Tolerierung der Schriftreligionen Judentum und Christentum beendete sogar für viele Menschen die Zeiten religiöser Unterdrückung durch Byzanz. Viele frühe Bauwerke der Araber, auch die Omajjaden-Moschee in Damaskus, wurden von griechischen Baumeistern errichtet. Allerdings wurden Christen und Juden durch die islamische Steuergesetzgebung benachteiligt.

M2: Die islamischen Wissenschaftler waren den christlichen bis ins 13. Jahrhundert an Wissen und Kenntnissen weit überlegen. Die türkische Miniatur auf S. 19 des Schülerbuchs zeigt sehr genau die verschiedenen astronomischen Instrumente (Zirkel, Winkelmesser), die zur Berechnung des Laufs der Gestirne dienten (Hinweis auf die Erfindung des Kompasses; Bücher im Hintergrund; Papier über Spanien nach Europa gebracht).
Medizinische Kenntnisse vermittelten die Araber auch durch Miniaturen. Die Miniatur rechts zeigt einen chirurgischen Eingriff im Analbereich, vermutlich Hämorriden, und Pflanzen, die zu speziellen Arzneien gegen die hier dargestellte Krankheit verarbeitet wurden.

M3: Der Krönungsmantel der deutschen Kaiser weist auf arabische und islamische Einflüsse in Sizilien im 11. und 12. Jahrhundert hin. Unter den Staufern, vor allem unter Friedrich II., entwickelte sich in Sizilien eine Mischkultur, die griechische, italienische, normannische und arabische Elemente vereinigte. Friedrich II. sprach arabisch, versammelte auch arabische Gelehrte an seinem Hof und beendete seine Kreuzfahrt nach Jerusalem durch friedliche Vereinbarungen mit dem Kalifen. Sarazenische Soldaten bildeten die Leibgarde des christlichen Herrschers.

M4: Die Quelle zeigt sowohl die staatliche Zersplitterung in Europa als auch in Deutschland. Barbarossa muss auf die deutschen Fürsten ebenso Rücksicht nehmen wie auf die europäischen Könige. Der byzantinische Kaiser wird nur als König von Griechenland betitelt. Daraus wird Barbarossas Kaiserideologie erkennbar, der einzige universale christliche Herrscher zu sein. Gleichermaßen wird der besondere Anspruch des byzantinischen Kaisers deutlich: Er verweigert seinem westlichen Rivalen die Unterstützung und fürchtet dessen Machtzuwachs. Das Oströmische Reich hatte um 1190 stark an Macht eingebüßt und wurde 1204 zum Angriffsziel des nächsten Kreuzzugs. Unter den europäischen Herrschern, aber auch zwischen Kaiser und deutschen Fürsten herrschte Rivalität.

M5: Der Text zeigt, dass die Schulverwaltungen der Bundesländer beginnen, der veränderten ethnischen und religiösen Situation in Deutschland Rechnung zu tragen. Mit dem islamischen Religionsunterricht setzt ein weiteres Stück Normalisierung ein.
Andererseits deuten sich aber auch Unsicherheiten an. Die Befürchtungen des „Missbrauchs" ergeben sich vor allem aus der Gegnerschaft islamischer Fundamentalis-

ten zur westlichen Zivilisation. Auch die deutsche Seite zeigt Angst gegenüber dem „Fremden". Nicht nur die extreme Form der Brandanschläge, sondern auch Widerstand gegen die Errichtung von Moscheen oder die Ausgrenzung von Menschen ausländischer Herkunft sind hier anzusprechen.

Ergänzungen zum Angebot des Schülerbuchs

Informationen zu den Hauptakteuren des 3. Kreuzzuges:
Friedrich I. Barbarossa (1122–1190, deutscher Kaiser seit 1152) wurde als Staufer zum deutschen König gewählt und suchte – auch wegen seiner verwandtschaftlichen Beziehungen – zunächst die Versöhnung mit dem mächtigsten Vertreter der Welfenfamilie, Heinrich dem Löwen. Er überließ Heinrich die Herzogtümer Sachsen und Bayern, wobei dieser seine Macht durch eigenständige Erwerbungen im Osten vergrößerte. Friedrich I. wollte als oberster Lehnsherr mit selbstständigen Reichsfürsten das Deutsche Reich regieren. Durch die Heirat mit Beatrix von Burgund 1156 wurde deutlich, dass Friedrich seinen Machtschwerpunkt in Italien ausbauen wollte. Dessen reiche Handels- und Gewerbestädte allerdings verwehrten dem Kaiser den Gehorsam, als er in Italien alte Reichsrechte wieder durchsetzen wollte. Mehr als 20 Jahre lang versuchte Friedrich I. mit wechselndem Erfolg, die lombardischen Städte, angeführt von Mailand, zu unterwerfen. Diese fanden Unterstützung beim Papst, worauf der Kaiser einen Gegenpapst aufstellte. Schließlich suchte Friedrich seit 1177 den Kompromiss mit dem Papst und den italienischen Städten. 1180 gelang es Friedrich, Heinrich den Löwen, der ihm die Hilfe bei den italienischen Feldzügen verweigert hatte, in einem Lehnsprozess zu entmachten. Allerdings musste er die Herzogtümer Bayern und Sachsen sofort neu verleihen. Immer empfand sich Friedrich als römischer Kaiser und als Schutzherr der westlichen Christenheit, ein Anspruch, den besonders Frankreich und England ablehnten. In diesem Bewusstsein nahm er auch am Kreuzzug von 1190 teil.

Philipp II. August von Frankreich (1165–1222, König 1180–1222) gelang es in seiner langen Regierungszeit, die Übermacht des deutschen Kaisertums und des britischen Königtums zu überwinden. So kehrte er 1191 vom Kreuzzug vorzeitig zurück, um die Normandie zu erobern. Zu Lebzeiten von Richard Löwenherz allerdings konnte Philipp II. die englische Macht nicht eindämmen, das gelang erst nach Richards Tod bei dessen Nachfolger und Bruder „Johann Ohneland". 1208 besaßen die Engländer nur noch die Gascogne auf dem Festland. 1214 schlug das französische Heer ein englisches Heer bei Bouvines, das von den französischen Historikern auch als „erstes nationales Ereignis" ihrer Geschichte gewertet wurde. Durch diesen Sieg verhalf der französische König auch dem jungen Staufer Friedrich II. gegen den welfischen König Otto IV., der in dieser Schlacht die deutschen Kaiserinsignien verlor, an die Macht. Philipp konzentrierte die wichtigsten Hofbehörden und Ämter in der Hauptstadt Paris, förderte die Eigenständigkeit der Städte und schwächte die Stellung der mächtigen Lehnsmänner, von denen der bedeutendste der englische Herrscher war. Zu seiner Zeit errang Paris wegen seiner Universität Sorbonne den Ruf eines europäischen Athens.

Richard Löwenherz regierte als englischer König von 1189 bis 1199. Er herrschte nicht nur über England, sondern auch über große Teile Frankreichs (Normandie, Südwestfrankreich), um die er sich als Herrscher besonders kümmerte. Persönlich setzte er sich für die Vorbereitung und Durchführung des 3. Kreuzzugs ein. Durch Abfindungen gewann er auch seinen Gegner, den französischen König Philipp II. August zur Teilnahme. Erst 1191 kam Richard mit seinem Aufgebot nach Akkon, konnte aber trotz militärischer Erfolge den Kreuzzug nicht mehr siegreich beenden. Auf seinem abenteuerlichen Heimweg quer durch Europa wurde er von Anhängern des deutschen Kaisers erkannt, gefangen gesetzt und nur gegen ein großes Lösegeld 1194 freigelassen. Während seiner restlichen Regierungszeit versuchte Richard, die Normandie vom französischen Kaiser zurückzuerobern. Bei der Belagerung einer Burg traf ihn ein verirrter Pfeil eines Lehnsmannes. Richard Löwenherz galt den Zeitgenossen als vollendeter Ritter.

Saladin, eigentlich Jussuf, erhielt seinen Beinamen „Salah-ed-din" („Heil des Glaubens") wegen seiner Verdienste um die Stärkung des Islams. 1137 als Sohn eines kurdischen Offiziers geboren, lebte er bis 1167 friedlich seinen wissenschaftlichen Studien. Unwillig begleitete er seinen Onkel, einen Feldherrn des Sultans, nach Ägypten, zeichnete sich aber durch seine Tapferkeit aus und verwaltete schließlich als Statthalter das Land. Als Wesir von Ägypten zeichnete er sich durch eine menschenfreundliche Regierungsweise, aber auch durch seinen religiösen Ernst aus. 1181 setzte er die Herrscherfamilie Ägyptens ab, 1184 folgte er dem Sultan von Damaskus auf den Thron und regierte schließlich auch in Mesopotamien. Er nahm den Herrschertitel „Sultan" an und wollte Jerusalem zurückerobern. Nach dem entscheidenden Sieg von Hittin 1187 über den christlichen König von Jerusalem Guido von Lusignan und seine Ritter konnte er Jerusalem einnehmen.
Anders als die christlichen Kreuzfahrer ging Saladin mit seinen unterlegenen christlichen Gegnern gewöhnlich großzügig und ritterlich um: König Guido und andere Barone wurden nach Damaskus geschickt, bis ihr Lösegeld eintraf. Den christlichen Einwohnern Jerusalems gestattete er, sich loszukaufen: zehn Goldstücke für einen Mann, fünf für eine Frau, eins für ein Kind. Für 7000 ärmere Bürger senkte der Sultan den Preis auf 30000 Goldstücke. 3000 Gefangenen schenkte er die Freiheit, da sie den Preis nicht zahlen konnten. Aus seinem eigenen Schatz spendete er für die Witwen und Waisen der gefallenen Ritter. Die abziehenden Christen schützte er vor den Übergriffen seiner Soldaten. Die Ritter vom Templerorden allerdings ließ er hinrichten.
Diese für damalige Zeit ungewöhnliche Milde stand in starkem Gegensatz zu dem blutigen Gemetzel, das die Kreuzfahrer während der Eroberung Jerusalems fast 100 Jahre vorher angerichtet hatten. Seine erklärten Gegner, die Ordensritter, stellte Saladin allerdings vor die Alternative, zum Islam überzutreten oder zu sterben.
Der christliche Gegenschlag, der 3. Kreuzzug, blieb erfolglos. Während langer Verhandlungen begegneten

sich Saladin und Richard Löwenherz mit großem Respekt. Der englische König bot seine Schwester Saladins Bruder als Frau an und erteilte dem Neffen des Sultans in Askalon den Ritterschlag. Als der dreijährige Waffenstillstand geschlossen war, kündigte Löwenherz an, er werde mit seinen Soldaten wiederkommen, um Palästina zu befreien. In einem Brief antwortete Saladin, er schätze Richard so hoch, dass er seine Länder lieber an den englischen König als an einen anderen verlieren wolle. Im selben Jahr starb Saladin an einem Fieber.

Spanien unter den Mauren:
Spanien war ungefähr 800 Jahre lang das Land der drei Religionen. Die Araber nannten es „Al-Andalus", die Juden „Sepharad", die Christen „Spanien". Trotz langer Kriege und Verfolgungen lebten die Angehörigen der drei Religionen auch friedlich miteinander. Hier begegneten sich Moslems und Christen, wobei Juden oft kulturell vermittelten. Die Mauren, die 711 bei Gibraltar landeten, waren wie auch andere islamische Eroberer religiös tolerant und gestatteten Juden und Christen die freie Religionsausübung. Auch die christlichen Herrscher in Nordspanien, die seit dem 11. Jahrhundert das Land schrittweise zurückeroberten („Reconquista"), hielten sich zunächst an diese Praxis.
Die Mauren führten die hochentwickelte arabische Kultur nach Spanien ein, in der jüdische Gelehrte als Übersetzer und Wissenschaftler eine bedeutende Rolle spielten. Als in Spanien ein selbstständiges Kalifenreich (929 – 1031) entstand, begann die Blütezeit dieser auch von Christen bewunderten Kultur. Wie in anderen islamischen Großstädten entstanden in Cordoba und Toledo Hochschulen, an denen Gelehrte der drei Religionen, auch unter christlicher Herrschaft seit 1085, zusammenarbeiteten. Sie sammelten und studierten die griechischen und römischen Werke der Antike und der arabischen Gelehrten. Geografie, Astronomie, Medizin und Mathematik konnte man am besten an spanischen Hochschulen erlernen. Die Toleranz moslemischer und christlicher Herrscher ermöglichte sowohl eine kulturelle als auch eine wirtschaftliche Blüte. Mit der Eroberung Sevillas, des letzten islamischen Staates, sollte Spanien ein Königreich mit nur einer Religion, der katholischen, werden. Von nun ab wurden Moslems und Juden verfolgt und vertrieben.
Die Begegnung der Kreuzfahrer mit der islamischen Kultur beeinflusste auch die europäische Lebensweise in verschiedener Hinsicht. Orientalische Gewürze und Erzeugnisse wie Stoffe aus Samt und Seide, Stahlklingen aus Damaskus, Glas- und Töpferwaren waren in Europa hoch begehrt und wurden von Kaufleuten aus Venedig, Pisa und Genua eingeführt. Auf einer Handelsreise lernte Leonardo Fibonacci 1020 das arabische Zahlensystem kennen und verbreitete es in Italien. Der Arzt Hugo von Bologna machte sich mit der hoch entwickelten arabischen Medizin im Orient vertraut und gründete die Chirurgenschule in seiner Heimatstadt, die bald europäischen Rang besaß. Den Kompass und Kenntnisse über den Erdmagnetismus brachte 1269 der Franzose Petrus „der Kreuzfahrer" nach Europa.

Ergänzende Textquellen:
Zum europäisch-arabischen Verhältnis im Mittelalter:
Der bedeutende arabische Gelehrte Al-Biruni (973–1048) schrieb in seinen Büchern:
„[Es] ist bekannt, dass die einfältige Ausübung der Religion nichts helfen wird, wenn ihr nicht das Wissen [...] und die Unterscheidung des Wahren und Falschen vorausgeht [...]. Wenn man einen Sachverhalt aus (religiösem) Hass auf seinen Urheber unterschlägt oder entstellt oder sich von einer Wahrheit abwendet, weil derjenige, der sie ausspricht, sich in anderen Dingen geirrt hat (wie die Griechen und Römer die Götzen verehrten), so tut man das Gegenteil von dem, was die Offenbarung (Allahs) verkündet hat."
(Al-Biruni, „In den Gärten der Wissenschaft", ausgewählt, übersetzt und erläutert v. Gotthardt Strohmeier, Leipzig, 1991, S. 40f.)

Christen im arabischen Cordoba (854):
„Viele meiner (christlichen) Glaubensgenossen lesen die Gedichte und Märchen der Araber, sie studieren die Schriften der muslimischen Theologen und Philosophen, nicht um sie zu widerlegen, sondern um zu lernen, wie man sich auf korrekte und elegante Weise im Arabischen ausdrückt. Wo findet man heute einen Geistlichen, der die lateinischen Kommentare über die heiligen Schriften liest? Wer von ihnen studiert die Evangelien, die Propheten, die Apostel? Ach, alle jungen Christen, die sich durch Talent bemerkbar machen, kennen nur die Sprache und Literatur der Araber [...] Sie legen sich große Bibliotheken davon an. Redet man ihnen dagegen von christlichen Büchern, so antworten sie mit Geringschätzung."
(Sigrid Hunke, „Allahs Sonne über dem Abendland", Frankfurt/M., 1990, S. 338)

Kreuzfahrer im Heiligen Land aus der Sicht eines christlichen Teilnehmers am 1. Kreuzzug:
„Wir, die wir Abendländer sind, sind Orientalen geworden. Dieser, der Römer oder Franke war, ist Galiläer oder Bewohner Palästinas geworden; jener, der in Reims oder Chartres wohnte, betrachtet sich als Bürger von Tyrus oder Antiochia. Wir haben schon unsere Geburtsorte vergessen [...]. Manche von uns besitzen in diesem Land Häuser und Diener [...]; ein anderer hat eine Frau geheiratet, die nicht aus seinem Land, sondern aus Syrien, Armenien stammt oder eine getaufte Araberin ist. Sie sprechen verschiedene Sprachen und haben es doch alle fertig gebracht, sich zu verstehen. Die verschiedensten Mundarten sind jetzt der einen wie der anderen Nation gemeinsam und das Vertrauen nähert die entferntesten Völker einander an."
(Regine Pernoud, „Die Kreuzzüge in Augenzeugenberichten", München, S. 125)

Kreuzfahrer im Heiligen Land, aus muslimischer Sicht um 1150:
„Unter den Kreuzfahrern gibt es einige, die sich in unserem Land eingewöhnt haben und mit Moslems freundschaftlich verkehren [...] Aber sie sind eine Ausnahme und nicht als Regel zu betrachten. Dazu ein Beispiel: Einmal schickte ich einen Gefährten zu einem geschäftlichen Auftrag nach Antiochia, wo der griechische Christ Theodor Sophianos, ein Freund von mir, großen Einfluss besaß. Eines Tages sagte Theo-

dor zu meinem Gefährten: ‚Ein befreundeter Kreuzfahrer hat mich eingeladen. Komm doch mit, damit du ihre Sitten kennen lernst!' Mein Gefährte ging mit und erzählte mir darüber später Folgendes: ‚Wir kamen an das Haus von einem der Ritter, die schon mit dem ersten Zug der Kreuzfahrer gekommen waren. Er hatte sich schon von seinem Dienst im Heer zurückgezogen und lebte von seinem Besitz in Antiochia. Er ließ einen schönen Tisch bringen und überaus saubere und vorzügliche Speisen. Als er sah, dass ich aus Angst vor Speisen, die der Koran verbot, nicht aß, sagte er: ‚Greif zu! Denn ich esse nie europäische Speisen. Ich habe moslemische Köchinnen und esse nur, was sie zubereitet haben. Schweinefleisch kommt mir nicht ins Haus!' "

(Francesco Gabrieli, „Die Kreuzzüge aus arabischer Sicht", dtv München, S. 121)

Zur Situation der Moslems heute in Deutschland:
In Deutschland leben gegenwärtig mehr als zwei Millionen Moslems, die die drittgrößte Religionsgemeinschaft darstellen. Rund 100 000 von ihnen sind Deutsche, die meisten jedoch türkischer Nationalität. Unter ihnen finden wir viele Menschen, die in Deutschland Arbeit suchten. Deswegen sind sie besonders in Industrie- und Ballungsgebieten anzutreffen. Lebensgewohnheiten und gegenwärtige Situation lassen sich leicht in Projekten studieren, da in vielen Städten heute Moscheen und Islamschulen bestehen. Türkische Cafés und Läden kennen fast alle Schülerinnen und Schüler. Konflikte ergeben sich z.B. für Mädchen durch die Vorschrift, ein Kopftuch zu tragen, oder das Verbot, am Schwimmunterricht teilzunehmen. Einen Einstieg mögen die folgenden kontroversen Texte bieten:

Ein junger Moslem 1983 in Deutschland:
„Man kann absolut hier als Muslim tadellos leben. Ich lebe hier zum Beispiel 17 Jahr. Ich habe noch nie Alkohol getrunken, ich habe noch nie Schweinefleisch gegessen oder dergleichen. Ich halte mich an die islamischen Gesetze, sofern es möglich für mich ist und mehr will der Islam nicht. Der Islam ist ja eine sehr bewegliche Sache. Man kann das so auslegen, wie man innerlich denkt: Ich bin richtig und ich halte mich so, wie der Prophet das empfohlen hat. Man kann auch anders schildern: Ich sage, wenn Gott oder wenn der Prophet jetzt um diese Zeit bei mir leben könnten, hätte er mich auch nichts anders empfohlen."

(„Wochenschau", 44. Jg. Nr. 2 (1992), S. 89f.)

Ein Hoca (Korangelehrter zur gleichen Zeit):
„Wir haben schon etliche Jahre auf dem Buckel und verstehen etwas von Barmherzigkeit und vom Teufel. Aber unsere Kinder? Sie verderben endgültig, lösen sich endgültig von der islamischen Welt, ohne jemals wieder zurückzukehren. [...] Aber die Schuld daran haben Vater und Mutter. Wer überlässt seine Kinder schon den Christenhorten, die man Kindergarten nennt? Gehen die Engel, die noch nicht sprechen können, etwa von selber hin? Werden sie den Mann am jüngsten Tag nicht fragen: ‚Warum hast du dein Kind nicht in den Korankurs geschickt?' (Am christlichen) Weihnachten empfangen unsere moslemischen Kinder den Segen. Die gelobten Opfer- und Fastenfeiertage werden vergessen. [...]. Wir waren nicht die Leute für diese Gegend. Dieses Land ist nicht für uns. Jetzt sind wir mitten in die westliche Falle getreten."

(Akcam Dursun, „Deutsches Heim – Glück allein", Lamuv Verlag, S. 81)

Zu den Arbeitsvorschlägen und Fragen

a) Aufgerufen waren alle christlichen Europäer und letzten Endes wirkte die Kreuzfahrerbewegung in weiten Teilen Mittel- und Westeuropas. Ostexpansion („Deutscher Ritterorden") und „Reconquista" sind zu berücksichtigen. Allerdings einigten sich die europäischen Herrscher nicht auf ein gemeinsames Vorgehen. Deswegen ist die Aussage entsprechend einzuschränken.
b) In der ost- und südosteuropäischen Staatenwelt entstanden viele neue (National-)Staaten; das Kaisertum besaß nur noch eine relative Vormachtstellung, die auch im Deutschen Reich durch Fürstenmacht eingeschränkt war. Ostrom hatte an Bedeutung verloren.
c) Der Orient verfügte über einen höheren Grad an Zivilisation: Wissenschaften, Lebenskultur, aber auch eine gewisse religiöse Toleranz. Seine Überlegenheit bestand vor allem auf den Gebieten Mathematik, Medizin, Philosophie, Handel, aber auch in Dingen des alltäglichen Lebens wie die arabische Herkunft der Begriffe Jacke, Mütze, Diwan, Matratze, Tasse, Zucker, Koffer beweist.
d) vgl. „Aspekte der Unterrichtsgestaltung"; ob es notwendig und möglich ist, das deutsch-muslimische Verhältnis innerhalb der Klasse in einem gemeinsamen Projekt zu erarbeiten, hängt vom Klassenklima ab.

6. Erasmus – ein „europäischer" Gelehrter

Konzeption

Renaissance und Humanismus leiten die Enstehung des modernen Europas ein. Obwohl die römisch-katholische Kirche nur wenig an Macht einbüßt, verlieren die christliche Religion und die Kirchen ihre Monopolstellung im kulturellen Bereich und in Fragen der Welt- und Daseinsdeutung. Träger dieses im 15. und 16. Jahrhundert einsetzende Säkularisierungsprozesses ist vor allem das städtische Bürgertum. Der Mensch und seine Welt rücken in den Mittelpunkt des künstlerischen und intellektuellen Interesses. Es ist die (Wieder-)Geburt des Individuums, von dem aus die Welt neu betrachtet und interpretiert wird. Zwar blieb der Humanismus auf eine europäische Gelehrtenschicht beschränkt, beeinflusste aber nachhaltig das gesamte europäische Geistesleben. Mit der Renaissance fanden mathematisch-naturwissenschaftliche Gesetzmäßigkeiten Eingang in die Kunst, deren Formen und Proportionen sich an antiken Vorbildern orientierten.
Das Werk und die Vita des Erasmus eignen sich hervorragend, um die europäische Dimension der humanistischen Gelehrtenbewegung und ihre besonderen Anliegen exemplarisch deutlich zu machen. Reisen und Briefkontakte des Erasmus verweisen auf die Länder übergrei-

fende Kommunikation der Gelehrten. Beispiele seiner quellenkritischen Arbeiten und Gedanken aus seiner philosophischen Welt stehen stellvertretend für humanistische Prinzipien (z.B. ad fontes). Die Kritik an der verweltlichten Renaissancekirche, untermauert und angetrieben von wissenschaftlicher Wahrheitssuche, trug schließlich auch zur konfessionellen Spaltung Europas bei, die letzlich das Ideal des Erasmus von einem einheitlichen, christlichen und toleranten Europa konterkarierte.

Aspekte der Unterrichtsgestaltung

Vorschläge für den Themeneinstieg:
- Allegorie Europa, 14. Jahrhundert, S. 6 im Schülerbuch;
- M1 und M2, Erklärung unter den Stichworten Renaissance, Humanismus;
- M3, Bild eines Gelehrten.

Teilthemen:
- Grundlagen des modernen Europa: Wissenschaft, Individualismus;
- „Europäische Einheit" in Kunst und Bildung (vgl. M5);
- Europäische Trennungen in Nationen und Konfessionen (vgl. Marginalie „Im Streit der Konfessionen" und M4a).

Problem-/Fragestellungen:
- Inwiefern kann man Erasmus als europäischen Gelehrten bezeichnen?
- Welche Ziele und Vorstellungen vertraten Erasmus und die Humanisten?
- Arbeitsfragen c) und d).

Vorschläge zu Arbeits- und Sozialformen:
- Unterrichtsgespräch über Renaissance und Humanismus mit Auswertung von M5;
- individuelle oder gruppenmäßige Auswertung der Marginalie „Stationen eines europäischen Gelehrten";
- individuelle oder gruppenmäßige Auswertung der Ziele des Erasmus (vgl. M4a und M4b).

Tafelbild

Renaissance und Humanismus in Europa

Christentum als einigendes Band zwischen europäischen Völkern und Staaten

Kritik an der Papstkirche

Vorbild Antike/ Humanismus: Der Mensch als das Maß aller Dinge	→	Neue Formen von Frömmigkeit und Glauben
Renaissance: antike Formen und moderner Realismus (Perspektive)	→	Quellenkritik: wissenschaftliche Kritik an Evangelien; Originalschriften
Vernunft und Wissenschaft trennen sich vom Glauben	→	Reformation: Suche nach dem richtigen Glauben; Kirchenspaltung in Europa
Toleranz	→	Glaubenskriege

Zusatzinformationen zu den Materialien und zum Verfassertext

„Nation" und „Europa der Universitäten": Der Feudalismus als das zentrale gesellschaftliche Verbindungsgeflecht, die christliche Religion und das antike Erbe wurden bisher als einigende Elemente der mittel- und westeuropäischen Entwicklung angesprochen, die im Unterschied zum osteuropäisch-orthodoxen und islamischen Kulturkreis das Leben in weiten Teilen Europas bestimmten. Eine besondere Richtung nimmt der „abendländische" Kulturkreis durch die Verselbstständigung eines kirchlich und religiös sich emanzipierenden Gelehrtentums ein, das sich der wissenschaftlichen Wahrheitssuche verpflichtet fühlt. Das „Europa der Universitäten" ging seit Beginn des 13. Jahrhunderts von der Pariser Universität Sorbonne aus. Die Universität Paris, die erste des Abendlandes, entstand durch die Gruppierung der vier Nationen (Franzosen, Normannen, Pikarden und Engländer) und aller am „studium generale" beteiligten Lehrer und Studenten zu einer Fakultät, als deren Sprecher der Rektor auftrat. 1221 erhielt die Fakultät, anders als die kirchlichen Schulen, ein eigenes Siegel und galt somit als autonome Korporation. Sie stellte sich als eine Gemeinschaft von Klerikern dar und bekam 1231 schließlich das Privileg zugestanden, von jeder lokalen Gewalt befreit zu sein. Insofern lässt sich Italien als Sitz des „Sacerdotium" (Priestertums), Deutschland als Träger des „Imperiums" und Frankreich als Ort des dritten mittelalterlichen Universalismus, des „Studiums", bezeichnen.
Vergleichend kann der Lehrer eine Karte der europäischen Universitätsgründungen heranziehen.

M1: Der Renaissancestil entwickelte sich zunächst in den mittel- und norditalienischen Gewerbe- und Handelsstädten, wo Familien einer reichen Oberschicht, Fernhändler, Bankiers und Adelige, im Bau repräsentativer Stadtwohnsitze wetteiferten (Beispiel: Florenz im 15. Jahrhundert). Verschiedene Bautechniken sind auf dem Bild zu erkennen: der Transport mit Ochsenkarren, das Behauen der Rohlinge zu glatten Blöcken durch Steinmetze, das Herausmeißeln von Kapitellen, Gesimsteilen und Balken für Geschossdecken (Zurechtsägen). Die Gebäude lassen typische Elemente der Renaissance-Architektur erkennen, die Stilelemente römischer Baukunst wieder aufgriff: Fassadengliederung durch Halbpfeiler mit Kapitellen, Gesimse zur vertikalen Geschossunterteilung und zum Fassadenabschluss, Fensterbedachung durch Dreiecksgiebel, Pfeilerreihe und -halle (statt Säulen) mit Fries und Statuenschmuck. Die Renaissancekünstler übernahmen jedoch nur die Dekoration, nicht die Funktion der römischen Gebäude (Tempel, Amphitheater, Thermen, Aquädukte).
Die Zentralperspektive, um 1425 in Florenz von Brunelleschi und Massaccio entwickelt, entspricht mathematisch-geometrischer Exaktheit und Berechnung (vgl. Bild M2, S. 22). Die in Antike und Mittelalter vorhandene Kenntnis, dass entferntere Gegenstände kleiner wahrgenommen werden, wird durch die Orientierung auf den Fluchtpunkt (mit entsprechenden Fluchtlinien) systematisiert und in darstellbare räumliche Dreidimensionalität gebracht – hier zwischen den Zwillingsbauten. Solche Gemälde dienten auch dem Entwurf idealer Städte und Wohnbauten, für die rationale Planung, Regelmäßigkeit und Symmetrie notwendig sind.

M2: Die Villa Rotonda diente einem venezianischen Aristokraten als Landsitz im späten 16. Jahrhundert. Villen entstanden im 15. Jahrhundert als unbefestigte, repräsentative Wohnsitze in einem umfangreichen Landgut und waren der römischen Landvilla der Kaiserzeit nachgebildet. Die aristokratische Oberschicht Venedigs verlegte ihren wirtschaftlichen Schwerpunkt auf die Bestellung ihrer Güter, nachdem die Stadt im 15. Jahrhundert ihre Stellung als führende Seemacht und Handelsstadt verloren hatte (Entstehung des Osmanischen Reichs, neue Handelswege). Römische Elemente: Eingangsbereich als römisch-etruskischer Tempel (Treppen und Podest, Säulen mit ionischen Kapitellen, Dreiecksgiebel, allerdings ohne plastischen Schmuck); Symmetrie und Zentralbau mit Kuppel („Pantheon").
Die Studie aus dem Perspektivenbuch Palladios verdeutlicht die Suche nach der harmonischen Ordnung und den entsprechenden Maßverhältnissen. Die Figur des Mannes steht in der Mittelachse, sein Kopf verdeckt den Fluchtpunkt. Die Architekturelemente werden in Bezug zur menschlichen Figur gesetzt – der „Mensch als Maß aller Dinge". Das Gewölbe (Gratgewölbe, eher gotisch beeinflusst als römisch) lässt die runde Öffnung im Mittelpunkt wie das Pantheon erkennen (römisches Element). Die Hinwendung der Renaissance zur Wissenschaft wird in der mathematisch exakten Suche nach der idealen Ordnung nachvollziehbar (Leonardo da Vinci, Albrecht Dürer).

M3: Erasmus wird als nordwesteuropäischer Gelehrter in seiner Stube mit entsprechenden Attributen dargestellt: Totenkopf, Papierrolle und Vase mit Blumen oder Kräutern (Botanik!) auf dem Sims vor dem verglasten Fenster; Bücher mit Verschluss auf dem Bücherbrett und dem Schreibtisch (links Schreibzeug); ein Gelehrter in gelassener, konzentrierter Körperhaltung, bekleidet mit einem pelzgefütterten Talar und Samtkappe. Interieurmalereien wie diese zeigen das realistische für die nordwesteuropäische Renaissancemalerei des 15. Jahrhunderts typische Bürgermilieu. In Flandern lag neben Mittelitalien der zweite Schwerpunkt der Renaissance.

M4a: Die Textquelle zeigt die Herausbildung von Gruppenidentitäten, z.B. dem Nationalgefühl, oft verbunden mit der Abgrenzung gegenüber einem Gegner, der in einem Feindbild abgewertet wurde. Daraus entstanden häufig Aggressionen. Das französische Nationalgefühl wurde z. B. durch den religiös überhöhten, militärischen Kampf der Jeanne d'Arc gegen die Übermacht des englischen Königs gefördert. Im Hundertjährigen Krieg entstanden in Frankreich und England „nationale" Monarchien. Gleiches gilt für die spanische Monarchie auf der iberischen Halbinsel, die in der „Reconquista" und der transatlantischen „Conquista" aggressive, religiös unterbaute Nationalziele fand. Die Vorurteile, die Erasmus behandelt, sind eher auf der populären Ebene anzusiedeln.

M4b: Die Krise des Papsttums, begründet in einem universalistischen Herrschaftsanspruch, fand ihren Ausdruck zunächst in der französischen Herrschaft über die Päpste in Avignon, dem Schisma nach der Übersiedlung der Päpste nach Rom und im Scheitern der Reform der Kirche an Haupt und Gliedern in den Konzilien des 15. Jahrhunderts. Das Konzil von Konstanz (1414–1418) setzte sich aus verschiedenen Nationen zusammen (italienisch mit Kreta und Zypern, deutsch mit dem katholischen Nord- und Osteuropa, französisch, englisch mit Wales, Schottland und Irland und spanisch), um ein italienisches Übergewicht zu verhindern. Jede Nation klärte die wesentlichen Streitfragen für sich allein. Nach der Beseitigung des Schismas blieb das zunehmend verweltlichende Papsttum, das in Italien Machtpolitik betrieb und seine beträchtlichen Einnahmen zur Förderung der Kunst verwendete, machtpolitisch angeschlagen. Papst Julius (geb. 1443, Papst 1503–1513) und die Päpste aus der Familie Medici forderten durch ihr Regiment besonders diese Kritik Erasmus' heraus.

M5a: Francesco Petrarca (1304–1374) lebte bis 1353 im Umkreis des Papsthofes von Avignon, allerdings unterbrochen von vielen Reisen, z.B. nach Rom, die letzten zwei Jahrzehnte verbrachte er in Oberitalien. Auf seinen Reisen sammelte und entdeckte er antike Manuskripte, hielt Kontakt mit europäischen Gelehrten und Herrschern (z.B. Kaiser Karl IV.) und schrieb in einem halben Jahrhundert historische und moralische Schriften in lateinischer Sprache; seine Liebesgedichte verfasste er jedoch in Italienisch. Typisch für den Frühhumanismus ist seine Freude an den originalen antiken Texten und an der Wiederentdeckung der Welt der Griechen. Gelehrte aus Konstantinopel standen im Spätmittelalter in intensivem Kontakt mit ihren europäischen Kollegen, denen sie die griechische Literatur und Philosophie vermittelten. Auf dem Konzil von Florenz sollte vor dem Hintergrund der tödlichen Bedrohung des Byzantinischen Reichs durch die Osmanen die griechisch-orthodoxe Kirche mit der katholischen wieder vereinigt werden. Dauerhafter als die Kirchenunion wirkte sich der Einfluss griechischer Gelehrter auf die Humanisten in Florenz aus. Der griechische Kardinal Bellarion, ursprünglich ein griechisch-orthodoxer Bischof aus Nikäa, hatte im Auftrag der letzten griechischen Kaiser in Italien über die Kirchenvereinigung verhandelt. Nach dem Fall von Konstantinopel 1453 förderte er die Platonforschung und forderte die militärische und politische Einheit des christlichen Europa gegen das Vorrücken der muslimischen Osmanen in Südosteuropa: „Christianus orbis Europam omnen tenet" – „Die christliche Welt umfasst ganz Europa". Solche Bündnis- und Kreuzzugsforderungen verhallten zumeist ungehört. Auch Erasmus von Rotterdam setzte sich mit dem Wunsch nach einer europäischen Einheit gegen die Türken in einem eigenen Buch auseinander: „De Europae dissidiis et de bello Turcico" („Über die Uneinigkeit Europas und den türkischen Krieg").

M5b: Giannozzo Manetti (1396–1459) war der Auffassung, dass die Taten und Leistungen des Menschen in der Geschichte hervorgehoben und gebührend herausgestellt werden müssten. Er argumentierte gegen Aufforderungen der damaligen Zeit, die Welt zu verachten, und bezog dabei deutlich und klar Stellung gegen eine tradierte Einstellung, das Dasein auf Erden sei wertlos und absolut vergänglich. Auch seine politischen Reden waren berühmt und seine „Oratores" (z.B. „De laudibus pacis", *Über den Lob des Friedens*) werden oft als „Musterbeispiele humanistischer Rhetorik" des sog. „Bürgerhumanismus" bezeichnet.

Zu den Arbeitsvorschlägen und Fragen

a) Verbindend wirkten sich aus: Die religiöse Einheit im Christentum, die später mit der Reformation verloren ging; die Einigkeit unter den humanistischen Gelehrten, die noch Latein als europäische „Verkehrssprache" verwendeten; die Ausdehnung der Renaissance von Italien in die verschiedenen europäischen Länder (unmittelbar Frankreich, dann Spanien, Deutschland und osteuropäische Staaten); verbunden mit Humanismus und Renaissance die Antike als Maßstab in Europa.
Trennend wirkte sich die Bildung verschiedener europäischer Völker aus, die staatliche Zersplitterung, die nicht durchgängig den Wohngebieten der Völker entsprach, aber auch verstärkt nationale Vorurteile; außerdem gab es keine gesamteuropäischen oder universalen Autoritäten mehr.
b) Entdeckungen:
1492 Christoph Kolumbus landet auf der Insel Guanahani vor dem amerikanischen Kontinent;
1498 Vasco da Gama entdeckt den Seeweg nach Indien;
1519 Ferdinand de Magellan und Sebastian del Cano umsegeln zum ersten Mal die Erde. Die Spanier unter Cortez erobern das Aztekenreich;
1577 Francis Drake umsegelt als zweiter Seefahrer die Erde.
Erfindungen:
1445 Johannes Gutenberg entwickelt den Buchdruck mit beweglichen Lettern;
1492 Martin Behaim konstruiert in Nürnberg einen Globus;
1500 in Nürnberg wird der Schraubstock erfunden;
1510 Peter Henlein stellt in Nürnberg die Taschenuhr mit Stundenschlag her;
1492–1559 Adam Riese verfasst Lehrbücher, die das Rechnen mit arabischen Zahlen und Dezimalziffern ermöglichen.
Die Kommunikation unter den Europäern wurde gesteigert. Sie vertiefte geistige Zusammenhänge (Humanismus), verstärkte aber auch Spannungen und Gegensätze (Kirchenspaltung, Reformation).
Erasmus ist ein „europäischer" Mensch:
- er reist quer durch Europa,
- Nationalitäten bedeuten ihm nicht viel,
- er hält Kontakte und Freundschaften mit vielen europäischen Gelehrten,
- er vertritt humanistische Ideale, die für die geistige Gemeinsamkeit (z.B. Vorbild griechische Antike, kritische Wissenschaft) in Europa einstehen,
- er setzt sich für Toleranz und Verständigung ein. Er vertritt damit allerdings die Werte des modernen Westeuropas.

c) Wertvorstellungen:
- Ablehnung von nationalen Vorurteilen,
- Toleranz und Verständigung,
- Wissenschaftliche Suche nach der Wahrheit,
- Der (kreative) Mensch als Maß aller Dinge,
- Kritik von Vorurteilen und weltlichem Missbrauch der kirchlichen Macht.

Diese Wertvorstellungen gehen in das moderne, europäische und demokratische Weltbild ein. Aus der Formel „Der Mensch als Maß aller Dinge" kann die Wertschätzung des Einzelnen gefolgert werden, allerdings auch die Selbstüberschätzung der modernen Menschen, die auf wissenschaftlicher Erkenntnis und Welterklärung die industrielle Zivilisation errichten. Zunächst werden diese Werte jedoch durch die Konfessionalisierung im 16. und 17. Jahrhundert stark zurückgedrängt.
d) Erasmus kritisiert z.B.
- die Pariser: Hinweis auf die führende Stellung der Theologen der Sorbonne oder
- die Italiener: Die „Comedia divina" (Dante Alighieri) und das „Decamerone" (Giovanni Boccaccio) in der italienischen Sprache deuten auf ihr Überlegenheitsgefühl als Nachfahren der alten Römer hin.

Die einzelnen Kritikpunkte sind heute nicht mehr aktuell. Es handelt sich um positive Vorurteile hinsichtlich der „Wir-Gruppe" meist eines Volkes oder einer bedeutenden europäischen Stadt. Diese Selbstaufwertung ist oft mit der Abwertung des Fremden verbunden. Erasmus wertet dies als „Dünkel", der beim Einzelnen, aber auch im Kollektiv vorkommt und als falsche Vorstellung oder Einbildung einzuordnen ist.

7. *Europäische Bildungsreisen im Zeitalter des Absolutismus*

Konzeption

Die konfessionelle Spaltung beherrschte Europa von 1525 bis 1650 und führte zu verschiedenen religiös motivierten Kriegen, unter anderem dem Dreißigjährigen Krieg in Mitteleuropa. Diese Feindschaft ging mit einem konfessionellen Fundamentalismus und allgemeiner Intoleranz einher, die sich in Deutschland zur Zeit des Dreißigjährigen Krieges auch in verstärkten „Hexen"-Verfolgungen auswirkte. Die absolutistische Staatsmacht schien den meisten Zeitgenossen ein Garant von allgemeiner Sicherheit und Ordnung.
Diese Zusammenhänge treten in diesem Kapitel nur peripher in Erscheinung. Untersucht wird vielmehr die wachsende interne europäische Verbindung, die sich einerseits in der Verbreitung des absolutistischen Regierungssystems durch ganz Europa, andererseits in der zunehmenden Reisetätigkeit der Oberschichten verdeutlichte (vgl. Schülerbuch, S. 24, Marginalie, „Kavalierstouren in Europa").
Ein weiterer Schwerpunkt ist die Anbindung Russlands an Mittel- und Westeuropa unter dem absolutistischen Zaren Peter I., der eine Europäisierung des russischen Regierungssystems und des gesamten Lebens in seinem Reich anstrebte, aber in diesem Unternehmen teilweise scheiterte. Da der Absolutismus im Schülerbuch in einem eigenen Großkapitel behandelt wird (vgl. S. 38–75), lassen sich entsprechend Materialien einbeziehen; im Längsschnitt „Europa" müssen deshalb Schwerpunkte gesetzt werden, die sich mit diesem Großkapitel nicht überschneiden. So bildet einen dritten Schwerpunkt das Thema „Reisen und Bildungsreisen in Europa, damals und heute". Ein zeitlicher Rückgriff auf die Pilgerreisen des Mittelalters, besonders die Jakobspilgerschaft, bietet neben der Aktualisierung des modernen Tourismus eine zusätzliche Vertiefung.

Aspekte der Unterrichtsgestaltung

Vorschläge für den Themeneinstieg:
- Aussprache: Reisen, Völkerverständigung, Bildung;
- Kavaliersreisen 17./18. Jahrhundert, M1, M2;
- Wiederholung: die Folgen der konfessionellen Spaltung.

Teilthemen:
- Reisen als ein Moment europäischer Kultur;
- Das französische Vorbild und die europäische Staatenwelt;
- Die Europäisierung Russlands;
- Probleme: die gewaltsame Reform von oben, der starke Staat.

Problem-/Fragestellungen:
- Welche Wirkungen besaßen die Kavalierstouren?
- Wie war die europäische Staatenwelt im 17. und 18. Jahrhundert aufgebaut? (Vormacht und Gleichgewicht);
- Problematik der Modernisierung in Russland.

Vorschläge zu Arbeits- und Sozialformen:
- Gelenktes Unterrichtsgespräch: Ziele und Folgen von Kavalierstouren;
- Lehrerheft: Bedeutung Frankreichs im 17. Jahrhundert und die europäische Staatenwelt;
- Gruppenarbeit: Das Werk Peters des Großen, Europa und Russland (vgl. M3 und M4).

Tafelbild

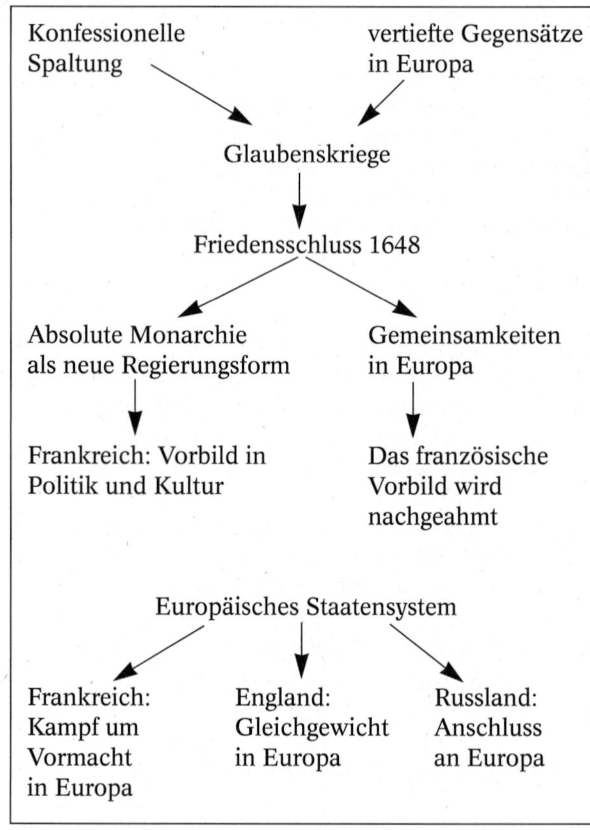

Zusatzinformationen zum Verfassertext

Marginalie: Zar Peter I. in einem Mosaik-Ausschnitt: Zar Peter I. Alexejowitsch („der Große", 1672–1725) wurde noch minderjährig nach dem Tode des ältesten Bruders unter Umgehung des schwachsinnigen Bruders Iwan V. zum Zaren berufen. Nach einer Palastrevolte musste er jedoch mit ihm die Macht teilen, während Stiefschwester Sophie für beide zunächst die Regentschaft übernahm. Peter wuchs im Dorf Preobashenskoje auf. Sein militärisches und technisches Interesse führten ihn mit dem schottischen General Gordon und dem Schweizer La Harpe zusammen. So erhielt der junge Zar eine westeuropäische Ausbildung und wurde der altrussischen Tradition entfremdet. 1689 übernahm Peter die Regierung und konnte die Überlegenheit seiner europäisch geschulten Truppen im Krieg gegen die Türken erproben.
Die Europareise unternahm Peter, um die politische Lage in Europa zu erkunden und einen gemeinsamen Krieg der christlichen Staaten gegen das Osmanische Reich („Kreuzzug") zustande zu bringen, aber auch um technische Informationen zu sammeln. Letztlich bildete sich während dieser Reise das Ziel Peters heraus, Russ-

land nachhaltig zu modernisieren und es in die europäische Staatenwelt als Großmacht einzubeziehen.
Im Nordischen Krieg (1701–1721) wurde Schweden, die bisherige nordeuropäische Vormacht, besiegt und Russland zur Vormacht in Osteuropa und an der Ostsee. Das Baltikum wurde in das Zarenreich eingegliedert.
Seit 1703 begann Peter mit dem Ausbau einer neuen Hauptstadt in den Sümpfen der Newa, St. Petersburg, ein Unternehmen, das von europäischen Architekten geplant wurde und Tausende russischer Arbeiter das Leben kostete. Peters Versuche, westeuropäische Sitten einzuführen, nahmen bisweilen groteske Formen an: Der Zar zwang den russischen Adel, Salons zu unterhalten, westliche Kleidung und Perücken zu tragen und schnitt den Bojaren selbst die Bärte ab. Mit Jugendfreunden hielt er Trinkgelage ab, sog. „Saufkonzile", in denen die russische Geistlichkeit verspottet wurde.
Peter schaffte das alte gesellschaftliche System ab, verpflichtete den Adel zum militärischen und zivilen Staatsdienst und gewährte ihm Aufstiegsmöglichkeiten nur im Rahmen der „Diensttabelle". Die unterschiedlichen Bauernschichten mussten unterschiedslos Kopfsteuern zahlen, sanken aber zunehmend auf den Stand der Leibeigenschaft, da der Adel Gerichtsrechte über sie besaß und für die Steuern der Bauern aufkam.
In der Staatsverwaltung schuf Peter Einrichtungen, die 200 Jahre die Grundlage der Regierung bildeten. Er holte westeuropäische Offiziere, Techniker und Instrukteure in sein Reich und schickte junge Russen zur Ausbildung nach Westeuropa. Das Reformwerk Peters führte dazu, dass der Dienst am Staat als Pflicht aller Russen, auch des Zaren, angesehen wurde. Allerdings ließ das Übermaß an Überwachung und Bespitzelung kein staatsbürgerliches Verantwortungsbewusstsein entstehen. So entwickelte sich eine gewaltige Bürokratie und eine europäisierte Adelsschicht, die über eine Masse von rechtlosen und ungebildeten Leibeigenen herrschten. Die Mobilisierung der großen Bevölkerung in vielen erbittert geführten Kriegen ermöglichte Russlands Aufstieg zur Großmacht und schließlich zur Weltmacht.
Die Mächteverlagerung in Europa um 1700 lässt sich in der folgenden Skizze zusammenfassen:

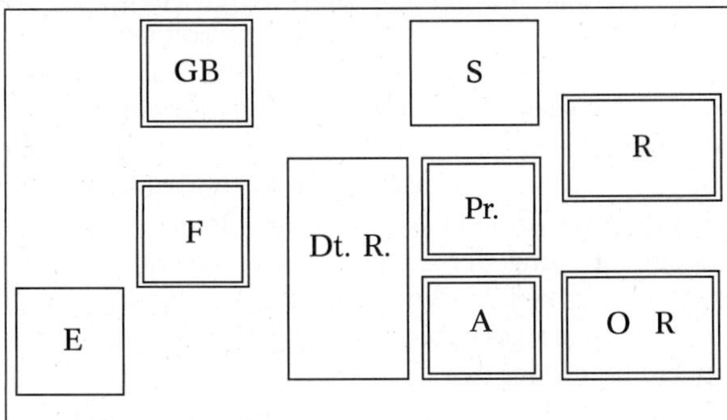

= aufsteigende Macht — – absteigende Macht

E	= Spanien	A	= Österreich
F	= Frankreich	S	= Schweden
GB	= Großbritannien	R	= Russland
Dt. R.	= Deutsches Reich	OR	= Osmanisches Reich
Pr.	= Preußen		

Bildungsreisen zählen im 17. und besonders im 18. Jahrhundert zunehmend zum Muss der aristokratischen Erziehung, die im Ergebnis zum gebildeten Europäer führten. Die Reisemöglichkeiten, unbefestigte Straßen, Kutschen, Unterkunft erforderten genaue Planung. Eltern hofften, dass ihre Söhne im Ausland fremde Sprache erlernen und andere Gebräuche und Lebensformen entdecken würden. Vor allem jedoch sollten sie sich mit den schönen Künsten und guten Manieren vertraut machen. Auf diesen Reisen verfestigte sich das europäische Kulturbewusstsein, wie der französische Philosoph Jean-Jacques Rousseau behauptete: „Es gibt nur Europäer. Sie besitzen alle den gleichen Geschmack, die gleichen Leidenschaften und die gleiche Lebensart."
Als Reisebegleiter, „Hofmeister", der jungen Adligen hatten auch bürgerliche Akademiker die Möglichkeit zu solchen Europareisen. Allerdings konnten auch wohlhabende bürgerliche Familien ihren Söhnen im 18. Jahrhundert solche Fahrten ermöglichen. Goethes Vater formte durch die Erinnerungen an seine eigene Bildungsreise nach Italien und Rom die Vorstellungswelt des Sohnes so nachhaltig, dass dieser in einer tiefen Schaffenskrise beschloss, selbst eine ausgedehnte Bildungsreise in die Stadt der Päpste zu unternehmen (vgl. „Die italienische Reise"; in diesem Werk gestaltet der Dichter die Parallelität von Persönlichkeitsbildung und Reise bzw. Aufenthalt in Rom). Auch in seinem Hauptwerk „Wilhelm Meister" entwickelt er die Reise, die Wanderschaft zum wesentlichen Moment der Reifung der Persönlichkeit. Die europaweite Verbreitung des Barockstils, die Zusammenhänge der europäischen Musik verdeutlichen die kulturelle Einheit Europas, was man auch an den Reisen Mozarts erkennt.

Zusatzinformationen zu den Materialien

M1: Das Ölgemälde zeigt junge englische Lords in Rom, erkennbar am Kolosseum und am Titusbogen. Die Reste der römischen Antike besichtigt zu haben gehörte zu den Selbstverständlichkeiten der „Kavalierstour". Die Reisen wurden langfristig vorbereitet, Reiseführer wurden immer häufiger geschrieben und gelesen. Engländer waren die ersten „Touristen" auf dem europäischen Festland. Als Erinnerungsstücke kauften diese Reisenden gerne Bilder, wie sie z.B. Canaletto von Venedig malte, die die besuchten Städte zeigten.

M2: Der Vater erscheint in der traditionellen Kleidung des konservativen und soliden Landedelmannes, während der Sohn in der höfischen Tracht des französischen Rokoko von seiner Fahrt über Paris zurückgekehrt ist: Seidenstrümpfe, Kniebundhosen, Hemd mit Spitzenkragen und -manschetten, Weste (grüne Seide), Jackett, zierlicher Spazierstock mit Handtasche, hochtoupierte, aufwendig ondulierte Perücke, Zierdegen mit vergoldetem Griff. Diese Ausstattung eines französischen Hofadligen konnte das durchschnittliche Einkommen eines Landadligen überschreiten und trug zur Verschuldung und zum Ruin mancher Adelsfamilie bei. Besonders junge Adlige neigten zur Verschwendung und zur Übernahme der neuesten Mode. Deswegen wurden auch bürgerliche Begleiter als Aufpasser, Bediener und Reiseplaner beigegeben.

M3a: lässt einerseits die absolutistische Regierungsform in Russland erkennen, da die Reform eindeutig vom Herrscher ausgeht, andererseits die Europäisierung, wobei der Halbsatz „dass auch wir Menschen sind“ verdeutlicht, dass „Mensch-Sein“ mit dem gesitteten Benehmen und der Bildung des Mitteleuropäers gleichgesetzt wurde.

M3b: Hier findet sich die Kritik der Aufklärung an der Alleinherrschaft des Fürsten, die auf die Tatsache hinweist, dass politische Entwicklungen von dem Zufall der Herrscherpersönlichkeit abhängen. Somit wird die Entwicklung der Untertanen zu eigenständig handelnden Individuen verhindert. Bürger sein heißt, sich mit dem Staat zu identifizieren und verantwortungsbewusst zu handeln. Jedenfalls fehlt eine aufgeklärte und vernünftige Haltung, wie sie die Aufklärung fordert.

M4: Michael Gorbatschow propagierte bewusst die Integration der Sowjetunion in das „gemeinsame Haus Europa“ und versucht in diesem Textausschnitt den europäischen Charakter Russlands und seiner Geschichte als Argument dafür anzuführen. Die Verbundenheit des alten Russlands mit dem Christentum verweist allerdings mehr nach Konstantinopel und in den Kulturkreis des Oströmischen Reiches. Trotzdem sind immer wieder auch kulturelle und wirtschaftliche Kontakte nach Mittel- und Westeuropa nachvollziehbar. Die Herrschaft der mongolischen „Goldenen Horde“ entzog die russischen und ostslawischen Völker jedoch für zwei Jahrhunderte dem westeuropäischen Einfluss.
Auch als das Großfürstentum Moskau zum russischen Zarenreich aufstieg, dominierte zunächst der byzantinisch-orthodoxe Einfluss. Die Europäisierung des 18. Jahrhunderts griff nicht auf den Alltag der breiten russischen Bauernschichten und die russisch-orthodoxe Kirche über. Die kommunistische Revolution Lenins stand ideologisch eigentlich deutlich unter europäischen sozialistischen Vorstellungen. Sie führte allerdings zu einer totalitären Diktatur unter Stalin, einem System, das gleichzeitig auch in Mittel- und Südeuropa zur Entfaltung kam. Eine beträchtliche Anzahl von Völkern, die Gorbatschow nennt, lebt heute in eigenständigen Staaten: Ukrainer, Weißrussen, Moldauer, Litauer, Letten, Esten, die sich teilweise auf eine lange eigenständige Tradition berufen können. Diese Ungenauigkeit in der Argumentation Gorbatschows sollte auch den Schülerinnen und Schülern vermittelt werden.

Zu den Arbeitsvorschlägen und Fragen

a) Die jungen Adligen sollten Weltläufigkeit, Bildung, gute Sitten erlernen. Aus diesen Bildungszielen entstand das Zusammenwachsen der europäischen Oberschicht und Kultur sowie die Verbreitung eines Bewusstseins von europäischer Geschichte und Kultur und einer europäischen Lebensweise.
b) Dazu sollten typische Bildungsreisen von entsprechenden Veranstaltern hinzugezogen werden. Dabei ist zu beachten, dass sich diese Anbieter normalerweise nicht gerade an Jugendliche wenden. Freizeitinteresse orientiert sich weniger am Tourismusangebot konventioneller Bildungsreisen. Bei der Planung ihrer „Bildungsreise“ sollten die Schülerinnen und Schüler den europäischen und den bildungsmäßigen Aspekt nicht übergehen.
c) – Stärkung des Zaren als uneingeschränkter Herrscher mit einer modernen Verwaltung und vermehrter Machtfülle;
– Europäisierung des Adels, der in den Dienst des Staates gestellt wird;
– Bauern: weitgehende Entrechtung zu Leibeigenen, Festhalten an der überkommenen Lebensweise;
– Europäische Nachbarstaaten: Erstarken Russlands zur europäischen Großmacht; Westausdehnung (z.B. Baltikum) auf Kosten Schwedens, später Polens.
d) vgl. „Zusatzinformationen zu den Materialien“ M4.

8. *Ein Europa der Vernunft?*

Konzeption

Das moderne demokratische Europa beruht in vielen Aspekten auf der bürgerlichen Reform- und Revolutionsbewegung des 18. Jahrhunderts, die mit der Aufklärung, der Französischen Revolution und der industriellen Revolution in England verbunden ist. Diese historischen Umbrüche bilden einen thematischen Schwerpunkt in jedem Geschichtsunterricht. Um Überschneidungen zu vermeiden, sollen die europäischen Zusammenhänge dieser Epoche am Leben und Werk des Aufklärers Voltaire gestaltet werden. Wie bereits in der letzten Unterrichtseinheit erkennbar, wuchs Europa in dieser Zeit kulturell und im Bewusstsein der Aristokratie und der gebildeten Schichten zu einer Gemeinsamkeit heran. Insofern sind die Modernisierungsprozesse in Bildung, Wirtschaft, Gesellschaft und Politik eng verknüpft, begründet durch eine neue wissenschaftliche, rationalistische und kritische Geisteshaltung. Leitideen und Werte, die schon im Humanismus Erasmus' und der italienischen Renaissance angelegt waren, wurden besonders in der zweiten Hälfte des 18. Jahrhunderts weiterentwickelt und konkretisiert.
Voltaire eignet sich als Verfechter von Toleranz und einer europäischen Identität, der auf die europäische Geisteswelt, aber auch auf bedeutende Herrscher seiner Zeit durch seine gedruckten Werke und durch seine Briefe großen Einfluss ausübte, gut für die exemplarische Behandlung der Epoche. Deutlich müssen aber auch die Grenzen der Bewegung der Aufklärung gezeigt werden: Im aufgeklärten Absolutismus Friedrichs II. von Preußen oder der Zarin Katharina blieb vor allem die Idee der Freiheit unterentwickelt. Die politische Konsequenz der Aufklärung waren die demokratische Revolution, die wirtschaftliche und die industrielle Revolution, die auf der vernünftigen Beherrschung der Natur basierten.
Ein weiteres Element der Epoche in europäischer Hinsicht stellte die Vorherrschaft der französischen Kultur und Lebensweise dar, wofür Voltaire und Friedrich II. ein Beispiel bieten. Nationale Emotionen deuteten sich bereits im Werk verschiedener europäischer Intellektueller wie Lessing und Rousseau an.

Aspekte der Unterrichtsgestaltung

Vorschläge für den Themeneinstieg:
- Internationale Verkehrssprachen (französische Fremdwörter, Kultursprache Französisch);
- Brainstorming „Aufklärung“;
- M2.

Teilthemen:
- Aufklärung als europäische Geistesbewegung (vgl. M4);
- Die Grundlegung des modernen Europa: Demokratie und Industrie (vgl. M1);
- Europäischer Zusammenhang (Marginalie, „Friedensplan für Europa“, M2, M3).

Problem-/Fragestellungen:
- Inwiefern legt die Aufklärung Grundlagen für ein demokratisches Europa (vgl. Arbeitsfrage c)?
- Bestand im 18. Jahrhundert wirklich ein enger Zusammenhang in Europa?
- Vor- und Nachteile von internationalen Verkehrssprachen;
- Pro und Kontra zu den Idealen der europäischen Aufklärung.

Vorschläge zu Arbeits- und Sozialformen:
- Gruppenarbeit: Marginalien „Aufklärung“ und „Vernunft und Toleranz“, M4; andererseits: Marginalie „Friedensplan für Europa“, M2, M3, Marginalie „Kultursprache Französisch“;
- Zusammenführendes Unterrichtsgespräch, Vertiefung durch zusätzliche Materialien möglich.

Tafelbild

An dieser Stelle ist eine eigenständige Notiz der Schülerinnen und Schüler zu empfehlen, die die Ergebnisse des Unterrichts zusammentragen und ihre Niederschriften vergleichen. Folgende Variante bietet sich an:

Ein Europa der Vernunft?

Gemeinsamkeit:
französische Kultur und Sprache
Verwandtschaft von Adel und Herrschern
Sitten und Überzeugungen

vertieft durch
Aufklärung
- Vernunft und Kritik
- politische und religiöse Toleranz
- Freiheit des Einzelnen

Folgen:
demokratische Revolution (Frankreich)
Reformen in verschiedenen Monarchien
Industrielle Revolution (England)

Zusatzinformationen zu den Materialien und zum Verfassertext

M1: Hinweis auf die Industrielle Revolution; Hinweis auf die „Encyclopédie“ von Diderot;

M2: Der Text verdeutlicht zum einen die Stellung, die Friedrich II. der französischen Sprache als universeller Verständigungsmöglichkeit in ganz Europa beimisst. Zum anderen wird erkennbar, wie deutlich er sich des Exports auch der französischen Kultur infolge der Sprachausbreitung bewusst ist.

M3/M4 sowie Marginalie „Friedensplan für Europa“: François Marie Arouet de Voltaire (1694–1778) besuchte als Sohn eines angesehenen Pariser Notars die bekannte Jesuitenschule Louis le Grand und verkehrte seit 1710 in freidenkerischen Kreisen. Wegen satirischer Gedichte wurde er 1718 in das Staatsgefängnis der Bastille eingekerkert. In dem Werk „Henriade“ kritisiert er den religiösen Fanatismus der Glaubenskriege zur Zeit Heinrichs IV. von Frankreich. Eine Reise nach England 1726–29 beeinflusste seine Kritik der absolutistischen Monarchie, die er in den „Lettres philosophiques sur les Anglais“ (1743) zum Ausdruck brachte. Er verließ Paris, als das dortige Parlament (Gerichtshof) die „Lettres“ verurteilte.
In Lothringen arbeitete er an philosophischen Schriften; nach seiner Rückkehr nach Paris wurde er in die Akademie gewählt, auf Fürsprache von Madame de Pompadour zum königlichen Kammerherrn und Geschichtsschreiber ernannt. Wegen seiner kritischen Meinung verscherzte er jedoch die Gunst des Königs.
1750 begab er sich nach Potsdam an den Hof seines Bewunderers Friedrich II. von Preußen. Nach drei Jahren zog Voltaire, der sich mit dem König vorübergehend überworfen hatte, über Genf, wo er von einer aufgebrachten Volksmenge verjagt wurde, nach Ferney, einem französischen Dorf nahe der Schweizer Grenze. Hier lebte er fast 25 Jahre und schrieb sein umfangreiches Werk. In seinem Todesjahr kehrte er nach Paris zurück, das ihn mit vielen Ehrungen feierte.
Voltaire trat vor allem als Schriftsteller auf, verfügte aber über ein sehr großes Vermögen, das ihm einen repräsentativen Lebensstil ermöglichte. Als vielleicht typischster Aufklärer, der vom englischen Empirismus gelernt hatte, lehnte er die philosophischen Spekulationen ab, legte aber Wert auf die kritische Analyse und schrieb in allen literarischen Gattungen einen spöttischen und glänzenden Stil. Er wurde zum Repräsentanten der französischen Kultur, als sich diese zur schlechthin europäischen Kultur entwickelte. Mit den Herrschern und Gelehrten Europas stand Voltaire in einem intensiven Gedankenaustausch, so dass ca. 20 000 seiner Briefe bekannt sind.

Katharina II. (1726–1796, Zarin seit 1762) wuchs als Tochter des Fürsten von Anhalt-Zerbst in Deutschland auf und übersiedelte 1743 als Verlobte des späteren Kaisers Peter III., ihres Cousins, nach Petersburg. Die junge Fürstin wurde am Hofe benachteiligt, erwarb die zeitgenössische Bildung der Aufklärung, gewann aber zunehmend Ansehen bei den Russen, weil sie ihren orthodoxen Glauben und ihre prorussische Haltung betonte.

Nach der Absetzung des psychisch kranken und unfähigen Peter mit Hilfe der Garderegimenter übernahm sie selbst die Regierung. Sie bekannte sich zu den Ideen der Aufklärung und gewann die Anerkennung von Diderot und Voltaire. Im Sinne der Aufklärung begann sie eine Justizreform, die aber scheiterte. Die Lage der Leibeigenen verschlechterte sich, während der Adel zwar seine Privilegien behielt, aber dem Staat gegenüber nicht mehr verpflichtet war. Katharina reformierte die Verwaltung des Staates und versuchte, die regionalen Besonderheiten der verschiedenen Reichsteile zu nivellieren.
Sie setzte die Außenpolitik Peters I. fort, besonders als nach den maßgeblich von ihr angeregten drei Teilungen Polens die Grenzen Russlands bis nach Mitteleuropa reichten. Die Siege über das Osmanische Reich brachten zu den Gebietsgewinnen auch die Schutzherrschaft über die Donaufürstentümer und die unter türkischer Herrschaft lebenden orthodoxen Griechen. Die Zarin förderte die Europäisierung, besonders Französisierung der russischen Oberschicht mit Hilfe von Kunst und Literatur, aber auch durch die Schulgründungen sehr stark. In ihren Schriften trat Katharina für die Herrschaft der Vernunft, die Freiheit des Geistes und der Kritik ein, duldete aber keinerlei Schmälerung und Ablehnung der kaiserlichen Macht und der adeligen Vorherrschaft.

Ergänzungen zum Angebot des Schülerbuchs

Folgende Texte lassen Leitideen der politischen Aufklärung erkennen:
1. Katharina II.: „Instruktion für die Kommission zur Abfassung eines Projektes für ein neues Gesetzbuch" 1767:
„Die Gleichheit aller Bürger besteht darin, dass sie alle Gesetzen unterworfen sind. Diese Gleichheit erfordert gute Einrichtungen, die den Reichen verwehren, die weniger Vermögenden zu unterdrücken und ihre Ämter zu ihrem eigenen Vorteil zu missbrauchen. Es soll durch das Gesetz nichts verboten werden als das, was entweder dem Einzelnen oder dem Gemeinwesen schädlich sein kann."
(zit. nach Guggenbühl/Hubert, „Quellen zur Neueren Geschichte", Bd. 3, 1965, S. 335f.)

2. Voltaire „Briefe über die Engländer", Ansichten über das britische Regierungssystem. Aus Brief 8:
„Die englische Nation ist die einzige auf Erden, die durch ihren Widerstand es zu einer Abgrenzung der königlichen Gewalt gebracht und nach verschiedenen Anläufen endlich die gute Regierungsform geschaffen hat, durch die der Fürst alle Macht erhält, das Gute zu tun, seine Hände aber gebunden sieht, falls er das Schlechte wollte. Das Haus der Lords und das der Gemeinen sind Schiedsrichter der Nation, der König aber ist ihr Beauftragter."
Aus Brief 9:
„Ein Mann ist in England keineswegs von der Zahlung von Steuern befreit, weil er ein Adliger oder ein Priester ist. Alle Auflagen werden vom Unterhaus geregelt. Das Oberhaus kann wohl ein Gesetz des Unterhauses ablehnen, wenn es sich um neue Steuern handelt, aber es hat kein Recht, daran etwas zu ändern. Wenn das Gesetz von den Lords bestätigt und vom König gebilligt worden ist, zahlt jedermann, und zwar nicht seinem Range nach, was man in England als lächerlich empfinden würde, sondern seinem Einkommen nach."
(Voltaire, vereinfacht nach Guggenbühl/Hubert, „Grundzüge der Geschichte", Quellenband II, Frankfurt 1973, S. 4).

Das Zusammenwachsen Europas wird in verschiedenen europäischen Friedensordnungen und Föderationsplänen wie dem Rousseaus erkennbar (vgl. Schülerbuch, S. 26, Marginalie „Friedensplan für Europa"). Bereits 1693 hatte der englische Quäker William Penn in seinem „Essay towards the Present und Future Peace of Europe" ein europäisches Parlament gefordert, das als Schiedsrichter Konflikte entscheiden und sich mit bewaffneter Macht durchsetzen sollte. Im Normalfall sollte die staatliche Hoheit jedoch bei den jeweiligen Herrschern verbleiben. Die allgemeine Abrüstung sollte den Frieden sichern und die christliche Religion als einigendes Band gegen die türkischen Angriffe wirken.
Von 1713 bis 1717 verfasste Abbé Charles-Iréné Castel de Saint-Pierre, der am Friedenskongress von Utrecht teilgenommen hatte, das „Projet de paix perpétuelle". Darin schlug er eine Art europäischen Völkerbund vor: Die Herrscher sollten sich zu einer „Europäischen Gesellschaft" zusammenschließen und ständige Vertreter zu einem Kongress schicken, der das Gleichgewicht der Mächte aufrechterhalten sollte. Einen europäischen Staatenbund schlug 1795 auch der deutsche Philosoph Immanuel Kant in seiner Schrift „Zum ewigen Frieden" 1795 vor. Stehende Heere, Geheimdiplomatie und die gewaltsame Durchsetzung nationaler Interessen sollten ausgeschlossen und kein unabhängiger Staat sollte dem anderen untergeordnet werden. Damit reagierte Kant auf die polnische Teilung. Er glaubte, die Friedfertigkeit der Staaten nur mit einer republikanischen Ordnung durchsetzen zu können, weil die Bürger über Krieg und Frieden mitentscheiden müssten. In diesen Konzepten bildet sich schon der Kern der modernen europäischen Gemeinschaft und der Systeme der kollektiven Sicherheit ab.

Zu den Arbeitsvorschlägen und Fragen

a) Französisch als internationale Verkehrs- und Kultursprache, französische Sitten und Kunst, Verwandtschaft der europäischen Königshäuser, Grundsätze der Menschlichkeit (Anstandsformen), Bildung (Aufklärung), gemeinsames Bewusstsein.
Der Unterschied zu den heutigen europäischen Gemeinsamkeiten: wesentlich stärkerer Zusammenschluss der europäischen Staaten (Weiterentwicklung der Konzepte Rousseaus); Reisen und europäische Einbindung sind nicht nur auf die Oberschicht beschränkt.
b) Folgende Aspekte der „Aufklärung" sollten angeführt werden: Herrschaft der Vernunft; kritisches, prüfendes Denken (Wissenschaft); religiöse Toleranz; Freiheit des Denkens; Beschränkung der Herrschermacht.
c) Die „Aufklärung" formulierte die grundlegenden Ideen der modernen europäischen Demokratie: Erst in ihr ist ein vernünftiges und freies Miteinander der Menschen möglich. Da das Volk entscheidet, ist Machtmissbrauch durch den Herrscher unmöglich.

9. Das Elsass – eine Region zwischen zwei Nationen

Konzeption

Je weiter der Längsschnitt in die neuere und neueste Geschichte Europas vordringt, desto stärker muss vereinfacht werden, desto mehr bergen Lücken in den Einzelheiten und Zusammenhängen die Gefahr der oberflächlichen Vorgehensweise in sich. Andererseits wird man bei den Schülerinnen und Schülern nicht viel Vorwissen erwarten dürfen. Wiederum exemplarisch, nämlich am Beispiel des Elsass, sollen die einschneidenden Veränderungen, die die Französische Revolution für die europäische Geschichte mit sich brachten, gezeigt werden, nämlich Demokratie und Nationalstaat.
Diese Leitfaktoren werden durch eine Grenzregion, die nach 1945 zur Brückenregion wurde, besonders deutlich, da häufige Kriege, Besitzwechsel, aber auch die verschiedenen Auffassungen von Nation und Demokratie in der Geschichte der Elsässer vermittelbar sind. Die Unterrichtseinheit bietet mit dem zeitlichen Schwerpunkt des 19. Jahrhunderts (Materialien) einen Längsschnitt bis zur Gegenwart, lässt persönliche Erfahrungen (Reisen) und Wissen (Straßburg als „europäische“ Stadt) zu und ermöglicht vergleichende Analysen.
Das deutsch-französische Verhältnis bildet einen zusätzlichen Schwerpunkt. Gerade die lang dauernde Gegnerschaft der beiden Völker in der Mitte Europas trug stark zur politischen Instabilität und zu militärischen Konflikten bei.

Aspekte der Unterrichtsgestaltung

Hinweis:
Weitere Regionen zwischen zwei Nationen (Südtirol, Schlesien, Baskenland) könnten von Arbeitsgruppen ergänzend erarbeitet werden.

Vorschläge für den Themeneinstieg:
- M1 (Straßburg als europäische Stadt);
- M2 (Ein Plakat der Französischen Revolution in deutscher Sprache);
- M5 (Zweisprachiges Wahlplakat – Hintergründe);
- Die Europabrücke (vgl. Marginalie „Von Kehl nach Straßburg“, Schülerbuch, S. 28).

Teilthemen:
- Das deutsch-französische Verhältnis als Beispiel des verfeindeten Nationalismus (vgl. Marginalie „Weltkriege“, M4);
- Die demokratische Entwicklung: Französische Revolution und ihre Folgen (vgl. Kasten „Europa der Demokratie“, M2, M5);
- Die Elsässer als Opfer der deutsch-französischen Gegnerschaft (vgl. Marginalie „... und wollen es bleiben“, M3, M4b);
- Nationale Feindbilder und ihre Folgen (M3, M4, M6).

Problem-/Fragestellungen:
- Die Geschichte des Elsass zwischen Frankreich und Deutschland: Kriege, Besitzwechsel (Phasen);
- Arbeitsfrage a);
- Die Ideologie des Nationalismus (M4, M4b);
- Die Tradition der Demokratie und der Freiheit in Europa (vgl. Kasten, „Europa der Demokratien“, Rückgriff auf Kapitel 1 und 8).

Arbeits- und Sozialformen:
- Das Elsass im 18. und 19. Jahrhundert, 1. Phase der Gruppenarbeit: Auswertung des Verfassertextes; Erstellung einer Zeittafel;
- Aussprache in der Klasse: Klärung von Fragen; Hinweise besonders zur Französischen Revolution durch den Lehrer;
- 2. Phase der Gruppenarbeit: 4 Gruppen mit je einem Text (M3, M4, M4b, M6) Information und Zusammenführung der Ergebnisse zu: Nation, Nationalismus mit seinen Auswirkungen.

Tafelbild

17. Jh.:	Das Elsass wird französisch und war bisher Teil des Deutschen Reichs; es bildete eine Brückenregion.
1789:	Revolution in Frankreich. Die Elsässer fühlen sich in der Verteidigung der Demokratie als Angehörige der französischen Nation.
1871:	Nach dem Krieg gegen Frankreich wird das Elsass dem neuen deutschen Kaiserreich gegen den Willen der Elsässer eingegliedert; es wird Grenzregion.
1918:	Nach dem I. Weltkrieg wird das Elsass französisch.
1940:	dem Deutschen Reich während des II. Weltkriegs eingegliedert; es wird wieder Grenzregion.
1945:	wieder französisch, bildet das Elsass eine der Kernlandschaften Europas; es ist wieder eine Brückenregion.
Fazit:	Der Nationalismus führt zu Feindbildern und vermehrten Kriegen. Die Demokratie setzt sich innerhalb von zwei Jahrhunderten in Europa nur langsam durch.

Zusatzinformationen zum Verfassertext

Das Elsass bildet seit der Teilung des Frankenreichs eine Region zwischen zwei unterschiedlichen sprachlichen und politischen Gebieten. Die frühmittelalterliche Siedlungsbewegung der Alemannen und die Eingliederung des Elsass in das fränkische Reich der Merowinger ver-

legte die Sprachgrenze zwischen romanisch und germanisch sprechender Bevölkerung in den Westen der Region. Insofern war Straßburg auch der geeignete Platz für die zweisprachige Eidleistung der Söhne Ludwigs des Frommen 842: „Es trafen sich also am 12. Februar Ludwig und Karl in der Stadt (Straßburg) und schwuren wie [...] folgt. Ludwig aber sprach romanisch („Romana lingua"), Karl deutsch („Teudisca lingua") (vgl. Nithard, „Vier Bücher Geschichte", Bd. III, S. 5). Der Begriff „Deutschland" wird erst im 15. Jahrhundert gebräuchlich.
Das Elsass gehört zunächst zum Mittelreich von Kaiser Lothar, dessen Namen in der Region Lothringen nachwirkt. Beide Regionen gehören im hohen Mittelalter zum deutschen Kaiserreich, Lothringen als Herzogtum, das Elsass als Teil des Herzogtums Schwaben.
Im späten Mittelalter (15. Jahrhundert) zählten beide zu den Kernlandschaften der Herzöge von Burgund, die zwischen Deutschland und Frankreich wieder ein Mittelreich errichten wollten. Die burgundischen Besitzungen umfassten Teile von Burgund, das Elsass, Lothringen, Belgien und die Niederlande.
Die Besitzungen der burgundischen Herzöge kamen teilweise in den Besitz der Habsburger, von denen sich die französischen Könige seit dem 16. Jahrhundert eingekreist fühlten. Deshalb wollten die französischen Herrscher auch die ehemals burgundischen Gebiete ihrem Reich einverleiben; besonders Ludwig XIV. verfolgte dieses Ziel mittels meist gefälschter Besitzrechte und mit militärischer Gewalt. Wie gleichgültig ihm rechtliche Fragen waren, verdeutlicht die Denkschrift des Außenministers Pomponne 1693: „Was Straßburg betrifft, kann man den Erwerb dieser Stadt kaum anders begründen als damit, dass es zur Deckung des Elsass gegen einen deutschen Angriff unentbehrlich ist [...]; worauf es wirklich ankommt, ist die Behauptung Straßburgs; alles andere ist von unvergleichlich geringerer Bedeutung." (Dickmann, „Geschichte in Quellen", Bd. III, S. 530f.)
Aus der jahrhundertelangen Auseinandersetzung um die mitteleuropäischen Regionen resultierten katastrophale Kriege in Europa. Allerdings blieb das Elsass unter französischer Herrschaft noch lange Zeit eine Brückenregion. Immer wieder zog es kritische Studenten und Künstler an die Universität Straßburg, so den jungen Goethe und den Schriftsteller Jakob Michael Lenz. Georg Büchner suchte in der Stadt Zuflucht vor politischer Verfolgung. Die wechselnde staatliche Zugehörigkeit führte besonders in den beiden Weltkriegen zu fatalen Situationen: So fielen im Zweiten Weltkrieg ca. 40 000 Elsässer als deutsche Soldaten. Nach dem Krieg wurde ihnen von der französischen Seite darüber hinaus zunächst misstraut.
Seit der europäischen Integration konzentrieren sich in Straßburg, Luxemburg und Brüssel, also in Städten, die einst in dem lothringischen und burgundischen Mittelreich lagen, die Einrichtungen und Behörden der EU. Der regionale Zusammenhalt wird in der oberrheinischen Region nicht nur sprachlich und kulturell, sondern auch durch eine in den letzten Jahrzehnten verstärkte Zusammenarbeit über die Ländergrenzen hinweg erkennbar. Der alemannische Dialekt wird nur noch von 20 % der Bevölkerung gesprochen. Die meisten Menschen im Elsass sprechen heute französisch.

Zusatzinformationen zu den Materialien

M1: Das Straßburger Münster und das Europaratsgebäude geben Anlass, über den „europäischen" Charakter von Baustilen und Gebäuden zu sprechen – die Gotik als europäische Kunstepoche und die verschiedensten Beispiele des gotischen Kirchenbaus (vgl. Lehrerband, „Geschichte und Geschehen, A2, S. 73–79); weitere europäische Verwaltungsgebäude befinden sich in Brüssel und Luxemburg.

M2: 1794, auf dem Höhepunkt der Jakobinerdiktatur und der „levée en masse" tauchte dieses deutschsprachige Plakat im Elsass zur politischen Beeinflussung auf. Es proklamiert die demokratischen Ziele Freiheit und Gleichheit, Einheit, Unzertrennlichkeit der Republik und Bruderliebe, die nationale Werte beinhalten. Die phrygische Mütze symbolisiert die Revolution, das Eichenlaub und die Kokarde die Ehre und den Einsatz für das Vaterland.

M3: Fustel de Coulanges sieht die Nation nicht durch Abstammung, Geschichte oder Sprache begründet, sondern durch ein „Wir"-Gefühl und „Wir"-Bewusstsein, dem politische Erfahrungen und Ziele zugrunde liegen. Besonders die Errungenschaft der Demokratie und das gemeinsame Engagement in der Französischen Revolution, die bewusste Entscheidung für eine französische Republik hält er für ausschlaggebend.

M4a: Ein populäres Geschichtswerk aus der Kaiserzeit baut ein Feindbild der Franzosen auf: Sie würden Arglist, Wortbruch, Treue und Gewalt üben; dagegen steht sie deutsche Selbstaufwertung: ein Volk der Friedensliebe und Bescheidenheit, ein Volk wird im Kriege zum Volk. Der innere Widerspruch des deutschen Selbstbildes sollte berücksichtigt werden.

M4b: Das französische Geschichtsbuch kommentiert die Annektion von Elsass-Lothringen subtiler: Die Deutschen werden als zänkisches und unreifes Volk dargestellt, ein Zustand, den die Franzosen früher kannten. Deutschlands Rechtsbruch gefährdet den europäischen Frieden. Weiterführend ist vor allem die Idee der europäischen Schiedsgerichtsbarkeit. Frankreich wird als zivilisiertes und gerechtes Land aufgewertet, das das Recht der Menschen auf Selbstbestimmung achtet.

M5: Das elsässische Wahlplakat verweist auf mehrerlei:
a) die schrittweisen Erfolge der demokratischen Bewegung im 19. Jahrhundert (allgemeines Wahlrecht der Männer zum deutschen Reichstag);
b) das Festhalten der Elsässer an der französischen Identität (Schrifttyp!);
c) das Anwachsen der sozialistischen Arbeiterbewegung in Europa bzw. Deutschland und deren Ablehnung der nationalistischen Gegensätze.
Aus der starken Benachteiligung der Arbeiter in allen europäischen Staaten entstanden die meist sozialistischen Arbeiterparteien, die nicht nur die Gleichberechtigung der Arbeiter in einem demokratischen Staat und soziale Reformen zur Verbesserung ihrer Arbeits- und Lebenslage forderten, sondern bisweilen die revolutionäre Abschaffung des Kapitalismus und die Überwin-

dung der nationalen Feindschaften anstrebten. Gerade die Arbeiter sollten an der internationalen Orientierung festhalten, weil sie in den Nationalstaaten zu den Ausgebeuteten zählten. Der Nationalismus versprach den Unterschichten weniger die Verbesserung der Lebensverhältnisse als vielmehr nationale Größe und den Sieg über die vermeintlichen Feinde.

M6: Tucholskys Gedicht betont die wirtschaftlichen Gegensätze: Export, Förderung der eigenen Industrie, Importbeschränkungen, Ausbeutung der eigenen Bevölkerung (Zeit der Weltwirtschaftskrise); die darauf aufbauende Wirksamkeit der nationalistischen Ideologie und Bewegungen (Fahnen, Hymnen, eher Nation als europäischer Zusammenhang).

Zu den Arbeitsvorschlägen und Fragen

a) Das besondere europäische Bewusstsein der Elsässer resultiert aus ihrer Geschichte. Das Land war ein zweisprachiges Gebiet zwischen zwei Völkern und Staaten; oft war es der Gegenstand nationaler Gegensätze und Kriege, die in ideologisierter Form Generationen lange Feindschaften zur Folge hatten. Das Land besitzt Erfahrung mit verschiedenen politischen Systemen, es erkennt die Notwendigkeit der demokratischen Selbstbestimmung; seine Mittellage in Europa begünstigt die Ansiedlung gemeinsamer europäischer Institutionen.
b) vgl. „Zusatzinformationen" zu M4. M3 bietet eine französische Definition des „Nationenbegriffs": Das „Wir"-Gefühl beruht auf dem politischen Gemeinschaftswillen und demokratischer Selbstbestimmung; Unterordnung unter ein internationales Schiedsgericht bei zwischenstaatlichen Konflikten (M4b). Das deutsche Verständnis von „Nation" bedeutete im ausgehenden 19. Jahrhundert die „Schicksalsgemeinschaft", die Zugehörigkeit durch Abstammung, Sprache, Geschichte („Blutsgemeinschaft!") und das Zusammenwachsen eines Volkes durch Krieg.
c) Alle drei Regionen lagen und liegen zwischen zwei Staaten; sie werden von Angehörigen zweier Völker bewohnt und waren im Verlauf der Jahrhunderte stets umstritten; sie wechselten im Zusammenhang mit den Weltkriegen mehrmals die staatliche Zugehörigkeit.
d) Im Sinne einer Zugehörigkeit aufgrund von Geburt, Sprache und einer gewissen Identifikation stellen „Volk" und „Nation" Tatsachen dar, aber keine höheren Werte, wie der Begriff „Vaterland" nahe legt, der eine Art höhere Instanz bedeutet, die Unterordnung nach sich zieht. Die Identifikation mit der Demokratie und der Überwindung geschichtlicher Gegensätze sind aktuelle Leitziele, die mit dem integrierten Europa besser vereinbar sind.

10. „Die Waffen nieder!" – Frauen kämpfen für Frieden in Europa

Konzeption

Diese Unterrichtseinheit soll den Schülerinnen und Schülern zwei Schwerpunkte vermitteln:
1. die europäische Entwicklung hin zum Europa der Gewalt, der Kriege und der Diktaturen,
2. die Gegenentwicklung zu Demokratie, Verständigung und Verwirklichung der Menschenwürde, verdeutlicht durch das Wirken dreier Pazifistinnen.

Damit soll besonderes Interesse auf die Frauenbewegung gelenkt werden, die zu einer vergleichsweise emanzipierten Stellung europäischer Frauen führte.
Die Industrialisierung des 19. Jahrhunderts hatte nicht nur den Wandel von Gesellschaft, Technik und Lebensalltag zur Folge, sondern auch die Bildung moderner Nationalstaaten und den Imperialismus. Große Gebiete und Menschenmassen konnten im 19. Jahrhundert intensiver integriert werden (Verkehrsmittel, verstärkte wirtschaftliche Vernetzung), wozu der Nationalismus ideologisch eine scheinbar „natürliche" und plausible Begründung lieferte. Der Imperialismus, d.h. die Unterwerfung und Kolonisierung weiter Teile Afrikas und Asiens, setzte den wirtschaftlichen und technischen Vorsprung der europäischen Länder und ihr nationalistisches Überlegenheitsgefühl voraus. Nationalstaaten, die wie Deutschland „zu spät" kamen, drängten schließlich verstärkt auf den Erwerb von Kolonien und forderten Weltmachtstellung. Die Folgen waren nicht nur die „Europäisierung" der Kolonien, sondern die Vertiefung der Gegensätze zwischen den europäischen Staaten und eine verstärkte Kriegsgefahr.
Diese hier nur angedeuteten Zusammenhänge müssen in dieser Unterrichtseinheit im Hintergrund bleiben, werden im Verfassertext (vgl. Schülerbuch, S. 33, Marginalie „Europa steuert auf einen neuen Krieg zu") aber beschrieben: Im Kampf der überzeugten Europäerin Bertha von Suttner werden die großen Fehlentwicklungen deutlich, die mit dem Ersten Weltkrieg zum Untergang des alten Europas führten: Nationalismus, Imperialismus und Militarismus.
Bertha von Suttner vertrat auch die Sache der Frauenemanzipation. Anita Augspurg und Gustava Heymann erlebten noch den Zweiten Weltkrieg als den Tiefpunkt der Geschichte der europäischen Nationalismen und das Europa der totalitären Diktaturen (vgl. M4).
Aus dem Leben und den Zielen dieser Frauen sollen die Grundzüge der europäischen Geschichte bis 1945 nachvollziehbar gemacht werden: eine Steigerung der nationalistischen Gegensätze, der militaristischen Gewaltauseinandersetzung, der Diktaturen und der Zerstörung des alten Europas. Dabei kann nicht genug auf den Versuch der Neuordnung Europas 1919 auf der Grundlage von Demokratie und Nationalstaatlichkeit, aber auch auf die Anfänge einer deutsch-französischen Verständigung unter Stresemann und Briand eingegangen werden. Der Verfassertext versucht, ein einfaches Bild der europäischen Entwicklung zu geben, um die Schüler mit Basisinformationen zu versehen, im Kastentext erfolgt die

thematische Verallgemeinerung. Die in der vorherigen Unterrichtseinheit gewonnenen Einsichten werden konsequent weitergeführt und lassen in der folgenden Unterrichtseinheit das Postulat eines integrierten, demokratischen Europa als Notwendigkeit folgen. Das Engagement der Pazifistinnen gibt hier ein gutes Beispiel.

Aspekte der Unterrichtsgestaltung

Vorschläge für den Themeneinstieg:
- Karikatur Europa aus der 2. Hälfte des 19. Jahrhunderts, d.h. zum Nationalismus des 19. Jahrunderts vorlegen;
- Analyse von Geschichtskarten (Weltkarte: Imperialismus);
- M2 und M1.

Teilthemen:
- Militarismus und Imperialismus in Europa (vgl. Marginalie „Europa steuert auf einen Krieg zu", M1 und M2);
- Weltkriege und totalitäre Diktaturen als Tiefpunkt der europäischen Geschichte (Marginalie „Ein neuer Krieg" und Kastentext „Europa der Kriege und Diktaturen");
- Frauenemanzipation;
- Vergeblicher Kampf für den europäischen Frieden (M3a–M3c, M4).

Problem-/Fragestellungen:
- Ursachen der wachsenden Feindschaft der Staaten in Europa (vgl. Marginalie „Europa steuert auf einen Krieg zu", M1 und M2);
- Ziele der Frauenbewegung (vgl. Marginalie „Der Krieg fordert den Einsatz für den Frieden");
- Ziele und Vorstellungen des Pazifismus und der Völkerverständigung (M3, M4);
- Gründe des Scheiterns der Friedensbemühungen, (vgl. Marginalie „Ein neuer Krieg").

Arbeits-/Sozialformen:
- Gruppenarbeit: Berta v. Suttner und Anita Augspurg Leben, Ziele, Erfolge (vgl. „Zusatzinformationen zum Verfassertext");
- Allgemeiner historischer Hintergrund: Lehrerinformation oder Gruppenarbeit mit den Marginalien „Europa steuert auf einen Krieg zu" und „Ein Roman hat Wirkung") oder auswertendes Unterrichtsgespräch anhand der Marginalien;
- Gruppenarbeit: Folgerungen aus der Militarisierung, 2 Gruppen (M3a/M3b–M4);
- Diskussion.

Tafelbild

Europäische Entwicklung	Kritik der Pazifistinnen
– Imperialismus, Nationalismus und Feindbilder – Aufrüstung und Kriegsbereitschaft – Erster und Zweiter Weltkrieg – Totalitäre Diktaturen	– Völkerverständigung durch kennen lernen – Abrüstung, Schiedsgerichte und Gewaltverzicht – Demokratie – Europa der Menschenrechte und Vorbild für eine bessere Welt

Zusatzinformationen zum Verfassertext

Zusatzinformationen zum allgemeinen Geschichtsverlauf in Europa können hier unterbleiben. Die Biografien der zwei Pazifistinnen verdeutlichen den Einsatz gegen die vorherrschenden „Übel" der Zeit zwischen 1875 und 1945, aber auch ihre aktiven und lebhaften Persönlichkeiten. Sie sind sprachlich so abgefasst, dass sie auch als Unterrichtsmaterial einsetzbar sind.
Bertha von Suttner (1843–1914) wurde als Gräfin Kinsky geboren und entstammte einem alten böhmischen Adelsgeschlecht. Der Zugang zur Hocharistokratie blieb ihr verschlossen, sie reiste mit ihrer Mutter, einer leidenschaftlichen Spielerin, durch Europa, brach eine Gesangsausbildung ab und ergriff mit 30 Jahren den Beruf einer Gouvernante. Heimlich heiratete sie jedoch den Sohn ihres Arbeitgebers von Suttner und lebte nun mehrere Jahre in Georgien, wo sie und ihr Mann ihre schriftstellerische Tätigkeit begannen. In jedem Roman setzte sich Bertha von Suttner mit einer aktuellen Idee auseinander, so in dem 1889 erschienenen Roman „Die Waffen nieder!" mit den Forderungen der 1880 gegründeten „International Arbitration and Peace Organisation": Abrüstung, Völkerbund, Vereinbarungen für internationale Schiedsgerichte.
Das Buch erzählt das Schicksal der Martha von Tilling, die nach kurzem Eheglück ihren ersten Mann in der Schlacht von Magenta zwischen Franzosen und Österreichern verliert. Ihr zweiter Mann nimmt am österreichischen Feldzug gegen Dänemark 1864 und am Krieg gegen Preußen 1866 teil. Ohne Nachrichten über den Verbleib des Schwerverwundeten sucht Martha diesen auf dem Schlachtfeld von Königgrätz. Sie lernt das Leiden der Verwundeten kennen, die ohne Pflege qualvoll sterben. Dann sterben ihre nächsten Verwandten an der Choleraepidemie in Österreich. Martha und ihr Mann informieren sich über die Bestrebungen der Friedensbewegung, als sie der Deutsch-französische Krieg in Paris überrascht. Oberst a.D. von Tilling wird fälschlicherweise für einen Spion gehalten, angeklagt und standrechtlich erschossen.
Das Buch wurde ein ähnlicher Erfolg wie „Onkel Toms Hütte" von Harriet Beecher-Stowe. 1891 wurde Bertha von Suttner Vorsitzende der österreichischen Friedensgesellschaft und warb für die Interparlamentarische Konferenz, eine Vereinigung von Parlamentariern, die für internationale Verständigung und Zusammenarbeit eintraten. Ihre Kontakte zu führenden Politikern und

Herrschern, die Vortragsreisen und ihre Arbeit als Journalistin und Romanautorin verschafften ihr große Aufmerksamkeit und Anerkennung. 1899 nahm sie an der Friedenskonferenz in Den Haag teil, die allerdings nicht, wie von Suttner hoffte, zur allgemeinen Abrüstungs- und Friedenskonferenz wurde, sondern zur Einrichtung des Haager Gerichtshofes, eines „permanenten Schiedsgerichtshofes", führte.
1895 stiftete der Industrielle Friedrich Nobel, der mit Bertha von Suttner befreundet war, in seinem Testament einen Preis für Personen und Institutionen, die sich um den Weltfrieden verdient gemacht haben. 1905 wurde ihr als erste Frau dieser Preis verliehen, was der inzwischen verwitweten Friedenskämpferin die Altersversorgung ermöglichte. Bis kurz vor ihrem Tod am 21.7.1914 kämpfte sie für Abrüstung, Völkerverständigung, Demokratie und Gleichberechtigung der Frauen. Den Ersten Weltkrieg, der sechs Wochen später ausbrach, hatte sie befürchtet: „Im Ganzen scheint es mir doch, dass sich der große europäische Kladderadatsch vorbereitet. Wie soll so viel gesätes Unkraut nicht aufsprießen, so viel aufgehäuftes Pulver nicht explodieren?" (Tagebuch, 1.4.1913).
Dr. Anita Augspurg (1857–1943) arbeitete nach ihrem Schulabschluss in der Kanzlei ihres Vaters, eines wohlhabenden Rechtsanwaltes. Um unabhängig zu werden, ließ sie sich zur Lehrerin ausbilden, nahm aber auch heimlich Schauspielunterricht und wurde schließlich von verschiedenen Bühnen engagiert. Ein umfangreiches Erbe ermöglichte ihr, zusammen mit einer Freundin in München ein künstlerisch ausgerichtetes erfolgreiches Fotoatelier zu eröffnen. Seit 1891 engagierte sie sich im „Deutschen Frauenverein Reform" und studierte von 1893–1897 Jura in Zürich, denn in Deutschland waren Frauen an den Universitäten nicht zugelassen.
Als erste deutsche promovierte Juristin nahm sie den Kampf um die Gleichberechtigung der Frauen auf: als Redakteurin der Zeitschriften „Parlamentarische Angelegenheiten und Gesetzgebung", „Zeitschrift für Frauenstimmrecht" im Vorstand des „Verbandes Fortschrittlicher Frauenvereine", als Begründerin des „Deutschen Vereins für Frauenstimmrecht" und 1915 in der Haager Frauenfriedenskonferenz.
Von 1919 und 1933 gab sie zusammen mit ihrer Freundin und Lebensgefährtin Linda Gustava Heymann (1868–1943) die feministische und pazifistische Zeitschrift „Die Frau im Staat" heraus, denn das 1919 in Deutschland verwirklichte Frauenwahlrecht sahen beide nur als ersten Schritt an. Als die Nationalsozialisten 1933 an die Macht kamen, nutzten sie eine Auslandsreise, um in die Schweiz zu fliehen und dort bis zu ihrem Tode zu leben.
Ein Flugblatt von L. G. Heymann vom Februar 1915 im Kriegsarchiv des Bayerischen Haupt- und Staatsarchivs beweist ihre Entschlossenheit: „Frauen Europas, wo bleibt eure Stimme? Seid ihr nur groß im Dulden und Leiden? Kann die von Menschenblut rauchende Erde, können die Millionen von zerschundenen Leibern und Seelen Eurer Gatten, Verlobten und Söhne, können die Greuel, die Eurem eigenen Geschlecht widerfahren, Euch nicht zu flammendem Protest erheben? [...] Kommt im Norden oder Süden Europas zusammen, protestiert kraftvoll gegen den Völker mordenden Krieg und bereitet den Frieden vor, kehret heim, jede in ihr Vaterland, und wiederholt den Ruf. Erfüllet eure Pflicht als Frauen und Mütter, als Hüterin wahrer Kultur und Menschlichkeit."

Zusatzinformationen zu den Materialien

M1a: Die Karikatur von Honoré Daumier 1868 zeigt den übergewichtigen Europäer in der Kleidung des Bourgeois des Zweiten Kaiserreichs. Die Unterdrükkung und Verarmung der Menschen in Afrika wird durch die liegende Gestalt verdeutlicht. Die Karikatur kann als Lernimpuls mit einer Kartenanalyse der imperialistischen „Weltherrschaft" der europäischen Staaten verbunden werden. Der Begriff „Europäisierung" muss gerade für das Thema „Kolonialismus" kritisch reflektiert werden (vgl. Schülerbuch, S. 260, M4; S. 263, M2; S. 265, M8 oben, S. 271, M1).
Rudyard Kippling missverstand die Kolonisierung als Kultivierung der unterworfenen Menschen und als „the white man's burden". Es handelte sich dabei nicht nur um ideologische Bemäntelung, sondern auch um Überzeugung. Eine Aktualisierung, inwieweit z.B. moderne Mitteleuropäer ihren Lebensstil für vorbildlich gegenüber dem islamischen, afrikanischen usw. halten, kann das Fortwirken solcher Einstellungen verdeutlichen.

M1b: Das Plakat „Die französische Frau während des Krieges" fordert die Frauen wie in anderen Ländern zum „Kriegsdienst" auf (Kindererziehung, produktive [landwirtschaftliche] Tätigkeit, Schneidern oder Herrichten von Uniformen), allerdings in etwas unzeitgemäßer Form, da die meisten Frauen in der industriellen Produktion arbeiten mussten.
Die große Enttäuschung der Pazifistinnen wie Anita Augspurg war, dass viele Frauenorganisationen, die sich für die Gleichberechtigung der Frauen eingesetzt hatten, den Ersten Weltkrieg nationalistisch befürworteten. Tatsächlich trug die Berufstätigkeit der Frauen während des Ersten Weltkriegs zu ihrer Emanzipation im öffentlichen und privaten Bereich bei: Das Frauenwahlrecht, das in vielen europäischen Ländern nach 1918 eingeführt wurde, wurde oft als „Belohnung" für den „Kriegsdienst" der Frauen eingestuft.

M2: Unmittelbar im Vorfeld der Haager Friedenskonferenz gewann die Friedensbewegung an politischer Bedeutung, was die Regierungen in Europa zu Friedensbekenntnissen veranlasste, jedoch nicht zur Abrüstung, sondern zur Aufrüstung führte. Die Kriegsbereitschaft war in weiten Bevölkerungskreisen der meisten europäischen Staaten verbreitet. Abrüstung bedarf wirklichen Vertrauens und der Verständigung, die Bertha von Suttner forderte. Dargestellt ist eine „Friedenspalme": Stamm als Kanonenrohr, Wedel aus Spießen, Säbeln, Bomben und Granaten als Früchte, gepflanzt in einem Berg aus Menschenschädeln.

M3: Die drei Textausschnitte verdeutlichen, dass von Suttner ihre Politik auf Europa, nicht auf einen Nationalstaat bezog. Sie meinte Europa als „latente Persönlichkeit", d.h. als eigenständige Größe und mehr als seine Staaten im Einzelnen oder insgesamt: Kritik der

Feindseligkeit auslösenden Allianzen (Deutschland im „Zweibund“, „Entente“ zwischen England, Frankreich und Russland), Forderung nach Einigung Europas, gewaltfreie Konfliktregelung (Schiedsgerichtsbarkeit), Abbau von Vorurteilen durch konkrete Schritte des Austauschs und des gegenseitigen Kennenlernens.

M4: Der stark gekürzte Text von G. Heymann und A. Augspurg besitzt teilweise utopischen und sehr radikalen Charakter („Nichts ist unmöglich!“): Ein wahrhaft geeintes Europa in einer geeinten Welt (Kritik am Scheitern des Völkerbunds), Menschenwürde und Demokratie als Grundlage allen Seins, Überwindung eines weiteren Krieges, Aufbau einer besseren Welt).

Zu den Arbeitsvorschlägen und Fragen

a) B. v. Suttner: Notwendigkeit von Völkerverständigung, Schiedsgerichtsbarkeit, Annäherung der Menschen zur Überwindung von Feindbildern.
Die Karikaturen der Auftaktdoppelseite und M1, M2 drücken den Wunsch zum Krieg, Aufrüstung, Nationalismus, Feindbilder und Unterdrückung der Menschen in den Kolonien aus.
b) Überwiegen von nationalistischer Machtpolitik und Überlegenheitsgefühl, Inkaufnahme von Kriegen, Perfektionierung von Waffen, Unterdrückung nationaler Minderheiten, Rache für Niederlagen und Verluste im Ersten Weltkrieg. Die Aufgaben heutiger Friedensbewegungen sind in ihrer Substanz mit denen von 1900 vergleichbar: Ächtung von ABC-Waffen und die Gewöhnung an den Krieg als Dauerzustand (30 Mio. Tote seit 1945), Verbreitung von friedlicher Einstellung und Verhaltensweisen; in Deutschland erfuhr die Friedensbewegung Mitte der achtziger Jahre ihren Höhepunkt.
c) Beide Frauen äußern für ihre Zeit idealistische Vorstellungen, die jedoch heute Leitlinien für die europäische Integration sind: Demokratie, Gewaltlosigkeit, Abrüstung, Menschenwürde. Als Fazit aus Kriegen und Diktaturen, jedoch noch nicht realisiert oder realisierbar: völlige Abrüstung, Recht und Menschenwürde; sie sind auch in Europa nicht überall gültig. Demokratie, um die immer weiter greifende europäische Einigung zu stabilisieren und als Versuch, die Respektierung der Menschenrechte durchzusetzen.

11. Ein „Gemeinsames Haus Europa“

Konzeption

Das Ende des Längsschnittes führt zu seinem Ausgangspunkt zurück (vgl. Kapitel 1, „Europa – unser Alltag“) und diese Unterrichtseinheit will knapp über die europäische Entwicklung, von der Spaltung des Kontinents und Deutschlands, über die vor allem wirtschaftliche Integration Westeuropas bis zur offenen Situation nach der Auflösung des kommunistischen Osteuropas informieren. Zum entwicklungsgeschichtlichen Aspekt treten nun zwei oder drei aktuelle Aspekte hinzu, die vertieft werden können:
1. das Europäische Parlament und seine beschränkten Rechte.
2. Visionen zur europäischen Zukunft,
3. die Situation der Jugendlichen in Europa.
Das Kapitel ist offen gehalten, um Vertiefungen, eigene Initiativen und einen handlungsorientierten Unterricht zu ermöglichen (vgl. *Arbeitsblatt 1 (I, II): „Europa, ein vielschichtiger Erdteil“)*; es kann aber auch als Basis für eine mehr lehrerorientierte Informationsstunde dienen. Ein Fazit wurde bewusst vermieden, was für den Unterricht durchaus sinnvoll sein kann.

Aspekte der Unterrichtsgestaltung

Vorschläge für den Themeneinstieg:
– Kartenvergleich: Wandkarte Europa vor 1990 mit Schülerbuch;
– Marginalie „Neue Hoffnungen auf Europa“, Gründe? freie Aussprache;
– Brainstorming: Europa heute.

Teilthemen:
– Teilung Europas nach 1945 (vgl. Marginalie „Die Spaltung Europas in West und Ost“);
– Die westeuropäische Integration: wirtschaftlich, politisch, quantitativ, qualitativ (vgl. Marginalien „Wirtschaftspolitische Einigung ...“, „Wer gehört dazu?“, M1);
– Die osteuropäischen Revolutionen (vgl. Marginalie „Osteuropa am Scheideweg“);
– Europa auf einer gemeinsamen Ebene: Chancen und Risiken (vgl. Marginalie „Wie wird künftig ...“);
– Jugend in Europa (vgl. „Zusatzinformationen zum Verfassertext“, M2);
– Die Demokratielücke Europas (vgl. „Zusatzinformationen zum Verfassertext“, Lehrerband, S. 37).

Problem-/Fragestellungen:
– Vergleich/Unterscheidung der Entwicklung von West- und Osteuropa;
– Grundmuster der westeuropäischen Einigung, ihrer Vorteile und Schwächen;
– Die Folgen der osteuropäischen Revolutionen für das „gemeinsame Haus Europa“;
– Was bietet Europa Jugendlichen heute?
– Welche Vision von einem zukünftigen Europa können die Schüler entwickeln.

Sozial-/Arbeitsformen:
– Vertiefung des Themas anhand der Zusatzmaterialien in zwei Stunden;
– Auswertung des Verfassertexts, historische Entwicklungslinien im entwickelnden Unterrichtsgespräch oder eines Teils (vgl. Marginalien „Wirtschaftspolitische Einigung – Motor einer europäischen Integration“ und „Wer gehört dazu?“) in Gruppenarbeit nachzeichnen;
– Diskussion von M2; Erarbeitung eines eigenen Forderungskatalogs.

Tafelbild

<u>1945: Hoffnungen auf vereintes Europa/
Teilung Europas und Deutschlands</u>

in

- demokratischen Westen	- kommunistischen Osten
- Führungsmacht USA	- Führungsmacht Sowjetunion
- Demokratie, Marktwirtschaft	- Diktatur, Planwirtschaft
- wirtschaftliche Integration von sechs westeuropäischen Ländern	- Zwangseinigung unter Führung der Sowjetunion
- schrittweise wachsende Gemeinsamkeit	- Zerfall der osteuropäischen Organisationen nach Krisen
- wachsende Mitgliederzahl	- Beitrittswunsch der osteuropäischen Staaten zur EU
- mehr Recht für übernationale EU	

Probleme:
- Demokratisierung
- übernationale Rechte der EU
- Erweiterung der EU nach Osten
- Chancen der Jugendlichen

Zusatzinformationen zum Verfassertext

Sämtliche Zusatzinformationen zur gegenwärtigen Situation der EU kann ein Beitrag in diesem Lehrerband unmöglich darstellen. Informationsschriften unterschiedlichster Art können hier jedoch weiterhelfen:
1. „Europa 2000. Die Europäische Union der fünfzehn Staaten", Presse- und Informationsamt der Bundesregierung.
2. „Europa 2000. Die Europäische Union der fünfzehn Staaten", Europäisches Parlament, Omnia Verlag 1996.
Beide Broschüren sind in weiten Bereichen textgleich.
Für die Vertiefung jugendspezifischer Themen bietet sich u.a. an:
3. „Jugend und Europa", hrsg. von der Bayerischen Landeszentrale für politische Bildungsarbeit, München 1992.
Die Beiträge von Peter Neukam, „Prägung durch Geschichte" und von Hans Maier, „Europa – Einheit und Vielfalt" ermöglichen sicherlich noch weiterführende Ideen für das gesamte Projekt.
Weitere Beiträge finden sich zu den Bereichen: „Gesellschaft, Wirtschaft, Politik", „Schule in Europa", „Lernen und Studieren in Europa", „Jugend und Freizeit", „Programme".
Die Bundeszentrale und die jeweiligen Landeszentralen für politische Bildungsarbeit können darüber hinaus die verschiedensten Informationsschriften bieten. Für verkürzten zeitknappen Unterricht seien im Folgenden einige Materialien nach den Broschüren „Europa 2000" zusammengestellt:

Daten der europäischen Integration:
1951: Gründung der „Europäischen Gemeinschaft für Kohle und Stahl" (EGKS) Mitgliedsstaaten: Belgien, Deutschland, Frankreich, Italien, Luxemburg, Niederland; Ziel laut Gründungsvertrag: „[...] durch die Errichtung einer wirtschaftlichen Gemeinschaft den ersten Grundstein für eine weitere und vertiefte Gemeinschaft unter den Völkern zu legen, die lange Zeit durch blutige Auseinandersetzungen entzweit waren."
1957: „Römische Verträge" der 6 EGKS-Staaten; Gründung der „Europäischen Wirtschaftsgemeinschaft" (EWG) und „Europäischen Atomgemeinschaft" (EURATOM); Absicht: „[...] die Grundlagen für einen immer engeren Zusammenschluss der europäischen Völker zu legen"; gemeinsame Wirtschaftspolitik jetzt auch in Landwirtschaft, Fischerei, Verkehrswesen, Wettbewerbsrecht und Außenhandel; gemeinsamer Binnenmarkt innerhalb von zwölf Jahren (1969) geplant, 1993 verwirklicht.
1967: Schaffung der EG („Europäischen Gemeinschaft") durch Zusammenlegung der Einrichtungen von EWG, EGKS und EURATOM.
1968: Vollendung der Zollunion: Abschaffung der Binnenzölle, gemeinsamer Außenzoll.
1972: Weitere Bereiche der Zusammenarbeit: Energiepolitik, Regionalpolitik, Umweltpolitik.
1973: Neue Mitglieder: Dänemark, Großbritannien, Irland, Norwegen (mit Volksabstimmung gegen Beitritt).
1979: Gemeinsame Währungspolitik. Direktwahl der Abgeordneten des Europäischen Parlaments.
1981: Beitritt Griechenland.
1986: Beitritt Spanien und Portugal; Europaflagge und Europahymne; Änderung des Gründungsvertrags: „Einheitliche Europäische Akte" – Vollendung des Binnenmarkts bis Ende 1992.
1991: „Vertrag über die Europäische Union" von Maastricht; Bereiche der politischen Zusammenarbeit: Bildung, Kultur, Gesundheitswesen, Verbraucherschutz, Industrie, Entwicklungshilfe, Außen- und Sicherheitspolitik, Justiz, Inneres; gemeinsame Währung 1999.
1992: Volksabstimmungen über Maastrichter Vertrag: Dänemark dagegen, Frankreich und Irland dafür.
1993: Verwirklichung des Binnenmarktes.
1995: Beitritt von Finnland, Österreich und Schweden.

Die vier Freiheiten des europäischen Binnenmarktes:
Durch den Binnenmarkt sollen zukünftig alle Grenzhindernisse für Menschen, Waren, Dienstleistungen und Kapital beseitigt werden:
a) keine Grenzen für Menschen: keine Grenzkontrollen, Aufenthalts- und Niederlassungsfreiheit, freie Arbeitsplatzwahl, gegenseitige Anerkennung von Diplomen und anderen Prüfungszeugnissen.
b) keine Grenzen für Waren: keine Grenzkontrollen, Abstimmung der technischen Normen, Liberalisierung des öffentlichen Auftragswesens, Harmonisierung der Mehrwerts- und Verbrauchssteuern.
c) keine Grenzen für Dienstleistungen: Liberalisierung der Verkehrsmärkte (Güterverkehr), freier Markt für Banken und Versicherungen, Liberalisierung der Kommunikationsmärkte (Fernmeldewesen).
d) keine Grenzen für Kapital: freier Geld-, Kapital- und Zahlungsverkehr.

Fragen zur Europäischen Union:

1. *„Warum fällt es den Politikern so schwer zu erklären, was die EU ist und was sie einmal werden soll?“*

Zunächst: Die EU ist kein Staat. Ihre tatsächliche Form ist dagegen nicht einfach zu beschreiben. Einer der Gründe lautet: Die EU ist etwas, wofür es in der Geschichte kein Beispiel gibt. Sie ist schon mehr als eine internationale Organisation wie die Vereinten Nationen, aber sie ist weniger als ein Bundesstaat wie die Vereinigten Staaten von Amerika. Ob sie ein Ziel erreichen wird, das man als „Vereinigte Staaten von Europa“ bezeichnen könnte, ist völlig offen.

2. *„Ist es leichtsinnig, ein solches Projekt wie die EU zu beginnen, ohne zu wissen, wie es enden soll?“*

Nein, im Gegenteil. So etwas kann sich nur entwickeln, indem man einen Schritt abschließt und den nächsten plant. Die Nationalstaaten des 19. Jahrhunderts haben sich auch nicht nach einem Plan entwickelt. Heute passt der egoistische Nationalstaat, der einst Kriege für ein berechtigtes Mittel zur Durchsetzung seiner Interessen ansah, nicht mehr in die Zeit. Etwas Neues musste sich entwickeln, aber erstmals durch freiwillige Vereinbarung der Staaten, also völlig frei von Gewalt. 50 Jahre Frieden in den Ländern der EU, also in Ländern, die jahrhundertelang gegeneinander Kriege geführt haben – das ist Grund und Ansporn genug, weiterzumachen auf dem Weg der Einigung, Schritt um Schritt.

3. *„Wenn die EU sich weiterentwickelt, vielleicht zu einer Art Bundesstaat, werden dann die einzelnen Mitgliedsstaaten nicht immer mehr entmachtet?“*

Nach dem Vertrag über die Europäische Union darf die EU nur solche Aufgaben an sich ziehen, die von den Einzelstaaten allein nicht gelöst werden können (Grundsatz der Subsidiarität). Wie soll ein kleiner Staat in Europa heute allein die Umweltprobleme lösen, die Gefahren des Terrorismus bannen, die Verkehrsnetze ausbauen und die Arbeitslosigkeit bekämpfen?

4. *„Aber verliert Europa nicht seine Vielfalt? Entsteht nicht ein Einheitsbrei?“*

Die Entwicklung in Deutschland seit der Gründung des Nationalstaates 1871 hat den einzelnen Regionen (Friesland, Oberbayern!) nicht ihre Besonder- und Eigenheiten genommen. Die Vielfalten der Eigenarten, Mentalitäten, Traditionen und kulturellen Überlieferungen bleibt auch in der EU erhalten. Die europäische Einigung hat den Menschen die Kultur der Nachbarländer nahe gebracht. Das Angebot ist vielfältiger geworden und damit auch die Neugier auf „Fremdes“ gewachsen.
(Gekürzt und vereinfacht nach: „Europa 2000“, Presse- und Informationsamt der Bundesregierung, S. 22f.)

Materialien zum Europäischen Parlament (EP):

Geschichte:

1952: „Gemeinsame Versammlung“ von 78 europäischen Parlamentariern der EGKS in Straßburg mit beratender Funktion.

1958: „Europäisches Parlament“ von 142 Abgeordneten, beratend für EGKS, EWG und EURATOM.

1971: Finanzierung durch eigene Einnahmen und mit eigenem Haushalt; Beteiligung an der Aufstellung und Verabschiedung des europäischen Haushalts.

1975: Erweiterte Rechte im europäischen Gesetzgebungsverfahren: Verhandlungen mit dem Rat über alle Gesetzesvorhaben, die den europäischen Haushalt betreffen, Änderungen und Verabschiedung des europäischen Haushalts.

1979: Direktwahl der Abgeordneten des EP.

1987: Beteiligung des EP an Gesetzgebung in allen wichtigen Bereichen.

1992: EP kann Gesetzentwurf endgültig auch gegen Entscheidung des Ministerrats ablehnen, wenn zuvor in gemeinsamem Vermittlungsausschuss von Rat und EP keine Einigung zustande kam.

Situation heute:

Wahlen: alle fünf Jahre, aktives und passives Wahlrecht für jeden EU-Bürger an seinem Wohnort, kein einheitliches Wahlrecht.

Abgeordnete: 567, die sich in acht Fraktionen zusammenschließen, z.B. Sozialdemokratische Partei Europas, Europäische Volkspartei (konservativ, christlich).

Sitzungen: zwölf Wochen lang Plenarsitzungen in Straßburg, zwei Wochen für Tagungen und Ausschüsse und eine Woche für Sitzungen der Fraktionen in Brüssel; in dieser Zeit ergänzende Plenarsitzungen in Brüssel; Simultandolmetschen und Publikationen in den elf Amtssprachen der EU.

Sitz des Europäischen Parlaments in Straßburg, des Generalsekretariats in Luxemburg.

Fragen zum Europäischen Parlament:

1. *„Man hört oft vom Mangel an Demokratie in der EU? Ist das EP machtlos?“*

Das war es nur am Anfang. Die Gründungsverträge haben bestimmt, dass zunächst die Regierungen der Staaten entscheiden und Beschlüsse fassen dürfen. Dieser Mangel an demokratischer Kontrolle ist Schritt für Schritt verringert worden, zuletzt durch den Maastrichter Vertrag. Die demokratische Kontrolle ist um so wirksamer, je mehr das EP sich darauf berufen kann, dass es von den Menschen in Europa anerkannt und unterstützt wird.

2. *„Wie will das EP ‚Brüssel‘ (Rat, Ministerrat, Europäische Kommission) kontrollieren?“*

Der Vertrag über die Europäische Union schreibt vor, dass die Ernennung des Präsidenten der Europäischen Kommission und der Kommissare an die Zustimmung des Europäischen Parlaments gebunden ist. Das Parlament kann die Kommission damit stützen (Vertrauensvotum) oder stürzen (Misstrauensvotum).

Das EP ist an der Aufstellung des Haushaltsplans entscheidend beteiligt; es kann von der Kommission Angaben über alle Ausgaben verlangen und schließlich dem Haushalt zustimmen oder ihn ablehnen.

3. *„Was kann das EP für die Menschen in der EU bewirken?“*

Das EP trat dafür ein, dass die europäische Vereinigung Erleichterungen und Verbesserungen für jeden Einzelnen mit sich brachte: Abschaffung der Grenzkontrollen, mehr Sicherheit im Umgang mit Konsumartikeln, Schonung der Umwelt, unbeschränktes Aufenthaltsrecht für Bürger der Gemeinschaft in allen Staaten der EU, Gleichberechtigung von Mann und Frau.
(gekürzt nach: „Europa 2000“, Bundespresseamt Bonn, S. 55f.)

Europa für die Jugend:
„Rund 70 Millionen Jugendliche, also fast ein Fünftel aller Einwohner der Europäischen Union, befinden sich in der Ausbildung. Sie gehen zur Schule, zur Universität oder machen eine Berufsausbildung. Für sie alle gilt: Der Wegfall der Grenzen innerhalb Europas eröffnet neue Chancen und Perspektiven. Für den eigenen Beruf ebenso wie für das Lernen im Ausland. So finanziert die EU rund 80 000 Stipendien jährlich für Auslandsstudienaufenthalte von bis zu eineinhalb Jahren. Rund 30 000 Jugendliche können so ihr Berufspraktikum in einem anderen als ihrem Heimatland absolvieren. Nach Abschluss der Ausbildung wird der Leistungsnachweis überall in der Europäischen Union anerkannt. Und seit zwei Jahren unterstützt die EU auch die Zusammenarbeit im Schulunterricht über sogenannte Schulpartnerschaften. Diese Begegnung mit Menschen anderer Länder, Beschäftigung mit ihren Kulturen und Lebensgewohnheiten trägt dazu bei, Respekt, Toleranz und Aufgeschlossenheit gegenüber dem Anderen zu praktizieren."
(Detlev Samland, Mitglied des Europäischen Parlaments, in „Junger Gipfel", Europa-Tagebuch der WAZ, Essen 1994).

Für Jugendliche sind vor allem folgende Förderungsprogramme interessant:
a) „Sokrates": Es umfasst alle Fördermaßnahmen für die Bereiche der Hochschulbildung (Programm „Erasmus"), der Schulbildung („Comenius") und bereichsübergreifende Aktivitäten auf den Gebieten Fremdsprachenkenntnisse in der Gemeinschaft („Lingua"), offener Unterricht und Fernlehre, Informations- und Erfahrungsaustausch. „Lingua" soll das Lehren und Erlernen von Fremdsprachen in der EU verbessern. Es richtet sich an Schülerinnen und Schüler, an Sprachstudenten und Lehrkräfte. Gefördert werden: die Aus- und Fortbildung von Fremdsprachenlehrern; berufsbegleitende Fortbildung für den Bereich Fremdsprachenunterricht; Assistenzzeiten für zukünftige Sprachlehrer; die Entwicklung von Hilfsmitteln für den Fremdsprachenunterricht; gemeinsame Bildungsprojekte für den Fremdsprachenerwerb.
b) „Leonardo": Es umfasst alle Förderprogramme der EU für den Bereich der Berufsbildung. Die Leonardoprogramme stehen auch den assoziierten Staaten Mittel- und Osteuropas sowie Zypern und Malta offen.
c) „Jugend für Europa": Es ist ein Programm zur Förderung des Austauschs von Jugendlichen im Alter von 15 bis 25 Jahren in der EU und Drittländern, zur Unterstützung von Initiativen und Projekten von Jugendlichen für Jugendliche und zur Unterstützung von Jugendbetreuern.
(gekürzt nach: „Europa 2000", Bundespresseamt Bonn, S. 125)

Zusatzinformationen zu den Materialien

M1: Es verdeutlicht die Arbeitsweise der wichtigsten Einrichtungen der EU. Deutlich wird noch immer das Übergewicht der Regierungen der 15 Mitgliedsländer im „Europäischen Rat" und dem „Rat der Europäischen Union", von deren Entscheidung letztlich die politische Richtung der EU abhängt. Die ausführende Behörde, die „Europäische Kommission" versteht sich insofern als „Motor der europäischen Integration", als sie die Vorschläge zur Weiterentwicklung der EU, aber auch für die Durchführung der Beschlüsse ausarbeitet und für deren Umsetzung zuständig ist. Das Europäische Parlament besitzt trotz erweiterter Mitwirkungs- und Kontrollrechte noch nicht die vollen Funktionen der nationalen Parlamente.

M2: Die Petition weist viele Forderungen auf, die im Rahmen der gemeinsamen Zielsetzungen der EU liegen. Besondere Interessen der Jugendlichen erkennt man im Bereich von Ausbildung, Umwelt und Demokratisierung: Sicherung von Ausbildungsplätzen, alternative Energien, Gesetze für Umweltschutz, umweltfreundliche Reisen, Volksentscheide.

Zu den Arbeitsvorschlägen und Fragen

a) Integration seit 1951, vor allem im wirtschaftlichen Bereich; zunehmende Abstimmung und Zusammenarbeit in immer weiteren Gebieten von immer mehr Ländern Europas. Die politische Einigung verlief jedoch wesentlich langsamer: gemeinsame Außenpolitik, Befugnisse des Europäischen Parlaments. Schwierigkeiten: Aufgabe nationaler Besonderheiten und Hoheiten an gesamteuropäische Behörden und Einrichtungen, Einigung unter den vielen Regierungen.
b) Gegensatz von einer relativ freien und freiwilligen Entwicklung im Westen (Demokratie, Marktwirtschaft, freiwilliger Beitritt zur EWG, EG und EU). Russische Diktatur in Osteuropa mit Planwirtschaft und Zwangsvereinigung. 1990 in Osteuropa Zusammenbruch des kommunistischen Systems; Folge: Errichtung teilweise instabiler Demokratien und Halbdiktaturen; wirtschaftliche Schwäche (Wechsel zur Marktwirtschaft!), Beitrittsabsichten zu EU teilweise mit Ablehnung durch Russland. Die Neuaufnahme osteuropäischer Staaten gestaltet den Prozess der Einigung zwischen den EU-Partnern zwar schwieriger, stabilisiert dafür aber die demokratische und wirtschaftliche Entwicklung.

II. Herrscher, Staaten und Untertanen: Der Absolutismus in Europa

Einleitung

Der Großabschnitt beschäftigt sich mit der Zeit vom Ende der Glaubenskämpfe 1648 bis zum Beginn der Französischen Revolution 1789, die traditionellerweise als „Zeitalter des Absolutismus" bezeichnet wird. Auf die problematische zeitliche Abgrenzung dieser Epoche wird aus Gründen der Altersgemäßheit nicht eingegangen. So endet beispielsweise der englische Absolutismus der Stuarts schon 1688 mit der „Glorreichen Revolution", der preußische Absolutismus hingegen setzte sich bis weit ins 19. Jahrhundert fort.

Den Schülerinnen und Schülern wird hier am Beispiel des Absolutismus in Frankreich die Eigenart dieser Herrschaftsform exemplarisch vorgestellt. Dabei orientiert sich der Großabschnitt nicht am Idealbild des Absolutismus, wie er in den theoretischen Schriften des 17. Jahrhunderts (Bodin) oder in den „Memoiren" Ludwigs XIV. sichtbar wird, sondern versucht, anhand der historischen Erscheinungsformen der beiden Staaten Frankreich und Preußen sich dem Begriff Absolutismus zu nähern.

Zu den Kennzeichen der absolutistischen Macht gehören
- das höfische Repräsentationsbedürfnis,
- die Zunahme der kapitalistischen Produktionsweise,
- der Ausbau der bürokratischen Institutionen sowie die Ausbreitung des aufgeklärten Rationalismus.

Der absolutistische Staat ist immer wieder als Vorläufer des modernen Staates bezeichnet worden. Hans-Ulrich Wehler verwendet in diesem Zusammenhang den Leitbegriff der „Modernisierung". Der permanente Machtkampf der europäischen Staaten zwang den einzelnen Staat zur Modernisierung, um die eigene Machtstellung bzw. die Existenz bewahren zu können. Insofern ist der absolutistische Staat nicht aus sich heraus an einer Modernisierung interessiert, sondern diese besitzt eine instrumentelle Funktion für ihn.

Auch soll deutlich werden, dass der Anspruch der absolutistischen Herrschaft in der Realität nirgendwo eingelöst wurde, auch im Frankreich Ludwigs XIV. nicht.

Inhalte und Schwerpunkte

Kapitel 1 beschäftigt sich mit der Ausbildung des französischen Absolutismus seit Heinrich IV.

Kapitel 2 stellt das Hofleben des Absolutismus in den Mittelpunkt: Versailles als Symbol der Machkonzentration, a) in der Architektur (Schloss- und Gartenanlage), b) im Hofritual (der König als Mittelpunkt), c) in der Gesellschaft (Hofgesellschaft). Die Selbstdarstellung absolutistischer Fürsten in ihren Herrscherbildern wird am Beispiel Ludwigs XIV. untersucht.

Kapitel 3 zeigt die Verbreitung des Herrschaftsstils Ludwigs XIV. in Europa und die Verwendung des neuen barocken Baustils für die Repräsentation des absolutistischen Herrschers.

Die Kapitel 5 und 6 entfalten wichtige Strukturelemente des französischen Absolutismus: die Stützen der Macht (Militär, Verwaltung, Religion) und die Wirtschaftsform des Merkantilismus.

Kapitel 7 stellt der politischen Macht die vielfältige Welt der Untertanen gegenüber.

Die Kapitel 4 und 8 besitzen Gelenkfunktionen. Sie sollen die jeweils vorherrschenden Ideen des 17. Jahrhunderts (Rationalismus) und des 18. Jahrhunderts (Aufklärung) zusammenfassen. Den Schülern wird das Verständnis der rationalen Weltsicht leichter fallen, wenn sie deren Instrumentalisierung durch Ludwig XIV. an der Schloss- und Gartenanlage von Versailles konkret kennen gelernt haben.

Kapitel 8 zeigt auf, dass sich im absolutistischen System neue Ideen (Aufklärung) – auch gegen das System – entwickeln, gleichzeitig aber von diesem instrumentalisiert werden (Akademie der Wissenschaft, geometrische Schloss- und Gartenanlage). Kapitel 4 kann natürlich auch mit Kapitel 8 als Block zusammen nach der Behandlung des französischen Absolutismus bearbeitet werden.

Kapitel 9 beschäftigt sich mit der preußischen Spielart des Absolutismus, der es teilweise gelingt, aufgeklärtes Gedankengut in den absolutistischen Machtapparat zu integrieren. Der preußische Absolutismus kann nur verstanden werden, wenn er als ein Strukturelement der Entwicklung Brandenburg-Preußens zur europäischen Großmacht angesehen wird. Insofern zeigt Kapitel 9 die Entwicklung Brandenburg-Preußens vom kaiserlichen Lehen bis zum aufgeklärten Absolutismus Friedrichs II.

Um den Zugang zu den Inhalten abwechslungsreicher zu gestalten, wurden unterschiedliche methodische Schwerpunkte gesetzt. In der Regel besteht jedes Kapitel aus Autorentext und Materialteil, die sich gegenseitig ergänzen. In den Kapiteln 6 und 7.1 liegt der Schwerpunkt auf dem Materialteil.

Kapitel 2 leitet dazu an, Kunstwerke (hier das Herrscherbild Ludwigs XIV. von Hyacinthe Rigaud) als historische Quelle zu befragen (gekennzeichnet durch den Schlüssel).

In Kapitel 8 wird versucht, zusätzlich zur Darstellung der wichtigsten Aufklärer und ihrer Ideen Aufklärung für die Schülerinnen und Schüler dieser Altersstufe greifbarer zu machen. Dazu wurden wichtige Textauszüge aus Rousseaus Erziehungsroman „Emile" ausgewählt. Zwar ist in der Vergangenheit und Gegenwart Rousseaus Aufgeklärtheit immer wieder heftig kritisiert worden, doch können die Schülerinnen und Schüler am Beispiel der Erziehung aus eigener Betroffenheit gerade die neuen und aufgeklärten Elemente in Rousseaus Ideen, aber auch deren Beschränktheit und Zeitgebundenheit erkennen.

Je nach Intention und Schwerpunktbildung lassen sich die Gelenkkapitel 4 (17. Jahrhundert: Rationalismus) und 8 (18. Jahrhundert: Aufklärung) an anderer Stelle ggf. gebündelt behandeln. Auch kann der französische Absolutismus mit Kapitel 2 (konkrete Erscheinungsweise) begonnen werden, um später nach den Ursprüngen (Kapitel 1) zu fragen.

Auftaktdoppelseite 38/39

Hauptbild: Im Gegensatz zu Bild M1 (Ansicht von Versailles von der Stadtseite) und Bild M2 (Ansicht von Versailles von der Gartenseite her) in Kapitel 2 zeigt das Hauptbild der Auftaktdoppelseite das Schloss aus der Herrscherperspektive Ludwigs XIV. Von seinem Schlafzimmer aus, dem zentralen Ort des Versailler Hoflebens beim „lever“ und „coucher“, überblickte der König seinen Staat in der symbolischen Verdichtung der östlichen, zur Stadt gewandten Schlossseite: Über die verschiedenen, durch Gitter voneinander getrennten Vorhöfe geht der Blick geradeaus über die Hauptachse nach Osten, dem Ort des Sonnenaufgangs ins Unendliche. Der König schaut über seine Untertanen: ankommende Gäste, Scharen von Dienern, Soldaten.
Bild links unten: Schloss Augustusburg in Brühl bei Köln. Clemens August (1700–1761), Fürstbischof von Paderborn und Münster, Kurfürst von Köln, Bischof von Hildesheim und Osnabrück, Hochmeister des Deutschritterordens interessierte sich weniger für die kirchlichen und politischen Geschäfte, sondern mehr für die aus Frankreich kommende Parforcejagd, bei der man zu Pferde hinter der Hundemeute das Wild verfolgte, und die schönen Künste. Clemens August ließ sich Schloss Brühl ab 1725 auf den Fundamenten einer 1689 gesprengten Wasserburg bauen. Es diente in erster Linie der Repräsentation. Diesen Zweck erfüllt vor allem das aufwendige Treppenhaus, wo sich der Fürst in besonderer Weise präsentieren konnte. Dieses Treppenhaus wurde von dem Würzburger Baumeister Balthasar Neumann gestaltet.
Bild rechts Mitte: Nachdem die Residenz Durlach im pfälzischen Erbfolgekrieg 1689 von französischen Truppen zerstört worden war und der großzügige Neuaufbau auf den Widerstand der Einwohner stieß, bestimmte Markgraf Karl Wilhelm von Baden-Durlach einen Bauplatz für seine künftige Residenz Karlsruhe etwa eine Stunde (zu Fuß) westlich mitten im Wald. Die Anlage verbindet Schloss und Stadt in einem Gesamtentwurf. Den Stich schuf J.M. Steidlin 1739.
Vom Mittelpunkt der Anlage, dem achteckigen Schlossturm, laufen 32 Alleen strahlenförmig aus, die von einer Rundallee, die auf der Stadtseite verdoppelt ist, aufgefangen werden. Die vom Turm ausgehenden Seitenflügel des Schlosses bilden einen Viertelkreis und begrenzen in ihrer Verlängerung das eigentliche Stadtgebiet. Bauten für Hofbeamte und Nutzgartenanlagen bilden einen engen Kreis auf der Rückseite des Schlosses. Zur Stadtseite hin erstreckt sich eine weitläufige Barockgartenanlage bis zu den ersten dreigeschossigen Stadthäusern, die sich in einem Viertelkreis zwischen den beiden Schlossflügeln befinden. Hier wohnte der Hofstaat. Hinter der geraden, tangentialen Straße von der Adelswelt getrennt, entstand um die Konkordienkirche herum die bürgerliche Stadt.
Bild rechts unten: Schloss Sanssouci bei Potsdam wurde von 1745 bis 1747 als Sommerresidenz nach einem Entwurf Friedrichs II. von dem Baumeister Georg Wenzelaus von Knobelsdorff erbaut. Im Gegensatz zu vielen anderen Schlössern des 18. Jahrhunderts dominiert die Gartenanlage gegenüber dem eingeschossigen Schlossbau. Die Neigung der vom Garten zum Schloss aufsteigenden Terrassen erklärt sich dadurch, dass Friedrich II. ursprünglich an dieser Stelle einen Weinberg anlegen lassen wollte, der von der Sonne optimal bestrahlt worden wäre.

1. Wie mächtig ist der König in Frankreich?

Konzeption

Die Schülerinnen und Schüler lernen den Sieg des Königtums über den Adel als Voraussetzung der absolutistischen Herrschaft in Frankreich kennen. Am Beispiel des Aufstandes der Fronde wird die Auseinandersetzung zwischen Königtum und adliger Ständegewalt gebündelt.
Die Anfänge des Absolutismus gehen auf die Politik Heinrichs IV. (1589–1610), Richelieus (1624–1642) und Mazarins (1642–1661) zurück. Strukturelle Voraussetzung dafür war, dass unter Heinrich IV. die ständige Ausdehnung der Krondomäne zum Abschluss kam und erstmals das gesamte Gebiet Frankreichs umfasste. Die königliche Zentralgewalt versuchte mit unterschiedlichem Erfolg, die Macht der Partikulargewalten (Parlamente, Generalstände, Hugenotten, adlige Gouverneure) zugunsten des königlichen Zentralismus einzuschränken.
Der erste Abschnitt des Verfassertextes schildert die Flucht der königlichen Familie und Mazarins vor dem aufständischen Adel. Das Bild am Ende des Kapitels (M1 Frondeure unterwerfen sich) zeigt als Gegeninformation die Unterwerfung der Stände unter den noch unmündigen König Ludwig XIV. und leitet somit die Darstellung des entfalteten Absolutismus unter Ludwig XIV. ein.
Die Anfänge der absoluten Königsherrschaft werden dargestellt, um den modellhaft behandelten französischen Absolutismus am Beispiel Ludwigs XIV. verständlich zu machen: Die absolute Herrschaft Ludwigs hatte ihre historischen Wurzeln. Dies rechtfertigt aber auch die Kürze der Darlegung.
Zeitrahmen: inkl. Hausaufgaben: eine Stunde.
Gegenwartsbezug: Die Abstimmungsform in den Generalständen (eine Stimme pro Stand) im Vergleich zu den demokratischen Parlamenten heute ist Ausdruck des ständischen kooperativen Denkens und nicht Ausdruck des neuzeitlichen Individuums, das seinen Überzeugungen durch persönliche Stimmabgabe Ausdruck verleiht.

Aspekte der Unterrichtsgestaltung

1. Überblickwissen gemäß Darstellung.

Tafelbild

Der König baut seine Macht aus

1) Was hat der König erreicht?
   - Ausbau der Krondomäne
   - 1614 letzte Einberufung der Generalstände.
   - Abschaffung der hugenottischen Truppen
   - Königliche Aufseher (Intendanten) ersetzen teilweise adlige Provinzgouverneure.
   - Unterwerfung der Stände unter die königliche Zentralgewalt in einem feierlichen Akt.

2) Wodurch wird seine Macht auch in Zukunft eingeschränkt?
   - Adlige Gerichtshöfe (Parlamente) bestehen weiter.
   - Die religiöse Freiheit der Hugenotten bleibt bestehen.

2. Stärkere Handlungsorientierung.
Zusammenfassung des Aufstandes der Fronde in einem kurzen Rollenspiel:
Die Frondeure unterwerfen sich dem elfjährigen Ludwig, seiner Mutter Anna von Österreich und dem ersten Minister Kardinal Mazarin.
Ergänzung: Die theoretische Begründung des Absolutismus durch Jean Bodin (vgl. „Ergänzungen zum Angebot des Schülerbuchs")

Zusatzinformationen zum Verfassertext

In einer Lehrererzählung kann das konkrete Ende der Fronde dargestellt werden.

Zusatzinformationen zu den Materialien

Marginalie „Richelieus Politik": Das Bild von Kardinal Richelieu (Ausschnitt) stammt von dem flämisch-französischen Maler Philippe de Champaigne (1602–1674), der seit 1621 in Paris lebte und um 1622 das Bild Richelieus schuf; es sollte ursprünglich als Vorlage für eine Plastik dienen.

M1: Der König, obgleich noch ein Kind, steht im Mittelpunkt. Anna von Österreich nimmt als Vormund rechts vom König stehend eine beachtliche Stellung ein. Rechts im Bild unterwerfen sich die Vertreter der Stände, der Adel zuerst, gefolgt vom Klerus; der dritte Stand wird vertreten durch die bürgerliche Oberschicht (Monsieur de la Motte als Vertreter des Amtsadels). Auf die standesgemäße Kleidung ist hinzuweisen (vgl. Kleiderordnung Kapitel 7.1, M2, vgl. Lehrerband, S. 58). Durch den anwesenden Marschall von Frankreich (Monsieur le maréchal de Villroy im Bild links hinter dem König) zeigt der Künstler, dass es sich um eine militärische Unterwerfung der Stände handelt.

Ergänzungen zum Angebot des Schülerbuchs

Theoretische Begründung des Absolutismus durch Bodin.
Jean Bodins Begründung für die absolute Stellung des Herrschers in seinem 1576 entstandenen Werk „Sechs Bücher vom Staate". In: „Geschichte in Quellen, Bd. 3: Renaissance, Glaubenskämpfe, Absolutismus", bearb. von Fritz Dickmann, München 1976, S. 257 f.; (vgl. *Arbeitsblatt 2: „Der Fürst ist von der Gewalt der Gesetze befreit")*

2. Der Star des 17. Jahrhunderts auf seiner Bühne: Der Sonnenkönig Ludwig XIV. in Versailles

Konzeption

Kapitel 2 stellt das Hofleben und den Schlossausbau von Versailles in den Mittelpunkt. Die Schülerinnen und Schüler lernen die politische Funktion von Versailles kennen. Die gewaltige Schloss- und Gartenanlage spiegelte nicht nur die Machtansprüche des absoluten Herrschers wider, sondern Ludwig XIV. benutzte konkret das Schloss und die Gärten zur Ausübung seiner Herrschaft über den Adel.
Die Schülerinnen und Schüler erkennen, dass sich in der Person des Königs der Staat verkörpert. Das gesamte höfische Leben bewegt sich in ununterbrochenen Zeremonien um die Person des Königs. Daher hat die Überschrift des Kapitels ihre Berechtigung. Schloss- und Gartenanlagen von Versailles dienen dem „Star" Ludwig XIV. als Bühne, der gesamte Hofadel wird zu Statisten degradiert, das Hofleben gestaltet sich als Theater.
Das Ritual des barocken Hoflebens ist Ausdruck der veränderten Machtverhältnisse zugunsten des Königs: Erst seit Heinrich IV., Richelieu und Mazarin war das französische Königtum außen- und innenpolitisch so weit gefestigt, dass der König die befestigte Burg als Wehranlage aufgeben und sich das repräsentative Schloss als Bühne für seine Selbstdarstellung leisten konnte. Der kriegerische und auf seine Privilegien pochende Adel wird am Hof „gezähmt".

Exemplarisches Prinzip:
Am auffallendsten und bedeutendsten Bauwerk Ludwigs XIV., dem Schloss von Versailles, soll das System des französischen Absolutismus deutlich werden: König Ludwig XIV. brauchte die Schloss- und Gartenanlagen nicht nur, um seine Macht zu manifestieren, sondern benutzte sie vor allem als politisches Herrschaftsinstrument gegenüber dem Adel.
Auf eine zeitgenössische theoretische Begründung des Absolutismus (Bossuet) wird in diesem Kapitel dem Alter der Schülerinnen und Schüler entsprechend verzichtet. Als Alternative sei auf das *Arbeitsblatt 2 „Der Fürst ist von der Gewalt der Gesetze* befreit" verwiesen.
Die Bilder der Schloss- und Gartenanlagen von Versailles zeigen diese Auffassung immer in der Zentral-

perspektive, in der Ausrichtung auf den König hin oder von seiner Perspektive aus gesehen.
Im zweiten Schwerpunkt dieses Kapitels lernen die Schüler und Schülerinnen das Herrscherbild Ludwigs XIV. von Hyacinthe Rigaud kennen.
In kaum einem Schulgeschichtsbuch fehlt Rigauds Herrscherbild, meistens dient es aber nur der Illustration. Da das Bild aber das Selbstverständnis des absoluten Monarchen idealtypisch verkörpert und es gleichzeitig über Ludwig XIV. und seinen Hofmaler hinaus Vorbildcharakter für andere Herrscherbilder hatte (Ludwig XV., Wilhelm II.), werden die Schülerinnen und Schüler detailliert angeleitet, wie man ein historisches Kunstwerk mit den richtigen Fragen zum Sprechen über seine Zeit bringen kann. Darüber hinaus ist diese Bildbetrachtung eine Sehschule. Das Herrscherbild soll bis in die Einzelheiten studiert werden. Viele Einzelfragen helfen dabei. Für die meisten Schülerinnen und Schüler, die die rasche Abfolge der laufenden Bilder des Fernsehens gewöhnt sind, stellt diese Arbeit eine hohe Anforderung an Konzentration und Ausdauer. Die Fachkollegen müssen diesen Tatbestand in ihre Planung mit einbeziehen, wenn die Arbeit erfolgreich sein soll. Eventuell ist die Kooperation mit einem Kunstpädagogen hilfreich.
Kontrastiert wird das Herrscherbild von der Karikatur von W.M. Thackeray, dem mittelalterlichen Krönungsbild Heinrichs II. (vgl. Schülerbuch, S. 45) und Fotografien von heutigen Politikern, um die Eigenart der rigaudschen Darstellung herauszuarbeiten (vgl. auch E. Schwalm, [Hrsg.] „Folienbuch Geschichte 2“, Folie 9: „Der Sonnenkönig“, Verlag Klett-Perthes, Gotha 1993).
Es empfiehlt sich, die Schülerinnen und Schüler bei der Betrachtung und Deutung des Bildes systematisch anzuleiten. Deshalb steht als Hilfe eine Folie „Das Herrscherbild Ludwigs XIV. (1661–1715) (vgl. Folienmappe II, Klett Bst.-nr. 410026) und das *Arbeitsblatt 3: „Das Herrscherbild Ludwigs XIV.“* zur Verfügung, welches die einzelnen Schritte der Bildbetrachtung und -deutung aufgreift und in das die Schülerinnen und Schüler ihre Ergebnisse eintragen können.
Die Zusammenfassung „Herrscherbilder zum Sprechen bringen“ soll den Schülerinnen und Schülern bei der Analyse von anderen Herrscherbildern helfen.
Zeitrahmen: mit Hausaufgabe drei Stunden.

Aspekte der Unterrichtsgestaltung

Lernwege:
Lernweg 1: Überblickwissen gemäß Darstellung
Lernweg 2: Schwerpunkt: Die politische Funktion des Schlossbaus von Versailles
1. Schritt: Der Ausbau von Versailles durch Ludwig XIV.: Bildbetrachtung M1 und M2. Frage: „Vergleiche Schloss Versailles vor und nach dem Ausbau durch Ludwig XIV. Was hat Ludwig XIV. verändern lassen?“ – „Von welchem Ort aus ist das Gemälde auf den Seiten 38 und 39 gemalt?“ sowie Frage a). Sie eignet sich als Hausaufgabe. Wichtig: Die Fachkollegin/der Fachkollege muss den Schülerinnen und Schülern helfen, sich in die beeindruckende Wirkung des Schlosses hineinzuversetzen.
2. Schritt: Die Funktionen des Schlosses; das königliche Schlafzimmer als sein Zentrum.
Hauptbild S. 38/39: Frage: „Was sah Ludwig aus seinem Schlafzimmer?“ – „Wie sah er sich als König?“ Anhand der Folie „Grundriss von Versailles“ (vgl. Kopiervorlagen 1) wird die Bildperspektive zugeordnet. M8, M10, Marginalie „Der Hofadel“ (vgl. Schülerbuch, S. 43) und Frage c).
3. Schritt: Vergleich des Schlosses mit einer mittelalterlichen Burg: Verfassertext im Schülerbuch, S. 32, Marginalie „Der Bau von Versailles“, M2 und Bild einer mittelalterlichen Burg oder die Folie: „Der mittelalterliche Louvre“ (vgl. Kopiervorlage 2) und Frage d).
Grundrisse von Burg und Schloss (vgl. Tafelbild)
Frage: „Warum konnte es sich Ludwig XIV. leisten, ein Schloss anstatt einer Burg zu bauen?“

Tafelbild

<u>Die Burg wird zum Schloss</u>

Die Burg im Mittelalter

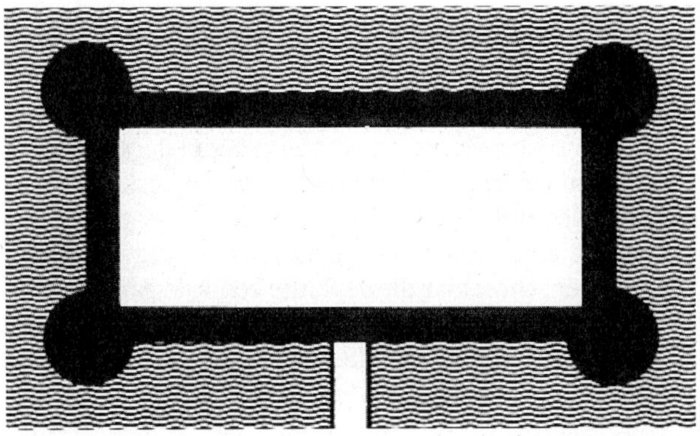

Aufgabe der Burg:
Der geschlossene rechteckige Bau mit Türmen und Wassergraben bietet dem Angreifer nur wenig Angriffsfläche. Die Burg dient der Verteidigung.

Das Schloss im Barock

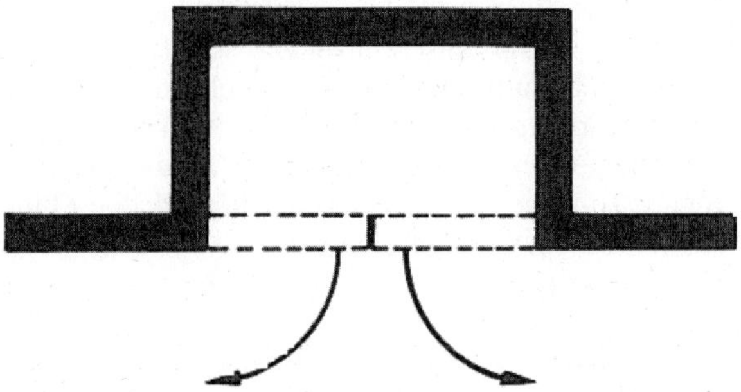

Aufgabe des Schlosses:
Das Barockschloss wird zur Bühne für den Herrscher. Die Vorderfront wird dabei wie zwei Flügel eines Tores auseinander geklappt. Wachtürme sind überflüssig, da die Verteidigung (1) nach außen an den Landesgrenzen durch Festungen und durch ein stehendes Heer, das in Festungen nahe der Grenze stationiert ist, stattfindet, (2) im Landesinneren sich der französische König den einst aufrührerischen Adel unterworfen hat.

(Bilder des Tafelbildes aus: H.D. Schmid, „Fragen an die Geschichte 3“, Lehrerbegleitband, S. 42)

4. Schritt: Selbstverständnis des Königs: (Anknüpfung an Schritt 3). Bildinterpretation des Herrscherbildes M3, S. 44ff. (vgl. *Arbeitsblatt 3: „Das Herrscherbild Ludwigs XIV.“*) und Vergleich mit der Karikatur M4 (Schülerbuch, S. 45) sowie den beistehenden Fragen (1) und (2).
Vergleich des Herrscherbildes Ludwigs XIV. mit dem Krönungsbild Heinrichs II. M6 Schülerbuch, S. 46, und den beistehenden Fragen. Die Ergebnisse werden in das *Arbeitsblatt 3: „Das Herrscherbild Ludwigs XIV.“* eingetragen; zusätzlich Frage e) (vgl. Schülerbuch, S. 47).
Bei den einzelnen Arbeitsschritten bietet sich Partnerarbeit an. Für die Fachkollegen empfiehlt es sich, sich die Bedeutung der Einzelheiten des Bildes vor der Stunde noch einmal zu vergegenwärtigen.
5. Schritt: Bewertung des höfischen Absolutismus:
Schlossbau: Colbert in M1 (vgl. Schülerbuch, S. 42) und Saint-Simon in M9, (vgl. Schülerbuch, S. 47) sowie Frage b).
Hofleben: M2, M10 und Verfassertext, Frage b).

Zusatzinformationen zu den Materialien

M1: Das in Öl auf Leinwand gemalte Bild ist im Original 115 x 116 cm groß. der Blick schweift von der Stadtseite aus zu den Gärten. Das Bild wurde zu Beginn der 1. Erweiterungsphase des Schlosses gemalt. Es zeigt die relativ bescheidene Größe des Jagdschlosses Ludwigs XIII., deutet aber schon klar die geplante zentrale Ausrichtung der Landschaft auf das Schloss hin an.
In der Unterredung am 28.9.1665 (zitiert nach H.D. Schmid, „Fragen an die Geschichte 3“, Frankfurt/M. [3]1980, S. 16) weist Colbert auf den bedeutendsten außen- und einen innenpolitischen Aspekt der Politik Ludwigs XIV. hin: Durch die Kriege erweiterte Ludwig die Position der französischen Krone in Europa. Aber 1665 hatte Ludwig XIV. noch keinen seiner später zahlreichen Kriege geführt. Colbert animiert hier den eitlen jungen König, das andere Mittel, mit dem er Ruhm erlangen kann, einzusetzen: die Errichtung von Bauten. Colbert sollte Recht behalten. Ludwig XIV. setzte den Bau von Versailles auch als innenpolitische Waffe gegen den Adel ein. Der einst weitgehend selbstständige und immer wieder aufrührerische Hochadel wurde durch die Präsenzpflicht an den Hof gebunden und geriet durch die außergewöhnlichen finanziellen Belastungen des Hoflebens in die Abhängigkeit der königlichen Gunst. Aus den mittelalterlichen „Pairs“ waren Höflinge („courtisans“) geworden.

M2: Auch die Gravur zeigt die Schloss- und Gartenanlage in der Zentralperspektive mit Blick von den Gärten zur Stadt hin. Im zum Garten vorgeschobenen Mittelbau liegt in der ersten Etage der Spiegelsaal, das offizielle Zentrum für Empfänge und Vergnügungen. Im rechten Seitenflügel waren die Prinzen mit ihren Familien untergebracht, im linken Flügel lebte der gesamte Hofadel in großer Enge. Der Ausbau des Schlosses hing mit Ludwigs außenpolitischen Erfolgen zusammen. Während der Eroberungskriege gegen Spanien und die spanischen Niederlande ließ Ludwig XIV. den Ausbau durch Le Vau planen und nach dem für Frankreich erfolgreichen Frieden von Aachen 1668 beginnen. Der Ausbau des Schlosses war ursprünglich nur dazu geplant, „um dort einige Tage mit dem Staatsrat bequem logieren zu können“, so die Anweisung des Königs. Um den alten Bau herum wurde eine Dreiflügelanlage gebaut, mit einem hohen Sockelgeschoss zum Garten hin, darüber eine breite Terrasse vor der Gartenseite des Altbaus, die von zwei mächtigen Pavillons flankiert wurde. Zur Hofseite hin wurden die Wirtschaftsgebäude aufgestockt und deren Zusammenschluss mit den Schlossflügeln begonnen.
Nach dem Tode Le Vaus im Jahr 1670 übernahm Jules Hardouin-Mansart die Bauplanung und Bauausführung. Nach dem Frieden von Nimwegen 1678 mit seinen Gewinnen für Frankreich ließ Ludwig XIV. Versailles endgültig zur Residenz in einer Größe ausbauen, die in Paris nie möglich gewesen wäre.
Neben dem Schlafzimmer kamen dem Spiegelsaal und der Gartenfassade die wichtigsten politischen Funktionen zu: Bei allen Festen, Bällen, Empfängen und Banketten im Spiegelsaal stand stets der König im Mittelpunkt. Die Gartenfassade war die Schauseite des Schlosses. Mit ihren gewaltigen Ausmaßen verkündete sie dem in den Gärten promenierenden Adel ständig die Größe des Herrschers.

M3: Bildinterpretation 1. und 2. Schritt (vgl. *Arbeitsblatt 3: „Das Herrscherbild Ludwigs XIV.“)*

M4: Die Karikatur entstammt dem Werk von William Makepeace Thackeray, „The Paris Sketchbook“, und erschien 1840.
Thackeray schreibt dazu: „Man sieht sofort, dass die Majestät aus der Perücke gemacht ist, den hochhackigen Schuhen und dem Mantel. So stellen Barbiere und Flickschuster die Götter her, die wir anbeten“ (Zit. nach Peter Burke, „Ludwig XIV. Die Inszenierung des Sonnenkönigs“, Berlin 1993).
Die Karikatur entlarvt den 63-jährigen König als altesgebeugtes, glatzköpfiges Männlein, das erst durch seine prachtvolle Garderobe zum König gemacht wird („Kleider machen Leute“). Das Zepter entpuppt sich als Krückstock, das Schwert ist Teil der Kleidung. – Der englische Erzähler Thackeray schrieb u.a. historische Romane über das 18. Jahrhundert, dem er sich – wenn auch kritisch – verbunden fühlte. Für Thackeray ist Ludwig XIV. ein Snob, also einer, der mehr scheinen will, als er in Wirklichkeit ist. Mit Ironie deckt er die innere Leere der vornehmen Gesellschaft auf, die er abkonterfeit und glossiert.
Frage (1):
Sowohl die würdige, auf den Betrachter herabschauende Gestalt Ludwigs als auch die kostbare Kleidung und die prachtvolle Ausstattung des Thronsaales zeichnen ihn als königliche Hoheit aus, der man Respekt und Gehorsam erweisen muss.
Ohne seine Kleidung wirkt Ludwig XIV. jedoch als kleines, altes Männchen, den niemand als absoluten Herrscher anerkennen würde.
Frage (2): vgl. M7.

M5: Die heilige Lanze wurde seit Heinrich I. als Symbol christlicher Nächstenliebe verehrt. Das Urbild ist die Lanze des Söldners, der die Seite Christi öffnete.

M6: Bildinterpretation der mittelalterlichen Herrscherdarstellung Heinrichs II.

M7: Die mittelalterliche Kirche sprach in Bildern und Zeremonien die Analphabeten an, um sie religiös zu erziehen, zu bekehren oder zu bestärken. Der absolutistische Staat sollte das zivile und öffentliche Leben mit der gleichen Vollmacht regeln wie die Kirche das religiöse und private. Um diese Autorität zu erlangen, musste der Staat seine Hoheit sichtbar darstellen. Die den kirchlichen Instanzen entgegengebrachten Verehrungsformen wurden auf die weltliche Autorität umgelenkt. Durch die Entfaltung von äußerlichem Prunk sollte der staatlichen Sphäre ein eigenes Gewicht gegeben werden, um die Empfindung, die Loyalität und den Gehorsam der Untertanen an den Fürsten zu binden. In der Blütezeit des Absolutismus entwickelte sich die Lehre von der fürstlichen Hoheit zu einer eigenen Wissenschaft, die man „Zeremonialwissenschaft" nannte. Zeremonialwissenschaftler wie Johann Christian Löhnich versuchten, den Aufwand um die Person des Königs als eine Art Öffentlichkeitsarbeit gegenüber dem gemeinen Volk zu erklären, das nicht wie die gebildeten Schichten vernünftigen Argumenten, sondern nur sinnlichen Mitteln zugänglich sei.

M8: Gerade am Zeremoniell des „lever" wird deutlich, dass der König über kein Privatleben im heutigen Sinn verfügte. Das berühmte, Ludwig XIV. in den Mund gelegte Wort: „L'État, c'est moi" drückt nicht nur sein Selbstverständnis als Herrscher aus, sondern zeigt auch das völlige Aufgehen seiner Person im Staat. Keine 50 Jahre später empfanden Ludwig XVI. und Marie-Antoinette die Repräsentationspflichten als solche Last, dass sie sich im weitläufigen Versailler Park einen romantischen Bauernhof als Rückzugsort bauen ließen. Der Bericht des Herzogs von Saint-Simon zeigt deutlich die politische Funktion des morgendlichen und abendlichen Zeremoniells: die höchsten und mächtigsten Adligen des Landes, einst eigenständige und kriegerische Herrn auf ihren Gütern, führen jetzt geradezu lächerliche Dieneraufgaben aus (Funktion der Unterwerfung des Hochadels unter die Königsmacht).

M9 und **M10**: bieten den Ansatz zur Kritik am höfischen Absolutismus Ludwigs XIV. Der Herzog ist als Vertreter der Adelsopposition zu erkennen, der Ludwigs rationale Unterwerfung der Natur unter seinen königlichen Willen kritisiert, aber auch aus eigener Erfahrung über konkrete Nachteile (Kieswege, Hässlichkeit mancher Gebäude) schreibt (M9).
In M10 entlarvt er Ludwigs sanfte Methode, den Adel durch ein verschwenderisches Konsumleitbild wirtschaftlich in die Knie zu zwingen, um ihn so von der Gewährung seiner Pensionen abhängig zu machen.

Ergänzung zum Angebot des Schülerbuchs

Kopiervorlage für die Folie 1: „Grundriss von Versailles", Funkkolleg Kunst, Studienbegleitbrief 6, S. 98.
Kopiervorlage für die Folie 2: „Der mittelalterliche Louvre", Funkkolleg Kunst, Studienbegleitbrief 6, S. 103.

Zu den Arbeitsvorschlägen und Fragen

a) Ludwig XIV. hatte selbst einen Rundgang durch die Gärten entworfen und führte hohe Gäste persönlich durch die Gartenanlage. – Marställe, Zentralachse, sich verengende Höfe zum königlichen Schlafzimmer hin, Sonnenuhr über dem königlichen Schlafzimmer, Statuenschmuck, gewaltige Dreiflügelanlage, geometrisch angelegte Gärten, Brunnenanlagen, promenierender Hofadel, viele Menschen.
b) Für Colbert bemisst sich der Nachruhm eines Fürsten nach großen Kriegstaten und großen Bauten.
Saint-Simon: Kritik als adliger Oppositioneller, der am Hof leben muss.
Informationen:
Das Schloss liegt in einer wald- und wasserarmen, ungesunden Sumpflandschaft (Malaria), Kieswege verhindern Einsinken in Schlamm, zerschneiden aber die Schuhsohlen. Das Schloss hat im Vergleich zu seinem Vorgängerbau die Ausmaße einer Stadt; die Baukosten sind enorm hoch.
Bewertung:
Ludwig vergewaltigt die Natur, was abstoßend wirkt. Schöne und hässliche Bauten sind ohne Konzept nebeneinander gebaut; Gärten sollen prachtvoll sein, diese sind aber geschmacklos.
c) Das Hofzeremoniell und das „lever" zeigen den Status des unterworfenen Adels: Statt eines eigenständigen Lebens auf eigenen Gütern verbunden mit lokaler Machtausübung gilt jetzt das Anreichen einzelner Kleidungsstücke und zerstreuende Festlichkeiten als höchste Ehre. Konsumleitbild: großzügige Verschwendung der eigenen Mittel für höfische Feste führt zur Verarmung des am Hofe lebenden Adels, der so von finanziellen Zuwendungen des Königs (Pensionen) abhängig wird; Präsenzpflicht des Adels am Hof: Wer nicht am Hofe war, zählte in der Hofhierarchie nicht. Der Adel konnte sich so nicht mehr um die eigenen Güter kümmern.
d) Die Burg ist eine Wehranlage, die der Verteidigung dient. Sie ist ein kompakter Baukörper mit flankierenden Türmen, oft durch Wassergräben geschützt. Das Königtum hat sich gegen den kriegerischen Feudaladel durchgesetzt. Auch die Außengrenzen sind durch die stehenden Heere sicherer geworden.
Das Schloss ist ein Repräsentationsbau zur Selbstdarstellung des absoluten Königs. Die Vorderfront wird zur Bühne, der kompakte Baukörper der Burg öffnet sich zum in die Breite (= Repräsentation) gezogenen Schloss. Ecktürme werden überflüssig, das Schloss hat keine Verteidigungsfunktion mehr, da der aufrührerische Adel gezähmt am Hof lebt und die Grenzen vor äußeren Feinden durch die stehenden Heere sicherer geworden sind.
e) Durch Bilder im Fernsehen und durch Zeitungsfotografien sind viele Politiker bekannt. Abgesehen von wenigen offiziellen Fotografien oder Ansprachen im Fernsehen haben die Politiker heute keinen Einfluss mehr darauf, wie sie von Fernseh- und Zeitungsfotografen abgelichtet oder gefilmt werden.

3. Europa im Barock

Konzeption

Die Schülerinnen und Schüler erkennen, dass das Hofleben von Versailles zum Vorbild zahlreicher europäischer Fürsten wurde. Residenz-, Jagd- und Lustschlösser wurden im Stil von Versailles gebaut. Damit verbunden war die Übernahme der Lebensform des französischen Höflings und der französischen Sprache als Ausdruck vollendeter Bildung. Die Schülerinnen und Schüler lernen den barocken Baustil der Gegenreformation (katholischer Erneuerung) kennen, der den absolutistischen Herrschern als Medium für ihre Selbstdarstellung diente.

Reduktion: Die Darstellung des Barock beschränkt sich auf einen spätbarocken Kirchenbau, da der Schlossbau ausgiebig am Beispiel von Versailles dokumentiert wird. In Kapitel 2 wurde auf die Einführung des Barockbegriffs noch bewusst verzichtet, da dort die zentralistische Ausrichtung der Schloss- und Gartenanlage auf die Gestalt des Herrschers im Mittelpunkt stand. Mit der Verbreitung des Versailler Schlosstyps in Europa wird es notwendig, die Entstehung des Barocks in der italienischen katholischen Kirche als Baustil der Gegenreformation im frühen 17. Jahrhundert und ihre Übernahme durch die absoluten Fürsten knapp darzustellen.

Versailles ist jedoch ein Beispiel für den barocken Klassizismus, der die in der Renaissance wieder aufgenommene Verwendung antiker Bauformen und Baugedanken fortentwickelte.

Der Barock entstand in Italien (Michelangelo, Bernini) und verbreitete sich von hier aus in ganz Europa, wobei in der ersten Phase (Frühbarock) überall italienische Baumeister und Handwerker den Stil bestimmten.

In der zweiten Phase (Hochbarock) kam es zu nationalen Sonderformen, die von den jeweiligen Künstlern der Länder geprägt wurden. Die italienischen, später auch die deutschen und österreichischen Barockformen beeinflussten eher Kirchenbauten, während die französischen Formen den Schlossbau prägten.

Die letzte Phase des Barock (1720–1770) wird als „Rokoko" bezeichnet, abgeleitet von der beliebtesten Ornamentform, der „Rocaille" (frz.: „Muschelwerk"). Schon zu Lebzeiten Ludwigs XIV. entstand in Paris eine neue Form des Stadtpalastes (Hôtel) mit einer Vielzahl intimer kleiner, gleichberechtigter Räume, die mit verschwenderischer Eleganz ausgestattet wurden. Diese „Hôtels" wurden mitbestimmend für das Rokoko. Sowohl die Wieskirche als auch Schloss Sanssouci zählen schon zum Rokoko. Der Außenbau der Rokoko-Bauten ist gegenüber dem pathetisch-plastischen Sich-wölben des Barocks von größter Eleganz, die Gliederung flacher und zarter, die Stukkatur der Innenräume leichter, ornamentaler und malerischer, die Farben werden hell und licht. In Frankreich sind für Rokoko die Bezeichnungen „Régence" (Stil der Zeit der Regentschaft des Herzogs Philipp von Orléans, 1715–23), „Louis-quinze" (Stil der Regierungszeit Ludwigs XV., 1723–74) und „Louis-seize" (Stil der Regierungszeit Ludwigs XVI., 1774–92) üblich. (Nach: „Lexikon der Weltarchitektur", hg. von Nikolaus Pevsner u.a. Rowohlt, Reinbek 1976, S. 484f.).

Rückbezug/Vergleich: Der gotische Stil (M3 bis M5).

Zeitrahmen: Je nach Ausführlichkeit ein bis zwei Stunden.

Fächer übergreifende Elemente: Die Bauten des Barock können ausführlicher in Zusammenarbeit mit dem Kunstunterricht erarbeitet werden. Im Deutschunterricht kann z.B. ein einfaches Barockgedicht besprochen werden. Im Musikunterricht lernen die Schüler und Schülerinnen das Menuett als höfischen Tanz im Vergleich zum Bauerntanz kennen.

Aspekte der Unterrichtsgestaltung

Lernweg 1: Schwerpunkt: Das französische Vorbild. Die Vorbildfunktion von Versailles für europäische Fürstenhöfe wie Schloss Brühl, Schloss und Stadt Karlsruhe, Schloss Sanssouci auf der Auftaktdoppelseite (S. 38/39), Verfassertext, Marginalien „Französisch ist in" und „Die Erziehung" (siehe auch Kapitel 7 des Europa-Längsschnitts „Europäische Bildungsreisen im Zeitalter des Absolutismus") eventuell durch das Beispiel eines barockes Schlosses in der Nähe ergänzen.

Lernweg 2: Schwerpunkt: Der barocke Baustil als Baustil der Gegenreformation und der absolutistischen Fürsten (vgl. Schloss Brühl im Schülerbuch, S. 38), im Verfassertext die Marginalien „Der neue Baustil" und „Die Formen des Barock", die Wieskirche (M1) im Vergleich mit einer gotischen Kirche (vgl. Schülerbuch „Geschichte und Geschehen", Bd. A2, S. 126–131).

Zu Frage a) vgl. auch „Zusatzinformationen zum Verfassertext": Anhand der Zeichnung kann die Fachkollegin/der Fachkollege den Schülerinnen und Schülern die gradlinige Grundform (Raute) der Wieskirche verdeutlichen.

Ergänzung: Die geplanten Städte absolutistischer Fürsten als letztgebaute Städte mit einheitlichem Konzept. Beispiel: Karlsruhe, Karlshafen.

Zusatzinformationen zum Verfassertext

Marginalien „Der neue Baustil" und „Die Formen des Barock": In der Instrumentalmusik des Barock ranken sich um ein liedartiges Thema, die sog. Gerüstmelodie, Zierfiguren, so dass Variationen entstehen. Im Beispiel von G. F. Händel (1685–1759) kann man durch Weglassen der Zierfiguren (Corta, Groppo, Tirata, Circulus) wieder zur „Gerüstmelodie" zurückkehren.

„So einfach wie eine solche ‚Gerüstmelodie' ist auch der Grundriss einer barocken Kirche, wo sich alle runden, ovalen und elliptischen Figuren auf gradlinige zurückführen lassen. So schreibt H. Tintelnot von einer barocken Kirche Borrominis (1599–1667): Das erste Element des Grundrisses ist eine Raute, mit der Achse am Eingang aufsetzend. Über ihr stehen nur die Flächen zwischen Nischen, die die Rautenspitzen ersetzen. Die seitlichen Nischen bilden nun wiederum, durch den Dekor verwischt, Abschnitte von Ovalen, deren kleine Achse von dem Achsenschnittpunkt der Raute reicht, während die Nischen vom Eingang und Chor wiederum Abschnitte von elliptischen Figuren sind, die die anderen gedachten Ovale anschneiden [...] Das Oval herrscht allenthalben in der Hauptkuppel, in den Füllungen der Zwickel, im Bodenmosaik. Wir spüren damit zwei Körper, die sich durchdringen, den über der Raute und den über der Ellipse und in der Vorstellung ist hier die Durchdringung und gleichzeitige Abwesenheit zweier Körper aufgelöst [...] (Hans Tintelnot, ‚Zur Gewinnung unserer Barockbegriffe' in: ‚Die Kunstformen des Barockzeitalters', Slg. Dalp, Bd. 82, München 1956, S. 75) Die vorgenannten ‚Spiel- und Zierfiguren', insbesondere der ‚Circulus', entsprechen etwa den „Ovalen" des barocken Raumes.

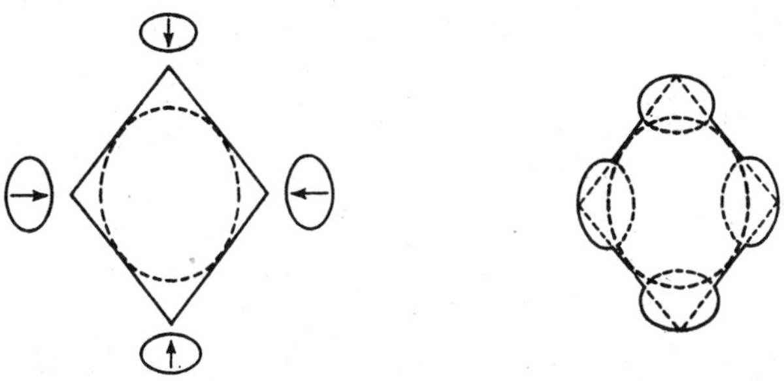

Dass man die zwei ‚abwesenden Körper' (Raute = Grundmelodie, Ellipse = mel. Zierfiguren) in ihrer klaren Struktur nicht mehr erkennt, macht das Wesen der barocken Architektur und Musik deutlich. In solch ornamental überladenen Melodien, in den gewundenen Säulen, die nur des Dekors und nicht des Tragens wegen den Raum füllen, so dass an die Stelle antiken Strebens nach tektonischer Wahrheit die schöne Täuschung tritt, liegen auch die Kriterien für die Ablehnung des Barock im 18. und 19. Jh. begründet.'"

(Zit. nach: „Musik im Leben. Schulwerk für die Musikerziehung", Bd. III, hrsg. von Erich Horneberg, u.a., Frankfurt a. M. 1993, S. 75f.).

Zusatzinformationen zu den Materialien

Auftaktdoppelseite 38: Die Gartenansicht von Schloss Brühl entspricht der Gartenansicht von Versailles (vgl. Schülerbuch S. 43, M2). Wie Versailles ist auch Schloss Augustusburg eine Dreiflügelanlage. Der Schlossbau wurde 1725 von dem Münsteraner Architekt Johann Conrad Schlaun begonnen, 1728–1740 durch den französischen Architekten Cuvilliés aus- und umgebaut.

M1: In den abgelegenen Hochmooren von Steingaden in Oberbayern wurde um 1730 ein Bild des Heilands an der Geißelsäule verehrt. Ein Bauer behauptete, dass die Figur Tränen vergossen haben soll. Das angebliche Wunder führte schnell dazu, dass sich der Ort zu einem Pilgerziel entwickelte und die Feldkapelle für die vielen Menschen nicht mehr ausreichte. Der Abt des benachbarten Klosters Steingaden entschloss sich daraufhin zum Bau einer größeren Bußkirche. Den Bauauftrag erhielt Dominikus Zimmermann.
Die relative äußere Schlichtheit steht im Kontrast zur prunkvollen Ausstattung des Inneren. Doch gerade die helle Farbgestaltung drückt die dem Leben zugewandte Einstellung des Barock aus.
Erst die barocke Baukunst entdeckt für den Kirchenbau die Ellipse. Die Ellipse ist eine einfache Grundform, kann aber mit keinem Zirkel beschrieben werden. Sie verändert sich ständig, da sie in allen Punkten die Richtung ändert. Im Osten öffnet sich das Oval des Kirchenraumes zu einem tiefen Chor (M3), im Westen schwingt das Oval des Kirchenraumes in eine vorgebaute Eingangshalle hinein.
Die gesamte reiche Ausstattung, Altäre, Statuen, Grabmäler und Bilder stammen aus der gleichen Zeit; alles ist aus einem Guss. Das reichste Ausstattungsstück ist die Kanzel (links im Bild). Das machtvolle Herabkommen des Geistes auf die Apostel soll auch den Prediger erfassen. Obwohl alle Formen geometrisch sind, bewegen und türmen sie sich kraftvoll übereinander.

Ergänzungen zum Angebot des Schülerbuchs

Vgl. Peter Knoch (Hrsg.) „Spurensuche Geschichte 2", S. 83f. „Zierliche Schritte mit Révérence und Contenance – Das Menuett, der Tanz des Absolutismus" von Matthias Isecke-Vogelsang, Ernst Klett Verlag Stuttgart 1991.

Zu den Arbeitsvorschlägen und Fragen

a) Die Formenfülle erschlägt den Betrachter. Alle Formen schwingen und fließen ineinander, so dass der ganz Raum in Bewegung zu sein scheint. – Oval (Ellipse), Halbkreis, Raute.
b) Gotische Kirchen sind rechtwinklig mit einem Langhaus (evtl. flankiert von Seitenschiffen) und einem Querschiff angelegt, das im rechten Winkel zum Langhaus steht. Langhaus und Querschiff bilden ein lateinisches Kreuz.
Die rechtwinklige Grundform der gotischen Kirche wirkt streng, klar geordnet, aber auch starr. Die geschwungenen Barockformen wirken dagegen fließend und leicht, alles Harte und Strenge hat keinen Platz.
c) Der barocke Raum ist eine Bühne, auf der sich der Fürst inszenieren kann. Im gesamten Bau wirken alle Details zusammen, nichts steht mehr für sich allein. Dies entsprach dem Selbstverständnis des absolutistischen Fürsten, der die gesamte Wirklichkeit mit seinen Ideen und seiner Macht durchdringen wollte.

4. Das 17. Jahrhundert: „Denken macht die Größe des Menschen"

Konzeption

An Person und Werk Galileo Galileis (1564–1642) erkennen die Schülerinnen und Schüler exemplarisch einige Elemente der neuen naturwissenschaftlichen Methode der Welterkenntnis:

1. Ein einzelner Naturvorgang wird aus seinem Zusammenhang gelöst und von den natürlichen Bedingungen, die störend wirken (bei Galileis Versuchen zur Fallgeschwindigkeit z.B. der Luftwiderstand), getrennt. Es werden Hypothesen über den Vorgang aufgestellt. Die Sprache der neuen Wissenschaften ist die Mathematik.
2. Die Hypothese wird anschließend im Experiment überprüft, wobei das Experiment zu jeder Zeit und von jedermann wiederholbar sein muss. Erst dann lassen sich gültige Aussagen über einen Naturvorgang formulieren.
3. Die neuen Naturwissenschaften strebten von Anfang an keine Kosmologie an, in der sich wie im Mittelalter rationale Wissenschaften, Philosophie und Theologie verbanden, sondern sie untersuchten nur isolierte Teilbereiche auf ihre Ursache-Wirkung-Beziehungen hin. Da die neuen Naturwissenschaften eine möglichst effektive Reproduktion anstrebten, gingen sie früh eine Verbindung mit dem wachsenden Handel und Handwerk des aufstrebenden Bürgertums ein. Die Verbindung von profitorientiertem Handel und auch Handwerk mit den Naturwissenschaften hatte zur Folge, dass nur diejenigen Produktions- und Wirtschaftsmethoden weiterentwickelt wurden, die auf einfachstem und kürzestem Weg die größtmögliche Produktivität erzielten. Die Frage nach dem Menschen und seinen Bedürfnissen wurde zunehmend ausgeklammert.

Die Schüler und Schülerinnen lernen die naturwissenschaftlichen Erfindungen und Entdeckungen des 17. Jahrhunderts und die sich daraus ergebenden Veränderungen für Wirtschaft und Gesellschaft kennen.

Sie verstehen den beginnenden Konflikt zwischen Glauben und Naturwissenschaft (Verurteilung von Galilei) auch als Kampf zwischen der neuzeitlichen, reformatorischen Auffassung der Gewissensfreiheit des Einzelnen und der alten Auffassung der letztgültigen Autorität des kirchlichen Lehramts.

Der Streit zwischen der katholischen Kirche und Galilei kann auch als Auseinandersetzung zwischen dem mythischen Weltbild des Mittelalters und dem logischen der neuen Naturwissenschaften begriffen werden. Die Ebstorfer Weltkarte (vgl. Folie 1, Ausschnitte aus der Ebstorfer Weltkarte, in: Folienmappe II, Klett Bst.-nr. 410026) ist ein anschauliches Beispiel für die Kosmologie des christlichen mittelalterlichen Weltbildes: physikalische Beobachtungen, historisches Wissen und symbolische Vorstellungen aus Philosophie und Theologie gehen eine Synthese ein. Da sich das alte Weltbild noch nicht als mythisch erkannt hatte, mussten alle Beobachtungen der Wissenschaftler als Bedrohung erlebt werden. Aber die Naturwissenschaften erkannten ebenso wenig die mythische, symbolische Wirklichkeit und Wahrheit des alten Weltbildes und bekämpften es fortan als Irrtum.

Die Schüler und Schülerinnen erkennen, dass die Vernunft und das eigene Denken das Vertrauen auf die tradierten Wahrheiten ablöste. Das rationale Denken im 17. Jahrhundert prägte nicht nur die Wissenschaft und Wirtschaft und trieb sie voran, sondern es wurde auch durch die absolutistischen Fürsten für eigene Zwecke (Präsentation der eigenen Macht, Zentralisierung) in Dienst genommen. Auch machen sie sich die Bedeutung der rationalen Weltsicht für sich selbst bewusst.

Zeitrahmen: zwei Stunden.

Rückbezug auf Kapitel 2: Ludwig XIV. in Versailles: die geometrische Schloss- und Gartenanlage wird vor der neuen rationalen Weltsicht als gezielter Ausdruck absoluter Fürstenmacht verständlich.

Eine Schwierigkeit liegt in der Abstraktion des Lerngegenstandes. Eine anschauliche Darbietung ist deshalb besonders wichtig.

Als zeitloses **Problem** kann der rationale Umgang mit der eigenen Person und Umwelt in seinen positiven und negativen Auswirkungen thematisiert werden.

Naturbeobachtung und Experiment als naturwissenschaftliche Methode sind den Schülerinnen und Schülern aus dem Biologie-, Physik- und Chemieunterricht bekannt. Hierauf sollte Bezug genommen werden.

Aspekte der Unterrichtsgestaltung

Lernweg:

1. Schritt: Neue Naturbeobachtungen werden durch neue Erfindungen möglich.
Mitteilung Galileis im Verfassertext; Marginalie „Entdeckungen im Weltall".
2. Schritt: Zusammenstellung weiterer Erfindungen des 17. Jahrhunderts, M2 und anschließende Fragen, M3, Frage a), Verwendung von Lexika.
3. Schritt: Gegenüberstellung des alten geozentrischen und des neuen heliozentrischen Weltbildes, M1 und Frage dazu.
4. Schritt: Die Verurteilung Galileis.
Verfassertext, Marginalie „Naturwissenschaft gegen Kirchenlehre". Der Konflikt kann als Lehrererzählung lebendiger dargeboten werden (Material vgl. „Ergänzungen zum Angebot des Schülerbuchs" und „Zusatzinformationen zum Verfassertext").
Die Bibelstellen finden sich in den „Zusatzinformationen zum Verfassertext".
Wird dieses Element ausführlicher behandelt, kann anstatt der Lehrererzählung auch der Text von B. Brecht (vgl. „Ergänzungen zum Angebot des Schülerbuchs") verwendet werden.
Der Unterschied zwischen dem mythischen und dem logischem Weltbild lässt sich gut an der Gegenüberstellung der Ebstorfer Weltkarte (vgl. Folie, Ausschnitt aus der Ebstorfer Weltkarte, in: Folienmappe II, Klett Bst.-nr. 410026) mit einer heutigen physikalischen Karte zeigen. Darüber hinaus empfiehlt sich eine enge Kooperation mit dem Religionsunterricht, der in den Jahrgangsstufen 7 oder 8 den Konflikt zwischen Mythos und Logos thematisiert.
5. Schritt: Die neuen naturwissenschaftlichen Methoden, M3 und M5, Frage b); Verfassertext, Marginalie „Nur der Verstand und eigene Erfahrungen zählen" (vgl. Schülerbuch, S. 50); Frage: „Inwiefern greift von Guericke die Weltsicht des Aristoteles an?" (vgl. M1)
6. Schritt: Bedeutung des rationalen Denkens für die eigene Person, M4 und Frage: „Wie wirkt sich der Gebrauch des eigenen Verstandes aus"? (Beispiele: Umgang mit Nachrichten, Bewertung von Sachverhalten und Personen u.a.m.)
7. Schritt: Die herrschenden Fürsten bemächtigen sich des neuen Wissens, M2 und anschließende Fragen (vgl. Schülerbuch, S. 51), M2 von Kapitel 2 und Verfas-

sertext, Marginalie „Der Sonnenkönig“ (vgl. Schülerbuch, S. 42f.). Lehrerfrage: „Wie setzt Ludwig XIV. das neue Wissen um?“

Zusatzinformationen zum Verfassertext

Folgender Vers aus dem Psalm 93 wurde als Beleg für die Unbeweglichkeit der Erde angesehen: „Der Herr ist König, bekleidet mit Hoheit; der Herr hat sich bekleidet und mit Macht umgürtet. Der Erdkreis ist fest begründet, nie wird er wanken“ (Psalm 93,1). Auch die Wunderbeschreibung aus dem alttestamentarischen Buch Josua schien zu beweisen, dass sich normalerweise die Sonne um die Erde drehe und das kopernikanische Weltbild folglich falsch sei: „Damals, als der Herr die Amoriter den Israeliten preisgab, redete Josua mit dem Herrn; dann sagte er in Gegenwart der Israeliten: Sonne, bleib stehen über Gibeon und du, Mond, über dem Tal von Ajalon! – Und die Sonne blieb stehen und der Mond stand still, bis das Volk an seinen Feinden Rache genommen hatte. Das steht im ‚Buch der Aufrechten‘. Die Sonne blieb also mitten am Himmel stehen und ihr Untergang verzögerte sich, ungefähr einen ganzen Tag lang.“ (Josua 10, 12f. nach der Einheitsübersetzung der Bibel).
Historisch kann der Konflikt nur verstanden werden im Rahmen des Machtkampfes zwischen Kirche und reformatorischer Einstellung. Der reformierten Auffassung, die das Gewissen des Einzelnen zur letzten Instanz einer gültigen Bibelauslegung erhob, setzte die Kirche im Trienter Konzil 1546 die Auffassung entgegen, dass allein die von ihr autorisierte Auslegung Gültigkeit habe. In der Folge davon waren auch die Naturwissenschaftler betroffen, die das heliozentrische Weltbild vertraten (vgl. auch „Ergänzungen zum Angebot des Schülerbuchs“, B. Brecht „Das Leben des Galilei“).
Der Text im Schülerbuch, S. 50 „Mitteilung des Astronomen Galilei an alle Naturforscher“ ist zitiert nach Michael Heidelberger/Sigrun Thiessen, „Natur und Erfahrung. Vor der mittelalterlichen zur neuzeitlichen Naturwissenschaft“, Sachbuch rororo 7705, Reinbek 1981, S. 127f. (Auszüge).

Zusatzinformationen zu den Materialien

Bilder Marginalspalte, S. 50: 1. Der neue Mensch durchbricht die begrenzte Welt des ptolemäischen Universums und erblickt neue Wunder. Der Holzschnitt des berühmten Populärastronomen Camille Flammarion (1842–1925) aus dem Jahr 1888 symbolisiert den Vorstoß der Wissenschaftler der frühen Neuzeit zu einem neuen Weltbild. Das 19. Jahrhundert versuchte die Geschichte in allen Bereichen lebendig zu machen, so auch hier. Bis vor wenigen Jahren wurde die Abbildung als Originalholzschnitt des 16. Jahrhunderts angesehen.
2. Das Fernrohr außerhalb des wissenschaftlichen Gebrauchs; hier wird mit einem Fernrohr beobachtet. Die Stadt im Hintergrund ist möglicherweise Mais, das der Schwedenkönig Gustav Adolf 1631 gerade eingenommen hatte. Darauf scheinen sich auch die verschlüsselten Verse zu beziehen (Kupferstich, 1632. Beide Bilder stammen aus Jürgen Teichmann, „Wandel des Weltbildes. Astronomie, Physik und Messtechnik in der Kulturgeschichte“, Rowohlt, Reinbek 1985, S. 201, 206).

M2: In der Bildmitte links mit Hut ist der König zu sehen, rechts von ihm Colbert. Die französische Akademie der Wissenschaften wurde 1666 gegründet. Paris sollte ein europäisches Zentrum für Wissenschaft (und Kunst) werden. Macht und Ansehen des Königs sollten auch durch diese Gebiete vermehrt werden. Voltaire beschreibt in seinem Werk „Das Jahrhundert Ludwigs XIV.“, dass Ludwigs Finanzminister Colbert den Dänen Römer, der die Lichtgeschwindigkeit berechnete, den Holländer Huygens, der den Ring des Saturn, und den Italiener Cassini, der die vier Saturnmonde entdeckte, an die Pariser Akademie der Wissenschaft berief. Den Wissenschaftlern wurden hohe Jahrespensionen bezahlt.
Zu den Fragen (M2):
(1) Die Globen und Karten weisen auf die Geografie hin, das menschliche Skelett auf die Medizin, die Tierskelette auf die Biologie, das Fernrohr, die Armillarsphäre, der große Brennspiegel von Vilette und das Observatorium verweisen auf die Astronomie, die Kolben, Röhren und Zylinder auf die Chemie und die Recheninstrumente auf die Mathematik (vgl. auch Folie 17, Ludwig XIV. besucht die Akademie der Wissenschaften in Paris, in: Folienmappe II, Klett Bst.-nr. 410026).
(2) Die formalen Grundmuster der Gartenanlagen entstammen der italienischen Gartenbaukunst der Renaissance. Um die Mitte des 17. Jahrhunderts entwickelte der Gartenarchitekt André Le Notre (1613–1700) aus dem geschlossenen Renaissancegarten den offenen Landschaftsgarten des Barockschlosses. Architektur, Garten und Landschaft werden als Einheit aufgefasst und unter die Herrschaft durchlaufender Achsen gestellt. An die Stelle der Gartenbegrenzung tritt seine scheinbar unendliche Ausdehnung. „Der französische Garten will die Natur zu einem rational verständlichen [...] Gebilde organisieren und sie damit durch Form zur Kunst erhöhen. Die Landschaft wird mit Lineal und Schere begrenzt und zu einem Gesellschaftsraum erhoben.“ (Alweyn/Sälzle, „Das große Welttheater“, Hamburg 1959, zit. nach: H.D. Schmid, „Fragen an die Geschichte 3“, Lehrerbegleitband, Frankfurt/M. 1982, S. 42).
(3) Alle geometrischen Formen (Wege, Brunnenanlagen, Blumen, Büsche oder in Kies angelegte Arabesken) dokumentieren die vom König beherrschte Natur. In der geometrischen Ausrichtung auf die Zentralachsen, in deren Mittelpunkt immer das Schloss steht, wird der absolute Herrschaftsanspruch deutlich. Das System der durchlaufenden Achsen entspricht mit seiner Beherrschung weiter Stadt- und Landschaftsräume dem politischen System des Absolutismus mit seiner Zentralisierung des gesamten Staates auf die Person des Königs hin.

M3: Von Guerickes Luftpumpe bestand aus einer Feuerspritze, in die er zwei Klappventile einbaute. Seinen erfolgreichen Vakuumsversuch wiederholte er 1663 vor dem großen Kurfürsten in Cölln. Von den Experimenten von Guerickes berichtete Caspar Schott erstmals in seinem Buch „Mechanica hydraulico-pneumatica“ von 1657. 1672 veröffentlichte von Guericke selbst ein Buch unter dem Titel „Experimenta nova (ut vocantur) Magdeburgica de vacuo spatio“ („Neue, wie man sagt, Magdeburger Experimente über den leeren Raum“). Mit von Guerickes Experimenten wurde der luftleere Raum möglich und künstlich herstellbar. Damit geriet auch die aristotelische Vorstellung ins Wanken, dass der Weltraum stofferfüllt sein müsse, da es auch auf der Erde kein Vakuum gebe.

M4: Descartes hatte als junger Mann beschlossen, keine überkommene Meinung mehr für wahr zu halten, die er nicht aus eigener Anschauung überprüft hatte. Von Hause aus finanziell bestens ausgestattet, zog er neun Jahre durch Europa, um die Grundlagen für seine eigene Anschauung zu suchen. Alles Überkommene konnte und musste angezweifelt werden. Nur an der einen Tatsache, dass man zweifelt, konnte nicht mehr gezweifelt werden. Zweifel gehört zum Denken. Und wer denkt, der muss auch existieren. „Demnach ist der Satz: Ich denke, also bin ich (ego cogito, ergo sum) die allererste und gewisseste aller Erkenntnisse, die sich jedem ordnungsgemäß Philosophierenden darbietet“. (René Descartes, „Principia Philosophiae“, Amsterdam 1644, frz. 1647, zit. nach: M. Heidelberger/S. Thiessen, „Natur und Erfahrung“, Reinbek 1981, S. 168).

M5: Ausgehend von v. Guerickes gelungenem Versuch, ein Vakuum zu erzeugen, kann seine Kritik an nicht empirischen, spekulativen Wissenschaften auch als Kritik an Aristoteles' Weltbild (vgl. M1) verstanden werden.

Ergänzungen zum Angebot des Schülerbuchs

(1) Die Einwände der Kirche gegen die neue Weltsicht fasst Bertolt Brecht in seinem Stück „Leben des Galilei“ zusammen. Brecht lässt einen sehr dünnen Mönch im Forschungsinstitut des Vatikans, dem Collegium Romanum, sagen:

„Die Heimat des Menschengeschlechts setzen sie mit einem Wandelstern gleich. Mensch, Tier, Pflanze und Erdreich verpacken sie auf einen Karren und treiben ihn im Kreis durch einen leeren Himmel. Erde und Himmel gibt es nicht mehr nach diesen. Die Erde nicht, weil sie ein Gestirn des Himmels ist, und den Himmel nicht, weil er aus Erden besteht. Da ist kein Unterschied mehr zwischen Oben und Unten, zwischen dem Ewigen und dem Vergänglichen. Dass wir vergehen, das wissen wir. Dass auch der Himmel vergeht, das sagen sie uns jetzt. Sonne, Mond und Sterne und wir leben auf der Erde, hat es geheißen und steht es geschrieben; aber jetzt ist auch die Erde ein Stern nach diesen da. Es gibt nur Sterne! Wir werden den Tag erleben, wo sie sagen: Es gibt auch nicht Mensch und Tier, der Mensch selbst ist ein Tier, es gibt nur Tiere! [...]“

Ein sehr alter Kardinal:

„Ich höre, dieser Herr Galilei versetzt den Menschen aus dem Mittelpunkt des Weltalls irgendwohin an den Rand. Er ist folglich deutlich ein Feind des Menschengeschlechts! Als solcher muss er behandelt werden. Der Mensch ist die Krone der Schöpfung, das weiß jedes Kind, Gottes höchstes und geliebtestes Geschöpf. Wie könnte er es, ein solches Wunderwerk, eine solche Anstrengung, auf ein kleines, abseitiges und immerfort weglaufendes Gestirnlein setzen? Würde er so wohin seinen Sohn schicken? Wie kann es Leute geben, so pervers, dass sie diesen Sklaven ihrer Rechentafeln Glauben schenken! Welches Geschöpf Gottes wird sich so etwas gefallen lassen?“

Weiter sagt der sehr alte Kardinal zu Galilei:

„Ich bin nicht irgendein Wesen auf irgendeinem Gestirnchen, das für kurze Zeit irgendwo kreist. Ich gehe auf einer festen Erde, in sicherem Schritt, sie ruht, sie ist der Mittelpunkt des Alls, ich bin im Mittelpunkt und das Auge des Schöpfers ruht auf mir und auf mir allein. Um mich kreisen, fixiert an acht kristallenen Schalen, die Fixsterne und die gewaltige Sonne, die geschaffen ist, meine Umgebung zu beleuchten. Und auch mich, damit Gott mich sieht. So kommt sichtbar und unwiderleglich alles an auf mich, den Menschen, die Anstrengung Gottes, das Geschöpf in der Mitte, das Ebenbild Gottes.“

(Zit. nach: „Die Stücke von Bertolt Brecht in einem Band“, Suhrkamp Frankfurt/M. 1978, S. 513)

Zu den Arbeitsvorschlägen und Fragen

a) Erfindungen: um 1600 Fernrohr, Luftpumpen zur Schaffung eines Vakuums. – Entdeckungen: vier Jupitermonde, Bestätigung des von Kopernikus behaupteten heliozentrischen Weltbildes durch Galilei.

Lexikon (dtv, Bd. 5, 1976, S. 185ff., Auswahl): 1590 Mikroskop Janssen, 1600 Lehre vom Magnetismus Gilbert, 1609 Fall- und Pendelgesetze Galilei, 1611 Astronomisches Fernrohr Kepler, 1642 Addiermaschine Pascal, 1643 Quecksilberbarometer Torricelli, 1657 Pendeluhr Huygens, 1669 Spiegelteleskop Newton, 1673 Multipliziermaschine Gottfried Wilhelm Leibniz, 1676 Lichtgeschwindigkeit Römer, 1681 Dampfkochtopf Papin, 1690 Atmosphärische Dampfmaschine Papin, 1693 Porzellan in Europa.

b) M4 (Descartes): Urteil über etwas ist abhängig von zweifelsfreier Erkenntnis, komplexe Probleme werden zwecks Übersichtlichkeit in Teilbereiche unterteilt, Ordnung der Gedanken vom Einfachen zum Komplexen, Ergebnisse in umfassenden Übersichten sichern. M5 (von Guericke): Ohne Experimente ist keine Aussage des menschlichen Denkens über die Beschaffenheit der Welt möglich.

5. *Die Säulen der absolutistischen Macht*

Konzeption

Inhaltlich schließt dieses Kapitel an Kapitel 2 „Der Sonnenkönig Ludwig XIV. in Versailles“ an. Dort lernten die Schülerinnen und Schüler die politische Funktion des Schlosses von Versailles kennen. Schloss und Hofleben sind auf die Person des Königs fokussiert. Schlossbau und ritualisiertes Hofleben ermöglichen dem König die Herrschaft über seine innerpolitischen Gegner, die Adligen.

In diesem Kapitel lernen die Schülerinnen und Schüler die Instrumente der absolutistischen Herrschaft kennen und das Wissen ermöglicht ihnen eine vertiefte Einsicht

in die Struktur des absolutistischen Staates. Das wichtige Organisationsmerkmal des absolutistischen Staates ist die Rationalität. Hilfreich für das Verständnis ist die vorhergehende Behandlung von Kapitel 4 „Das 17. Jahrhundert: Denken macht die Größe des Menschen".
Das Kapitel stellt die Instrumente des absolutistischen Staates (= die sogenannten Säulen der absoluten Königsherrschaft) nicht statisch vor, sondern zeigt, dass der Zentralisierung des Staates auf den König hin immer konkrete äußere Notwendigkeiten vorausgingen, die das erstarkende Königtum für sich und gegen den Adel zu nutzen verstand:
1. Nach dem Dreißigjährigen Krieg führte die Notwendigkeit von sicheren Grenzen zum stehenden Heer; das stehende Heer und die Festungsbauten Vaubans an den äußeren Grenzen Frankreichs erlaubten es dem König, auf eine Burg als Residenz zu verzichten. Auch ließ die zunehmende Sicherheit an den Grenzen die Stadtmauern überflüssig erscheinen. Indem der Schwertadel die Offiziersschicht stellte, ordnete sich der König als oberster militärischer Befehlshaber den Adel direkt unter. Parallel dazu ließ er ihre wehrhaften Adelssitze schleifen.
2. Der durch das stehende Heer gestiegene Finanzbedarf und die Hofhaltung erforderten ein neues Steuerverwaltungssystem, das zur teilweisen Ausschaltung der Steuer bewilligenden Ständeversammlungen führte.
Die Instrumentalisierung der Religion durch den absolutistischen Staat bleibt ohne die Hugenottenkriege des 16. Jahrhunderts unverständlich; deshalb wird der Rückbezug auf Kapitel 1 „Wie mächtig ist der französische König?" notwendig.
Da wegen der Vorgaben der nordrhein-westfälischen Richtlinien auf ein eigenes Kapitel über die Außen- und Kolonialpolitik Frankreichs verzichtet wurde, werden die Konzeption und Realität der Außenpolitik Ludwigs in diesem Kapitel nur angedeutet (Reunionspolitik, Scheincharakter von Verträgen, letztendliches Scheitern seiner Vorherrschaftspolitik).
Die Darstellung der auf den König ausgerichteten Zentralverwaltung ist dem Alter der Schülerinnen und Schüler entsprechend idealtypisch vereinfacht. In der Realität gelang es dem Königtum nicht, einen zentralisierten Einheitstaat zu schaffen. So behielt beispielsweise das Languedoc neben der Sprache auch sein eigenes Rechtssystem bei; die neu geschaffenen Provinzen waren noch weit von der straffen Zentralisierung der Departements nach der Revolution entfernt.
Ein ansatzweiser Vergleich mit dem modernen Staat – wenn auch wegen des geringen Wissensstandes der Schülerinnen und Schüler sicher nur oberflächlich möglich – kann zeigen, dass der Einfluss der absolutistischen Zentralgewalt auf das Leben der Staatsbürger bedeutend geringer war als der eines modernen demokratischen Staates.

Aspekte der Unterrichtsgestaltung

Lernwege:
Lernweg 1: Überblickswissen gemäß der Darstellung
Lernweg 2: Schwerpunkt: Die Funktionen von Heer und Religion im französischen Absolutismus.
1. Schritt: Die Bedeutung des stehenden Heeres und der Festungsbauten für die Außenpolitik: Kampf um Vorherrschaft in Europa. Marginalien „Das stehende Heer" und „Kriege um die Vorherrschaft in Europa", M3 und M4, Frage a), vgl. Tafelbild 1.
2. Schritt: Die Bedeutung des stehenden Heeres und der Festungsbauten für die Innenpolitik: Der staatliche Finanzbedarf fördert eine neue zentralisierte Verwaltungsstruktur und die Entstehung des Amtsadels. Dabei wird die Macht des alten Schwertadels, die sich in den Ständeversammlungen artikulierte, weiter geschwächt. Marginalien „Eine neue Verwaltung" bis „Der Amtsadel", Frage b) und Tafelbild 2.
3. Schritt: Die Kirchenpolitik; Rückbezug auf Kapitel 1: „Wie mächtig ist der König in Frankreich?" Marginalien „Sonderstellung der Hugenotten" und „Richelieus Politik" (vgl. Schülerbuch, S. 41) sowie „Ein Gott, ein Glaube, ein Gesetz, ein König" und „Hugenotten fliehen in das Ausland" (vgl. Schülerbuch, S. 55), Lehrerfrage: „Was wollte Ludwig mit seiner Kirchenpolitik erreichen und was erreicht er tatsächlich?" und Frage c).
Hinweis: Conrad Ferdinand Meyers „Zwei Füße im Feuer" kann bei gutem Vortrag die Jagd auf die Hugenotten lebendig werden lassen.
4. Schritt: Bündelung mit Hilfe von M2 („Die Säulen der absolutistischen Macht") und Frage d).

Tafelbild 1

Die Bedeutung des stehenden Heeres
und der Festungsbauten für die

Außenpolitik:

– Frankreich wird jetzt an den Grenzen gesichert.	– Ludwig XIV. beginnt den Kampf um die Vorherrschaft in Europa.

Innenpolitik:

– Die Stadtmauern werden überflüssig und deshalb niedergerissen. – Der König kann auf die militärisch gesicherte Burg verzichten. – Der Schwertadel untersteht jetzt dem	militärischen Oberkommando des Königs. – Der Finanzbedarf des Königs erfordert eine neue Verwaltungsstruktur.

Tafelbild 2

Die Königsmacht nimmt auf Kosten der Adelsmacht zu.

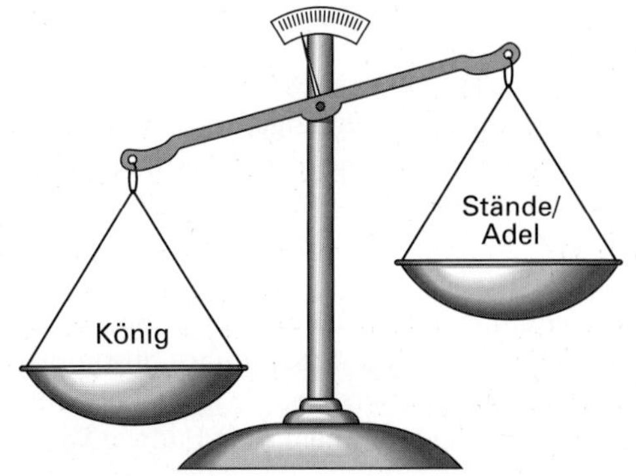

Zusatzinformationen zum Verfassertext

„Der Anteil der Weber und Wollspinner ist hoch; sie schufen in der brandenburgischen Wollindustrie mustergültige Manufakturen. Zur Luxusindustrie gehörten die Tuchmacher, Hutmacher, Tapetenmacher und Handschuhmacher. Die Seidenraupenzucht wurde wegen der ungünstigen klimatischen Verhältnisse in Brandenburg nach hohem, merkantil begründeten Aufwand wieder eingestellt. Arbeiter sind auf der Liste ebenso wenig wie Unternehmer und kapitalkräftige Händler auszumachen. Auch fehlen die Offiziere, obwohl bereits 1688 von 1 030 brandenburgischen Offizieren 300 Hugenotten waren.
Colbert hatte von der Aufhebung des Ediktes von Nantes wegen schwerer Schädigung der französischen Wirtschaft abgeraten. Vauban zählte 1698 in einer Denkschrift die nachteiligen Folgen auf: ‚Schaden für unser Handwerk und unsere Spezialmanufakturen, wovon die meisten den Ausländern unbekannt waren und die aus allen Gegenden Europas ein sehr beträchtliches Geld nach Frankreich brachten. Zerfall des größten Teils des Handels. Verstärkung der feindlichen Flotte und der feindlichen Heere.'"

(Aus: H.D. Schmid, „Fragen an die Geschichte 3", Lehrerband, Frankfurt/M. ²1982, S. 64)

Die Aufzählung der Berufe der Hugenotten im Schülerbuch, S. 55 ist entnommen aus: H.D. Schmid, „Fragen an die Geschichte 3", Frankfurt/M. 1980, S. 22.
Die Geschichte der Hugenotten in Brandenburg-Preußen wird noch einmal in Kapitel 9 des Schülerbandes S. 71 aufgenommen.

Zusatzinformationen zu den Materialien

M1: Bild oben: Ludwigs XIV. Hofmaler Hyacinthe Rigaud (1659–1743) malte 1694 König Ludwig XIV. im Brustharnisch. Die Höflinge bestellten im Lauf der folgenden Jahre über dreißig Nachbildungen. Das Bild ist heute im Prado in Madrid zu sehen. Nach den Beschreibungen des Höflings und Kritikers Louis de Saint-Simon fand Ludwig XIV. großes Vergnügen daran, seine Truppen zu sehen und sie seinen Damen in nachgestellten Kriegsszenen wie Belagerungen usw. in vielen Details vor einer großen Zuschauerkulisse vorzuführen (vgl. Louis de Saint-Simon, „Erinnerungen", ausgewählt und übersetzt von N. Schweigert, Kohlhammer Verlag Stuttgart, S. 60ff.).
M1: Bild unten: Der Kupferstich „Der Stelzfuß" stammt von Jacques Callot (1592–1635), einem französischen Kupferstecher und Radierer. In seinen „Misères de la Guerre" schilderte er 1633 „die Schrecken des Krieges". Er hatte die Belagerungen der Hugenottenstädte durch Richelieu und auch den Dreißigjährigen Krieg miterlebt. Er schrieb dazu: „Der Krieg lässt das Heer der Bettler und Krüppel anschwellen, darunter viele Soldaten, die sich eben noch als Herren der Welt fühlten."

M2: Die vereinfachende, idealtypische Skizze fasst die Informationen über das System des absolutistischen Staates zusammen. Die erste Säule nimmt nochmals Bezug auf Kapitel 2 „Der Sonnenkönig Ludwig XIV. in Versailles" (vgl. Schülerbuch, S. 42–47). Die letzte Säule „staatlich gelenkte Wirtschaft" erscheint der Vollständigkeit halber schon an dieser Stelle, obwohl der Merkantilismus erst im nächsten Kapitel behandelt wird (vgl. Schülerbuch, S. 57–60). Die Untertanen, das Fundament, tauchen hier – trotz unterschiedlicher Darstellung – noch in einem Block auf. Ihre Differenzierung erfolgt in Kapitel 7 „Die ungleichen Untertanen" (vgl. Schülerbuch, S. 61–66).

M3 zeigt die Gebietsgewinne Frankreichs im Norden und Osten auf Kosten des Reiches. Eine Wiederholung der Kriegsgewinne Frankreichs im Dreißigjährigen Krieg ist an dieser Stelle sinnvoll. Die Bedrohung des Reiches im Osten durch das Osmanische Reich (im Verfassertext kurz angesprochen) muss an dieser Stelle vom Lehrer ergänzt werden, damit Ludwigs XIV. militärischer Erfolg deutlicher wird. Die eingezeichnete Sprachgrenze macht deutlich, dass die „Reunionen" nur ein vorgeschobener Grund waren.
Neben Kirchen und Klöstern, Schlössern, Gartenanlagen und Städten entstanden auch Festungsanlagen im barocken Stil. Neubreisach im Elsass wurde nach Vaubans Plänen 1698 erbaut. Der geometrische Grundriss weist auf die rational geplante Stadt hin. Das Zentrum bildet der quadratische Exerzierplatz. Um diesen Platz herum sind die Funktionsbauten errichtet: auf der linken Seite die Kirche mit Pfarrhaus, auf der „oberen" Platzseite die Zivilverwaltung, auf der rechte Seite das Zeughaus und Offizierswohnungen und auf der „unteren" Seite das Rathaus und der Markt.

M4: Die „Memoiren" Ludwigs XIV. geben einen Einblick in das eigentliche Denken des Herrschers. Schein und Sein, Verträge und deren Einhaltung haben nichts miteinander zu tun. Da Ludwig XIV. diese Haltung mit dem Gebot der Höflichkeit begründet, wird hier auch ein Wesenszug des „honnête homme" am Versailler Hof sichtbar, dem äußere Höflichkeit als eine hohe Tugend galt (vgl. M4 im Schülerbuch, S. 45; die Karikatur von Thackeray lässt sich durchaus auf die Politik übertragen).

Zu den Arbeitsvorschlägen und Fragen

a) In vielen Kriegen kämpft Ludwig XIV. um die Vorherrschaft in Europa. Friedensverträge haben für ihn keine tiefere Bedeutung, der brutale Kampf um die Macht wird nur in nette, höfliche Worte eingekleidet.
b) Das stehende Heer und die Festungsbauten an den bisher ungeschützten Ost- und Nordgrenzen Frankreichs machen die Verteidigung der Städte, Adelssitze und eine Königsburg im Land überflüssig. Damit verbunden ist der Machtzuwachs des Königs. Er befiehlt und bezahlt das stehende Heer. Der den König noch in der Fronde bedrohende Schwertadel ist ihm militärisch untergeordnet. Der König lässt die Mauern der Städte und Adelssitze niederreißen; Adel und Städte sind nun auf den Schutz durch die königliche Armee angewiesen. Der repräsentative Schlossbau von Versailles drückt die verwandelte Form der Machtausübung aus. Der jetzt am Hof lebende Adel ist immer mehr auf die Gunst des Königs angewiesen (vgl. Kapitel 2, Verfassertext,

Marginalie „Der Hofadel“, Schülerbuch, S. 43 und M10, Schülerbuch, S. 47).
c) vgl. „Zusatzinformationen zum Verfassertext“.
d) Die Strukturskizze auf S. 54 im Schülerbuch dient der systematischen Zusammenfassung der bisherigen Informationen.

6. *Woher nimmt der König sein Geld?*

Konzeption

Die Schülerinnen und Schüler erkennen, dass der absolutistische König die Wirtschaft gezielt zu steuern versuchte, um die ökonomische Basis seiner Herrschaft zu stützen nach der Devise: Nur wohlhabende Bürger können hohe Steuern zahlen. Dazu bediente er sich des Wirtschaftssystems des Merkantilismus, das – wie auch das politische System des Absolutismus – durch zentrale Steuerungsmechanismen versuchte, ein Wachstum der Volkswirtschaft zu erreichen. Dazu zählten die Gründung staatlicher oder vom Staat geförderter Manufakturen, der Abbau von Binnenzöllen bzw. der Aufbau eines einheitlichen Zollgebietes, der Ausbau der Straßen- und Wasserwege, die Vereinheitlichung des Geldsystems, die Steigerung des Exports und die Minderung des Imports, um eine positive Handelsbilanz zu erreichen.
Die Schülerinnen und Schüler lernen die Manufakturen als frühe Form der heute den Markt bestimmenden arbeitsteiligen Produktionsform kennen. Sie erkennen, dass die bedenkenlose Verwendung der Staatseinnahmen durch den König für Kriege, den Schlossbau und das aufwendige Hofleben die angestrebten und zum Teil auch erreichten positiven Folgen des Merkantilismus zunichte machte.
Da der Absolutismus am französischen Beispiel gezeigt wird, soll auch der Merkantilismus am Beispiel Frankreichs dargestellt werden.
Die Darlegung des Merkantilismus colbertscher Prägung (Colbertismus) ist dem Alter der Schüler und Schülerinnen gemäß idealtypisch reduziert.
Bezug zur Gegenwart: die Eingriffe der EU-Kommission zum Schutz der eigenen Produktion (z.B. EU-Bananenverordnung) als Parallele zum Importverbot von Fertigwaren nach Frankreich zur Zeit des Absolutismus.
Der Verfassertext des Kapitels beschränkt sich auf die Darstellung der Ursachen des Merkantilismus, nämlich die Finanznot des Ausgabe freudigen Sonnenkönigs und auf die Formen der Steuererhebung als Teil der Finanzpolitik.
Im Materialteil können die Schülerinnen und Schüler der Karte und den Quellen wesentliche Informationen zu folgenden Aspekten entnehmen:
1. der Merkantilismus als Antwort auf die Geldnot des absoluten Herrschers und seine konkreten wirtschaftspolitischen Instrumente,
2. das System der Manufaktur als Kern merkantilistischer Politik und
3. Bestandsaufnahme: Hat der Merkantilismus sein Ziel erreicht?
Zeitrahmen: zwei Stunden.

Aspekte der Unterrichtsgestaltung

Lernweg:
1. Schritt: Ausgangssituation: Hohe Staatsausgaben erfordern neue Einnahmequellen. Die bisherigen Steuern reichen nicht aus, um die Staatsausgaben zu finanzieren. „Wofür brauchte Ludwig XIV. Geld?“ „Wo lagen seine Einnahmequellen?“
Material dazu: Marginalien „Wer soll das bezahlen?“ und „Nur der dritte Stand zahlt Steuern“ (vgl. Schülerbuch, S. 57). Im anschließenden Lehrer-Schüler-Gespräch können die wichtigsten politischen Maßnahmen Ludwigs XIV. (vgl. Kapitel 2 und 5) unter dem Gesichtspunkt der damit verbundenen Ausgaben wiederholt werden).
2. Schritt: Die Antwort auf die Finanznot des absolutistischen Staates – der Merkantilismus.
– Die Idee Colberts: Marginalie im Verfassertext „Colberts Merkantilismus“ (kann entfallen, stattdessen sagen Lehrerin oder Lehrer kurz etwas zur Person Colberts).
– Die Wirtschaftsprogramme Colberts (M1 und beistehende Frage, M2). Sowohl die Karte M1 als auch die Quelle M2 enthalten viele Einzelinformationen. Hilfreich ist in jedem Fall eine systematische Zusammenfassung an der Tafel (vgl. Tafelbild 1), um bei den Schülerinnen und Schülern Verwirrung zu vermeiden.
3. Schritt: Das System der Manufaktur als Kern merkantilistischer Wirtschaftspolitik.
– Die Arbeit in einer Manufaktur (M4 und M6), Frage zu M4: „Welche Arbeitsschritte kannst du in der Spielkartenmanufaktur erkennen?“ und Frage a); vgl. Tafelbild 2a und 2b.
Nicht alle Vor- und Nachteile der Manufakturen für Staat, Unternehmer und Arbeiter können direkt aus den Quellen entnommen werden, sondern müssen im Unterrichtsgespräch z.T. erschlossen werden.
– Warum wurden in Frankreich Manufakturen gegründet (M2)?
– Die Rolle ausländischer Fachleute (M5) und Frage b). Problemfragen: „Warum vergab der König an ausländische Unternehmer überhaupt eine Konzession?“ „Lohnte sich für den Staat die Subventionierung und Privilegierung der Manufaktur finanziell?“
4. Schritt: Bestandsaufnahme über Erfolg und Misserfolg des Merkantilismus (M1, M3, M8a) und Frage c).
5. Schritt: Das Steuersystem: M7 und beistehende Frage, M8a und Frage: „Welche Maßnahme würdest du ergreifen, wenn du die Missstände am Steuersystem abschaffen wolltest?“ (vgl. auch Kapitel 5, Marginalie „Der Amtsadel“, Schülerbuch, S. 54)
6. Schritt: Grenzen der absoluten Königsmacht. Verfassertext, Marginalie „Wer soll das bezahlen?“, M8a, M8b und Frage c).

Die Wirtschaft im Absolutismus: der Merkantilismus

Ziel des Finanzministers Colbert (1661–1683):
- Handel wächst durch staatliche Förderung und erwirtschaftet mehr Geld.
- Staat vermehrt durch erhöhte Steuereinnahmen seine Größe und Ansehen (Bauten, Kriege).

Fertigwareneinfuhren werden durch hohe Zölle begrenzt

Rohstoffe werden eingeführt

Frankreich

- Förderung der Manufakturen (neue Arbeitsplätze, billigere Herstellung der Fertigwaren)
- Verbesserung der Infrastruktur (Straßen, Kanäle, Häfen)
- Unterstützung des Schiffbaus und von Handelsreisen
- Aufhebung der Zollschranken innerhalb von Frankreich (Produkte werden billiger)

Ausfuhr von Produktionsüberschüssen (Geld fließt nach Frankreich)

Gewinnung ausländischer Unternehmer und Facharbeiter (durch Privilegien)

Die neue Produktionsweise der Manufaktur

Handwerk	Manufaktur
– Die Herstellung des Werkstücks liegt in einer Hand. – Der Handwerker benötigt eine Fachausbildung.	– Jeder Arbeiter führt nur einen Arbeitsvorgang aus. – Auch ungelernte Arbeiter können die einzelnen Arbeitsvorgänge ausführen.

Die Vor- und Nachteile der Produktion in der Manufaktur

	Vorteile	Nachteile
für den Staat	– größeres Warenangebot im Inland Verkauf der Überschüsse ins Ausland (M2) – Beschäftigungsmöglichkeit für Arbeitslose (M2) – Einnahmen aus staatlichen Manufakturen (M2)	– Manufakturen müssen finanziell unterstützt werden (M2)
für die Unternehmer	– finanzielle Unterstützung – zeitlich beschränktes Produktionsprivileg – billige, weil z. T. ungelernte Arbeiter (M6)	– Keine
für die Arbeiter	– Arbeit statt Arbeitslosigkeit (M2)	– Beschränkung der Arbeitstätigkeit auf wenige, immer gleiche Handgriffe (M4, M6) – geringerer Lohn als im Handwerk

Zusatzinformationen zum Verfassertext

Marginalie im Verfassertext „Wer soll das bezahlen?“: Neben den genannten Ausgaben (Bau von Versailles, Hofleben, Kriege, Kriegsflotte, stehendes Heer) sind abgesehen von den merkantilistischen Maßnahmen der Wirtschaftsförderung noch die Pensionen für Adlige, Künstler und Wissenschaftler, die Verwaltung, z.B. Beamtengehälter und die Unterhaltung der Kolonien zu nennen.
Marginalie im Verfassertext „Nur der dritte Stand zahlt Steuern“: Die steuerliche Ungerechtigkeit des merkantilistischen Wirtschaftssystems (die Privilegierung der ersten beiden Stände) zerstört auf Dauer die Loyalität der Bevölkerung gegenüber dem Monarchen. Indem die Schülerinnen und Schüler nach Maßnahmen suchen, die die ungerechte Steuererhebung abschaffen könnten, stoßen sie auf ein Grundproblem des absolutistischen Staates: die Ämterkäuflichkeit, die eine Folge des gigantischen Finanzbedarfs ist und letztlich einem freien Binnenhandel im Weg steht. Die Ämterkäuflichkeit folgt aber wieder aus der Verschwendungssucht des ruhm- und machtsüchtigen und durch keine Instanz beschränkten absoluten Monarchen.

Zusatzinformation zu den Materialien

M1: In den staatlichen und staatlich geförderten Manufakturen werden Rohstoffe aus den französischen Kolonien verarbeitet und über ein staatlich gefördertes Straßen- und Kanalnetz (Canal du Midi, der das Mittelmeer mit dem Atlantik verbindet) als Fertigwaren ins Ausland exportiert. Französische Rohstoffe sollen nicht mehr ausgeführt und die Menge der eingeführten ausländischen Fertigwaren durch hohe Zölle begrenzt werden. Gleichzeitig wird versucht, die Binnenzölle abzubauen (Vereinheitlichung des Zollgebiets)
Zum beistehenden Arbeitsvorschlag:
Wirtschaftsmaßnahmen: Begrenzung der Einfuhr von ausländischen Fertigwaren durch hohe Importzölle, (Ausfuhrstopp für inländische Rohstoffe: zu ergänzen durch die Lehrerin oder den Lehrer)
Durch die Errichtung von Manufakturen im Inland werden eigene Konsumbedürfnisse besser befriedigt. Der Staat unterstützt deshalb die Gründung privater Manufakturen durch Privilegien und baut selbst staatliche Manufakturen auf. Der in den Manufakturen produzierte Überschuss wird exportiert, der Gewinn aus dem Verkauf fließt nach Frankreich zurück.
Handelsreisen sowie der Bau und Kauf von neuen Schiffen unterstützt der Staat finanziell. Auch baut er die Transportwege aus und sorgt für den Abbau der Binnenzölle.
Die Manufakturen und der Seehandel schaffen neue Arbeitsplätze.

M2: Diese Denkschrift Colberts beschreibt die wesentlichen Züge des französischen Merkantilismus (vgl. M1).

M3: Die steigenden Einnahmen (bis 1678) sprechen für das Funktionieren der merkantilistischen Maßnahmen. Trotzdem übersteigen die Staatsausgaben die Einnahmen beträchtlich, abgesehen von dem Jahr 1669, das den Beginn der Regierungszeit Ludwigs XIV. markiert. Daneben wachsen die Staatsschulden bis 1715 überproportional an. Die Lehrerin oder der Lehrer müssen den Schülerinnen und Schülern verdeutlichen, dass die Einnahmen zu zwei Dritteln aus Zöllen und Gewinnen der staatlichen Manufakturen stammen. Daher erklären sich die hohen Ausgaben für die Wirtschaftspolitik (vgl. M2) und auch das Wirtschaftsprogramm Colberts: Förderung der Manufakturen und des Handels, Zuschüsse an alle Schiffsbauer, Schiffskäufer und Handelsreisende, Ausbau der Infrastruktur (Straßenausbesserung, Brücken- und Kanalbau).

M4: Das zeitgenössische Gemälde (Öl auf Leinwand) von J. E. Bulloz zeigt eine Spielkartenmanufaktur in Paris um 1680. Manufakturen waren Großbetriebe, in denen vorwiegend arbeitsteilige Handarbeit geleistet wurde und Produkte des gehobenen Bedarfs (Teppiche, Spielkarten, Porzellan, aber auch Textilien) hergestellt wurden.
Der Blick aus dem Fenster in der Bildmitte zeigt die Seine und den Louvre, im Hintergrund steht ein Denkmal König Heinrichs IV. Über die Seine führt der Pont Neuf, der 1604 erbaut wurde und heute noch benützt wird. Der absolutistischen Königsmacht und ihrer bildlichen Darstellung im Arbeitsprozess der Manufaktur kommt die zentrale Bedeutung zu.
Das französische Spielkartenblatt mit seinen vier Symbolen (Kreuz, Pik, Herz, Karo) war im 17. Jahrhundert weit verbreitet. Die Druckplatten gehörten dem Staat. So wurde eine unerwünschte Darstellung von König, Dame und Bube verhindert und das Falschspiel in Grenzen gehalten. Der Umfang der Produktion wurde kontrolliert, indem für die Kartenoberseite nur ein in staatlichen Betrieben produziertes und mit einem Wasserzeichen versehenes Papier verwendet wurde. Nur der Hersteller durfte Spiele in besonders gekennzeichneten Verpackungen verkaufen. Jedes Spiel wurde besteuert.
Aus didaktischen Gründen wurde der Herstellungsvorgang im Schülerbuch auf sieben Teilarbeitsschritte reduziert, da die Bildbetrachtung und -deutung den Zeitrahmen für dieses Thema gesprengt hätten.
Die sieben Arbeitsvorgänge sind:
1. Jede Spielkarte bestand aus *drei Papiersorten*. Rechts im Bild zeigt der Maler bei Ziffer 1, wie dieses Papier, nachdem es *eingeölt* worden war, *gepresst* wurde, um das Öl besser zu verteilen. Der Aufdruck der späteren Kartenwerte mit den staatlichen Druckplatten ist im Bild nicht zu sehen. – Der anschließende *Trocknungsvorgang* ist über der Presse dargestellt.
2. Anschließend wurden die drei Papierarten verleimt. Zu sehen ist ein Arbeiter (Arbeiterin?) mit gelbem Hemd und Schürze, neben ihm (ihr) steht der Leimtopf.
3. Die verleimten Papierschichten wurden jetzt erneut *gepresst* (siehe Presse rechts im Bild) und dann *24 bis 36 Stunden getrocknet*. Ein jugendlicher Arbeiter führt diese Arbeit aus, für die er keine besondere Qualifikation benötigte.
4. Vorn in der Mitte werden nun die Papierbögen *eingefärbt*, hier mit roter Farbe. Jede Farbe wurde mit einer besonderen Schablone aufgetragen. Ein geübter Einfärber schaffte während seiner 13 Stunden Arbeit – im Sommer von 4 Uhr morgens bis 8 Uhr abends – zwölf Bogen Bildkarten bzw. 60 Bogen Zahlenkarten.

5. Wenn sich zwischen den einzelnen Farben weiße Felder zeigten, wurde sorgfältig *mit einer Feder nachkoloriert.* Der breitkrempige Hut des Arbeiters weist auf eine besondere Rolle hin, denn dieser Arbeitsgang verlangte höchstes Geschick. – Rechts neben dem Einfärber (4) hat der Maler die fertig bemalten Papierbogen für den Betrachter gut sichtbar ausgelegt. Ein weiterer Arbeiter *überzieht sie mit Lack.* – Weitere Zwischenarbeitsgänge: Vor dem Schneiden wärmt eine Arbeiterin die Papierbogen an den seitlichen Gittern eines Ofens (links unterhalb von 3), die anschließend *geglättet* und etwa 24-mal *poliert* wurden (links oberhalb der Presse). Ein Polierer schaffte an einem Tag ca. 20–25 Bogen von beiden Seiten.
6. Die Papierbogen wurden zuerst *in Streifen,* dann *in die einzelnen Karten geschnitten.* – Eine Frau sondert alle schlecht oder unsauber bemalten oder geschnittenen Karten an einem Rundtisch links vom Schneidetisch aus. Links von ihr *kontrolliert* ein Mann nochmals die *sortierten Karten.* Die Karten auf dem Boden vor ihm weisen auf die aussortierten Karten hin.
7. Die letzten Arbeitsgänge bestanden aus der *Zusammenstellung der Karten zu kompletten Spielen* an einem großen Tisch und das Verpacken, das zwei Frauen besorgten. Links bringt ein Arbeiter die fertigen Spiele zum Verpackungstisch. Rechts steht ein Adliger (Kleidung, Allongeperücke), der sich die Karten genau besieht. Wahrscheinlich handelt es sich um einen staatlichen Kontrolleur.
Vor dem Verkaufstisch links unten hält ein Herr das fertige Produkt in den Händen. Seine Kleidung (höfischer Stil) und seine Haltung (Tanzhaltung der Füße) lassen auf einen Adligen schließen; entweder ist es der Inhaber der Manufaktur oder ein adliger Kunde.
Die anspruchsvolleren Arbeiten werden von Männern, die weniger spezialisierten von Frauen und Jugendlichen ausgeführt. Keiner der Arbeiter ist ärmlich gekleidet. Nur Schürzen und zum Teil Mützen oder Kopftücher weisen die Menschen als Arbeiter aus.
(Wer mit dem Bild ausführlicher arbeiten will, findet es beschrieben und kommentiert in: Folienmappe II, Folie 16, „1. Spielkartenmanufaktur in Paris um 1680“ und „2: Ludwig XIV. besucht die Akademie der Wissenschaften in Paris“, Klett Bst.-nr. 410026).
In den Schülerbänden A3 (S. 59) und B2 (S. 263) sind die die Arbeitsvorgänge bezeichnenden Ziffern leider durcheinander geraten. Die richtige Zuordnung lautet:
Arbeitsvorgang 1 ist im Buch mit Ziffer „3“,
Arbeitsvorgang 2 mit der Ziffer „6“,
Arbeitsvorgang 3 mit der Ziffer „4“,
Arbeitsvorgang 4 mit der Ziffer „2“,
Arbeitsvorgang 5 mit der Ziffer „1“,
Arbeitsvorgang 6 mit der Ziffer „5“ fälschlich, aber
Arbeitsvorgang 7 mit der Ziffer „7“ richtig bezeichnet.

M5: schildert die Gründung einer staatlich geförderten Privatmanufaktur, die neben den Staatsmanufakturen errichtet wurden. Die Quelle ergänzt M2. – Wenn eigene Fachkräfte für die Produktion des gehobenen Bedarfs (= feine Tuche) fehlten, wurden ausländische Unternehmer und ihre Facharbeiter mit beträchtlichen finanziellen und rechtlichen Vergünstigungen (Privilegien) angeworben.

M6: veranschaulicht die von Arbeitsteilung und Massenproduktion geprägte Produktionsweise der Manufaktur und zeigt deren Überlegenheit gegenüber der handwerklichen Produktionsweise. In Anlehnung an Frage a) lassen sich die nachteiligen Folgen für die Arbeiter und Arbeiterinnen diskutieren. Durch die Arbeitsteilung und Massenproduktion ist die Identifikation mit dem Produkt nicht mehr möglich, der Arbeiter wird seinem Produkt entfremdet.

M7: Der zeitgenössische Stich ist eine Auftragsarbeit des Königs und sollte die Steuerzahler zur bereitwilligen Abgabe der Kopfsteuer ermuntern. Der Ertrag aus der Kopfsteuer war für die Finanzierung des Pfälzischen Kriegs (1688 bis 1697) vorgesehen. Die Kopfsteuer wurde ab 1695 erhoben, wegen des großen Widerstandes aber 1698 wieder abgeschafft. 1701 wurde sie erneut eingeführt, um den Spanischen Erbfolgekrieg (1701 bis 1714) zu finanzieren.
Der Stich zeigt die adligen und bürgerlichen Steuerzahler (außer dem König und den mittellosen Armen mussten alle zahlen), die voller Begeisterung ihre Kopfsteuer in Säckchen voller Münzen an Zahlstellen abliefern.

M8a: Hier übt der Festungsbaumeister Vauban, einer der langjährigen engen Mitarbeiter Ludwigs XIV., Kritik an der Politik allgemein, speziell aber an der Wirtschafts- und Finanzpolitik, die er für die Massenarmut in Frankreich verantwortlich macht.

M8b: Die Selbstkritik Ludwigs XIV., der auf dem Sterbebett seinem Urenkel und Thronfolger seine beiden Passionen, den Krieg und den Schlossbau, als politische Fehler eingesteht (vgl. Marginalie „Kriege um die Vorherrschaft in Europa“, Schülerbuch, S. 53), da sie die Bevölkerung Frankreichs völlig verarmen ließen.

Zu den Arbeitsvorschlägen und Fragen

a) vgl. Tafelbilder 2a und 2b.
Handwerk: Handarbeit, Kleinbetrieb, geringe bis keine Arbeitsteilung, spezielle Ausbildung;
Manufaktur: Handarbeit, Großbetrieb, Arbeitsteilung, viele ungelernte Arbeiter.
b) Da der französische König in Ermangelung von Fachleuten in Frankreich auf den holländischen Unternehmer angewiesen ist, gewährt er ihm Investitionsbeihilfen in bar und für einen bestimmten Zeitraum Steuerbefreiung auf den Gewinn. Die holländischen Arbeiter werden den Franzosen rechtlich gleichgestellt, erhalten Steuer- und Abgabenfreiheit und das Recht der freien Religionsausübung.
c) Erfolge: Steigerung der Staatseinnahmen in den ersten Jahren (bis 1678) (M3), die Handelsbilanz ist selbst im Jahr 1715 noch positiv.
Misserfolge: Die Staatseinnahmen erreichen nur 1669 die Höhe der Staatsausgaben (dies ist aber nicht auf die Schwäche des merkantilistischen Systems zurückzuführen); es gelingt nicht, parallel zur Wirtschaftsförderung ein gerechteres Steuersystem zu errichten. Das Ziel der Aufhebung der Binnenzölle wird ebenfalls nicht erreicht. Die Verwaltung wird durch die zunehmende

Bürokratisierung (sprich: Zunahme der Verwaltungsbeamten durch Ämterkauf) noch schwerfälliger.
Kriege, Schlossbau und Hofleben überfordern die Finanzkraft des Staates. Zwar gelingt dem König die Entmachtung des alten Schwertadels, aber die neue, von ihm selbst geschaffene Bürokratenschicht schränkt seine Macht erneut ein, indem der aufgeblähte Verwaltungsapparat die Effizienz der politischen Maßnahmen verhindert. Der Preis der absolutistischen Politik ist die wachsende Unzufriedenheit im Volk.

7. Die ungleichen Untertanen

7.1 Klerus und Adel, Bürger, Bauern und Bettler

Konzeption

Das Teilkapitel 7.1 stellt die französische Gesellschaftsstruktur des Absolutismus im Überblick dar, wobei der Schwerpunkt im Gegensatz zu Kapitel 2 „Der Star des 17. Jahrhunderts auf seiner Bühne: Der Sonnenkönig Ludwig XIV. in Versailles“ hier auf den dritten Stand gelegt wird.
Das Teilkapitel 7.2 versucht, das Alltagsleben einer Bauernfamilie zu rekonstruieren.
Die Schülerinnen und Schüler erkennen, dass die Gestaltungsmöglichkeiten des eigenen Lebens von der jeweiligen Standeszugehörigkeit abhingen. Dabei reflektieren sie die Folgen der Standesabgrenzung für die Menschen. Schwerpunktmäßig werden die Stände in ihrer Unterschiedlichkeit dargestellt.
Aus der jeweiligen Standeszugehörigkeit ergaben sich unterschiedliche Rechte, Pflichten und Privilegien, in der Regel wurde auch der Sozialstatus davon geprägt. Kleiderverordnungen grenzten die Stände auch äußerlich voneinander ab. Unter Ludwig XIV. bestand für das vermögende Bürgertum die Möglichkeit des Aufstiegs in den Adel (vgl. Kapitel 5 „Die Säulen der absolutistischen Macht“, Marginalie „Der Amtsadel“, Schülerbuch, S. 54f.).
Es soll auch deutlich werden, dass der Begriff des sog. dritten Standes eine sehr globale Bezeichnung für den größten Teil der Bevölkerung ist, die in sich stark differenziert war und darüber hinaus eine stigmatisierte Minderheit völlig außerhalb des gesellschaftlichen Lebens existierte. Am Umgang der absolutistischen Herrscher mit auffallenden, nicht gefügigen Untertanen wird der neue umfassende Herrschaftsanspruch deutlich: Diese Gruppen sollten in Zucht- und Irrenhäusern überwacht werden.
Aus Gründen der Konzentration verzichtet dieses Kapitel auf einen darstellenden Verfassertext. Wesentliche Aussagen über Zusammensetzung, Privilegien und Verpflichtungen der Stände bietet eine Tabelle (M1).
Zeitrahmen: ein bis zwei Stunden.

Aspekte der Unterrichtsgestaltung

Lernweg:
1. Schritt: Ausgehend von der Ungleichheit der Stände: Betrachtung und Beschreibung (Kleidung) der Untertanen: S. 38/39, S. 41 M1, S. 46 M5, S. 53 M1 unten, S. 54 M2, S. 59 M4, S. 60 M7, S. 62 M3.
Lehrer-Schüler-Gespräch: „Wodurch unterschieden sich die Untertanen?“ (Kleidung, Berufe, wohl auch Geld, Besitz und Ansehen).
2. Schritt: Zuordnung der Untertanen zu den Ständen (vgl. M1). Anschließend Rollenspiel vgl. Frage a).
3. Schritt: Bedeutung des Standes für den Einzelnen: (vgl. M1); Ansehen, Macht, Steuern, Reichtum oder Armut (M3), Kleidung und Lebensweise (M2) werden wesentlich durch den Geburtsstand bestimmt (vgl. auch „Ergänzungen zum Angebot des Schülerbuchs, Lehrerband, S. 58).
Aufstiegsmöglichkeiten: vgl. dazu Kapitel 5 „Die Säulen der absolutistischen Macht“, Marginalie „Der Amtsadel“, Schülerbuch, S. 54f.
Aktualisierung: „Wodurch bestimmt sich heute der gesellschaftliche Status eines Menschen?“ (Lehrer-Schüler-Gespräch).
4. Schritt: Die Lage der Bauern und Tagelöhner: M1–M3, M5 und Frage c).
5. Schritt: Die Ausgegrenzten: M4 und Frage b).
6. Schritt: Die Anfänge der staatlichen Sozialdisziplinierung im Absolutismus und der Zugriff des absolutistischen Staates auf seine Untertanen (M6) und Frage d).

Zusatzinformationen zu den Materialien

M1: Die Zusammensetzung des dritten Standes, besonders des Bürgertums, war heterogener als die Tabelle wiedergibt. Der Sammelbegriff „Sonstige“ gliedert sich wie folgt auf:

	Männer	Frauen und Kinder
Professoren Anwälte Ärzte Apotheker	25 000	75 000
Militär	300 000	50 000
Beamte	60 000	240 000
Seefahrer	70 000	210 000
Flößer und Flussfischer	10 000	30 000

(Zit. nach: V. Wittmütz, Die französische Revolution, Frankfurt/M. 1983, S. 8)

M2: Die fehlenden Strophen 4, 5 und 8 lauten:
4. Strophe:
„Wenn ich tu in die Kirche fahren,
so hütet mich die Mademoiselle,
da sah ich viel verliebte Paaren,
das Mädchen mit dem Junggesell',
da wird mir oft mein Herz so schwer –
Ach – wenn ich nur kein Fräulein wär'.“

5. Strophe:
„Wenn ich geh' in die Assemblee(n),
das meine größte Freiheit ist,
darf sich doch keiner unterstehen,
der nur die gnädigen Fräulein küsst;
nur Komplimenten hin und her –
Ach – wenn ich nur kein Fräulein wär'."
8. Strophe:
„Jetzt will ich meinen Stand verhandeln,
will lieber eine Bäurin seyn,
will reisen fort in fremde Landen
zu klagen meines Leibes Pein. –
Den Bauren-Stand lieb' ich recht sehr;
jetzt bin ich gar kein Fräulein mehr."

M3: Nicht nur das Essen aus einer (immerhin vollen) Schüssel, auch die Befriedigung von anderen Grundbedürfnissen (Wohnen, Kleidung) der hier abgebildeten Bauernfamilie sind kärglich.

M4: Aufgrund seiner Geburt, seiner Tätigkeit und sozialen Stellung war jeder Mensch einem Stand zugeordnet. Ursprünglich gehörten auch die Bettler und Vaganten zur Ständegesellschaft. Da die aufgezählten Gruppen aber zunehmend ausgegrenzt und kriminalisiert wurden, zählten sie im 18. Jahrhundert kaum noch zu den Ständen.
Das württembergische Generalreskript von 1747 zählt noch weitere Berufe auf (im Text gekürzt):
„Leirer, Glückshafen- und Raritätenträger, Scholderer, Brand- und andere dergleichen mit keiner Fürstl. Konzession versehenen Kollektanten, Riemenstecher, Pfannen- und Zäunenflicker."
Besonders auf den Jahrmärkten waren sie trotz obrigkeitlicher Verbote nicht wegzudenken. Solange den Händlern und Kaufleuten kein offensichtlicher Schaden erwuchs, ließ die Obrigkeit sie gewähren. Dabei hatten Stadtobrigkeit und Fürsten weniger gegen vagierende Schauspielgruppen als gegen
„Leute, die verbotene, ärgerliche und verdächtige Dinge vor Geld sehen lassen, als Missgeburten, schändliche Leibsgestalten, künstliche Pferde und dergleichen [...]"
(Zit. nach Richard van Dülmen, Kultur und Alltag in der frühen Neuzeit, 2. Band, Dorf und Stadt 16. – 18. Jahrhundert, München 1992, S. 148, 178).

M5: Der Militäringenieur Vauban, einer der engsten Vertrauten Ludwigs XIV., kritisierte in seiner Denkschrift „Projet d'une Dixme Royale" die wirtschaftlichen und sozialen Missstände Frankreichs mit dem Ziel, ein gerechteres und vereinfachtes Steuersystem einzuführen.
Zum letzten Zehntel rechnet er den Schwert- und Amtsadel, Geistliche adliger Herkunft, Inhaber militärischer und ziviler Chargen, die Großkaufleute und die wohlhabendsten und von ihren Renten lebenden Bürger.
Für die Misere weiter Volkskreise macht er die „Armeen von Steuerpächtern und Unterpächtern mit ihren Gehilfen aller Art" verantwortlich, die er als „Blutegel des Staates" bezeichnet, „zahlreich genug, um die Galeeren zu füllen" (Fritz Diekmann, „Geschichte in Quellen. Renaissance, Glaubenskämpfe, Absolutismus", München 1983, S. 463).

M6: Das erste Zuchthaus entstand 1595 in Amsterdam. Die Idee ging auf Dirck Volkertsen Coornhert (1522 bis 1590) zurück, der als „Vater des modernen Strafvollzugs" gilt. Der Schriftzug, der das erste Zuchthaus in Amsterdam zierte, fasste das theoretische Konzept zusammen. „Ich räche nicht Böses, sondern zwinge zum Guten". An die Stelle von Rache und Abschreckung sollte die Besserung und Disziplinierung der Kriminellen durch körperliche Arbeit an einem abgesperrten Ort treten. Setzten sich anfangs die Insassen nur aus von Gerichten verurteilten Kriminellen zusammen, wurden schon bald darauf eine Abteilung für schwer erziehbare Söhne besserer Familien und eine „Weiberabteilung" eingerichtet. Das Amsterdamer Zuchthaus wurde schnell überall nachgeahmt.
Die Quelle aus dem Jahr 1682 zeigt, wie sehr der in Frage kommende Personenkreis in den achtzig Jahren ausgedehnt und die Züchtigungsmittel erweitert worden waren (schlechtes Essen, Rutenschläge).
Die Gründung von Zucht- und Irrenhäusern durch absolutistische Fürsten zeigt deren Anspruch, umfassend auf die gesamte Gesellschaft Einfluss zu nehmen. Alle unliebsamen und störenden „Elemente" sollten unter zwangsmäßige Aufsicht gestellt werden. Dabei wurde nicht zwischen Kranken und Kriminellen unterschieden.

Ergänzungen zum Angebot des Schülerbuchs

Standesgemäße Kleidung
Eine Kleiderordnung aus Oberbayern von 1599:
„So ist unser ernstlicher Befehl, dass alle und jeder unserer Unterthanen, Diener, Angehörige, und Verwanten, ein jede Person sich ihrem Stand gemäß, ziemlich und nicht überflüssig noch unordentlich, sondern Ehrbarlich, wie solchs also unsers Chur und Fürstenthumb Landsart von Alters herkommen und gebräuchlich, und also bekleiden sollen, damit der Edle vor dem Unedlen, der Geistliche vor dem Layen, der Burger vor dem Bawern, der Herr vor dem Knecht, Also auch Frawn und Jungfrawen vor den Mägden unterschieden und erkant mögen werden."
(Veronika Bauer, „Kleiderordnung in Bayern", zit. nach: R. v. Dülmen, „Kultur und Alltag in der frühen Neuzeit. Dorf und Stadt", München 1992, S. 186)

Zusatzinformation zur Quelle:
Für die oberen Stände war es wichtig, sich auch äußerlich von den unteren zu unterscheiden und deshalb drückte sich die unterschiedliche Standeszugehörigkeit schon in der Kleidung aus. Seit der Mitte des 16. Jahrhunderts stellten die Fürsten Kleiderordnungen auf, die bis zum Material der Knöpfe bestimmten, was die einzelnen Stände, Berufe und Gruppen von Kopf bis Fuß tragen durften. Die Kleidung des einfachen Volkes durfte in der Regel nur aus Stoffen bestehen, die im Land selbst hergestellt werden konnten. Die häufig erneuerten Ordnungen dokumentieren, dass die Vorschriften nur sehr nachlässig befolgt wurden. Amtspersonen waren oft in großer Zahl unterwegs, um ihr Befolgen zu kontrollieren bzw. Verstöße durch Geldbußen zu ahnden. Insofern können die Kleiderordnungen als eine der Ausdrucksformen der Ständegesellschaft verstanden werden, mit denen die oberen Stände ihre Herrschaft zu festigen suchten. Die letzten Kleiderordnungen wurden in der zweiten Hälfte des 18. Jahrhunderts erlassen.

Seit etwa 1670 folgte ganz Europa dem Modediktat des Versailler Hofes (vgl. Schülerbuch, S. 48, Marginalie „Französisch ist in"). Je höher der Stand und das Einkommen, um so stärker war der Wunsch, die alten Bekleidungen durch die ständig neuen französischen Moden zu ersetzen. In der zweiten Hälfte des 18. Jahrhunderts setzte sich – getragen vom aufgeklärten Bürgertum – die Kleidung des Bürgertums durch. Aus England kommend wurde der bürgerliche Kleidungsstil zum äußeren Zeichen des bürgerlichen Freiheitsstrebens. Nur der Versailler Hof und somit auch die deutschen Fürstenhöfe folgten nicht dem Modewandel der Zeit. Hier war die höfische Repräsentation weiterhin wichtiger als die vom aufgeklärten Bürgertum favorisierte natürliche Kleidung (vgl. Rousseau). Erst mit der französischen Revolution verlor die höfische Gesellschaft in der Kleidermode ihre tonangebende Bedeutung.

Zu den Arbeitsvorschlägen und Fragen

a) Die Aufgabe – als Rollenspiel gedacht – dient der Zusammenfassung der Rechte und Pflichten der drei Stände.
b) Allen Gruppen der sogenannten unehrbaren Berufe gemeinsam war, dass sie umherzogen, um ihre in der Regel recht minderwertigen Produkte anzubieten oder um die sesshafte Bevölkerung durch ihre Künste zu unterhalten. In der Regel waren sie extrem arm. Auffallend ist die Gleichsetzung von Deserteuren mit Bettlern, Landstreichern und Vaganten der unterschiedlichsten Art. Als Deserteur hatte man keinen Platz mehr in der offiziellen ständischen Gesellschaft (vgl. auch Schülerbuch, S. 75, M5).
c) Das adlige Fräulein (vgl. M2) wehrt sich gegen die verpflichtende Etikette des eigenen Standes. Hingegen verklärt sie den Bauernstand, der für sie vor allem im sexuellen Bereich größte Freizügigkeit verspricht. – A. von Ostrade (vgl. M3) zeichnet das Leben der Bauern realistischer: In einer kärglich eingerichteten Stube sitzt die Bauernfamilie um einen bescheidenen Tisch und isst aus einer Schüssel.
Ludwigs Festungsbauer Vauban (vgl. M5) schätzt die soziale Lage der französischen Bevölkerung aufgrund der auf seinen Dienstreisen in ganz Frankreich erworbenen Kenntnisse so ein: 10 % der Bevölkerung betteln, 50 % stehen knapp vor dem Abstieg ins Bettelwesen, weitere 30 % sind verschuldet. Von den verbleibenden 10 % verbleiben nur 10 %, also 1 % der Gesamtbevölkerung, der es wirklich gut geht.
d) Vgl. Zusatzinformation zu M6.

7.2 Die kleine Welt einer Bauernfamilie

Konzeption

Dieses Kapitel Alltagsgeschichte entstand nach der Lektüre des Buches „Die verlorenen Welten. Alltagsbewältigung durch unsere Vorfahren – und weshalb wir uns heute so schwer damit tun ..." des Berliner Historikers Arthur E. Imhof.

Die Alltagsgeschichte ist inzwischen in den Geschichtsbüchern der Sekundarstufe I zu einem selbstverständlichen Element geworden. Neben die Herrschaftsgeschichte tritt die Geschichte der kleinen Leute, des Volkes. Angaben aus Kirchenbüchern, Steuerlisten, Gerichtsurkunden, Katasterbüchern, Übergabeverträgen, Testamenten und Protokollen geben Auskunft über Namen, Geburtsort und -jahr, über Kinderzahl, über Land- und Viehbesitz, über Abgaben an Obrigkeiten, über bekleidete Ämter u.a.m.
Hier wird der Versuch gemacht, das Leben der Bauern im 17. und 18. Jahrhundert nicht mehr nur in statistischen Größen zu sehen, sondern es zu personalisieren. Im Mittelpunkt steht der nordhessische Bauer Johannes Hooss. In einem ersten Schritt geht es darum, sein Leben zu rekonstruieren. Wie wirkten sich äußere Faktoren, z.B. die geografische Lage, Hofgröße, politisch-obrigkeitliche und kirchlich konfessionelle Zugehörigkeit auf sein Leben aus? Wie war seine Person in das soziale Netz eingebunden? Hierbei soll die kleine individuelle Welt des Bauern Hooss nicht stellvertretend für alle Bauern stehen, sondern repräsentativ die „kleine Welt" unserer Vorfahren zeigen.
In einem zweiten Schritt geht es um die Beantwortung der Frage: Welche Sorgen und Probleme hatten die Bauern damals im Gegensatz zu heute? Welche Möglichkeiten besaßen sie, um ihre Probleme zu bewältigen?
Das Leben im 17. und 18. Jahrhundert in Europa erscheint um vieles gefährdeter und unsicherer als das Leben heute in Europa. Kriege, die Pest und die ständigen Bedrohungen durch Missernten standen dabei im Vordergrund. Wie gelang es den Bauern angesichts solcher Bedrohungen – ohne die heutigen Versicherungssysteme – Sicherheit und Kontinuität in ihr Leben zu bringen?
Diese Fragestellung eignet sich dazu, mit Schülern im Vergleich über gegenwärtige existenzielle Bedrohungen und ihre Bewältigung nachzudenken.
Kinder und Jugendliche von heute werden Mühe haben, den Vorgang des „Kinderzeichnens" (vgl. Schülerbuch, S. 66, M3) nachzuvollziehen. Wahrscheinlich wird die Frage „Wurde das Kind wirklich für einen Moment wieder lebendig?" im Vordergrund stehen. Diese Frage verstellt aber den Blick aufs Wesentliche, nämlich auf das Problem der betroffenen Eltern: Wie können wir für unser Kind das ewige Leben erreichen? Hieran kann aber gezeigt werden, dass die Menschen aufgrund ihrer anderen Lebenssituation ganz anders dachten und handelten wie wir heute.

Aspekte der Unterrichtsgestaltung

Lernweg:
1. Schritt: Überblickswissen zum Leben der Bauern durch Lektüre des Verfassertextes von S. 63 bis einschließlich des Absatzes „Standesgemäße Heirat" auf S. 64 im Schülerbuch. Dabei arbeitsteiliges Vorgehen zu den Inhalten: Heirat (1), Glauben (2), Landschaft (3).
Frage zu (1): „Was bedeutet die Heirat für die Menschen damals?"
Frage zu (2): „Wie wirkt sich die Religion auf das Leben der Menschen aus?"
Frage zu (3): „Wie beeinflusst die Landschaft das Leben der Schwälmer Bauern?" (vgl. auch M2).

2. Schritt: Bedrohung der Existenz durch Kriege, Pest, Hungersnöte und hohe Kindersterblichkeit: Überblickswissen durch die Lektüre der Marginalien „Die Bedrohung durch Krieg ..." und „Kindersterblichkeit" im Verfassertext (vgl. Schülerbuch, S. 64/65). Frage: „Wir wirken sich Krieg, Pest, Hungersnöte und Kindersterblichkeit aus?" Lehrer-Schüler-Gespräch.
3. Schritt: „Mit welchen Mitteln versuchten sich die Bauern gegen diese Bedrohungen zu schützen?", vgl. Marginalie „Die Sicherung der Zukunft: Nur der Hof ist wichtig" im Verfassertext, M4 und Frage b) sowie Marginalie „Die Vorsorge für das Leben nach dem Tod" im Verfassertext, M3 und Frage a).
4. Schritt: Aktualisierung: Frage c).

Zusatzinformationen zu den Materialien

M1: Die historische Karte der Schwalmniederung dokumentiert die Welt des Bauern Johannes Hooss im 17. und 18. Jahrhundert mit dem Dorf Leimbach in der Kartenmitte. Dargestellt sind die Oberflächengestalt, die Verteilung von Freiland und Wald sowie die Städte, Dörfer und Weiler. Die beistehende Aufgabe fordert die Schülerinnen und Schüler auf, die objektiven Angaben der Karte in die Perspektive des Bauern Hooss wie auch in die Bedeutung für ihn umzusetzen.

M2: Diese in der Schwalm verbreitete Hausinschrift fasst zusammen, wie angesichts ständiger Bedrohungen Stabilität und Kontinuität erreicht wurden. Im Mittelpunkt der Sorge um Stabilität standen Haus und Hof. Das Leben des Einzelnen war im Vergleich zu heute relativ unwichtig. Stabilität und Sicherheit konnten nicht für den Einzelnen, sondern nur für die Gemeinschaft erreicht werden. Dies fand seinen Ausdruck in der Bedeutung von Haus und Hof. Das Überleben des Hofes im Familienbesitz musste erreicht werden, denn der Hof überdauerte den jeweiligen Inhaber. So füllte der jeweilige Inhaber das „Amt" oder die Stelle des Hofinhabers nur für einige Lebensjahre oder -jahrzehnte aus.

M3: Die Votivtafel befindet sich heute im Museum der Stadt Lienz auf Schloss Bruck in Osttirol. Die Inschrift auf dem unteren Bild lautet:
„Anno 1680 an Creitz mittwochs als dem 14. may ist mir Martin Wierer von meiner Ehewirthin Catharina Wiererin geborene obervördnerin ein khnäbl Todter auf die Welt geborn. So haben wier uns alhero zu Unser Lieben Frauenheimsuchung mit einem opfer und H.mös verlobt, so hat das Kind gezaichnet und das 1 mal die farb verändert. Zum 2. hat es geschwitz und ist von der Höbamb 2 abgetricknet und alsdan von der Höbamb getauft worden"

(Zit. nach: Arthur E. Imhof, „Die verlorenen Welten. Alltagsbewältigung durch unsere Vorfahren – und weshalb wir uns heute so schwer damit tun.", München 1984, S. 160f.)

Bildinhalt: Vor dem Bild Mariä Heimsuchung liegt ein totes Wickelkind auf dem Altar. An seinen Stufen haben sich acht Männer und sechs Frauen zum Gebet versammelt. Wie aus der Inschrift am unteren Bildrand hervorgeht, hatte das Flehen zur Jungfrau Maria Erfolg. Auf die Fürbitte der Muttergottes wurde der tot zur Welt gekommene Knabe kurz zum Leben geweckt. Seine Wangen röteten sich (im Widerschein der brennenden Kerzen?) und Schweißperlen traten auf seine Stirn. In dem lebenden Zustand konnte der Säugling notgetauft und nach dem sofort wieder eingetretenen Tod in geweihter Friedhofserde bestattet werden. Der vor der Reformation in weiten Teilen Europas verbreitete Brauch wurde seither vor allem in den katholischen Gebieten des Reiches, in der Schweiz, in Italien und in Frankreich ausgeübt. Er dokumentiert die Seelennot der verzweifelten Eltern, die ihre tot geborenen bzw. vor der Taufe verstorbenen Kinder an Wallfahrtsorte brachten, um dort die vorübergehende Erweckung zu erflehen. Es war für die Eltern die einzige Möglichkeit, sowohl die Sicherheit des erhofften ewigen Lebens als auch ein Begräbnis in geweihter Erde für ihre verstorbenen ungetauften Kinder zu erlangen.

M4: Das Verzeichnis zeigt, wie die Bauernfamilie Hooss erfolgreich versuchte, Stabilität und Sicherheit zu erreichen. Bis auf eine Ausnahme hieß der Hofbesitzer des Välteshofes in Leimbach von 1552 bis heute immer Johannes. Der Hof gehörte immer einem Johannes Hooss, nur war der Name keine Bezeichnung für ein Individuum, sondern die Bezeichnung für den Inhaber des Välteshofes in Leimbach. Teilweise erhielten mehrere Kinder gleichzeitig den Namen Johannes, damit bei der hohen Kindersterblichkeit das Überleben eines Kindes mit Namen Johannes gewährleistet war. Zum anderen dokumentiert die Tabelle, dass, wenn der Hofbesitzer nicht vorzeitig starb, der Hof frühzeitig an den designierten Erben weitergegeben wurde. Der Hofinhaber sollte möglichst immer im Vollbesitz seiner Kräfte sein.

Zu den Arbeitsvorschlägen und Fragen

a) vgl. „Zusatzinformationen zu den Materialien", M3.
b) Er hieß immer Johannes. Mehrere Jungen erhalten denselben Vornamen Johannes. Durch die immer gleiche Namensgebung sollte in der Hofführung Stabilität erreicht werden. Der Name „Johannes" kann als Titel des Hofinhabers angesehen werden. Der jeweilige Hofinhaber besaß zwar den Hof, dieser überdauerte ihn aber (vgl. „Zusatzinformationen" zu M1 und M2).
c) Kriege und Hungersnöte treten in Westeuropa seit dem Zweiten Weltkrieg und der Nachkriegszeit nicht mehr auf, sind also direkt (außer in den Medien) für die Schülerinnen und Schüler nicht mehr erfahrbar. Krankheiten und Seuchen sind dank umfangreicher Gesundheitsvorsorge in ihren verheerenden Auswirkungen nicht mehr vorhanden. Durch das Krankenversicherungssystem ist das Leben der Menschen heute weniger existenziell bedroht. Infolgedessen können sie sich stärker der individuellen Ausgestaltung des Lebens widmen. Die Wurzeln des westlichen Individualismus haben auch ihren Grund in der Vorsorge und Absicherung gegen Krankheiten.

8. Das 18. Jahrhundert: Die Welt wird neu erklärt

Konzeption

Die Schülerinnen und Schüler lernen die Aufklärung als Bewegung von Bürgern und Adligen kennen, die die neuen Forschungen und Erkenntnisse der Wissenschaften in Salons und Clubs diskutierten und durch Lesegesellschaften weiterverbreiteten. Sie erkennen, dass im 18. Jahrhundert immer mehr Menschen die Lösung ihrer und der allgemein gesellschaftlichen Probleme von den Wissenschaften und nicht mehr von den alten Autoritäten Monarchie und Kirche erwarteten. Sie lernen mit Locke, Rousseau, Voltaire, Montesquieu und den Enzyklopädisten führende Vertreter der Aufklärung kennen.
Das Herzstück des Kapitels ist der Materialteil mit wichtigen Auszügen aus Jean Jacques Rousseaus Erziehungsroman „Emile“. Hier wird versucht, den Schülern dieser Altersstufe das normalerweise sehr abstrakt präsentierte Thema „Aufklärung“ am Beispiel der Kindererziehung nahe zu bringen. In den Textbeispielen stellt Rousseau selbst der damals üblichen Erziehung seine aufgeklärten Erziehungsideale gegenüber. Die Schülerinnen und Schüler erkennen, dass Rousseau durch die Forderung nach einer „natürlichen“ Erziehung zum Menschen die damals übliche Standeserziehung sprengte und somit die Ständeordnung in Frage stellte (vgl. die massive Reaktion der Polizei und Justiz des absolutistischen Staates, M4). Bezüglich der Mädchenerziehung blieb der aufgeklärte Rousseau aber ein Kind seiner Zeit, der die traditionelle Rollenaufteilung weiter festschrieb.
Da es um die aufgeklärten Ideen und ihre Wirkungen und nicht um die Person Rousseaus geht, wird nicht weiter auf Rousseaus streitbare Lebensführung und den Umgang mit seinen eigenen Kindern eingegangen.
Der Gegenwartsbezug liegt in der Auseinandersetzung der Schüler und Schülerinnen mit ihrer eigenen Erziehung durch Elternhaus und Schule. Zum einen erkennen sie, dass die Aufklärung seit damals nicht stehen geblieben ist (heutige Rolle der Frauen), zum anderen sehen sie, dass Rousseaus Kritik an der damaligen Erziehung auch heute noch Gültigkeit hat (Zukunftsorientierung der heutigen Erziehung auf Kosten der Gegenwart und die Intellektualisierung der heutigen Wissensvermittlung).
Zeitrahmen: zwei Stunden; ohne Rousseaus Thesen zur Erziehung eine Stunde.

Aspekte der Unterrichtsgestaltung

Lernwege:
Lernweg 1: Überblickswissen gemäß des darstellenden Textes und anhand der Bilder M1 und M2. Aufforderung: „Erkläre an einem Beispiel, wie die Aufklärer die Welt neu verstanden.“
Lernweg 2: Schwerpunkt: die aufgeklärten Ideen Rousseaus zur Erziehung.
1. Schritt: Erarbeitung der Ideen Rousseaus (arbeitsteiliges Vorgehen in vier Gruppen), M3 und Frage a).
2. Schritt: Die Reaktion des absolutistischen Staates (arbeitsteiliges Vorgehen in zwei Gruppen); die erste Gruppe bearbeitet M3, Z. 25–45 und Frage b); die zweite Gruppe wendet sich M4 und Frage c) zu.
3. Schritt: Aktualisierung: „Sind Rousseaus Forderungen heute überholt oder immer noch nicht eingelöst?“, Klassengespräch und Frage d).

Zusatzinformationen zu den Materialien

M1: Der Text lautet:
„Legende für den gemeinen Mann zum nützlichen Unterricht über Religion, Welt- und Menschenkenntnis, Folgen der Tugend und des Lasters, Kinderzucht und Ausartung, Gesundheit und Behandlung der Krankheiten an Menschen und Vieh, über Acker- und Feldbau, und allerhand wirthschaftliche Dinge, schädliche und gute Sachen. In Erzählungen unseren geliebten Mitmenschen des gemeinen Standes vorgelegt und jedem redlichen Menschenfreunde gewidmet.“
Das Bild auf dem Titelblatt zeigt das Ideal einer „Hausmutter“, die, in einem Medaillon dargestellt, inmitten ihre Haushaltsgeräte platziert ist. Darunter steht: „Bildnis der guten Hausmutter Anne Thomsen.“

M2: Chodowiecki wählte für seinen Kupferstich „Aufklärung“ das verbreitete Bild der aufgehenden Sonne für die aufgeklärte Zukunft, die eine idyllische Landschaft und ein Dorf mit Kirche zu bestrahlen beginnt. Ein Reiter und ein Fuhrwerk (Symbole für den Landbewohner) fahren der aufgehenden Sonne entgegen.

M3: In den fünf Büchern des „Emile“ beschreibt Rousseau sein aufgeklärtes Konzept einer „natürlichen“ Erziehung. Alle Anweisungen in der Erziehung sollen aus der allgemeinen Natur des Menschen hergeleitet werden, d.h. Rousseau entnimmt nicht nur den Weg, sondern auch das Erziehungsziel der Idee des allgemeinen Wesens des Menschen und stellt dieses der traditionellen Standes- und Berufserziehung seiner Zeit entgegen: „Wenn er (der Schüler) aus meinen Händen hervorgeht, wird er freilich weder Richter noch Soldat, noch Priester sein, er wird zuerst Mensch sein.“ Diese Forderung war insofern revolutionär, da sie sich nicht nur gegen die Ständeordnung des absolutistischen Staates richtete, sondern auch über die Aufklärung und ihr pragmatisches, auf bürgerliche Nützlichkeit abzielendes Denken hinauswies.
Darüber hinaus entdeckte Rousseau das Kind als Kind; es ist bei ihm kein kleiner Erwachsener mehr wie noch in der ständischen Erziehung: „Jedes Alter, jeder Zustand des Lebens hat eine Vollkommenheit, die nur ihm entspricht, eine Art Reife, die nur ihm eigentümlich ist.“ Die natürliche Erziehung ist eine Art permissiver Erziehung; sie lässt die Anlagen des Kindes wachsen und beschränkt sich darauf, Entwicklungshemmungen zu verhüten.
Entscheidend für das Kind ist, eigene Erfahrungen zu sammeln („Natur als Lehrmeisterin“). Daraus bestimmt sich die Erzieherrolle; sie soll Erfahrungen des Kindes ermöglichen.
Rousseau wendet sich strikt gegen zu frühes Lernen (vgl. auch M3, Abschnitt 1). Vor allem soll es nicht das Bildungswissen seiner Zeit lernen. Das eben widerspräche dem Lernen aus Beobachtung und Erfahrung (vgl. M3, Z. 13/14). Erfahrungswissen ermöglicht für ihn die Heranreifung einer starken Persönlichkeit.

Im 1. Buch des „Emile" beschreibt er die Kleinkindpflege. Wesentliche Elemente sind: einfache Nahrung, natürliche Bewegung, Abhärtung des Leibes und der Seele, Bewahrung des Kindes vor Eigensinn und Bosheit. Das Mittel ist die direkte Auseinandersetzung mit Dingen. Nur an diesen soll das Kind Widerstand finden, nicht an Verboten.
Das 2. Buch des „Emile" behandelt die Erziehung vom Sprechenlernen bis zum 12. Lebensjahr. Besonders für diese Lebensphase gilt die Forderung von M3, Abschnitt 1: die Zukunft nicht auf Kosten der Gegenwart durchsetzen. Moralische Belehrungen und vernunftmäßige Argumentation haben hier keinen Platz, da das Kind sie noch nicht versteht. In dieser Zeit findet noch kein planmäßiger Unterricht statt, hingegen aber ein Maximum an Selbsttätigkeit.
Das 3. Buch des „Emile" beschreibt die Erziehung von 12 bis 15 Jahren. Jetzt beginnt das eigentliche Lernen, d.h. dem Kind soll auch jetzt kein Wissen „eingetrichtert", sondern seine Freude am eigenen Lernen gefördert werden. Es soll die Dinge, aber noch nicht die Menschen kennen lernen. Das Kind lernt in dieser Zeit ein praktisches Handwerk (= Zuwachs an praktischem Basiswissen).
Im 4. Buch des „Emile" stellt Rousseau die Zeit vom 15. Lebensjahr bis zur Heirat dar: Erst jetzt soll der Jugendliche die Menschen kennen lernen, d.h. im Mitmenschen den Menschen schlechthin sehen und sich selbst als Mensch fühlen. Dabei soll sich der Jugendliche nicht als Mitglied eines Standes fühlen (vgl. M3, Abschnitt 3). Der Geschichtsunterricht wird zur wichtigsten Übung des menschlichen Herzens. Das zweite große Unterrichtsgebiet ist jetzt die Religion. Hier zeigt sich aber Rousseaus aufklärerische Haltung der Religion gegenüber: Der Jugendliche soll sich lieber keine Vorstellung von Religion machen als eine fantastische und unwürdige. Er vertritt eine „natürliche" Religion (= eine ausgedünnte deistische Vernunftreligion); später könne sich der Jugendliche für eine positive Religion entscheiden. Aber anders als viele aufgeklärte Geister vertritt Rousseau keine rationale Metaphysik. Für ihn bleibt Gott nur im gefühlsmäßigen Innesein und in der freien Natur erfahrbar.
Im 5. Buch des „Emile" beschäftigt sich Rousseau mit der Mädchenerziehung, der heute umstrittensten Aussage. Hierin bleibt er ein (wie auch die französischen Revolutionäre einige Jahrzehnte später) Kind seiner Zeit (vgl. M3, Abschnitt 4).
Alle Zitate sind entnommen aus: Jean Jacques Rousseau, „Emile oder Über die Erziehung", Paderborn [4]1978, Uni-Taschenbücher 115).

M4: Die Reaktion der Polizei- und Justizbehörden von Paris zeigt die politische Sprengkraft von Rousseaus Thesen zur Erziehung auf.

Zu den Arbeitsvorschlägen und Fragen

a) Rousseau lehnte jede Standes- und Berufserziehung ab, die schon frühzeitig das Kind beeinflusste, um den beruflichen und gesellschaftlichen Ansprüchen zu entsprechen. Er plädierte für eine Erziehung zum Menschen, der sein eigenes Leben meistern kann; die Gegenwart eines Kindes darf nicht zugunsten einer erhofften glücklichen Zukunft geopfert werden; Lernen durch Erfahrung statt Lernen einer angeblich wissenswerten Theorie.
b) Vorwürfe an Rousseau: Aufhebung der Ständeordnung, alle Menschen, auch der dritte Stand, werden so gleichgestellt; Ende der Ständegesellschaft.
c) Alle Argumente von M3 und M4 sowie Argumente von b).
d) Überholt: Mädchenerziehung, Rollenverständnis von Mann und Frau.
Nicht eingelöst: Opferung der Gegenwart vieler Kinder zugunsten einer erhofften besseren Zukunft („Unsere Kinder sollen es einmal besser haben"). Theoretisches Lernen in der Schule hat immer noch Vorrang vor dem Lernen aus Erfahrung.

9. *Brandenburg-Preußen wird europäische Großmacht*

Konzeption

Nach dem französischen Prototyp wird der Absolutismus in Deutschland exemplarisch am Beispiel des aufgeklärten Absolutismus in Brandenburg-Preußen dokumentiert, da dessen Einfluss die weitere Entwicklung Deutschlands entscheidend prägte.
Der Verfassertext stellt kurz die genetische Entwicklung Brandenburg-Preußens von der unbedeutenden Mark bis zur Entstehung der preußischen Großmacht im Überblick dar. Dies ist notwendig, da die Struktur des preußischen Absolutismus erst vor diesem Hintergrund verständlich wird. Zu den wesentlichen Strukturen des brandenburgisch-preußischen Staates in der Zeit seines Ausbaus zur militärischen Großmacht unter dem Preußenkönig Friedrich Wilhelm I. gehören:
- der systematische Aufbau des Militärwesens,
- die damit in Brandenburg-Preußen verbundene Verknüpfung von Militär- und Agrarverfassung,
- die Zentralisierung der Staatsverwaltung und der parallele Aufbau einer Beamtenschaft,
- die Unterordnung der Bevölkerungspolitik, des Landesausbaus, der Religion und der Bildung unter die politisch-militärische Zielsetzung.

Die Schülerinnen und Schüler lernen die Weiterentwicklung dieser Herrschaftsstrukturen in Brandenburg-Preußen in der Spannung zwischen Krieg als Mittel der Politik und der Umsetzung aufgeklärter Ideen unter Friedrich II. (sog. aufgeklärter Absolutismus) kennen.
Darüber hinaus werden folgende Aspekte problematisiert:
- das Militär als machtpolitisches Fundament des preußischen Staates und die daraus folgende Überbewertung der militärischen Lebensformen,
- die Entstehung der Untertanenmentalität,
- die Funktion von Bildung und Toleranz,
- die Person Friedrichs II. in der Spannung von Aufklärung und absolutistischer Machtpolitik und
- die Grenzen der Aufklärung im absolutistischen preußischen Staat.

Auf die Behandlung des preußischen Merkantilismus wird aus Gründen der Reduktion verzichtet.
Gegenwartsbezüge können bei allen aufgeklärten Maßnahmen Friedrichs II. hergestellt werden: z. B. die Rolle der Schulen in der Bundesrepublik heute, religiöse Toleranz (gegenüber Muslimen). Auch die unterschiedlichen Auffassungen von Krieg können verglichen werden (Friedrich II. rechtfertigte ja den Angriffskrieg als „moralisch vertretbar", vgl. „Ergänzungen zum Angebot des Schülerbuchs".
Zeitrahmen: Lernweg 1 (Video): 20 Minuten; Lernweg 2 (Einführender Kurs): 30 Minuten; Lernweg 3 (Schwerpunkt: Friedrich II. – Machtpolitiker oder aufgeklärter Monarch?): 1 Stunde; Lernweg 4 (Schwerpunkt: Preußisches Militärsystem): 3 Stunden; Lernweg 5 (Schwerpunkt: Friedrich II.): 2 bis 3 Stunden.

Aspekte der Unterrichtsgestaltung

Lernwege:
Lernweg 1: Video „Preußen – Der Aufstieg zur Großmacht", (vgl. „Medien" im Lehrerband, S. 69) und das Lied „O König von Preußen" auf der Compact Disc. „Historische Lieder" (Klett Bst.-nr. 415542).
Lernweg 2: Die preußische Großmacht entsteht.
1. Schritt: Eine Vorstellung von der Geografie Preußens gewinnen. Die Schülerinnen und Schüler bearbeiten die Karte M1. – Arbeitsauftrag: „Schreibt die Phasen und den Umfang der jeweiligen Landeserweiterung in einer Tabelle auf. In welchen Bundesländern bzw. in welchen Staaten liegen die Gebiete heute?"
Die weniger zeitaufwendige Alternative: Lehrervortrag zum Aufstieg Brandenburg-Preußens von 1415 bis 1795; M1 und „Zusatzinformationen zu den Materialien".
2. Schritt: Lehrerfrage: „Wie kann sich ein Staat von einem unbedeutenden Lehen (= Mark Brandenburg 1415/17) zu einer europäischen Großmacht entwickeln?"
Die Schülerinnen und Schüler stellen Vermutungen an, der Lehrer oder die Lehrerin ergänzen, stellen richtig.
Folgende Themen sollen kurz angesprochen werden:
- brandenburgische Heiratspolitik,
- Diplomatie (vgl. Verfassertext, Marginalie „Die Hohenzollern in Brandenburg"),
- Aufbau eines stehenden Heeres wie in Frankreich,
- beginnender Aufbau einer zentralen Finanzverwaltung (vgl. Verfassertext, Marginalie „Stehendes Heer und eigene Finanzverwaltung"),
- gezielte Einwanderungspolitik (vgl. Verfassertext, Marginalie „Französische Asylanten werden Berliner" und „Sondergesetze für die Juden und die Sinti").

Lernweg 3: Schwerpunkt: Friedrich II. – Machtpolitiker oder aufgeklärter Monarch? – Material dazu: Verfassertext, Marginalien „Friedrich II. überfällt Schlesien", „Der Siebenjährige Krieg" und „Aufgeklärte Politik eines absolutistischen Monarchen", M2–M7.
Lernweg 4: Schwerpunkt: Das preußische Militärsystem und der Aufstieg zur europäischen Großmacht unter Friedrich Wilhelm I. und Friedrich II.
1. Schritt: Welche Probleme für die Verwaltung, die Wirtschaft und die Verteidigung bestanden bei der Verwaltung Brandenburg-Preußens für König Friedrich Wilhelm I. bei seinem Regierungsantritt 1713?
Die Schülerinnen und Schüler betrachten die Karte M1. Die Antwort: verstreute Gebiete erschweren die einheitliche Verwaltung und Sicherung des Staates.
2. Schritt: Die Lehrerin/der Lehrer legt den Schülerinnen und Schülern Zahlen zur preußischen Heeresstärke beim Tod Friedrich Wilhelms I. 1740 im Vergleich zu anderen Staaten und zum Heereswachstum vor (vgl. Kopiervorlage 3). Frage: „Was sagen die Tabellen darüber aus, wie Friedrich Wilhelm I. das Problem des nicht zusammenhängenden Staatsgebietes gelöst hat? a) Verhältnis zwischen Bevölkerungszahlen, Staatseinnahmen und Heeresstärken, b) Verhältnis von Einwohnern zu Soldaten?"
Auswertung der Tabellen im Lehrer-Schüler-Gespräch:
Tabelle 1: schnelles Wachstum des Heeres auf mehr als die doppelte Größe von 1688 bis 1740; erneute Verdoppelung von 1740 bis 1786.
Tabelle 2: die Relation von Bevölkerungszahl, Staatseinnahmen und Heeresstärke beträgt ungefähr

bei Frankreich	1: 3	: 0,01
bei Russland	1: 0,75	: 0,009
bei Österreich	1: 1,5	: 0,009
bei England	1: 3	: 0,0045
bei Preußen	1: 2,8	: 0,4
bei Sachsen	1: 3,5	: 0,015 und
bei Bayern	1: 7	: 0,015

Einige Staaten hatten höhere Einnahmen pro Kopf der Bevölkerung, Preußen aber bei weitem die meisten Soldaten im Vergleich zur Bevölkerungszahl.
Tabelle 3: Bestätigung von Tabelle 2: Etwa 85 % der Staatseinnahmen werden für Militärzwecke und die Anlage eines Kriegsschatzes ausgegeben;
Tabelle 4: Vergleich zu Militärausgaben (Verteidigungshaushalt der Bundesrepublik 1991): Der Verteidigungshaushalt beträgt ca. 13,75 % des Gesamthaushalts → Dominanz des Militärischen in Brandenburg-Preußen.
3. Schritt: Die Gründe Friedrich Wilhelms I. für den starken Ausbau der Armee: kurzer Lehrervortrag für die Situation Brandenburg-Preußens zu Beginn der Regierungszeit Friedrich Wilhelms I. 1713 (vgl. „Zusatzinformationen zum Verfassertext").
4. Schritt: Modernisierung des Staatswesens als Voraussetzung des Heeresausbaus. – Lehrer-Schüler-Gespräch: „Was ist die Grundvoraussetzung für den Ausbau der Armee?" → Steigerung der Staatseinnahmen durch höheres Steueraufkommen.
(1) Fortführung der Bevölkerungspolitik des Großen Kurfürsten durch Friedrich Wilhelm I. und Friedrich II.
M2: Anknüpfung an die Aufhebung des Ediktes von Nantes durch Ludwig XIV. 1685, (vgl. Kapitel 5 Verfassertext, Marginalien: „Ein Gott, ein Glaube, ein Gesetz, ein König" und „Hugenotten fliehen in das Ausland." – Frage: „Warum holt der Große Kurfürst die französischen Hugenotten ins Land?" (vgl. Schülerbuch, S. 55);
Lehrer-Schüler-Gespräch (Grundlage: vgl. Schülerbuch, S. 71, Marginalie „Französische Asylanten werden Berliner"; vgl. Tafelbild 1).
Problematisierung: „Warum galten Sondergesetze für die Juden und die Sinti?" (vgl. Schülerbuch, S. 71, Marginalie „Sondergesetze für die Minderheit der Juden und die Sinti")
Ergänzung: Fortführung der Bevölkerungspolitik durch Friedrich II., vgl. M3.

(2) Aufbau einer einheitlichen, dem König unterstehenden Verwaltung (vgl. Marginalie „Eine Auffassung vom Herrscheramt: Friedrich Wilhelm I.“, vgl. Schülerbuch, S. 72).
(3) Der Landesausbau und die Besiedlung der urbar gemachten Gebiete durch Friedrich II. M3, M4; Aufgabe: „Friedrich II. wollte den Wohlstand und damit die Steuerkraft seiner Untertanen vermehren, um die Armee weiter ausbauen zu können. Zeige dies an seinen verschiedenen politischen Maßnahmen.“
(4) Aufbau staatlicher Manufakturen und staatliche Unterstützung privater Manufakturen (Da der Merkantilismus am Beispiel Frankreichs dargestellt worden ist, ist in diesem Zusammenhang nur der Verweis notwendig, dass die preußischen Herrscher sich des merkantilistischen Systems ebenso bedienten, wie es Ludwig XIV. tat. Die Lehrerin/der Lehrer sollte aber darauf hinweisen, dass insbesondere die staatlichen Textilmanufakturen schwerpunktmäßig für den Armeebedarf an Uniformen, Decken usw. produzierten. Insofern waren sie direkt in das militärische System als Zulieferbetriebe eingebunden.
(5) Das Steuersystem (Ergänzung durch Lehrerin oder Lehrer). – Erhebung der Verbrauchs- und Verkehrssteuer („Akzise“). Diese wurde zumeist an den Stadttoren erhoben und musste von den gewerbetreibenden Stadtbürgern entrichtet werden. Die Bauern zahlten die „Kontribution“, eine Steuer auf den Grundertrag des von ihnen bearbeiteten Landes. Der Adel zahlte keine Steuern.

Tafelbild 1

<u>Die Modernisierung des Staatswesens in Brandenburg-Preußen unter den absolutistischen Herrschern</u>

Ziel:
Die Staatsmacht wird gestärkt durch ein höheres Steueraufkommen.

Mittel:
1. Ansiedlung von calvinistischen Glaubensflüchtlingen aus Frankreich (später auch aus Österreich) und wohlhabenden jüdischen Kaufleuten, die die Wirtschaft ausbauen (Manufakturen) das → Steueraufkommen steigt.
   Einschränkung: Sonderregelung für Juden, Vertreibung der Sinti.
2. Aufbau einer königlichen Zentralverwaltung, die den Landesausbau plant und die Steuereinnahmen durchführt.
3. Trockenlegung von Sümpfen, Begradigung der Oder, Ansiedlung von Neusiedlern in neuen Dörfern auf dem kultivierten Land → auch bäuerliche Neusiedler zahlen Steuern („Kontribution“).
4. Aufbau von Manufakturen (Merkantilismus)

5. Schritt: Die eigentliche Heeresreform; Information durch Lehrer oder Lektüre (vgl. Schülerbuch, S. 72f., Marginalien „Eine neue Auffassung vom Herrscheramt: Friedrich Wilhelm I.“, „Ein unglücklich Mittelding zwischen Bauern und Soldat“ und „Gutsherr und Offizier: der adlige Junker“); der Aufbau des Kantonssytems (vgl. Tafelbilder 2 und 3).
Lehrer-Schüler-Gespräch: Vor- und Nachteile des neuen Kantonssystems gegenüber dem alten Söldnersystem (politisch, wirtschaftlich, sozial) für den König, für die Soldaten (vgl. Tafelbild 2).
6. Schritt: Wie sah der Alltag der Soldaten aus? M2 (inkl. Text), M5 und Frage a).
7. Schritt: Funktion des Drills (vgl. *Arbeitsblatt 4: „Die Funktion von Disziplin und Drill in der preußischen Armee“*)
- Wer musste in der Armee dienen? M5: Landeskinder und Ausländer; diese hatten überhaupt keine dem Kantonssystem vergleichbare Bindung an das Heer und somit an den König.
- Die Art der Schlachtordnung, (vgl. *Arbeitsblatt 4: „Die Schlacht bei Lobositz“*). Wenn auf das Arbeitsblatt verzichtet wird, legt die Fachkollegin/der Fachkollege die Art des Kampfes in der Schlacht [Lineartaktik] dar (vgl. auch „Lösungen der Arbeitsblätter“).

8. Schritt: Waren preußische Disziplin und Drill in der Armee notwendige Voraussetzung für den Krieg oder reine Schikane? – Problematisierung im Lehrer-Schüler-Gespräch.
9. Schritt: Der Eroberung Schlesiens durch Friedrich II. und der Siebenjährige Krieg, vgl. Verfassertext, Marginalien „Friedrich II. überfällt Schlesien“ und „Der Siebenjährige Krieg“ sowie „Ergänzungen zum Angebot des Schülerbuchs“.
Problematisierung: „Inwiefern war Friedrichs Handeln in Bezug auf den Krieg aufgeklärt, d.h. gemäß der Vernunft, oder nicht aufgeklärt?“ – „Mit welchen Argumenten, die für Frieden anstatt Krieg sprachen, hättest du Friedrich als königlicher Berater zu überzeugen versucht?“
10. Schritt: Ausblick: Die weitere Entwicklung Brandenburg-Preußens unter Friedrich II. und Friedrich Wilhelm I.
Karte M1: „Was veränderte sich durch die erste polnische Teilung für Preußen?“ → Östlich der Elbe entsteht ein zusammenhängendes Staatsgebiet.
„Was verändert sich durch die zweite und dritte polnische Teilung?“ → Preußen und Russland grenzen aneinander, Polen existiert überhaupt nicht mehr, der weitaus größte Teil des preußischen Staatsgebietes lag östlich der Oder.

Tafelbild 2

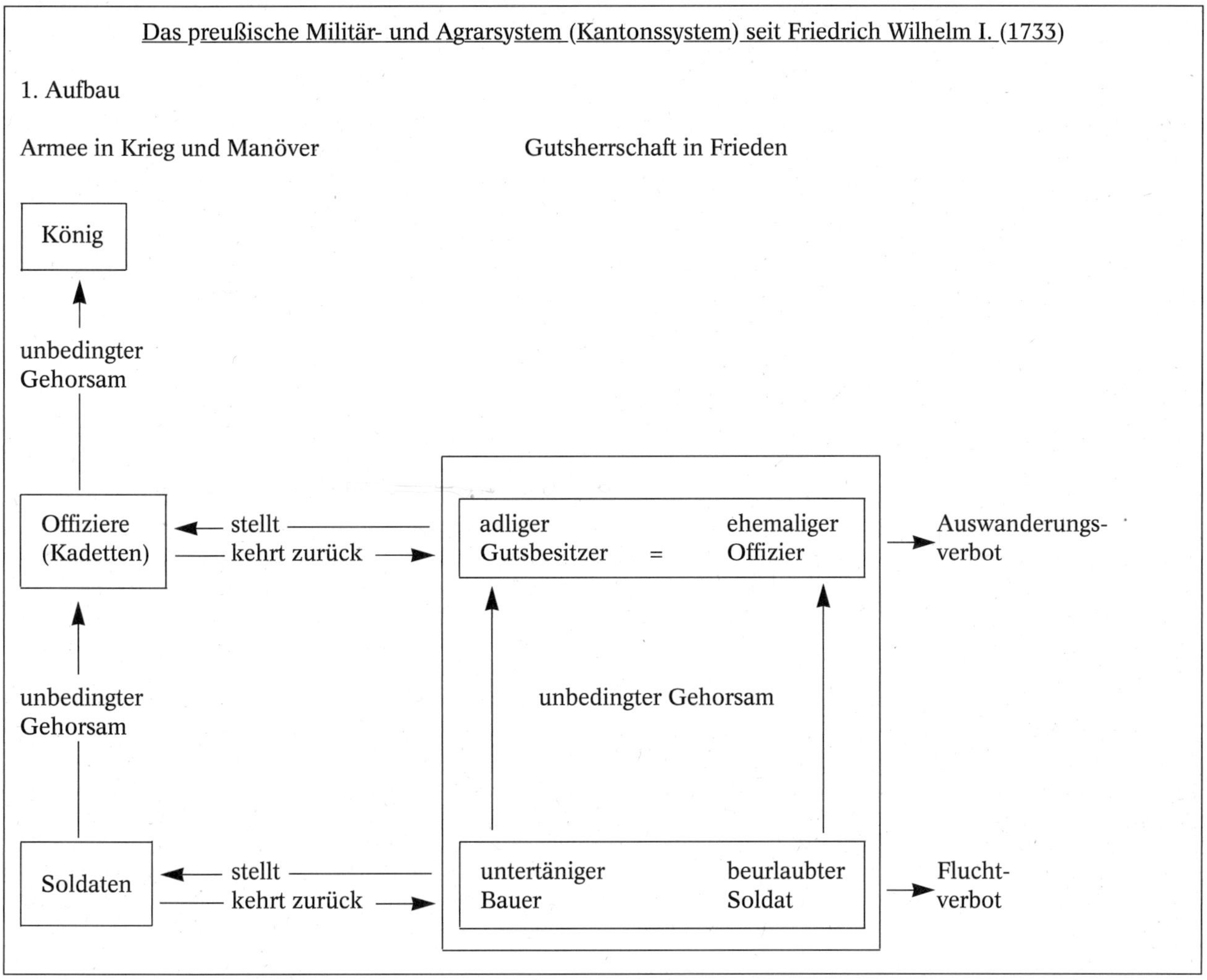

(nach: H.D. Schmid, „Fragen an die Geschichte 3", Lehrerband, Frankfurt/M. 1982, S. 69)

Tafelbild 3

Vor- und Nachteile des neuen Militärsystems

	für den König	für die Soldaten
Vorteile des neuen Militärsystems	– Erfassung der Bauernjungen schon im Kindesalter – Adel stellt Offiziere	– Weniger Willkür bei der Rekrutierung
Nachteile des neuen Militärsystems	– Machtzuwachs für adlige Gutsbesitzer	– Militärische Disziplin im Soldaten- und Zivilleben

Lernweg 5: Schwerpunkt: Die Person Friedrichs II. in der Spannung von Machtpolitik und Aufklärung.
1. Schritt: Das Friedrichsbild des 19. Jahrhunderts.
Lehrerimpuls: „Friedrich II. ist schon zu Lebzeiten „der Große" genannt worden – Betrachtet Bild 4".
Lehrer-Schüler-Gespräch: Was sagt das Bild über Friedrichs Größe aus? Wann wurde es gemalt? – Problematisierung: „Trifft das Bild die Wirklichkeit? Bestand Friedrichs Größe darin?"
2. Schritt: Überprüfung der Aussagen, Friedrich II. ist ein aufgeklärter Monarch, der „erste Diener des Staates". Kurzer Rückgriff auf das Kapitel 8. „Das 18. Jahrhundert: Die Welt wird neu erklärt", um den Begriff „Aufklärung" zu wiederholen.
Material dazu: M3, M4 (Text), M6, M7, Marginalie im Verfassertext. vgl. Schülerbuch, S. 74 „Aufgeklärte Politik eines absolutistischen Monarchen" und Frage b).
3. Schritt: Friedrich II. als Machtpolitiker. Lehrer zitiert den Ausspruch Friedrichs II.: „Räsoniert so viel ihr wollt und worüber ihr wollt, nur gehorcht" (Immanuel Kant legte diesen Ausspruch Friedrich II. zwecks Charakterisierung seiner Politik nachträglich in den Mund.)
Material dazu: Marginalien im Verfassertext „Friedrich II. überfällt Schlesien" und „Der Siebenjährige Krieg", M5, evtl. „Ergänzungen zum Angebot des Schülerbuchs"). Frage: „Worin besteht in diesen Dokumenten Friedrichs Größe?"
Alternative: Die beiden Aspekte der Person Friedrichs II. lassen sich gut in arbeitsteiliger Gruppenarbeit erfassen. Die Gruppen stellen aufgrund ihres Quellenstudiums die politischen Leistungen Friedrichs II. vor (evtl. als Podiumsgespräch).
Mögliche Erweiterung: eine Diskussion im Kabinett Friedrichs II. als Rollenspiel – Wird Brandenburg-Preußen europäische Großmacht eher durch Kriege oder eher durch die Ausweitung aufgeklärter politischer Maßnahmen?
4. Schritt: Ein Lehrer-Schüler-Gespräch versucht zusammenfassend festzuhalten, dass Friedrich II. sowohl ein traditioneller Machtpolitiker war, als aber auch einige Ideen der Aufklärung zugunsten des Staatswohls umzusetzen versuchte. Dabei dachte und handelte Friedrich II. stets im Interesse der Staatsräson und nicht im Interesse der Untertanen (vgl. M7).
5. Schritt: Grenzen des aufgeklärten Absolutismus. Ausspruch Friedrichs gegenüber dem Staatsminister von Zedlitz über die Schulbildung (vgl. „Zusatzinformationen zu den Materialien", M6). Frage: „Was sagt diese Aussage Friedrichs über sein Verständnis von Aufklärung aus?" – „Was hätten ihm führende Vertreter der Aufklärung geantwortet?" (vgl. Kapitel 8, „Das 18. Jahrhundert: Die Welt wird neu erklärt"); anschließend Lehrer-Schüler-Gespräch.
6. Schritt: Um die Grenzen des aufgeklärten Absolutismus klarer zu erkennen, werden Friedrichs politische Maßnahmen von der Gegenwart her betrachtet. Auch hier bietet sich ein arbeitsteiliges Vorgehen an.

Zusatzinformationen zum Verfassertext

Marginalie: „Eine neue Auffassung vom Herrscheramt: Friedrich Wilhelm I."
Der administrative Umbau Brandenburg-Preußens zum reinen Militärstaat durch Friedrich Wilhelm I. beruhte vor allem auf seinen negativen Erfahrungen während der Regierungszeit seines Vaters König Friedrich I. Die brandenburgischen Kurfürsten (seit 1701 preußische Könige) waren als Reichsstand in den Spanischen Erbfolgekrieg (1701–1713) gegen Frankreich verwickelt (8000 Soldaten als Preis für die Königserhebung). Im Nordischen Krieg (1700–1721) benutzten Truppen Sachsens, Polens und Russlands das Land als Korridor für ihre Manöver. Vor allem aber wurden die völlige Zerrüttung der Finanzen (z. B. aufwendige Hofhaltung Friedrichs I.) und eine korrupte Verwaltung offenbar. So entstand seine Idee, Preußen aus eigener Kraft neu zu organisieren und wehrhaft zu machen. Um die Verdoppelung der Heeresstärke (von 40 000 Mann im Jahr 1713 auf 80 000 Mann im Jahr 1740) von eigener Kraft zu erreichen, ersetzte er die grenzenlose Ausgabenwut seines Vaters zugunsten einer eisernen Sparsamkeit sowohl im Staatshaushalt als auch im königlichen Privathaushalt. Der Massenbedarf der schnell wachsenden Armee kurbelte die Wirtschaft an. Die Verarbeitung von Wolle und Tuch zu Uniformen wurde zur Grundlage einer eigenen Textilverarbeitung in Manufakturen.
Marginalie „Sondergesetze für die Minderheit der Juden und Sinti" (vgl. Schülerbuch, S. 71):
Auch Juden durften sich in Brandenburg ansiedeln, genossen aber im Unterschied zu den reformierten Einwanderern keine Steuerbegünstigungen, sondern mussten Schutzgelder an den König bezahlen; bei Straffälligkeit einzelner Juden haftete die örtliche jüdische Gemeinde kollektiv dafür. Die Sinti und Roma dagegen wurden auf eine Stufe mit Armen, Bettlern „und anderem unnützen Gesindel" (die Angehörigen nichtsesshafter Berufe) gestellt und galten als unerwünscht. Verschiedene „Edikte wider die Zigeuner" von 1710, 1720 (M2), 1725 und 1739 geben davon Zeugnis. Im Edikt vom 5. Oktober 1725 heißt es, „dass die Zigeuner so im Land betreten werden, und 18. Jahr und darüber alt seyn ohne Gnade dem Galgen bestraffet, und die Kinder in Wäysen-Häuser gebracht werden sollen".
Die eingewanderten Hugenotten dagegen waren gut ausgebildete Handwerker und Wissenschaftler und konnten dem wirtschaftlichen Aufbau Brandenburgs in besonderer Weise dienen. Zudem gehörten sie der gleichen Konfession an.
Die Juden lebten seit dem Mittelalter als Außenseiter in den Städten und Dörfern und erkauften sich den Schutz des Herrschers durch jährliche Schutzgelder.
In den Edikten gegen die Sinti und Roma drückt sich die Unfähigkeit des absolutistischen Staates aus, gesellschaftliche Randgruppen, besonders Nichtsesshafte, in den Staat einzugliedern. Abweisung an den Landesgrenzen, kasernierte Verwahrung im Waisenhaus oder Hinrichtung kennzeichneten den Umgang mit dieser Minderheit.

Zusatzinformationen zu den Materialien

M1: Die Entwicklung Brandenburg-Preußens von der Übertragung der Kurfürstenwürde an die Hohenzollern 1415/17 bis zur dritten polnischen Teilung 1795.
- 1411 König Sigismund überträgt die Regentschaft der Mark Brandenburg an den Burggrafen Friedrich VI. von Nürnberg aus dem Haus Hohenzollern.
- 1415 (endgültig 1417) vergibt Sigismund die Mark Brandenburg als Reichslehen an Friedrich VI.

- 1423 wird Friedrich Kurfürst des Heiligen Römischen Reiches (Kurfürst Friedrich I.).
- 1455 kauft Kurfürst Friedrich II. die Neumark vom Deutschen Orden.
- 1599 wird die Unteilbarkeit des brandenburgisch-hohenzollerischen Herrschaftsgebietes durch den Geraer Hausvertrag festgelegt.
- 1614 fallen im Vertrag von Xanten Kleve, Mark und Ravensberg dem Haus Hohenzollern durch Erbschaft zu.
- 1618 fällt das Herzogtum Preußen durch Erbschaft an Kurfürst Johann Sigismund von Brandenburg.
- 1648 erhält Brandenburg durch die Umverteilung im Westfälischen Frieden Hinterpommern und die Bistümer Minden und Halberstadt.
- 1707 fällt das Fürstentum Neuenburg (Schweiz) durch Erbschaft an Brandenburg.
- 1740 Friedrich II. erobert die Provinz Schlesien von Österreich, die 1763 im Frieden von Hubertusburg als zu Preußen gehörig bestätigt wird.
- 1772 nimmt sich Friedrich II. in der ersten polnischen Teilung Westpreußen und den Netzedistrikt.
- 1792 fällt Posen in der 2. polnischen Teilung an Preußen.
- 1795 in der dritten polnischen Teilung gewinnt Preußen „Neu-Ostpreußen" und „Neu-Schlesien".

Unter Friedrich II. fand die größte geopolitische und auch wirtschaftliche Ausdehnung statt. Erst durch die Eingliederung von Westpreußen und des Netzedistriktes entstand im Osten ein zusammenhängendes Staatsgebiet. Der Streubesitz im Westen blieb bestehen.

M2: In der Mitte des Bildes steht auf einem Sockel die Gestalt der Justitia, in der rechten Hand das erhobene Schwert, in der linken die Waage der Gerechtigkeit. Auf dem Sockel die Inschrift: „Ich schone niemand". Folgende Strafen werden dargestellt: das gefürchtete Reiten auf einem hölzernen Pferd oder Esel mit spitzem Rücken, das Stehen am Pfahl auf zugespitzten Stöcken, das Krummschließen bis zu mehreren Tagen. Die Zitadelle links im Hintergrund weist auf die Strafe der Festungshaft hin. Das Spießrutenlaufen geht angeblich auf Gustav Adolf von Schweden zurück, der die häufig desertierenden Soldaten nur noch durch eine drastische Abschreckungsmaßnahme von der Fahnenflucht abhalten konnte. Meuterei oder tätliche Aufsässigkeit gegen Vorgesetzte wurden in der Regel durch Erschießen geahndet. Tod durch Erhängen galt Fahnenflüchtigen im Kriegsfall. Prügel zählte nicht nur in der Armee, sondern auch im Zivilleben zu den ganz normalen Zwangsmitteln. Die Unteroffiziere trugen ihren dünnen Korporalstock ständig bei sich, um die geringste Nachlässigkeit im Dienst (vgl. M5) mit Hieben zu belegen, ohne darüber Rechenschaft ablegen zu müssen. Prügel galt erst ab einer bestimmten Anzahl von Stockschlägen als Strafe. Einen musikalischen Eindruck über die – selbst nach den Maßstäben jener Zeit – willkürliche Schinderei einfacher Soldaten im friderizianischen Herr vermittelt das erschütternde Lied „O König von Preußen" auf der Compact Disc „Historische Lieder" (Klett Bst.-nr. 415542).

M3: Das Mährische Viertel in Neusalz an der Oder entstand im Rahmen der Bevölkerungspolitik der Herrscher von Brandenburg-Preußen. Der Ausbau zum wehrhaften Staat konnte nur durch den gesteigerten Wohlstand des armen und nur dünn besiedelten Landes erreicht werden. Dem diente neben der merkantilistischen Wirtschaftspolitik auch eine genau gezielte Einwanderungspolitik.

M4: Das Gemälde von R. Warthmüller stellt die väterliche Fürsorge des aufgeklärten Monarchen um das Wohl seiner Untertanen dar, die das Friedrichbild des 19. Jh. seit Franz Kuglers „Geschichte Friedrichs des Großen" von 1842 (abgedruckt in: Hans Dollinger, „Friedrich II. von Preußen. Sein Bild im Wandel von zwei Jahrhunderten", München 1986, S. 119/120) bestimmt hatte. Der gekürzte Auszug aus Friedrichs II. „Verfügung an die Land- und Steuerräte des Departements Breslau vom 5. April 1757" belegt allerdings die Aussage des nicht zeitgenössischen Gemäldes als eine Seite des Monarchen. Die spanischen Eroberer brachten die Kartoffel als Schiffsverpflegung aus Südamerika mit, um Mangelkrankheiten (Skorbut) vorzubeugen. Verschiedene Landesfürsten, darunter auch Friedrich II., förderte den Anbau, um die Auswirkungen der immer noch vorkommenden Hungersnöte zu lindern. Die Verfügung gibt auch genaueste Anweisungen, wie der Kartoffelanbau am effektivsten durchzusetzen sei.
Friedrichs Verfügung lautet weiter:
„Wenn auch viele kleine Leute keine Aecker in den Feldern haben, und denen gleichwohl diese Frucht hauptsächlich zu ihrem Unterhalt zu Nutze kommt, so müssen diese angewiesen werden, bei ihren Häusern und in ihren Gärten, wo nur ein leerer Platz zu finden, diese so nützlichen Kartoffeln anzubauen, da sie den Vortheil haben, dass sie bei müßigen Stunden nahe beim Hause diese Frucht abwarten und desto mehrern Gewinnst davon ziehen können. Übrigens müsset Ihr es beim bloßen Bekanntmachen der Instruction nicht bewenden, sondern durch die Landdragoner und andere Kreisbediente Anfangs Mai revidiren lassen, ob auch Fleiß in der Anpflanzung gebrauchet werde; wie Ihr denn auch selbst bei Euren Bereisungen untersuchen müsset, ob man sich deren Anpflanzungen angelegen sein lasse."

(R. Stadelmann, „Preußens Könige in ihrer Tätigkeit für die Landeskultur", Leipzig 1882, Bd. 2, S. 233, zit. nach: „Spurensuche Geschichte 2. Vom Mittelalter bis zur Französischen Revolution", hg. von Peter Knoch, Ernst Klett Verlag, Stuttgart 1991, S. 95).

M5: Die preußische Armee bestand auch unter Friedrich II. weiterhin etwa zur Hälfte aus angeworbenen ausländischen Söldnern. Trotz der scharfen Zwangsmaßnahmen gegen unzuverlässige, desertierende ausländische Söldner war die Zahl der Deserteure durch das Kantonssystem von acht Prozent 1714 auf 0,4 Prozent 1740 gesunken. Darüber hinaus gibt der Bericht einen guten Einblick in den strengen Alltag der preußischen Soldaten (vgl. auch „O König von Preußen", in: „Historische Lieder", Compact Disc., Klett Bst.-nr. 415542).

M6: Nach dem Ende des Siebenjährigen Krieges wurde auch die Neuorganisation des noch in seinen Anfängen steckenden preußischen Schulsystems notwendig.
Obwohl Friedrich II. persönlich in einem distanzierten Verhältnis zur Religion stand, ordnete er die „christliche Unterweisung der Jugend zur wahren Gottesfurcht" an. An den Staatsminister von Zedlitz schrieb er:

„Dass die Schulmeister auf dem Lande die Religion und die Moral den jungen Leuten lehren, ist recht gut, und müssen sie davon nicht abgehen, damit die Leute bei ihrer Religion hübsch bleiben und nicht zur katholischen übergehen, denn die evangelische Religion ist die beste und weit besser als die katholische; darum müssen sich die Schulmeister Mühe geben, dass die Leute Atachement zur Religion behalten, und sie soweit bringen, dass sie nicht stehlen und morden [...] sonst ist es auf dem platten Land genug, wenn sie ein bisgen Lesen und Schreiben lernen; wissen sie aber zu viel, so laufen sie in die Städte und wollen Sekretärs und so was werden; deshalb muss man aufn platten Lande den Unterricht der Leute so einrichten, dass sie das Notwendige, was zu ihrem Wissen nötig ist, lernen, aber nach der Art, dass die Leute nicht aus den Dörfern weglaufen, sondern hübsch dableiben [...]"

(Aus: H. Notbaum, „Das evangelische Kirchen- und Schulwesen in Ostpreußen während der Regierung Friedrich des Großen", Heidelberg 1959, S. 182, zit. nach „Preußen. Zu Sozialgeschichte eines Staates", Reinbek 1981, S. 164).

Diese Äußerung Friedrichs II. zeigt die Kluft zwischen einer notwendigen verbesserten Schulausbildung auch der Unterschichten und den Erfordernissen einer preußischen Staatsräson, deren Bedarf an staatstreuen, der Obrigkeit gehorchenden Untertanen nicht unbedingt eine besondere Schulbildung erforderte.

M7: Das politische Testament von 1752 gilt als Zeugnis friderizianischer Machtpolitik. Friedrich II. behandelt die großen Staatsangelegenheiten unter dem Aspekt seiner königlichen Pflicht zum Dienst am Staat. Toleranz der Konfessionen und Religionen ist für ihn Garant des weiteren wirtschaftlichen und auch politischen Aufstiegs Preußens.

Ergänzung zum Angebot des Schülerbuchs

Friedrich II. vor der Besetzung Schlesiens in einem Briefwechsel mit seinem Minister Podewils:
Friedrich: „Schlesien ist in der ganzen kaiserlichen Erbmasse das Stück, auf welches wir das beste Anrecht haben und das dem Hause Brandenburg am besten passt. Es ist billig (moralisch vertretbar), seine Rechte zu wahren und sich in den Besitz des Landes zu setzen. Die Überlegenheit unserer Truppen ist vollständig und gibt uns bei einer unvorhergesehenen Gelegenheit wie dieser eine unbegrenzte Überlegenheit über alle anderen Mächte Europas."
Podewils: „Was die Rechtslage betrifft, so muss ich Eurer Majestät mit tiefem Respekt sagen: Es gibt feierliche Verträge, auf die sich das Haus Österreich berufen wird."
Der König: „Die Rechtsangelegenheit ist Sache der Juristen. Es ist Zeit, im Geheimen zu arbeiten, denn die Befehle an die Truppen sind gegeben."

(Friedrich der Große, „Politische Korrespondenzen", Bd. 1, Berlin 1879, S. 91f., Auszüge).

Zu den Arbeitsvorschlägen und Fragen

a) Aus der Sicht des Königs: Durch den Drill und die Strafen wurde der Aufbau einer auf Befehl und Gehorsam beruhenden Armee möglich, die dem König als oberstem Kriegsherrn direkt unterstand. Mit ihr konnte er sein Machtgebiet vergrößern oder verteidigen.
Aus der Sicht der Soldaten: Jedes kleinste Vergehen wurde sofort mit absolut brutalen Strafen bedacht: Prügelstrafe, Gassenlaufen, Spießruten, Erschießen mit der Arkebuse, Erhängen.
Nur strengste militärische Disziplin ermöglichte eine geordnete Kampfführung im Krieg. Im Krieg waren die Strafen für das gleiche Vergehen höher als in Friedenszeiten (z.B. Artikel 15 der Kriegsartikel Friedrich Wilhelms I.: „Wer auf der Schildwache schläft, vor der Ablösung weggeht oder sich so voll trinkt, dass er die Wache nicht versehen kann, soll, wenn es im Felde und bei Belagerungen [...] geschieht, arkebusiert, wo dergleichen Gefahr nicht ist, mit dreißigmaligem Gassenlaufen bestraft werden.") Vor allem die drakonischen Strafen sollten die Soldaten davon abhalten, in den offenen Feldschlachten nicht vor dem Feind davonzulaufen und zu desertieren.
b) Aufgeklärte Maßnahmen waren:
- Die Einführung und Überwachung des Kartoffelanbaus führte zu einer Verbesserung der Ernährungssituation der Bevölkerung (vgl. M4).
- Die Urbarmachung von Ödland durch Flussregulierung und Ansiedlung von Neusiedlern (zum Teil Glaubensflüchtlinge) gab Familien eine Existenzgrundlage (vgl. M3 und Verfassertext, Marginalie „Aufgeklärte Politik eines absolutistischen Monarchen", Schülerbuch, S. 74).
- Durch die Schulpflicht für alle Kinder vom 5. bis zum 13. (14.) Lebensjahr lernten viele Kinder lesen und schreiben (vgl. M6).
- Religiöse Toleranz erlaubte es Angehörigen verschiedener christlicher Konfessionen und auch Juden in Preußen zu leben (vgl. M7). Aber für Friedrich II. waren in erster Linie Gründe der Staatsräson wichtig.

Folgende Maßnahmen waren nicht vom Geist der Aufklärung geprägt:
- Friedrichs Eroberung von Schlesien setzte sich über jedes geltende Recht hinweg und entsprach den Regeln herkömmlicher Machtpolitik. Der Siebenjährige Krieg wirkte sich verheerend auf das Land und die Bevölkerung aus (vgl. Schülerbuch, S. 73/74).

c) Die Ansiedlung von Neubürgern sollte das Gewerbe und die Landwirtschaft stärken, damit die Steuereinnahmen steigen würden. Für Friedrich II. stand das Wohl des Staates im Vordergrund. Er kannte die Folgen der Religionspolitik Ludwigs XIV. und den Nutzen, den Brandenburg unter dem Großen Kurfürsten daraus gezogen hatte. Als aufgeklärter Monarch war er außerdem weit davon entfernt, der Religion eine den Staat stabilisierende Rolle beizumessen. Nur ein friedliches Nebeneinander der Konfessionen und Religionen ermöglichte seiner Meinung nach ein Wachstum des Staates. – Die Juden blieben auch unter Friedrich II. noch von der Emanzipation ausgeschlossen. Die Sinti wurden als Nichtsesshafte mit Armen und Bettlern gleichgesetzt und waren unerwünscht, da sie sich nicht in das absolutistische Staatssystem eingliedern ließen.

d) Die genannten Eigenschaften waren für das Funktionieren der preußischen Armee unentbehrlich. Durch die Verknüpfung von militärischem und zivilem Leben durch das Kantonssystem und die übermäßige Betonung des Militärischen werden sie allmählich zu allgemeinen preußischen Tugenden.

Literatur zum Weiterlesen

Katalog der Preußenausstellung:
Band 1: „Preußen. Versuch einer Bilanz“, hg. von Gottfried Korff, Reinbek 1981.
Band 2: „Preußen. Beiträge zu einer politischen Kultur“, hg. von Manfred Schlenke, Reinbek 1981.
Band 3: „Preußen. Zur Sozialgeschichte eines Staates“. Eine Darstellung in Quellen, bearb. von Peter Brandt, Reinbek 1981.

Quellen:
„Preußen. Ein Lesebuch“, hg. von Peter Brandt und Rainer Zilkenat, Berlin 1981.
„Friedrich der Große und Maria Theresia in Augenzeugenberichten“, hg. und eingeleitet von Hans Jessen, dtv 866, München 1972.
Ingrid Mittenzwei/Erika Herzfeld, „Brandenburg-Preußen 1648–1789. Das Zeitalter des Absolutismus in Text und Bild“, Köln 1987 (empfehlenswert).

Literarische Verarbeitung:
Jochen Klepper, „Der Vater. Roman des Soldatenkönigs“, Deutsche Verlags-Anstalt, Stuttgart 1981.
Zu den zahlreichen Friedrich-Biografien vgl. die Bibliografie bei Heinz Duchhardt, „Das Zeitalter des Absolutismus“, München 1989.

Auch für Schüler und Schülerinnen geeignet:
Ulrich Bräker, „Lebensgeschichte und natürliche Abenteuer eines armen Mannes im Tockenburg“, Berlin 1985.

Anschauliche Unterrichtsmaterialien zum Thema Kartoffelanbau:
Matthias Isecke-Vogelsang, „De ganze Week Kantüffelsupp. Ein Grundnahrungsmittel wird verordnet“, in: „Spurensuche Geschichte“ 2, S. 94/95, „Vom Mittelalter bis zur Französischen Revolution“, hg. von Peter Knoch, Ernst Klett Schulbuchverlag, Stuttgart 1991, S. 95.

Weitere Titel

Günter Barudio, „Das Zeitalter des Absolutismus und der Aufklärung“, Fischer-Weltgeschichte, Bd. 25, Frankfurt/M. 1986.
François Bluche, „Im Schatten des Sonnenkönigs. Alltagsleben im Zeitalter Ludwigs XIV.“, Herder-Verlag, Freiburg 1986.
Peter Burke, „Ludwig XIV. Die Inszenierung des Sonnenkönigs“, Wagenbach Verlag, Berlin 1993.
Ernst Cassirer/Jean Starobinski/Robert Darnton, „Drei Vorschläge, Rousseau zu lesen“, Fischer Philosophie 6569, Frankfurt/M. 1989.
René Descartes, „Abhandlungen über die Methode“, in: ders., „Ausgewählte Schriften“, Suhrkamp, Frankfurt/M. 1986.
Heinz Duchardt, „Das Zeitalter des Absolutismus“, München 1989 (umfassende Bibliografie zum Absolutismus).
R. v. Dülmen, „Kultur und Alltag in der frühen Neuzeit“, Bd. 1, „Das Haus und seine Menschen 16.–18. Jahrhundert“, München 1990.
ders., „Kultur und Alltag der frühen Neuzeit“, Bd. 2, „Dorf und Stadt“, München 1992.
Rolf Hellmut Foerster, „Das Barockschloss. Geschichte und Architektur“, DuMont Verlag, Köln 1981.
„Funkkolleg Kunst“, „Studienbegleitbrief 6“, Tübingen 1985.
Michael Heidelberger/Siegrun Thiessen, „Natur und Erfahrungen. Von der mittelalterlichen zur neuzeitlichen Naturwissenschaft“, rororo 7705, Reinbek 1981.
Arthur E. Imhof, „Die verlorenen Welten. Alltagsbewältigung durch unsere Vorfahren – und weshalb wir uns heute so schwer damit tun“, München 1984.
Hans Jessen (Hrsg.), „Friedrich der Große und Maria Theresia in Augenzeugenberichten“, dtv 866, München 1972 (Quellen zum europäischen Absolutismus).
Manfred Kossak, „Am Hofe Ludwigs XIV.“, Stuttgart 1990.
Peter Lahnstein, „Das Leben im Barock“, Kohlhammer Verlag, Stuttgart 1975 (Quellen).
Lieselotte von der Pfalz, „Briefe“, Kempten 1984.
Jean Meyer, „Frankreich im Zeitalter des Absolutismus 1515–1789“, Bd. 3 der Reihe „Geschichte Frankreichs“, hrsg. von Jean Favier, DVA Stuttgart 1982.
Ilija Mieck, „Die Entstehung des modernen Frankreich 1450 bis 1610“, Stuttgart 1982.
Albert Reble, „Geschichte der Pädagogik“, Verlag Klett-Cotta, Stuttgart, 9 1967.
Jean-Jacques Rousseau, „Emile oder Über die Erziehung“, 4 1978, Schöningh-Verlag, Paderborn 1978 (Uni-Taschenbücher 115).
Louis de Saint-Simon, „Erinnerungen“, Kohlhammer Verlag, Stuttgart 1969.
Frieder Stöckle, „Garten-Geometrie. Absolutistische Garten- und Landschaftsplanung“, in: P. Knoch (Hrsg.), „Spurensuche Geschichte 2“, Ernst Klett Verlag, Stuttgart 1991.
Jürgen Voss, „Geschichte Frankreichs“, Bd. 2: „Von der frühzeitlichen Monarchie zur Ersten Republik 1500–1800“, München 1980.

Filme/Medien

FWU 3202489: Nicolaus Copernikus, Chronik seines Lebens, 17 Min.
FWU 3203632: Der Absolutismus im Herzogtum Wolfenbüttel, 17 Min.
FWU 4200716: Preußen – Der Aufstieg zur Großmacht, 19 Min. (Video)
FWU 4200717: Preußen – Der aufgeklärte Absolutismus, 21 Min. (Video)
FWU 4201041: Die Hugenotten in Frankreich, 44 Min. (Video)
FWU 4201388: Interview mit einem König. Friedrich II. von Preußen, 27 Min. (Video)

III. England und Nordamerika: auf dem Weg zur Demokratie

Einleitung

Der Großabschnitt verbindet Englands revolutionäre Periode und die parlamentarische Ausformung des Staates im 17. Jahrhundert mit der liberal-demokratischen amerikanischen Staatsgründung im 18. Jahrhundert. Die USA waren der erste Staat, der sich vom europäischen Mutterland löste, seine Unabhängigkeit erkämpfte und sich als eine „neue Nation, in Freiheit gegründet" konstituierte. Dabei fußte die Gründung auf politischen und gesellschaftlichen Vorstellungen, die von englischen und kontinentalen Denkern und Verfassungstheoretikern vom englischen parlamentarischen Vorbild abgeleitet worden waren. Widerstandsrecht, Volkssouveränität und Gewaltenteilung sind wesentliche Elemente der amerikanischen Gründung. Die vier Seiten Verfassungstext von 1787 sind bis heute kaum verändert worden. Es ist geglückt, 27 neue Staaten in den nur für 13 Staaten geschaffenen Rahmen aufzunehmen. Für rund 160 Verfassungen in aller Welt hat das amerikanische Muster Pate gestanden.

Die Genesis des Verfassungsstaates ist ein zentrales Problem der politischen Bildung, das Schülerinnen und Schüler nicht allein für das tagespolitisch begründete Verständnis der Gegenwart benötigen. Das Schülerbuch entwickelt dieses Thema ausführlich, da das amerikanische Modell (zusammen mit dem englischen) bis heute normative Bedeutung für das moderne Verfassungsdenken behalten hat. Dieser normative Anspruch bezieht sich insbesondere auf das Prinzip der parlamentarischen Repräsentation und auf die verfassungsrechtliche Garantie individueller Bürgerrechte. Zudem wird zu zeigen sein, welche Lebensform und Geisteshaltung in der nordamerikanischen Demokratie entstanden sind.

Die Engländer des 17. Jahrhunderts hatten die politische Modernisierung noch nicht in Richtung demokratischer Gleichheit geführt, was sich in äußerst restriktiven, an Besitz gebundenen Wahlrechtsbestimmungen für das Unterhaus ausdrückte. In den „Englischen Fragmenten" führt Heinrich Heine 1828 deshalb zu Recht aus, dass England „im Zustand eines fashionablen Mittelalters" verharre. Die Volksvertretung sei „so mangelhaft wie möglich." Das von den Aufklärern beschworene englische Idealbild ging mit der Verfassungswirklichkeit nicht konform. Dennoch hat es im Laufe der Jahrhunderte die ungeschriebene englische Verfassung ermöglicht, über stetige Reformen eine Weiterentwicklung zu einer liberal-demokratischen Staatsform zu erreichen.

Inhalte und Schwerpunkte

Kapitel 1 befasst sich mit der Herrschaft der ersten beiden Stuarts und deren Kämpfen mit dem Parlament. Es thematisiert den Bürgerkrieg und die Hinrichtung Karls I. sowie die protestantische Reform- und Protestbewegung, die keine Trennung von Religion und Politik kannte und die mit den Theorien der progressiven „Levellers" zu einer Radikalisierung der Öffentlichkeit führte. 1660 war mit der Restauration der Stuarts die revolutionäre Periode vorüber.

Kapitel 2 stellt die Abwehr des Stuartabsolutismus, den Sieg des Parlaments 1688/1689 über die Monarchie und somit die Weichenstellung für das Modell der konstitutionellen Monarchie heraus.

Kapitel 3 beginnt mit der Erforschung und der ersten Besiedlung des nordamerikanischen Kontinents durch die Europäer im 17. Jahrhundert. Es untersucht die Motive der Auswanderer, ihre Lebensbedingungen, den Wandel von der Zusammenarbeit bis zur Verdrängung der Indianer sowie die Gründung der 13 englischen Kolonien. Mit der Darstellung der sich in den Kolonien herausbildenden Unterschiede endet das Kapitel und weist auf Kapitel 6 („Die neue Nation muss sich bewähren – Pionierzeit und Bürgerkrieg") hin.

Kapitel 4 stellt verschiedene Ursachen des Unabhängigkeitskrieges sowie die Gründe für den Sieg der zahlenmäßig zunächst weit unterlegenen Siedler gegen die militärisch ausgebildeten englischen Söldner heraus. Sowohl beim Verlauf des Unabhängigkeitskrieges als auch aus dem Inhalt der Unabhängigkeitserklärung werden die Verbindungen zur „Alten Welt" Europa aufgewiesen.

Kapitel 5 ist ausschließlich der Darstellung der Entstehungsbedingungen, der Strukturmerkmale sowie auftauchender Probleme und Defizite der amerikanischen Verfassung gewidmet. Damit soll der in der „Einleitung" angesprochenen Bedeutung der amerikanischen Verfassung für das Modell Demokratie entsprochen werden. Auch hier tauchen die Verbindungslinien zur Ideenwelt der europäischen Aufklärung auf.

Kapitel 6 erfasst das 18. Jahrhundert der amerikanischen Geschichte und führt die entstehende Weltmacht USA bis an die Schwelle des 20. Jahrhunderts. Im Mittelpunkt stehen die Dynamik der Pionierzeit, die Verdrängung und Vernichtung der Indianer, die immer weiter eskalierende Bedeutung der Sklavenfrage sowie die Ursachen und Folgen des Bürgerkrieges. Zum Leben und zum Schicksal der Indianer wird genügend vielfältiges Material angeboten, um dieses Thema zu einem Schwerpunkt auszubauen.

Mit der Diskussion der Aufgabe d) (vgl. Schülerbuch, S. 103) kann der Bogen zur Gegenwart mit den aktuellen bevölkerungspolitischen Problemen der USA geschlagen werden.

Auftaktdoppelseite 76/77

Die drei Bilder und die beiden Briefmarken sollen auf die enge Verflechtung der englischen und amerikanischen Geschichte hinweisen, indem sie historische Meilensteine in der Entwicklung Englands und der USA aufgreifen.

Die beiden Briefmarken verweisen auf das unterschiedliche Schicksal der nordamerikanischen Kolonien: einerseits die frühe Unabhängigkeit eines Teils als die Vereinigten Staaten, symbolisiert durch die Freiheitsstatue, andererseits die lange enge Bindung Kanadas an das Mutterland. Auch nach der staatlichen Unabhängigkeit von 1917 blieb der englischen Krone die symbolische Rolle als Oberhaupt erhalten. Elisabeth II. verkörpert als offizielles Staatsoberhaupt die kanadische Monarchie. In der politischen Praxis werden ihre Verfassungsrechte aber auf Bundesebene vom Generalgouverneur und auf Provinzebene von den stellvertretenden Generalgouverneuren wahrgenommen. Mehr zu dieser einmaligen Konstruktion enthält der Beitrag von Michael Valpy, „The Queen of Canada. Die Chefin ist nur selten vor Ort", in der Spezialausgabe „Kanada", Das Parlament, 3./10. Januar 1997.

Der Seiten füllende handkolorierte Druck von James M. Yves und Nathaniel Currier nach einem Stich von Fanny Palmer bezieht sich auf die Blütezeit der Westexpansion; er lässt sich bei einer Interpretation der Bildinhalte von links nach rechts in den folgenden Kapiteln vielfach einsetzen.

Die Symbole des Fortschritts sind unübersehbar: Der Eisenbahnzug bewegt sich auf endlosen Gleisen aus New York und zieht den Weg der Besiedlung von Osten nach Westen nach. Die Amerikaner sind mit dem Planwagen nach Westen gezogen; sie haben das Land urbar gemacht, den Wald gerodet, Blockhäuser gebaut, Schulen und Kirchen als Zeichen der Zivilisation errichtet. Im Hintergrund sind schon wieder die Planwagen zur Eroberung des anscheinend menschenleeren Fernen Westens aufgebrochen. Ausgeschlossen vom Fortschritt sind die Indianer; als exotische Überbleibsel der Vergangenheit verharren sie auf einer frühen Entwicklungsstufe. Der hier nicht abgebildete Untertitel „Westward the Course of Empire takes its Way", aus dem Gedicht von Bischof Berkeley, 1726, zeigt das ungebrochene Selbstverständnis der Amerikaner, dass der Fortschritt auf ihrer Seite ist und dass gemäß der These O'Sullivans von der „Manifest Destiny" ihre Bestimmung in der Expansion liegt.

An der idealisierten Darstellung Fanny Palmers kann auch eine kritische Interpretation ansetzen, die die „Friedlichkeit" der Begegnung mit den Indianern oder die Folgen der Erschließung des riesigen, fast unberührten Naturraumes problematisiert. Das Bild veranschaulicht neben allem Informationswert eben auch die oft dargestellte Lagerfeuer-Romantik, deren legendenhafte Verklärung in den Kapiteln 3 und 6 des Schülerbuchs durch realistische Aspekte kontrastiert wird.

Die Hinrichtungsszene vor dem „Banqueting House" ist kein reales Abbild des Geschehens. Karl I., in der Bildmitte zwischen den beiden Generälen Fairfax und Cromwell, wird von Engeln in den Himmel geleitet. Eine Kopiervorlage zeigt diese Apotheose Karls im Detail; die weitere Darstellung auf der Vorlage gibt, auch wenn ebenfalls nicht realitätsgerecht, einen anderen Aspekt der proroyalistischen Deutung. Diese historischen Bildquellen, und hierin liegt der methodische Lerngewinn, wollen keine genauen Abbilder der Wirklichkeit sein, sondern die Aufnahme steuern: der unerhörte Vorgang der Hinrichtung eines geweihten und gesalbten Königs.

Der Sturz des Denkmals von Georg III. greift eine Episode kurz vor der Unabhängigkeitserklärung auf, als, angeheizt durch Thomas Paines „Common Sense" im Januar 1776, die verbalen Attacken auf den König als Unterdrücker und Tyrannen ihren Höhepunkt erreichten. Schon 1776 hat Franz-Xaver Habermann in Augsburg „Die Zerstörung der königlichen Bild Säule zu Neu York" als Guckkastenbild geschaffen.

Aspekte der Unterrichtsgestaltung

<u>Vorschläge für den Themeneinstieg:</u>

– Bildbeschreibung der Auftaktdoppelseite, Einordnung der Ergebnisse ins Vorwissen über England/die USA/ Kanada,

– Auftaktdoppelseite: Vom Briefmarkenvergleich auf die staatliche Entwicklung der nordamerikanischen Kolonien schließen;

– Auftaktdoppelseite: Hinrichtungsszene 1649 und kanadische Briefmarken 1968 vergleichen

– Marginalie „Motive der Auswanderer", S. 86: Auswanderungsmotive systematisieren.

<u>Leitende Problem-/Fragestellungen:</u>

– England und die USA als Muster für Verfassungsentwicklungen,

– Verfassung der USA: Kontinuität und Veränderungen zum englischen Vorbild herausarbeiten,

– Stellenwert von schriftlich fixierten Grund- und Menschenrechten,

– Sind Parlamentarismus und Demokratie deckungsgleich?

– Aus welchen Quellen speisen sich das amerikanische Selbstverständnis und Weltbild?

1. Das bewegte 17. Jahrhundert in England: ein Staat im Umbruch

Konzeption

Die Schülerinnen und Schüler sollen die vom Kontinent grundlegend verschiedene historisch-politische Prägung der englischen Gesellschaft erkennen. Es muss ihnen auch bewusst werden, dass die Ereignisse des 17. Jahrhunderts die Basis für einen bis heute fortwirkenden Sonderweg darstellen, der für die speziellen Vorbehalte gegen den europäischen Integrationsprozess mit verantwortlich ist. Die dem 17. Jahrhundert innewohnende Dynamik beendete die unter den Stuarts eingeleitete Phase des Absolutismus. Sie übersprang also die „Normalität" der Entwicklung in den großen europäischen Kontinentalstaaten. Die Hinrichtung des Königs 1649 negierte die Heiligkeit und Unantastbarkeit der Monarchie. Die Einführung der Republik und die Protektoratsherrschaft unter Oliver Cromwell blieben zwar ein Zwischenspiel, aber die Wiederherstellung der Monarchie 1660 nach dem Interregnum hatte vor allem pragmatische Gründe. Die traditionellen Herrschaftsstrukturen schienen zur inneren Stabilität und Rechtssicherheit des Landes notwendig zu sein.

Gegenwartsbezug: Die Reduktion auf die Machtkämpfe um die Legitimation der dynastischen Ordnung und die Idee der politischen Freiheit der Nation, die nicht im einzelnen Individuum, sondern in der Autonomie der Korporation „Parlament" verkörpert war, spart die Sozial- und Wirtschaftsgeschichte weitgehend aus. Die Entschlossenheit der Regierung Margret Thatcher in den 80er Jahren, eine „Revolution von oben", also eine konservative Konterrevolution durchzuführen, hat für viele Bürger Großbritanniens die Macht der Zentralgewalt bedenklich gesteigert, so dass Erinnerungen an den „Stuartdespotismus" wach werden und eine Schwächung des Parlaments in Westminster befürchtet wird, zumal die Kompetenzerweiterung der Exekutive von einer Entmachtung der Lokalgewalten begleitet wird.
Zeitrahmen: etwa zwei Stunden bei vorbereitender Hausaufgabe.
Fächer verbindender Unterricht:
Englisch: historische Texte in Lehrbüchern für das 5. Lernjahr, z.B. „Green Line", Ernst Klett Verlag, „Stop-over History", S. 38ff. und „Stop-over Parliament", S. 74ff.
Musik: Songs der Folk-Rockbands wie „The Levellers" oder „New Model Army" gegen die Zerstörung der Landschaft, den Autowahnsinn; die Namensgebung ist ein Zeichen aktiven Bewusstseins des historischen Protestkontextes.
Sozialwissenschaften: Phänomen der „New Age Travellers", jugendliche Protestbewegung, modernes Nomadentum, das auf die Levellerforderung nach freiem Zugang auf Privatland zurückgeht. Vergleich mit deutschen Großstadtnomaden, deren Wagenburgen nach und nach geräumt werden.

Aspekte der Unterrichtsgestaltung

Vorschläge für den Themeneinstieg:
- Hinrichtungsszene Karls I. (vgl. Schülerbuch, S. 76), Frage d) und Kopiervorlage 4: „Die Apotheose oder der Tod des Königs",
- M1 und „Ergänzungen zum Angebot des Schülerbuchs", Lehrerband, S. 74 „Karls Haupthaar",
- Der Bürgerkrieg, Marginalie „Das Parlamentsheer und Oliver Cromwell", Schülerbuch S. 80, 1. Absatz; M3 und „Ergänzungen zum Angebot des Schülerbuchs"; Lehrerband, S. 74,
- Die heilige Sonntagsruhe: vgl. Marginalie „Fehlende Anerkennung im Inneren", Schülerbuch S. 81, und Frage e),
- Impuls: „Die Engländer haben einen König enthauptet, warum haben das die Deutschen nie gewagt?" Hinleitung zum Mentalitätsvergleich durch das Gedicht von H. Heine, vgl. „Ergänzungen zum Angebot des Schülerbuchs", Lehrerband, S. 74.

Teilthemen:
- Entwicklung des englischen Parlaments, vgl. Marginalie „Oberhaus und Unterhaus", Schülerbuch, S. 78, M5, Grundbegriff „Parlament", M2,
- Konflikte Parlament-König: vgl. Schülerbuch, S. 78–80, M7, M8, Frage a),
- Konfessionsfrage: vgl. Schülerbuch, S. 78f., Grundbegriff „Puritaner"
- Cromwell, Person und Reformen, vgl. Schülerbuch, S. 80f., M4, M9, Frage c).

Problem-/Fragestellungen:
- Musste der Konflikt zwischen König und Parlament zum Todesurteil führen?
- Wie erklären sich die unterschiedlichen Darstellungen vom Tod Karls I.?
- Warum wurden die Leveller oft als „Demokraten" bezeichnet, die ihrer Zeit voraus waren? vgl. Schülerbuch, S. 80, M6a, M6b und Frage b),
- Wo liegen die Gründe für die gleichzeitige Verteufelung und Verehrung Cromwells? vgl. Schülerbuch, S. 80f., M4, M9.

Vorschläge für Arbeits- und Sozialformen:
- Vorbereitende Hausaufgabe Schülerbuch, S. 78–80: Orientierungslesen,
- Intensivlektüre Verfassertext im Wechsel mit Arbeitsaufträgen anhand der Materialien, gelenkter entdeckender Ansatz, vgl. Marginalie „Der Konflikt führt zum Bürgerkrieg",
- Erarbeitungsphase Konflikt König – Parlament: M7, M8, Frage a) in Einzel- oder Partnerstillarbeit, Stichpunkte schriftlich, sammeln/besprechen mit folgendem Tafelbild,
- Bildquelle M4, M9, Frage c): Arbeit in zwei Gruppen, Berichte geben.

Tafelbild

Die beiden Gruppen im Bürgerkrieg

Parlamentsheer:	Königsheer:
– wenig Hoch-, viel Kleinadel (insgesamt ca. 25%)	– Hochadel und Kleinadel (insgesamt ca. 75%)
– kleinere Landbesitzer, Handwerker, Händler.	– Großgrundbesitzer – Kaufleute
Spottname: „Roundheads"	– Spottname „Cavaliers"
– Cromwells „New Model Army" aus Bauern/Freisassen.	
– Unterstützung vorwiegend Süden, Osten, Stadt London.	– Unterstützung vorwiegend Norden, Westen, Wales, Städte Oxford, York.

Zusatzinformationen zum Verfassertext

Das 17. Jahrhundert ist eine der verwirrendsten Epochen der englischen Geschichte. Mit dem Kampf gegen die absolutistischen Tendenzen Karls I. begann die englische Revolution, die in der Enthauptung des Königs und der Abschaffung der Monarchie gipfelte. Diese im damaligen Europa einzigartige Entwicklung sowie die praktisch als Diktatur einzuordnende Herrschaft Cromwells zur Zeit der Republik waren nur eine Stufe auf dem Weg des gesellschaftlich-politischen Fortschritts. Damalige Forderungen leben heute wieder auf. So möchte der jetzige Labour-Führer und Premierminister Tony Blair wie in der Republik das Oberhaus abschaffen und dafür eine „offene und unabhängige" Kammer einrichten. Nur die auf Lebenszeit in den Adelsstand erhobenen „Life Peers" sollen ihr Mandat bis zum Übergang auf ein Wahlgremium behalten, während der erbliche Adel sofort Sitz und Stimme verlieren soll.

Zusatzinformationen zu den Materialien

M1: An van Dykes Bild des prächtig gekleideten machtbewussten Königs, der schon durch seine Größe damals hervorstach, kann man den hartnäckigen Gegenspieler des Parlaments und der Puritaner charakterisieren. Bis zuletzt überzeugt, dass er durch Gottes Willen König war, äußerte er im Prozess: „Ich bin nicht durch das Volk in mein Amt gesetzt, das Volk ist mein Eigentum durch Erbrecht."

M2: Die Abbildung zeigt eine frühe Funktion des Parlaments, nämlich Gericht halten. Hier kniet der Angeklagte vor der Urteilsverkündung. Oberhaus und Unterhaus sahen sich als Hüter des Rechts, Garanten der „Rule of Law". Bei Anliegen von öffentlichem Interesse und Anklagen gegen Minister verstand sich das Unterhaus als nationaler Ankläger, als Jury für das gesamte Königreich.
Schwierig war die Doppelfunktion des Sprechers als Vertreter des Unterhauses und des Königs zugleich, zumal die Stuartkönige die Sprecher auch auswählten, nicht nur bezahlten. Erst seit der Vorherrschaft des Parlaments 1688/89 wurde der Sprecher zweifelsfrei zum Vertreter der „Commons".

M3: „Pikemen" mussten groß und stark sein. Die speerähnlichen Lanzen maßen etwa vier Meter. Bei gegnerischen Kavallerieangriffen wurden sie in waagerechter Position eingesetzt. N. Burts Buch „Military Instruction", 1644, zeigt die ausgefeilten Grifftechniken.

M4: Ein proroyalistischer Kupferstich stellt dar, wie eine Eiche, Symbol des Königtums, gefällt wird. Bibel, Königswappen, Krone und Zepter hängen im Baum, dazu Bücher aus der englischen Rechtstradition, Parlamentsberichte und die von Karl I. verfasste Apologie der Monarchie, Eikon Basilike. Männer fällen den Baum mit der Inschrift „Let vs (us) kill him and seyse (seize = ergreifen) his Inheritance". Der Baum stürzt, die lateinische Erklärung lautet: „Das schwankende Volk wird dem Stürzenden zum Verhängnis" und „Fällt die Eiche, so stürzen sich alle auf ihr Holz".
Cromwell mit Harnisch und Schwert steht auf einer Kugel mit der Aufschrift: „Unsicherer Stand"; er überwacht das Zerstörungswerk, Motto: „Quod Vtile, Honestum" – „Recht ist, was nützt". Außerdem spricht er: „Kill and take possession." Im Haus im Hintergrund versammeln sich die neuen Machthaber: Abgrund der Staatsfinanzen, Strudel der Abgaben.
An diesem Stich kann man im Vergleich mit M9 die ambivalenten Gefühle der englischen Parteiungen herausarbeiten: Für die Royalisten war er die Verkörperung des absolut Bösen, der Zerstörer aller Werte, für die Republikaner der Heilsbringer und Bewahrer aller Werte.

M5: Die Stadien der Parlamentsentwicklung sollten nicht als gradlinige Entwicklungsgeschichte zum modernen Parlamentarismus hin interpretiert werden. Vor allem die Geschichte der „Magna Charta" ist die Geschichte eines Umdeutungsprozesses. Aus der Welt des Lehnswesens wird sie in die Welt des entstehenden Parlamentarismus hineingenommen. Wichtig bleibt die Charta als Ausgangspunkt für das Prinzip des „Rule of Law", der Herrschaft des Rechts. Noch in der hier vorgestellten Stuartzeit besaß das Parlament kein verbrieftes Recht, den autonomen Bereich der königlichen Regierung zu kontrollieren. Ihm fehlte auch noch die gesicherte gesetzliche Fundierung und die Periodizität. Das Gesetz von 1640 war insofern ein Meilenstein in der Entwicklung, als die Auflösung nicht mehr im Belieben des Königs lag.

M6a: Für die „Levellers" durfte jedes Individuum Eigentum an Waren und Gütern erwerben, es besaß allerdings nicht wie bei John Locke das Recht auf „unbeschränkten" Erwerb. Die „Levellers" sahen großen Reichtum und Macht als voneinander abhängig an und lehnten beides ab. William Walwyn prangert in dieser Flugschrift die Reichen an, sich auf Kosten der kleinen Leute zu bereichern und das Volk für die eigenen Ziele zu benutzen. Die mit Reichtum und Privilegien ausgestattete Klasse hat sich ihm zufolge gegen das Volk verschworen.

M6b: Der Levellerführer John Lilburne, Oberstleutnant in Cromwells Heer, stellte 1647 in seiner Schrift „Rash Oaths Unwarrantable" u.a. diese Forderungen zum parlamentarischen Wahlrecht, was auf die Prinzipien eines allgemeinen und direkten Männerwahlrechts hinauslief. Sein Mitstreiter Oberst John Rainsborough hatte Cromwell erklärt, er kenne kein göttliches Gesetz, das vorschreibe, dass ein Lord zwanzig, ein Gentleman nur zwei und das Heer überhaupt keine Abgeordneten ins Parlament senden dürften. Im 17. Jahrhundert waren das aktive und das passive Wahlrecht zum Parlament an Einnahmen von mindestens 40 Schilling aus Landbesitz gebunden, in der Stadt an die Mitgliedschaft in Zünften oder an andere Vermögensqualifikationen. Die Forderungen nach einem allgemeinen und gleichen Wahlrecht wurden erst im 20. Jahrhundert voll erfüllt.

M7: „Die Petition of Right" war nicht nur ein Protest gegen die Herrschaft Karls I. wegen der Erpressung von Anleihen und Abgaben sowie der willkürlichen Einkerkerung bei der Verweigerung dieser Zahlungen, sondern es handelte sich auch um einen Protest gegen den kostspieligen Krieg mit Frankreich, der diese Zwangsgelder erforderlich machte. Dazu erhob der König noch Einfuhrzölle, das Tonnen- und Pfundgeld auf Weine und Nahrungsmittel, die vom Parlament ebenfalls nicht bewilligt worden waren.
Ein zusätzlicher Faktor zur Entstehung des Dokuments muss in der allgemeinen ökonomischen Krise der Jahre 1624–1629 gesehen werden: Die Pest herrschte, es gab Missernten, Handel und Gewerbe, besonders die Tuchindustrie, lagen danieder.

M8: Der Beklagte John Hampden bemängelte nicht die Verwendung des Geldes oder die Höhe der Steuer, sondern er protestierte gegen die Erhebung einer direkten

Steuer auf das Eigentum ohne parlamentarische Bewilligung. Die Richter als Werkzeuge der Krone überhöhten in ihrer Urteilsfindung das Ausmaß der königlichen Prärogative. Sie sahen das Herrscherrecht als göttliches Recht („ius divinum") und erblickten im König somit die einzige Quelle des Rechts. Damit warfen sie die alte Prinzipienfrage nach dem Verhältnis von König und Parlament wieder auf, was die Tudorherrscher vermieden hatten. Der Vorrang der königlichen Prärogative implizierte, dass alle parlamentarischen Rechte und Privilegien nur Konzessionen des Königs und stets abhängig von dessen gutem Willen seien. An dieser Quelle lässt sich die Brüchigkeit der Kompromissregelungen der „Petition of Right" von 1628 und das weiter bestehende Konfliktpotential König – Parlament darstellen.

M9: Ein Untertitel, im Schülerbuch nicht wiedergegeben, erklärt die wichtige linke Säule. Sie ist das Zeichen für die schon erreichten und die noch anzustrebenden Freiheiten und Glückszustände. Sie steht fest auf dem Berg Zion verankert, der Stadt Jerusalem als Symbol christlichen Glaubens. Cromwells Ordnung beruht auf der „Magna Charta", das Heil des Volkes ist ihr oberstes Gesetz; Recht, Krone und Säule stützen sie, Beständigkeit und Tapferkeit sind ihre Merkmale. Cromwell kämpft „pro deo, lege et grege", d. h. „für Gott, für das Gesetz und seine Herde". In den Abbildungen der rechten Säule huldigen die Länder Irland, Schottland und England Cromwell, die er nur mit Hilfe des Heeres im Hintergrund (Bildmitte) bezwingen konnte. Diese Säule, gekrönt von dem Parlamentsgebäude, ruht aber nicht auf dem sicheren Berg Zion, sondern steht auf einem ausgehöhlten Fundament, das auf die ständige Gefährdung von Cromwells Herrschaft hinweist.

Ergänzungen zum Angebot des Schülerbuchs

„1 200 Mark für die Haare eines Geköpften! Der Haarschopf des britischen Königs Charles I. kommt in London unter den Hammer. 1200 Mark sollen die dunkelbraunen Strähnen bringen. Das Haar des vor 346 Jahren Enthaupteten war von einem Arzt abgeschnitten worden, als Arbeiter vor 182 Jahren versehentlich die Gruft mit dem Leichnam (und dem wieder angenähten Kopf) in Windsor Castle aufbrachen. Der Arzt gab die Strähnen an eine Familie weiter, deren Nachfahren sie aufbewahrten."

(„Bild-Zeitung", 1. Februar 1995).

Nicht die „Gruseleffekte" sind bestimmend für die Auswahl des Textes, sondern der immer noch hohe Nachrichtenwert aller Vorgänge um die Enthauptung des Königs, woran sogar die deutsche Massenpresse teilnimmt. Wie tief dieser Vorgang ins nationale Bewusstsein eingegraben ist, zeigt der englische Ausdruck „King Charles's Head" für eine fixe Idee, die Verbohrtheit in immer dasselbe Thema: „It's a regular King Charles's Head with him." So ist Mr. Dicks Denken in Charles Dickens Roman „David Copperfield" vollkommen vom Schicksal des Kopfes beherrscht.
H. Heine vergleicht in dem Gedicht „1649–1793" die konsequente Haltung der englischen und französischen Revolutionäre mit den zaghaften, feigen deutschen Parlamentariern von 1848. Anhand des Gedichts sollen der unterstellte deutsche Untertanengeist und die Obrigkeitshörigkeit thematisiert, vergleichbare deutsche Ereignisse zu den Todesurteilen in England und Frankreich gesucht werden.

„Die Briten zeigten sich sehr rüde
Und ungeschliffen als Regicide (Königsmörder).
Schlaflos hat König Karl verbracht
In Whitehall seine letzte Nacht.
Vor seinem Fenster sang der Spott
Und ward gehämmert an seinem Schafott.
[...]
Franzosen und Briten sind von Natur
Ganz ohne Gemüt; Gemüt hat nur
Der Deutsche, er wird gemütlich bleiben
Sogar im terroristischen Treiben.
Der Deutsche wird die Majestät
Behandeln stets mit Pietät.

In einer sechsspännigen Hofkarosse,
Schwarz panaschiert und beflort die Rosse,
Hoch auf dem Bock mit der Trauerpeitsche
Der weinende Kutscher – so wird der deutsche
Monarch einst nach dem Richtplatz kutschiert
und untertänigst guillotiniert."

(abgedruckt in Walter Grab, „Heinrich Heine als politischer Dichter", Büchergilde Gutenberg, Frankfurt/M. 1992, S. 179f.)

Das Flugblatt von 1642 greift karikierend die Soldaten des Bürgerkrieges an, die lieber „plündern" als kämpfen. Die Soldaten bekamen allerdings oft noch weniger Geld als die schlecht bezahlten Landarbeiter. Manchmal blieb der Sold ganz aus. Dieser Soldat hat das Beköstigungsproblem auf seine Weise gelöst. Beschreibe seine Vorkehrungen.

(Abgedruckt mit erklärendem Text bei Chr. Hibbert, „Cavaliers and Roundheads", BCA-Verlag, London 1993, v.S.)

Soldaten plündern nicht
In einem Brief vom 10. Juni 1647 verwahren sich Offiziere im Namen der Armee davor, London plündern zu wollen:
„Ehrsame und werte Freunde [...]. Und wenn ihr denkt, eine so reiche Stadt sei eben eine gar verführerische Lockung für arme hungrige Soldaten, so dass sie wohl Großes wagen werden, um ihre Schätze zu gewinnen, so versichern wir euch, dass sich unsere Soldaten über unsere Leichen hinweg den Weg bahnen müssten, um Derartiges auszuführen. Und weiter versichern wir euch [...], dass die meisten unter ihnen so geringen Wert auf ihren Sold legen gegenüber dem höheren Gesichtspunkt des öffentlichen Wohls, dass sie lieber alles verlieren, als sich ihre Ehrlichkeit und Unbestechlichkeit antasten zu lassen [...]"
(Oliver Cromwell, „Briefe und Reden", hrsg. von D. Paul Wernle, Verlag Friedrich Reinhardt, Basel, 1911, S. 76f.)

Die Aussagen der Offiziere illustrieren – idealtypisch – das Ergebnis der cromwellschen Heeresreform, ergänzen die Ausführungen des Verfassertextes, vgl. Marginalie „Das Parlamentsheer ...", S. 80 und bilden einen Kontrast zu dem marodierenden Soldaten des Flug blattes.

Zu den Arbeitsvorschlägen und Fragen

a) **Parlament** (vgl. M7)
- Steuern nur mit seiner Zustimmung,
- beruft sich auf alte Freiheiten und Rechte,
- Repräsentant des ganzen Volkes.

König (vgl. M8)
- Vorrang königlicher Prärogative,
- Unfehlbarkeit, bezogen auf Amt und Person.

b) Die „Leveller" behaupten, dass Armut nicht identisch mit Unfreiheit sei und das Wahlrecht für freie, aber arme Bauern, Handwerker, Händler, die nicht vom Willen eines Arbeitgebers oder Almosenverteilers abhängig sind, gelte. Nur Bedienstete, Bettler, Lehrjungen dürften nicht wählen. Das Volk sei das Opfer der Verschwörung einer Klasse mit Macht und Reichtum, die sich außerdem auf Kosten des kleinen Mannes bereichere.
c) (vgl. „Zusatzinformationen zu den Materialien", M4) Cromwell als Verkörperung des Bösen steht auf der Kugel am Eingang zur Hölle und handelt nach der „Inspiratio Diabolica", der Eingebung des Teufels.
In M9 erscheint Cromwell als Heilsbringer und strahlender Retter Englands, als Bewahrer des Friedens und der Tugenden, dem alle huldigen.
d) Das Volk wird durch eine breite Phalanx von Soldaten von der Richtstätte fern gehalten. Erkennbare „Partei nehmende" Reaktionen: Gesten der Verzweiflung, Tränenausbrüche, Ohnmacht, wildes Gestikulieren usw. Die beiden links abgebildeten Scharfrichter sind vermummt. Auf dem Podium befinden sich noch der Bischof von London, Dr. Juxon, und die zwei Armeeoffiziere Tomlinson und Hacker.
e) England: Die meisten Geschäfte, außer den Zeitungsläden („newagents"), sind geschlossen, verkürzte Öffnungszeiten bei Gaststätten, reduzierte Zahl von Kinovorstellungen, kaum Theaterabende; Post und Banken sind sonntags geschlossen, nur vereinzelt sind Sportveranstaltungen erlaubt. Tendenz: langsame Liberalisierung, Aufweichung der einst strengen Regelung zur Sonntagsruhe.
Deutschland: Debatte um Ladenschlusszeiten; Öffnung bis 20 Uhr ist werktags möglich, sonntags begrenzter Verkauf von Brötchen zugelassen.

2. Ein neuer König – mehr Rechte für das Parlament

Konzeption

Dieses Kapitel soll den Schülerinnen und Schülern vermitteln, dass die Restauration zwar die Stuarts zurückbrachte, diese aber nicht mehr die Macht ihrer Vorgänger besaßen. Als sie zur unumschränkten Herrschaft und zu einem offen bekannten Katholizismus zurückkehren wollten, wurden sie entfernt. In der „Glorious Revolution" von 1688 sicherte sich der Teil der Gesellschaft, der unter Cromwell und danach aufgestiegen und reich geworden war, die Teilhabe an der politischen Macht. Die Regelungen beim dynastischen Wechsel und die bald folgenden Gesetze machten das Parlament endgültig zu einem festen Bestandteil des politischen Herrschaftsgefüges. Das Unterhaus „bewachte" nicht mehr nur die Regierung, es war selbst ein Teil der Regierung geworden. Dabei muss aber beachtet werden, dass die bis heute überdauernde Staatsform der parlamentarischen Monarchie damals noch keine Demokratisierung der Gesellschaft bedeutete. Nicht nur das Oberhaus, auch viele Unterhaussitze blieben im erblichen Besitz adliger Familien. Diese Adelsoligarchie behinderte jede Wahlrechtsausweitung auf die übrige Bevölkerung, die noch weitere rund 150 Jahre nur punktuell politisch partizipieren konnte und auch nur dann, wenn sie Ansehen und entsprechende Einkünfte besaß.
Gegenwartsbezug: Um ein Gegenwartsverständnis der traditionsbewussten britischen Gesellschaft zu erreichen, wurde der Schwerpunkt im Schülerbuch auf die Weiterbildung des parlamentarischen Systems gelegt, da diese Einrichtung auch heute noch ein wesentlicher Bestandteil der nationalen Identität ist.
Heute ist das sogenannte Westminster-Modell, das seit Ende des Zweiten Weltkrieges und der Nachkriegszeit auf dem politischen Konsens aller Gruppen beruhte und durch ungeschriebene Regeln und Traditionen charakterisiert ist, durch die konsensfeindliche Politik seitens der Ära Thatcher in Frage gestellt. So lässt z.B. die Stärkung der Polizeigewalt Bürgerrechtsbewegungen befürchten, dass die traditionellen und konventionellen Sicherungen nicht mehr ausreichen, um die individuellen Grundrechte zu erhalten, sondern dass förmliche konstitutionelle, schriftlich fixierte Rechte notwendig sind. Zum 300. Jahrestag der „Glorious Revolution" entstand die Gruppe „Charter 88", die eine geschriebene Verfassung mit einem Grundrechte-Katalog fordert. Unterdessen hat der Labour-Premierminister Tony Blair eine Kommission berufen, die einen solchen Verfassungsentwurf ausarbeiten soll. Die meisten Klagen vor dem Europäischen Gerichtshof für Menschenrechte liegen aus Großbritannien vor. Außerdem ist eine Klage gegen die „Criminal Justice Bill" von 1994 anhängig, da

diese den früher zivilrechtlichen Verstoß bei unbefugtem Betreten privaten Bodens („trespassing“) in den Rang eines kriminellen Vergehens erhebt und das Strafmaß auf drei Monate Gefängnis festsetzt. Das entspricht genau der Strafe des Niederlassungsgesetzes von 1662! Die in letzter Zeit immer wieder erhobenen Anklagen vor dem Europäischen Gerichtshof sind andererseits nur aus der Reverenz vor der gewachsenen parlamentarischen Tradition zu verstehen. Das europäische Gericht geht nach der kontinentalen Methode vor, d.h. es entwickelt Gesetze weiter, während nach dem britischen Souveränitätsbegriff das eigene Parlament der Sitz aller Entscheidungen ist. Nach diesem Verständnis kann es keine unabhängige Zentralbank und keine unabhängige Justiz geben, da diese europäischen Institutionen nicht den parlamentarischen Vorgaben folgen.
Zeitrahmen: 1 Stunde. Wenn allerdings die „Szenen aus dem Alltagsleben“ (vgl. Lehrerband, S. 77) und die Kopiervorlage 5: „Karl II. und die königliche Gesellschaft“ gründlich bearbeitet werden, müssen 2–3 Unterrichtsstunden veranschlagt werden.
Fächer verbindender Unterricht:
Biologie: Entdeckung des Blutkreislaufs durch William Harvey, Versuchsbeschreibung mit Hunden in der „Königlichen Gesellschaft“.
Physik: Bedeutung John Newtons als Entdecker der Gravitationsgesetze; sonstige Erkenntnisse wie John Flamsteed, Astronomie, Robert Boyle, Gasgesetze, Robert Hooke, Bauphysik, vor allem Fortschritt in der Zeitmessung und dem Bau tragbarer Geräte zur Messung – Schiffschronometer!
Sozialwissenschaften: Vergleich der Vor- und Nachteile fixierter Grundrechtskataloge mit englischer Sicherung durch historisch gewachsene Verfassung als Summe von konkreten Einzelgesetzen zur Abwehr von Missbräuchen und Fehlentwicklungen.

Aspekte der Unterrichtsgestaltung

Vorschläge für den Themeneinstieg:
- Vergleich Inthronisation: M1, Marginalie „Die Monarchie wird wieder eingeführt“, Schülerbuch, S. 84, Tafelbild,
- Marginalie „Die Monarchie wird wieder eingeführt“, Schülerbuch, S. 84, Frage a),
- Marginalie „Die Monarchie wird wieder eingeführt“, Schülerbuch, S. 84, M2, Fragen b) und c), M5 in Kapitel 1,
- Impulsfrage: Warum will – laut neueren Umfragen – die Mehrheit der Engländer die Monarchie erhalten, allerdings in einer modernisierten Form nach holländischem oder skandinavischem Vorbild?

Teilthemen:
- 1688: Nur Austausch des Königs oder etwas völlig neues?, vgl. Marginalie „Absetzung der Stuartmonarchen“, Schülerbuch, S. 84, M2,
- Vergleich Bürgerrecht in „Bill of Rights“, M2 und Grundgesetz,
- Sozialgeschichte: „Szenen aus dem Alltagsleben“, vgl. „Ergänzungen zum Angebot des Schülerbuchs“, Lehrerband, S. 77 und die *Arbeitsblätter 5 und 6: „Die Pest zu London 1665“* und *„Moll Flanders“*,
- Höfische Pracht: Marginalie „Die Monarchie wird wieder eingeführt“,
- Wissenschaftlicher Fortschritt: Stich Karls II., vgl. Kopiervorlage 5 und Schülerbuch, „Das 17. Jahrhundert“, S. 50–52.

Problem-/Fragestellungen:
- Ergebnisse von 1688/89: Was fehlt zur Demokratisierung?
- Welche revolutionären Elemente hat die „Glorious Revolution“?, M2,
- Warum will die gegenwärtige Labour-Regierung eine „geschriebene“ Verfassung?,
- Modernisierungsprogramm – New Labour = New Britain: Welche Folgen können eigene Parlamente für Schottland und Wales für das gegenwärtige Regierungssystem auslösen?

Vorschläge für Arbeits- und Sozialformen:
- Stillarbeit bei Teilen des Verfassertexts, zusammenfassende Wiedergabe mündlich,
- Gruppenarbeit M1 mit beistehenden Arbeitsaufträgen, Tafelbild der Teillösungen, Ergänzung nach vorgegebenem Muster,
- Lehrervorstellung der *Arbeitsblätter 5 und 6: „Die Pest zu London 1665“* und *„Aus dem Leben einer Frau aus der Unterschicht“* evtl. mit Zusatzinformationen über den Brand Londons 1666 und Wiederaufbau durch Christopher Wren.

Tafelbild

Staatsporträts

Karl II. 1661	Wilhelm und Maria 1689
– Herrscherfigur Bild beherrschend; – machtbewusste Gelassenheit; – prachtvolle Kleidung, vollständige Insigniengarnitur, abgehobener Status; – Verkörperung des „gottgewollten Erbrechtsprinzips“ – Wandteppich: Effekt eines aufklappbaren Altarbildes (Triptychon)	– beide zentral, aber umgeben von Personengruppen; – Aufmerksamkeit gestreut; – Kleidung unaufwendig; – Verleihung der Insignien Krone und Zepter durch Parlamentsmitglieder; – Anerkennung der Bedingungen der „Bill of Rights“; – Ersatz des Erbrechtsprinzips durch Willen der Nation, verkörpert im Parlament

Zusatzinformationen zum Verfassertext

Die Monarchie war zwar 1660 wieder eingeführt worden, aber das alte Problem der parlamentarischen Kontrolle des Königs bestand nach wie vor. Der Parlamentsbeschluss vom 1. Mai 1661, dass „gemäß den Grundge-

setzen des Königreichs die Regierung eine durch König, Lords und Commons sei und sein sollte", blieb pauschal. Karl II. hat es nicht auf eine endgültige Kraftprobe mit dem Parlament ankommen lassen wie später sein unvorsichtigerer Bruder Jakob II. Auf dessen Maßnahmen reagierten die besitzenden Klassen sofort.
Die linken und radikalen Kräfte aus dem breiten Spektrum des Puritanismus spielten schon bald keine Rolle mehr in dem seit der Restauration zu Tage getretenen antidemokratischen Charakter der Entwicklung. Sie wurden gesetzlich benachteiligt, wie der „Claredon Code" zum Ausschluss von Nonkonformisten aus der Lokalpolitik zeigt. Sie hatten sich in eine Reihe von pazifistischen, z.T. sektiererischen Gruppen aufgelöst, von denen viele in die amerikanischen Kolonien auswanderten.

Zusatzinformationen zu den Materialien

M1: Die Reichskleinodien wie Krone, Zepter, Zeremonialschwerter und Juwelen, die heute im Londoner Tower gezeigt werden, sind relativ neuen Datums. Nach dem Einschmelzen und Verkauf der Insignien bei Karls I. Tod wurden 1661 gleich mehrere Kronen angefertigt, darunter die Eduardskrone, die Karl II. auf der Abbildung trägt. Sie ist die Nachbildung einer angeblich im Grabe Eduards des Bekenners (1042–1066) gefundenen Krone. Tatsächlich hat es in England immer zwei Kronen gegeben, die schwere Eduardskrone beim eigentlichen Krönungsakt und eine leichte, später „Imperial State Crown" genannte Krone. Als Elisabeth II. 1953 gekrönt wurde, trug sie die Eduardskrone nur wenige Minuten. Die Insignien Karls II. befinden sich seit einigen Jahren im „Museum of London".
Maria, die älteste Tochter König Jakobs II., hatte 1677 Wilhelm von Oranien geheiratet. Trotz der gemeinsamen Inthronisation strebte Maria keine ihrem Mann gleichwertige Herrschaftsposition an; sie leitete aber die Regierung bei seinen Aufenthalten im Ausland.
Wie weit der „Revolution" von 1688 tatsächlich eine holländische Invasion zugrunde lag, zeigen die Flottenstärke und Ausrüstung Wilhelms. Er segelte am 11.01.1688 von Hellevoetsluis, einem Vorhafen Rotterdams, mit 16 000 Soldaten, 3 000 Pferden, dazu einer Schiffs- und Bedienstetenmannschaft von 7 000 Personen ab. Die Flotte bestand aus 45 Kriegs-, 20 Frachtund 300 Transportschiffen, dazu kamen noch 10 Brander (Feuerschiffe). Neben militärischer Ausrüstung und Verpflegung nahm Wilhelm 1 Kutsche, 1 Schmiede, 1 Druckerpresse und eine Schiffskapelle mit, die außer Matrosen- auch Kirchenlieder vortragen konnte. Einen großen Teil der Kosten der Überfahrt übernahm mit 1 Million Gulden die jüdische Gemeinde in Amsterdam. Im dortigen Jüdischen Museum hängt das Porträt des damaligen Vorstehers der Gemeinde. Er hält eine Apfelsine in der Hand.

M2: Die „Bill of Rights" stellt eine Art Wahlkapitulation des Herrscherpaares Wilhelm und Maria dar. Die alten Freiheiten und Rechte des Parlaments wurden mit ihr bestätigt. Die aufgelisteten Grundrechte sollten Verfassungsverstöße wie unter Jakob II. verhindern. Die „Bill of Rights" ist Ausdruck der sich herausbildenden politischen Ideologie der Whigs, die sich noch nicht als Partei, wohl aber als eine Gruppierung neben den Tories seit der Mitte des 17. Jahrhunderts entwickelt hatten. Danach beruht die Autorität der Könige – möglichst durch einen Vertrag geregelt – auf der Zustimmung der Regierten. Ein Krönungseid muss geleistet werden. Verstoßen die Herrscher gegen die ausgehandelten Prinzipien, können ihnen die Untertanen den Gehorsam verweigern. Allerdings blieb den Herrschern als Inhaber der Exekutivgewalt eine führende Rolle, ehe sich im 18. Jahrhundert nach und nach das Amt des Premierministers und die Institution des Kabinetts entwickelten. Die „Bill of Rights" wurde als wichtigstes Dokument zur Entstehung der parlamentarischen Monarchie ausgewählt, weil sie die revolutionäre Abwendung vom Erbrecht, noch 1660 bei der Wiedereinsetzung gültig, zeigt, gleichzeitig aber an den politischen Repräsentativverhältnissen nichts ändert und eine Oligarchie an der Spitze favorisiert.

Ergänzungen zum Angebot des Schülerbuchs

Szenen aus dem Alltagsleben

Mit der Invasion der Armen vom Lande verschlechterten sich die hygienischen Zustände: Lebensmittel- und Wasserversorgung waren unzureichend, die Elendsquartiere so überfüllt, dass die Regierung außerhalb in Moor Field eine öffentliche Freifläche für die Slumbewohner schuf, damit sie frische Luft atmen und ihre Wäsche trocknen konnten. Bettler und Almosenempfänger, dazu gehörten vor allem unversorgte Witwen mit und ohne Kinder, gehörten zu der am meisten verachteten Schicht, die die Stadtteilbehörden los werden wollte. Aber auch Familien mit einem Ernährer konnten, wie der Pepys-Text zeigt, unverschuldet in große Notlagen geraten, was dem Berichterstatter zwar sehr leid tut, aber seinen vergnüglichen Abend nicht stört.
Abbildungen und Text der „Szenen aus dem Alltagsleben" werfen ein Schlaglicht auf die Existenzbedingungen, die Sorgen und Nöte von Normalbewohnern Londons jenseits der „großen" Politik. Die Materialien bieten die Möglichkeit, den auf Struktur- und Politikgeschichte verengten Ansatz des Schülerbuches aufzubrechen und ihn zusammen mit den Arbeitsblättern auf sozialgeschichtliche Aspekte auszuweiten. Durch den Kontrast zur höfischen Prachtentfaltung und die politischen Kämpfe um die Vorherrschaft im Staat bleibt die Verbindung zum Schülerbuch erhalten.

<u>Der Wasserträger</u>
Der Wasserträger füllte sein 12-Liter-Fass aus Holz an einer Straßenpumpe mit Themsewasser, das in hölzernen Leitungen herangeführt wurde. Nur sehr reiche Leute besaßen eigene Zuleitungen; die Mehrheit kaufte das Wasser in kleinen Mengen von Wasserträgern. Das Themsewasser war durch Abfälle und Abwässer stark verunreinigt. Wegen der stockdunklen, unbefestigten Straßen mussten alle Passanten abends zur eigenen Sicherheit eine Kerze oder eine Laterne vor sich her tragen. Hier erfüllt der Hund die Pflicht für seinen Herrn.

(abgebildet in: „The Museum of London Guide", Nr. 137)

Der Austernmann
Ein typischer Londoner Straßenhändler. Er und seine Kollegen vertrieben mit Schubkarre, Henkelkörben oder Bütten die Nahrungsmittel, die auf den Großmärkten wie Smithfeld, Covent Garden, Leaden Hall oder Billingsgate umgeschlagen wurden.

(abgebildet in: R. Ollard, „Pepys. A Biography", London 1991, S. 50)

Arme Bettlerin mit Kindern – ein alltäglicher Anblick

(abgebildet in: R. Ollard, „Pepys. A Biography", London 1991, S. 143)

Samuel Pepys, ein Flottensekretär, notierte 1666 in seinem Tagebuch über die Zwangsrekrutierung und Behandlung der Menschen in der Kriegsmarine:
„1. 7. [...] Herrgott, was weinten einige von den armen Weibern [...] es war sehr schwer, die armen und geduldigen Arbeiter und Hausväter zu sehen, die ihre armen Frauen zurücklassen mussten, wie sie so plötzlich von Fremden gepackt wurden, dazu ohne Handgeld und ganz gegen jedes Gesetz zum Fortgehen gezwungen – das ist eine große Grausamkeit [...]
10. 7. Im Flottenamt war der Hof voller Frauen (ich glaube mehr als dreihundert), die für ihre Männer und Freunde Geld holen wollten, die in Holland als Kriegsgefangene sitzen. Sie schrien und fluchten wie wild, dass meine Frau und ich uns kaum getrauten, die Wildpastete, die wir heute abend essen wollten, zum Backen zu schicken [...] Die Frauen drängten bis in den Garten vor [...] Ich muss gestehen, ihr Wehklagen war so traurig, dass ich großes Mitleid mit ihnen empfand, aber ich kann ihnen nicht helfen [...] Abends ein vorzügliches Essen und vergnügte Unterhaltung."
(Samuel Pepys, „Tagebuch", Stuttgart 1991, S. 314, 316)

Zu den Arbeitsvorschlägen und Fragen

a) Karl II. macht anfänglich Zugeständnisse bei Religionsfragen und Rechtssicherheit, später aber löst er das Parlament auf. Die Differenzen mit dem Parlament beziehen sich vor allem auf die Thronfolge des katholischen Bruders, Außenpolitik, Ministerwahl.
Jakob II. verstärkt die Auseinandersetzungen wegen seiner Katholisierungstendenzen.
Wilhelm und Maria erkennen die Vorherrschaft des Parlaments in der „Bill of Rights" an. Ihre wichtigsten Zugeständnisse sind: kein stehendes Heer in Friedenszeiten, keine pauschale Aufhebung von Gesetzen, keine Erhebung von Steuern ohne Zustimmung.
b) Hier wird ein Trick benutzt, um den revolutionären Akt der Absetzung zu verschleiern: Jakobs so genannte Abdankung „zwang" das von ihm verlassene Königreich – „deserted realm" – Schutz beim protestantischen Haus Oranien zu suchen. Wilhelm lehnte zudem eine Lösung wie die Regentschaft im Namen Jakobs oder die alleinige Herrschaft Marias ab und drohte dem Parlament mit seiner Rückkehr in die Niederlande.
c) Vgl. Schülerbuch S. 82, M5, Jahresdaten 1215, 1628, 1640 und Verfassertext im Schülerbuch, S. 84: Verhaftung nur mit der genauen Angabe der Haftgründe („Habeas-Corpus-Akte", 1679).

3. Auswanderer aus Europa besiedeln Nordamerika

Konzeption

Dieses Kapitel wendet den Blick nach der Entwicklung Englands zur parlamentarischen Monarchie von der „Alten Welt" Europa in die „Neue Welt" Nordamerikas. Es setzt mit der Entwicklung der nordamerikanischen Kolonie „Virginia" zu Beginn des 17. Jahrhunderts ein und behandelt als Teilthemen:
- die erste Besiedlungsphase,
- die Motive der Auswanderer,
- die Lebensbedingungen und die Auseinandersetzungen mit den Indianern,
- die Bildung der 13 englischen Kolonien,
- Gemeinsamkeiten und Unterschiede der Kolonien.

Die Darstellung dieser fünf Schwerpunkte will neben einer historisch-realistischen Schilderung der Auswanderungssituation die ethnische und religiöse Zusammensetzung der Bevölkerung sowie die unterschiedliche Struktur der Kolonien aufzeigen. Das Kapitel legt somit wichtige Grundlagen für die folgenden Entwicklungen und Probleme Amerikas.
Das Schicksal der Indianer wird kurz angesprochen, eine ausführlichere Behandlung erfolgt im 6. Kapitel „Die neue Nation muss sich bewähren – Pionierzeit und Bürgerkrieg".

Zeitrahmen: 1 bis 2 Stunden

Aspekte der Unterrichtsgestaltung

Vorschläge für den Themeneinstieg:
- Auftaktdoppelseite (vgl. Schülerbuch, S. 76): Fanny Palmers Bild „Durch den Kontinent";
- Auszug aus einem Roman mit romantisierender Darstellung der Auswanderung und Besiedlung Nordamerikas, z.B. Hans Baumann, „Vorstoß zum Pazifik", vgl. „Literatur zum Weiterlesen, Lehrerband, S. 90);
- Gegebenheiten der historischen Wirklichkeit dieses „Vorstoßes" (vgl. M2, Schülerbuch, S. 88).

Alternative:
- M3 (Lehrervortrag) zur Sensibilisierung der Schülerinnen und Schüler zum Thema „Auswanderung";
- Marginalie „Motive der Auswanderer" (vgl. Schülerbuch, S. 86).

Teilthemen:
- Lebensbedingungen der Auswanderer (vgl. M2) und Marginalie „Ungewohnte Lebensbedingungen" (Schülerbuch, S. 86);
- Gemeinsame Pionierarbeit für Männer und Frauen;
- Leben in Unfreiheit statt der erhofften Freiheit (vgl. M4, Schülerbuch, S. 89) und Frage b).

Problem- und Fragestellungen:
- Beziehungen der Einwanderer zu den Indianern (vgl. Marginalie „Indianer helfen – und werden doch verdrängt", Schülerbuch, S. 87), M1, linke Karte;
- Besiedlung und Entstehung der 13 Kolonien (vgl. M1, linke Karte und Marginalie „Kolonien entstehen", Schülerbuch, S. 88);
- Unterschiede zwischen Mutterland England und den neuen Kolonien (vgl. Marginalie „Ein Mutterland – doch keine Einheit", Schülerbuch, S. 88).

<u>Vorschläge für Arbeits- und Sozialformen:</u>
- Lehrervortrag M3: mündlich zusammenfassende Wiedergabe durch die Schülerinnen und Schüler;
- Gruppenarbeit M1 mit Arbeitsaufträgen;
- Bildbeschreibung M2 mit Arbeitsaufträgen;
- Stillarbeit bei Frage a): Warum die harte Formulierung „Vertragsknechte" in M4?

Tafelbild

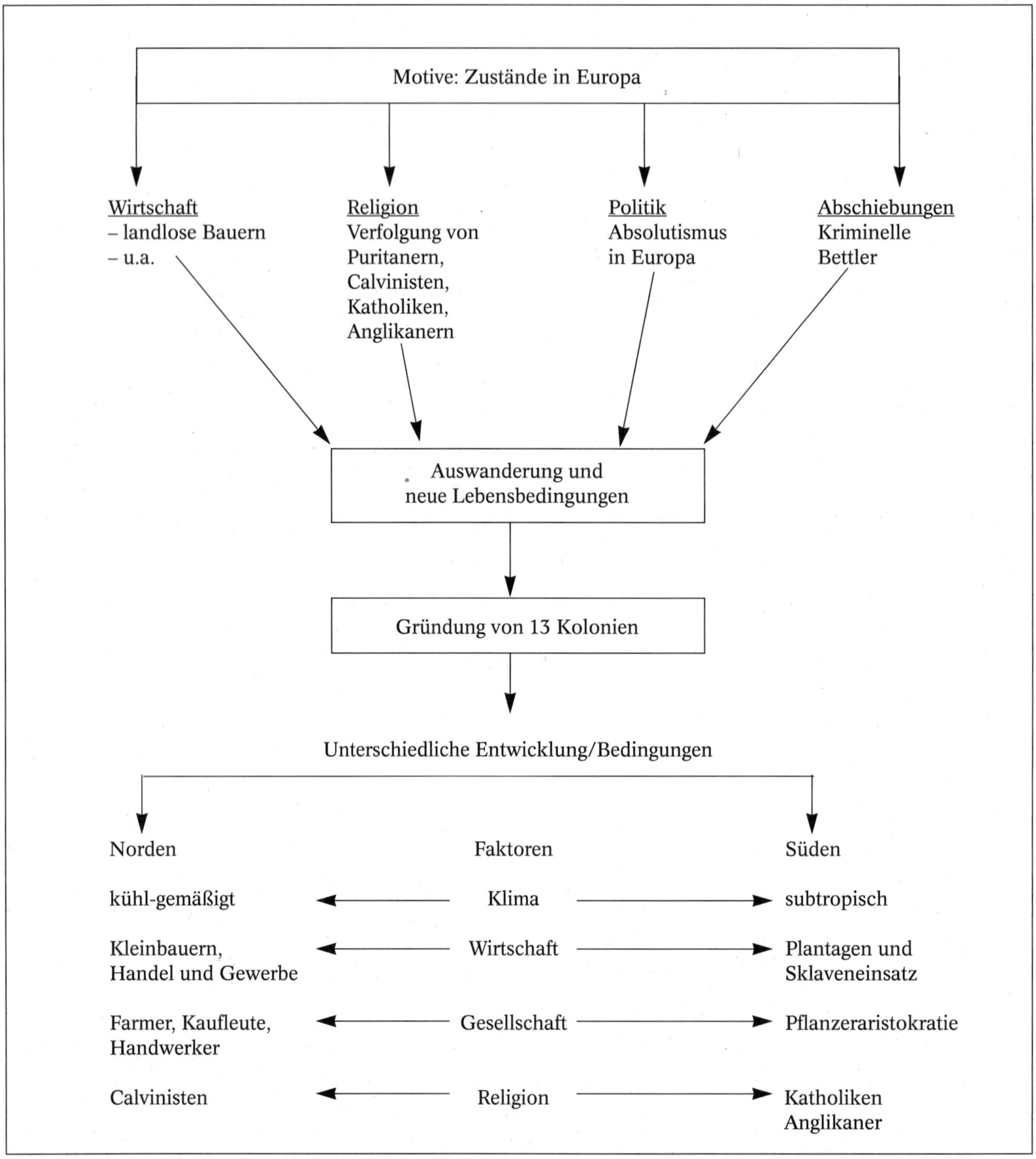

Zusatzinformationen zum Verfassertext

Zu den im Schülerbuch S. 88 angeführten Gegensätzen (vgl. Marginalie „Ein Mutterland – doch keine Einheit") zwischen den 13 Kolonien kann noch zusätzlich auf folgende Aspekte hingewiesen werden:
Der Süden war durch die Form der Landnahme (große Parzellen, Großgrundbesitz) arm an Städten und Dörfern. Größere Siedlungen entstanden meist durch das Zusammenwachsen sich vergrößernder Plantagen.
Im Norden bildeten sich früh Ortsgemeinden, da kleinere Parzellen an eine größere Zahl von Einwanderern vergeben wurden. Die Siedlungsstruktur wurde von Städten als Zentren des wirtschaftlichen, politischen, religiösen und geistigen Lebens geprägt. Ein bald funktionierendes Schulwesen entstand, 1635 wurde in Cam-

bridge/Massachusetts die Harvard-Universität als erste Hochschule Nordamerikas gegründet. Gesellschaftlich bildete neben Kaufleuten das Bildungsbürgertum (Rechtsanwälte, hohe Beamte, sonstige Akademiker) die Führungsschicht. Diese intellektuelle Elite des Nordens wurde neben dem wirtschaftlichen Nord-Süd-Gegensatz zum Nährboden der amerikanischen Revolution.

Zur Entwicklung der Einwohnerzahlen in den 13 Kolonien:

	1625	1688	1715	davon Schwarze	1749
Massachusetts	180	44 000	96 000	2 000	220 000
Connecticut	–	20 000	47 500	1 500	100 000
Rhode Island	–	6 000	8 600	100	35 000
New Hampshire	–	6 000	9 650	150	30 000
New York	–	20 000	31 000	4 000	100 000
New Jersey	–	10 000	22 500	1 500	60 000
Delaware/Pennsylvanien	–	12 000	45 800	2 500	250 000
Maryland	–	25 000	49 500	9 500	85 000
Virginia	1 800	50 000	95 000	23 000	85 000
N./S. Carolina	–	8 000	27 950	14 200	75 000
Georgia	–	–	–	–	6 000
Zusammen	1 980	210 000	433 500	59 450	1 046 000

(Nach: Ploetz, „Raum und Bevölkerung", Freiburg 19. Bd 2/II, S. 18)

Zusatzinformationen zu den Materialien

M1: Die linke Karte soll die Möglichkeit bieten, die ersten Einwanderungsströme national zu lokalisieren, die Siedlungsgebiete der Indianerstämme anzugeben und auch die Situation vor und nach dem „French and Indian War" (vgl. Schülerbuch, S. 90) darzustellen. Beide Karten geben die Verteilung der Bevölkerung wieder, nicht die des Landbesitzes.
Die rechte Karte stellt die Verteilung der angloamerikanischen und französischen Siedler 1775 dar und zeigt vor allen die wirtschaftlichen Gegensätze zwischen Nord und Süd auf. Auf den Zusammenhang von Plantagenwirtschaft und Anteil an schwarzen Sklaven sollte als „Vorbereitung" des 6. Kapitels (vgl. Schülerbuch, S. 98–103) intensiv eingegangen werden.
Während sich das französische Kolonialgebiet vor allem im Landesinneren vom Norden bis zum Golf von Mexiko erstreckte und eine spanische Besiedlung um 1600 in Florida erfolgte (ab 1763 britisch), zog sich das britische Kolonialgebiet entlang der Ostküste. Nach Virginia (1607) wurden zunächst weiter nördlich gelegenere Küstenregionen besiedelt (1629 Massachusetts und New Hampshire, 1632 Maryland, 1662 Connecticut, 1663 Rhode Island, 1664 New Jersey und New York) und deren Kolonisation bis 1682 abgeschlossen (1681 Pennsylvania, 1682 Delaware). Die Kolonisierung der südlich gelegenen Gebiete erfolgte im ersten Drittel des 18. Jahrhunderts (1729 North Carolina, South Carolina, 1732 Georgia). Der Anteil der schwarzen Sklaven war vor allem in jenen Siedlungsgebieten angloamerikanischer Siedler besonders hoch, in denen Plantagenwirtschaft (Reis, Mais, Baumwolle und Tabak) betrieben wurde.
Während in den Nordstaaten vor allem Schiffsbau existierte, Metallprodukte und Papier die Wirtschafts- und Handelsgüter darstellten, herrschte in den Südstaaten neben der Holzwirtschaft vor allem die Plantagenwirtschaft (Reis, Mais, Baumwolle und Tabak) vor.

M2: Die Rodung der Wälder, die harte Arbeit auf den Feldern, die Holzarbeit, der Fischfang und der Schiffsbau usw. erforderten die enge Zusammenarbeit von Männern und Frauen.

M3/M4: G. Mittelsbergers Reisebeschreibung veranschaulicht die Strapazen und das Schicksal der Auswanderer auf der Suche nach Freiheit und Unabhängigkeit.

Zu den Arbeitsvorschlägen und Fragen

a) Die Organisation der Auswanderung wurde vielfach unter rein kommerziellen Gesichtspunkten betrieben. Die rechtlich völlig schutzlosen Auswanderer waren den Praktiken der „Transportunternehmer" bedingungslos ausgeliefert: Ausbeutung und Verschuldung waren die Folge – schlimmer noch: „Eltern müssen ihre Kinder verkaufen und verschachern wie Vieh" (vgl. Z. 21/22). Ein Passus des Textes (vgl. Z. 25–29) aber zeigt ganz deutlich, dass sich dieser Handel in nichts von jenen Sklavenmärkten unterschied, die Harriet Beecher-Stowe in „Onkel Toms Hütte" beschrieben hat.
b) Die gesamte Geschichte der Besiedlung wurde im Nachhinein ebenso legendenhaft verklärt wie das Vordringen in den Westen und der Kampf gegen die Indianer. Diese Darstellung ist Ausdruck eines amerikanischen Selbstverständnisses, das durch den Erfolg die Realität verdrängt.

4. Der Kampf um die Unabhängigkeit – aus Europäern werden Amerikaner

Konzeption

Dieses Kapitel beginnt mit einer Darstellung der Konfliktursachen zwischen den Kolonien und dem Mutterland. Ergänzt werden sie durch die Folgen des „French and Indian War". Damit ist ein erster Schwerpunkt des Kapitels genannt: die Ursachen des Unabhängigkeitskrieges. Im Folgenden schließen sich Anlass, Verlauf und Ergebnis des Krieges an. Das Kapitel ist also nach dem klassischen Prinzip „Ursachen – Anlass – Verlauf – Ergebnis" angelegt.
Dabei ergeben sich folgende Teilthemen, die im Tafelbild festgehalten werden:
– Ursachen: wachsendes Selbstbewusstsein und Pioniergeist; Zusammengehörigkeitsgefühl; Sieg im „French und Indian War"; Ausbeutung durch das Mutterland
– Anlass: Boston-Tea-Party
– Verlauf: anfängliche Überlegenheit der Söldner gegenüber den Siedlern; Hilfe aus Europa; Kapitulation der englischen Armee
– Ergebnis: Anerkennung der Unabhängigkeit; Unabhängigkeitserklärung.

Zeitrahmen: 1 Stunde.

Tafelbild

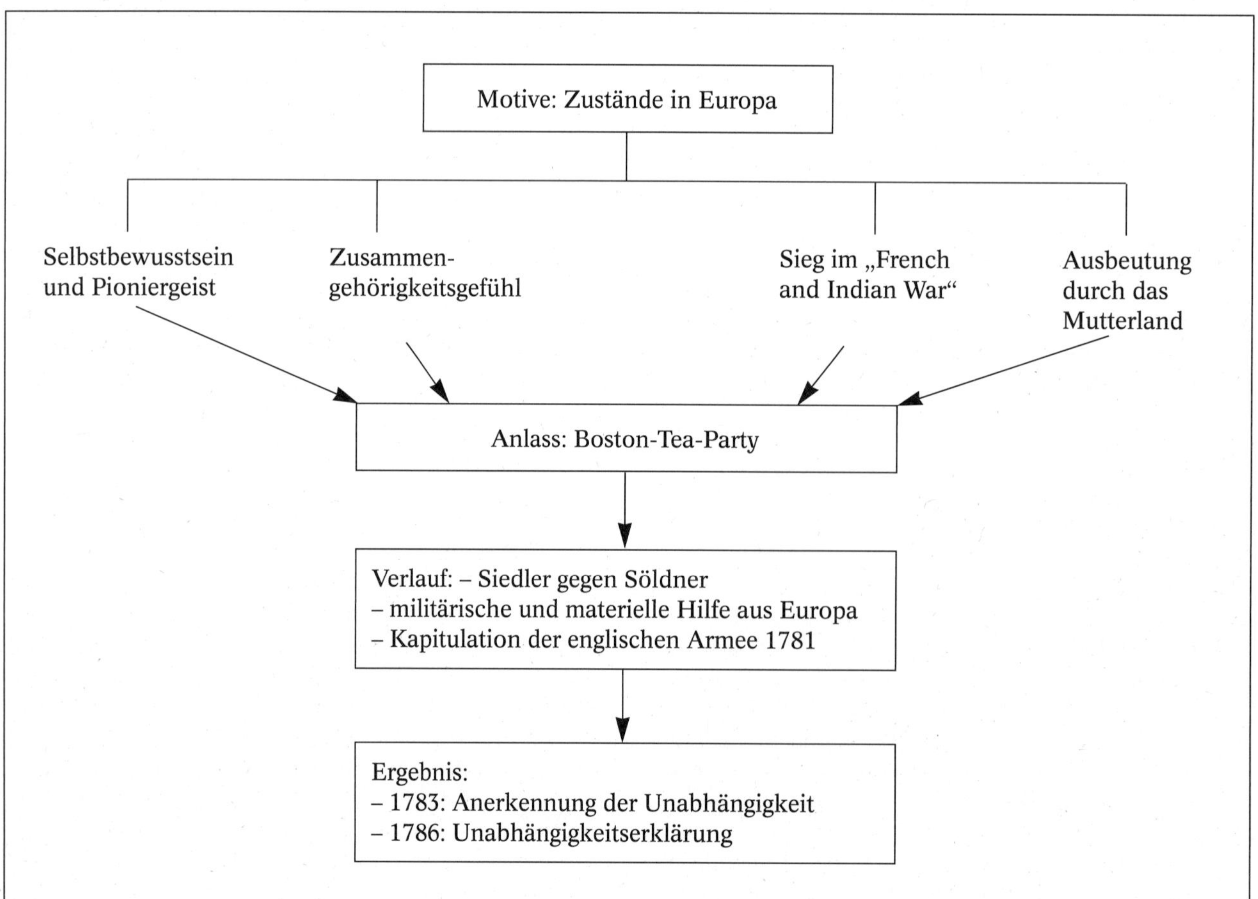

Aspekte der Unterrichtsgestaltung

Vorschläge für den Themeneinstieg:
– Auswertung M1 und Frage nach den Motiven und Gründen der Übergriffe der Siedler auf die britischen Zöllner,
– Auswertung M1 verknüpft mit der Frage nach dem Vorgehen der britischen Söldner gegen Bostoner Bürger (vgl. Marginalie „Signal zur Revolution: die „Boston-Tea-Party", Schülerbuch, S. 92),
– M4: Was bedeutet ein „Bürgerkrieg" für die Betroffenen? Eventuell moderne Bürgerkriege wie im ehemaligen Jugoslawien und Tschetschenien als Beispiele heranziehen, vgl. Frage c).

Leitende Problem- und Fragestellungen:
– Analyse der Ursachen des amerikanischen Unabhängigkeitskriegs, vgl. Marginalien „Selbstbewusstsein und Pioniergeist" und „Das Mutterland beutet die Kolonien aus", Schülerbuch, S. 90f., Auftaktdoppelseite, S. 77, M1, M5, Frage a).
– Problematisierung einer kriegerischen Lösung von Konfliktsituationen, vgl. Marginalie „Der Unabhängigkeitskrieg: Söldner gegen Siedler", Schülerbuch, S. 92; Alternativen für eine aggressive Konfliktlösung (vgl. M4b, Schülerbuch, S. 93), Frage a),
– Wie wirkt sich moralische Stärke (vgl. M2 und M3, Schülerbuch, S. 91f.) gegenüber zahlenmäßiger Überlegenheit aus? Vgl. dazu auch das Beispiel des Siebenjährigen Krieges (Schülerband, S. 74),
– Welche Rolle spielt Europa im amerikanischen Unabhängigkeitskrieg?, (vgl. Marginalie „Europäische Mächte helfen den Siedlern", Schülerbuch, S. 92), M5 und Frage c).

Zusatzinformationen zum Verfassertext

Da der Unabhängigkeitskrieg die Gesellschaftsordnung in den Kolonien nicht veränderte, lehnen es viele Historiker ab, die Vorgänge in Amerika als „Revolution" zu bezeichnen. Gegen diese Auffassung sprechen das revolutionäre Bewusstsein der Kolonisten, die Gewaltaktionen und der radikale Sturz des Regierungssystems in den Kolonien.

In erster Linie war die amerikanische Revolution Verfassungsrevolution. Leopold von Ranke sagte 1854: „Dies war eine größere Revolution, als früher je eine in der Welt gewesen war [...]. Früher war es der König von Gottes Gnaden, um den sich alles gruppierte, jetzt tauchte die Idee auf, dass die Gewalt von unten aufsteigen müsse [...]. Diese beiden Prinzipien stehen einander gegenüber wie zwei Welten und die moderne Welt bewegt sich in nichts anderem als in dem Konflikt zwischen diesen beiden."

Bei der Behandlung des „French and Indian War" können im Anschluss an Schülerbuch S. 74 wiederholende Hinweise auf den „Siebenjährigen Krieg" und Friedrich II. (vgl. Lehrerband, S. 62–66) und den „Festlandsdegen" der Briten vorgenommen werden. In diesem Fall sollte den Schülerinnen und Schülern deutlich werden, dass der Krieg in Europa aus weltgeschichtlicher Perspektive ein Nebenschauplatz war, dass die großen Entscheidungen für die Zukunft in Amerika und Indien fielen. Andererseits sollte – sicher auch den Schülerinteressen entsprechend – das Schicksal der Indianer erneut bewusst gemacht werden. Dazu kann hervorgehoben werden, dass die Briten und Franzosen in ihren Kampftruppen so viele Indianer integriert hatten, dass die Indianer aufgrund ihrer hohen Verluste in den folgenden Widerstandskämpfen gegen die Weißen erheblich geschwächt waren.

Vor allem die finanziellen Folgen des „French and Indian War" verschärften die Situation zwischen den Kolonien und England, z.B. sollten die Kolonien für die Stationierung der britischen Soldaten die für sie ungeheure Summe von 360 000 englischen Pfund aufbringen.

Um die Schülerinnen und Schüler für die Bedeutung wirtschaftlicher Aspekte als Kriegsursache zu sensibilisieren, können folgende Hinweise gegeben werden. Während man die Gewinnung von Rohstoffen den Kolonialländern überließ, wollten die Kaufleute die arbeitsintensive Herstellung von Fertigprodukten in das Mutterland verlegen. Man sicherte damit den Manufakturen im eigenen Land den Gewinn bringendsten Teil des Kolonialgeschäftes. Der Aufbau von Gewerben in den Kolonialländern wurde von den Europäern aus Konkurrenzgründen unterbunden. Dabei muss allerdings beachtet werden, dass es sehr viel schwieriger war, ein Manufakturverbot gegenüber selbstbewussten englischen Kolonialisten als gegenüber abhängigen Kolonialvölkern durchzusetzen. Edmund Burke bezeichnete die Situation der Kolonien als „Zustand wirtschaftlicher Unterwerfung und politischer Freiheit". Selbstbewusstsein und wachsende Mündigkeit herrschte vor allem in einer an europäischen Idealen orientierten Bildungsschicht, die weitgehend egalitäre Staatsvorstellungen vertrat.

Dass der Widerstand gegen das Mutterland aber auch auf Widerspruch und Zweifel stieß, belegen viele Quellen, die ähnlich wie die Berichte in Adams/Adams (vgl. Schülerbuch, S. 93, M4) argumentieren. Dies soll den Schülerinnen und Schülern die besondere Problematik eines Bürgerkriegs bewusst machen, die auch für aktuelle Ereignisse dieser Art gilt.

Zudem kann den Schülerinnen und Schülern die Rolle der Kriegspropaganda verdeutlicht werden. Für eine neue, übersteigerte Bewertung des Krieges sorgten verschiedene Publizisten, u.a. Benjamin Franklin, der den Unabhängigkeitskrieg zum Kampf der Menschheit gegen die Tyrannei der ganzen Welt emporstilisierte: „Wir kämpfen für die Würde und die Glückseligkeit der Menschheit. Ruhmvoll ist es für Amerika, von der Vorsehung auf diesen Posten der Ehre berufen worden zu sein." (Franklin 1777)

Hinweise dieser Art sind geeignet, das auch in unserem Jahrhundert vielfach propagierte amerikanische Sendungsbewusstsein für die Verbreitung und Erhaltung der Demokratie historisch einzuordnen. Beispiele dafür können der Erste und Zweite Weltkrieg oder aktuelle Ereignisse sein.

Um die europäischen Einflüsse und Einwirkungen auf den Kriegsverlauf zu konkretisieren, kann auf die Lebensläufe der im Schülerbuch S. 92 genannten Europäer (vgl. Marginalie „Europäische Mächte helfen den Siedlern") eingegangen werden. Damit können den Schülerinnen und Schülern die Motive der beteiligten Personen veranschaulicht werden.

Friedrich Wilhelm von Steuben stand nach seiner Verabschiedung (1763) als preußischer Kapitän im Dienst süddeutscher Fürsten und trat 1777 in den Dienst der amerikanischen Kontinentalarmee. Er organisierte sie und stieg zum Generalinspekteur der Armee George Washingtons auf.

Die Steuben-Schurz-Gesellschaft pflegt bis heute die deutsch-amerikanischen Beziehungen und organisiert u.a. alljährlich in New York die sog. Steuben-Parade.

Der französische General Lafayette zog ebenfalls 1777 gegen die Engländer in den Krieg. Bei Ausbruch der Französischen Revolution vertrat er den Adel in den Generalständen. Begeistert von den Ideen der Revolution, solange sie die Ziele einer konstitutionellen Monarchie verfolgte, unterdrückte er als Oberbefehlshaber der Pariser Nationalgarde antiroyalistische Aufstände. Zur Zeit der Radikalisierung der Revolution floh er ins Ausland, unter Napoleon kehrte er zurück und wirkte später maßgeblich bei der Einsetzung des Bürgerkönigs Louis Philippe mit.

Zusatzinformationen zu den Materialien

M1: Die Bilder verdeutlichen den Schülerinnen und Schülern, wie sehr die Auseinandersetzungen zwischen England und den Kolonien von Propaganda, aber auch von Grausamkeiten begleitet waren. Das Einschmieren des Körpers mit Teer unterbindet die Hautatmung und führt zum qualvollen Erstickungstod; durch die Federn sollte das Opfer zusätzlich als Federvieh verspottet werden.

Die Propaganda der Siedler übertrieb maßlos und stellte den Übergriff englischer Soldaten als Massenexekution wehrloser Bürger dar.

M2 und **M3**: Beide Materialien sind geeignet, auf die Rolle von Frauen im Krieg hinzuweisen. Für den Winterkrieg waren die Siedler bald besser gerüstet als die europäischen Söldner, denn die Siedlerfrauen betrachteten es als eine ihrer Hauptaufgaben, für ihre Männer Kleidung herzustellen. Tausende von Frauen schlossen sich zu Frauenvereinen zusammen, die Sammelaktionen organisierten.
Die Unabhängigkeit sollte nach dem Willen vieler Frauen auch ihre eigenen Rechte verbessern. In diesem Sinn schrieb Abigail Smith Adams am 31. März 1776 an ihren Mann, der damals Mitglied des zweiten Kontinentalkongresses war: „Ich sehne mich nach der Nachricht, dass Ihr die Unabhängigkeit erklärt habt [...]. In dem neuen Gesetzbuch [...] solltet Ihr – wie ich wünsche – an die Frauen denken und sie großzügiger und günstiger behandeln, als Eure Vorfahren es taten [...]. Wenn den Frauen keine besondere Berücksichtigung zuteil wird, sind wir entschlossen, einen Aufruhr zu schüren."
Die Unabhängigkeitserklärung Jeffersons schloss die Frauen dennoch von politischen Rechten aus.

M4a: Pitt analysierte die Situation kritisch und spricht von einem „Bürgerkrieg". Für ihn waren die englischen Siedler in Nordamerika als Untertanen der britischen Krone und als Blutsverwandte keine auswärtigen Feinde, sondern „Mituntertanen".

M4b: Der Text ist geeignet, das demokratische Pathos der Unabhängigkeitserklärung zu relativieren. Der Briefeschreiber macht den Abstand zwischen dem proklamierten Anspruch und der Alltagswirklichkeit deutlich (vgl. Z. 1–6). Der Hinweis auf die Schattenseite der „großen Taten" (vgl. Z. 11–13) ist kein Defätismus, sondern die kritische Anmerkung eines Betroffenen.

M5: Die Auswertung der Unabhängigkeitserklärung sollte mit dem Hinweis verbunden werden, dass das Komitee sich argumentativ auf das englische Widerstandsrecht beruft. Die Verfassungsväter legitimierten ihre Handlungsweise auch damit, dass Regierungen ihre rechtmäßige Macht „von der Einwilligung der Regierten herleiten" (vgl. Z. 17). Damit wurde zum ersten Mal die Lehre von der Volkssouveränität verwirklicht. Der Hinweis des Lehrers auf GG, Art. 20,2 (Volkssouveränität) und 20,4 (Widerstandsrecht) lässt den Schülerinnen und Schülern die Bedeutung der Inhalte der Unabhängigkeitserklärung bis in die Gegenwart hinein deutlich werden.

Zu den Arbeitsvorschlägen und Fragen

a) Wenn die Aufgabe zur selbstständigen Erarbeitung des Lerninhalts eingesetzt wird, kann dies in drei Gruppen erfolgen:
1. Auswertung des Verfassertexts S. 90–92 und M1,
2. Begründung und Legitimation des Unabhängigkeitskrieges in M5,
3. Problematisierung eines Bürgerkriegs in M4.
Siehe dazu auch Zusatzinformationen zu M1, M2, M4, M5.
b) Die Unabhängigkeitserklärung legitimiert sich deutlich durch die Berufung auf wesentliche Ziele der Aufklärung (vgl. Schülerbuch S. 67f.)
c) Arbeitsaufträge für Referate an einzelne Schüler oder Gruppen können u.a. über den Vietnamkrieg, den Krieg in Afghanistan und in Tschetschenien oder auch den Bürgerkrieg in Jugoslawien nach dem im Unterricht erarbeiteten Prinzip „Ursache-Anlass-Verlauf-Ergebnis" erbringen, dass sich auch bei heutigen Unabhängigkeitskriegen die waffentechnisch, zahlenmäßig usw. weit überlegene Macht oft gegen die moralische Kraft, die taktische, alle topografischen Gegebenheiten ausnützende Kampfweise der Unabhängigkeitsbewegung nicht entscheidend durchzusetzen vermag. Auch heute spielen für den Willen zur Unabhängigkeit wirtschaftliche Zielsetzungen eine entscheidende Rolle.

5. Wie soll der neue Staat aussehen? Die Verfassung der Vereinigten Staaten

Konzeption

Die Darstellung der Kriegsfolgen will zeigen, dass sich die Idee der nationalen Einheit trotz oder besser gerade wegen der großen wirtschaftlichen Probleme und Gegensätze (vgl. Schülerbuch, S. 88, M2) durchsetzte. Die strittigen Verfassungsprobleme und andere offene Fragen nach dem Sieg im Unabhängigkeitskrieg wurden durch den „Großen Kompromiss" gelöst. Ein zweiter Schwerpunkt des Kapitels liegt auf der Erläuterung der Verfassungsmerkmale.
Daran schließen sich strittig und ungeklärt gebliebene Fragen an. Den Schlusspunkt bildet der Nachweis des europäischen Einflusses auf die Struktur der amerikanischen Verfassung.
Das Kapitel gliedert sich daher in fünf Teilthemen:
- Folgen des Unabhängigkeitskrieges,
- Verfassungsprobleme und Kompromisse,
- Merkmale der Verfassung,
- offene, ungeklärte Fragen: das Wahlrecht,
- Wirkung der Ideen der europäischen Aufklärung.

Das Ziel der Darstellung ist es, den Kompromiss-Charakter und die Struktur der Verfassung aufzuzeigen, diese als das von europäischen Ideen geprägte Leitbild für demokratische Verfassungen in aller Welt darzustellen (z.B. in Deutschland 1848 und 1919), aber auch offene Fragen (z.B. Wahlrecht) zu problematisieren.

Zeitrahmen: 2 Stunden

Aspekte der Unterrichtsgestaltung

Vorschläge für den Themeneinstieg:
- wirtschaftliche und politische Situation nach dem Unabhängigkeitskrieg vgl. Marginale „Unabhängig – aber verschuldet und zerstritten", Schülerbuch, S. 94.
- Notwendigkeit einer Verfassung; welche Vorstellungen bestanden darüber? Rückgriff auf Grundbegriff „Parlament" (vgl. Schülerbuch, S. 82) und Marginalie „Ideen der ‚Alten Welt' in der ‚Neuen Welt'" (Schülerbuch, S. 95).

– Grundsätze der amerikanischen Verfassung, vgl. Marginalien „Die Verfassung ...“ und „... Gewaltenteilung, Volkssouveränität und ‚checks and balances‘“, Schülerbuch, S. 94f., M2, M4, Grundbegriffe „Volkssouveränität“ und „Föderalismus“, Marginalien „Die Grund- und Menschenrechte“, „Gleiches Wahlrecht für alle?“, Schülerbuch, S. 95 und M3, Schülerbuch, S. 96.
– Analyse der amerikanischen Verfassung mit Hilfe des „Schlüssel“-Begriffs „Ein Verfassungsschema interpretieren“, Schülerbuch, S. 117; Auswertung von M1 (Schülerbuch, S. 95), M5 und M6 (vgl. Schülerbuch, S. 96), Fragen a) – c).
– **Alternative:** Lösung von Arbeitsfrage a) in Arbeitsgruppen
– Problematisierung kontroverser Ausgangssituationen, damit das Ringen um die letztendliche Ausgestaltung der Verfassung deutlich wird; vgl. auch M1, M3, M5 und M6 (Schülerbuch, S. 95f.), Marginalien „Staatenbund oder Bundesstaat“ bis „Gleiches Wahlrecht für alle?“, Schülerbuch, S. 94f.
– Vergleich der Verfassung mit den Grundbegriffen „Volkssouveränität“ und „Föderalismus“, Schülerbuch, S. 95.

Tafelbild

Grundbegriffe einer demokratischen Verfassung

- Föderalismus und Zentralismus
- Volkssouveränität
- Zwei-Kammer-System: Repräsentantenhaus und Kongress
- Gewaltenteilung: Legislative – Exekutive – Judikative
- checks and balances: Präsident, Kongress, Gerichtshof
- Grund- und Menschenrechte
- allgemeines, gleiches und geheimes Wahlrecht

Zusatzinformationen zum Verfassertext

Da es angesichts der Altersstufe der Schülerinnen und Schüler sinnvoll erscheint, sich vor allem auf die Grundelemente der Verfassung zu beschränken, wird hier auf vielfältige Zusatzinformationen verzichtet. Andererseits ist es nützlich, den Wahlmodus nach dem Mehrheitsprinzip zu erläutern, um so einen wichtigen Beitrag zur politischen Bildung der Schülerinnen und Schüler zu leisten.
Die Wahl des Präsidenten erfolgt indirekt über Wahlmänner, die in den Einzelstaaten gewählt werden. Je nach Bevölkerungszahl werden z. B. in Kalifornien 45 Wahlmänner, in Texas 26, in Delaware oder Nevada dagegen nur drei Wahlmänner gewählt. Die Bestimmungen für die Wahl der Wahlmänner sind Sache der Einzelstaaten, so dass dabei eine Vielfalt unterschiedlicher Methoden zur Anwendung kommt. Gemeinsam ist allen nur das Mehrheitsprinzip, mit dem sich jeder einzelne Staat für einen Präsidentschaftskandidaten entscheidet. Wer in einem Staat nur eine einzige Stimme mehr erhält, dem fallen alle Wahlmännerstimmen dieses Staates zu. Daher stimmt der prozentuale Anteil der tatsächlich für einen Kandidaten abgegebenen Stimmen nicht mit seinem Anteil an Wahlmännern überein. 1980 bekam z.B. der republikanische Kandidat Ronald Reagan 50,7 Prozent der Wählerstimmen, der Demokrat Jimmy Carter 41 Prozent. Der Anteil der Wahlmänner dagegen lautete 489:49 für Reagan.
Auch auf die für deutsche Verhältnisse unterschiedliche Struktur und Funktion der Parteien kann hingewiesen werden. Die Abstimmungen im Kongress werden weniger von der geschlossenen Haltung einer Partei („Fraktionsdisziplin“) als von der Meinung des einzelnen Abgeordneten bestimmt. Die Parteien sind in der Verfassung nicht einmal erwähnt. Die beiden großen Parteien, die Republikanische und die Demokratische Partei, vertreten, gemessen an europäischen Verhältnissen, keine grundsätzlichen weltanschaulichen Gegensätze und keine festgeschriebenen Parteiprogramme. Gewählte Parteimitglieder verfolgen z.T. sogar gegensätzliche Ziele. Die Abgeordneten werden von Interessengruppen („pressure groups“) beraten und beeinflusst. In Washington sind heute ca. 3 000 „pressure groups“ mit Vertretern aus Wirtschaft, Gewerkschaften, Berufsverbänden u.a. offiziell registriert.
Die Funktionsfähigkeit der „checks and balances“ kann durch die Erläuterung des „Watergate-Skandals“ veranschaulicht werden. Während des Wahlkampfes 1972 brachen Wahlhelfer des amtierenden republikanischen Präsidenten Nixon mit dessen Wissen in das Hauptquartier der gegnerischen Demokratischen Partei im Washingtoner Watergate-Gebäude ein. Im Verlauf der Untersuchungen durch den Kongress wurden gegen Nixon Vorwürfe der Bestechung, Behinderung der Judikative, Amtsmissbrauch u.a. erhoben. Der Präsident berief sich auf das Prinzip der Gewaltenteilung, nach der keine der drei Gewalten das Recht habe, in die Zuständigkeit der anderen einzugreifen. Das Oberste Gericht entschied sich jedoch gegen diesen Standpunkt und zwang Nixon zur Herausgabe von belastenden Tonbändern. Das Repräsentantenhaus leitete daraufhin ein „Impeachment“-Verfahren (Amtsenthebung) „wegen Hochverrats, Bestechung und anderer schwerer Verbrechen und Vergehen“ (Art. II, Abs. 4 der Verfassung) ein. Nixon trat am 9. August 1974 von seinem Amt zurück.

Zusatzinformationen zu den Materialien

M1: Erläutert werden soll vor allem die Wahl des Kongresses und des Präsidenten. Die unterschiedliche Dauer der Wahl- bzw. Amtsperioden ermöglicht einen Wandel der Kongresszusammensetzung entsprechend dem sich verändernden politischen Willen der Bevölkerung. Die Machtbefugnisse des Präsidenten können dem Schaubild ebenso entnommen werden wie die Funktion des Obersten Gerichtshofes und des Kongresses. Um den Schülerinnen und Schülern einen Vergleich mit dem Grundgesetz der Bundesrepublik Deutschland zumindest in Grundzügen zu ermöglichen sollte auf wichtige Gemeinsamkeiten und Unterschiede hingewiesen werden, z.B. Gewaltenteilung, Föderalismus, Wahlrecht/Wahlmodus, Stellung des Bundespräsidenten und des Bundeskanzlers, Verantwortlichkeit der Minister.

Bei der Interpretation des Verfassungsschemas kann und sollte ggf. bereits mit dem „Schlüssel"-Begriff „Ein Verfassungsschema interpretieren" (Schülerbuch, S. 117) gearbeitet werden.

M2: Wichtig in diesem Bild ist die Fahne, der Lorbeerkranz über dem Kopf Washingtons für seine Verdienste, die Podestinschrift („FIRST in WAR FIRST in PEACE FIRST in the HEART of his COUNTRYMEN"), die mit Füßen getretene Königskrone und der Freiheitsbaum im Hintergrund. Obwohl die Französische Revolution erst Inhalt des folgenden Großkapitels ist, sollte vergleichend auf die Freiheitsbäume im Schülerbuch, S. 130f. hingewiesen werden, um den Schülerinnen und Schülern zu zeigen, dass sich die Amerikaner in ihrem Unabhängigkeitskrieg in der Tradition des Kampfes der französischen Revolutionäre um Freiheit und Gleichheit sahen. Dazu kann die Jakobinermütze des Freiheitsbaumes erklärt werden, eine der phrygischen Mütze (hohe kegelförmige Mütze mit nach vorn gelegter Spitze) nachgebildete rote Kopfbedeckung der französischen Jakobiner, die als Sinnbild der Freiheit getragen wurde.

M3: Mit ca. 200 000 Einwohnern zählte New Jersey zu den kleinsten Staaten Englands. Mr. Madison fürchtete das Übergewicht der Bevölkerungszahl der größeren Staaten.

M4: Neben der Garantie der Grundrechte des einzelnen Bürgers sollte auch den in M3 geäußerten Befürchtungen entgegengewirkt werden.

M5: Der Aufruf appelliert an die politisch besonders wichtigen Staaten Virginia und New York, sich der Verfassung anzuschließen. Tatsächlich fiel die kurz darauf erfolgte Zustimmung knapp aus: Virginia 87:79 und New York 30:27 Stimmen.

M6: Der Vergleich der Aussagen von Adams/Adams mit der Unabhängigkeitserklärung (vgl. Schülerbuch, S. 93, M5, Z.11: „dass alle Menschen gleich geschaffen sind") sensibilisiert die Schülerinnen und Schüler für das grundsätzliche Problem des Spannungsverhältnisses zwischen Verfassungsnorm und Verfassungswirklichkeit. Das im Flugblatt M6b hypothetisch erörterte Beispiel eines mit dem Besitz steigenden Stimmgewichts hätte auch John Adams verworfen. Aber ein Stimmrecht für Besitzlose erschien ihm als Gefahr für die Gesellschaft.

Ergänzungen zum Angebot des Schülerbuchs

Zum ersten Mal: Frauen dürfen wählen

6. September 1870. Im US-Bundesstaat Wyoming machen Frauen zum ersten Mal in der ganzen Welt vom Frauenwahlrecht Gebrauch.

Der Epoche machende Akt geht zurück auf einen Gesetzesbeschluss vom vergangenen Jahr: Esther Morris, die erste Friedensrichterin in den USA, hatte eine Gesetzesvorlage zum Frauenwahlrecht initiiert. Unterstützt wurde sie von den Demokraten, deren Führer die Vorlage am 9. November 1869 im Repräsentantenhaus des Bundesstaates einreichte. Überraschenderweise wurde die Vorlage angenommen.

1870 sitzen Frauen in Laramie, Wyoming, zum ersten Mal in einer öffentlichen Jury.

(Aus: „Die Chronik der Frauen", S. 359)

Zu den Arbeitsvorschlägen und Fragen

a) Zentralstaat: Ängste der kleinen Staaten, überstimmt und übervorteilt zu werden („Grafschaften einer Gesamtrepublik"); andererseits Notwendigkeit einer nationalen Einheit.

Staatenbund: geringe gemeinsame Handlungsfähigkeit, fehlende nationale Einheit („unabhängige Nationen"); andererseits große Selbstständigkeit der einzelnen Teilstaaten.

Bundesstaat als Kompromiss: Wahrung der Rechte der Einzelstaaten und dennoch Handlungsfähigkeit eines geschlossenen Nationalstaates.

b) Ist dem Schaubild zu entnehmen: das Wahlrecht für Frauen besteht in Deutschland seit 1919.

c) Es gelten die Artikel 1, 4, 5, nicht aber Art. 2!

d) George Washington wird eine überragende Rolle zugeschrieben; seine Bedeutung war bei den kleinen und großen Staaten unumstritten (vgl. Podestinschrift in M2); dies drückte sich auch in der starken Position des Präsidenten in der Verfassung aus.

6. Die neue Nation muss sich bewähren – Pionierzeit und Bürgerkrieg

Konzeption

Das Kapitel gliedert sich in folgende Teilthemen:
- Erschließung des Westens bis zum Stillen Ozean,
- Verdrängung und Ausrottung der Indianer sowie Menschenhandel,
- Sezessionskrieg,
- Großmacht USA.

Ziel der Darstellung ist es, die entscheidenden Prozesse und Strukturen aufzuzeigen, die bis heute das Gesicht der USA prägen und als Probleme fortdauern. Das Kapitel soll den Schülerinnen und Schülern also helfen, die gegenwärtige Situation der USA vor allem aus ihren geschichtlichen Wurzeln her zu erklären. Für den Unterrichtsgang sollte dabei die Behandlung folgender Probleme und Fragen eine zentrale Rolle spielen: Wie wirkte sich die Westexpansion auf das Selbstbewusstsein und das Selbstverständnis der Amerikaner aus? Welche Auswirkungen hatte die Westexpansion für die indianischen Ureinwohner damals und in der Konsequenz bis heute? Welche Gründe führten zum Menschenhandel mit schwarzen Sklaven und welche Rolle spielte die Sklavenfrage im beginnenden Bürgerkrieg? Wie wirkte sich das Ende des Bürgerkriegs auf das Leben der Sklaven aus und welche Probleme wirken bis zur Gegenwart fort?

Zeitrahmen: 2 Stunden

Aspekte der Unterrichtsgestaltung

Der insgesamt chronologisch angelegten Darstellung können auch die Lernschritte des Unterrichts folgen.

Vorschläge für den Themeneinstieg:
– Aktivierung des Vorwissens der Schülerinnen und Schüler über den „Wilden Westen“, Kämpfe der Indianer mit den Weißen und das heutige Leben von Indianern in Reservaten, vgl. Marginalien „Die Pionierzeit prägt die Amerikaner“ bis „Die Ureinwohner werden in Reservate abgedrängt“, Schülerbuch, S. 98f. und Materialien M2, M3, M5, M7 (Z. 14–16) und M8, Fragen a) und b) im Schülerbuch, S. 100–103.
– Welches aktuelle Bild besitzen die Schülerinnen und Schüler? Verschiedene Aspekte wie „Land der unbegrenzten Möglichkeiten“, führende Wirtschafts- und Industrienation, weltweite Amerikanisierung („Coca-Cola-Kultur“).
– Die USA als Land der Gegensätze (Armut neben Reichtum, Rassenkonflikte, Umweltprobleme u.a.).
– Interpretation der Auftaktdoppelseite, Schülerbuch, S. 76/77.

Alternative für den Themeneinstieg:
– Kartenarbeit zur Behandlung des 1. Teilthemas „Erschließung des Westens bis zum Stillen Ozean“, vgl. M1 (Schülerbuch, S. 99), M1 (Schülerbuch, S. 87), M2 (Schülerbuch, S. 100).
Falls als Einstieg ein anderer Weg gewählt wird, kann M2 als Überleitung zur Indianerfrage eingesetzt werden. Die – zunächst – Verdrängung und dann Ausrottung der Indianer sollte unter Beachtung affektiver Lernziele (z.B. Betroffenheit über das Unrecht, das den Indianern von den Weißen angetan wurde) durch die Auswertung des hierzu reichhaltigen Materialangebotes veranschaulicht und problematisiert werden.
1. M1 im Schülerbuch, S. 87, zeigt die Siedlungsgebiete der Indianer und die Siedlungsgrenze der Weißen im Jahr 1775.
2. M3 und M4 ermöglichen die Darstellung der indianischen Lebensweise, der Lebensbedingungen und deren Gefährdungen durch die Weißen. Dazu sollte auch die Aufgabe b) im Schülerbuch auf S. 103 herangezogen werden.
3. M7, M8 und M10 verdeutlichen die unterschiedlichen Perspektiven und Motive von Indianern und Weißen und führen daher zu einer Problematisierung der Indianerfrage. Aufgabe a) im Schülerbuch auf S. 103 gibt dazu die grundlegenden Denkanstöße.
4. M5 kann die Thematik in Zusammenhang mit Aufgabe c) noch einmal problemorientiert zusammenfassen und durch einen Ausblick auf die heutigen Lebensbedingungen der Indianer in Nordamerika aktualisieren.
Für die Behandlung der Sklavenfrage sollte nach Möglichkeit eine eigene Unterrichtsstunde angesetzt werden. Dann kann auch noch einmal wiederholend auf die im Schülerbuch (S. 87 und S. 88, M1) aufgewiesenen Gegensätze zwischen Nord und Süd eingegangen und somit die Ursachen zukünftiger Konflikte erarbeitet werden.
5. M6 sollte mit einem Hinweis (vgl. „Zusatzinformationen zu den Materialien“, M6) auf den blühenden Dreieckshandel zwischen Amerika, Europa und Afrika verbunden werden und zusammen mit M9 und M11 (Schülerbuch, S. 103) auf die menschenunwürdige Behandlung der schwarzen Sklaven überleiten.
Auch wenn die Sklavenfrage ausführlich behandelt wird, darf bei der Bearbeitung der Ursachen des Bürgerkrieges deren Bedeutung als Propagandainstrument nicht vergessen werden, weil die tatsächlichen Kriegsgründe vor allem in den wirtschaftlichen und gesellschaftlichen Gegensätzen zwischen Nord und Süd zu suchen sind. Der Darstellung des Bürgerkrieges und des Aufstiegs der USA zur Weltmacht kann anhand Aufgabe d) im Schülerbuch, S. 103 eine Erörterung der gesellschaftspolitischen Probleme der Gegenwart folgen. Dabei sollten im Besonderen die Vielschichtigkeit der Probleme ethnischer Minderheiten und der Begriff „Schmelztiegel USA“ kritisch diskutiert werden.

Leitende Problem-/Fragestellungen:
– Wie wirkte sich die Westexpansion auf das Selbstbewusstsein und das Selbstverständnis der Amerikaner aus? vgl. Marginalien „Go west, young man!“, „Die Pionierzeit prägt Amerika“ (Schülerbuch, S. 98),
– Welche Folgen hatte das Vordringen der Weißen für die Indianer? vgl. Marginalien „Der aussichtlose Kampf der Indianer“ und „Die Ureinwohner werden in Reservate abgedrängt“ (Schülerbuch, S. 99),
– Welche Gründe führten zum Menschenhandel mit schwarzen Sklaven? vgl. M6 (Schülerbuch, S. 102), M9 und M11 (Schülerbuch, S. 103),
– Welche Rolle spielte die Sklavenfrage im beginnenden Bürgerkrieg und welche an seinem Ende? vgl. Marginalien „Sklaven in einem demokratischen Staat?“ bis „Harte Friedensbedingungen“ (Schülerbuch, S. 99f.), Frage d),
– Welche Probleme der Sklavenfrage wirken bis in die Gegenwart fort?

Tafelbild

Der Bürgerkrieg

1. Ursachen:
– wirtschaftliche, gesellschaftliche und politische Gegensätze zwischen Nord und Süd,
– wachsendes Übergewicht des Nordens,
– Zuspitzung der Sklavenfrage.

2. Anlass:
Wahl Abraham Lincolns zum Präsidenten der USA und Austritt der Südstaaten aus der Union (= Sezession).

3. Verlauf:
– zahlenmäßige und waffentechnische Unterlegenheit des Südens,
– totaler Vernichtungskrieg,
– 1865 Kapitulation des Südens.

4. Folgen:
– harte Friedensbedingungen für den Süden: militärische Besetzung durch Truppen des Nordens,
– Abschaffung der Sklaverei, aber Fortbestehen der Rassenfrage,
– Industrialisierung des Südens und Aufstieg der USA zur Weltmacht.

Zusatzinformationen zum Verfassertext

Die im Verfassertext enthaltenen Fakten über Pionierzeit und Bürgerkrieg genügen für einen Altersstufen gemäßen überblicksartigen Kenntnisstand der Schülerinnen und Schüler. Nützlich könnte die Einfügung einiger narrativer Elemente sein, die die Vorgänge konkretisieren und romantisierenden Klischees oder Legenden entgegenwirken. Hatten die Indianer im Osten den ersten Siedlern das Land z. T. geradezu geschenkt (Holländer erwarben 1626 Manhattan für Glasperlen, insgesamt für einen Preis von 60 Gulden), so kämpften sie in der Pionierzeit um ihre Existenz (vgl. Bilder in der Marginalienspalte, S. 98). Die journalistische Phrase des New Yorkers Horace Greeley „Go west, young man!“ (vgl. Schülerbuch, S. 98) und die Ausbreitung des „Imperiums der Freiheit“ bedeuteten das Todesurteil für die Lebensordnung und Kultur der Indianer.
Zum Verlauf des Sezessionskrieges muss betont werden, dass dieser als erster „totaler Krieg“ gilt: Ausnutzung aller Möglichkeiten (Wirtschaft, Technik, Propaganda u.a.), Trommelfeuer (Gettysburg), bedingungslose Kapitulation (durch den Nordstaaten-General Ulyses Grant vom Süden gefordert), Krieg auch gegen die Zivilbevölkerung (vom Nordstaaten-General Sherman praktiziert) und Kriegsverbrecherprozess (gegen den Kommandanten des konföderalistischen Gefangenenlagers Andersonville).

Zusatzinformationen zu den Materialien

M1: Die Karte verdeutlicht die territoriale Gewinnung und Erschließung des Westens. 1803 wurde Louisiana von Napoleon für 15 Millionen Dollar gekauft, 1819 Florida von Spanien für fünf Millionen; 1812/13 scheiterte ein Krieg gegen England um Kanada; 1836 löste sich die Republik Texas von Mexiko, 1845 schloss sie sich der Union an, was zum Krieg gegen Mexiko führte, der wiederum den Gewinn von Kalifornien, Nevada, Utah, Arizona und Neumexiko (gegen eine Entschädigung von 25 Millionen Dollar) einbrachte; 1842 Maine und Oregon wurden durch einen Vertrag mit England gewonnen. 1867 kauften die USA Alaska von Russland für 7,2 Millionen Dollar; 1955 kam als letzter Staat das seit 1897 besetzte Hawaii zur Union.

M2: Das Bild eignet sich dazu, den Schülerinnen und Schülern den verzweifelten Widerstand der Indianer gegen ein weiteres Vordringen der Weißen zu veranschaulichen. Der in die Erde gerammte Speer und die zurückweisende Armbewegung des Indianers als Zeichen der Kampfbereitschaft müssen sich angesichts der neuen Siedlerwellen aber als aussichtslos erweisen. Auch die „Königliche Proklamationslinie“ (vgl. Schülerbuch S. 87, linke Karte M1), die die blutige Verdrängung der Indianer aufhalten sollte, erfüllte ihren Zweck nicht. Die weißen Siedler, Bodenspekulanten und Händler setzten sich über das Verbot hinweg. Schließlich wurden die Gesetze des englischen Königs von den Nordamerikanern nach der Unabhängigkeitserklärung als nicht verbindlich anerkannt. Schon die 13 Gründerstaaten verschoben ihre Grenzen jenseits der Proklamationslinie. Auch westlich der Grenze der 13 Vereinigten Staaten bestanden bereits Siedlungen der Weißen.

M3: Die beiden Bilder sollen das möglicherweise etwas einseitige Vorwissen der Schülerinnen und Schüler korrigieren, dass die Indianer nur von der Jagd und in mobilen Zelten lebten. Ausgehend vom Bau von Langhäusern durch die Irokesen soll den Schülerinnen und Schülern die Vielfalt der Wohn- und Lebensweisen verdeutlicht werden, die von rindengedeckten Kuppelhütten der östlichen Pflanzer, den Stangenzelten der Jäger bis zu riesigen Plankenhäusern im Nordwesten sowie stufenförmig ineinander verschachtelten Dörfern aus Stein und Lehm der Pueblo-Indianer reichten. Ergänzend können dazu Informationen über die wirtschaftliche und kulturelle Vielfalt gegeben werden: Wildbeuter (Grassamen, Eicheln, Wurzeln) in Kalifornien und im Großen Becken, reiche Fischervölker an der Nordwestküste, Maispflanzer im Osten, Wasserreis sammelnde Völker im westlichen Seengebiet, Bisonjäger in den Plains, Bewässerungsfeldbau durch die Pueblo-Indianer im Südwesten. Auch Religion, Sprache, Musik, Tanz, Dichtung oder auch Kunsthandwerk waren unterschiedlich, meist aber hoch entwickelt.

M4: Die Büffelherden bildeten das Nahrungsreservoir der nomadisierenden Indianer. Die Häute der Büffel verwerteten sie zu Zelten, die Felle als Unterlagen für ihre Schlafstätten, die Knochen zu Pfeilspitzen usw. Die Siedler sahen neben der Befriedigung ihrer Jagdlust in den riesigen Büffelherden eine Gefährdung ihrer Landwirtschaft und ihres Siedlungsausbaus, aber in deren Vernichtung auch eine Möglichkeit des Kampfes gegen die Indianer. Plakate forderten jedermann zur „Indianerjagd“ auf, für Indianerskalps wurden Prämien bezahlt.

M5: Die beiden Bilder sollen die Schülerinnen und Schüler dazu anregen, weitere Informationen über die Vertreibung der Indianer und ihr heutiges Leben zu sammeln und evtl. in Referaten vorzutragen. Zumindest sollten dazu im Unterricht einige weitere Hinweise erfolgen: Bereits 1830 wurden nach einem Gesetz über 100 000 Indianer aus ihren Gebieten östlich des Mississippi vertrieben und westlich davon angesiedelt. Zu katastrophalen Folgen führte die Zwangsumsiedlung der Indianer in Reservate dann u.a. um die Jahrhundertwende. Die Indianer sollten selbstständige, privatbesitzende Kleinbauern werden, alle indianischen Sitten und Gebräuche wurden durch ein Gesetz verboten. Dies zerstörte nicht nur die traditionellen Stammesorganisationen; bei der mit der Umsiedlung zusammenhängenden Landzuteilung ging auch der größte Teil ihres Landbesitzes verloren. Die kulturellen Eigenarten der Indianer, z.B. die kollektive Landnutzung, wurden missachtet, mangels Geld und landwirtschaftlicher bzw. technischer Erfahrung konnten die Indianer ihre zugeteilten Landflächen nicht Gewinn bringend nutzen. In wenigen Jahrzehnten stellten nicht mehr die Indianer den Großteil der Landbesitzer, sondern weiße Farmer.
Auch heute ist die Situation der Indianer von einer unsicheren Rechtslage bestimmt. 1953 erhielten sie zwar durch ein Gesetz alle Rechte als amerikanische Staatsbürger, seit 1975 haben sie weitgehende Autonomie in

ihren Reservaten und erhalten staatliche Subventionen. Rechtsstreitigkeiten gingen aber weiter. Vor allem die Wassernutzungsrechte der Indianer, von denen die Existenz vieler Reservate abhängt, sind umstritten. Da die Regierung den Indianern das Recht zusprach, ihre traditionellen Jagd- und Fischgebiete zu nutzen, kommt es immer wieder zu Protesten der nichtindianischen Bevölkerung, die diese Sonderrechte für eine ungerechte Privilegierung halten.
Nach einer Volkszählung von 1990 leben heute annähernd 2 Millionen Indianer in den USA, das sind 2 % der Gesamtbevölkerung. Die indianische Bevölkerung hat sich damit seit 1970 mehr als verdoppelt. Gegenwärtig gibt es etwa 500 Indianerstämme, allein über 200 in Alaska, und etwa 250 verschiedene Sprachen.
Nur jeder fünfte Indianer lebt heute in den Reservaten (u.a. in Arizona, New Mexico und Utah), die übrigen vorwiegend in den großen Städten wie Los Angeles, Denver oder Chicago. Die Reservate umfassen ein Gebiet in der Größenordnung der alten Bundesrepublik Deutschland. Da die Reservate oft unfruchtbare Böden haben und weit von den Industriezentren entfernt sind, beträgt die Arbeitslosigkeit um 40% dieser Bevölkerungsschicht. Trotz staatlicher Förderung von Unternehmen und Industrieansiedlung, trotz Abbaumöglichkeiten von z.T. reichen Bodenschätzen hält die Abwanderung aus den Reservaten an.
Insgesamt nehmen seit den 70er Jahren die Indianer das Recht der Selbstbestimmung durch ihre Stammesorganisation verstärkt wahr und versuchen Lebensformen zu gestalten, die ihren Völkern und ihrer Kultur entsprechen.

M6/M9 und **M11**: Bei der Behandlung der Sklavenfrage kann auf den Dreieckshandel eingegangen werden: Zucker, Tabak, Baumwolle, Silber, Rum wurden von Amerika nach Großbritannien, Waffen, Billigwaren, Alkohol von Großbritannien zur Westküste Afrikas und Sklaven von Afrika nach Amerika transportiert.
Die Situation der Schwarzen, die erstmals in Virginia im 17. Jahrhundert zur Arbeit eingesetzt wurden, verschlechterte sich zu Beginn des 19. Jahrhunderts erheblich. Noch während des Unabhängigkeitskrieges hatten Schwarze auf der Seite der Kolonisten gekämpft und konnten dafür z.T. ihre Freiheit erreichen. Die zunehmende Produktionsumstellung auf den arbeitsintensiven Baumwollanbau benötigte immer mehr billige Arbeitskräfte; der Norden kannte keine Plantagenwirtschaft.

M7 und **M8**: Das Buch von Dee Brown gibt vielfältige Informationen über die Denkweise der Indianer (z.B. das Land gehört allen und ist nicht verkäuflich) und ihr Schicksal (vgl. „Literatur zum Weiterlesen").

M10: Aufs Ganze gesehen scheiterte die Missionierung der Indianer. Ein indianischer Konvertit entfernte sich nicht nur von seiner eigenen Kultur, von seinem Stamm, sondern wurde von den Weißen nicht einmal als Christ anerkannt. Der Landhunger, die Profitsucht und die Machtinteressen der Weißen verhinderten eine überzeugende Darstellung christlicher Lebensformen.

Ergänzungen zum Angebot des Schülerbuchs

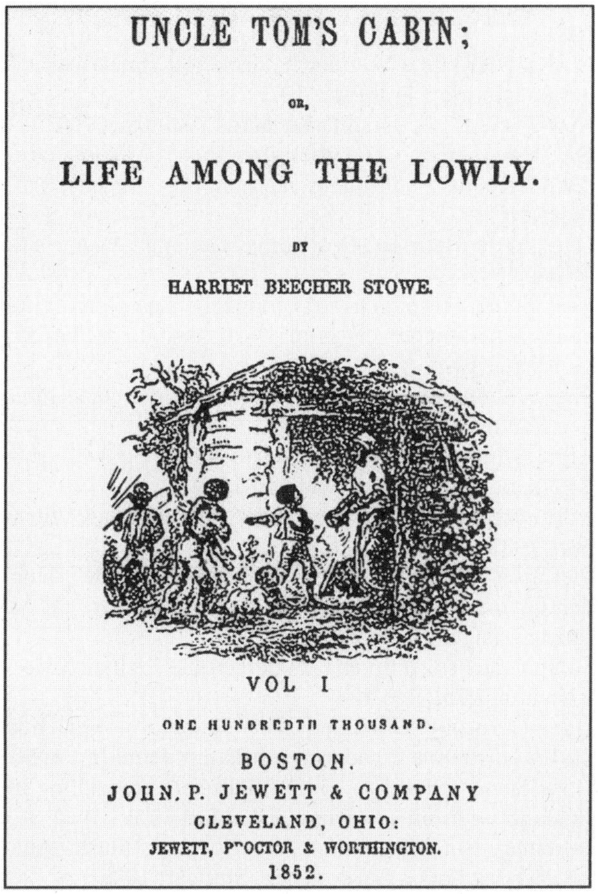
UNCLE TOM'S CABIN;
OR,
LIFE AMONG THE LOWLY.
BY
HARRIET BEECHER STOWE.
VOL I
ONE HUNDREDTH THOUSAND.
BOSTON.
JOHN. P. JEWETT & COMPANY
CLEVELAND, OHIO:
JEWETT, PROCTOR & WORTHINGTON.
1852.

Zu den Arbeitsvorschlägen und Fragen

a) Dem Text zu entnehmen: Menschenverachtung und völlige Rechtlosigkeit der Indianer stehen gegen Anspruch auf Heimat und Besitz.
b) Den Hinweisen zu den Materialien zu entnehmen.
c) Seine Bewaffnung, der unerschöpfliche Nachschub an Menschen und Material und seine Rücksichtslosigkeit sind die wichtigsten Stützen der Überlegenheit des weißen Mannes.
d) Die Sklaven waren nach dem Bürgerkrieg zwar persönlich frei; die Wahlrechtsbeschränkungen (Wahlsteuer, Meldebescheinigungen, Nachweis der Fähigkeit des Lesens und Schreibens, Nachweis von wahlberechtigten Vorfahren) sowie die Rassentrennung im Verkehrswesen, in Schulen, Kirchen, Hotels, Theatern, Schwimmbädern oder auf Parkbänken machten aus der Sklavenfrage aber die bis heute aktuelle Rassenfrage. Die Fragestellung kann durch Schülerreferate auf die heutige Situation der Schwarzen in den USA erweitert werden.

Literatur zum Weiterlesen für Lehrer

„England von der Puritanischen zur Glorreichen Revolutiuon", in „Geschichte betrifft uns", H5/1994
Nora Es, „Im Auftrag des Dakota", dtv, München 1982
Willi Fährmann, „Der lange Weg des Lukas B.", Arena Verlag, Würzburg [10]1986

Heinrich Händel/Isolde Friebe, „Großbritannien“, Becksche Reihe, München 1991
Frederik Hetmann, „Der Rote Tag“, Rowohlt, Reinbek 1981
Christopher Hill, „Von der Reformation zur Industriellen Revolution“, Frankfurt 1977
Kurt Kluxen, „Geschichte Englands“, Stuttgart 1991
C.B. Macpherson, „Die politische Theorie des Besitzindividualismus“, suhrkamp taschenbuch wissenschaft, Frankfurt 1973
Daphne du Maurier, „Des Königs General“, Knaur TB, München 1983
Karl-Heinz Metz, „Oliver Cromwell. Zur Geschichte eines schließlichen Helden“, Musterschmidt Verlag, Göttingen 1993
Peggy Mann/Siegal Vivian „Der Mann, der seine Freiheit kaufte“, dtv, München 1983
Anna Müller-Tannewitz, „Marys neue Schwestern“, K. Thienemann-Verlag, Stuttgart 1979
Kurt Lütgen, „Feuer in der Prärie“, Arena Verlag, Würzburg 1982
Pierre Pelot/Dylan Stark, „Ritt durch die Hölle“, Herder, Freiburg 1982
Ploetz, „England“, Freiburg 1991
Günter Sachse, „Hinter den Bergen die Freiheit“, Bertelsmann, München 1981
Hans-Christoph Schröder, „Die Revolution Englands im 17. Jahrhundert“, edition suhrkamp, Frankfurt 1986
Hans Setzer, „Wahlsystem und Parteienentwicklung in England“, edition suhrkamp, Frankfurt 1973
Rosemary Sutcliff, „Simon, der Kornett“, illustr. Auflage, Verlag Freies Geistesleben, Stuttgart 1996
Edward P. Thompson, „Die Entstehung der englischen Arbeiterklasse“, edition suhrkamp, Frankfurt 1987
Luigi Ugolini, „Er gab Amerika den Namen“, Styria, Graz 1974
Lieselotte Welskopf-Henrich: „Die Söhne der großen Bärin“, 6 Bde., Ravensburger, Ravensburg 1983
Peter Wende, „Probleme der Englischen Revolution“, Darmstadt 1980

Bücher zum Weiterlesen für Schüler

Elliot Arnold, „Der gebrochene Pfeil“, Boje-Verlag, Stuttgart [2]1982
Hans Baumann, „Vorstoß zum Pazifik“, Ravensburger, Ravensburg [5]1975
Dee Brown, „Begrabt mein Herz an der Biegung des Flusses“, Droemer Knaur, München 1974
Horst Burger, „Die Friedenspfeife ist zerbrochen“, Rowohlt, Reinbek 1983
James Fenimore Cooper, „Der Spion“, Karl-May-Verlag, Bamberg o.J.
Daniel Defoe, „Die Pest zu London“, Ullstein TB, Frankfurt 1990
ders., „Glück und Unglück der berühmten Moll Flanders, Insel TB, Frankfurt 1983

Filme, Medien

FWU 1000549 England im 17. Jahrhundert. Zeitgenössische Darstellungen 18 Min, sw. und f.
FWU 1000711 Das englische Parlament. Geschichtliche Entwicklung von 1215–1958, 18 Min. f.
FWU 3210070 „Dreieckshandel und Sklaverei in Amerika“, 16 Min., sw. und f.
FWU 3202669 „Zwischen Vergangenheit und Zukunft – Navajo“, 19 Min. f.
FWU 3200834 „Die USA auf dem Wege zur Weltmacht 1. Besiedlung und Erschließung im 19. Jahrhundert“, 23 Min., sw.

IV. Eine große Revolution auf dem europäischen Kontinent

Einleitung

Die bleibende Aktualität: Was bei der Beschäftigung mit der Französischen Revolution wie bei kaum einem anderen historischen Ereignis so faszinieren kann, ist ihre Breiten-, Tiefen- und Langzeitwirkung bis hinein in unsere Gegenwart. Die Französische Revolution bedeutet für das politische Wertesystem den Beginn der modernen Welt. In ihren aufregenden Phasen und Schüben bis hin zu Napoleon werden die verschiedensten politischen und gesellschaftlichen Modelle durchprobiert, denen wir seitdem „mutatis mutandis“ immer wieder begegnen. So ist die Behandlung dieser Revolution ein Angelpunkt und Schlüssel für das Verständnis des Wandels moderner politischer Systeme in Bezug auf die unserer Zeit.
Nach wie vor stehen wichtige Ideale der Revolutionszeit – Menschenrechte, Freiheit, Gleichheit und Brüderlichkeit – zur Diskussion und zur Disposition und es stellt sich die Frage nach ihrer universellen Gültigkeit und Durchsetzung. Gerade angesichts der rapiden globalen Wandlunsgprozesse drängen sich grundlegende Fragen des menschlichen Lebens und Zusammenlebens, um die bereits zwischen 1789 und 1815 gerungen wurde, wieder mit neuer Relevanz auf: Wie lässt sich menschliche Freiheit begründen, herstellen, vergeben, organisieren und sichern? Was sind ihre Bedingungen und welche Ausmaße sind vertretbar? Wie soll das Verhältnis von individueller Freiheit und gesellschaftlicher Ordnung gestaltet werden, d.h. welche Mittel sind erlaubt, um eine Bedrohung einer freiheitlichen und demokratischen Ordnung abzuwenden? Wie ist die Anwendung von Gewalt zu legitimieren, wie das Verhältnis von staatlichem Gewaltmonopol einerseits und bürgerlicher Selbstverteidigung und Widerstandsrecht andererseits zu bestimmen? Lassen sich naturrechtlich begründete Gleichheit und gesellschaftliche Ungleichheit vereinbaren? Wie werden diese Fragen entschieden und wo wird darüber entschieden, d.h. was sind die Voraussetzungen und Bedingungen politischer Partizipation? Wie ist das Verhältnis der Geschlechter und wie möchte man es gestalten? Viele dieser Fragen hatten sich zwar in ähnlicher Form auch in den Epochen vorher gestellt, aber in der Französischen Revolution traten sie mit einer neuen Heftigkeit auf, weil die Zerstörung von jahrhundertewährenden Tabus und Grenzen bis dahin kaum für möglich gehaltene neue Antworten zuließ. Die Revolution wurde nie auf die nackte Machtfrage reduziert, sondern geriet immer auch zu einer philosophischen, ideologischen, moralischen und ethischen Auseinandersetzung.

Geschlechtergeschichte: Zum ersten Mal in der Geschichte treten Frauen im Verlaufe der Revolution eigenständig als gesellschaftspolitische Gruppe auf, die ihre benachteiligte Stellung öffentlich thematisiert und auf Veränderung ihres Zustandes hinwirken will. Insofern ist das Thema dafür prädestiniert, Fragen der Frauen- und Geschlechtergeschichte nachzugehen (zeitbedingte Rolle der Geschlechter, Möglichkeiten politischer Partizipation, Anteil von Frauen an gesellschaftspolitischen und kulturellen Entwicklungen, Wandel und Widerstände). Dementsprechend wird die Rolle von Frauen in den ersten fünf Kapiteln thematisiert und in Kapitel 5 nochmals schwerpunktmäßig behandelt. Am Beispiel der Frauen lässt sich sehr gut zeigen, wie Revolutionspostulate (z.B. Gleichheit) und ihre Verwirklichung, Verfassungsnorm und Verfassungswirklichkeit auseinander klaffen konnten und somit auch in anderen Fällen diese Probe aufs Exempel immer zu machen ist.

Eine Darstellung mit strukturgeschichtlichem Übergewicht kann den Eindruck einer Gesetzmäßigkeit des revolutionären Prozesses und damit einer historischen Determination entstehen lassen. Deshalb wird über die Fragen und Anregungen an wichtigen Zäsuren immer wieder einmal der Blick für Handlungsalternativen der beteiligten Akteure geöffnet. Dazu kann auch das Spiel „Hätte der König seinen Kopf retten können?“ (Klett Bst.-nr. 2900) herangezogen werden (Kapitel 3).

Wie in der jüngsten Forschung weitgehend üblich, so nimmt auch die Darstellung im Buch (vor allem in Kapitel 2), allerdings implizit, die Unterscheidung in die drei sich gegenseitig beeinflussenden Ebenen der Revolution vor: die Verfassungsrevolution (zunächst der bürgerlichen Träger), die städtische Volksrevolution und die Bauernrevolution. Im Unterricht sollten diese Ebenen explizit herausgearbeitet und unterschieden werden (siehe Tafelbild zu Kapitel 2, S. 100), um ihre Wechselwirkungen zu verdeutlichen. Im Rahmen der Thematik des 5. Kapitels ließe sich sinnvollerweise noch der Begriff der Kulturrevolution ergänzen und mit vielen Beispielen (Mode, Formen politischer Partizipation, Feste, Kalender, Normierungen von Gewichten und Maßen, Lieder, Säkularisierung des Lebens und der staatlichen Ordnung, bildende Kunst etc.) belegen. Kultur- und Alltagsphänomene eignen sich gut als motivierende Zugänge zu komplexeren Inhalten. Die am meisten verbreiteten und bedeutensten Lieder der Revolution (ça ira, Marseillaise, Carmagnole) sind auf der CD „Historische Lieder“ vertont und im Begleitbuch ausführlich mit Hinweisen für den Einsatz im Unterricht erläutert (Klett Bst.-nr. 415542).

Es wird im Buch nicht der Versuch unternommen, das Ende der Revolution zu datieren. Hier bieten sich die Jahre 1795, 1799 und 1815 an, je nachdem welche Kriterien man zugrunde legt. Die Hochphase ist sicherlich 1795 mit dem Ende des Terrors und mit der Direktorialverfassung abgeschlossen. Sie kehrt auf einer anderen Ebene zum Zustand der konstitutionellen bürgerlichen Revolutionsphase von 1791 zurück und geht über in die Diktatur und Monarchie Napoleons.
Aus sachlichen und didaktischen Erwägungen wurde die napoleonische Ära mit der Revolution in einem

Großabschnitt zusammengefasst. Die kuriose Spiralbewegung des Revolutionsverlaufes (vgl. Grafik, Lehrerband, S. 121) sollte die Schüler verblüffen: Aus dem revolutionären Prozess, der zunächst auf die völlige Abschaffung der Monarchie zusteuerte und in dem um eine größere und breitere politische Partizipation und soziale Gerechtigkeit gerungen wurde, ging wiederum ein Monarch hervor. Dieses erste augenfällige Ergebnis (vgl. ADS) kann folgende Fragen provozieren: Was hat die Revolution letztlich denn bewirkt? Was blieb auch unter restaurativen Tendenzen bestehen und wirkte weiter? Unterschied sich die neue Monarchie von der alten? Diese Frage nach der Wirkungsgeschichte der Revolution wird zwar in Kapitel 5 mit den beiden Materialien M10b und M10c aufgeworfen, aber im Buch nicht systematisch und vollständig abgehandelt. Als Anregung für ein resümierendes Unterrichtsgespräch kann der Text von Rolf Reichardt aus dem „Funkkolleg Geschichte", Studienbegleitbrief 8, dienen.
Die bleibende Aktualität, das Paradigmatische der Entwicklungen, Konstellationen, Fragestellungen und viele spannende Ereignisse und Episoden machen die didaktische Reduktion bei dieser Thematik zu einer großen Herausforderung. Folgende Aspekte könnten als grundlegende Leitlinien dienen, denen sich Inhalte aus den Kapiteln exemplarisch zuordnen lassen:

Problem-/Fragestellungen

- Ursachen und Anlässe der Revolution (Kapitel 1, 2):
- Was ist eine Revolution?
- Was hat sich durch die Revolution verändert?
- Lässt sich eine Revolution steuern?
- Auswirkungen der Revolution bis heute,
- Formen und Möglichkeiten, Interessenkonflikte auszutragen,
- Die Rolle der Gewalt (Kapitel 2–4).

Die Bedeutung des nicht zu unterschätzenden, aber auch schwer zu ermessenden Phänomens der Furcht für den Ablauf der Revolution haben viele namhafte französische Historiker in Fallstudien nachgewiesen (Hinweise bei Albert Soboul, „Kurze Geschichte der Französischen Revolution", Berlin 1996, S. 34 ff.). Auf dieses Phänomen sollte man im Verlaufe der Sequenz immer wieder mal zu sprechen kommen.

Vorschläge für Themeneinstiege:

- ADS: Bildinterpretation, chronologische Abfolge der dargestellten Ereignisse
- Marginalie „Weg in ein neues Zeitalter"
- Brainstorming: Stichworte zum Thema „Französische Revolution"; besondere Interessenschwerpunkte der Schülerinnen und Schüler

Um sich im Gewirr von Interdependenzen, in den verschiedenen parallel, übereinander oder gegeneinander laufenden Entwicklungen zurechtzufinden, ist es hilfreich, zunächst die wichtigsten revolutionären Akteure (Gruppen und ihre Protagonisten) und Träger des revolutionären Prozesses und ihre Interessenlage klar zu unterscheiden. Das wird bereits im ersten Kapitel vorbereitet und dann an wichtigen Zäsurstellen, an denen wesentliche Änderungen erfolgen, erneut angeregt.
Am Ende des Großabschnitts sollten die Schülerinnen und Schüler den Fachterminus „Revolution" bestimmen und charakteristische Merkmale anhand von Beispielen aus der Französischen Revolution erklären können. Dazu gehört auch die Unterscheidung zwischen länger wirkenden Ursachen und kurzfristigen Anlässen. Zu nennen sind: große politische, ökonomische und gesellschaftliche Widersprüche, die im Aufeinandertreffen unterschiedlicher Interessen Krisen hervorrufen; ein vorausgehender ideengeschichtlicher Wandel und ein Wandel der Mentalitäten (Legitimation von Herrschaft, eine schleichende Entchristianisierung schon vor 1789), die Reformunfähigkeit und -unwilligkeit der alten Eliten und Machtträger; die Beschleunigung und Verselbstständigung des Prozesses durch die Interaktionen der verschiedenen Träger und Akteure, die Wechselwirkungen zwischen regional unterschiedlich verlaufenden Entwicklungen sowie zwischen Innen- und Außenpolitik. Das Ergebnis einer Revolution ist zumindest temporär der fundamentale Wandel der gesellschaftspolitischen Verhältnisse, meist verbunden mit einem kulturellen Wandel (Mode, Öffentlichkeit, Presse, Clubs, Sprache, Feste). Nach den Erfahrungen der bundesrepublikanischen Wende von 1989 ist zu fragen, ob zu jeder Revolution die Gewalt als konstitutives Element gehört.

Auftaktdoppelseite 104/105:

Die Bilder schlagen einen Bogen vom Sturm auf die Bastille über die Abschaffung der Privilegien als dem ersten tief greifenden und bleibenden gesellschaftspolitischen Einschnitt und der Kokarde als populärem Symbol mit revolutionären Losungen bis hin zur Kaiserkrönung Napoleons.

Funktionen dieser Auftaktdoppelseite:
1. als Einstieg in das Thema des Großabschnitts:
Bilder chronologisch ordnen und die dargestellten Ereignisse miteinander in Bezug bringen. Daraus können sich folgende Fragen entwickeln:
– Welche Bedeutung hat der 14. Juli 1789 für die Revolution, welche Rolle spielt die Gewalt im revolutionären Prozess? Was ist die Bastille?
– Wie kommt es, dass die Symbole der alten Ordnung, der Monarchie und des Ständestaates zerschlagen werden und am Ende doch wieder ein Alleinherrscher steht?
– Warum haben die Revolutionäre auch die Farbe des königlichen Banners in die Revolutionssymbolik aufgenommen?
2. als Zusatzmaterial zu einzelnen Kapitelthemen:
Kapitel 2: Hintergrundbild, Kokarde und Zerschlagung der Adelsinsignien
Kapitel 6: Krönungsbild Napoleons
3. als Resümee am Ende des Großabschnitts:
anhand der Bilder wichtigen Stationen der Revolution nachgehen und die Bedeutung einzelner Ereignisse im Gesamtverlauf der Revolution vertiefen.

Erläuterungen zu den Bildmaterialien

1. *Hintergrundbild*
Die Darstellung auf dem Hintergrundbild, der Sturm auf die Bastille, hat für die gesamte Revolutionszeit und darüber hinaus bis heute Symbolcharakter erhalten. Seit 1880 ist der 14. Juli in Frankreich Nationalfeiertag.
Das Bild hält den Moment der Kapitulation der Bastillebesatzung fest. Der Kommandant der Festung, Marquis de Launay, wird von den beiden Befehlshabern der vorher zu den Aufständischen übergelaufenen königlichen Gardesoldaten abgeführt. Das Bild rückt auch stellvertretend die Gewalt als eine Komponente des revolutionären Prozesses in den Blick.
Der Maler des Bildes, Jean-Pierre Houel (1734 Rouen bis 1813 Paris), bewegte sich vor der Revolution im Pariser Milieu der Aufklärer und gehörte zu den begeisterten Anhängern der Revolution in ihrer ersten Phase nach 1789. Ebenso wie Jacques Louis David diente auch er später dem Kaiserreich Napoleons. Insgesamt existieren zum „Sturm auf die Bastille“ vier Versionen von ihm.
Zu den Ereignissen des 14. Juli 1789 empfiehlt sich das gleichnamige Buch „Der 14. Juli 1789. Biografie eines Tages“ von Winfried Schulze, Verlag Klett-Cotta, Stuttgart [2]1989 zu lesen. Es enthält auch viele spannende Einzelepisoden, mit denen sich der Unterricht anreichern lässt.
Die Bastille lag im Osten von Paris auf dem rechten Seineufer in der Nähe des Handwerker- und Kleinbürgerviertels Saint-Antoine. Ursprünglich gehörte sie als Festungsbau zur alten Stadtmauer und wurde seit Richelieu als Staatsgefängnis genutzt. Die Bastille war seit jeher das Gefängnis für politische Gefangene, die dem Monarchen in irgendeiner Weise gefährlich geworden waren oder gefährlich werden konnten und die meist ohne ordentliches Gerichtsverfahren, allein durch die gefürchteten königlichen Haftbefehle, die „lettres de cachet“, ihre Freiheit eingebüßt hatten. Unter Ludwig XVI. hatten jedoch diese Verhaftungen stark abgenommen (insgesamt 45 während seiner Regierungszeit). In den berüchtigten nasskalten Verliesen durften nach königlicher Order schon lange keine Gefangenen mehr untergebracht werden. In den letzten Jahren vor ihrer Erstürmung war die Bastille sogar zum Vorzugsgefängnis für Adlige (z.B. des Marquis de Sade) geworden, denen vom Dienstboten bis zu einer umfangreichen Bibliothek viele Annehmlichkeiten zukamen. Warum dennoch gerade die Erstürmung der Bastille zum revolutionären Mythos werden konnte, liegt an ihrer Bedeutung, die sie in der Öffentlichkeit u.a. durch Publikationen von ehemaligen Insassen und regimekritischen Emigranten bekommen hatte. Sie galt als Symbol despotischer Herrschaft und ministerieller Willkür schlechthin. Ihr Schreckensbild hatte aber mit ihrer Funktion im Jahre 1789 nicht mehr viel gemeinsam.
Insgesamt wurden sechs Offiziere und Soldaten der Besatzung der Bastille an Straßenlaternen aufgehängt oder erschlagen. Es wären mehr geworden, hätten nicht die Gardes Françaises die anderen beschützt und in Sicherheit gebracht.
An Gefangenen fand man in der Bastille nur sieben Personen, von denen nicht eine als öffentlicher Märtyrer königlicher Willkür taugte. Es waren darunter Geisteskranke und Urkundenfälscher, aber keine ausgesprochen politischen Gefangenen. Deshalb erfand man die Geschichte von einem Comte de Lorges, der angeblich wegen seiner republikanischen Gesinnung seit 1757 eingekerkert war und von dem nach dem Bastillesturm Bilder und Büsten angefertigt wurden.
Was schon unter Ludwig XVI. geplant war, nämlich die Bastille abzureißen, weil sie als Gefängnis ohnedies keinen Nutzen mehr hatte, geschah nach ihrer Erstürmung. Der Abriss war auch als Arbeitsbeschaffungsmaßnahme für die vielen Arbeitslosen gedacht, deren Zahl nach der ersten Emigrantenwelle adliger „Arbeitgeber“ zugenommen hatte.
Die Erstürmung der Bastille wurde als Sieg des „Volkes von Paris“ über die Despotie betrachtet und hatte damit große Signalwirkung für den weiteren Verlauf der Entwicklungen. Vermutlich hat der Erfolg, der sich im kollektiven Bewusstsein verankerte, auch die dann folgenden Aufstände beeinflusst.

2. *Kokarde*
Die Kokarde als Symbol ist militärischen Ursprungs: ein Hutband in den Farben eines bestimmten Regiments. Politische Bedeutung erhielt sie nach dem Sturm auf die Bastille. Die Symbolik der Farben hat zu den verschiedensten Deutungen geführt. Die Legende im Buch hat die wahrscheinlichste zu Grunde gelegt. Danach soll der König als Ausdruck seiner Zustimmung zur Revolution die blau-rote Kokarde der Nationalgarde auf seine weiße Hutschleife gesteckt haben. Ab dem 5. Juli 1792 wurden alle in Frankreich lebenden Menschen gesetzlich verpflichtet, die dreifarbige Kokarde zu tragen.

3. *Ende der Ständegesellschaft*
Es handelt sich um den Ausschnitt eines kolorierten Bilderbogens mit vier Bildern und dem Titel „Denkwürdige Ereignisse während der Revolution“ (Vgl. E. Schwalm [Hg.], „Folienbuch Geschichte 2“, Fol.15 mit Lehrerheft S. 75-78, Klett-Perthes, Gotha 1993, Klett Bst.-nr. 57003).
Die revolutionären Ereignisse ließen das öffentliche Informationsbedürfnis rapide ansteigen. Neue Zeitschriften und Bilder wollten jedoch nicht nur informieren, sondern auch die öffentliche Meinung beeinflussen. Der Bilderbogen ist vermutlich im Zusammenhang mit dem Föderationsfest am 14. Juli 1790 entstanden (Erläuterungen zu diesem Fest im Lehrerband auf S. 104).
Bild 1 zeigt, wie der erste und zweite Stand den dritten Stand unterdrücken. In Bild 4 tragen alle drei gemeinsam die Last. Bild 1 und Bild 4 stellen also die Anfangs- und Endsituation in der Entwicklung des dritten Standes dar und demonstrieren die Umverteilung der Lasten im Staat.
Bild 2 zeigt das Erwachen des dritten Standes, der zum Erschrecken des ersten und zweiten seine Ketten sprengt. Im Hintergrund ist der Abbruch der Bastille zu sehen.
Bild 3, das auf der Auftaktdoppelseite zu sehen ist, nimmt weniger Bezug auf die Abschaffung der Feudalordnung am 4./5. August 1789 als auf den 19. Juni 1790, an dem in der Nationalversammlung über die Abschaffung der Adelstitel und Rechte auf Wappen debattiert wurde. Das geht auch aus der Legende hervor: „Der Erbadel wird für immer abgeschafft, die Titel Prinz, Marquis, Baron, Ritter und Monseigneur werden beseitigt.“ Mit Dreschflegeln werden die Standessymbole des ersten und zweiten Standes zerschlagen. Zu erkennen sind

Bischofsmütze, Säbel und Degen, Wappenschilde, Adelshüte. Andere Bildmotive dieser Zeit, die auf dieses Gesetz Bezug nehmen, zeigen einen flammenden Scheiterhaufen mit Gesetzesbüchern, Wappenschilde, Ordensschärpen u.a.
Die Gesamtaussage des Bilderbogens ist auf Harmonie und Ausgleich der drei Stände bedacht und drückt einen Optimismus aus, den nicht alle zu dieser Zeit teilten. Es fällt auf, dass der König nirgends dargestellt ist.

4. Napoleon während der Kaiserkrönung
Der Maler Jacques Louis David, politisch sehr engagiert, wollte auch mit seinen Bildern während der Französischen Revolution und der Herrschaft Napoleons politisch wirken. Die hier abgebildete Skizze von der Selbstkrönung Napoleons, die er quasi als Bildreporter am Orte und während des Geschehens anfertigte, verwertete er für sein großes offizielles Gemälde im Dienste Napoleons 1807. Ein größerer Ausschnitt daraus findet sich als M4 (rechtes Bild) in Kapitel 6.

Zur Vorgeschichte und zum Maler:
Napoleon hatte dem Maler Jacques Louis David in der Kirche von Cluny auf Staatskosten ein eigenes Atelier einrichten lassen. Dort sollte er das monumentale Krönungsbild (9 m x 6 m) anfertigen. Der neue Kaiser, der vom endgültigen Ergebnis sichtlich beeindruckt war, erhöhte das Honorar des Malers auf 100 000 Francs, eine damals ungeheure Summe.
David hatte sein Können schon vorher als engagierter Revolutionär und Jakobiner bewusst in den Dienst politischer Propaganda gestellt und bedeutsame Augenblicke der Revolution (u.a. den Ballhausschwur, den Tod des Marat) in Szene gesetzt. Mit seinen heroischen Darstellungen wollte er auf den „Geist des Volkes" einen tiefen Eindruck machen und die Seele des Volkes begeistern. Mit diesem Impetus eröffnete er eine neue Epoche der Kunst, den sogenannten epischen Realismus, der die Wirklichkeit nicht abbilden will, wie sie ist, sondern herausstellen möchte, was sie bedeutet. David, seit September 1792 Mitglied des Nationalkonvents, stimmte als überzeugter Republikaner für die Hinrichtung des Königs. In Napoleon hatte er schon früh den legitimen Erben der Revolution gesehen, an dem sich der Patriotismus neu entzünden lasse. Das bekannte und im Schülerbuch auf S. 135 abgedruckte Reiterporträt, das Napoleon auf eine Stufe mit Hannibal und Karl dem Großen stellt, hatte das Interesse des Korsen für den Maler und dessen Stil geweckt. Napoleon orderte von diesem Bild gleich vier Fassungen und erteilte dann David den Auftrag, die Krönungsfeierlichkeiten in repräsentativen Bildern festzuhalten. Der Maler selbst verwarf es, den Moment der Selbstkrönung Napoleons, den er in mehreren Skizzen festgehalten hatte, als Hauptgemälde umzusetzen, weil sie ihm zu übertrieben wirkte.

Bilddetails:
Mehr als 100 Personen sind auf dem dann favorisierten Krönungsbild dargestellt, die meisten von ihnen lassen sich auch heute noch identifizieren. Allerdings hat der Maler aus kompositionellen Erwägungen heraus einige Personen im Vergleich zum tatsächlichen Ereignis umgruppiert, auf die Genauigkeit der Porträts, die Natürlichkeit der Haltungen und Bewegungsabläufe, die Treue im Detail der Gewänder aber größten Wert gelegt. Einige Personen wurden hinzugefügt, die dem Kaiser wichtig waren, wie seine Mutter in der Mitte der unteren Tribüne, die an der Krönung nicht teilgenommen hatte, weil sie sich mit ihrem Sohn nicht besonders gut verstand. Man kann auf dem Gesamtbild drei für das napoleonische Herrschaftssystem unverzichtbare Personenkreise unterscheiden: die Familie des Kaisers im linken Bildvordergrund, dahinter im Kirchenschiff die Gruppe der Hof- und Militärverwaltung mit federgeschmückten Hüten. Unmittelbar um Napoleon stehen die Spitzen des französischen Klerus, um den Papst die Würdenträger der Kurie. Im Uhrzeigersinn schließen sich die sechs „Großwürdenträger" des Reiches an. Sie gehören ebenso zum neuen Hochadel wie die 40 bis 50 „Großoffiziere", darunter 16 neu ernannte Marschälle sowie die Spitzen der Hof- und Zivilverwaltung.
Ganz links auf dem Bildausschnitt der 95-jährige Erzbischof von Paris und hinter den Schärpenträgerinnen der Oberzeremonienmeister Ségur, dem die Leitung der Feierlichkeiten übertragen worden war, ein Mann von altem Adel, unter Ludwig XVI. Gesandter am Hof der Zarin Katharina der Großen. Eine weitere Gruppe von Marschällen hält Kissen, Korb und Brett, die Unterlagen für die während der Krönung notwendigen Insignien der Kaiserin.
Unter den Gästen im zweiten Glied, oberhalb des Papstes und seiner Kardinäle, ist die Gruppe der Diplomaten hervorzuheben, unter ihnen die Botschafter Österreichs, Italiens, Spaniens, der Türkei und der Vereinigten Staaten. Ihre Anwesenheit erhob die Krönung in den Rang eines europäischen Ereignisses. Die Königin Josephine ist jünger dargestellt, als sie zum Zeitpunkt der Krönung war (41 Jahre). Die Krönung wurde als ein einmaliges und großartiges Schauspiel inszeniert. Die Dramaturgie ist im Einzelnen in der GWU, 43. Jg. 1992, S. 728 ff. im Aufsatz von Richard Schult „... das Schiff der Revolution in den von ihm bestimmten Hafen zu bringen" nachzulesen; gekürzt auch im Folienbuch Geschichte 2, S. 79 ff.
Das Bild hatte propagandistische Funktion. Es sollte die epochale Bedeutung der Krönung durch die Fixierung eines wichtigen Augenblicks ihrer Inszenierung für die Nation und für alle Welt im Bewusstsein verankern.

Die Bildinterpretation kann folgende Inhalte erschließen:
– die Stellung Napoleons als neuer Alleinherrscher: Er allein handelt, er wird legitimiert durch alle (!) Anwesenden (siehe oben)
– den Bezug zur antiken Tradition: Der Lorbeerkranz zeigt, dass Napoleon das Kaisertum nur als logische Fortsetzung des vorherigen Konsulatsstatus betrachtet sehen will. Damit trifft er den kulturellen Trend des Bürgertums, für das die Antike eine Vorbildfunktion besaß;
– veränderte Akzente seiner Monarchie im Vergleich zum Ancien Régime: Reims ist nicht mehr die Krönungs- und Königshauptstadt; es gibt eine neue Herrscherdynastie und einen neuen Adel.
– religiöse Legitimation: Symbolisch wird eine Abkoppelung von der kirchlichen Legitimation vorgenommen, ohne die metaphysische Legitimation in Frage zu stellen. Der göttlichen Legitimation wird aber die Legitimation durch eigene Kraft, gestützt auf Armee und Volk, gegenübergestellt.

1. Frankreich vor 1789: reich und ruiniert

Konzeption

Das Kapitel soll die vielfältigen Ursachen für die revolutionäre Situation zeigen, aber auch verdeutlichen, dass der Verlauf, den die Ereignisse genommen haben, in keinem Augenblick voraussehbar gewesen war und man immer nur im Nachhinein sagen kann, es habe so kommen müssen: ein Beitrag zu der Erkenntnis, dass historische und politische Abläufe oder Entwicklungen nicht vorhersehbar sind (vgl. auch Kapitel 8.1, Schülerbuch, S. 141f.).
Die Schülerinnen und Schüler sollen erkennen, wie und in welchem Umfang die verschiedenen Gruppen dazu beigetragen haben, die Krise von 1788/89 und die in ihr zu Tage tretenden Konflikte zu verschärfen.

Aspekte der Unterrichtsgestaltung

Vorschläge für den Themeneinstieg:
- M2;
- M5 mit Kreisgrafik M1;
- M1 und M6.

Teilthemen:
- Die Ständegesellschaft (Wiederholung/Rückgriff auf Absolutismus möglich) M1, M2, M4, M6;
- Die Staatskrise M1, M3, M5.

Problem-/Fragestellungen:
- Frage a) dazu: Verfassertext, M1, M6;
- Wie kann ein Staat reich und zugleich ruiniert sein? Verfassertext, M1, M5;
- Wer verursacht die Kosten, wer trägt die Lasten? M1, Verfasserterxt, M2, M6;
- Ist der Ausdruck „dritter Stand des dritten Standes“ für die damalige Situation und Stellung der Frauen berechtigt? Verfassertext, M6b.

Vorschläge für Arbeits- und Sozialformen:
- Unterschiede der einzelnen Stände in verschiedenen Gruppen erarbeiten lassen (Eine Gruppe konzentriert sich aufs Material, die andere auf den Verfassertext);
- Forderungen der einzelnen gesellschaftlichen Schichten einschließlich König durch Gruppen erarbeiten lassen und in der Ich/Wir-Form vortragen lassen.

Zusatzinformationen zum Verfassertext

Der Weg in ein neues Zeitalter: Die Informationen zur Reise des Königs in die Normandie sind dem Buch von Evelyne Lever, „Ludwig XVI.“, Stuttgart 1988, S. 342ff. entnommen. Um die Szene richtig zu beurteilen, sollte auch auf die Bedeutung des Königs in der Vorstellung vor allem der ländlichen Bevölkerung hingewiesen werden, für die er religiösen Charakter – „von Gottes Gnaden“ – und sogar besondere Heilkräfte besaß. Daher auch der wachsende Widerstand gegen die Revolution in diesen Bevölkerungsgruppen nach seiner Gefangennahme und seiner Hinrichtung.

Ludwig XVI. kann als tragische Figur der Geschichte bezeichnet werden. Widerwillig bestieg er nach dem Tod seines Großvaters mit 24 Jahren im Jahre 1774 den Thron. Sein Vater und sein älterer, angeblich weit mehr begabter Bruder waren vorher gestorben. Ludwig XVI. war seinem Amt und den Aufgaben, die zu dieser Zeit von ihm abverlangt wurden, nicht gewachsen.
Seine mangelnde politische Begabung, sein großes Misstrauen gegenüber sich selbst und anderen, seine schlechte Menschenkenntnis verbanden sich mit seinem Hang zur Nostalgie und seinem unerschütterlichen Glauben an die göttliche Legitimität der Monarchie und der Ständeordnung wie auch an die Doktrin der römisch-katholischen Kirche. Daraus erklärt sich seine starrköpfige Opposition gegenüber den Beschlüssen der Nationalversammlung zur Konstitution des Klerus und zu den adligen Emigranten. Jeder, der an seinem festen traditionellen Weltbild rütteln wollte, machte sich für ihn verdächtig und kam als Ratgeber nicht mehr in Frage. Wohltuend registrierte er die Zuneigung des Volkes, die ihm auch auf seiner Reise nach Cherbourg zuteil wurde und in der er eine unverbrüchliche, ja metaphysische Verbindung zu erkennen glaubte. Er wollte seinem Volk immer ein guter König sein. Umso größer muss für ihn die Erschütterung gewesen sein, als sich „das Volk“ von ihm abzuwenden begann.
Zu den strukturellen Schwächen des Systems und den Krisen kam also noch hinzu, dass die wichtigste Entscheidungsposition von einer labilen und schwachen Persönlichkeit eingenommen wurde. Andererseits verfügte die Monarchie schon lange vor dem letzten König nicht mehr über die Machtfülle und Omnipotenz des Sonnenkönigs. Die meisten Staatsämter waren schon unter Ludwig XIV. durch ihre Privatisierung zum Eigen-

Tafelbild: Ursachen und Anlässe der Französischen Revolution

Französische Revolution	*Ursachen*	*Anlässe*
	Ungleiche Lastenverteilung im Staat; Privilegien des Adels; Schwächung des Absolutismus; Wirtschaftlicher Aufstieg des Bürgertums ohne politische Mitsprache; Religiöse Unterdrückung; Mangelhafte Versorgung der Bevölkerung, Hungersnöte; Feudalsystem: Abgabenlast, Leibeigenschaft; Bevölkerungsentwicklung; Willkürliches Rechtssystem	Finanzkrise des Staates; Schwacher König (unentschlossen, unkalkulierbar) Forderungen von Adel und Bürgertum; Militärische Bedrohung; Nahrungsmittelknappheit

tum unabsetzbarer Beamtenfamilien geworden. Das hatte den König inzwischen zum Gefangenen der Hofaristokratie gemacht. Es half Ludwig XVI. nichts mehr, gegen Veruntreuung der Generalsteuerpächter Sondergerichte einzusetzen, denn diese Pächter waren über Ämterkauf inzwischen selbst in den Erbadel aufgestiegen und besaßen großen Einfluss bei Hofe. Die Parlamente in den Provinzen als dezentrale Vollzugsorgane hatten ihren Einfluss deutlich erhöht und den der Intendanten als den direkten Vollzugsorganen des königlichen Willens zurückgedrängt. In der Öffentlichkeit stellten sich die vom Provinzadel besetzten Parlamente gerne publikumswirksam als Gegner des ministeriellen Versailler Despotismus dar. In Wirklichkeit hemmten sie jedoch, immer ihre eigenen adligen Pfründe im Blick, die Ausführung dringender Reformgesetze. Diese Wechselwirkung von strukturellen Voraussetzungen einerseits und Dispositionen einzelner, aber mächtiger Persönlichkeiten andererseits auf die Entwicklung historischer Prozesse kann am Beispiel Ludwigs XVI. gut aufgezeigt werden. Hier sei nochmals auf das (Rollen-)Spiel verwiesen „Hätte der König seinen Kopf retten können?" (Klett Bst.-nr. 2900).

Zur Wirtschaft Frankreichs: Das Wachstum betrug von 1730–1789 in der gewerblichen Produktion 30 %, in der Metallindustrie allein 70 %, im Export insgesamt 300 %. Preis für ein 4-Pfund-Brot in Paris: 1767–1774 = 11 Sous, Juli 1788 = 9 Sous, 14. Juli 1789 = 15 Sous.
Die Gewinne in der Landwirtschaft sanken zwischen 1770 und 1787 um 83 %.

Zu den einzelnen Ständen: Etwa 80 Prozent der französischen Bevölkerung lebten auf dem Land. Hinsichtlich der Bauern muss zwischen den Großbauern und der Mehrheit der Kleinbauern unterschieden werden. Vor allem die wohlhabenden Bauern erhoben zunächst die Forderung nach Abschaffung der Privilegien, weil sie in ihren Augen keine Berechtigung mehr hatten. Den Kleinbauern blieb nach Abzug von Saatgut, Steuern, Kirchenzehnt, Pachtzins, einem Entgelt für ausgeliehenen Pflug und Zugvieh, den Abgaben an den Grundherren kaum ein Drittel der Ernte für den Lebensunterhalt der Familie. Schon bei geringen Ernteausfällen mussten sie sich vom Notar oder Pfarrer Geld leihen, um sich das im Preis gestiegene Brot kaufen zu können, das aus ihrem preiswertem Getreide gebacken war.
„Andererseits ging es ihnen in einem Jahrhundert überwiegender wirtschaftlicher Prosperität nach und nach etwas weniger schlecht." (Reichardt, „Funkkolleg Geschichte", Studienbegleitbrief 8, S. 67). Dazu trugen bei: zusätzliche Einnahmen aus Garten und Fischteich, kleinere Rodungen, neue Nahrungsmittel wie Mais und Kartoffeln, auf die beim Anstieg der Getreidepreise zurückgegriffen werden konnte, Nebenerwerbsmöglichkeiten in der ländlichen Heimindustrie.
Zwar starben weit weniger Menschen am Hunger und seinen Folgen als im 17. Jahrhundert, es vegetierten aber weit mehr als früher am Rande des Existenzminimums.
Zwischen Adel und Großbürgertum, die von diesen Entwicklungen und von der einsetzenden Industrialisierung profitierten, gab es einen Prozess wechselseitiger Angleichung: Wohlhabende Kaufleute und Juristen kauften zunehmend Adelsgüter und adelnde Staatsämter. Edelleute orientierten sich an bürgerlichen Werten wie dem Gewinnstreben und wetteiferten mit bürgerlichen Grundbesitzern um die rationellere Führung der Landwirtschaft. Spannungen entstanden vor allem zwischen dem alten Schwertadel und dem nachdrängenden Geld- und Amtsadel.
Um das spannungsvolle Verhältnis zwischen Revolution und christlicher Religion zu verstehen, ist es wichtig zu wissen, dass schon vorher ein langfristiger Entchristianisierungsprozess eingesetzt hatte, wie Michel Vovelle am Beispiel der Provence gezeigt hat (vgl. Reichardt im „Funkkolleg Geschichte", Studienbegleitbrief 8, S. 69 ff.). Als Gesamttrend ergebe sich „das rapide Nachlassen der traditionellen katholischen Frömmigkeit seit der Mitte des 18. Jahrhunderts bis hinunter zu Kleinbauern, Handwerkern und Krämern."

Der dritte Stand des dritten Standes: Susanne Petersen weist in ihrer Quellensammlung „Marktweiber und Amazonen. Frauen in der Französischen Revolution" auf die spärliche Quellenlage zu den Lebensumständen der Frauen vor der Revolution hin. Selbstzeugnisse gebe es so gut wie keine. Über 80 Prozent der Frauen waren Analphabeten und für diejenigen, die schreiben konnten, waren Publikationen nicht schicklich. „Zumeist sind es Männer, die über Aktivitäten von Frauen sprechen, diese beschreiben und bewerten; häufig handelt es sich dabei überdies um Angehörige des Polizei- und Überwachungsapparats, was ihren Beobachtungen noch eine besondere Färbung gibt." (ebd. S. 12).
Wie auf dem Land mussten auch in der Stadt die Frauen der unteren Schichten und des Kleinbürgertums dazuverdienen, um den Lebensunterhalt zu sichern. Neben den Branchen, in denen traditionell Frauen arbeiteten, wie in der Textilherstellung, im Handels- und Versorgungsbereich (Marktfrauen), arbeiteten sie bei akutem Bedarf auch bei der Herstellung von Papier und Glas, in Bergwerken, bei der Eisengewinnung oder als Lastträgerinnen. Die Wirtschaftskrisen in den Jahren vor der Revolution steigerten vor allem die Not der unteren Schichten. Während die Reallöhne sanken, stiegen die Lebenshaltungskosten. Viele Handwerker verloren mit dem Einströmen billiger englischer Waren nach dem Handelsvertrag mit England 1786 ihre Arbeit. Infolge dieser allgemeinen Verarmung breitete sich in Paris die Prostitution immer weiter aus. Die Schätzungen belaufen sich auf 30 000 Prostituierte.
Schwangerschaften unverheirateter Frauen standen unter schwerer Strafe und wurden gesellschaftlich geächtet. Daher gab es vor allem in der Stadt Paris eine große Zahl ausgesetzter Kinder, die ganze Spitäler füllten und dort nur notdürftig betreut werden konnten.

Zusatzinformationen zu den Materialien

M1: Ein defizitärer Staatshaushalt, dessen Einnahmen zur Hälfte für Zinsen aufgebraucht werden, signalisiert entweder eine Politik, die zu hohe Ausgaben mit sich bringt, oder weist auf eine Regierung hin, die zu schwach ist, sich in einem relativ wohlhabenden Land die nötigen Einnahmen zu verschaffen, und statt dessen auf Pump lebt (vgl. Marginalie „Der Staat ist bankrott"). Denn

Tafelbild: Was fordern die Stände? Wie begründen sie es?

	König	erster und zweiter Stand	dritter Stand	
		Geistl. und weltl. Adel	Bürger	Bauern
Forderungen	Finanznot beseitigen Adel besteuern	Privilegien sichern Königsmacht weiter einschränken Ständestaat Anhänger der Aufklärung und viele aus dem niederen Klerus sympathisieren mit den Forderungen des dritten Standes	Privilegien abschaffen politische Mitsprache Volkssouveränität Wirtschaftsliberalismus (Großbürgertum) Kleinbürger/ Unterschichten: Bezahlbare Brotpreise Arbeit und höhere Löhne	Feudallasten beseitigen Lasten gerecht verteilen Arme Bauern und Landarbeiter: eigenes Land höhere Löhne
Begründung	Sicherung der alten Ordnung und des absolutistischen Herrschaftssystems göttliche Legitimation	Bewahrung der göttlichen Ordnung	Anteil an der Gesamtbevölkerung Leistungen Vernunft Existenznöte (Hunger)	ungerechte Abgabenerhöhungen Willkür der Feudalherren Existenznöte (Hunger)

offenbar gab es genug Kapital im Land, das dem Staat gegen einen guten Zinssatz geliehen wurde.
Grundbesitz galt damals noch als das wichtigste Vermögen und muss daher als entscheidender Indikator der Vermögensverteilung herangezogen werden. In den Industriegesellschaften spielt das Investitionsvermögen eine wesentlich größere Rolle.

M2: Es handelt sich um anonyme Radierungen in der Größe 13,9 cm x 19,3 cm (links) und 15,1 cm x 19,7 cm (rechts). Aufbewahrungsort: Bibliothèque Nationale, Paris.
Linkes Bild: Ein Bauer trägt in gebückter Haltung auf seinem Rücken einen Geistlichen und einen Adligen. Der Bauer – Jacques Bonhomme – kann sich der Tiere, Hasen und Vögel, die sein Feld plündern, nicht erwehren, weil er sich mit den Händen abstützen muss. Seine Kleidung, Holzschuhe, zerrissene Strümpfe, und das kahle Haupt verweisen auf seine Armut. Im Kontrast dazu die Kleidung der beiden anderen: der Geistliche im violett gefärbten Gewand, Rüschen, kurze Perücke und Bäffchen. Noch prächtiger ist der Adlige gekleidet: Federbuschhut und lange Perücke als Standeszeichen, roter Rock mit geschlitzten Ärmeln, elegante Schuhe, Orden am blauen Band und vor allem der lange Degen als weiteres wichtiges Standessymbol. Bei der Bildinterpretation muss darauf hingewiesen werden, dass dem dritten Stand das Tragen von Waffen untersagt war. Zusammen mit dem Jagdverbot gerieten die Bauern dadurch in das Dilemma, die Tiere, die ihnen die Saat wegfraßen, nicht vertreiben zu können. An Steuern, Diensten und Abgaben werden auf den Zetteln genannt: die Salz- und Tabaksteuer, die „Taille" (Grund- und Einkommensteuer), die Fronarbeit, der Zehnt und der Militärdienst. Die genannten Titel der Adligen sind: Bischof, Abt, Herzog, Pair, Graf, Pensionen und Prunks.

Rechtes Bild: Die beiden Bilder sind nicht zeitgleich entstanden. Dennoch bildet das zweite Bild mit dem ersten eine polare Einheit. Unter diesem zweiten Bild steht, im Buch nicht mehr abgebildet: J'savois ben qu'jaurions not tour („Ich wusste ja, dass wir auch mal an die Reihe kommen"). Die vorher ungestört plündernden Tiere sind tot. Obwohl man im ersten Moment eine Umkehrung der Verhältnisse wahrnimmt – der Bauer reitet jetzt auf dem Adligen – geht die Gesamtaussage dennoch in eine andere Richtung: In der neuen Ordnung wird keiner mehr unterdrückt. Als Zeichen der Eintracht und Gleichheit tragen alle drei Ständevertreter die Kokarde der Revolution. Am Rock des Bauern leuchtet außerdem noch eine Medaille mit dem Bild und Namenszug Heinrichs IV. Ohne die Beteiligung des „guten Königs" sind für den Zeichner bessere Verhältnisse nicht denkbar. Es liegt nahe, die Entstehung des Bildes mit der Abschaffung der Privilegien am 4./5. August in Verbindung zu bringen. Günter Kaufmann hat jedoch in seiner Bildinterpretation in der GWU, 43. Jg. 1992, S. 672 ff. darauf hingewiesen, dass auf einem Exemplar eines Flugblattes das Datum vom 17. Juli vermerkt ist, dem Tag, als der König die Farben der Revolution angenommen hat. Deshalb vermutet er, dass das Bild nicht die Ereignisse des 4./5. August reflektiert, sondern sie gewissermaßen vorwegnimmt. Das Blatt propagiere nach dem Bastillesturm die gesellschaftliche Eintracht als Ziel der Politik.
Zu den Doppelbildern gibt es zwei weitere mit weiblichen Protagonisten (vgl. Folienmappe 3 zu „Geschichte und Geschehen" Klett Bst.-nr. 410036).

Die Frage unter beiden Bildern zielt darauf ab, dass mit keinem der beiden Bilder die Gesellschaft differenziert wiedergegeben wird. Den dritten Stand repräsentiert allein die ländliche Schicht der kleinen Bauernpächter. Das städtische Klein- und Großbürgertum kommt gar nicht vor. Ebenso müsste der niedere Klerus (vgl. Marginalie „Unterschiede innerhalb der Stände ...", Schülerbuch, S. 107) wohl auch eher als Lasttier dargestellt werden. Die Karikatur fasst also die Konfrontation der drei Stände zusammen, wie sie sich 1789 vor allem auf konstitutioneller Ebene darbot. Es waren nicht die Menschen auf dem Land, sondern das Bürgertum in Versailles, das in diese Konfrontation eingetreten war. Deshalb versucht die Karikatur mit dem Bauern als Repräsentanten des dritten Standes die gemeinsamen Interessen der unterschiedlichen Bevölkerungsschichten dieses Standes zu unterstreichen und eine breite Basis im Kampf der bürgerlichen Führungsschicht gegen die ersten beiden Stände zu gewinnen.

M3: Der Vergleich der Grafik mit dem Anstieg des Brotpreises zeigt die Verschärfung der Lage für eine Familie, die auch in guten Zeiten über die Hälfte ihres Einkommens aufwenden musste, nur um einigermaßen satt zu werden. Da Brot das wichtigste Nahrungsmittel war, spielte der Brotpreis für den Lebensstandard eine entscheidende Rolle. Und das galt für die große Mehrheit der städtischen Bevölkerung.
Um die Dimensionen dieser geringen Kaufkraft überhaupt nur annähernd nachvollziehen zu können, sollte man die Relationen einmal für heutige Verhältnisse in der Klasse umrechnen lassen: Wie viel Prozent eines Nettoeinkommens von 4 000,– DM im Monat muss ein Vier-Personen-Haushalt heute für Brot (+ Kartoffeln + Teigwaren) etwa ausgeben? Wie hoch wäre das Gehalt dieser Familie, wenn ihr, wie damals, nach Einkauf von Brot usw. nur noch 55 % übrig blieben, um alle anderen Ausgaben zu bestreiten? – Beachte die erhebliche Ungenauigkeit solcher Berechnungen.
Ebenso bieten sich Vergleiche mit privaten Haushaltsrechnungen von heute an. Auch das „Statistische Jahrbuch der Bundesrepublik Deutschland" bietet Vergleichsmaterial.
Zwischen 1785 und 1789 stiegen die Lebenshaltungskosten insgesamt um 62 % und die des Getreides um 170 %, während die Löhne nur um 22 % stiegen.

M4: Anstelle der bekannten Bilder von der Eröffnung der Nationalversammlung, die erst viel später, nämlich 1800 und 1840 entstanden sind, wurde die zeitgenössische Darstellung auf diesem Fächer gewählt. Es ist ein Beispiel dafür, wie bedeutende Ereignisse der Revolution ikonographischen Wert bekamen und zur Dekoration von Alltagsgegenständen und in der Mode verwendet wurden.
In der Mitte des Fächers auf dem Thron der König, zu seiner Linken Königin Marie-Antoinette. Rechts vom König aus gesehen sitzt die Geistlichkeit als erster Stand, links der Adel als zweiter Stand, unten vor dem König, in traditionelles Schwarz gekleidet, der dritte Stand. Vor dem König die Protokollführer. Die Inschrift auf Deutsch: „Die Versammlung der Generalstände, abgehalten 1789". Da das Bild auf einen Fächer passen sollte, weicht es stark von der Wirklichkeit ab. Es entsteht der Eindruck einer würdigen Runde im kleinen Kreis, nicht aber der einer Versammlung von nahezu 1200 Vertretern der Stände. Leider ließ sich nicht feststellen, ob es sich um ein gemaltes Einzelstück handelt oder – wie zu vermuten – um einen kolorierten Druck, der verkauft, also als politisches Ereignis auch vermarktet wurde. Da als Käufer in erster Linie adlige Damen in Betracht kamen, erklärt sich auch der Charakter des Bildes: Verklärung der alten und scheinbar stabilen Ordnung.
Aufgabe: Beschreibt das Bild und vergleicht es mit den Informationen des Kapitels. An wen richtet sich ein Bild auf dem teuren Fächer? Welche politische Aussage vermittelt es?

M5: Der Engländer Arthur Young (1741 bis 1820) war Agronom und ehemaliger Landwirtschaftsminister. In seinem umfangreichen Reisetagebuch stellt er die Besonderheiten der französischen Verhältnisse im Vergleich mit den englischen heraus und beschreibt auch ausführlich die sozialen und wirtschaftlichen Verhältnisse auf dem Land. Er war überzeugt, dass die politischen, ökonomischen und sozialen Strukturen Frankreichs dringend einer Änderung bedurften. Mit der Quelle sollen die strukturellen Probleme und die politische Krise in den Vordergrund gestellt werden. Wirtschaftsreformen des Finanzministers Turgot (1727 bis 1781) waren Anfang der 80er Jahre am Widerstand der Parlamente gescheitert. Die vorgesehene Liberalisierung des Handels und die direkte Besteuerung von Grundherren lag nicht in ihrem Interesse. Finanzminister Calonne versuchte dann 1787 an den Parlamenten vorbei Reformen durchzusetzen und berief eine Notablenversammlung ein. Doch auch diese Versammlung von Privilegierten lehnte die Steuerreform ab und verlangte stattdessen die Einberufung der Generalstände.

M6a: Es ist kaum anzunehmen, dass die Bewohner des Dorfes zu solchen Formulierungen in der Lage waren. Auch die Ähnlichkeiten zwischen den Texten vieler Beschwerdehefte deuten darauf hin, dass Formulierhilfen gegeben und verbreitet wurden. Insgesamt wurden etwa 60 000 dieser Beschwerdehefte verfasst, meist in Wahlveranstaltungen und -versammlungen. (vgl. auch die „Bittschriften des Dorfes Guyancourt", Lehrerband, S. 99).
M6b: Es ist bemerkenswert, dass eine solche Forderung überhaupt formuliert wurde, wobei sicher auch nur wenige Frauen auf solche Gedanken kamen. Die Forderungen erklären sich weitgehend aus dem Eingangszitat der Marginalie „Der dritte Stand des dritten Standes" im Schülerbuch auf S. 108.
Das Bildungsideal sind Sprache, Religion und die Wertmaßstäbe der gebildeten bürgerlichen Oberschicht im Gegensatz zu denen der breiten Masse der Bevölkerung.

Zu den Arbeitsvorschlägen und Fragen

a) siehe Tafelbild

Hoher Klerus		(46)	
Niederer Klerus		(245)	291
Hof- und Landadel			270
Verwaltungs- und Gerichtsbeamte	(ca.	225)	
Advokaten, Rechtsanwälte	(ca.	190)	
Geschäftsleute	(ca.	85)	
Grundeigentümer	(ca.	60)	
Ärzte	(ca.	18)	578

[grau] für grundlegende Reform des Staates

Verbindungen sind nahe liegend und wahrscheinlich zwischen:
1. König, Adel und höherer Geistlichkeit zum Erhalt ihrer Privilegien;
2. drittem Stand und niederer Geistlichkeit zur Beseitigung dieser Privilegien, Schaffung von mehr Rechtssicherheit, Abschaffung der Leibeigenschaft als Hauptinteresse der Bauern, Teilnahme an der politischen Willensbildung als Hauptinteressen des Bürgertums (Verfassungsstaat);
3. Bei einem politisch fähigeren König wäre auch eine Zusammenarbeit mit dem Besitzbürgertum des dritten Standes mit dem Ziel der Beschränkung der wachsenden Macht des ersten und zweiten Standes denkbar. Solche Vorstellungen äußert Graf Mirabeau.

b) Bittschriften des Dorfes Guyancourt:

Forderungen:	*Gründe:*
1. Steuergleichheit	ungerechtes Steueraufkommen
2. Rechtsgleichheit überall im Königreich	Im Ancien Régime herrschte nicht überall das gleiche Recht
5. Abschaffung der Naturalsteuer	Bauern zahlten hauptsächlich in Naturalien
8. Unverletzbarkeit des Eigentums	der erste und zweite Stand brachten den dritten Stand häufig um sein Eigentum
9. Unbestechlichkeit bei der Rechtsfindung	Richter im Ancien Régime waren oft bestechlich
10. Beseitigung der Frondienste	die Bauern leisteten viele unentgeltliche Frondienste
11. Waffendienst nur im Fall unvermeidlicher Kriege	der König, z.B. Ludwig XIV., führte reine Eroberungskriege und das stehende Heer rekrutierte sich besonders aus Bauern
17. Seelsorgerliche Betreuung ohne Bezahlung	der hohe und der niedere Klerus ließen sich die Erfüllung ihrer seelsorgerischen Pflichten bezahlen

Bittschriften der Frauen des dritten Standes:

1./2. Verbesserung der Ausbildung	Mädchen lernten weder lesen noch schreiben oder rechnen
2. Wahlrecht für Frauen	Frauen besaßen im Ancien Régime kein Wahlrecht
3. Politische Vertretung von Frauen durch Frauen	Da ein Stand nicht einen anderen Stand und seine Interessen vertreten kann, können Männer auch nicht die Interessen von Frauen, die hier als eigener Stand gesehen werden, vertreten.

Diskussion: Spielte das Geschlecht für die Interessenvertretung der Frauen damals eine größere Rolle als die Zugehörigkeit zu einer bestimmten sozialen Schicht? Wie ist das heute?

2. 1789: Die Revolution des dritten Standes

Konzeption

In diesem Kapitel wird deutlich, wie die drei Ebenen der Revolution ineinander greifen. Der geraffte Berichtsstil des Verfassertextes unterstreicht die Beschleunigung der Entwicklung und verdeutlicht die Interdependenzen der drei Revolutionsebenen. Die Schülerinnen und Schüler sollen erkennen, dass die Entscheidungen und Handlungen nicht ausschließlich mit den gesellschaftspolitischen Bedingungen und Interessen erklärbar sind, sondern durch nicht vorhersehbare Ereignisse innerhalb des revolutionären Prozesses selbst wiederum beeinflusst wurden. So ist die Abschaffung der Privilegien ohne die „große Furcht“ auf dem Land nicht ausreichend zu erklären. Die Quellen konzentrieren sich auf die Ereignisse am 4./5. August und am 5./6. Oktober. Zum legendären Sturm auf die Bastille kann das Bild der ADS (vgl. Lehrerband, S. 93) herangezogen werden. Wichtig ist auch, das Agieren des Königs in seinen Konsequenzen zu beleuchten.
Nicht thematisiert wird die im Zusammenhang mit der Erklärung der Menschen- und Bürgerrechte aufbrechende Debatte um den rechtlichen Status der Sklaven und Mulatten in den Kolonien. Während bereits vor 1789 eine Bewegung zur Sklavenbefreiung bestand, der auch Mirabeau angehörte, formierte sich während der Revolution eine Stände übergreifende Koalition von Plantagenbesitzern, Großhändlern und Reedern der Hafenstädte, die als „Club Massiac“ versuchten, die Nationalversammlung in ihrem Interesse zu beeinflussen: Die Kolonien sollten von den folgenschweren Beschlüssen der Nationalversammlung ausgenommen werden (vgl. „Zusatzinformationen zu den Materialien“). Erst am 4. Februar 1794 erließ der Konvent ein Dekret über die Abschaffung der Negersklaverei in den Kolonien.
Die Debatte über die Stellung der Sklaven und freien Mulatten in den Kolonien kann zur Frage hinführen, inwiefern die Menschenrechte universale Gültigkeit besitzen und wer ihre Verwirklichung und Einhaltung garantiert. Den Widerspruch zwischen ökonomischen Interessen und Menschenrechten gab es jedenfalls von Beginn an.

Aspekte der Unterrichtsgestaltung

Vorschläge für den Themeneinstieg:
- „Tagebuch der Revolution“: Lautes Vorlesen des Verfassertexts mit unterschiedlichen Stimmen;
- Menschen und Bürgerrechte heute (Bezug: M3; vgl. mit Situation vor der Revolution);
- Was gehört zu einer Revolution? Vorverständis abfragen und sammeln;
- Wie die Franzosen ihren Nationalfeiertag, den 14. Juli, begehen;
- Auftaktdoppelseite: Hintergrundbild und Bild links.

Teilthemen:
- Tagebuch der Revolution (Verfassertext): Analyse, Fragen und Bewertungen;

Tafelbild

Drei Revolutionsebenen

Versailles/dritter Stand Nationalversammlung	Paris/Stadt	Land/Bauern
		Hungerrevolten
dritter Stand = Nationalversammlung		
	Konzentration königlicher Truppen Bürgerbewaffnung Bastillesturm	
		„Grande Peur“ (Große Furcht)
Abschaffung der Leibeigenschaft Aufhebung der Privilegien		
Abschaffung der Adelstitel	Versorgungsmängel Arbeitslosigkeit Hunger	
Menschen- und Bürgerrechte	Marsch Pariser Frauen nach Versailles Unterstützung durch Nationalgarde	
König unterzeichnet Beschlüsse der Nationalversammlung und zieht mit Familie nach Paris.		

- Die Rolle des Königs: vgl. Zeitleiste, Schülerbuch, S. 111 und eventuell auch S. 115;
- Engagement der Frauen: Beschreibung – Motive – Vorgehen – Beurteilung: Schülerbuch, S. 112, M4 und M5; Wiederholung Schülerbuch, S. 108 „Der dritte Stand des dritten Standes“, Frage b);
- Erklärung der Menschen und Bürgerrechte: M3;
- Abschaffung der Privilegien und des Ancien Régimes: M2.

Problem-/Fragestellungen:
- Was ist eine Revolution? VT, Grundbegriff S. 112, Frage c);
- Sollen und können Menschen und Bürgerrechte weltweit durchgesetzt werden? Welche Mittel und Formen sind angemessen und vertretbar? Aktuelle Negativ- und Positivbeispiele.

Zusatzinformationen zum Verfassertext

Die eigentliche revolutionäre Veränderung findet am 17. Juni statt: Aus einer Ständeversammlung wird eine verfassungsgebende Versammlung, die die Nation repräsentiert und nicht mehr kollektiv nach Ständen, sondern individuell nach Köpfen entscheidet.
In der ganzen ersten Phase der Revolution bestand für Ludwig XVI. die Möglichkeit, mit den Reformern Kompromisse zu schließen, die die Monarchie nicht nur gerettet, sondern ihr Ansehen bei der Mehrheit der Franzosen hätten steigern können. Das erkannte Graf Mirabeau und legte dem Monarchen in einem geheimen Memorandum eine solche Politik nahe. Die Gründe für das politische Lavieren und die Kompromissunfähigkeit des Königs sind den „Zusatzinformationen zum Verfassertext“ des 1. Kapitels zu entnehmen (vgl. Lehrerband, S. 95).

Nach demselben Grundmuster wie in Paris verlief ab Juli 1789 die Entwicklung in zahlreichen anderen Städten Frankreichs: Überall bekam der Brotaufstand der Bevölkerung einen politischen Akzent. Die lokalen Festungen wurden erobert und die alten Obrigkeiten vertrieben, überall bildeten die städtischen Mittel- und Oberschichten eine Bürgerwehr und einen neuen Stadtrat.

Die „Große Furcht“ ist neben dem Sturm auf die Bastille ein weiteres anschauliches Beispiel dafür, wie irrational motivierte und sozialpsychologisch zu erklärende Ereignisse den Prozess beeinflussen. Angesichts der Versorgungskrisen und steigender Abgaben hatte es in ganz Frankreich schon seit Beginn des Jahres 1789 regionale Bauernrevolten gegeben. Sie vermischten sich im Sommer mit dem rasch umeilenden Gerücht von marodierenden Räuberbanden, von herannahenden Engländern oder Piemontesern, je nachdem in welcher Region des Landes man wohnte. Dagegen wollten sich die Bauernfamilien zur Wehr setzen und bewaffneten sich. Mit der Hoffnung auf gesellschaftspolitische Veränderungen durch die Vorgänge in Versailles wuchs auch die Angst vor der „Verschwörung der Aristokraten“, die zum Gegenschlag ansetzen würden. Alle diese Gerüchte mündeten in eine Panikstimmung, in deren Gefolge viele Adelssitze in Flammen aufgingen. Die Bauern forderten die Öffnung der Feudalarchive und verbrannten die uralten Feudalurkunden ihrer Herren in öffentlichen Scheiterhaufen. Schlösser und Herrensitze gingen in Flammen auf, wenn die Feudalherren nicht die Verzichtserklärung unterschrieben. Dennoch gab es insgesamt „nur“ drei Tote.
Die Mehrheit der Abgeordneten in der Nationalversammlung war über die Vorgänge auf dem Land sehr beunruhigt. Bis zum 3. August wurden auch militärische Mittel gegen die Bauern in Erwägung gezogen und die Bürgermilizen verzeichneten einen stärkeren Zulauf.

Man sollte vielleicht auch im Unterricht die Brisanz dieses Ereignisses vor Augen führen, indem man Alternativen durchspielt. Ein militärisches Vorgehen der Nationalversammlung gegen die Bauern hätte wieder neue Fronten geschaffen. Die Bauern hätten sich gleich in zwei Richtungen revolutionär verhalten: gegenüber ihren alten Herren und gegenüber der sich neu formierenden konstitutionellen Macht des dritten (bürgerlichen) Standes.
Als Ergebnis bleibt festzuhalten, dass die Bauernunruhen die Entscheidungen am 4./5. August in der Nationalversammlung herbeigeführt haben. Dass die Beschlüsse keineswegs so einmütig beschlossen wurden, wie es später gerne dargestellt wurde (vgl. M2a), belegt M2c. Viele Adlige vor allem aber Geistliche, darunter auch Abbé Sieyès, bereuten tags darauf ihre Beschlüsse und stritten darum, einige wieder zurückzunehmen z.B. die Abschaffung des Kirchenzehnten.
Die völlige Abschaffung der Feudalität, die am 11. August beschlossen wurde, bedeutete noch lange nicht die Befreiung der Bauern aus ihren alten Abhängigkeiten. Die Bodenrenten mussten so lange weiter entrichtet werden, bis die Bauernfamilie das Land als Eigentum erwerben konnten. Zunächst waren dazu auch nur ganz reiche Bauern in der Lage. Der Zehnt durfte weiter erhoben werden, bis die Versorgung der kirchlichen Institutionen geregelt sein würde. Aufgrund dieser Halbherzigkeiten blieben die Bauern unzufrieden. Mit zunehmender Dauer waren vor allem die Kleinbauern von der Revolution enttäuscht, die sich im Vergleich mit anderen Bevölkerungsschichten, Großbauern und Stadtbürgern, die sich Ländereien aus dem Kirchengut erworben hatten, als Verlierer erkannten.

Der Marsch der Pariserinnen:
An diesem Ereignis lässt sich zeigen, wie sich politisch-ökonomische Krisensituationen zuspitzen und in unkalkulierbare und in ihren Abläufen nicht vollständig rekonstruierbare Massenbewegungen münden. Für den Revolutionsverlauf erhielt das Ereignis auch deshalb so große Bedeutung, weil es die unmittelbare Beeinflussung des Königs und der Nationalversammlung durch die Massen, das „Volk von Paris“, eröffnete.
Eine Delegation der Frauen, zu der auch Frau Cheret gehörte (vgl. M5a), erreichte über die Vermittlung der Nationalversammlung vom König die schriftliche Zusage, dass Paris ausreichend mit Mehl versorgt und der Brotpreis festgelegt werden solle. Ein kleiner Teil der Frauen kehrte, zum Teil im Wagen des Königs chauffiert, nach Paris zurück, darunter auch Frau Cheret. Sie sollten die Zugeständnisse wohl so schnell wie möglich unters Volk bringen, um die Spannungen in der Bevölkerung abzubauen. Die Mehrheit der Frauen blieb aus nicht zu klärenden Gründen in Versailles. Unter dem Eindruck der abends eintreffenden Nationalgarden war der König um 22 Uhr bereit, die August-Dekrete und die Menschenrechtserklärungen anzuerkennen. Erst später wurde dann die Forderung laut, der König solle mit seiner Familie nach Paris ziehen. Ihr wurde am nächsten Morgen bedrohlich Nachdruck verliehen, als sich die Masse gegen die wenig beliebte Königin wandte, die Wachsoldaten überwältigte und in die Gemächer eindrang. Die Königin konnte sich zu ihrem Gatten retten, die beiden Wachsoldaten wurden jedoch umgebracht und ihre Köpfe bei der anschließenden Überführung der königlichen Familie nach Paris auf Piken dem Zug vorangetragen. Die Abgeordneten der Nationalversammlung hatten sich entschlossen, dem König nach Paris zu folgen, ein Indiz dafür, dass in diesem Gremium die Monarchie noch unangefochten war. Bei den später eingeführten republikanischen Festen bildeten die „Frauen vom 5./6. Oktober“ direkt hinter den „Freiwilligen der Bastille“ eine eigene Abteilung.

Zusatzinformationen zu den Materialien

M1: Das Bild soll die Informationen des Verfassertextes optisch anreichern. Bei der Bildinterpretation ist darauf hinzuweisen, dass es sich um ein Historienbild handelt, das zu einer viel späteren Zeit nach der Revolution eine vermutlich tendenziöse Darstellung des Ereignisses anstrebte, um für die eigene Zeit eine politische Aussage zu machen. Mirabeau stellt sich heroisch dem Zeremonienmeister entgegen. Obwohl es vom Maler sicherlich nicht beabsichtigt war, sagt das Bild doch einiges über die unzureichende Repräsentation des gesamten Volkes durch die Nationalversammlung aus. Man erkennt, dass die unteren Schichten nicht vertreten sind, was sich mit der Statistik im Schülerbuch, S. 106 deckt.
Graf von Mirabeau (1749–1791) hatte ein wechselvolles und abenteuerliches Leben hinter sich, als er 1789 wieder nach Paris zurückkehrte, um sich der Revolution anzuschließen. Zuvor saß er mehrfach im Gefängnis, in das ihn u.a. sein Vater wegen Veruntreuung und Liebeshändel gebracht hatte. Da der Adel ihn ablehnte, bewarb er sich um ein Mandat für den dritten Stand. Mit seiner überragenden Rednergabe wurde er die beherrschende Figur der Nationalversammlung, deren Präsident er 1791 als Führer der Jakobiner wurde. Er war maßgeblich an der Erarbeitung der Menschen- und Bürgerrechte und der Zivilverfassung des Klerus beteiligt und bevorzugte eine konstitutionelle Monarchie bei absolutem Vetorecht des Königs. Sein plötzlicher Tod mit 42 Jahren wendete das politische Blatt zugunsten der Republikaner.

M2a: Die Umschrift auf der Münze lautet: „Verzicht auf alle Privilegien, Nationalversammlung, 4. August 1789“. Auf dem Opferaltar steht: „Dem Vaterland“. Die Gedenkmünze ist eine viel später erfolgte idealisierte Wiedergabe der besagten Ereignisse. Die Harmonie zwischen den Vertretern der einzelnen Ständen, die so nicht bestanden hat, wird pathetisch herausgestellt. An der Kleidung lassen sich Vertreter aller Stände identifizieren. Obwohl es sich bei genauerer Betrachtung nur um halbherzige Beschlüsse handelte, die viele Privilegien de facto bestehen ließen, ist mit der prinzipiellen Abschaffung der Feudalität ein Meilenstein im revolutionären Prozess erreicht, der auch im Unterricht als solcher kenntlich gemacht werden muss. Die Gesetze definieren das Verhältnis der Staatsbürger untereinander nach dem Prinzip formaler Gleichheit völlig neu.
M2b: Auf die vielen „Hintertürchen“ (z. B. Abschaffung der Feudalität) in den Beschlüssen, die die alten Verhältnisse weniger veränderten als es zunächst aussah, sollte hingewiesen werden (vgl. diese Seite, linke Spalte).

M2c: Diese Stellungnahme eines Adligen relativiert die Darstellung auf der Münze und führt wichtige Gründe für die Preisgabe der Privilegien an. Es war eben kein guter Wille der ersten beiden Stände, sondern massiver Druck der Bauern, der sie zu diesem historischen Schritt veranlasste.

M3: Während für die Vertreter der amerikanischen Staaten 1787 die Konstruktion der neuen Union im Vordergrund stand und die Bürgerrechte der Verfassung als „Ergänzungen 1–10" (eigentlich Nachbesserungen = „amendments") angehängt wurden, standen die Menschen- und Bürgerrechte für den dritten Stand Frankreichs an erster Stelle. Dann erst befasste man sich mit einer Verfassung, da ja nicht ein neuer Staat zu bauen, sondern ein alter umzubauen und zu renovieren war. Auch für die Väter unserer Verfassung, des Grundgesetzes von 1949, besaßen die Grundrechte nach den vorangegangenen historischen Erfahrungen den obersten Rang. Sie wurden als Artikel 1–10 an den Anfang des Grundgesetzes gestellt und für unabänderlich erklärt. An den Aussagen des Textes M3 lässt sich nachvollziehen, wie in diesen Bestimmungen das alte System revolutioniert wurde. Überprüft man die Rechte auf die Möglichkeit ihrer Verwirklichung, zeigen sich allerdings für bestimmte Bevölkerungsschichten auch klare Grenzen. Bestimmte Rechte können sie nicht wahrnehmen, weil ihnen dazu die finanziellen Mittel fehlen. Andererseits würde eine soziale Gleichheit im Sinne einer Nivellierung aller mit dem Freiheitsrecht und dem Recht auf Eigentum kollidieren.
Selbstverständlich drängt es sich an dieser Stelle auf, die heutige Menschenrechtsdebatte anzusprechen und unsere Wirklichkeit daraufhin zu überprüfen, inwieweit die einzelnen Punkte bereits realisiert sind.
An dieser Stelle kann auch ein Fächer übergreifendes Projekt mit Politik und Religion überlegt werden.
Es sollte darauf hingewiesen werden, dass in der französischen Ursprungsfassung der Begriff „l'homme" zwar beide Geschlechter einbezieht, de facto und nach damaligem Rechtsverständnis aber nur die Männer gemeint waren.
Daher bietet es sich an, bereits hier die „Rechte der Frau und Bürgerin" von Olympe de Gouges aus dem 5. Kapitel heranzuziehen (vgl. Schülerbuch, S. 129) und damit die Menschenrechtsfassung der Nationalversammlung zu konfrontieren.
Im Zusammenhang mit der Frage der Gültigkeit der Menschenrechte kann auf die im Lehrerband auf S. 103 angedeutete Debatte zur Frage nach dem Status der Kolonien und der Sklaven verwiesen werden (vgl. „Ergänzungen zum Angebot des Schülerbuchs").

M4: Auf dem Bild dominieren die Nationalgardisten und Teilnehmer der Bürgermiliz. Bis auf die Säbel tragende Frau mit dem roten Kleid im Vordergrund sind alle anderen Frauen in der „Obhut" von Männern. Auf dem Wagen wird eine junge Frau von einem Nationalgardisten bedrängt. Es ist schwer auszumachen, ob es ihr gefällt oder ob sie sich wehrt. Möglich, dass es sich um einen Proviantwagen handelt. Denn schon auf dem Hinweg wurde die Versorgung des Protestzuges zum Problem. Es war ja ein langer Marsch von Paris nach Versailles. Auf Piken sind Brotlaibe gesteckt, Symbole für den Anlass des Frauenmarsches. Allen voran tragen Bürgermilizionäre, keine Nationalgardisten, die Köpfe der getöteten Leibwächter der Königin. Im Vergleich mit anderen Quellen ist nichts überzogen dargestellt oder karikiert. Der Maler steht also durchaus positiv zu den Vorgängen und den dargestellten Personen. Bedenkt man, dass die Nationalgardisten unter Führung von Lafayette erst sehr spät den Frauen nach Versailles gefolgt sind und in der Nacht eintrafen, als eine Abordnung der Frauen bereits mit dem König verhandelte, zeigt das Bild die Garden in einer weit aktiveren Rolle.
Da die Darstellung der Frauen auf heutige Betrachter möglicherweise ein wenig anzüglich wirkt, kann man leicht dem Bild einen polemischen Akzent unterstellen und in dem Maler fälschlich einen Gegner der Revolution vermuten. Darauf könnte auch zunächst das Unterrichtsgespräch bei der Beantwortung der Frage hinauslaufen. Das Bild erfordert also Zusatzinformationen (vgl. „Der Marsch der Pariserinnen", Lehrerband S.101). Im Zusammenhang mit M3 im folgenden Kapitel kann deutlich gemacht werden, dass die Darstellung derartiger Grausamkeiten durchaus im damaligen Toleranzbereich lag, zumal wenn es sich um „vom Volk" begangene handelte und Menschen den Tod gefunden hatten, die ihn angeblich verdient hatten.

M5a: Frau Cheret gehörte zu der Delegation von Frauen, die mit der Nationalversammlung verhandelte und eine Audienz beim König erreichte. (vgl. „Zusatzinformationen zum Verfassertext").

M5b: Pierre Etienne Dumont war Pfarrer in Genf und mit Graf Mirabeau befreundet, den er in der ersten Phase der Revolution unterstützte. Der Text stammt aus seinem Buch „Souvenirs sur Mirabeau et sur les deux assemblées legislatives".
Die Quelle zeigt, wie das Verhalten der Frauen die Etiketten der gehobenen Schichten verletzt und irritiert hat. Sie zeigt ebenso, wie rigide die Frauen sein konnten, wenn es um die Sicherung der Lebensmittelversorgung ging. Die Unterscheidung zwischen „Volk" und „Pöbel" führt in ein zentrales Problem der Revolution. Alle Reformer und Revolutionäre gaben vor, für das Volk zu handeln oder sogar aus dem Volk zu sein. Das Volk war nämlich seit der Konstituierung der Nationalversammlung per definitionem der Souverän, von daher hatten sich alle volksverbundenen Patrioten in seinen Dienst zu stellen. Was jedoch unter „Volk" verstanden wurde, darüber gingen die Meinungen auseinander. Allerdings wurden diese Unterschiede kaum öffentlich diskutiert, um zu einer deutlicheren Definition zu gelangen. Wenn es um politische Rechte ging, wurde bis 1792 noch ein Großteil vom „Volk" ausgeschlossen. Die Frauen sollten sogar nie dazugehören.

Zu den Arbeitsvorschlägen und Fragen

a) Durch die Formulierung der „Beschwerdehefte" wird die Landbevölkerung politisch aktiviert und unterstützt die Forderungen ihrer politischen Vertreter. Die schwankende und zweideutige Haltung des Königs veranlasst die Bevölkerung von Paris zum Sturm auf die Bastille, der die alten Mächte erschreckt, den aber auch das in der

Nationalversammlung vertretene Bürgertum mit Unbehagen betrachtet. Ebenso wirkt die Bauernrevolte Anfang August 1789.

b) Frau Cheret ist selbstbewusst und ironisch-verächtlich gegenüber den (männlichen) Abgeordneten und sie ist stolz auf ihre Erfolge. Die Forderungen der Frauen waren praktisch-hausfraulicher Natur: Verbilligung der Lebensmittel, damit sie zu Hause wieder etwas auf den Tisch stellen konnten. Nach ihrer Meinung mussten die durchgesetzten Maßnahmen den Mangel an Lebensmitteln, der den Preis in die Höhe getrieben hatte, beseitigen. Die vom König und der Nationalversammlung gegebenen Zugeständnisse schließen sich aus. Denn festgesetzte Niedrigpreise verringern eher das Angebot, sofern die Anbieter nicht zum Verkauf bzw. zur Abgabe gezwungen werden.

Herr Dumont, der Präsident und Mirabeau sehen in dem Eindringen der Frauen eine Störung ihrer Arbeit, die sich vermutlich mit der neuen Verfassung beschäftigte, also auf einer sprachlichen und sachlichen Ebene stattfand, die die Frauen nicht verstanden. Er erwähnt deshalb ein „Fischweib“, eine vermutlich im französischen Original eher abwertende Bezeichnung. Sie erscheint als Anführerin, die die übrigen Mitläuferinnen „dirigiert“. Mirabeau, durch seine Autorität bei den protestierenden Frauen sicher geschmeichelt, hält es offenbar für besser, den Standpunkt der Nationalversammlung zu vertreten.

c) Die grundlegende Veränderung der Lebensverhältnisse (aller?) ist offensichtlich, ebenso Ausbrüche von Gewalt. Die konstitutionellen und gesellschaftlichen Umbrüche stehen in einem Wechselverhältnis mit Eskalationen der Gewalt (vgl. Grundbegriff, Schülerbuch, S. 112).

Ergänzungen zum Angebot des Schülerbuchs

Zeitgenössische Kritik an der Erklärung der Menschenrechte:

1. „Zur Zeit ist die Regierung Frankreichs ohne Kraft und ohne Mittel, die Autorität ist erniedrigt, die Gerichte sind außer Tätigkeit; in Bewegung ist nur das Volk. Die Erhebung der Steuern hat aufgehört, alle Ausgaben steigen, alle Einnahmen sinken; alle lästigen Verpflichtungen erscheinen ungerecht. Unter solchen Umständen kann eine ausdrückliche Erklärung der allgemeinen und unbedingten Grundsätze der natürlichen Freiheit und Gleichheit dahin führen, dass die notwendigen Bande zerrissen werden.“
1. August 1789

2. Der Schriftsteller Rivarol im August 1789:
„Die Neger in unseren Kolonien und die Dienstboten in unseren Häusern können uns nun mit der Erklärung der Menschen- und Bürgerrechte in den Händen aus unserem ererbten Gut verjagen.“

3. Aus Untertanen wird eine Nation: von der konstitutionellen Monarchie zur Republik

Konzeption

Das Kapitel bildet eine Art Gelenkstelle. Es leitet zum zweiten Akt der Revolution über, in dem sich die Interessengruppen von 1789 weiter ausdifferenzieren und das Ringen um eine neue Ordnung neue Koalitionen, neue politische Strukturen und Machtzentren schafft.

Den thematischen Mittelpunkt bildet als wichtigen Meilenstein der Revolution zunächst die Verfassung von 1791. Mit ihr erfüllte sich die Forderung der Mehrheit der Abgeordneten in der Nationalversammlung. Die wichtigsten Konfliktgegner sind aber nicht in der Lage, sich auf diesen Kompromiss zu verständigen. Das Kapitel konzentriert sich bei der Frage nach den Gründen auf die Person des Königs, der sich mit seinem Lavieren und Taktieren der letzten Sympathien und Glaubwürdigkeit beraubt und emotional dominierte Motive für einflussreiche, die Nationalversammlung manipulierende Massenaktivitäten fördert.

Ein weiterer Schwerpunkt ist die Kirchenpolitik der Nationalversammlung. Das Bemühen der Abgeordneten um verfassungsmäßige Klarheit und Stimmigkeit berücksichtigte zu wenig gewachsene Bindungen und Traditionen. Sich die Mehrheit der Geistlichen aus formaljuristischen Gründen zum erbitterten Gegner zu machen, kann im Nachhinein als einer der größten taktischen Fehler der Konstitutionellen bezeichnet werden. Die unterschiedliche Reaktion des Klerus kann mit den Informationen aus dem ersten Kapitel erklärt werden: Die Ämter der hohen Geistlichkeit waren nur dem Adel vorbehalten. Nur sie waren mit umfangreichen Pfründen gekoppelt. Niederen Geistlichen, die meist nur von einer Pfründe lebten und deshalb auch andere Tätigkeiten annehmen mussten, war es nicht möglich, durch Leistungen in Studium oder pastoraler Arbeit in bessere Positionen aufzusteigen. Der Adel wehrte argwöhnisch alle Versuche ab, diese Situation zu ändern.

Bei diesem Kapitel sollte auch das Verhältnis von Innen- und Außenpolitik zur Sprache kommen. Es lohnt sich, folgenden Aspekt zu vertiefen:

Wie wirkt sich eine reale oder auch eingebildete fundamentale Furcht vor einer möglichen Existenzvernichtung auf das Verhalten einer großen Bevölkerungsmehrheit aus? Inwieweit werden dabei archaische Verhaltensmuster reaktiviert? Welche Konsequenzen lassen sich daraus im Umgang der Menschen und der Staaten untereinander ziehen? Diesen Fragen sollte auch am Ende von Kapitel 4 nachgegangen werden, wenn die Zeit des „terreurs“ miteinbezogen werden kann (vgl. Schülerbuch, S. 119–125).

Es ist verblüffend zu sehen, wie einerseits im philosophischen und staatsrechtlichen Diskurs die Theorien der Aufklärung, die sich vollständig den Prinzipien der Rationalität unterworfen haben, dominieren und dann andererseits wiederum Irrationalismen den Verlauf der Revolution bestimmen. Schon hier bei diesem ersten großen Meilenstein in der Wirkungsgeschichte der Aufklärung spürt man das „Ungenügen in der Kultur“ (Adorno).

Zusatzmaterialien: Zum Verbrüderungsfest lässt sich das Lied „Ça ira" einsetzen, das in den Straßen zu diesem Anlass gesungen wurde. Es findet sich auf der CD „Historische Lieder" und wird dort im Begleitheft ausführlich kommentiert. Zur Rolle des Königs gibt es ein Spiel mit der entscheidenden Frage: „Hätte der König seinen Kopf retten können?" (Klett Best.- nr. 2900)

Aspekte der Unterrichtsgestaltung

Vorschläge für den Themeneinstieg:
- M1 mit Methodenelement und Grundbegriff (S. 117);
- M3a;
- Schülerbuch, S. 106, erster Abschnitt;
- „Ça ira" auf der CD „Historische Lieder" (Erläuterungen zur Interpretation in dem Begleitbuch zur CD).

Teilthemen:
- die Verfassung von 1791: Verfassertext, M1, Methodenelement, Frage a);
- Hinrichtung des Königs: Verfassertext, M3, Frage b) und c);
- die Spaltung des Klerus und die Folgen: Verfassertext, M2;
- Bedrohung von außen – Reaktionen im Inneren: Verfassertext.

Problem-/Fragestellungen:
- Zwischen welchen Interessengruppen von 1789 (siehe Kapitel 1) stellt die Verfassung einen Kompromiss her? Welche Bevölkerungsschichten sind benachteiligt? M1, Grundbegriff S. 117;
- Was bedeutet das: Nation (Französisches Nationalbewusstsein heute)?
- Argumente für und gegen die Hinrichtung des Königs: Verfassertext, M3b, M3c, M3d;
- Pro und Contra Verfolgung Eid verweigernder Priester: Verfassertext, M2;
- Ursachen für Gewaltausbrüche und Gewalteskalationen: Verfassertext, M3b, M4; Präventivmaßnahmen denkbar?

Zusatzinformationen zum Verfassertext

Das große Verbrüderungsfest am 14. Juli 1790 wurde bombastisch begangen, was auch ausländische Beobachter beeindruckte. Es zog sich über eine Woche hin. Der Sturm auf die Bastille hatte sich im Bewusstsein der Öffentlichkeit als revolutionäre Initialzündung verankert und sein Jahrestag bot den passenden Anlass, um Volk und König auf die zukünftige Verfassung als neuer Staatsgrundlage zu verpflichten. Auf dem Marsfeld hatten Freiwillige Tribünen und einen Altar errichtet. Lafayette schritt während der Zeremonie die Stufen zum Altar empor und sprach „den Treueschwur, mit dem sich alle Anwesenden verpflichten sollten, der Nation, dem Gesetz und dem König treu zu bleiben, unter Aufbietung aller Kräfte die von der Nationalversammlung beschlossenene und vom König akzeptierte Verfassung zu schützen sowie entsprechend der Gesetze für die Sicherheit des Einzelnen und seines Besitzes, den ungehinderten Transport von Getreide und Lebensmitteln [...] einzutreten, dafür zu sorgen, dass jedermann seinen [...] Beitrag zum Gemeinwohl leistet und mit allen Franzosen die unlösbaren Bande der Fraternité zu pflegen."
Während die Artillerie Salutsalven abfeuerte, griff die Menge Lafayettes Worte auf und rief „Je le jure!" („Ich schwöre es!") Der König leistete – den Hut in der Hand – ebenfalls einen Eid; er schwor, die ihm durch die Verfassung zuteil gewordene Macht nach bestem Wissen und Gewissen auszuüben und für die Einhaltung der Verfassung und die Ausführung der Gesetze zu sorgen. Er erhielt daraufhin großen Beifall und selbst die Königin erntete Vivatrufe, als sie auf ihrem Arm den Dauphin präsentierte (nach: Jean-Paul Bertaud, „Alltagsleben während der Französischen Revolution", Freiburg/ Würzburg 1989, S. 27). Entscheidend für den weiteren Verlauf wird nun, dass der König diese Linie wieder verlässt und wortbrüchig wird.
Etwa die Hälfte des Klerus weigerte sich, den geforderten Eid auf die Verfassung abzulegen. Am 13. April 1791 verurteilte der Papst die Zivilkonstitution und forderte alle Priester auf, den geleisteten Eid zu widerrufen. Die

Tafelbild

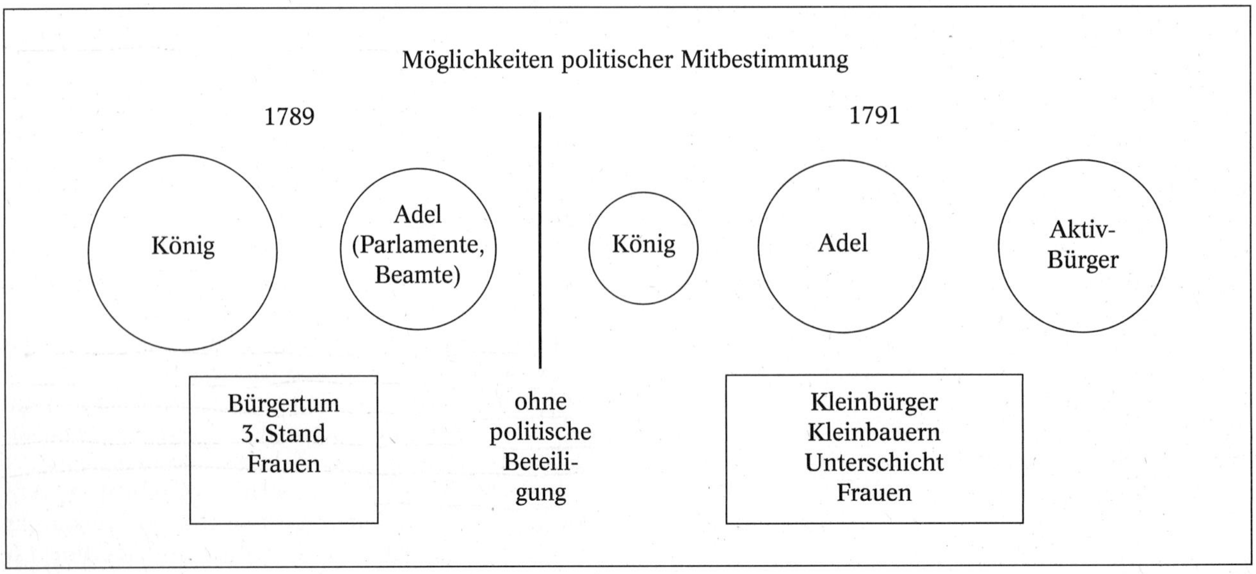

Mehrheit der Pfarrer kam dieser Aufforderung nach (22 000 von 28 000). Die Gesetzgebende Nationalversammlung, der 26 Geistliche angehörten, entschied sich für eine radikale Verfolgung der Eidverweigerer. Nach Ausbruch des Krieges 1792 verschärfte sich die Verfolgung, weil die Eidverweigerer als fünfte Kolonne des Auslandes betrachtet wurden. Es folgte dann die noch härtere Gangart unter dem Konvent: Auflösung der Orden, Schließung der letzten Klöster und aller Kirchen, Verbot, geistliche Kleidung zu tragen, Verbot der Sonntagsruhe, Prozessionsverbot in der Hauptstadt, Deportation aller Rom treuen Priester. Bis zum Frühjahr 1793 emigrierten mindestens 30 000 Geistliche ins Ausland, etwa 2 000 wurden deportiert, etwa 300 im September in Pariser Gefängnissen ermordet (Eva Schleich, S. 172).

Zu den Emigranten: Zentren der Emigranten waren zunächst Turin, die Hauptstadt des Königreichs Sardinien, das vom Schwiegervater des Comte d'Artois, Bruder Ludwigs XVI., regiert wurde, dann London und Brüssel, seit Sommer 1791 Koblenz im Kurfürstentum Trier, wo die Brüder des Königs versuchten ein Stabsquartier der Konterrevolution einzurichten.
Insgesamt waren weniger als 20 Prozent der ca. 150 000 Emigranten Adlige. Vom gesamten französischen Adel waren insgesamt nur 5 Prozent emigriert.
Für die europäischen Mächte waren die Emigranten keine gleichwertigen Verbündeten, sondern bestenfalls Hilfstruppen, die sich ihren politischen und militärischen Zielen unterzuordnen hatten.

Das Bürgertum dominiert noch die Politik: Auf die Flucht und Gefangennahme des Königs reagierten die europäischen Mächte mit der Deklaration von Pillnitz, welche die vollständige Wiederherstellung des französischen Königtums verlangte und in Frankreich Empörung hervorrief. Dennoch suspendierte die Nationalversammlung den König nur von seinen Ämtern und verurteilte ihn nicht. Denn das Bürgertum wollte keine Republik und keine Radikalisierung der Revolution, sondern ihr Ende. Die Konstituante ließ sogar auf republikanische Demonstranten auf dem Marsfeld schießen und schloss den Klub der Cordeliers. Der Kreis der Wahlberechtigten wurde durch Heraufsetzung des Zensus noch enger gezogen, die Passivbürger, jetzt noch zahlreicher als vorher, wurden sogar aus der Nationalgarde ausgeschlossen und das Volk zur Abgabe seiner Waffen gezwungen. Im September 1791 akzeptierte der König die neue Verfassung und schwor der Nation erneut die Treue. Die Revolution schien beendet, als die Verfassunggebende Nationalversammlung ihren Auftrag erfüllt hatte.
Nach der Erklärung von Pillnitz begann in der Nationalversammlung, in den Clubs und in den Volksgemeinschaften die alles andere beherrschende Fragestellung um Krieg oder Frieden.

Die Entscheidung für oder gegen den Krieg spaltete die Nationalversammlung:
Kriegsbefürworter:
Teile der Feuillants (siehe Erläuterungen zum Kapitel 5) um Lafayette:
– erhoffen sich durch Krieg mehr Einfluss und Macht im Inneren Frankreichs.

Hoffnungen der Girondisten (Fraktion der Jakobiner, deren führende Vertreter aus der Gironde stammten; Wortführer: Brissot, Isnard):
– Krieg wird von innenpolitischen Spannungen und wachsenden Konflikten zwischen Sansculotten und Bürgertum ablenken und alle Energien auf den eigentlichen, gemeinsamen Feind lenken;
– Krieg wird die Geister endlich scheiden: Anhänger und (immer noch verdeckte) Gegner der Revolution;
– militärische Siege werden Kaufleuten, Industriellen und dem gewerblichen Mittelstand auch wirtschaftliche Vorteile bringen: Handelserweiterung, Währungsstabilisierung und Profite aus Heereslieferungen;
– „Kreuzzug für die Freiheit der Welt" (Brissot): unterdrückte Untertanen in anderen Ländern werden Invasion als Befreiung begrüßen und sich Revolutionären anschließen.

Hier werden wichtige Motive genannt, die auch bei anderen Kriegen maßgebend waren und in Zukunft maßgebend sein können. Die gesteigerte Vorfreude auf einen sicher geglaubten Sieg, das gesteigerte Gefühl der Zusammengehörigkeit im gerechten Kampf gegen den äußeren Feind ließen alle rationalen und ethischen Überlegungen in den Hintergrund treten. Die Girondisten spielten gezielt und erfolgreich auf der Klaviatur des Gemeinschafts- oder Nationalgefühls.

Kriegsgegner:
Unter den Jakobinern stellte sich nur eine kleine Minderheit gegen den Krieg, darunter zunächst auch Danton, der seine Position unter dem Druck der Massen wandelte. Am entschiedensten widersetzte sich Robespierre nachhaltig mit folgenden Gründen:
– Auch ein revolutionäres Heer wird von den Nachbarvölkern als Bedrohung empfunden. Es fördert eher die Erinnerung an vergangene Verheerungen durch absolutistische Monarchen (z. B. der pfälzische Erbfolgekrieg) als Vertrauen zu den Idealen der Revolution zu wecken.
– Ein Heer, das weiterhin von Adligen angeführt wird, kann keinen revolutionären Krieg gewinnen.
– Frankreich ist für einen solchen Krieg zu schlecht gerüstet.
– Indem man die Feinde im Ausland bekämpft, vernachlässigt man die Feinde der Revolution im Inneren. Daher sei es förderlicher, die Revolution im Inneren zu vollenden.
– Generäle und Offiziere, die weitab von der Hauptstadt und ohne direkte Kontrolle durch die Revolution agieren, könnten sich durch einen Militärputsch die Macht erobern und eine Diktatur errichten (in Bezug auf Napoleon ein weitsichtiges Argument!).

Die Kriegserklärung löste in ganz Frankreich eine Welle patriotischer Kundgebungen aus. Das Königspaar, das sich unter dem Jubel der Abgeordneten so sehr für den Krieg eingesetzt hatte, betrieb gezielt Verrat und informierte die Österreicher über Aufmarschpläne und Zustand der französischen Truppen. Zu den dann folgenden Niederlagen des Revolutionsheeres trug auch seine heterogene Zusammensetzung aus Berufs- und Milizsoldaten und seine aus der Monarchie stammende aristokratische Ordnung bei. Die meisten Offiziere und

Befehlshaber, alle aus dem Adel, wollten gar keinen Krieg führen und identifizierten sich nur halbherzig oder gar nicht mit den Revolutionszielen.
Das Manifest, das der Herzog von Braunschweig als Oberbefehlshaber der Alliierten unterzeichnete, hatte ein französischer Emigrant verfasst. Mit ihm wurden der Stadt Paris und seinen Einwohnern drakonische Strafen angedroht, falls der königlichen Familie nur ein Haar gekrümmt oder sie auch nur beleidigt werde. Die Königin hatte über geheime Kanäle die deutschen Fürsten dazu aufgefordert, ein solches Manifest zu verfassen. Seine Wirkung in Frankreich war jedoch ganz anders als sich Marie-Antoinette das erhofft hatte.
Die Erstürmung der Tuilerien leitet am 10. August 1792 die „Zweite Revolution" ein. Es ist die Wende von der vom Bürgertum getragenen Revolutionsphase zur Revolution der Volksbewegung. In dieser Zeit haben die Sansculotten den größten Einfluss auf die politischen Gremien.
Zuvor hatte das Bürgertum noch versucht, mit rigiden Gesetzen den Status quo zu behaupten und einer größeren Volksbewegung mit repressiven Mitteln zu begegnen. Zu erwähnen ist vor allem das Streik- und Versammlungsverbot insbesondere für Handwerker, Arbeiter, Gesellen und Tagelöhner im „Gesetz Le Chapelier" vom Juni 1791 (M4).
Der Temple, wo das Königspaar inhaftiert wurde, war eine ehemalige Ordensburg der Templerherren. Am 20. November fand man einen Geheimsafe in den Tuilerien. Die darin enthaltenen Papiere bewiesen die konspirativen Beziehungen Ludwigs XVI. mit dem Ausland und den Emigranten. Das gab den Anlass für den Prozessbeginn. Die Girondisten waren weder für Verurteilung noch für Freispruch, wogegen für die Jakobiner angesichts ihrer kompromisslosen Alternative, Herrschen oder Sterben des Königs, nur letzteres in Betracht kam.
Als am 16. Januar die Abgeordneten zur entscheidenden Abstimmung zusammenkamen, füllten auch mit Piken bewaffnete Sansculotten die Gänge und Galerien des Konvents und machten lautstark Stimmung. Das verfehlte bei der namentlichen Abstimmung seinen Eindruck nicht. Am Ende wurde Ludwig Capet mit 387 zu 334 Stimmen bei fünf Enthaltungen zum Tode verurteilt. Keiner hatte den ehemaligen König freisprechen wollen. Es ging bei dieser Abstimmung nur noch um das Ausmaß der Strafe.
Zu diesem Ereignis lässt sich auch gut die „Carmagnole" einsetzen. Sie findet sich vertont auf der CD „Historische Lieder".
Die so genannten Septembermorde, der „erste Schrecken", stehen in engem Zusammenhang mit dem Vorrücken der ausländischen Truppen, die bei Verdun erneut das Revolutionsheer besiegt hatten. Bereits am 1. September werden ca. 120 Eid verweigernde Priester von Sansculotten inhaftiert und unter besondere Bewachung gestellt. Am 2. September erstürmt eine aufgebrachte Volksmenge – die Totenmesse „dies irae" singend – das Gefängnis, bemächtigt sich der Priester und richtet unter ihnen ein Blutbad an. Selbst Historiker, die der Volksbewegung insgesamt positiv gegenüberstehen, gehen davon aus, dass von den ca. 1100 Ermordeten in den Gefängnissen nur knapp ein Drittel den sogenannten „Konterrevolutionären" zuzurechnen ist (vgl. Kurt Holzapfel und Walter Markov [Hg.], „Die Große Französische Revolution", Berlin 1989, S. 206). Bei den Mördern handelte es sich um 30- bis 45-jährige Männer, viele von ihnen Familienväter, die in Arbeit und Brot standen und einen festen Wohnsitz aufwiesen, unter ihnen Metzger, Schuhmacher, Krämer, Wagner und einige Gendarmen. Über ihre Motive lässt sich nur spekulieren. War es die Angst vor den herannahenden Rächern gepaart mit dem Verlust kurz vorher an der Front gefallener Freunde?
Deutlicher trat jetzt auch der Gegensatz zwischen der vom Volk direkt gewählten Pariser Stadtverwaltung, der Commune, und der girondistisch geprägten Regierung zu Tage. Während sich die Regierung jeglicher Stellungnahme enthielt, bekannte sich die Commune eindeutig zu der spontan vollzogenen Lynchjustiz.

In Straßburg dichtete und komponierte der Hauptmann Rouget de Lisle die „Marseillaise". Das Kampflied und die spätere Nationalhymne hat ihren Namen von französischen Freiwilligenverbänden aus Marseille, die das Lied sangen, als sie im Juli 1792 in die Hauptstadt einzogen, um die Bürger vor den herannahenden Feinden zu schützen und den Jahrestag des Bastillesturms zu begehen. Die Marseillaise befindet sich auch auf der CD „Historische Lieder" und wird im Begleitheft ausführlich kommentiert.

Zusatzinformationen zu den Materialien

M1: Wichtig ist, die von der Verfassung erstrebte Machtverteilung herauszuarbeiten (vgl. „Schlüssel", Schülerbuch, S. 117). Das Schwergewicht liegt bei der Nationalversammlung. Nach wie vor schließt die Verfassung viele von der politischen Mitsprache aus (siehe Tafelbild). Trotz seines Vetorechtes ist die Macht des Königs deutlich eingeschränkt: Der König ernennt zwar die Minister, aber diese sind gleichzeitig der Nationalversammlung verantwortlich. Die gesamte örtliche Verwaltung bis auf die Ebene der Départements ist seiner direkten Verfügungsgewalt entzogen. In Fragen der Finanzen und der Verfassung ist das Vetorecht des Königs stumpf. Obwohl er laut Verfassung die Außenpolitik bestimmt und den Oberbefehl über das Heer hat, kann er keine Verträge abschließen. Ohne die Zustimmung der Nationalversammlung ist für ihn Außenpolitik also gar nicht möglich. Auch die Nationalgarde untersteht nicht seinem Kommando. Die Regierung wird nicht vom Parlament gewählt.
Volkssouveränität: Nicht nur die Nationalversammlung als Volksvertretung, auch Beamte der Exekutive und Richter werden vom Volk gewählt, wobei das Wahlvolk nach dem Zensuswahlrecht die Aktivbürger sind (4,3 Mio.) gegenüber 3 Mio. Passivbürgern (nicht zu verwechseln mit aktivem und passivem Wahlrecht, vgl. „Schlüssel", „Verfassung", Schülerbuch, S. 117). Die indirekte Wahl über die Wahlmänner ist in einem großen Land ohne moderne Kommunikationsmittel die Wahlmethode, eine persönliche Beziehung zwischen der meist ländlichen Basis und der weit entfernten Zentrale aufrecht zu erhalten. Von der Wahl ausschließen wollte man diejenigen, denen man kein politisches Urteils-

vermögen und Verantwortungsbewusstsein zutraute: Frauen, junge Männer, Besitzlose und Unzurechnungsfähige. Die Häufigkeit der Wahlen (alle zwei Jahre und die Wahl von Beamten) mündete bald in großer Wahlmüdigkeit. Bei der Interpretation des Verfassungsschemas ist es wichtig, die Schülerinnen und Schüler anzuhalten, die Informationen des Schaubildes in ganzen Sätzen wiederzugeben. Die Fragen zu den vier Schritten sind im Schaubild des Schülerbuchs (S. 115) nicht alle zu beantworten, da auf weitgehende Vollständigkeit eines möglichen Fragenkataloges Wert gelegt wurde.

M2: Der Zeichner bedient sich der drastischen Symbolik der Revolutionszeit.
Links vor dem und um das Rednerpult sind Fortschritt und Würde versammelt, einschließlich der beiden Priester links unten, die den Eid wohl geleistet haben. Über dieser Gruppe strahlt das Licht der Vernunft aus einem Dreieck, das auch als urchristliches Symbol für die Dreieinigkeit (Gott Vater, Sohn und Heiliger Geist) diente. So wird die Vernunft im Sinne der philosophischen Aufklärung mit Gott gleichgesetzt und die Nationalversammlung auch religiös legitimiert. Rechts unten werden die Priester, die den Eid verweigern, verspottet: Sie gestikulieren unglaubhaft theatralisch, dem vordersten wird mit einem Blasebalg Luft in den After gepumpt, sodass sich seinem Mund eine böse Schlange entwindet (anale Anspielungen finden sich in den zeitgenössischen Karikaturen übrigens recht häufig). Unvernünftiges und ekles Getier bellt und zischt gegen die würdigen Vertreter der Nation und damit die revolutionäre Vernunft.

M3a: Eine Hinrichtungsszene auf einem Zierteller darzustellen hat schon etwas Provozierendes und geht an den Rand zynischer Geschmacklosigkeit. Dass sie in der damaligen Zeit nicht so empfunden wurde, hat verschiedene Gründe: Öffentliche Hinrichtungen als Abschreckung waren auch in anderen europäischen Ländern noch bis in die erste Hälfte des 19. Jahrhunderts üblich. Es zeigt die eminente Bedeutung, die dieses Ereignis aus der Sicht der Republikaner für die Revolution hatte. Mit der Hinrichtung des Königs wurde das vollzogen, was mit dem Sturm auf die Tuilerien begonnen hatte. Sie markierte blutig die Zäsur zwischen der alten monarchischen Ordnung (ob nun ständestaatlich, absolutistisch oder konstitutionell) und der neuen republikanischen. Mit dem Tod des Königs waren definitiv die Brücken zur alten Ordnung abgebrochen, jegliche Kompromissmöglichkeiten zwischen Monarchie und bürgerlicher Revolution aus der Welt geschafft.
Das Fallbeil, das den König enthauptet, steht auch stellvertretend für die vielen dann folgenden Enthauptungen, die der anschließenden Revolutionsphase den Namen Schreckensherrschaft gegeben haben. Mit diesem Ereignis setzt auch eine schärfere und in ihren Konsequenzen bedrohlichere Polarisierung der politischen und gesellschaftlichen Kräfte ein. Im Ausland veranlasste die Hinrichtung des Königs viele namhafte Persönlichkeiten dazu, sich von der Revolution wieder zu distanzieren.
„Es enthüllt sich hier, dass der Terror noch mehr und anderes war als eine kriegsnotwendige Maßnahme zur Sicherung der Revolution. Er bereitete offenbar einer Anzahl von Menschen Freude und Spaß, sonst hätten sie nicht mit solchen Szenen ihre Gebrauchs- und Ziergegenstände geschmückt. Wie nahe hier Freiheits- und Vernunftideologie und Barbarei beieinander liegen, sollte den Schülern aufgehen. Es könnte auch klar werden, dass erst eine entsprechende Rechtfertigungsideologie es möglich macht, Menschen nicht mehr als Menschen, sondern nur noch als Objekte zu betrachten. Die Ideologie macht es möglich, gewissenlos zu töten und diese Tötungen zu verherrlichen."
(Heinz Dieter Schmid, „Fragen an die Geschichte", Lehrerbegleitband, Frankfurt 1982, S. 150)

M3b: Nach dieser Rede Robespierres, der damit mehr für den Tod Ludwigs als für einen Prozess plädierte, verloren die Girondisten, die das Leben des Königs retten wollten, an Boden und der Konvent beschloss Ludwig den Prozess zu machen. Die Sansculotten bereiteten Robespierre anschließend einen Triumphzug. Robespierre hatte sich übrigens noch als Abgeordneter der Konstituante für die Abschaffung der Todesstrafe eingesetzt.
Robespierre verdeckt mit seiner Rhetorik die logischen Widersprüche seiner Argumentation: Er trennt zwischen dem König als Person und dem König als Repräsentanten einer Institution. Sein Urteil will sich nicht gegen die Person Ludwigs richten, sondern mit ihr die Institution ein für alle Mal aus der Welt schaffen. Dabei lässt er unberücksichtigt, dass die Person ersetzbar ist, solange eine dynastische Nachfolge besteht. Die Institution ist mit dem Tod eines ihrer Repräsentanten nicht zu beseitigen (vgl. M3d). Das Kalkül, dass mit der Beseitigung des Königs der Druck von außen nachgeben würde, erweist sich als trügerisch. Im Gegenteil: Die Hinrichtung des Königs verwandelt Frankreich von einem Tag zum anderen in eine belagerte Festung, die von allen Seiten angegriffen wird und der auch jenseits ihrer Mauern die (ausländischen) Freunde davonlaufen. Olympe de Gouges hat diese Wirkungen richtig vorausgesehen und mit ihrem öffentlichen Manifest zur Verteidigung des Königs davor gewarnt.
M3c: Der Rechtsanwalt kam aus Bordeaux. Ein anderer Verteidiger, der greise Chrétien Guillaume de Lamoignon, bezahlte seine Verteidigungsrede wenige Monate später mit seinem Leben.
M3d: Zur Biografie von Olympe de Gouges vgl. Kapitel 5. In ihrem langen Manifest zur Verteidigung des Königs zweifelt sie keineswegs an der todeswürdigen Schuld des Monarchen, plädiert jedoch aus taktischen Erwägungen gegen die Hinrichtung, denn man solle den Kopf nicht einfach abschlagen, aus dem man noch so viele Vorteile ziehen könne, beispielsweise um den Monarchien Zugeständnisse abzupressen. Sie sieht anders als Robespierre die irreversible Reputationsschädigung der Revolution voraus, die nach der Hinrichtung im Ausland eintritt. Auch im Hinblick auf das Ansehen der Revolution hält sie es für überzeugender, Ludwigs (lebenden) Kopf als Pfand in die Waagschale bei Verhandlungen mit den Koalitionsmächten zu werfen. Außerdem schlägt sie Folgendes vor: „Louis, seine Frau, seine Kinder und seine Sippe sollen gefesselt in einem Wagen auf die Schlachtfelder verbracht werden, mitten ins Kreuzfeuer der gegnerischen Geschütze." Wenn dann die ausländischen Monarchen die Republik immer noch nicht anerkennen würden, wollte Olympe de Gouges eigenhändig die Ka-

none auf Ludwig abfeuern. Ein solches Vorgehen verhindere es, dass anschließend von einer schändlichen Mörderbande die Rede sei. (Zit. nach: „Olympe de Gouges. Schriften“, hrsg. v. Monika Dillier u.a., Frankfurt a.M./Basel 1980).

M4: Kaufleute, Handwerker und Unternehmer konnten die Marktlage nutzen (freie Preise) und wurden der Konkurrenz voll ausgesetzt (Aufhebung der Zünfte). Auch die Löhne und Arbeitsbedingungen waren ohne Einschränkung dem Wettbewerb ausgesetzt. Erworbenes Eigentum war unantastbar, d.h. die freie Marktwirtschaft ohne soziale Absicherung wurde konsequent verwirklicht (vgl. auch „Zu den Arbeitsaufträgen und Fragen“ a). Die Gesetze verschlechterten die Lage der Kleinbürger und der Unterschichten, was zu Aufständen führte (z.B. der Aufstand auf dem Marsfeld im Juli 1791, der blutig niedergeschlagen wurde, und in den ersten Monaten des Jahres 1792).

Ergänzungen zum Angebot des Schülerbuchs

In einem 1791 in Straßburg verteilten Flugblatt heißt es angesichts des drohenden Krieges:

LETZTER RUF

der frei gewordenen Franken an die unterdrückten Deutschen. „Im Monat August 1791, des dritten Jahres der Freyheit. Fühlet eure Sklavery, edle Deutsche! Sehet es endlich ein, dass euch eure Fürsten zu unglücklichen Werkzeugen des Mordes gegen uns Franken brauche wollen – Franken, die euch Freundschaft angelobten, eure Verfassung nie stören zu wollen, die euch nachbarlich lieb und die dem ohngeachtet von euren Despoten nur um deswillen bekriegt werden sollen, weil sie die eisernen Ketten abschütteln, die ihr noch tragt.

Wir Franken wollen für diese unsere Freyheit kämpfen – siegen oder sterben. Und ihr, verblendete Deutsche, wollt für eure Fürsten, die euer Mark aussaugen, eurer Söhne, Gatten und Freunde Blut aufopfern, um nach zweideutigem Siege euch in festere Ketten schmieden zu lassen [...] Zerreißt die Sklavenketten eurer verschwenderischen Fürsten und eurer raubgierigen Minister; wir bieten euch die Hand; fechten und sterben mit für euch, schützen eure Freiheit, euer Eigentum und sichern euren Herd [...] ihr seyd mit uns frei und unsere Brüder!“

Zu den Arbeitsvorschlägen und Fragen

a) Den Hauptnutzen hatten Kaufleute und Unternehmer, die in der Nationalversammlung den Ton angaben. Die Hauptverlierer waren zunächst die lohnabhängigen Arbeiter, vor allem in Zeiten und Bereichen des Überangebots an Arbeitskräften bzw. des Mangels an Arbeitsplätzen und angesichts von Versorgungsengpässen. Trotzdem förderte dieser Wirtschaftsliberalismus wirtschaftliches Wachstum und war eine Voraussetzung für die Industrialisierung.

b) Im Sinne eines seriösen Umgangs mit Geschichte muss man den Schülerinnen und Schülern klarmachen, dass es Interviews dieser Art damals noch nicht gab und mit dem gefangenen König sicher nicht möglich gewesen wären, dass es sich also um ein Spiel handelt, mit dessen Hilfe sie lernen sollen, sich in Entscheidungssituationen Ludwigs XVI. hineinzufühlen. Schon die Frage der richtigen Anrede ist problematisch: Du und Bürger Capet?

Mögliche Fragen: Warum hast du die Forderungen des dritten Standes im Mai und Juni 1789 erst abgelehnt, hast dann aber doch nachgegeben? Wäre es nicht klüger gewesen, eine konstitutionelle Monarchie ähnlich der in England zu unterstützen? Hast du die Schriften von Montesquieu gelesen? Wie kamst du auf den Gedanken, Frankreich heimlich zu verlassen und ins deutsche Ausland zu gehen? Wie hast du dir die Rückkehr nach Frankreich gedacht?

c) Für: Ludwigs Komplott mit dem Ausland, Sicherung der revolutionären Errungenschaften.

Gegen: Verletzung rechtsstaatlicher Grundsätze (Bürgerrechte), Verstoß gegen den Grundsatz der Gewaltenteilung (Legislative als Richter), Schaffung eines Märtyrers, Erbitterung des revolutionsfeindlichen Auslands und Schockierung der revolutionsfreundlichen Sympathisanten im Ausland.

4. Die Revolution frisst ihre Kinder

Konzeption

Das Kapitel behandelt die Phase der republikanisch-patriotischen Begeisterung, die aus Angst vor der drohenden Niederlage im Krieg gegen die Koalition in die Terrorherrschaft Robespierres übergeht. Dabei sollen die Materialien den Schülerinnen und Schülern nahe bringen, wie eine Revolution, die unter den hohen Idealen der Menschenrechte begonnen hatte, in einem politischen System endete, das die Menschen- und Bürgerrechte mit Füßen trat.

Es soll deutlich werden, wie die ideologische Rechtfertigung des Terrors das Streben nach der Macht und ihrer Erhaltung ummäntelt und schließlich die ursprünglichen Ideale und bereits erfolgten Veränderungen diskreditiert. Auf die Bauernerhebungen im Westen und Süden und den Aufstand in der Vendée wird nicht eingegangen. Das geflügelte Wort der Überschrift geht übrigens auf den Girondisten Vergniaud zurück, der angesichts der jakobinischen „Säuberungen“ sagte: „Die Revolution verschlingt wie Saturn ihre eigenen Kinder.“

Thematisiert werden können

- (erneut) das Verhältnis von Innen- und Außenpolitik.
- der Zusammenhang von Versorgungslage und Auflehnungsbereitschaft (auch die Zwangsmaßnahmen des Wohlfahrtsausschusses haben zu keiner endgültigen Entspannung der Versorgungslage beigetragen)
- die Kennzeichen einer Diktatur am Beispiel des Wohlfahrtsausschusses
- die Möglichkeiten menschlichen Verhaltens in Krisenzeiten
- die Ambivalenz des Bündnisses zwischen Ideologen, Demagogen und politischer Führung einerseits und der unmittelbaren „Volksbewegung“ (Sansculotten) andererseits. Robespierre bediente sich einerseits des sansculottischen „Volkes“ und verachtete andererseits den

„Pöbel", während die Mehrheit der Bevölkerung sich solange loyal verhält, wie ihre unmittelbaren Bedürfnisse befriedigt werden.

Aspekte der Unterrichtsgestaltung

Vorschläge für den Themeneinstieg:
- Kapitelüberschrift: Wie ist die Formulierung gemeint?
- M4 mit M3;
- M10c und M10d;
- „Marseillaise": Lied auf der CD „Historische Lieder" und/oder die „Carmagnole" (Erläuterungen zur Interpretation in dem Begleitbuch zur CD).

Teilthemen:
- Verhältnis von Innen- und Außenpolitik;
- Die Zeit des Terrors: Rechtfertigungen, Maßnahmen und Auswirkungen.

Problem-/Fragestellungen:
- Welche neuen Koalitionen haben sich unter den Revolutionären gebildet? Verfassertext, M5, M7, M8, M10a;
- Was verbindet, was trennt die einzelnen Gruppen und Parteiungen?
- Frage a) und Frage c);
- Diskussion um die Rechtfertigung der massiven Eingriffe in die persönlichen Freiheitsrechte.

Tafelbild: Die Revolution frisst ihre Kinder

Gefahren für die Republik 1792 bis 1795	Gegenmaßnahmen
adlige Emigranten Krieg und Bedrohung durch europäische Monarchien Aufstände im Innern (Bauern, Girondisten, Eid verweigernde Priester, Adlige) militante Polarisierung der Revolutionsgruppen (Gemäßigte und Enragés) Versorgungsprobleme (Preissteigerungen, Hamsterkäufe und Spekulationen)	Freiwilligenverbände »levée en masse« Nationale Werkstätten Nahrungsmittelrationierung und -konfiszierung Höchstpreise gesetzlicher Ausnahmezustand: Überwachungssystem (Überwachungsnetz, Denunziation) System der Furcht (Guillotine)

Tafelbild: Die Diktatur der Jakobiner

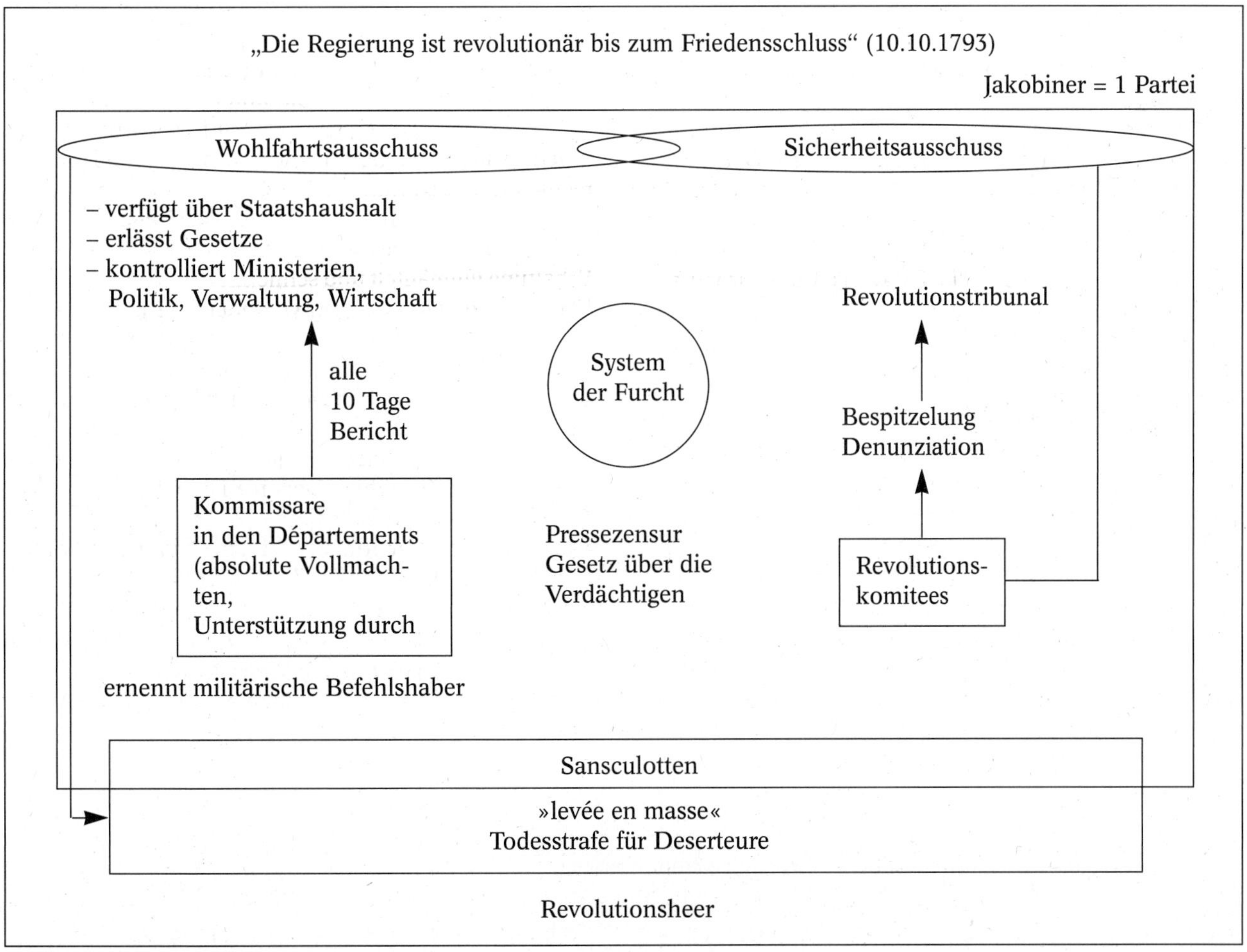

Zusatzinformationen zum Verfassertext

Teilnahme der Bevölkerung an der Politik

Besuch von Sektionsversammlungen in Stichproben

Datum		Sektion	Gesamtzahl der Bürger	Davon anwesend
1793	10. Juni:	Muséum	3 318	9%
	23. Juni:	Théâtre Français	2 418	10%
	7. August:	Mail	3 139	7%
	2. Oktober:	Contrat-social	3 224	3%
1794	24. Mai:	Théâtre Français	2 418	8%

Sansculotten:
Hauptkennzeichen der Sansculotten waren
– äußerlich: einfache Arbeitskleidung, rote Freiheitsmütze, patriotische Anstecker und die Pike, der selbst geschmiedete Spieß als Zeichen des wehrhaften Bürgers
– politisch: militanter Patriotismus und Republikanismus gegen „Gemäßigte" und „Laue"; Forderungen nach unmittelbarer Volkssouveränität; Programm der niedrigen Lebensmittelpreise, des Kampfes gegen die „Reichen" sowie einer egalitären Gesellschaft von selbstständigen Kleinproduzenten.
– soziokulturell: Organisation in den Clubs, „plebejische Eigenkultur": Nachbarschaft, abendliche Treffen, Bankette und Feste der Stadtviertel; überdurchschnittliche Fähigkeit zu lesen (80 bis 100 Prozent), scharfer Antiklerikalismus gepaart mit neuen religionsähnlichen Kulten um Revolutionsheilige
– sozial: Herkunft vorwiegend aus dem Kleinbürgertum (Handwerker, Krämer, Schankwirte), aber auch aus einer lokalen Elite von kleinen Juristen, Verwaltungsbeamten und radikalen Intellektuellen (nach Reichardt, „Funkkolleg Geschichte", a.a.O., S. 83).
„Die Sansculottenbewegung war die sozialhistorisch vielleicht neuartigste und am wenigsten in unmittelbaren Machtinteressen befangene Kraft der Französischen Revolution, ja geradezu die Verkörperung der neuen demokratischen Kultur." (Reichardt, ebd.). Viele dieser Kennzeichen kommen auch in der Quelle im Lehrerband, S.114 zum Ausdruck.
Bei den Aufständen im Süden und Südwesten sowie in der Vendée ist zu bedenken, dass die „Konterrevolutionäre" den Revolutionstruppen an Grausamkeit in nichts nachstanden.
Bei den sich ab 1793 zuspitzenden Konflikten (Bürgerkrieg im Innern, Krieg gegen Koalition europäischer Monarchen) spielten die Sansculotten eine wichtige Rolle: Sie waren das informelle Exekutivorgan des Kon-

1789: Verfassunggebende Nationalversammlung

Demokraten	Konstitutionelle	Monarchisten	Aristokraten
Interessenvertreter des Kleinbürgertums fordern das allgemeine Wahlrecht	Interessenvertreter der Bourgeoisie, befürworten eine konstitutionelle Monarchie	Meist Adlige, verteidigen der königlichen Vorrechte	verteidigen die alten Privilegien

1791: Gesetzgebende Versammlung

Jakobiner: radikale	Jakobiner: gemäßigte („Girondisten")	Unabhängige („Konstitutionalisten")	„Feuillants" (liberale Adlige und Bürger)
Vertreter des Kleinbürgertums	Vertreter des mittleren und gehobenen Bürgertums	ohne klare politische Konzeption, meist für Beibehaltung der konstitutionellen Monarchie	Verteidiger der Vorherrschaft der Bourgeoisie und der Beibehaltung der konstitutionellen Monarchie
meist Republikaner			

1792: Nationalkonvent

„Montagnards" (Die Bergpartei)	„Plaine" (Die Ebene) „Marais" (Der Sumpf)	„Girondisten"
egalitäre Jakobiner, Vertreter der unteren Schichten	bürgerliche Republikaner mit Neigung nach links	gemäßigte Vertreter des Besitzbürgertums

vents. Ohne die sansculottischen Überwachungskomitees und „armées révolutionnaires" wären die Anordnungen des Konvents in der Provinz noch weniger befolgt worden.
Als sich Ende 1793 und 1794 die Lage an allen Fronten für die Revolutionsregierung spürbar entspannte, begann man in der Pariser Machtzentrale damit, den Einfluss der Sansculotten, die Gewalt der Straße, zurückzudrängen und unter Kontrolle zu bringen:
– September und Oktober 1793: Die Sektionsversammlungen dürfen nur noch zweimal pro Woche zusammentreten. Der Club revolutionärerer Republikanerinnen wird verboten.
– Dezember 1793: Die „armées révolutionnaires" werden in der Provinz aufgelöst; ab März 1794 auch in Paris.
– Anstiftungen zu Lebensmittelaufständen und Befürwortung sozialrevolutionärer Enteignungen werden mit der Todesstrafe belegt. Mithilfe dieses Gesetzes entledigt sich der Konvent militanter Sansculotten wie der sog. Enragés, darunter Hébert und Jacques Roux (M5). Die Sektionsversammlungen werden nach und nach aufgelöst und die schwer kontrollierbaren Sektionsfeste ebenso verboten wie die von den Sansculotten beherrschten Revolutionsgerichte in der Provinz (April/Mai 1794).
Die Maßnahmen machen deutlich, dass es der entschlossenen Minderheit der jakobinischen Montagnards weniger um eine radikale Veränderung der Gesellschaft ging, sondern dass die Eroberung und Erhaltung der absoluten politischen Macht gegen wirkliche und eingebildete Feinde im Vordergrund stand. Die Entfremdung zwischen Sansculotten und dem harten Kern des jakobinischen Terrorregimes hat die Voraussetzungen dafür geschaffen, Robespierre und seine Anhänger zu entmachten. Die Sansculotten sahen seiner Hinrichtung tatenlos zu.

<u>Zur Struktur des Terrorregimes:</u>
Die absolute politische Macht konzentrierte sich in zwei Parlamentsausschüssen:
– dem 12-köpfigen Wohlfahrtsausschuss, im Frühjahr 1793 aus dem Verteidigungsausschuss entstanden: Aufsicht über Kriegführung, totale Kontrolle über Ministerien, Polizei, Verwaltung und Wirtschaft. Monatliche Neuwahl durch Konvent war weitgehend Formalität. Mit unumschränkten Vollmachten ausgestattete Abgeordneten-Kommissare mussten alle zehn Tage aus den Départements Bericht erstatten (vergleichbar mit Intendanten zur Zeit des Absolutismus);
– dem 12-köpfigen Überwachungsausschuss, hervorgegangen aus dem parlamentarischen (!) Überwachungsausschuss der Gesetzgebenden Versammlung. Ihm unterstand die weit verzweigte und bis in einzelne Häuser hineinreichende Spitzelorganisation der Revolutionskomitees, die Verdächtige aufspürte und inhaftierte. 300 000 bis 800 000 Verdächtige wanderten in dieser Zeit durch die Gefängnisse der Republik. Das im März 1793 geschaffene Revolutionstribunal tagte groteskerweise in Räumen mit den Namen „Freiheitssaal" und „Gleichheitszimmer".
Eine dem Wohlfahrtsausschuss unterstellte Lebensmittelkommission organisierte Kauf, Preisfestsetzungen, Beschlagnahmungen und Transport von Nahrungsmitteln, vor allem von Getreide und Mehl. Die großen Städte führten Brotzuteilungen ein. Zur Massenproduktion von Kriegsmaterial wurden Bergwerke, Textil- und Metall verarbeitende Industrie teilweise in staatliche Regie genommen sowie nationale Waffenfabriken gegründet, deren Facharbeiter weder den Arbeitsplatz wechseln noch streiken (!) durften.
Alle zentralistischen Maßnahmen erforderten eine ungeheure Ausweitung der Bürokratie. Die Funktionäre werden in Paris auf 10 000, für die Provinz auf 100 000 Personen geschätzt (Reichardt, „Funkkolleg Geschichte", S. 91). Die oppositionelle Presse wurde unterdrückt, regierungsfreundliche Organe gefördert.
Alle diese innenpolitischen Maßnahmen trugen dazu bei, den Krieg gegen die europäischen Koalitionsmächte zunehmend erfolgreicher zu führen.

Zusatzinformationen zu den Materialien

M1: Das Plakat zeigt in der Mitte ein großes Liktorenbündel, von einer phrygischen Mütze bedeckt. Die Revolution bezog sich gern auf die römische Republik, die auch aus dem Sturz einer Königsherrschaft hervorge-

Tafelbild zur Interpretation von Plakat M1

<u>Plakat der französischen Republik, 1793</u>

Rote Jakobinermütze ⎤ Antike Rutenbündel ⎦ Trikolore/Revolutionsfarben Pike lange Hose	Gardesoldat Pike	Republik Freiheit Gleichheit Brüderlichkeit
Revolutionssymbolik	Militärische Macht	Revolutionsideale Revolutionsziele
Mode Feste Freiheitsbaum Kalender Straßennamen	ab August 1792 Öffnung der Garden für Sansculotten → Sturm auf die Tuilerien → Revolutionskriege	„Glück" Tod

gangen war, und identifizierte sich durch die Mütze mit den Sklaven der Antike und besonders mit deren Aufständen. Historische Bezüge, sie mögen sachlich richtig sein oder nicht, geben aktuellen politischen Zielen das wünschenswerte Pathos.
Das Bild veranschaulicht auch den Wechsel der Mode, wie er sich in der barocken Uniform einerseits und den langen Hosen andererseits zeigt, die die Männermode bis heute beherrschen. Plakate dieser Art waren massenhaft verbreitet (vgl. M4 links unten).
An dem Plakat lässt sich zeigen:
- der Unterschied zwischen der revolutionären Phase von 1791 und der Republik von 1793, als deren wesentliche Träger die Sansculotten in Erscheinung treten;
- die Polarisierung während der Revolution („Alles, die Republik, oder nichts, den Tod");
- die Kleidung als revolutionäre Symbolik (ab August 1792 wird die Jakobinermütze zum Bestandteil des Staatssiegels);
- die Bedeutung militärischer Macht zur Durchsetzung revolutionärer Forderungen (Garde und militante Sansculotten) und damit das Interesse von bestimmten Gruppen (bis 1792 der Bürgerlichen und Monarchisten, danach der Montagnards), diese Macht zu kontrollieren.
Daran kann sich die Wiederholung entscheidender gewaltsamer Ereignisse anschließen: Bastillesturm, „Grande Peur", Marsch der Frauen nach Versailles, Sturm auf die Tuilerien, Septembermorde.
Das Rutenbündel symbolisiert die Einheit der 83 Départements oder die Einigkeit aller Kräfte des Landes.
Zur Beteiligung der Frauen an der Revolution vgl. „Clubs der Frauen ...", Lehrerband, S. 117f.

M2: Verglichen mit den grausamen Hinrichtungsmethoden der Zeit vor der Revolution (und in manchen Ländern bis heute) mit Hängen, Rädern, Verbrennen, Köpfen (das keineswegs immer beim ersten Schlag gelang) und anderen Scheußlichkeiten führte das Fallbeil den Tod sicher, schnell und wohl auch ziemlich schmerzlos herbei. Vermutlich war das Fallbeil auch humaner als der elektrische Stuhl. Der Standpunkt des Zeichners: Alles jubelt, die Nationalgarde ist aufmarschiert, Trikoloren werden geschwenkt. Der Zeichner bekennt sich offenbar zur Revolution und begrüßt das Ende der „Terrorherrschaft".

M3: Die Formlosigkeit des Ausschusses vermittelt eine gewisse Willkür. Die Haltung der drei Männer rechts neben dem Tisch zeugt vom damals üblichen revolutionären Pathos. Als Revolutionssymbole sind zu erkennen: die Pike, die Fahne mit Aufschrift, die Büsten der Revolutionsheiligen Marat und Lepeletier.
Die Vorgeladenen können dem gehobenen Bürgertum oder dem niederen Adel angehören. In Frage 2 müsste es statt Jakobiner besser Sansculotten heißen. Den dargestellten Personen traut man schon zu, sich so zu verhalten wie es in M4 beschrieben wird. Der Wohlfahrtsausschuss machte das obligatorische „Du" der Sansculotten 1793 per Gesetz zur Pflicht für alle Bürger, ebenso das Tragen trikolorefarbener Anstecker. Es gehörte zu den vielen neuen Symbolen und Attributen der Republik, mit denen die neuen gesellschaftlichen Ideale im Alltag unterstrichen und allen eingeimpft werden sollten. Zu den Pariser Sektionen siehe Hinweis in Kapitel 5.

M4: Die Quelle macht Folgendes deutlich:
- den Terror als ein System der Angst,
- das totale System der Polizeibespitzelung und -überwachung seit den „Notstandsgesetzen" von 1793,
- die Hartnäckigkeit der sansculottischen Inquisition,
- die Proletarisierung der allgemeinen Umgangs- und Verhaltensformen,
- die (z. T. berechtigte) Skepsis der städtischen Volksbewegung und der Revolutionsregierung gegenüber den Provinzen und ihren Körperschaften, ein „Föderalist" (Z. 33) zu sein konnte den Tod bedeuten,
- Schlagwörter, mit denen angebliche Konterrevolutionäre belegt wurden: Aristokrat, Föderalist, Fanatiker,
- unter den Republikanern beliebte Bezüge zur römischen Geschichte: Brutus (Z. 32) als „Königsmörder", der damit der Republik den Weg geebnet hat,
- ständiges Misstrauen.

Z. 14: „visieren" = einen Sichtvermerk ausstellen zum Zeichen, dass man sich bei der Behörde gemeldet hat und von ihr gesehen (lat. visum = gesehen) worden ist.

M5 (Z. 15): Die Mitglieder der Verfassunggebenden Nationalversammlung, die 1789–1791 die freie (heute würde man sagen „deregulierte") Marktwirtschaft eingeführt und damit in Zeiten der Knappheit steigende Preise in Kauf genommen hatten, wurden von dieser Sansculottengruppe schon der Gegenrevolution zugerechnet.
Bei dem Verfasser der Schrift handelt es sich um den Enragé Jacques Roux. Er war Pfarrer, Sansculottenführer in einer Pariser Sektion und Verfechter der sozialen Gleichheit. Er forderte im Februar 1793 vom Konvent die Todesstrafe für Wucherer und Getreidespekulanten und das Recht des Volkes auf Selbsthilfe.
Im Text werden wichtige Utopien der Enragés („Wütende") genannt: Glück, Freiheit, Gleichheit, Republik. Der diffuse Begriff „Glück des Volkes" (vgl. Z. 7) wurde von Robespierre selbst als anzustrebender Idealzustand einer Republik ausgegeben, womit er seine Diktatur legitimierte. Bei aller Radikalität der Position verweist der Text auf die Problematik, die Forderungen nach Freiheit und Gleichheit miteinander in Einklang bzw. sie in ein Gleichgewicht zu bringen.

M6: Die Unbestechlichkeit und Bescheidenheit Robespierres war in Zeiten allgemeiner Bestechlichkeit und Bereicherung auch vieler führender Revolutionäre der Grund für das Vertrauen, das große Teile der Bevölkerung, vor allem der unteren Schichten, für ihn hegten. Die Masse der Pariser Bevölkerung war sicher überzeugt, dass Robespierres Maßnahmen und die von ihm unterschriebenen Todesurteile rechtens waren.

M7: Der Text zeigt, dass der Begriff „Republik" mit einem politischen Programm verbunden wurde und deshalb emotional aufgeladen war. Er entspricht eher dem heutigen Begriff „Demokratie". „Republikanisch" hieß für Robespierre also „politisch zuverlässig". Republikanische „Begeisterung" bedeutet Fanatismus. Zwischen den Zeilen erkennt man auch wieder das Motiv der Furcht vor einem nicht einzukalkulierenden Gegner, dem man zuvorkommen muss. Da man sich auf der Seite des Volkes weiß, hat man angeblich auch das Recht zu eben jenen Mitteln des Gegners zu greifen, vor denen man sich fürchtet.

Es wird sogar wortwörtlich gesagt, dass sich Robespierre des Volkes bedienen will (Z. 14/15). Man erkennt die Symbiose zwischen dem Demagogen und der Masse, wobei nie genau auszumachen ist, ob die Masse ein willfähriges und beliebig manipulierbares Objekt bleibt und inwieweit der Demagoge als Einzelpersönlichkeit den Wunsch der Masse nur zur Geltung bringt.
Deutlich wird auch, dass es mit Robespierres Demokratieverständnis nicht weit her ist: Zum Konvent gehören für ihn nur noch diejenigen mit aufrechter republikanischer Gesinnung. Die Wahl durch das Volk stellt keine ausreichende Legitimation mehr dar.

M8: Die Bildüberschrift „Heimatfront“ ist dem Sprachgebrauch des Zweiten Weltkrieges entnommen. Die Parallele besteht in der totalen Mobilmachung, wie sie als Ideal und Forderung auch aus M9 spricht.
Das Bild gehört zu einer Gouache-Kollektion von insgesamt 41 Szenen, die wichtige Ereignisse der Revolution zwischen 1789 und 1806 festhalten. Gemalt wurden sie von einem gewissen Eustache Le Sueur. Heute sind sie im Musée Carnevalet in Paris ausgestellt. Eine Gouache ist ein Bild, das mit Deckfarben gemalt wird.
Als die Revolutionsheere dringend Waffen benötigten, wurden in verschiedenen Vierteln Werkstätten errichtet, vor allem über die gesamte Länge und auf beiden Seiten der Avenue des Invalides. Innerhalb kurzer Zeit wurden von qualifizierten Arbeitern so viele Waffen produziert, dass man nie mehr fürchten musste, es würde irgendwann wieder ein Mangel entstehen (Ende 1793 waren es ca. 700 Gewehre am Tag). Das Bild zeigt die Herstellung von Gewehrläufen, die ein Offizier prüft. Die Arbeiter und Schmiede tragen Sansculottentracht.

M9: Die Einführung der allgemeinen Wehrpflicht für Männer ist eine historisch bedeutsame Neuerung der Französischen Revolution. Sie gilt seitdem für viele Länder, bisher auch für die Bundesrepublik Deutschland, als wesentlicher Bestandteil einer Demokratie. Eine zu Ende gedachte Gleichstellung der Frauen würde zu einer Wehrpflicht für beide Geschlechter führen. Hier wird auch der totale Krieg mit der totalen Erfassung der Bevölkerung, allerdings in der auch während der Revolution aufrechterhaltenen traditionellen Rollenverteilung angeordnet. Das antikisierende Pathos dieses Beschlusses wirkt in einer nüchternen Zeit geradezu komisch.
Zur «levée en masse» und zum Volksheer vgl. Lehrerband, S. 118.

M10a–M10c: Anhand der Texte lassen sich zwei Problemkreise eröffnen:
1. Die Begründung des Terrors mit den äußeren Umständen,
2. Grundzüge der jakobinischen Gesellschaftsordnung (Gleichheit, Gerechtigleit, Liebe zum Vaterland als Liebe zur jakobinischen Verfassungsdefinition). Man kann die Schülerinnen und Schüler fragen, mit welchen Postulaten sie einverstanden sind und mit welchen nicht. Bei der Frage, ob der Terror aus der Sicht der Revolutionäre ein notwendiges Übel gewesen sei, sollten zunächst moralische Wertungen bewusst ausgespart werden. Erst dadurch wird deutlich, dass die Antwort auf diese Frage vom jeweiligen ethischen Standpunkt und vom Menschenbild abhängt. Dabei ist zu berücksichtigen, dass der Terror erst seinen Höhepunkt erreichte, als der äußere und innere Druck durch die Erfolge der Revolutionsheere deutlich nachgelassen hatte. Daraus erklärt sich auch der Widerstand Desmoulins' in M10e.

M10a ist der zentrale Text für den „Terror der Tugend“: der edle Zweck der humanen Utopie (Z. 1–21) heiligt die inhumanen Mittel. Die Gefährdung der Utopie durch ihre Feinde rechtfertigt für Robespierre die Verletzung fundamentaler Menschenrechte in der Gegenwart.
M10b: zeigt das Klima, in dem diese Grundsätze verwirklicht wurden. Dass es dem Wohlfahrtsausschuss und dem Konvent nicht um Quälerei ging, zeigt ihr Bemühen um möglichst korrekte Behandlung der Gefangenen. Im Gegensatz dazu stehen die unkontrollierten blutrünstigen Ausschreitungen erregter und angestachelter Massen.
M10c: Die Grafik veranschaulicht, wie die Revolution tatsächlich ihre eigenen Anhänger niedermacht. Vielleicht deutet es auf eine gewisse Gesetzmäßigkeit im Rahmen einer gewaltsamen Konfrontation hin, dass die Furcht vor dem Gegner und dem Verrat gemeingefährliche Psychosen erzeugt, wie sie z.B. auch unter Nationalsozialisten, Stalinisten und Maoisten zu beobachten waren.
In Anbetracht des niedrigen Anteils von Geistlichkeit und Adel an der Bevölkerung, durch die Emigration vieler noch weiter reduziert, ist ihr Anteil an der Zahl der Hingerichteten hoch; er liegt aber niedriger als die Schülerinnen und Schüler wohl erwartet hätten. Der hohe Anteil der Bürger erklärt sich aus ihrer zunehmenden Opposition gegen die Radikalisierung (Girondisten als Rechtsopposition).
Im Süden und Westen Frankreichs (vor allem in der Vendée) hatte sich aus vielen Gründen (Religionspolitik und Dechristianisierung, Zwangsrekrutierungen, kaum verbesserte Situation der Kleinbauern nach der Bauernbefreiung, Konfiszierung von Lebensmitteln) ein zäher Widerstand gegen die Pariser Revolutionszentrale gebildet. Es ist bezeichnend, dass es hier die meisten Hinrichtungen gegeben hat (vgl. M10c).
Der hohe Anteil an Sansculotten scheint im Gegensatz zu M7, Z. 14 ff., zu stehen, zeigt aber, dass die Forderungen radikaler sansculottischer Gruppen und ihre Opposition gegen den Konvent Robespierre und dem Wohlfahrtsausschuss zu weit gingen (zur Linksopposition, vgl. M5).
M10d: An der Karikatur lässt sich zweierlei festmachen:
1. Auswüchse der jakobinischen Herrschaft und Kulturrevolution (Dechristianisierung, Septembermorde, Verfolgung Eid verweigernder Priester, berüchtigte Hinrichtungen an Laternen, Alltagskultur der Sansculotten). Die Revolution wird als Herrschaft des Pöbels mit katastrophalen Auswirkungen dargestellt.
2. Der Umschwung des Revolutionsbildes in den europäischen Nachbarländern: Während die Revolution zunächst von vielen Intellektuellen und in der einfachen Bevölkerung enthusiastisch begrüßt wurde, schlug die Stimmung nach der Hinrichtung des Königs drastisch um. Wer sich jetzt noch zur Revolution bekannte, galt mit abschätzigem und furchtvollem Unterton als „Jakobiner“.

M10e: Neben Danton forderte Desmoulins, „der große Journalist und beschränkte Politiker" (Soboul), die Beendigung des Terrors, um nach den Erfolgen der Revolutionsarmee zu einem Abkommen mit den auswärtigen Mächten zu kommen und die ihm bedrohlich erscheinende Machtstellung der Sansculotten zu brechen. Am 5. Dezember 1793 veröffentlicht Desmoulins die erste Nummer seines „Vieux Cordelier" (Alter Franziskaner), mit dem er offen gegen das Terrorregime und seine Verfechter, die radikalen Enragés um Hébert, zu Felde zog. Zunächst wurde er darin auch noch durch die wohlwollend neutrale Haltung Robespierres bestärkt, der später versuchte, zwischen den Gemäßigten und den Ultras zu vermitteln, sich dann aber auf die Seite der Ultras schlug und Desmoulins hinrichten ließ.
Die Quelle macht auf wichtige Gesetzmäßigkeiten aller Terrormaßnahmen aufmerksam: Die Furcht gebiert neuen Terror; der Terror selbst produziert Hass bei den Hinterbliebenen, der wiederum eine weitere Gewaltspirale nach sich zieht.

Ergänzungen zum Angebot des Schülerbuchs

Was sind Sansculotten? Aus einem Artikel in der Zeitung „Révolutions de Paris" (Mitte November 1793):
„Um sich eine richtige Vorstellung von der Stärke der Sansculotten und ihrem beherrschenden Einfluss auf die Revolution zu machen, braucht man nur zu bedenken, mit welchem Übereifer all jene, die ihren Grundsätzen und ihrem Herzen nach gar keine Sansculotten sind, sich wenigstens den Anschein geben, zu ihnen zu gehören.
Reichtum und Sansculotten, diese beiden Ausdrücke sind unvereinbar [...] Der Sansculotte ist tatkräftig, fleißig, sparsam, zugleich aber alles andere als egoistisch [...]
Sieht man nicht seit Beginn der Revolution zahlreiche Sansculotten bis Mitternacht in den Sektionsversammlungen ausharren und sich mit einem eingesteckten Stück Brot begnügen, während die reichen Bürger Schlag neun Uhr die wichtigsten Diskussionen verlassen und nach Hause eilen, um ja nicht ihr warmes Abendessen zu versäumen? Am nächsten Tag [...] beklagen sich diese Bourgeois dann, dass die Sansculotten in ihrer Abwesenheit Beschlüsse gefasst haben, denen sie nie zugestimmt hätten [...]
Zu lange hat man uns immer wieder eingeredet, die religiösen Handlungen, der Gottesdienst, der Gedanke vom Gott der Priester würden dem Volk in seinem Elend als tröstliches Schauspiel dienen. Die Sansculotten beweisen heute, dass sie andere Schauspiele brauchen; mit ihrem geraden Sinn, ihrem gesunden Menschenverstand haben sie in wenigen Tagen vollbracht, was die Philosophen in mehreren Jahrhunderten nicht reformieren konnten [...]; ohne theologische Streitereien, ohne Blutvergießen, haben sie von einem Augenblick zum andern den Schritt vom dumpfen Aberglauben zum reinen Vernunftglauben vollzogen [...] Ohne Wut und Galle plündert der Sansculotte den Altar und den Bischofsstuhl, treibt seinen Spaß mit den Gegenständen, denen er noch am Vortag Weihrauch gestiftet hat [...] Diese plötzliche und schöne Revolution der religiösen Ideen entspringt aus dem Gefühl seiner eigenen Würde, von dem das sansculottische Volk durchdrungen ist, seitdem es die Menschenrechte erklärt hat [...]
Die Sansculotten haben keinen Führer an ihrer Spitze. Sie brauchen keinen und hüten sich davor. Sie sind keine Sektierer, die sich absondern und ihre besonderen Gesetze wollen. Letzten Endes sind sie nichts anderes als das freie Volk, das seine Rechte erkämpft hat, dieselben nicht aufzugeben gedenkt und früher oder später auch all jene in seine Masse aufsaugen wird, die sich jetzt noch dagegen sträuben. Mit einem Wort, alles, was nicht sansculottisch ist, ist illegal, vorläufig und augenblicksbezogen [...] Die Fraktionen, Parteien und Sekten vergehen, das sansculottische Volk bleibt bestehen wie die Natur [...]"
(Zit. nach „Funkkolleg Geschichte", Studienbegleitbrief, S. 83 f.)

Bericht des Überwachungskomitees der Sektion Gravilliers über „Verdächtige" (Herbst 1793):
1. Der Abbé Bossel, Haus der Regnière, Rue Champs Elysées, verdächtigt, mit Emigranten in Verbindung zu stehen; in diesem Haus finden Versammlungen statt, es wird bis 2 und 3 Uhr morgens gespielt.
2. In der Rue St. Jacques, neben oder gegenüber dem Collège du Plessis, wird eine Gamaschenmacherin, wohnhaft im Hause eines Tischlers im 3. Stock, verdächtigt, Priester sowie andere verdächtige Personen zu beherbergen.
3. Herr Tarpet, Rue des Filles St. Thomas, im alten Haus de Secours, gegenüber der Rue Vivienne, gilt als konterrevolutionär.
4. Rue Melée Nr. 59: Es gibt dort einen geheimen Durchgang, den keiner kennt, diese Straße ist sehr suspekt.
5. Rousseau, der Neffe von Jean-Jacques Rousseau, wohnhaft im Hotel de Bourgogne, Rue de Montmorency, soll einen König gefordert haben; sein Aristokratismus hat ihn um seinen Posten und um seine Assignaten gebracht; ihm ist zu misstrauen [...]
10. Ein gewisser Lautour, wohnhaft in der Rue Bas d'Orléans, Porte St. Martin Nr. 161, Spieler im ehemaligen Palais-Royal, hat in Gegenwart mehrerer Personen gesagt, dass die Republik nicht einmal mehr die nächsten zwei Monate überleben würde.
11. Man versichert, dass man im Kloster der Barmherzigen Schwestern in der Rue de Sèvres die Messe zelebrieren würde, nicht in der Kirche, sondern in einem Zimmer des Hauses; und dass mehrere Frauen regelmäßig den Gottesdienst besuchten.
12. Ein Privatmann mit Namen Chenu, vom Hotel de al Guerre, 2. Division, hat in einer Kneipe am Weißen Grenzpfosten gesagt, er wolle, dass das Brot in Paris 30 Stunden ausbliebe, damit Frankreich gerettet würde.
14. In der Rue des Rosières im Marais gibt es eine alte Frau, die die Zukunft vorhersagt. Viele Leute kommen unter diesem Vorwand allabendlich zu ihr. Aber es handelt sich um einen aristokratischen Klub, den sie abhält. Sie sagt, wir seien im Jahr des Satans; bald würden all die Hunde von so genannten Patrioten vernichtet und die anständigen Leute triumphieren; aber Paris würde zerstört werden – das ist es, was sie vorhersagt.
(Zit. nach S. Petersen, „Die Große Revolution und die Kleinen Leute", Köln 1988, S. 195 ff.)

Der Alltag des Pariser Revolutionstribunals (1794):
Darstellung des französischen Historikers Jean-François Fayard:

5. Februar 1794 [Robespierre hält an diesem Tag im Konvent eine wichtige Rede über die Prinzipien der politischen Moral.]

Zwei Marquisen, von Paysac und von Marbeuf (letztere in Begleitung ihres „Agenten" Paye), werden dem Ankläger Fouquier-Tinville vorgeführt.

Erstere hat Korrespondenz mit ihrer emigrierten Familie geführt. Die Tatsachen sind unbestreitbar: die Todesstrafe.

Die zweite soll im Einvernehmen mit ihrem „Agenten", das heißt ihrem Gutsverwalter, gewisse Felder, die hätten angebaut werden können, brach gelassen haben: Sie wollte also das Volk aushungern! Nun ist jedoch einerseits offenkundig, dass besagte Marquise, die in Paris lebte, nicht wusste, was auf ihren Gütern vor sich ging; wenn andererseits gewisse Parzellen nicht bepflanzt worden waren, dann deshalb, weil man sie das Jahr zuvor angebaut hatte und nun nach der klassischen Regel ein Jahr als Brachland belassen hatte. Denunzierung: sehr reiche Grundbesitzer [...] zwei Zeugen, die den Mut hatten, zur Entlastung sprechen zu wollen, werden diese Kühnheit mit ihrer Freiheit bezahlen, unter der Beschuldigung der „Verführung und Korruption". Die drei Angeklagten werden dem Henker übergeben.

7. Februar 1794

Fünf Adlige, darunter drei Frauen, werden vorgeführt. „Emigration, Korrespondenzen, Äußerungen"; einer von ihnen (man weiß nicht einmal sicher, welcher) soll gesagt haben, dass die Regierung eines Einzelnen weniger Nachteile habe als die von mehreren." Die Guillotine für die beiden Männer (Großgrundbesitzer) und ihre Schwestern. Die Frau und die Mutter des einen von ihnen werden freigesprochen.

Am gleichen Tag steigt ein Priester auf den Henkerskarren; er „fanatisiert" seine Schäfchen. Trotz lebhafter Proteste seiner Pfarreiangehörigen siegte der Denunziant, genauso wie bei einem Notar: „vom girondistischen Geist inspiriert", besaß er große Summen."

(Jean-François Fayard, „La Justice Révolutionaire. Chronique de La Terreur", Paris 1987, S. 150 f. Übers. von A. Moser)

Bildung für alle:
Louis Michel Lepeletier entwarf aufgrund des Artikels 22 der Verfassung von 1793 einen Plan zur „Nationalerziehung", der allerdings nicht verwirklicht wurde:

„Ich verlange, dass Ihr dekretiert, dass vom fünften bis zwölften Jahre für die Knaben, vom fünften bis elften Jahr für die Mädchen, alle Kinder, ohne Unterschied und ohne Ausnahme, gemeinschaftlich erzogen werden sollen auf Kosten der Republik, und dass alle unter dem heiligen Gesetz der Gleichheit dieselbe Kleidung, dieselbe Nahrung, denselben Unterricht, dieselbe Sorgfalt erhalten. [...] das Kind des Armen soll erzogen werden auf Kosten des Reichen, so aber, dass alle den Beitrag liefern in einem gerechten Verhältnis, dergestalt, dass man die Armen nicht die Demütigung fühlen lässt, welche der Empfang einer Wohltat hervorruft."

(Robert Alt [Hrsg.], „Erziehungsprogramme der Französischen Revolution. Mirabeau-Condorcet-Lepeletier", Berlin-Leipzig 1949, S. 137)

Zu den Arbeitsvorschlägen und Fragen

a) Gründe: Der erklärte Krieg verläuft anders als erwartet. Die Koalitionsheere dringen in Frankreich ein. Das Volk von Paris wird bedroht; Angst, die errungene Freiheit wieder zu verlieren.

Auswirkungen: revolutionäres Sendungsbewusstsein; Patriotismus (Nationalgefühl); Widerstand gegen die Revolution in weiten Teilen Frankreichs; unverhältnismäßig großer Einfluss der Not leidenden Pariser Arbeiter- und Handwerkerbevölkerung („Sansculotten") auf die Entwicklung; Zulassung der Passivbürger zur Nationalgarde; das Wahlergebnis von 1792; die Entmachtung der Girondisten; Aufhebung rechtsstaatlicher und bürgerrechtlicher Grundsätze; („Fanatismus der Tugend") und moralische Integrität Robespierres.

Folgen: Rechtsunsicherheit, Willkür, Atmosphäre der Angst, 40 000 Hinrichtungen schwächen schließlich Staat und Gesellschaft.

b) Alle handelnden Personen in M4 gehören dem 3. Stand an, der sich als Nation versteht. Der Besucher ist Bürger, dem es vor allem um Rechtssicherheit, Meinungs- und Bewegungsfreiheit, also um Bürger- und Menschenrechte geht. Der Revolutionsausschuss setzt sich aus Sansculotten, also Kleinbürgern, zusammen, denen die Gleichheit der citoyens, d. h. die Anpassung aller an ihre politischen Vorstellungen und ihr Lebensniveau, auch auf Kosten der Freiheit des Einzelnen, über alles geht. Sie handeln 1789 noch nicht auf der politischen Bühne. M5 formuliert die Interessen dieser Gruppe sehr deutlich. Robespierre will sie in M7 benutzen, um seine Vorstellungen von einer „Republik der Tugend" durch „totalen Krieg" gegen ihre auswärtigen und durch Schrecken (vgl. M10a) gegen ihre inneren Feinde durchzusetzen. Die in M7 erwähnten Girondisten vertraten vorwiegend die Interessen des gehobenen Bürgertums. Camille Desmoulins verteidigt in M10e das liberale Prinzip der Rechtssicherheit gegen den totalen Anspruch Robespierres.

c) Ein anderes Verhalten Ludwigs XVI. hätte die konstitutionelle Monarchie 1791 wahrscheinlich retten können. Die Schreckensherrschaft wäre Frankreich dann vielleicht erspart geblieben.

5. *Eine neue Zeit beginnt*

Konzeption

Dieses Kapitel greift einige wichtige gesellschaftliche, kulturelle und mentalitätsgeschichtliche Veränderungen auf, die auch die Reichweite und Tiefenwirkung der Revolution deutlich machen: Ein so tief greifender gesellschaftspolitischer Paradigmenwechsel verlangte nach neuen Ritualen und öffentlichen Symbolen. Presse und Clubs schufen die medialen und infrastrukturellen Voraussetzungen für eine politisierte Öffentlichkeit, wie es sie vorher noch nicht gegeben hat. Die Frage nach der gesellschaftlichen Rolle und der politischen Partizipation der Frauen ist seit der Revolutionszeit nicht mehr aus der Welt zu schaffen. Es ist bei dieser Thematik und

insbesondere im Zusammenhang mit M9b (vgl. Schülerbuch, S. 130) darauf zu achten, dass sich nicht der Eindruck verfestigt, die Frauen mit ihrem Engagement während der Revolutionszeit hätten letztlich nichts bewirkt. Hier ist auf die Langzeitwirkungen aufmerksam zu machen, die Susanne Petersen folgendermaßen andeutet: „Erfolge wie Niederlagen, die die Frauen im Laufe von sechs Revolutionsjahren errungen bzw. erlitten hatten, gingen als kollektive Erfahrung in das Bewusstsein vieler Frauen ein und wurden zum Bestandteil ihrer revolutionären Tradition, ihrer Hoffnungen." (a.a.O., S. 216).
Die Identifikation innerhalb eines Großteils der Bevölkerung mit den revolutionären Idealen und Zielen führte zu einer Revolutionierung der Kriegführung. Hier liegen die Ursprünge des französischen Nationalbewusstseins und der dann für das 19. Jahrhundert so folgenreichen Verbindung zwischen Nationalismus und Militarismus. Diesen Verbindungslinien wird im Buch nicht nachgegangen, sie sollten im Unterricht aber angesprochen werden.

Aspekte der Unterrichtsgestaltung

Vorschläge für den Themeneinstieg:
- Vergleich von M4 und M5;
- neue Feste, neue Namen, neuer Kalender;
- M10 (Wirkungsgeschichte der Revolution; Zusatzinformationen zur Maizer Republik);
- M9b Das Ende der Frauenclubs, dann Rückblick.

Teilthemen:
- die Kulturrevolution Verfassertext, M8, „Zusatzinformationen zum Verfassertext";
- Politische Meinungsbildung in Clubs und Volksgesellschaften Verfassertext, M2, M4, M5;
- Frauen in der Revolution Verfassertext, M1, M4, M5 M6, M7, M9;
- Revolutionsheer, Volksheer, Nation, Nationalismus Verfassertext, Kapitel 4, M8 und M9.

Problem- und Fragestellungen:
- Wehrpflicht oder Berufsheer? Vergleiche zwischen Bundeswehr und Revolutionsheer;
- Politisierung der Öffentlichkeit und Politikverdrossenheit;
- Frage a);
- Frage b);
- Aussage in M9c.

Weiterführung:
Möglichkeiten der Kooperation mit dem Politikunterricht:
- Emanzipation der Frauen: weitere Etappen;
- Emanzipation der Juden und der Sklaven;
- M10: Wirkungsgeschichte der Revolution;
- Anfänge der Parteien: Vorausschau auf 1848;
- Presse – die vierte Gewalt?

Zusatzinformationen zum Verfassertext

Die einer Kulturrevolution gleichkommenden Änderungen sind auch Ausdruck dafür, dass die Republikaner nach der Hinrichtung des Königs alle Brücken zur Vergangenheit und zur Tradition abreißen wollten.
Den Maßstab der Veränderungen sollten allein die Vernunft und die von ihr abgeleiteten Gesetzmäßigkeiten bestimmen, entsprechend die Ausrichtung am naturwissenschaftlichen Dezimalsystem und an der Natur.

Änderungen von Namen für Straßen und Plätze: Place Louis XV. wird zu Place de la Revolution (seit 1795 Place de la Concorde = der Eintracht); Place Vendôme (Herrschergeschlecht) zu Place de Piques, Place Royale zu Place de Fédérés.

Ziviltrauung – Zivilscheidung: Dass die revolutionäre Gesetzgebung für die Frauen viele Erleichterungen mit sich brachte, ist unbestritten. Mit der Auflösung der Orden öffneten sich auch die Tore für viele der von Vätern oder Ehemännern in Klöstern eingesperrten Frauen.

Tafelbild

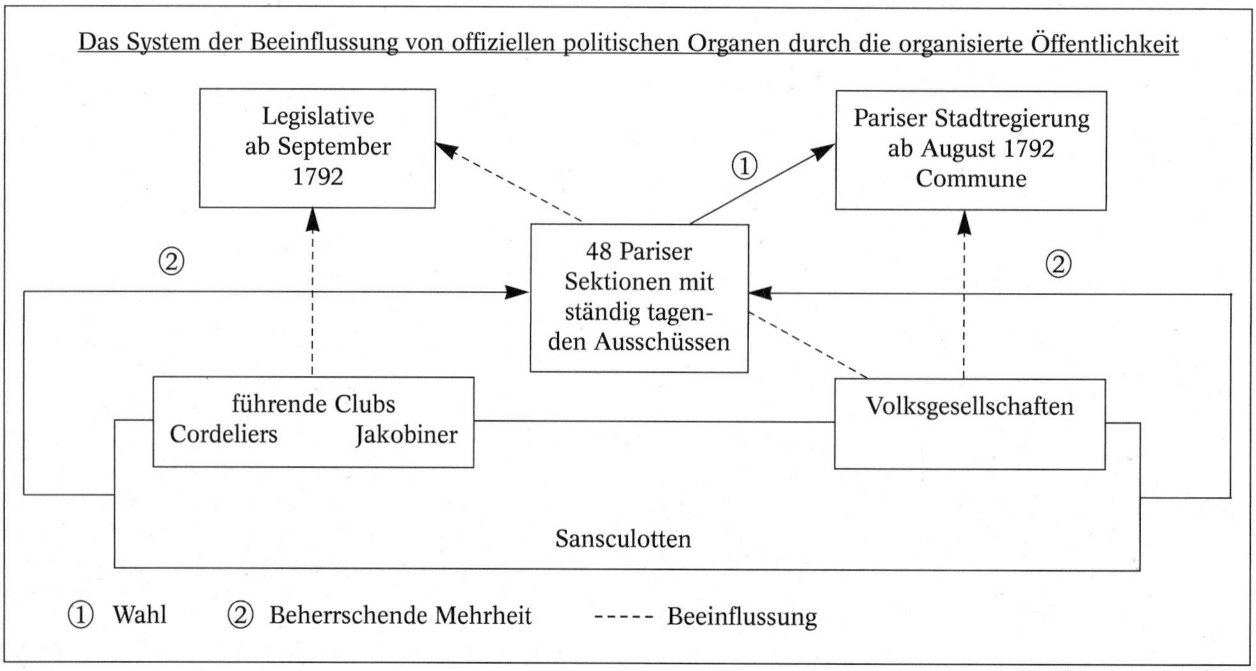

Auch das Erbrecht wurde zugunsten der Frauen deutlich verbessert. Schon die Gesetzgebende Versammlung erließ ein Gesetz über die absolute Gleichheit der Erbteile. Der Konvent hob 1793 das Erstgeborenenrecht auf. Ab 1795/96 wurde der Schulbesuch auch für Mädchen vom 5. bis 12. Lebensjahr obligatorisch, wenn sich auch die Lehrinhalte von denen der Jungen traditionell unterschieden.

Die Presse, eine neue, einflussreiche Macht (Schülerbuch, S. 126): 1788 gab es in Paris nur vier Zeitungen; 1789 kamen 135 neue Titel hinzu. Bedeutende Zeitungen:
„Ami du peuple" („Der Volksfreund"), wegen seiner Unbestechlichkeit und Direktheit sehr populär, von Marat bis zu seiner Ermordung 1793 täglich herausgegeben.
„Père Duchesne" von Hébert erschien als inoffizielles Organ der radikaleren Sansculotten.
„Frauenzeitung". So lange die Pressefreiheit einigermaßen garantiert war (bis 1792), gab es auch eine „konterrevolutionäre" Presse: Die satirische „Apostelgeschichte" („Actes des Apôtres") oder der „Königsfreund" („Ami du Roi") führten z.B. eine erbitterte Kampagne gegen die führenden Revolutionäre und deren Politik.

Politische Clubs der Männer (Schülerbuch, S. 127):
Schon vor der Revolution hatten sich innerhalb des Bürgertums und des liberalen Adels Clubs als Diskussions- und Vortragsforen für politische und philosophische Themen gebildet. Der Jakobinerclub entwickelte sich zum führenden Club während der Revolution. Informelle Treffen der Abgeordneten des dritten Standes parallel zur Tagung der Generalstände hatten 1789 zu seiner Gründung geführt. Hohe Beitragsgelder schlossen allerdings zunächst Angehörige des Kleinbürgertums und der unteren Schichten aus. Zunächst Sammelbecken aller Konstitutionellen, setzten sich im Jakobinerclub ab 1792 nach und nach die Republikaner durch. Was den Jakobinerclub von anderen unterschied, war sein parteiähnliches, weit verzweigtes Netz an Tochtergesellschaften. Bis 1791 waren es 1 200, später sogar 6 000. Die Mitgliederzahl belief sich auf mindestens 150 000 Personen.
Neben den Clubs, die noch auf die Zeit des Ancien Régimes zurückgingen, gründeten sich bereits in der ersten Revolutionsphase eigenständige Clubs des „Volkes". Der einflussreichste wurde der im Frühjahr 1790 in Saint Antoine u.a. von Danton gegründete: der Cordeliers-Club, der keine Mitgliederbeschränkung mehr kannte. Hier gewannen Marat, Desmoulins, Danton und Hébert mit ihren öffentlichen Auftritten ihre Volkstümlichkeit.

Der Cordeliers-Club wurde zum Vorbild für die Volksgesellschaften in den kleinbürgerlichen Stadtvierteln, zu denen auch Frauen zugelassen waren. Reichardt meint, dass die Bedeutung dieser „Sociétés populaires" für die Bewusstseinsbildung und politische „Erziehung" der städtischen Volksbewegung kaum zu überschätzen sei. „Sie verbreiteten in den Grundschichten die aufklärerische Botschaft der Freiheit und Volkssouveränität; ihre gemeinschaftliche Lektüre von Flugschriften und ihre Diskussionen schufen eine neue plebejische Öffentlichkeit; über die Zuschauertribünen beeinflussten ihre Mitglieder die Parlamentsdebatten; sie machten sich die Überwachung und Denunzierung der ‚Volksfeinde' zur Aufgabe und suchten [...] die Lebensmittelunruhen der Grundschichten in gezielte politische Aktionen umzuformen." (Reichardt, „Funkkolleg Geschichte", a.a.O., S. 77).

Sektionen:
Nach dem Sturm auf die Bastille hatten die Bürger sich der Verwaltung der Stadt bemächtigt. Am 4. Juni 1790 wurden die 60 Pariser Distrikte in 48 Sektionen umgewandelt. Sie wählten die Stadträte und Verwaltungsbeamten ihres Viertels. Zunächst waren auch hier nur Aktivbürger zugelassen. Die Sektionen entwickelten sich aber dann zu kleinen Selbstverwaltungskörperschaften innerhalb der Stadt, hielten Versammlungen ab und bildeten Ausschüsse, die ständig tagten und in denen politische Fragen diskutiert wurden. Sie übten mit ihren Petitionen Druck auf die jeweiligen Parlamente und die Stadtregierung aus und stellten ein wichtiges Bindeglied zwischen den Clubs und der breiten Bevölkerung dar. In jeder Sektion gab es ungefähr 200 bis 300 politisch sehr aktive Leute. Von ihnen ging die Initiative aus, 1792 einen neuen Pariser Stadtrat, die Commune, zu bilden und dann die Tuilerien zu stürmen. Danach wurden die Sektionen auch für Passivbürger geöffnet.

Clubs der Frauen und Politisierung der Frauen:
Die Zitate im Verfassertext stammen aus: Jean-Paul Bertaud, „Alltagsleben während der Französischen Revolution", Freiburg/Würzburg 1989, S. 157.
Man wird den Schülerinnen und Schülern nur schwer vermitteln können, wie es ist, wenn zum Erhalt der Grundnahrungsmittel ein so großer und oftmals sogar vergeblicher Aufwand getrieben werden muss, wie es damals durch die Versorgungskrisen immer wieder üblich war. Wer kein Brot mehr bekommt, kann verhungern oder resignieren oder aber er revoltiert, wie es die Frauen aus dem Kleinbürgertum und auf dem Land schon von den Brotaufständen und Hungerrevolten aus der Zeit des Ancien Régimes kannten. Die Warteschlangen vor den Bäckerläden trugen zur Politisierung der Frauen bei. Ermutigt durch die revolutionären Vorgänge versuchten Frauen jetzt auch im Rahmen des Möglichen auf die politischen Institutionen Einfluss zu nehmen, die meisten jedoch immer im Gefolge ihrer Männer und im Fluss der allgemeinen revolutionären Entwicklung. Nur für eine kleine Minderheit waren auch Fragen der Frauenemanzipation von Wichtigkeit. Da sie von der parlamentarischen Mitwirkung ausgeschlossen waren, geschah die Einflussnahme auf anderen Wegen: über das Petitionsrecht, als Zuschauerinnen in den Sektionen und Parlamenten, wo sie die Abgeordneten durch Zwischenrufe und Akklamationen beeinflussten, oder eben durch Demonstrationen in den Straßen und in den Gremien.
Eine Ausnahme bildete die „Gesellschaft der republikanischen und revolutionären Bürgerinnen", die in der Bibliothek des Jakobinerclubs tagte. Noch intensiver als die Zusammenarbeit mit diesem einflussreichen Männerclub wurde diejenige mit dem Club der Cordeliers. Mit seinen Mitgliedern war man sich einig in der Forderung nach einer harten Gangart gegen Girondisten und Wucherer.
Susanne Petersen macht darauf aufmerksam, dass die

vielen zeitraubenden Tätigkeiten der Mitglieder darauf schließen lassen, dass diese Frauen unverheiratet waren. Der feste Mitgliederbestand wird auf 200 bis 300 geschätzt (Susanne Petersen, „Marktweiber und Amazonen, Frauen in der Französischen Revolution", Köln 1987, S. 172). Die republikanischen Bürgerinnen fielen auch durch ihre Kleidung auf: rote Hosen und den normalerweise den Männern vorbehaltenen roten Jakobinermützen. Laut Statut sollte der Club dazu beitragen, alle Mitglieder zu schulen, die Gesetze und die neuen Verfassungsgrundsätze zu verbreiten, die öffentlichen Angelegenheiten zu beobachten, leidende Menschen zu unterstützen sowie im Falle von Unterdrückung Hilfe zu leisten. Über allem aber rangierte das Ziel, das Vaterland zu verteidigen.
Das politische Programm wird aus den vielen Aktivitäten und öffentlichen Schreiben deutlich. Der Club wollte nicht an Symptomen kurieren, sondern Missstände im radikal jakobinischen und sansculottischen Sinne politisch, durch Gesetze und staatliche Maßnahmen dauerhaft lösen (z.B. hartes Vorgehen gegen Wucherer, Verdrängung aller Adliger aus den öffentlichen Ämtern, Rechenschaftslegung der Beamten).
Am 30. Oktober wurden alle Zusammenschlüsse von Frauen, insbesondere der Revolutionären Republikanerinnen vom Konvent verboten. Das muss auch im Zusammenhang mit der Ausschaltung der radikalen Jakobiner und Sansculotten um Hébert und Roux gesehen werden, mit denen der Frauenclub sympathisierte.
Der Pariser Bürgermeister brandmarkte das Auftreten von Frauen in Jakobinermützen als „sittenwidrig", „unschicklich", „schamlos", „despotisch" oder „denaturiert" (Zit. nach Petersen, a.a.O., S. 213). Neue Revolutionszeitungen wie der „Sansculottenbeobachter" verpflichteten die Frauen wieder auf ihre traditionellen, in der Öffentlichkeit weitgehend passiven Rollen. Nach dem Hungerwinter 1795/96 und den durch ihn ausgelösten und blutig niedergeschlagenen Sansculottenaufständen verloren die Frauen noch das individuelle Petitionsrecht und durften auch nicht mehr den Konventssitzungen beiwohnen.

<u>Volksheere verändern den Krieg</u>:
Die ersten Truppenaushebungen 1792 widersprachen, wie auch die Verfassung von 1791 mit ihrem Zensuswahlrecht, dem Gleichheitsgrundsatz. Begüterte hatten die Möglichkeit, sich vom Wehrdienst freizukaufen, wenn das Los oder die Wahl auf sie gefallen war. Mit der „levée en masse" war dies nicht mehr möglich. Wer sich dem Einberufungsbefehl entziehen wollte, wurde mit dem Tode bestraft. Deserteure wurden wie Emigranten behandelt. Ihre Familien mussten damit rechnen, dass man ihr Vermögen konfiszierte.
Bereits 1792 gab es Sansculottenbataillone, die ihre Offiziere wählten. Weil diese mit der militärischen Führung noch wenig vertraut waren, ließen sie oft ihre Entscheidungen diskutieren. Im Unterschied zu den stehenden Heeren des Absolutismus setzte sich im Revolutionsheer das Leistungsprinzip durch: „Jeder trägt seinen Marschallstab im Tornister."
Im März 1792 reichten 304 Frauen eine Petition bei der Legislative ein. Sie wünschten im Kriegsfalle auch mit der Waffe in der Hand die Republik zu verteidigen. Die Versammlung lehnte ab. Über diesen Beschluss setzten sich viele Frauen hinweg, indem sie sich als Männer verkleideten. Es gab auch Kinderbataillone, die sich täglich der Wehrausbildung unterstellten und vom Wohlfahrtsausschuss wurde 1794 eine Militärschule eingerichtet, die den zukünftigen Offiziersnachwuchs mit loyaler republikanischer Gesinnung heranbilden sollte.
1793 erreichte man mit den Zwangsrekrutierungen eine Truppenstärke von knapp einer Million. Das hatte es bis dahin noch nie gegeben.
Nicht zu unterschätzen ist die Bedeutung der Koalitionskriege für die Ausprägung und Festigung des französischen Nationalbewusstseins. Gezielt wurden nicht nur alte Berufssoldaten und Milizionäre in einem Bataillon gemischt, sondern auch Soldaten aus unterschiedlichen Regionen, die nun Seite an Seite kämpften. Die Bereitschaft für den todesmutigen Kampf sollten auch quasireligiöse Rituale wie die Communion Civique zur Eingliederung neuer Truppenteile wecken und stärken. Die tiefe emotionale Wirkung diese Rituale beschreibt Bertaud (a.a.O., S. 213 f.).

Zusatzinformationen zu den Materialien

M1: Die Inschrift lautet: „Catherine Tetar – eine gute Bürgerin im Jahr 4". Im Grunde ist der Teller nur noch eine Reminiszenz an die Sansculottenbewegung. Die Sansculotten hatten ihren Einfluss zu dieser Zeit längst eingebüßt, ihr revolutionärer Elan hatte sich durch die Maßnahmen des Konvents in Resignation verwandelt.

M2: Die Gebäude der spätmittelalterlichen Predigerorden, hier der Dominikaner, wurden schon damals oft von den Städten finanziert und auch für öffentliche Zwecke genutzt. Der Kirchencharakter ist dem Raum auch nicht anzusehen, zumal er für die politischen Debatten der Klubs ummöbliert wurde. Es ist nicht zu erkennen, ob das Bild an der ehemaligen Altarwand noch religiösen Charakter hat. Rechts in der Mitte am Pult der Debattenredner. Links die Tische der Protokollanten und des Vorsitzenden (vgl. „Zusatzinformationen zum Verfassertext").

M3: Text: „Wiedererstandene Gesellschaft der geläuterten Jakobiner von Châlons an der Saône. Freiheit, Gleichheit, Brüderlichkeit." Darunter: „Mittelpunkt". In den Wappen links: „2. Jahr der republikanischen Verfassung", rechts: „Krieg den Tyrannen". Die anderen Inschriften beschwören die Treue zur Republik und den bedingungslosen Kampf für ihre Erhaltung: „Frei leben oder sterben", „Krieg den Tyrannen".

M4: Das Bild gehört zur Kollektion der Brüder Le Sueur oder Lesueur (vgl. Kapitel 4, M8).
Es zeigt typische Aktivitäten bürgerlicher Frauenclubs: Besprechung von (offiziellen) Texten, Dekreten, Gesetzen, Petitionen sowie karitative Maßnahmen (Kollekten).
„Unter dem Bild stand der Text: ‚Sehr patriotische Frauen hatten einen Club gebildet, zu dem niemand anders zugelassen wurde. Sie hatten ihre Vorsitzende und Sekretärinnen. Man versammelte sich zweimal wöchentlich, die Präsidentin verlas die Sitzungsproto-

kolle des Nationalkonvents, dessen Beschlüsse man Beifall oder Kritik zollte. Aus Wohltätigkeitseifer veranstalteten die Damen unter sich eine Sammlung und verteilten den Erlös an hilfsbedürftige Familien guter Patrioten."
Die Frauen sind entsprechend ihrer Kleidung und ihrem Umgang mit Schriftstücken dem gebildeten Bürgertum zuzuordnen. Nur die Frau vorne rechts trägt die Kleidung der höheren Stände. Die Glocke auf dem Tisch deutet auf geordnete Debatten hin.'"

(Aus: Rolf Reichhardt [Hrsg.], „Die Französische Revolution", Ploetz-Verlag, Freiburg 1988, S. 158 f.)

M5: Der Abbildung, 54 Jahre nach den Ereignissen gezeichnet, kommt weniger Authentizität zu als dem zeitgenössischen Bild M4. Mehr als bei den „Patriotischen Frauen" wird hier die Sitzordnung eines Parlamentes nachgeahmt mit thronender Präsidentin, agitierender Rednerin (bis hin zum Wasserglas) und kritisch zuhörenden Abgeordneten, vielleicht sogar einer Art Besucherloge hinten links. Auf der Tafel hinter der Präsidentin stehen vermutlich die Menschen- und Bürgerrechte, die man – wie zahllose politische Flugblätter – vielerorts finden konnte. Die (roten) Jakobinermützen der Präsidentin und der Rednerin deuten auf die republikanische Gesinnung hin.

Grundbegriff Emanzipation: Ergänzend kann auf die Judenemanzipation hingewiesen werden, die gesetzlich mit dem Dekret über die Gleichberechtigung der Juden vom 28. Sept. 1791 erfolgte. Die Juden wurden damit in ihren Rechten und Pflichten allen Eid leistenden Bürgern gleichgestellt. Der Prozess der Emanzipation gestaltete sich jedoch sehr langwierig. Erst nach der Zeit des Terrors kamen die Juden allmählich aus ihren Gettos heraus.

M6: Andere Quellen geben als Geburtsjahr 1755 (Montauban) an. Olympe de Gouges hat sich bereits 1790 vergeblich um die Gründung eines Frauenclubs bemüht. Vor allem ihre öffentliche Verteidigung des Königs (vgl. Kapitel 3, M3d) hat sie in den Augen vieler als Royalistin erscheinen lassen, obwohl sich bei ihr ein klarer politischer Standpunkt nur schwer ausmachen lässt. Ihre „Erklärung der Rechte der Frau und Bürgerin" hat sie in der Hoffnung auf Unterstützung direkt an die Königin adressiert, obwohl die Monarchin sich zu diesem Zeitpunkt bereits mit dem Fluchtversuch diskreditiert hatte. Diese persönlichen und in der Öffentlichkeit bekannten Verbindungen haben wohl auch dazu geführt, dass dem Schriftstück der Geruch der Konterrevolution anhaftete und es deshalb auf wenig Resonanz stieß.
Neben Olympe de Gouges ist als weitere zeitgenössische Frauenrechtlerin zu nennen: Claire Lacombe, Mitbegründerin des Clubs republikanischer und revolutionärer Bürgerinnen. Sie hatte schon den Sturm auf die Tuilerien mitgemacht und war dabei verwundet worden.

M6 und **M7** (Z. 4): Mit der Verwendung des Ausdrucks „Höchstes Wesen" anstelle von „Gott" distanziert sich Olympe de Gouges vom Christentum und bekennt sich zum Kult der radikalen Revolutionäre. Diese völlig entpersönlichte Gottesvorstellung findet sich schon in der antiken griechischen Philosophie. In Z. 15 wird in ähnlicher Weise von den „Gesetzen von Natur und Vernunft" gesprochen.

M8: Die Inschrift lautet: „Grenzübergang – Dieses Land ist frei". Goethe meinte nach der Kanonade von Valmy, nachdem er die Überlegenheit der revolutionären Freiwilligen erlebt hatte: „Die größte Bestürzung verbreitete sich über die ganze Armee. Noch am Morgen hatte man nicht anders gedacht, als die sämtlichen Franzosen aufzuspießen und aufzuspeisen. Endlich rief man mich auf, was ich davon denke? [...] diesmal sagte ich: ‚Von hier und heute geht eine neue Epoche der Weltgeschichte aus und ihr könnt sagen, ihr seid dabei gewesen.'" Vergleiche dagegen Bild M10 (Freiheitsbäume sind aus der alten Maibaumtradition erwachsen).

M9a: Z. 12 f.: „ohne deine Hilfe" meint die Rolle der Frauen in der Revolution (z.B. den Zug der Frauen nach Versailles am 5.10.1789, um den König nach Paris zu holen, u.a.).
M9b: Im Unterricht kann der Text eine lebhafte Diskussion auslösen. Die Hintergründe für das Verbot der Frauenclubs (Ausschaltung der Enragés) ist bei der Beurteilung mit zu berücksichtigen.
Z. 12: Hinter „der gute Ruf einer ehrbaren Frau" stecken wohl auch sexuelle Ängste in einer männlich geprägten Gesellschaft und das waren (und sind?) die weitaus meisten Gesellschaften in der Geschichte und Gegenwart, was wohl auch auf biologische Wurzeln der Geschlechterrollen hinweist.
So hatte der Abgeordnete Amar sicher die große Mehrheit – zumindest der männlichen Bevölkerung – hinter sich. Im Land der Französischen Revolution wurde Frauen das Wahlrecht erst 1946, also Jahrzehnte später als in Deutschland, Großbritannien oder in den USA zugestanden. Vorurteile beruhen eben auf langen Traditionen und alten Ängsten und sind vernünftiger Argumentation schwer zugänglich.
Z. 32:/33: „Aufgrund ihres beschaulichen Daseins": Amar denkt offenbar vor allem an Frauen des gut situierten Bürgertums mit Personal.

M10: Dargestellt ist der Mainzer Freiheitsbaum im „Tagebuch von der Einnahme Frankfurts durch die Neufranken" von 1793. Der Freiheitsbaum wurde von den Mainzer Jakobinern am 3. November 1792 vor dem Gerichtshaus auf dem Höfchen errichtet.
Der Text lautet: „Nun, wie soll mir's gefallen, es ist außen ein Bäumchen ohne Wurzel und ein Käppchen ohne Kopf." Eine deutliche revolutionsfeindliche Karikatur: ohne Wurzel (viele Freiheitsbäume wurden nicht gepflanzt, sondern nur ins Pflaster gesteckt) = ohne Tradition und ohne Zukunft; ohne Kopf = ohne Verstand.

M11a: Anatole France schreibt nach dem für Frankreich zwar verlustreichen, aber siegreichen Ersten Weltkrieg, für den er die Verbindung aus Patriotismus, Kapitalismus und Industrialismus verantwortlich macht. Er verklärt die vorrevolutionäre Vergangenheit in einer eng konservativen Sicht.
M11b: Gerhard Ritter schreibt unter dem Eindruck der Katastrophe des Zweiten Weltkriegs, der deutschen Kriegs-

schuld und Unmenschlichkeit als Folge der nationalsozialistischen Politik, aber auch in der Angst vor Kommunismus im entflammten (1948) Ost-West-Konflikt. Er macht die Französische Revolution für den „modernen Totalstaat“, also für faschistische und kommunistische Diktaturen, verantwortlich, obwohl die Französische Revolution wegen ihrer liberalen Tradition von den Nationalsozialisten abgelehnt wurde.

Ergänzungen zum Angebot des Schülerbuchs

Thomas Jefferson über den Terror der Jakobiner:
Am 3. Januar 1793 schreibt Jefferson in einem Brief:
„Das Experiment [nämlich der Verfassung von 1791 mit dem König im Besitz der Exekutive] scheiterte vollständig und es hätte, wäre es weiterverfolgt worden, die Wiederherstellung des Despotismus mit sich gebracht. Das wussten die Jakobiner wie auch, dass die Ausmerzung dieses Amtes von absoluter Notwendigkeit war [...]. In dem Kampf, der sich als notwendig erweisen sollte, verloren viele schuldige Menschen – ohne gerichtliches Verfahren – ihr Leben, mit ihnen auch einige Unschuldige. Diese bedaure ich und einige von ihnen werde ich bis zu dem Tage meines Todes beweinen [...]. Aber ich betraure sie so, als wären sie auf dem Schlachtfeld gefallen. Es war notwendig, die Waffe des Volkes zu gebrauchen, eine Maschine, die nicht ganz so blind ist wie Granaten und Kugeln, aber doch blind in einem gewissen Grade. Ein paar seiner wahren Freunde erfuhren durch die Hand des Volkes das Schicksal von Feinden. Aber die Zeit und die Nachwelt werden ihr Andenken retten und vor Vergessenheit bewahren, während ihre Nachfahren gerade die Freiheit genießen werden, für die sie nie gezögert hätten, ihr Leben zu opfern. Die Freiheit der ganzen Welt hing vom Ausgang dieses Kampfes ab und wurde je ein Preis errungen mit so wenig unschuldigem Blut? Meine Empfindungen sind durch den Tod einiger der Märtyrer dieser Sache tief verwundet, aber ich würde lieber die halbe Welt verwüstet sehen, als dass diese Sache gescheitert wäre.“
(Aus: T. Jefferson, „Selected Writings“, übers. von Paul Hartig, in: „Historisch-politische Weltkunde“, „Vom Ancien Régime ...“, S. 153)

Zu den Arbeitsvorschlägen und Fragen

a) Die Frauen haben als Frauen keine Vorteile gewonnen, wohl aber die Vor- oder Nachteile ihres jeweiligen Standes oder der sozialen Schicht, der sie als Teil ihrer Familie angehörten. Die sozialen Gegensätze fielen weit mehr ins Gewicht als die Geschlechtsinteressen.
b) In unserer Gesellschaft sind die von Olympe de Gouges geforderten Rechte verwirklicht (Art. I, II, X, XIII). Doch sind Unterrepräsentation in manchen Bereichen oft nicht das Ergebnis mangelnder Berücksichtigung, sondern unterschiedlicher Neigungen und Lebenspläne. XVI: Durch das aktive und passive Wahlrecht ist die politische Mitwirkung gewährleistet.
c) Das Problem solcher Diskussionen ist die übliche klischeehafte Vereinfachung „die Frau“ und „der Mann“. Ist „der Mann“ körperlich stärker und größer als „die Frau“? Im statistischen Durchschnitt offensichtlich, zumindest innerhalb einer Bevölkerung. Diese Unterschiede sind biologisch vorgegeben. Wie weit sind Durchschnittsunterschiede anderer Eigenschaften und Fähigkeiten nachweisbar? Wie weit sind sie das Ergebnis von Vorurteilen bei der Wahrnehmung? Wie weit sind sie von den gesellschaftlichen Umständen der Sozialisation verursacht? Es wird Schülerinnen und Schülern heute nicht schwer fallen, die Behauptungen in den Texten M9a–M9c als Vorurteile zu widerlegen oder zu relativieren. Das Ergebnis der Diskussion sollte die Unterscheidung von Tatsachen und Meinungen und die Einsicht in die Macht von Vorurteilen sein.
d) Goethe zeichnete den revolutionären Freiheitsbaum (vgl. M8), wie er ihn gesehen hatte, und deutet durch die sommerliche Landschaft und die beiden Gestalten links vorn die Hoffnungen an, die sich zu diesem Zeitpunkt für viele mit den Errungenschaften der Revolution verbanden. – Bild M10 zeigt einen Baum, der ins Straßenpflaster gesteckt ist. Der Text unterstellt den Idealen der Revolution Unverstand (ohne Kopf) und mangelnden Wirklichkeitssinn (ohne Wurzel).
M11a und **M11b:** Die Stellungnahmen sollten in Einzelurteile zerlegt werden. Einige davon sind klar formuliert und für die Schülerinnen und Schüler leicht nachzuvollziehen, andere dagegen erläuterungsbedürftig. Diesen in Einzelurteile zerlegten Stellungnahmen sind dann die im Unterricht gewonnenen Informationen gegenüberzustellen. Die Urteile von Anatole France wirken in ihrer Pauschalierung sehr provokativ. Daran lässt sich gut anknüpfen und es zwingt die Schülerinnen und Schüler dazu, mit Hilfe des erworbenen Wissens, die Aussagen differenzierter zu fassen. Zu der Aussage, dass wir (!) durch die Revolution nichts gewonnen haben, müsste z.B. von den Schülerinnen und Schülern deutlicher Widerspruch kommen. Als Belege sind Menschenrechtserklärungen, Verfassungsstaat, Gewaltenteilung und Sozialstaat zu nennen. Auch die Aussage, dass die Revolution vornehmlich eine Angelegenheit des Bürgertums und der Kapitalisten war, lässt sich mit den Informationen des Buches so natürlich nicht aufrechterhalten. Bei Ritter dagegen wird man zumindest im ersten Teil bis Z. 17 zu mehr Übereinstimmungen kommen. Die Herleitung des modernen Totalstaates aus den Wurzeln der Revolution ist dagegen erläuterungsbedürftig (siehe oben).

6. Sicherheit statt Freiheit: General Bonaparte beendet die Revolution

Konzeption

Das Kapitel behandelt den Übergang von der Diktatur der „Schreckensherrschaft“ zur imperialen Diktatur Napoleons. Die Erfahrung, dass geschichtliche Prozesse nicht vorhersehbar, sondern nur im Nachhinein interpretierbar sind, kann an der Entwicklung in Frankreich von 1789 bis 1815, insbesondere aber an den Ereignis-

sen der Jahre 1794 bis 1804, beispielhaft vorgeführt werden. Der zeitgenössische Schriftsteller Heinrich Tschokke hat diese Erfahrung in seiner Erzählung „Es ist sehr möglich“ in einer für Schüler anschaulichen Weise vorgeführt.
Die Schülerinnen und Schüler sollten erkennen, dass
1. das „Direktorium“ die Revolution auf die Interessen des besitzenden Bürgertums zurückführt und einen Balanceakt zwischen Rechts (Royalisten) und Links (Jakobiner) zu vollführen hat;
2. die Bevölkerung nach all den Turbulenzen für einen „starken Mann“, insbesondere einen erfolgreichen Offizier, anfällig ist;
3. Napoleon mit den Methoden eines klugen und skrupellosen Machtmenschen, der er war, das Einverständnis der überwältigenden Mehrheit für die Errichtung einer mit dem Kaisertitel verbrämten Diktatur erlangte und
4. diese Methoden aus einer Mischung und dem Zusammenhang von fortschrittlicher Gesellschaftspolitik und politischer Entmündigung bestanden.

Tafelbilder

a)

Zeit des Direktoriums 1794–1799

linke Gegner:	**Direktorium**	rechte Gegner:
Jakobiner: allgemeines Männerwahlrecht getragen von Kleinbürgertum; Arbeiter	Republik, Zensuswahlrecht; freie Wirtschaft; getragen vom besitzenden Bürgertum	Royalisten: Wiederherstellung der Bourbonen-Monarchie; Rückhalt vor allem auf dem Land

c)

Napoleon: Ein Mann macht Geschichte

Voraussetzungen
Historisch-politische:
- Beseitigung des Ancien Régime 1789
- Politische und wirtschaftliche Erschöpfung nach 10 Jahren (1789–1799) revolutionärer Turbulenzen
- Krieg ohne Aussicht auf Ende

Persönliche:
- Machtgier und Ehrgeiz (M3b)
- Ausstrahlung (Charisma)
- Fähigkeit zur Selbstdarstellung (M4)
- Fähigkeit zur Menschenführung (M3a)
- politische Begabung

Mittel des erfolgreichen Ausbaus seiner diktatorischen Macht:
- Versöhnung mit Kirche, Emigranten und Revolutionären
- Sanierung der Finanzen
- bürgerliche Gleichheit mit Recht auf Eigentum und freien Wettbewerb („Code Napoléon“)
- Chancengleichheit (Möglichkeit des Aufstiegs vom Pferdeknecht zum General)
- Steigerung der Macht und „Gloire“ Frankreichs durch militärische Erfolge.

b)

Die Parabel der Revolution

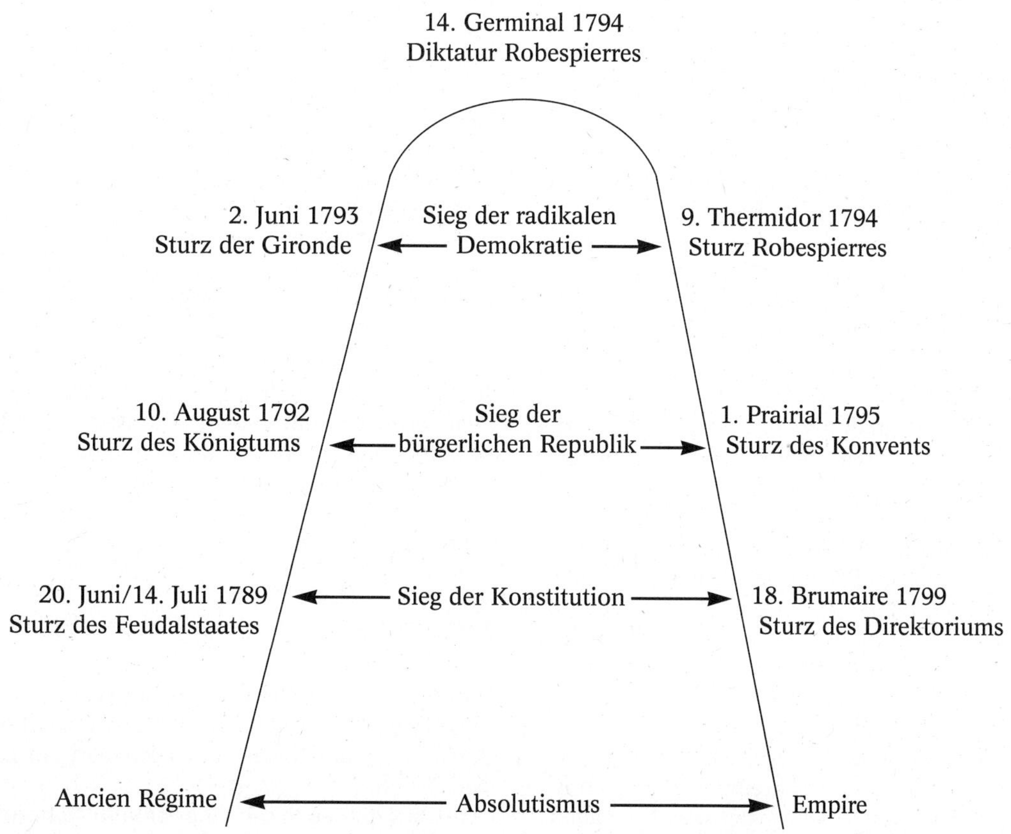

Aspekte der Unterrichtsgestaltung

Vorschläge für den Themeneinstieg:
- Über Direktorium (vgl. Marginalie „Das Direktorium“, Schülerbuch, S. 132) zu Napoleon übergehen;
- Schilderung der Zeitumstände nach der „Schreckensherrschaft“ (vgl. Bild M1), danach Übergang zu Napoleon;
- Napoleon (1): M3a, M3b, Verfassertext, S. 133, M4, M5, M2;
- Napoleon (2): M2, Verfassertext, S. 133, M3a, M3b, M4, M5.

Teilthemen:
- Direktorium als „Wende“;
- Bedingungen der Machtergreifung Napoleons.

Problem- und Fragestellungen:
- Wie weit vertritt das Direktorium Ideen der Französischen Revolution?, vgl. dazu Tafelbild a) und b);
- Frage d), dazu Tafelbild c);
- Frage b), dazu Tafelbild c);
- Vergangenheitsbewältigung durch Sturz eines Denkmals (vgl. M2).

Vorschläge für Arbeits- und Sozialformen:
- Erarbeitung der Tafelbilder durch Vorgabe von Strukturelementen: von Schülerinnen und Schülern inhaltlich ausfüllen lassen (einzeln oder zu zweit) und im Plenum vervollständigen;
- Schriftliche Ausführung des zu Tafelbild a vorgeschlagenen Vergleichs (einzeln oder zu zweit);
- Mündlicher Vortrag: Erwiderung auf Joubert (vgl. M5 unter Verwendung auch von M3b).

Zusatzinformationen zu den Materialien

M1: Das Bild hat etwas karikaturhaft Überzeichnetes. Es zeigt eine besitzbürgerliche Insel des Wohlstands in einem ziemlich zerrütteten Land. Am Tisch wird um Geld gespielt. Die Männer tragen noch Kniehosen, die Frauen der Antike nachempfundene Kleider. Der bürgerliche Hut ist Mode geworden. Auch die Wanddekoration ist nicht mehr im Stil des Rokoko gehalten, sondern klassizistisch. Das Bild zeigt – besonders im Vergleich zu Bild M3 und dem „Bericht eines Pariser Bürgers ...“ im 4. Kapitel (vgl. Schülerbuch, S. 122) –, dass sich eine in Luxus lebende Oberschicht wieder sicher fühlte.

M2: Auch diese Säule greift auf ein römisches Vorbild, die Trajanssäule mit ihrem Schlachtenfries, zurück. Nach jedem politischen, kulturellen oder religiösen Umsturz kommt es zu ähnlichen Erscheinungen. Historische Parallelen zu diesem Denkmalwechsel, z.B. der Umgang einer siegreichen Religion (Christentum, Islam) mit den Symbolen ihrer Vorgänger oder die Beseitigung von Lenin- und Stalindenkmälern nach dem Sturz der DDR u.v.a., mehr werden auch den Schülern einfallen.

M3a: Ein psychologisch gut formulierter Aufruf: Die beeindruckenden militärischen Erfolge, seit Napoleon das Kommando übernommen hat, schreibt er den Leistungen, Anstrengungen und Entbehrungen seiner Soldaten zu („Ihr habt ...“). Jetzt erst (d.h. dank Bonaparte) sind sie gut versorgt. Er preist sie als Kämpfer für die durch die Revolution errungene Freiheit und stellt ihnen weitere Anstrengungen und Eroberungen in Aussicht.
Im gleichen Atemzug verbietet er jedoch Ausbeutung und Misshandlung der Bevölkerung aufs Strengste, weil er weiß, dass er nur mit der Sympathie der „Völker Italiens“ seine politischen Pläne verwirklichen kann.
M3b: Wie berechnend der Text M3a war, zeigt die vertrauliche Enthüllung 15 Monate später: Der zynische Machtpolitiker wird sichtbar, dem Ideologie (Theorien) letztlich gleichgültig ist, der den Krieg kaltblütig als Mittel benutzt, seinen Machttrieb zu befriedigen, und der die Franzosen und die französischen Soldaten eigentlich verachtet („Befriedigung ihrer Eitelkeit“, „wahrer Charakter der französischen Soldaten: von Freiheit verstehen sie nichts“).

M4 links: Das Bild „Napoleon als General“ vertritt die gleiche Absicht wie Text M3a: der vorwärts drängende, siegreiche Führer, der seinen Truppen den Weg über die Alpen zeigt wie einst Hannibal oder Caesar. Napoleon hat vier Kopien davon malen lassen, die er in verschiedenen Hauptstädten aufhängen ließ.
M4 rechts: Das gesamte Krönungsbild ist etwa dreimal so groß wie der gezeigte Ausschnitt und entfaltet den ganzen Pomp des Staatsaktes in der Kirche Notre Dame in Paris. Napoleon knüpfte an die Tradition Caesars (Stirnbinde), Chlodwigs (Biene als Symbol) und Karls des Großen an, der 800 durch den Papst zum römischen Kaiser gekrönt wurde. Er wollte damit eine Dynastie Bonaparte begründen, die sich gleichberechtigt neben die Dynastie der Habsburger stellen konnte. So meldete er seinen Anspruch auf Vorherrschaft in Europa an. (vgl. „4. Napoleon während der Kaiserkrönung“, Lehrerband, S. 94).
Papst Pius VII. war auf Wunsch Napoleons eigens nach Paris gekommen, um die „heilige“ Handlung vorzunehmen, an deren Heiligkeit Napoleon längst nicht mehr glaubte. Doch nach der Salbung Napoleons und seiner Frau Josephine Beauharnais durch den Papst ergriff Napoleon entgegen der Vereinbarung die Krone und setzte sie sich selbst auf und anschließend, wie im Bild dargestellt, seiner Frau.
Auf dem Gemälde erscheint Napoleon würdig und sanft, der Papst eher glatt und unauffällig. Napoleon steht im Mittelpunkt, Josephine kniet demütig vor ihm.

M5: Wie die Abstimmungsergebnisse zeigen, entsprach Jouberts lobhudelnde Rede einer in der Bevölkerung weit verbreiteten Stimmung: Ein Kaiserhaus Bonaparte schafft Frieden, Ruhe, Ordnung und internationales Ansehen, ohne dabei alle Errungenschaften der Revolution über Bord zu werfen. Der Text ist ein Beispiel für politische Selbstentmachtung.

Ergänzungen zum Angebot des Schülerbuchs

Luxus und politische Gleichgültigkeit:
Das Leben der vornehmen Pariser Gesellschaft ein Jahr nach dem Sturz Robespierres schildert ein Briefschreiber 1795 so:
„Gestern gab es in der Oper eine Aufführung zugunsten einer ehemaligen Schauspielerin; seit zwei Uhr

nachmittags war die Menge unzählbar, obgleich die Preise verdreifacht waren. Wagen und elegante Leute tauchen wieder auf [...] Tänze, Theaterstücke, Frauen, die hier die schönsten der Welt sind, werden zur Hauptsache. Wohlhabenheit, Luxus, guter Ton, alles ist zurückgekehrt; der Schreckensherrschaft erinnert man sich nur wie eines Traumes."

(Aus: G. Pernourd/S. Flaissier: „Die Französische Revolution in Augenzeugenberichten", S. 396f.)

Kritik an den Verhältnissen der Direktorialzeit:

General Lazare Hoche (1768–1797), Sohn eines königlichen Stallknechts, 1797 Oberbefehlshaber der Sambre- und Maasarmee, schreibt am 17. Februar 1797 in einem Brief:

„So sind unsere Franzosen! Hintereinander mit dem Hof konstitutionell, mit Brissot gemäßigt, unter Robespierre jakobinisch, mit André Dumont thermidorianisch und royalistisch, wie es ein paar extreme Demagogen geworden sind, das sind die Grundsätze dieser Hammelklasse, die sich aus der Mehrheit der Rentiers*, der gegenwärtigen öffentlichen Beamten, Advokaten, Sachverwalter und Bourgeois zusammengesetzt, für die Rückkehr zur alten Ordnung der Dinge eine Art Auferstehung ist – und deren dauernde Meinung ist, dass es auf die Meinung der Nation, die öffentliche Wohlfahrt, Handel und Handwerk, die durch fortwährende Reaktionen gefährdet sind, wenig ankommt, wenn nur die Suppe recht heiß ist und man keine Steuern von ihnen haben will. Unglückliches Volk! Du verdienst dein Los."

* Leben vom Ertrag (der Rente) ihres Vermögens

(Aus: Gustav Landauer [Hrsg.], „Briefe aus der Französischen Revolution", Berlin 1985, S. 436f.)

Zur Kaiserkrönung Napoleons

„Der Titel des Kaisers lautete mit voller Absicht: ‚Empereur des Français'. Bei der Krönungszeremonie trug Napoleon den Lorbeerkranz der römischen Imperatoren. In seinem Degen war ein Diamant der französischen Königskrone gefasst und die Kaiserin war die Tochter eines 1794 hingerichteten Adligen [...] Napoleon I., der erste Kaiser der Franzosen, stattete am 4.1.1808 in Begleitung des ganzen Hofes dem Maler Jacques Louis David in dessen Atelier einen Besuch ab. Zum ersten Mal sah er jetzt das Bild, das er vor Jahren in Auftrag gegeben hatte. 1 1/2 Stunden ging er hin und her und begutachtete alle Einzelheiten des Gemäldes: ‚Das ist gut, David! Sie haben völlig meine Vorstellungen erahnt [...] David, ich beglückwünsche Sie [...]!' Andernstags überreichte der Schatzmeister der Krone dem Maler einen Scheck über 35 000 Francs. Zusammen mit den 65 000 Francs, die David schon als Vorschuss erhalten hatte, war das eine ungeheure Summe. Damit nicht genug. Wenig später ernannte Napoleon den Maler zum Offizier der Ehrenlegion, indem er das Kreuz von seiner Brust löste und an die Brust des Malers heftete.

[...] Die Feierlichkeiten hatten schon in den Abendstunden des Vortags begonnen. Man hörte die ganze Nacht hindurch Artilleriesalven; bengalische Feuer leuchteten von den Hügeln der Stadt, die Theater spielten kostenlos und die Musikkorps durchzogen die Straßen. Für den Festtag hatte das Zeremoniell minutiös den Aufmarsch der Deputationen geregelt. Sternförmig setzten sich am Sonntag, 2. Dezember 1804, die verschiedenen Züge bei frostklarem Wetter und in aller Herrgottsfrühe zu den festgesetzten Zielen in Bewegung. Ab 6 Uhr sind die Seitenportale von Notre Dame geöffnet, so groß ist der Andrang der Pariser. 9 Francs kostet der Eintritt – der Kaiser weiß sein Geschäft zu machen. Der Platz vor der Kathedrale ist für alle gesperrt, die nicht zum Gefolge des Kaisers, des Papstes oder des Erzkanzlers gehören. Um genügend Platz zu schaffen, hatte man sogar einige Gebäude abgerissen. Ein großer Teil der Kirchenfassade ist – mit einem riesigen Triumphbogen verkleidet, der das Wappen Napoleons, den Adler, trägt. Zwei der vier Säulen sind mit Bildern Chlodwigs und Karls d. Gr. geschmückt.

[...] Wie geht die Feier nun weiter? Das gekrönte Paar schreitet die Längsachse des Kirchenschiffs hinunter. Die Brüder des Kaisers halten die Zipfel des Krönungsmantels, seine Schwestern die Schleppe der Kaiserin, die Großwürdenträger präsentieren die Reichsinsignien. Der Kaiser steigt zum Thron empor und seine Kronvasallen nehmen die Ehrenplätze um die Stufen des Thrones ein. Dann segnet der Papst den Kaiser und sagt jene Worte, die im Jahre 800 in der Peterskirche von Rom erklungen waren, als die römische Geistlichkeit Karl d. Gr. zum Kaiser des Abendlandes ausgerufen hatte: ‚Vivat in aeternum semper Augustus.'

Sofort nach dem Ende der Messe trat der Präsident des Senats mit dem Präsidenten der Legislative zur Rechten und dem Präsidenten des obersten Gerichtshofs zur Linken vor den Kaiser und überreichte ihm die Formel des Eides auf die Konstitution. Ein Bischof übergab Napoleon die Bibel und der Kaiser, die Krone auf dem Haupt, schwört auf dem Thron sitzend: ‚Ich schwöre, die Unverletzlichkeit der Republik zu erhalten, das Konkordat und die Freiheit des Kultus zu schützen, die Gleichheit der Rechte, die politische und bürgerliche Freiheit, die Unwiderruflichkeit des Verkaufs der Nationalgüter zu achten und zu verteidigen, keine Steuern und keinen Zoll zu erheben als in Gemäßheit eines Gesetzes, das Institut der Ehrenlegion aufrechtzuerhalten, den Nutzen, das Glück, den Ruhm des französischen Volkes zur einzigen Richtschnur meiner Regierung zu machen.' Danach ruft der Anführer der Waffenherolde: ‚Der glorreichste und erhabendste Kaiser, Napoleon, Kaiser der Franzosen, ist gekrönt und eingethront! Es lebe der Kaiser!' Unter der tausendfachen Wiederholung des Rufes dröhnen die Gewölbe der Kathedrale. Die Geschütze donnern – Paris weiß, dass Napoleon zum Kaiser gekrönt ist."

(Aus: Eberhard Schwalm [Hrsg.], „Folienbuch Geschichte 2" – Lehrerheft, S. 79-82)

Zu den Arbeitsvorschlägen und Fragen

a) Vgl. Tafelbild a).
b) Vgl. Tafelbild c).
c) Die Abschaffung der erblichen Monarchie war zunächst nicht das Ziel der Revolution, wohl aber die Einführung des Repräsentativsystems, der konstitutionellen Gewaltenteilung (Freiheit) und der Menschen-

und Bürgerrechte, d.h. der rechtlichen Gleichheit der Bürger, und die Abschaffung der Privilegien. Von Gewaltenteilung aber war nun keine Rede mehr und mit der Entmachtung des Parlaments gab es keine Instanz mehr, die die Einhaltung der Menschen- und Bürgerrechte sowie die aufgeführten liberalen Errungenschaften garantieren konnte. Sicher waren Ruhe und Wohlstand im Inneren und „Achtung im Ausland" im Jahre 1804 großen Teilen der Nation wichtiger als Verfassungsgarantien. 1814, nach 10 Jahren Blutopfer, Entbehrungen und imperialer Willkür dachten die Franzosen wohl anders darüber (vgl. M10 im folgenden Kapitel, Schülerbuch, S. 140).
d) Vgl. Tafelbild c).
e) Die Frage ist, ob seine Maßnahmen zur Modernisierung von Staat und Gesellschaft in erster Linie um des Fortschritts willen durchgesetzt wurden oder ob sie ihm eben vor allem als zeitgemäße Mittel zur Steigerung seiner Macht gedient haben. In Deutschland ist man nach dem Zweiten Weltkrieg geneigt, sich dem Zitat anzuschließen.

7. Die Völker Europas ertragen keine Vorherrschaft

Konzeption

Es geht um die Störung des europäischen Gleichgewichts der Mächte durch das Streben einer Macht nach Vorherrschaft, der dritte von fünf Prozessen dieser Art in der Geschichte der Neuzeit: Spanien unter Philipp II., Frankreich unter Ludwig XIV. und unter Napoleon, Deutschland im Ersten Weltkrieg unter Wilhelm II. und unter Hitler im Zweiten Weltkrieg haben nach der Hegemonie gegriffen.Napoleons „Empire" soll hier als exemplarischer Fall dienen. Denn auch die Abläufe dieser Prozesse sind ein Thema mit Variationen, in denen England immer, Russland erst seit Napoleon eine entscheidende Rolle spielen. Auf das Buch von Ludwig Dehio, „Gleichgewicht oder Hegemonie", Krefeld 1948, sei verwiesen. Der Ablauf von den großen Siegen über den Höhepunkt 1809 zur Katastrophe in Russland und schließlich Sturz Napoleons mit Nachspiel wird zu Anfang des Kapitels durch die Zeitleiste (vgl. Schülerbuch, S. 136) und am Ende des Kapitels durch die bekannte Karikatur „Napoleons Lebenslauf" vorgeführt.
Die wesentlichen Ereignisse, im Verfassertext sehr knapp zusammengefasst, sind mit Hilfe der Karte M1 geografisch einzuordnen. Die Katastrophe in Russland wird durch das Gemälde von J. A. Klein und die grafische Darstellung der Vernichtung der „Großen Armee" (M2) gezeigt. Die Texte M3–M7 beleuchten Napoleons Mentalität als Eroberer und die Bilder M5 zeigen Napoleon, wie er vielen Zeitgenossen und einer verklärenden Nachwelt erschien. Das Kapitel schließt mit der Warnung vor der Verklärung solcher „großen Männer, die Geschichte gemacht haben" (M10). Die „Ergänzungen zum Angebot des Schülerbuchs" enthalten einen Auszug aus dem „Katechismus der Deutschen" Heinrich v. Kleists als Beispiel für den in unterworfenen Staaten entfachten Hass.

Tafelbild

Ziel: Vorherrschaft	Ziel: Gleichgewicht
Frankreich erobert die Niederlande (1795–1798)	England Kern der antifranzösischen Koalitionen
Napoleon erobert Italien (1796–1797)	
Napoleon siegt bei Austerlitz über Österreich und Russland. Invasion nach England abgebrochen (1805)	Englische Seeherrschaft durch Sieg bei Trafalgar bestätigt (1805)
Rheinbund, Sieg über Preußen, Kontinentalsperre (1806)	
Spanien besetzt (1807)	Widerstand (Guerilla)
Schönbrunn: Hegemonie (fast) erreicht (1809)	Aufstand in Tirol (Andreas Hofer 1809)
Russlandfeldzug: Untergang der Grande Armée (1812), Napoleon flieht.	Russland kündigt Kontinentalsperre (1812)
	Befreiungskrieg: Preußen und Österreich mit Russland gegen N.; Völkerschlacht bei Leipzig (1813)
Rückkehr Napoleons von Elba (1814)	GB und Preußen siegen endgültig bei Waterloo (1815)
	Gleichgewicht („Balance of Power") wiederhergestellt
nächster Versuch Deutschland 1914 Deutschland 1939	
	Europäische Einigung nach 1945

Aspekte der Unterrichtsgestaltung

Vorschläge für den Themeneinstieg:
- M9: Zeitleiste im Schülerbuch, S. 136 und Karte M1 zuordnen;
- Zeitleiste, Marginalien S. 136, Karte (M1), Marginalie S. 137 und M2, Schülerbuch, S. 138.

Teilthemen:
- Napoleon auf dem Weg zur Vorherrschaft in Europa;
- Scheitern des Kaisers an England und Russland;
- Napoleon im Urteil der Mit- und Nachwelt.

Vorschläge für Arbeits- und Sozialformen:
- Die Ereignisse (vgl. Schülerbuch, S. 136f.) dem Ziel Napoleons (Vorherrschaft) und dem der Koalition (Gleichgewicht der Mächte in Europa) zuordnen lassen (Einzel- oder Gruppenarbeit, vgl. Tafelbild);
- Bilder (M5) im Unterrichtsgespräch deuten (Tafelbild).

Zusatzinformationen zum Verfassertext

Vincent Cronin unterstreicht die Verdienste Napoleons:

„In den ersten fünf Jahren nach seiner Krönung schuf Napoleon ein europäisches Reich, wie es in solcher Ausdehnung seit den Tagen Roms keines mehr gegeben hatte. [...] Zu Beginn des Jahres 1808, in dem das Kaiserreich den Zenit erreichte, konnte Napoleon einen Atlas aufschlagen und feststellen, dass er halb Europa beherrschte. Sein Reich erstreckte sich vom Atlantik bis Weißrussland, von der eisigen Ostsee bis zum blauen jonischen Meer. Vom Kap S. Vincent in Portugal bis Grodno im Großherzogtum Warschau betrug die Entfernung beinahe 3 200 Kilometer, von Hamburg im Norden bis Reggio di Calabria im Süden 1 900 Kilometer. Die Bevölkerung erreichte, einschließlich der Einwohner Frankreichs, die Zahl von 70 Millionen. [...] Napoleons Leitgedanke war, Freiheit, Gleichheit, Gerechtigkeit und Volkssouveränität in andere Länder zu exportieren und – da dies französische Ideen waren – auf indirekte Weise zum Ruhm Frankreichs beizutragen. [...] Was aber Deutsche, Holländer und Italiener oft vergaßen, waren die materiellen Vorteile, die sie zum Ausgleich dafür (Verlust der Unabhängigkeit) erhielten: die Liberalisierung des Handels und der Ausbau der Verkehrswege, ganz zu schweigen von dem regen Austausch der Gedanken und wissenschaftlichen Entdeckungen zwischen den Akademien des Kaiserreichs und dem Institut de France, das von Napoleons Freund Georges Cuvier geleitet wurde.
Es lässt sich nicht leugnen, dass es Flecken auf dem Bild des Kaiserreichs gab. Zu oft handelte Napoleon willkürlich und schroff und Jérôme gab zu viel Geld für seine in Scharlach gekleideten Kämmerer und die vielen Mätressen aus. Aber im Großen und Ganzen wurde das Reich gut und rechtschaffen regiert. Viele verabscheuten das ganze System – doch die Mehrheit und letzten Endes auch die denkende Minderheit sprach sich dafür aus. Letztere begrüßte die Ordnung, die Gerechtigkeit und die Verbesserungen und es kann als Symbol für eine weit verbreitete Einstellung angesehen werden, dass die Professoren der Universität Leipzig am 23. Juli 1808 beschlossen, die Sterne, die Gürtel und Schwert des Orions bilden, in Zukunft innerhalb der Universität ‚Napoleonssterne' zu nennen. Goethe, dem als Minister hierüber ein Urteil zustand, bezeichnete Napoleons schöpferische Leistung am Empire als genial. ‚Ja, ja, mein Guter', sagte er zu Eckermann, ‚man braucht nicht bloß Gedichte und Schauspiele zu machen, um produktiv zu sein; es gibt auch eine Produktivität der Taten, die in manchen Fällen um ein Bedeutendes höher steht.'
Das Empire sollte nur zehn Jahre bestehen, aber die Ideen, die es erfüllten, haben bis heute weiter gewirkt. Der Code Napoléon und das Prinzip der Selbstregierung wurden Teile der inneren Struktur des europäischen Kontinents; außer in Spanien hat es kein König gewagt, alle feudalen Vorrechte wieder einzuführen, die Napoleon abgeschafft hatte."

(Aus: Vincent Cronin, „Napoleon. Eine Biografie", Hamburg, Düsseldorf 1973, S. 331ff.)

Zusatzinformationen zu den Materialien

M1: Die Karte fasst die Vorgänge im Zeitraum von 1788 bis 1812 zusammen. Über die auch andernorts im Kapitel erwähnten Ereignisse hinaus bietet sie auch zusätzliche Informationen, die für die engere Thematik des Kapitels entbehrlich sind, wie die Feldzüge und Ausdehnung Russlands und der ägyptische Feldzug Napoleons.

M2: Der französische Text der Grafik lautet: „Sprechende Karte mit etappenweiser Darstellung der Menschenverluste der französischen Armee auf dem Russlandfeldzug 1812–1813. Berühmt geworden ist die schwierige Überquerung der Beresinsa. Die Verluste beliefen sich auf etwa 12 000 Mann. – In vielen Orten Deutschlands ist noch feststellbar, wie viele Männer nach Russland mitziehen mussten und wie viele davon zurückkamen. In dem kleinen Ort Mühlhausen (Rhein-Neckar-Kreis) zum Beispiel kam nur einer von elf Mann zurück und errichtete zum Andenken an seine toten Waffengefährten ein Kreuz, das noch heute „Russenkreuz" genannt wird.

M3 und **M4**: Auch vier Jahre nach dem endgültigen Aus sieht sich Napoleon noch verklärt als ruhmvoller Führer Europas. In dem Text von 1811 wird dagegen der ganze brutale Zynismus des Eroberers deutlich.

M5 (rechts): Das Bild von Ingres, eine Auftragsarbeit aus der Zeit Kaiser Napoleons III. (1852–1870), die die Einstellung des offiziellen Frankreichs widerspiegelt, zeigt Napoleon als Gott beim Aufstieg aus dem Sarg zum Olymp. Nach griechisch-antiker Tradition werden Götter nackt dargestellt. Das Lorbeerband bezeichnet den Kaiser, der zusätzlich als Sieger bekränzt wird. Der kaiserliche Adler fliegt ihm voran, seine Feinde stürzen kopfüber in den Abgrund.

M6: Österreich hat immer wieder versucht, Napoleon vor dem Schlimmsten zu bewahren, zumal er seit 1809 mit der Prinzessin Marie Louise verheiratet war. Napoleon hätte nur auf seine europäischen Eroberungen verzichten müssen. Für Frankreich wäre das eine gute Lösung gewesen. Napoleon glaubte allerdings, einen solchen Rückzug politisch nicht zu überleben. Die Entscheidung ist für ihn klar: lieber eine Million Tote als das Ende seiner Karriere, an das er immer noch nicht glauben will.

M8: Dieser Anschlag ist berühmt geworden, weil er zeigt, dass der preußische Stadtkommandant wohl noch immer im Sinne seines Königs Friedrich Wilhelm III. handelt, wenn er Kriege als eine Sache der Fürsten hinstellt, die den Bürger eigentlich nicht berühren sollten. Für die Bürger ist ihm zufolge nur von Bedeutung, dass die königliche Familie wohlauf ist.

M9: Da die Karikatur aus dem Jahr 1813 stammt, ist das Ende am Galgen ebenso wie die Qual der Hölle eine Wunschvorstellung des Zeichners.

M10: Chateaubriand (1768–1848) schwankte zwischen Bewunderung und Hass gegenüber Napoleon. Angesichts der Heldenverehrung, die übrigens bis ins 20. Jahrhundert andauerte, weist er auf die geschichtlichen Realitäten hin. An Napoleon schieden sich die politischen Richtungen.

Ergänzungen zum Angebot des Schülerbuchs

Der Text bietet ein Beispiel für die antinapoleonische Stimmung und Propaganda in Preußen zur Zeit von Napoleons größten Erfolgen.
Der preußische Schriftsteller Heinrich von Kleist schreibt 1809 folgenden Text (vgl. auch Schülerbuch, S. 142, M3a):

KATECHISMUS DER DEUTSCHEN
ABGEFASST NACH DEM SPANISCHEN,
(Anmerkung: Anspielung auf den Volkskrieg [guerilla] gegen die französische Besetzung in Spanien)
ZUM GEBRAUCH FÜR KINDER UND ALTE
In sechzehn Kapiteln

Erstes Kapitel
Von Deutschland überhaupt

Frage: Sprich, Kind, wer bist du?
Antwort: Ich bin ein Deutscher.
Frage: Ein Deutscher? Du scherzest. Du bist in Meißen geboren und das Land, dem Meißen angehört, heißt Sachsen!
Antwort: Ich bin in Meißen geboren und das Land, dem Meißen angehört, heißt Sachsen; aber mein Vaterland, das Land, dem Sachsen angehört, ist Deutschland und dein Sohn, mein Vater, ist ein Deutscher.
Frage: Du träumst! Ich kenne kein Land, dem Sachsen angehört, es müsste denn das rheinische Bundesland (der Rheinbund) sein. Wo find ich es, dies Deutschland, von dem du sprichst, und wo liegt es?
Antwort: Hier, mein Vater. – Verwirre mich nicht.
Frage: Wo?
Antwort: Auf der Karte.
Frage: Ja, auf der Karte! – Diese Karte ist vom Jahr 1805. – Weißt du nicht, was geschehn ist im Jahr 1805, da der Friede von Preßburg abgeschlossen war.
Antwort: Napoleon, der korsische Kaiser, hat es, nach dem Frieden, durch eine Gewalttat zertrümmert.
[...]

Zweites Kapitel
Von der Liebe zum Vaterlande

Frage: Du liebst dein Vaterland, nicht wahr, mein Sohn?
Antwort: Ja, mein Vater, das tu ich.
Frage: Warum liebst du es?
Antwort: Weil es mein Vaterland ist.
Frage: Du meinst, weil Gott es gesegnet hat mit vielen Früchten, weil viele schöne Werke der Kunst es schmücken, weil Helden, Staatsmänner und Weise, deren Namen anzuführen kein Ende ist, es verherrlicht haben?
Antwort: Nein, mein Vater; du verführst mich.
Frage: Ich verführte dich?
Antwort: Denn Rom und das ägyptische Delta sind, wie du mich gelehrt hast, mit Früchten und schönen Werken der Kunst und allem, was groß und herrlich sein mag, weit mehr gesegnet als Deutschland. Gleichwohl, wenn deines Sohnes Schicksal wollte, dass er darin leben sollte, würde er sich traurig fühlen und es nimmermehr so lieb haben wie jetzt Deutschland.
[...]

Siebentes Kapitel
Von der Bewunderung Napoleons

Frage: Was hältst du von Napoleon, dem Korsen, dem berühmten Kaiser der Franzosen?
Antwort: Mein Vater, vergib, das hast du mich schon gefragt.
Frage: Das hab ich dich schon gefragt? Sage es noch einmal, mit den Worten, die ich dich gelehrt habe.
Antwort: Für einen verabscheuungswürdigen Menschen; für den Anfang alles Bösen und das Ende alles Guten, für einen Sünder, den anzuklagen die Sprache der Menschen nicht hinreicht, und den Engeln einst, am jüngsten Tage, der Odem vergehen wird.
Frage: Sahst du ihn je?
Antwort: Niemals, mein Vater.
Frage: Wie sollst du ihn dir vorstellen?
Antwort: Als einen der Hölle entstiegenen Vatermördergeist, der herumschleicht in dem Tempel der Natur und an allen Säulen rüttelt, auf welchen er gebaut ist.
Frage: Wann hast du dies im Stillen für dich wiederholt?
Antwort: Gestern abend, als ich zu Bette ging, und heute morgen, als ich aufstand.
Frage: Und wann wirst du es wieder wiederholen?
Antwort: Heute abend, wenn ich zu Bette gehe, und morgen früh, wenn ich aufstehe.
Frage: Gleichwohl, sagt man, soll er viel Tugenden besitzen. Das Geschäft der Unterjochung der Erde soll er mit List, Gewandtheit und Kühnheit vollziehn und besonders an dem Tage der Schlacht ein großer Feldherr sein.
Antwort: Ja, mein Vater; so sagt man.
Frage: Man sagt es nicht bloß; er ist es.
Antwort: Auch gut; er ist es.
Frage: Meinst du nicht, dass er um dieser Eigenschaften willen Bewunderung und Verehrung verdiene?
Antwort: Du scherzest, mein Vater.
Frage: Warum nicht?
Antwort: Das wäre ebenso feig, als ob ich die Geschicklichkeit, die einem Menschen im Ringen beiwohnt, in dem Augenblick bewundern wollte, da er mich in den Kot wirft und mein Antlitz mit Füßen tritt.

Frage: Wer also, unter den Deutschen, mag ihn bewundern?
Antwort: Die obersten Feldherrn etwa und die Kenner der Kunst.
Frage: Und auch diese, wann mögen sie es erst tun?
Antwort: Wenn er vernichtet ist.

(Aus: Heinrich v. Kleist, „Sämtliche Werke und Briefe in vier Bänden", 3. Bd., Carl Hanser Verlag, München, Wien 1982, S. 350f., 354f.)

Zu den Arbeitsvorschlägen und Fragen

a) Vgl. „Zusatzinformationen zu den Materialien", M6. Bei der Erörterung, ob die Ablehnung klug war, sollte man sich zunächst über Napoleons Ziele und Wertvorstellungen klar werden.
b) Ein friedlicher Zusammenschluss zu einem Vereinigten Europa lag damals völlig außerhalb der Mentalität und politischen Vorstellungen der souveränen Staaten und ihrer Herrscher. Dass sie sich einer französischen Hegemonie unterordnen würden, war, wie der Gang der Ereignisse zeigt, ebenfalls undenkbar. Napoleons Europavorstellungen sind vor allem persönliche Allmachtsträume.
c) Die Gelegenheit einer solchen Befragung ergibt sich bei dem häufigen Schüleraustausch mit französischen Schulen und Partnerschaftstreffen von deutschen und französischen Gemeinden.
d) Die „verwundbaren" Stellen sind Spanien, Dänemark, Russland: lange Küsten, Gebirge, Unwegsamkeit. Gegenmaßnahmen: Unterdrückung, Kontrollen, Bespitzelung. Die „Kontinentalsperre" hat eher aggressiven als defensiven Charakter.
e) vgl. M5: Ungeheuer und Gott; M6: Napoleon beurteilt sich selbst als „Sohn des Glücks", stark, gefürchtet, ohne Gewissen gegenüber Menschenleben. M9: Napoleon verdient die Hölle. M10: Egozentrischer Machtmensch, gleichgültig gegenüber den ungeheuren Opfern und Entbehrungen, die er auch der französischen Bevölkerung rücksichtslos abverlangte.

8. Napoleon verändert Deutschland

8.1 Staaten verschwinden und Staaten entstehen

Konzeption

Statt eines Verfassertexts skizziert eine Zeittafel mit vier Jahreszahlen und knappen Erläuterungen die territorialen Veränderungen in Deutschland von 1801 bis 1807 und wird durch die beiden Karten (vgl. M1) ergänzt. Die Glossarstichwörter (vgl. Schülerbuch, S. 142) vermitteln die entscheidenden rechtlichen Vorgänge dieser Veränderungen, „Säkularisation" und „Mediatisierung".
Die Textquellen M2 und M3a/M3b ermöglichen unterschiedliche Beurteilungen und sind die Grundlage für eine vorsichtige kritische Stellungnahme der Schüler. Das Kapitel ist also für die arbeitsteilige Gruppenarbeit gedacht.

Aspekte der Unterrichtsgestaltung

Vorschläge für den Themeneinstieg:
- M3a und M3b, Zeitleiste im Schülerbuch auf S. 141, historische Grundbegriffe (vgl. Schülerbuch, S. 142);
- M1, Zeitleiste, historische Grundbegriffe, M2, M3a und M3b.

Problem- und Fragestellungen:
- Welche Ziele verfolgte Napoleon in Deutschland?
- Wie versuchte er sie zu verwirklichen?
- Welche langfristigen Auswirkungen von Mediatisierung und Säkularisation waren in Mitteleuropa zu erwarten?
- Aufforderung an die Schülerinnen und Schüler: Versucht die unterschiedlichen Meinungen eines Preußen (vgl. M3a) und eines Süddeutschen (vgl. M3b) aus ihren unterschiedlichen politischen Erfahrungen zu erklären.

Vorschläge für Arbeits- und Sozialformen:
- Erarbeitung der Begriffe „Säkularisation" und „Mediatisierung" aus den Karten (Schülerbuch, S. 141) in Gruppenarbeit;
- Erklärung der unterschiedlichen Einstellung zu Napoleon in M3a und M3b aus M1 und M2 in Gruppenarbeit;

Tafelbild

Reformen in Deutschland und Ende des Reiches

- Beseitigung unzähliger kleiner reichsunmittelbarer Territorien durch Mediatisierung und kirchlicher Grundherrschaft durch Säkularisation zugunsten der Vergrößerung mittlerer Staaten, d.h. Preußens, Bayerns, Badens und Württembergs (1803)
- Gründung des von Napoleon beherrschten „Rheinbundes" (1806)
- Ende: Kaiser Franz II. legt die römische Krone nieder und wird „Kaiser von Österreich"
- Napoleon nimmt dem besiegten Preußen große Gebiete im Westen und Osten ab (Friede von Tilsit 1807)
- Napoleon aus deutscher Sicht:
  Die Deutschen im Westen sehen in Napoleon mehr den fortschrittlichen Reformer
  Die Deutschen im Osten sehen in Napoleon mehr den fremden Eroberer

- „Pro und contra Napoleon“ – Anklage und Verteidigung von je einem Schüler vortragen lassen; danach Debatte der Klasse unter Leitung eines Vorsitzenden mit anschließender Abstimmung über eine Resolution.

Zusatzinformationen zu den Materialien

M1: Es empfiehlt sich, regionale historische Karten heranzuziehen, um die Veränderungen in der engeren Umgebung der Schüler zu erkennen.

M2: Der Brief zeigt Napoleon als fortschrittlichen Politiker einer Besatzungsmacht. Das Königreich Westfalen, einer der neuen Mittelstaaten, wurde 1807 nach der Niederlage Preußens im Wesentlichen aus den preußischen Gebieten westlich der Elbe gebildet. Zum König erhob Napoleon seinen 22-jährigen Bruder Jérôme. Da Jérôme bisher nur militärische Erfahrungen gesammelt hatte, gab ihm Napoleon gute Ratschläge für sein Amt als König. Von der Bevölkerung wurde er „König Lustig“ genannt, was zeigte, dass er verstand, sich Sympathien zu gewinnen. In dem Briefauszug erweist sich Napoleon als kluger Psychologe.

M3a: Der „Katechismus der Deutschen“ ist ein Meisterwerk aufstachelnder nationalistischer Polemik. (vgl. Lehrerband S. 126f.). Kleist sieht in Napoleon nur den ausländischen Unterdrücker, was für einen preußischen Adligen angesichts der Erinnerung an vergangenen Ruhm, die Niederlage von 1806 und die Reduzierung seines Staates im Frieden zu Tilsit 1807 verständlich ist. Aus dem Anfang des Textes ist zu ersehen, dass hier deutsches Nationalbewusstsein erwacht ist.
M3b: Kußmauls Vater wird dies seinem Sohn um 1840 vorgehalten haben, der als etwa 20-jähriger Napoleon im liberalen und nationalen Sinne kritisierte. Er spricht von den Verhältnissen vor 1800. Im Westen und Süden Deutschlands war man eher geneigt, die Verdienste Napoleons um sozialen und politischen Fortschritt zu sehen (vgl. Zeitleiste im Schülerbuch, S. 141 und M2).

Ergänzungen zum Angebot des Schülerbuchs

Ein süddeutscher Fürst zwischen französischem Einfluss und alter Bindung an das Reich
Aus den privaten Papieren des Großherzogs Karl Friedrich von Baden († 1811):
„Das Volk oder die oberste Gewalt, in deren Hände die Rechte des Volks niedergelegt sind, ist allein vermögend, zu beurteilen, ob irgendeine Einrichtung mit dem gemeinen Besten übereinkomme. Ich sollte denken, die Staatsverwaltung hätte davor zu sorgen, dass das Volk instand gesetzt würde, selbst zu beurteilen, was ihm nützlich oder schädlich ist. [...]
Die Ausdrücke: Gut kaiserlich und nicht gut kaiserlich, gut preußisch und nicht gut preußisch, schicken sich vor einem patriotisch denkenden Reichsstand nicht. Gut Deutsch, gut vor's Vaterland gesinnet sein, seine Obliegenheiten gegen Kaiser und Reich beobachten, alle Tyrannei, sie komme, von wem sie wolle, hassen und verabscheuen, zur Aufrechterhaltung der deutschen Freiheit [...] Bündnisse sowohl mit seinen Mitständen als auswärtigen Mächten zu schließen [...] sein Land als einen Staat ansehen, dessen Wohlfahrt und Ansehen auf alle mögliche, jedoch gesetzmäßige Art zu erhalten und zu befördern ist [...] ist das Glaubensbekenntnis eines deutschen Reichsfürsten, welcher den Kaiser und sein Amt und Würde verehret und hochschätzet, vor seinen Mitständen die gebührende Achtung träget und dabei kennet, was er sich selbst, seinem Haus und seinen Untertanen schuldig ist.“
(Aus: Karl Friedrichs hinterlassenen Papieren, in ZGO, Bd. 26, 1911, S. 448 ff.; zit. nach: „Quellenbuch zur badischen Geschichte seit dem Ausgang des Mittelalters“, hrsg. v. Karl Hoffmann, Karlsruhe/Leipzig 1913, S. 109–112)

Zu den Arbeitsvorschlägen und Fragen

a) Beseitigung von etwa 90 % aller reichsunmittelbaren Territorien, womit bessere Voraussetzungen zur Modernisierung, Industrialisierung und Schaffung eines deutschen Nationalstaates geschaffen waren. – Weitere Folge: Die Kirche und ihre Einrichtungen üben keine territoriale Gewalt mehr aus, ein Schritt zu weiterer Trennung von Kirche und Staat.
b) Es kommt darauf an, mit welcher sozialen Schicht der Schüler sich identifizieren will. Wenn er und seine Familie von Freiheit und Gleichheit profitieren, werden sie die Modernisierung begrüßt haben. Wenn sie Macht und Einfluss verloren, hatten sie ein anderes Urteil.
c) Jeder klammert den Gesichtspunkt des anderen völlig aus.

8.2 Reformen für den Widerstand

Konzeption

Am Ende des Großabschnitts über die Französische Revolution werden die Schüler mit einem narrativen Einstieg mit den noch bestehenden deutschen Abhängigkeitsverhältnissen vertraut gemacht, auch ansatzweise mit dem deutschen Jakobismus. Das Kapitel beginnt mit den Ursachen der deutschen Rückständigkeit, um dann zu den Reformen in den Rheinbundstaaten und in Preußen überzuleiten.

Aspekte der Unterrichtsgestaltung

Vorschläge für den Themeneinstieg:
- Marginalie „Rechte der Menschheit“ (Schülerbuch, S. 143);
- narrativer Einstieg in Form eines Lehrervortrags über die „Missstände in Deutschland“;
- Interpretation des Auszugs aus der „Rigaer Denkschrift“ Hardenbergs (vgl. M4, Schülerbuch, S. 145).

Teilthemen:
- Die Rückständigkeit Deutschlands (vgl. Marginalie „Missstände in Deutschland ...“);
- Reformen in Preußen und den Rheinbundstaaten (vgl. M1–M4);

Tafelbild

Reformen in Deutschland

Erbuntertänigkeit der Bauern → Vorrecht des Adels → Prügelstrafen in der Armee → Wirtschaftliche Rückständigkeit

Professoren, Studenten, Schriftsteller, Beamte wollen Reformen nach dem Vorbild der Französischen Revolution

Regierungen führen Reformen durch

Rheinbundstaaten (unter französischem Einfluss)
- Beseitigung der Vorrechte des Adels
- Aufhebung des Zunftzwangs
- Aufhebung der bäuerlichen Frondienste und Abgaben
- Einführung des Code Napoléon

Preußen (Überwindung der Fremdherrschaft)
- Beseitigung der Erbuntertänigkeit
- Selbstverwaltung der Städte
- Einführung der Gewerbefreiheit
- Bildungsreform
- Judenemanzipation

Problem- und Fragestellungen:
- Frage a), dazu M1 (vgl. Schülerbuch, S. 141);
- Wie unterscheiden sich Reformen von einer Revolution?;
- Wie wurde die Agrarreform in Preußen im Gegensatz zu den Rheinbundstaaten durchgeführt (vgl. Marginalien „Reformen in den Rheinbundstaaten ... “und „...in Preußen“ sowie M3 Schülerbuch, S. 144f.);
- Erklärung der Begriffe „Freizügigkeit“, „Emanzipation“ und „Gewerbefreiheit“ (vgl. M2) und Lexikon.

Zusatzinformationen zum Verfassertext

Der Friede von Tilsit (1807) ließ das Staatsgebiet und die Bevölkerung Preußens auf etwa die Hälfte zusammenschrumpfen und erlegte dem Land eine riesige Kriegsentschädigung auf. Es war das Verdienst der Reformer, nicht nur die Beseitigung der Fremdherrschaft vorzubereiten, sondern Staat und Gesellschaft auf Dauer dem Fortschritt zu öffnen.

Heinrich Friedrich Carl Freiherr vom und zum Stein wurde 1757 in Nassau an der Lahn geboren. Er war also kein Preuße. Als Reichsritter anerkannte er nur den Kaiser als Herrn über sich und fühlte sich den deutschen Fürsten gleichgestellt. Als Bewunderer Friedrichs des Großen entschloss er sich 1780, in preußische Dienste zu treten. Er lernte also früh die bürokratische Bevormundung der preußischen Verwaltung kennen.

1804 wurde Stein als Minister nach Berlin berufen. Nach der vernichtenden Niederlage Preußens bei Jena und Auerstädt 1806 bewog er den preußischen König Friedrich Wilhelm III., sich mit Russland zu verbünden und den Kampf gegen Napoleon fortzusetzen. Dieser Rat erwies sich als nützlich. Trotzdem nahm Stein seinen Abschied, denn der König hatte ihn, als er nachdrücklich die Beseitigung der Kabinettsregierung (d.h. der gemeinen, nicht verantwortlichen Kabinettsräte, die den König unbeschränkt beeinflussten) forderte, „einen widerspenstigen, trotzigen, hartnäckigen und ungehorsamen Staatsdiener“ genannt. Stein zog sich auf seinen Landsitz in Nassau zurück und arbeitet dort einen Reformplan, die sog. Nassauer Denkschrift aus, die den stufenweisen Ausbau der Selbstverwaltung vorsah: Als übergeordnete Instanz sollten Kreistage und Provinziallandtage eingerichtet werden, darüber die preußischen Reichsstände als Vertreter des gesamten Staates. Den Adel hielt Stein für berufen, die geistige und politische Führung zu übernehmen, freilich nur wenn er bereit war, auf unhaltbar gewordene Vorrechte zu verzichten.

Unmittelbar nach dem Frieden von Tilsit 1807 wurde Stein zum „leitenden Minister“ in Preußen berufen. Napoleon hatte den Rücktritt Hardenbergs gefordert und Stein begann seine Reformen mit dem erbuntertänigen Bauerntum. Bereits am 9.10.1807 wurde das Edikt „den erleichterten Besitz und den freien Gebrauch des Grundeigentums sowie die persönlichen Verhältnisse der Landbewohner betreffend“, erlassen. Darin hieß es: „Nach dem Martinitag 1810 gibt es nur freie Leute“. Die Bauern erhielten die persönliche Freiheit und das Recht der Freizügigkeit. Allerdings blieben die Hand- und Spanndienste und die Zinszahlungen an den Grundherrn bestehen. Sie waren aber nicht mehr an Personen, sondern an den Boden gebunden. Gleichzeitig fielen alle ständischen Beschränkungen fort. Adlige und Bauern konnten ein bürgerliches Gewerbe erlernen, Bürger und Bauern aus dem einen in den anderen Stand übertreten, jeder konnte ehemals ständisch gebundenen Landbesitz erwerben.

Durch die „Städteordnung“ von November 1808 wurde allen städtischen Gemeinden die Selbstverwaltung gewährt. Dadurch wurden die Städte zu Demokratien im Kleinen. Sie erhielten Autonomie im Haushalt, im Steuer-, Armen- und Schulwesen und übten im Namen des Staates Polizeigewalt aus. Die Aktivbürger (mit 150-200 Talern Einkommen) wählten Stadtverordnete als ihre Vertreter, diese wählten den ausführenden Magistrat und schlugen dem König drei Kandidaten für den Posten

des Bürgermeisters vor. Jeder Bürger war zur Übernahme dieser Ehrenämter verpflichtet. Eine weitere Verordnung beschäftigte sich mit den obersten Verwaltungsbehörden. Die Regierung bestand nun neben dem leitenden Minister aus fünf verantwortlichen Fachministern. Das Land wurde in drei Provinzen geteilt mit je einem Oberpräsidenten an der Spitze. Ihm unterstanden die Regierungspräsidenten in den Regierungsbezirken, diesen die Landräte in den Kreisen.
Nach einem Jahr musste Stein auf Wunsch Napoleons entlassen werden, der befürchtete, Stein werde Kriegsvorbereitungen treffen. 1810 wurde Karl von Hardenberg Staatskanzler. Er führte die Reformen fort. 1811 wurde die Gewerbefreiheit eingeführt und das Zunftwesen aufgelöst. Gleichzeitig erfolgte das Regulierungsgesetz. Die Bauern erhielten ihren Landbesitz als freies Eigentum, mussten dieses Recht aber mit einem Teil ihres Gutes ablösen. 1812 wurde nach dem Vorbild der Französischen Revolution den Juden das Bürgerrecht verliehen.
1806 hatte sich gezeigt, in welch hohem Maße das französische Volksherr dem Söldnerheer Friedrichs des Großen überlegen war. Gerhard von Scharnhorst wurde deshalb berufen, das preußische Heer zu erneuern. Unter Mitarbeit von Gneisenau und Boyen schuf er auf der Grundlage der allgemeinen Wehrpflicht mit dreijähriger Dienstpflicht ein preußisches Volksheer (die „Linie"). Die allgemeine Wehrpflicht konnte zunächst nicht durchgeführt werden, weil Napoleon das preußische Heer auf 42 000 Mann beschränkt hat. Scharnhorst half sich dadurch, dass ein Teil des stehenden Heeres nach kurzer Ausbildung beurlaubt wurde, um neuen Rekruten Platz zu machen. Daneben wurde die Landwehr geschaffen. Ihr gehörten ungediente Jahrgänge ebenso an wie die Soldaten, die ihre Dienstpflicht abgeleistet hatten. Sie konnten im Kriegsfall als Reservearmee des regulären Heeres herangezogen werden. Körperstrafen wurden abgeschafft, ebenso das Privileg des Adels auf Offiziersstellen.

Zusatzinformationen zu den Materialien

M1: Der Klassizismus eroberte zu Beginn des 19. Jahrhunderts von Frankreich aus ganz Europa. Die strenge Form der dargestellten Stuhllehnen steht im Gegensatz zu dem verspielten Rokoko der untergegangenen Gesellschaft. Von England aus kam Ende des 18. Jahrhunderts eine schlichte und praktische Kleidermode auf, die auf dem Festland rasch Verbreitung fand. Der Herr trug über der kurzen Weste den Frack oder den Mantel. Die Hosen steckten in Stulpenstiefeln. Für Frack oder Mantel wählte man braune oder blaue Farben, für Weste und Hosen Gelb oder Hellgrau. Das Haar trug man offen und ungepudert. – Scharnhorst und Hardenberg machen einen eher nachdenklichen Eindruck, während Stein eher entschlossen wirkt.

M2: Vgl. „Zusatzinformationen zum Verfassertext".

M3: Das Regulierungsedikt von 1811 legte fest, dass die ablösungsberechtigten Bauern, je nach Besitzrecht, zwischen einem Drittel und der Hälfte des von ihnen bewirtschafteten Landes abzutreten oder dessen Geldwert an die Grundherrn zu entrichten hatten. Da kaum ein Bauer in der Lage war, die erforderlichen Geldbeträge aufzubringen, ging ein erheblicher Teil des bisherigen Bauernlandes an die zumeist adligen Großgrundbesitzer über. 1816 stellte eine „Deklaration" fest, dass nur die „spannfähigen" Höfe „regulierungsfähig" seien. Den kleineren Bauern blieb die Regulierung verwehrt, sie mussten weiterhin Pachtzins und Abgaben (bis 1850) entrichten. Die größeren Bauern konnten ihre Dienst- und Abgabeverpflichtungen „ablösen", indem sie deren 25-fachen Jahreswert an die Grundherrn bezahlten. Eine Verordnung von 1821 regelte die Aufteilung des Gemeindelandes („Allmende"): 86 % erhielten die Großgrundbesitzer, den Rest die Bauern mit Landbesitz. Die landlose Dorfbevölkerung, die ihr Vieh auf den Gemeindeweiden hielt, verlor dadurch zum Teil ihre Existenzgrundlage.

M4: Zu dem ausführlicheren Ausschnitt aus Hardenbergs Rigaer Denkschrift vgl. *Arbeitsblatt 13: „Über die Reorganisation des Preußischen Staates"*. Auch Hardenberg (1750–1822) war, ebenso wenig wie Stein, Preuße. Seine Anschauungen standen dem aufgeklärten Absolutismus des 18. Jahrhunderts nahe. Nicht auf die Entfaltung persönlicher Freiheit kam es ihm an, sondern auf rationelle Verwirklichung der Autorität des souveränen modernen Staates. Der Fortschritt sollte durch die „Weisheit der Regierung", eine „Revolution von oben" also, bewirkt werden.

Zu den Arbeitsvorschlägen und Fragen

a) Frankreich war ein Zentralstaat. Das revolutionäre Geschehen vollzog sich fast ausschließlich in Paris und Versailles. Das Ziel beschränkte sich in der Anfangsphase der Revolution auf ein größeres Maß an politischer Gleichheit und bürgerlicher Freiheit. In Deutschland mit seiner territorialen Zersplitterung gab es keine gemeinsame Hauptstadt. Dort ging es um das doppelte Ziel von Einheit und Freiheit. Da zudem noch kein ausgeprägtes Besitzbürgertum vorhanden war, konzentrierte sich die artikulierte Unzufriedenheit vor allem auf das Bildungsbürgertum.
b) Vgl. Tafelbild
c) Beide Reformer waren bestrebt, in Preußen nicht nur auf die Beseitigung der Fremdherrschaft hinzuwirken, sondern Staat und Gesellschaft auf Dauer dem Fortschritt zu öffnen. In den Rheinbundstaaten ging es darum, die Errungenschaften der Französischen Revolution auch auf die unter französischem Einfluss stehenden Herrschaftsgebiete zu übertragen.
d) Vgl. „Zusatzinformationen zu den Materialien" M3. Die Karte verdeutlicht, dass das Bauernland (im nördlichen Teil der Mark Brandenburg) nach der Ablösung um ca. 1/3 geringer geworden war und der Grundherr durch Rodungen zusätzliche Flächen gewann.

Literatur zum Weiterlesen für Schüler

Cili Wethekam, „Mamie 1780–1794", dtv junior 7409 München
Ein Kinderschicksal in der Französischen Revolution. Ab 14 J.

Cili Wethekam, „Tignasse. Kind der Revolution“, 262 S., Thienemann-Verlag, Stuttgart
Ein Pariser Gassenjunge erlebt hoffnungsfroh und begeistert den Ausbruch der Französischen Revolution und schließlich die Gesinnungstyrannei des „Terreurs“. Ab 14 J.
Hester Burton, „Die Aufrechten“, dtv junior, München. Das Buch berichtet von den leidvollen Erfahrungen des jungen Lehrers Stephen Park im revolutionären Paris. Knapp der Hinrichtung entkommen und nach England zurückgekehrt, versucht er an einer Armenschule, seine Ideale von sozialer Gerechtigkeit zu verwirklichen und gerät wegen seines sozialen Engagements wieder in Lebensgefahr. – Das Buch vermittelt dem Leser ein realistisches Bild von den Auswirkungen der Französischen Revolution auf die englische Bevölkerung.
Hervé Luxardo/Pierre Probst, „Die Französische Revolution“, 72 S., Union-Verlag 1979
Vom Sturm auf die Bastille bis zum Staatsstreich General Bonapartes. Ab 12 J.
„So lebten sie zur Zeit der Französischen Revolution“, 72 S., Tessloff-Verlag, Hamburg. Ab 12 J.
„So lebten sie zur Zeit des großen Napoleon“, 72 S., Tessloff-Verlag, Hamburg
Günther Sachse, „Das Floß der armen Leute“, C. Bertelsmann Jugendbuch, München.
Die Personen dieses ungewöhnlich spannenden Jugendromans sind teilweise erfunden, z.T. aber auch historisch belegt; der historische Hintergrund, vor dem die Handlung abläuft, ist aus zeitgenössischen Quellen erschlossen worden. Die Personen auf diesem 300 Meter langen „Holländerfloß“, das im Jahre 1791, also zwei Jahre nach Ausbruch der Französischen Revolution, rheinabwärts fährt, sind neben der Besatzung u.a. Deserteure, Bettler und Räuber, die auf reiche Beute hoffen. Sie alle spiegeln die sozialen und politischen Spanungen der Zeit wider. – Recht informativ ist der Anhang mit vielen Worterklärungen, Hinweisen zu geschichtlichen Vorlagen, Abbildungen und Karten.
Bernard Cappens, „Napoleon“, 72 S., Union-Verlag. Ab 10 J.
Paul Sethe, „Die großen Tage“, dtv junior, München
Friedrich Sieburg, „Robespierre“, dtv junior, München

Literatur zum Weiterlesen für Lehrer

L. Bergeron/F. Furet/R. Kosellek, „Das Zeitalter der europäischen Revolution 1780–1848“, Fischer Weltgeschichte, Bd. 26
W. Grab, „Die Französische Revolution. Eine Dokumentation“, München 1973
Geschichte in Quellen, Bd. 4: „Amerikanische und Französische Revolution“, bearb. von W. Lautemann, München 1981
Handbuch der europäischen Geschichte, Bd. 5: „Europa von der Französischen Revolution zu den nationalstaatlichen Bewegungen des 19. Jahrhunderts“, hrsg. von W. Bussmann, Stuttgart 1981
A. Soboul, „Die Große Französische Revolution“. Ein Abriss ihrer Geschichte (1789–1799), zwei Teile, Frankfurt 1973

Filme/Medien

Dia-Reihen:
V-Dia-Verlag, „Die Französische Revolution 1789 bis 1795“, 18 farb., 1976
V-Dia-Verlag, „Das Zeitalter Napoleons 1796–1815“, 22 farb., 1976
Dias:
FWU 1002873 „Napoleon: General, Konsul, Imperator, Legendengestalt“, 7 farb., 5 sw.
16-mm-Filme:
WBF Hamburg, „Was ist der dritte Stand?“ 17 Min., farb./sw., 1985
CNDP Paris, „Die Französische Revolution 1789–1791“, 15 Min., farb., 1989
CNDP Paris, „Die Französische Revolution 1792“, 15 Min., farb., 1989
FWU 3203951 „Die Französische Revolution 1789–1791“, 14 Min. sw.
FWU 3203952 „Die Französische Revolution 1792“ 15 Min., sw.
Landesbildstelle Baden 32 50 104/5 „Die Französische Revolution I und II“
FWU 3255501 „Die preußischen Reformer“, 16 Min., sw.
VHS-Videobänder:
Landesbildstelle Baden 42 01 759/60 „Die Französische Revolution I und II“
Landesbildstelle Baden 42 52 533/4 „Napoleon I und II“

V. Industrialisierung und Soziale Frage

Einleitung

„Die Industrielle Revolution beendet eine Epoche" heißt das letzte Kapitel dieses Großabschnitts, das man ebenso gut auch an den Anfang hätte setzen können, und die Lehrerin bzw. der Lehrer sollte durchaus überlegen, ob sie oder er das Thema „Industrialisierung und Soziale Frage" nicht mit diesem Kapitel beginnen will. Jedenfalls ist die sensationelle Veränderung aller Lebensverhältnisse, die mit der Industriellen Revolution beginnt, das Thema. Anders als vor 30 Jahren wird man sich bei der Behandlung nicht mehr von der Faszination des technischen Fortschritts hinreißen lassen, denn das unbegrenzte industrielle Wachstum wird heute mehr und mehr als Bedrohung empfunden. Nicht nur unter Wissenschaftlern der verschiedensten Richtungen ist der fast grenzenlose Fortschrittsoptimismus, der bis in die 50er und 60er Jahre des 20. Jahrhunderts angedauert hat, geschwunden. Langsam wird uns bewusst, dass die Steigerung der menschlichen Produktivkraft, die seit Beginn der Industriellen Revolution unaufhörlich beschleunigt worden ist, einem Raubbau am „Oikos" dieser Erde mit sich bringt, der uns mehr und mehr ängstigt.
Der soziale Wandel und seine Probleme im Zusammenhang mit der Industriellen Revolution stehen seit langem, insbesondere aber seit Ende der 60er Jahre, im Mittelpunkt des didaktischen Interesses und haben seit Beginn der 90er Jahre angesichts der sozialen Folgen der „Globalisierung" neue Aktualität bekommen. Seit Ende der 70er Jahre verbreitet sich auch das Bewusstsein von den „Grenzen des Wachstums" (Club of Rome, 1972) und den belastenden Eingriffen in die „Umwelt" im Gefolge der Industrialisierung. Dieser Gesichtspunkt sollte in der Unterrichtsarbeit nicht vergessen werden.
Im 1. Kapitel „Die Industrielle Revolution beginnt in England" wird die Erfindung neuer Techniken vor allem in der englischen Textilproduktion in den Mittelpunkt gestellt.
Das 2. Kapitel „Warum in England? Warum im 18. Jahrhundert?" wendet sich der Frage nach der Vielfalt der Ursachen zu und führt damit in die Schwierigkeit ein, die wichtigsten Faktoren im historischen Ursachengeflecht herauszupräparieren.
Das 3. Kapitel „Deutschland auf dem Wege zur Industrialisierung" variiert das Thema, indem es die zeitliche Verzögerung und Abwandlung des Prozesses in Deutschland zeigt.
Das wird im 4. Kapitel „Zollverein und Eisenbahn: ‚Siamesische Zwillinge'" am Beispiel des politischen Faktors eines großen gemeinsamen Markts und des infrastrukturellen Faktors des Eisenbahnbaus genauer gezeigt.
Das 5. Kapitel „Lebensverhältnisse und Arbeitsbedingungen ändern sich" lenkt den Blick auf den sozialen Wandel als Folge der kapitalistischen Industrialisierung. Dabei kommt schon die Frage nach der sozialen Bilanz in den Blick.
Ganz wichtige Aspekte des Wandels der Lebensverhältnisse sind die Entstehung und das Wachstum der modernen Großstädte im 6. Kapitel („Die moderne Großstadt entsteht").
In zwei Kapiteln wird die Soziale Frage thematisiert: Kapitel 7 versucht die Soziale Frage, die es in irgendeiner Form ja immer und überall gibt, als Problem des 19. Jahrhunderts zu definieren.
Kapitel 8 „Wer löst die Soziale Frage?" geht auf die Bemühungen der verschiedenen gesellschaftlichen und politischen Kräfte ein, die Härten des sozialen Wandels zu mindern und eine Revolution zu verhindern.
Das 9. Kapitel „Deutschland wird Industrieland" setzt das 3. Kapitel bis 1914 fort, indem es auf die Entwicklung zur kapitalistischen Industriegesellschaft hinweist. In diesem Zusammenhang steht das Methodenelement „Statistiken als historische Quellen" (vgl. Schülerbuch, S. 182).
Wie eingangs erwähnt, weist Kapitel 10 „Die Industrielle Revolution beendet eine Epoche" noch einmal auf die Tiefe der Zäsur und auf das um die Jahrhundertwende aufkommende Unbehagen an den Folgekosten des technisch-materiellen Fortschritts hin.

Auftaktdoppelseite 146/147

Die Auftaktdoppelseite leitet den folgenden Großabschnitt ein, indem die wichtigsten Erscheinungsformen des Gesamtthemas den Schülerinnen und Schülern durch Bilder vor Augen geführt werden. Im Fonds der Doppelseite veranschaulicht das Bild von 1912 im Gegensatz zu dem kleinen Bild von 1836 (Schülerbuch, S. 146, links oben) den ungeheuren Wandel innerhalb von 80 Jahren. Das Bild „Ausbruch des Streiks" (USA, 1893) (vgl. S. 147 oben) bringt die Aspekte der Sozialen Frage ein, während die illustrierte Zeitleiste die Schübe der technischen Entwicklung während der vergangenen 200 Jahre andeutet und damit einen Bezug zur Gegenwart und Zukunft herstellt. Thematisch gehören die Bilder (in obiger Reihenfolge) in das 8., 3., 9. und 10. Kapitel, bei deren Behandlung man auf sie zurückgreifen sollte. Zum „Auftakt" empfiehlt es sich, Eindrücke, Beobachtungen und Bemerkungen der Klasse zu sammeln und zu ordnen, aber weitgehend offen zu lassen, um das Interesse für die folgenden Kapitel des Großabschnitts zu reizen.

Vorschläge für den Themeneinstieg:
- Beginn mit Kapitel 10.
- Beginn mit folgender Übersicht:

Tafelbild

Folgen der Industrialisierung

Um 100 Menschen zu ernähren, mussten

vor der Industrialisierung	1995
mehr als 60	knapp 3 Menschen

in der Landwirtschaft arbeiten

Durchschnittlich wurden die Menschen

vorher	1995
35	75 Jahre

alt

Waren und Güter wurden

vorher mit Packtier, Pferdewagen oder Segelschiff	1995 Eisenbahn, LKW, Frachtschiff/Flugzeug

transportiert

Nachrichten wurden

vorher durch reitende Boten oder Signalfeuer	1995 durch Fernsprecher, Funk, Fernsehen oder Computer

übermittelt

Im Krieg

konnte vorher eine Kanonenkugel nur wenige	kann 1995 eine Atombombe Millionen

Menschen töten

Zur Gewinnung von Arbeitskraft und Wärme (Energie) wurden

damals die Muskeln von Menschen und Tieren, die Kraft von Wind und Wasser sowie Holz und wenig Kohle	1995 vor allem Erdöl, Erdgas und Kohle verbrannt und Kernkraft

benutzt.

Gewinn: nie da gewesener Wohlstand in den Industriegesellschaften
Kosten: nie da gewesener Raubbau an den natürlichen Lebensgrundlagen: Ausplünderung des Raumschiffs Erde

Leitende Problem- und Fragestellungen:

- Wie kommt es zur Industriellen Revolution?
- Gesellschaftlicher Wandel als Voraussetzung und als Folge der Industriellen Revolution;
- Welche sozialen Probleme brachte die Industrialisierung, welche löste sie?

1. Die Industrielle Revolution beginnt in England

Konzeption

Das Kapitel thematisiert die ungewöhnliche Anzahl und Häufigkeit von Erfindungen zur Steigerung der Textilproduktion im England des 18. Jahrhunderts bis hin zur Erfindung der Dampfmaschine mit ihren weitreichenden Auswirkungen auf das industrielle Wachstum. Das Lernziel besteht in der Erkenntnis, dass der technische Fortschritt Chance und Voraussetzung zur Überwindung von Armut und Bedürftigkeit als den Grundtatsachen des bisherigen gesellschaftlichen Lebens ist.

Aspekte der Unterrichtsgestaltung

Vorschläge für den Themeneinstieg:
- Auswertung der Bilder M1a–M1c unter Heranziehung des Verfassertexts im 10. Kapitel auf Seite 184, Marginalie: „Eine Epoche von neun Jahrtausenden“;
- Marginalie S. 148: „Erfindungen leiten ein neues Zeitalter ein“.

Teilthemen:
- Epochenwechsel;
- Bedingungen und Ursachen für die Serie von Erfindungen;
- Erfindungen führen zu Erfindungen;
- Textilindustrie als Leitsektor.

Problem-/Fragestellungen:
- Was veranlasste englische Handwerker zu Erfindungen?
- Inwiefern bedingen Erfindungen einander?

Vorschläge für Arbeits- und Sozialformen:
- Auswertung der Bildfolge M1 in Arbeitsgruppen

Zusatzinformationen zu den Materialien

M1a/M1b: Spindel seit dem Neolithikum 5 000 v. Chr., Handspinnrad seit dem 13. Jahrhundert. Spinnen war auch Feierabendbeschäftigung der Frauen: „Spinnen am Abend, erquickend und labend.“
M1c: Es handelt sich um die Illustration aus einem Roman. Die Maschine betreibt jetzt, von der Kraft fossiler Brennstoffe angetrieben (Rauchentwicklung), Hunderte von Spindeln. An den Maschinen der Textilfabrik arbeiten vor allem Frauen und Kinder (vgl. Kapitel 5 „Lebensverhältnisse und Arbeitsbedingungen ändern sich“). Das Kind unter der Maschine knüpft gerissene Fäden zusammen, eine Arbeit für kleine Körper. Die Männer im Hintergrund sind wohl Fabrikant, Kunde und Meister.
Aufgabe: Zeichne einen Zeitpfeil von 1000 v. Chr. bis heute und trage darauf die Geräte bzw. Maschinen ein.

M2: Auf dem Bild ist offenbar ein Arbeitskampf mit Redner und erregten Arbeitern dargestellt. Es sind nur Männer zu sehen, da in der Schwerindustrie nur Männer und männliche Heranwachsende beschäftigt waren.

Tafelbild

	Eisenproduktion	Antriebsmaschine	Spinnen	Weben
1705		Kolbendampfpumpe		
1733				Fliegendes Weberschiffchen
1735	Koks			
1750	Eisenwalzwerke			
1764			Spinning Jenny	
1766	Hochofen			
1769		Watts Dampfmaschine zum Pumpen		
1771			Textilfabrik	
1782		Dampfmaschine mit Drehantrieb		
1785			Spinnerei	Mechanischer Webstuhl
1797		Dampfmaschine mit Drehantrieb für eiserne Drehbank		
1803		Dampfmaschine mit Drehantrieb für Fortbewegung: Lokomotive		
			Ertrag der Baumwollverarbeitung in Großbritannien in den 129 Jahren 1750–1879: vervierhundertfacht!	

M3: 1735: Mit Koks lassen sich wesentlich höhere Temperaturen erreichen, eine Voraussetzung für die Entwicklung der Eisenindustrie, deren weitere Schritte das Walzwerk, der Hochofen und die eiserne Drehbank für die Weiterverarbeitung des fertigen Eisens zu Maschinen u.a. sind.

M4: Der Text zeigt Unternehmer und Erfinder in einer Person. Worterklärungen: „verkoken" = Steinkohle durch trockene Hitze zu Koks veredeln, das höhere Verbrennungswärme erzeugt; Koksroheisen wird mit Hilfe von Koks veredelt und in Barrenform durch Schmieden gehärtet und geformt.
Aufgabe: „Setze die Verbesserungen Darbys in Verbindung zur Zeitleiste M3".

M5: Zur Arbeitsweise der Dampfmaschine: Der Kessel, in dem Wasser verdampft wurde, ist auf der Zeichnung nicht zu sehen. Der in die Maschine einströmende Dampf folgt zunächst den roten Pfeilen, geht also durch das geöffnete linke Einlassventil und breitet sich im linken Zylinderteil aus, da das linke Ausströmventil geschlossen ist. So wird der Kolben nach rechts gedrückt, wobei der Dampf in der rechten Zylinderkammer über das geöffnete rechte Ausströmventil entweichen kann. So wird das Rad über die Pleuelstange in Bewegung gesetzt. Gleichzeitig öffnet sich über eine mechanische Rückkopplung das rechte Einlassventil und schließt sich das linke, während sich das linke Ausströmventil öffnet und das rechte schließt. Der Dampf aus dem Kessel strömt nun in die linke Zylinderkammer, drückt den Kolben nach links und dreht das Rad dank der Kurbel an der Pleuelstange in gleicher Umdrehungsrichtung weiter. Bei der abgebildeten Maschine handelt es sich um eine spätere Weiterentwicklung der wattschen Dampfmaschine.

M6: Der Text zeigt das Zusammenwirken eines Erfinders und eines Unternehmers, der den kapitalistischen Geist der Gewinnsteigerung vertritt.

M7: Die kleine Zahlenreihe kann die Bedeutung der Industrialisierung für den Lebensstandard der Bevölkerung hinsichtlich Bekleidung verdeutlichen. Vorher trug die Masse der Menschen in der Regel vielfach geflickte Kleider, die möglichst vererbt wurden. Bis 1880 war das Angebot so gestiegen und die Preise waren so gesunken, dass sich auch die Arbeiterfamilie ab und zu ein neues Hemd kaufen konnte.

M8: Wenn man die Zahlen in Kurven umsetzen lässt, wird der Wandel der Wirtschaftskraft leicht ablesbar. – Welche Verschiebung der politischen Bedeutung der Staaten bis 1888 lässt sich vermuten?

Ergänzungen zum Angebot des Schülerbuchs

a) Technischer Wirkungsgrad der Dampfmaschine 1698 bis 1955 (Nach Thirring, 1958)

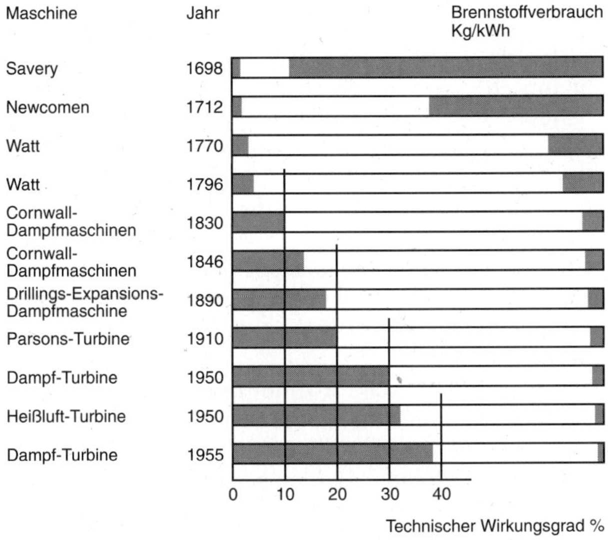

(In: Carlo M. Cipolla, „Wirtschaftsgeschichte und Weltwirtschaft", dtv Wissenschaftl. Reihe, München 1972, S. 51)

b) Erinnerungen an eine Jugend kurz vor 1800:
„Ich lief im Sommer barfuß und hatte nur leinene Hosen, ein Hemde und eine Weste. Gar bald war meine Mutter so weit, dass sie keine anderen Kleidungsstücke besaß, als die, welche sie auf dem Leibe trug. Mochte sie diese auch noch so reinlich halten und noch so oft flicken, so konnte sie sich zuletzt doch mit ihnen sonntags nicht in der Kirche sehen lassen und so musste sie endlich auf den letzten Genuss, den letzten Trost, den sie bis dahin gehabt hatte, verzichten."
(Karl Friedrich von Klöden, „Jugenderinnerungen", in: „Hanks Hausbibliothek", Janssen Verlag, Hamburg 1912, S. 45)

Zu den Arbeitsvorschlägen und Fragen

a) Vgl. Tafelbild und „Zusatzinformationen zu den Materialien", M2 und M4. Neue Industriezweige: Textil-, Eisen- und Maschinenindustrie.
b) Die Änderungen machten sich nur sehr allmählich bemerkbar, da viele Jahrzehnte vergingen, bis ein wirklich beträchtlicher Teil der Bevölkerung in Fabriken arbeitete. An Veränderungen der heutigen Arbeitswelt können vor allem die zunehmende Automatisierung und das Vordringen von computergesteuerter Fertigungsweisen genannt werden, die den Menschen z.T. überflüssig machen.
Die Frage nach den damaligen Auswirkungen kann dazu genutzt werden, Hypothesen über die Veränderung der Rolle des Menschen im Arbeitsprozess zu sammeln, die dann zu einem späteren Zeitpunkt anhand des wachsenden Kenntnisstandes im Laufe der Bearbeitung des Kapitels überprüft werden können. Hierfür empfiehlt es sich, die Schüleräußerungen auf einer OHP-Folie festzuhalten.
c) Interessen: Darby = handwerkliche Technik, sozialer Aufstieg; Watt = Technik; Boulton = Gewinn als Zeichen des Erfolges. Ziele: Darby = bessere und rationellere Produktion; Watt = leistungsfähigere Dampfmaschine; Boulton = Modernisierung der Eisenherstellung und Verbesserung der Transportwege für Roheisen.
d) Obwohl von der vor und mit der Industriellen Revolution beginnenden Bevölkerungsexplosion noch nicht die Rede war, legt besonders M7, aber auch M8 eine bessere Versorgung nahe. Zur Veranschaulichung der vorindustriellen Versorgung der Bevölkerung mit Textilien s.o. „Ergänzungen zum Angebot des Schülerbuches".

2. Warum im 18. Jahrhundert? Warum in England?

Konzeption

Das Kapitel umfasst drei Themen: das epochale Phänomen eines ganz ungewöhnlichen Bevölkerungswachstums (1), die landwirtschaftliche Revolution (2) und schließlich das Titelthema (3). Da der knappe Raum im Schülerband zu äußerster Straffung des Kapitels zwang, soll hier etwas mehr zusätzliches Material angeboten werden. Denn alle drei Unterthemen sind für das Verständnis der modernen Welt und ihrer Zukunft von großer Bedeutung.
Die Lernziele der Stunde bestehen in der Erkenntnis, dass
- hohe Geburtenzahl und hohe Sterblichkeit in der Natur- und bis dahin auch in der Menschheitsgeschichte der Normalzustand waren und jede Änderung des einen oder anderen Faktors große Probleme nach sich zieht;
- die landwirtschaftliche Revolution mindestens ebenso bedeutsam war wie die mit ihr zusammenhängende Industrielle Revolution;
- alle drei Entwicklungen durch das Zusammentreffen einer Vielfalt von aufeinander einwirkenden Faktoren ausgelöst wurden, die hier nur skizziert werden können und auch von Historikern in ihrer Kompliziertheit und Gewichtung nicht eindeutig festzumachen sind.

Aspekte der Unterrichtsgestaltung

Vorschläge für den Themeneinstieg:
- Marginalie: „Die Bevölkerung wächst stark an" unter Verwendung der „Zusatzinformation zum Verfassertext" und Hinweis auf die andauernd aktuelle Bevölkerungsexplosion der Menschheit;
- Rückgriff auf Vorkenntnisse über Ernährung und Hunger sowie landwirtschaftliche Produktionsmethoden in vergangenen Zeiten und Dritte-Welt-Ländern heute;
- Frage der Kapitelüberschrift.

Teilthemen:
- Bevölkerungsexplosion;
- Landwirtschaftliche Revolution;
- Voraussetzungen der Industriellen Revolution;
- Politische Auswirkungen.

Problem-/Fragestellungen:
- Welche Faktoren beeinflussen die Bevölkerungsvermehrung?
- Welche Faktoren beeinflussen die landwirtschaftliche Produktivität?
- Welche Faktoren führten zur Industriellen Revolution in England?

Tafelbild

A) Bevölkerungswachstum (Zahl der Esser) abhängig von
1. Geburtenrate: abhängig von
   - Zahl der Frauen mit Kindern (Heiratsquote)
   - Zahl der Kinder je Frau
   - Überlebenschancen der Kinder bis zur eigenen Elternschaft
2. durchschnittlicher Lebenserwartung

B) Steigende landwirtschaftliche Erzeugung (Gedecke)

Motivation durch
- Aussicht auf persönlichen Gewinn (Bauernbefreiung)
- Aussicht auf profitablen Verkauf (wachsende Nachfrage)

Steigerung der Erzeugung durch
- Vergrößerung der Anbaufläche (Nutzung der Brache, Gewinnung von Ackerland)
- Steigerung der Erträge (künstliche Düngung, Zucht ergiebigerer Tiere und Pflanzensorten wie Kartoffeln und Zuckerrüben)
- Minderung der Verluste (Schädlingsbekämpfung, Konservierung)

Zusatzinformationen zum Verfassertext

a) Lebenserwartung in Deutschland 1994:
Von 1 000 geborenen Kindern haben die Chance zu erreichen:

ein Alter von	Jungen	Mädchen
1 Jahr	993	995
10 Jahren	991	993
20 Jahren	986	991
30 Jahre	967	987
40 Jahre	959	979
50 Jahre	924	961
60 Jahre	842	920
70 Jahre	662	823
80 Jahre	364	585
90 Jahre	76	187

(Nach: „Statistisches Jahrbuch der Bundesrepublik Deutschland 1996", Wiesbaden 1997, Stichwort „Lebenserwartung")

In den Jahren 1962–1964 wurden in England von je 100 Geborenen:

97 Jungen	98 Mädchen	5 Jahre alt
97 Jungen	97 Mädchen	15 Jahre alt
96 Jungen	97 Mädchen	25 Jahre alt
95 Jungen	95 Mädchen	35 Jahre alt
92 Jungen	95 Mädchen	45 Jahre alt
86 Jungen	91 Mädchen	55 Jahre alt
68 Jungen	81 Mädchen	65 Jahre alt
38 Jungen	75 Mädchen	75 Jahre alt

(Aus: „Anual Abstract of Statistics" No. 102, London 1965)

b) Weniger Todesfälle – mehr Geburten: Bevölkerungszunahme in England
Über die Ursachen des raschen Anstiegs der Bevölkerung in England nach 1750 sind sich die Wissenschaftler noch nicht ganz einig. Folgende Gründe werden angeführt:
1. Neue medizinische Erkenntnisse breiten sich aus vor allem erkannte man, dass Schmutz viele Krankheiten verursacht.
2. Die großen Städte wurden sauberer.
3. Mehr Krankenhäuser wurden gebaut.
4. Weit verbreiteter Alkoholismus konnte erfolgreich bekämpft werden.
5. Baumwollwäsche schützte vor Krankheiten.
6. Die mit Ungeziefer verseuchten Holz- und Lehmhäuser wurden allmählich durch Backsteinhäuser ersetzt.
7. Weniger Menschen wurden in Kriegen getötet.
8. Mehr Menschen heirateten nach Beseitigung von Eheverboten, die in Zunft- und Gesindeordnungen festgelegt waren.
9. Fortschritte in der Landwirtschaft und verbesserte Transportmittel führten zu besserer Ernährung.

Zusatzinformationen zu den Materialien

M1: Die Karten zeigen das Aufbrechen traditioneller landwirtschaftlicher Strukturen als Voraussetzung für Steigerung der Erträge und Mobilisierung der Bevölkerung als industrielle Reservearmee. Vergrößerung der Anbaufläche um ein Drittel (bisherige Brache); Gemeindeland wurde von Eigentümern profitabler genutzt (Ertragssteigerung); die unterbäuerliche Bevölkerung, die das Gemeindeland bisher weitgehend hatte nutzen können, wird noch mehr an den Rand des Existenzminimums gedrängt und braucht Arbeitsplätze für ihren Lebensunterhalt.

M2: Die Karte lässt die natürlichen Vorteile Englands erkennen: kurze Wege, weil die Kohlen- und Eisenerzvorkommen nahe beieinander liegen; bequemer Transport auf Wasserstraßen.

M3: Das Bild zeigt die Bedeutung eines Transportsystems „im England der Kanäle" für die Industrielle Revolution. Francis Egerton (1736–1803) wurde Herzog von Bridgewater, weil er das Wasser des Kanals mittels einer Brücke über den Irwell führte. Der Kanal war 1761 nach zwei Jahren fertig. – Die Schiffe werden von Menschen oder Pferden gezogen („getreidelt"). Es dauerte noch ein halbes Jahrhundert, bis man anfing, die Dampfmaschine zum Treideln oder für den Antrieb von Schiffen zu nutzen.

M4: Die Grafik führt die Folgen der Industriellen Revolution für Großbritannien als Handelsmacht vor Augen. Die technische Grundlage für die ungeheure Expansion des Außenhandels nach 1850 ist der Ausbau des Eisenbahnsystems in aller Welt sowie die Erweiterung und Beschleunigung des Seehandels durch die Dampfschifffahrt. Der anhaltende Ausfuhrüberschuss lässt auf eine aktive Zahlungsbilanz schließen, d. h. auf einen ständigen Zustrom an Geld und Wohlstand aus anderen Teilen der Welt.

M5: Der Text zeigt, wie sich auch in der Landwirtschaft die Prinzipien der Rentabilität und Gewinnsteigerung durchsetzen, ohne den sozialen Folgen allzu viel Bedeutung beizumessen.
Maßnahmen:
1. vgl. M1;
2. vor Einführung der künstlichen Düngung;
4. sehr ergiebige Feldfrucht;
5. Viehfutter;
6. steigert Interesse der Bauern an langfristiger Planung;
7. Rationalisierung der Produktion auf Kosten der klein- und unterbäuerlichen Bevölkerung.

M6: Adam Smith formuliert die Grundidee des Wirtschaftsliberalismus, nach dessen Prinzipien die Industrialisierung ihren Siegeszug antrat. In seinem Hauptwerk von 1776 „Untersuchungen über Natur und Ursachen des Wohlstandes der Nationen“ stellt er seine Überlegungen so anschaulich dar, dass das Buch 100 Jahre lang ein Bestseller war.

M7: Die These, dass Wirtschaftskraft politisch wichtiger sei als militärische Erfolge, konnte im Jahr 1835 in dieser Zuspitzung wohl nur ein Engländer aufstellen. Es empfiehlt sich, im Unterrichtsgespräch die Zeit- und Situationsgebundenheit von Baines Behauptung zu beachten. Dazu sollten die Schüler das Jahr 1835 den Statistiken M4 und in M7 und M8 Seite 151 zuordnen. Watt und Arkwright (vgl. Schülerbuch, S. 150, M3).

Horatio Nelson sicherte als Admiral der englischen Flotte in den siegreichen Seeschlachten bei Abukir 1798 und Trafalgar 1805 gegen die französische Flotte die britische Vorherrschaft auf den Meeren.
Arthur Wellesley, Herzog von Wellington, besiegte als englischer General Napoleon in der Schlacht bei Waterloo 1815.

Ergänzungen zum Angebot des Schülerbuchs

a) <u>Religiöse Motivation:</u>
Zur Verdeutlichung der religiösen Komponente des wirtschaftlichen Engagements kann dieser Text des englischen puritanischen Theologen Richard Baxter von 1665 eingesetzt werden: „Wenn Gott euch einen Weg zeigt, auf dem ihr ohne Schaden für eure Seele oder für andere in gesetzmäßiger Weise mehr gewinnen könnt als auf einem anderen Weg, und ihr dies zurückweist und den minder Gewinn bringenden Weg verfolgt, dann durchkreuzt ihr einen der Zwecke eurer Berufung. Ihr weigert euch, Gottes Verwalter zu sein und seine Gaben anzunehmen, um sie für ihn gebrauchen zu können, wenn er es verlangen sollte. Nicht freilich für Zwecke der Fleischeslust und Sünde, wohl aber für Gott dürft ihr arbeiten, um reich zu sein.“

Zu den Arbeitsvorschlägen und Fragen

a) Vgl. Tafelbild
b) Bis zu Beginn der Industriellen Revolution und noch darüber hinaus war Holz der entscheidende Energiespender. Wollte man größere Hitze erzeugen, schmorte man Holz zu Holzkohle. Dementsprechend war das Ausschmelzen und Veredeln von Eisen ein langwieriger und kostspieliger Vorgang. Also war Eisen knapp und teuer und man baute selbst Maschinen, soweit irgend möglich, aus Holz. Erst die ausgiebigere Verwendung von Steinkohle und deren Verarbeitung zu Koks 1735 steigerte die Produktion von Eisen und schuf die Voraussetzung für den massenhaften Bau von Maschinen und damit für die Industrielle Revolution überhaupt (vgl. M3). Über die aktuellen Probleme des Bergbaus und der Stahlindustrie muss man sich aktuell informieren.
c) Smith lehrt, dass der freie Wettbewerb die Produktivität und das Gesamtwohl der Volkswirtschaft fördert und die Gesellschaft zu Wohlstand führt. Er hat zunächst die Interessen der wirtschaftlich Aktiven im Auge, weil er überzeugt ist, dass ihre wachsende wirtschaftliche Produktivität langfristig indirekt der Gesellschaft, also mehr oder weniger allen zugute kommt. Die Verteilungsfrage steht für ihn nicht im Mittelpunkt.
Smith wendet sich gegen den Merkantilismus, der vor allem die Finanzinteressen des Staates verfolgt (vgl. Großabschnitt II, Kapitel 6 „Woher nimmt der König sein Geld?“, Schülerbuch, S. 57–60).
Die Probleme, die heute in einer Diskussion deutlich werden sollten: Hat der Verbrauch irdischer Ressourcen die längerfristigen Möglichkeiten des Raumschiffs Erde nicht bereits überschritten (Gebot der Nachhaltigkeit und Grenzen des Wachstums)? Lassen sich die Arbeitsplätze, die durch anhaltenden technischen Fortschritt überflüssig werden, ersetzen? Gibt es in einer Weltwirtschaft (Globalisierung) noch Steuerungsmöglichkeiten? Können die Regeln von 1776 nach 200 Jahren noch uneingeschränkt gültig sein?
d) Die zugespitzte Formulierung des letzten Halbsatzes im Schülerbuch auf S. 155 weist auf die wachsende Bedeutung, die technische Überlegenheit und Wirtschaftskraft eines Staates für seine politische und militärische Stärke hin.

3. *Deutschland auf dem Weg zur Industrialisierung*

Konzeption

Bis 1850 hatte die Industrielle Revolution in Deutschland noch kaum begonnen. Das schnelle Wachstum der Bevölkerung drängte immer mehr Menschen an den Rand von Hunger und Elend. Doch zeigte das englische Vorbild den Weg, der aus der Verelendung herausführen konnte, wenn die Bedingungen für die landwirtschaftliche und industrielle Entwicklung geschaffen würden. Wurde im vorhergehenden Kapitel (vgl. Schülerbuch, S. 152–155) die Frage nach den günstigen Bedingungen für den Beginn der Industriellen Revolution in England gestellt, so fragen wir hier nach den Gründen für die Verzögerung und nach den Mitteln zur Förderung industriellen Wachstums in Deutschland. Der Rückgriff auf das englische Vorbild, staatliche Förderung der Wirtschaft und technischen Bildung spielten dabei eine entscheidende Rolle.
Die Schülerinnen und Schüler erkennen, dass
- ehe man unterschiedliche historische Entwicklungen vorschnell der unterschiedlichen Begabung oder Wesensart von Bevölkerungen zuschreibt, die unterschiedlichen historischen Bedingungen und ihre Veränderbarkeit zu untersuchen sind;
- naturwissenschaftliche und technische Bildung verbunden mit der kapitalistischen Mentalität eine unentbehrliche Voraussetzung für wirtschaftliche Entwicklung waren;
- die Produktionsfortschritte der Landwirtschaft nicht weniger bedeutsam waren als die der Industrie.

Aspekte der Unterrichtsgestaltung

<u>Vorschläge für den Themeneinstieg:</u>
- Marginalie, S. 156: „Ohne Industrie in die Zukunft“;
- Deutschlands Entwicklungsrückstand, Pauperismusfalle.

<u>Teilthemen:</u>
- Fehlende Voraussetzungen im Vergleich mit England (vgl. Tafelbild)
- Mentalitätswandel (vgl. „Zusatzinformationen zum Verfassertext“, M4, M5 und „Ergänzungen zum Angebot des Schülerbuchs“);
- Wandel des Handwerks (vgl. M6)

<u>Problem-/Fragestellungen:</u>
- Vergleich der Voraussetzungen für die Industrielle Revolution in England und Deutschland;
- Wie fördert der Staat industriellen Fortschritt?
- Wie veränderte und verändert industrielle Produktion das Handwerk?

<u>Vorschläge für Arbeits- und Sozialformen:</u>
- Besuch von musealen Produktionsstätten aus der Vor- und Frühzeit der Industrialisierung, z.B. Wind- oder Wassermühlen, Hammerschmieden, Spezial-, Betriebs- und geeignete Heimatmuseen.

Tafelbild

Vergleich der Bedingungen in England und Deutschland		
Bedingung	günstig (+)	ungünstig (–)
	England	Deutschland
Kohle- und Eisenvorkommen	+	–
Transportmöglichkeiten für schwere Güter	+	–
Handelskapital	+	–
calvinistische Mentalität	+	–
handwerkliche Tradition	+	+
ungehinderter Handel im ganzen Land	+	–
lange Friedenszeit im Land	+	–
Vorbild zum Nachmachen	–	+

Zusatzinformationen zum Verfassertext

a) Die Lehre von der Begabung der Völker:
„Die Deutschen sollten daher nur fleißig ihren Acker bestellen und daneben vielleicht noch ihre Nürnberger Spielwaren, ihre Kölnischen Wasser und andere ‚Bagatellen‘ herstellen – die Engländer lieferten ihnen Kleidung und Maschinen! List prüfte anhand der Erfahrung auch die Lehre der ‚klassischen Nationalökonomie‘ von der ‚Begabung‘ der Völker. Er wusste, wie gewerbefleißig und kunstfertig der deutsche Mensch einst gewesen war, als die großartige Kultur seiner Reichsstädte voll blühte. Er sah, dass die Begabung zum Industrievolk in allen abendländischen [sic!] Völkern lebte und dass der Vorsprung Englands nicht auf einer besonderen Anlage der angelsächsischen Rasse beruhte, sondern ausschließlich auf einer historischen Tatsache – auf der Tatsache nämlich, dass bei ihnen aus bestimmten nachweisbaren Gründen sich zunächst und in vorbildlicher Weise jener Vorgang vollzogen hat, den wir die technische oder Industrielle Revolution nennen. Die Überzeugung, dass ihn auch die übrigen Völker gehen konnten, schöpfte List aus den Erfahrungen der Geschichte und seines eigenen Lebens. Er teilte die Ansicht von den ‚Wirtschaftsstufen‘, die in der Weltgeschichte aufeinander folgen.“
(Franz Schnabel, „Deutsche Geschichte im 19. Jahrhundert“, Bd. 3)

b) Landwirtschaftliche Produktion:

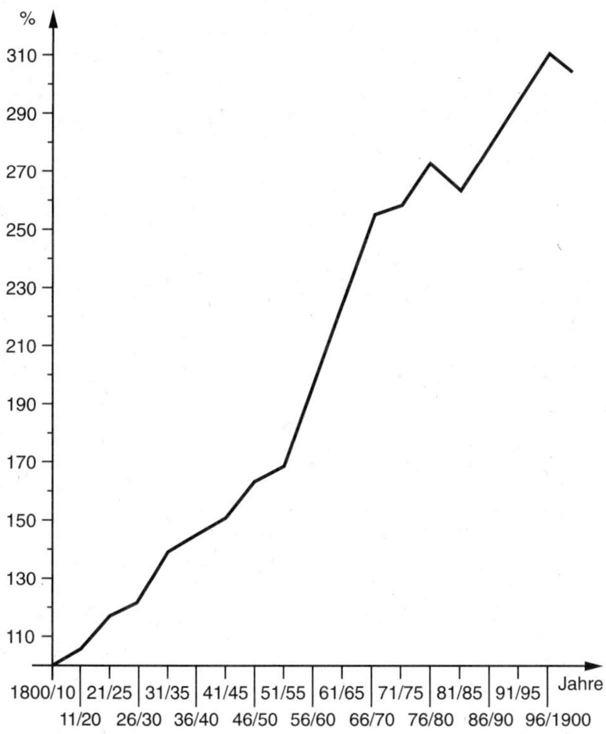

Weizenerträge in dz/ha
1800: 10,3   1860: 13,0   1895: 16,9

Schlachtgewicht von Ochsen
1800: 164 kg   1848: 259 kg

(Quelle: Schissler, H. „Preußische Agrargesellschaft im Wandel", Verlag Vandenhoeck & Ruprecht, Göttingen 1978, S. 157)

Zusatzinformationen zu den Materialien

M1: Die ersten Fabriken wurden in verfügbaren Gebäuden eingerichtet. Dazu boten sich nach der Säkularisation oft Klöster, bisweilen auch kleine Schlösser an. Diese Umwandlung von Burgen und Klöstern in Fabrikräume hat geradezu symbolische Bedeutung. 1817, zwei Jahrzehnte vor dem Beginn des Baus von Eisenbahnen in Deutschland, war die Lage am schiffbaren Main besonders wichtig. Flussaufwärts bewegten sich die Schiffe noch durch Segel, Staken oder Treideln fort. Die Beschleunigung und Verbilligung der Produktion von Zeitungen leistete einen erheblichen Beitrag zur Modernisierung aller Lebensbereiche.

M2: Der Text verdeutlicht die Hindernisse, die ein Unternehmer im merkantilistischen System zu überwinden hatte, und macht die Bemerkung von Adam Smith (vgl. Schülerbuch, S. 155, M6, Z. 18–20) verständlich. Im absolutistisch-merkantilistischen Wirtschaftssystem muss der Unternehmer die Genehmigung des Landesherrn einholen und kann und möchte sich durch ein Privileg für 40 Jahre (!) vor Konkurrenz schützen. Die Argumente der Obrigkeit oder der öffentlichen Meinung gegenüber sind die gleichen wie heute: neue Arbeitsplätze und höhere Steuererträge. Die Rolle des englischen Vorbildes, das seinerseits ausländische Konkurrenz verhindern und seinen technischen Vorsprung für sich behalten will, ist offensichtlich.

M3: Industrielle Produkte ermöglichen auch eine Steigerung der landwirtschaftlichen Produktivität. Die Lokomobile kann verschiedenartige landwirtschaftliche Maschinen antreiben, in diesem Fall eine Dreschmaschine. Das in Mieten getrocknete Getreide wird von oben zugeführt, das Korn vorn in Säcke gefüllt und das Stroh hinten abgeführt. Um eine gleiche Menge per Hand mit Flegeln zu dreschen wie bis dahin, waren sicher zehnmal so viele Leute nötig. Die eingesparten Arbeiter mussten anderswo Arbeitsplätze finden. Vergleiche auch die urtümlichen Dreschmethoden in heutigen Entwicklungsländern. – Die in der Legende erwähnte Verdrängung unrentabler kleiner Landwirtschaftsbetriebe beginnt in England mit den Einhegungen (vgl. M1 und M5 im vorhergehenden Kapitel, Schülerbuch, S. 152, 154)
Die damals gängigen Alternativen waren: Anstellung im Eisenbahnbau, Fabrikarbeit, städtische Berufe u.v.a., soweit schon Arbeitsplätze angeboten wurden. Der Übergang ging natürlich nicht immer reibungslos vor sich und war vor allem für die ältere Generation oft kaum möglich.

M4: Der Text veranschaulicht die technisch-handwerklichen Schwierigkeiten des Anfangs, die umso eindrucksvoller sind, als heute Schrauben und elektrische Handwerkzeuge in nahezu jedem Haushalt genutzt werden. Das Ruhrgebiet, von der Mitte des 19. bis zur Mitte des 20. Jahrhunderts Kerngebiet und Motor der deutschen Industrialisierung schlechthin, präsentierte sich 1803 noch als ein rein ländliches Gebiet, das noch nicht einmal den Stand der protoindustriellen Produktion wie beispielsweise Sachsen erreicht hatte, „eine ordentliche Schraube zu machen". Der Engländer Henry Maudley hatte 1800 die erste Drehbank konstruiert, mit der man Schrauben drehen konnte, statt dass jede Schraube wie bisher in Handarbeit und daher fast jede mit einem etwas anderen Gewinde geschaffen wurde. Aber auch dazu gehörte eine Fertigkeit, die im Ruhrgebiet niemand besaß. Erst 1841 führte man ein einheitliches Gewindesystem ein – ein ganz wesentlicher Rationalisierungsschub für die Entwicklung der Industrie.

M5: Die für die ganze Wirtschaftsordnung kennzeichnende Einstellung, Arbeit zur Leidenschaft werden zu lassen, setzte sich allmählich auch in der Kleinstadt und im Dorf durch wie Z. 21 zeigt: „Das Geschäft ist meine Kirche" (vgl. dazu auch Marginalie „Calvinismus: Religion und Wirtschaft", Schülerbuch, S. 154), wo auf den Zusammenhang zwischen Religion und wirtschaftlichen Erfolg hingewiesen wird). Aufgabe: Kennzeichne die Einstellung von Onkel Jochen.

M6a: Die Furcht vor dem Untergang des Handwerks war um 1835 weit verbreitet. Dabei ist zu bedenken, dass die Handwerker im Zeitalter des Pauperismus größtenteils am Rande der Armutsgrenze existierten, was mit heutigen Verhältnissen im Handwerk nicht im Entferntesten vergleichbar ist. Bei der Aufzählung handelt es sich auch ausschließlich um produzierendes Handwerk, das durch maschinelle Fertigung verdrängt wurde.

M6b: Viebahn sieht sehr klar, dass es sich nicht um eine endgültige Vernichtung des Handwerks handelte, die auch Marx vorhersagte, sondern um einen Strukturwandel. Denn durch die Industrialisierung und den langsam steigenden Wohlstand entstanden und entstehen viele neue Handwerkerexistenzen.

Ergänzungen zum Angebot des Schülerbuchs

a) Bildung als Voraussetzung für Leistung
Friedrich Harkort schreibt:
„Bildung schafft allerdings Bedürfnisse, allein eben diese sind der Sporn des Fleißes und der Sparsamkeit. Wir sehen Gegenden des Vaterlandes, wo Kartoffeln, Sauerkraut und Branntwein Bedürfnisse sind, dagegen Schuhe, Strümpfe und Brot nicht zum Leben gehören: Dort liegt auch Nacht über dem geistigen Menschen.
Das Tagwerk des Arbeiters ist dort doppel und dreifach so groß, wo er wie der wohlhabende Mann gespeist und gekleidet ist. Kleiderordnungen und Abwanderungsbeschränkungen haben die Nacheiferung in der großen Masse der Gesellschaft getötet und sind nur der Trägheit und dem Schlendrian zugute gekommen."
(Friedrich Harkort in: F. Schnabel, „Deutsche Geschichte des 19. Jahrhunderts", Bd. VII, Herder-Verlag, Freiburg, S. 209)

b) Entwicklungsstufen übersprungen
Über den Wandel der Verhältnisse zwischen 1825 und 1850 in Thüringen berichtet der Verleger Friedrich Perthes:
„Der Umschwung der Gewerbthätigkeit ist nicht hinter dem des Ackerbaus zurückgeblieben. Vor einem Vierteljahrhundert fanden sich in diesem Teile Deutschlands fast keine Männer von Bildung, Kenntnis und Einsicht, die sich mit dem Handel befasst hätten; [...] der so genannte Kaufmann stand der Sache und der Meinung nach unter dem Handwerker. Jetzt begegnet man selbst an den kleinen Orten Thüringens Männern mit kaufmännischem Sinn großer Art. [...] Sie sind es, die den großen früher todt liegenden Reichthum des Landes entdeckt, hervorgezogen und in den Weltverkehr gebracht haben. Wer Erinnerungen aus dem inneren Deutschland gegen Ausgang des vorigen Jahrhunderts in sich trägt, kennt es heute nicht wieder. Beamte, Kaufleute, Handwerker haben die Entwicklungsstufen vieler Generationen mit einem Schritte übersprungen. In welchem Lande Europas sind so viele kleine und mittlere freie Landeigentümer, so viele unabhängige Bürger, so viele Menschen mit freier Bildung, wie in Deutschland."
(Aus: Friedrich Perthes, „Leben", Bd. 3, Gotha 1858, S. 203ff.)

Zu den Arbeitsvorschlägen und Fragen

a) Durch das Patentrecht wird eine Erfindung als „geistiges Eigentum" anerkannt, das nicht nachgeahmt, also praktisch gestohlen werden kann. Der Erfinder kann sein Eigentum an einen Produzenten verkaufen oder „vermieten", also daraus Einkünfte beziehen. Dadurch wird das Interesse, etwas Verwendbares zu erfinden, erheblich größer. – Beispiele für die Förderung von Gewerbeansiedlung lassen sich in jeder Gemeinde finden. Auskünfte sind auf den Rathäusern zu bekommen. Auch auf Landes- und Bundesebene gibt es solche Maßnahmen.
b) Vgl. „Zusatzinformationen zu den Materialien", M2.
c) Der vorindustrielle Stand des Mittelalters war auf dem Gebiet der Eisenverarbeitung offenbar nicht nennenswert überschritten.
d) Verdrängte Berufe: die in M6a erwähnten, wie Weber, Schuhmacher u.v.a. Neue Berufe: Reparatur- und Installationsberufe neuer Technologien; Schuhmacher als Beispiel der Umstellung von Produktion auf Reparatur.
– Der Strukturwandel geht weiter, solange sich die Technik weiterentwickelt. Prognosen sind schwierig.

4. *Zollverein und Eisenbahn: „Siamesische Zwillinge"*

Konzeption

Das Kapitel behandelt die Beseitigung des großen politischen und geografischen Hindernisses für die industrielle Entwicklung in Deutschland: die Aufhebung der Zollschranken zwischen den deutschen Staaten und die entscheidende Verbesserung der Transportmöglichkeiten durch den Bau eines Eisenbahnnetzes. Bau, Unterhaltung und Betrieb von Strecken, Bahnhöfen, Lokomotiven und Wagen schufen Hunderttausende von Arbeitsplätzen und führten zu beschleunigtem wirtschaftlichem Wachstum. Während die Entstehung des Zollvereins sehr knapp dargestellt wird, sind dem Eisenbahnbau zwei Bilder, eine Karte und fünf Textquellen zugeordnet, die eine intensivere Behandlung ermöglichen. Die politischen Hoffnungen, die das liberale Bürgertum mit beiden Entwicklungen verband (vgl. M8 und M9), weisen auf die nachfolgenden Großabschnitte hin.

Aspekte der Unterrichtsgestaltung

Vorschläge für den Themeneinstieg:
– Heute: Reisen in Europa ohne Pässe und Zollkontrollen
– Damals: Marginalie: Zollgrenzen fallen, S. 160 und Karte M1 „Europa nach dem Wiener Kongress 1815" (vgl. Schülerbuch, S.189)
– Text M4, Bild M1 (vgl. Schülerbuch, S. 162, bzw. S. 160).

Teilthemen:
– Zollunion (Deutscher Zollverein): Gemeinsamer Markt (vgl. Schülerbuch, S. 160); „Ergänzungen zum Angebot des Schülerbuchs", M9 und Karte M3.
– Eisenbahnbau: Revolution des Verkehrssystems;
– Eisenbahnbau: Schrittmacher- und Wachstumsindustrie;
– Politische Auswirkungen: Wirtschaftseinheit – Verkehrseinheit – politischer Zusammenschluss.

Problem-/Fragestellungen:
- Welche Probleme waren bei der Einführung des Zollvereins zu lösen (vgl. „Zusatzinformationen zum Verfassertext“);
- Welche Auswirkungen hat der Bau eines Schienennetzes? (Karte M3, „Zusatzinformationen zum Verfassertext“);
- Inwiefern war der Bau des Eisenbahnnetzes ein Wirtschaftsfaktor?

Vorschläge für Arbeits- und Sozialformen:
- Pro- und- Contra-Debatte über die Eisenbahnen (vgl. Materialien M5–M8) und die Ansichten Moltkes und Lists in: „Ergänzungen zum Angebot des Schülerbuchs“ und Arbeitsfrage c)

Der Einstieg in das Teilthema „Zollverein“ kann auch über die beiden Kopiervorlagen 6 „Zollverein und Eisenbahn: Siamesische Zwillinge“ erfolgen. Die erste („Reisen durch Deutschland vor 1834“) verdeutlicht als stummer Impuls, welche Behinderungen durch Zollstationen den Reisenden auf seinem Weg quer durch Deutschland erwarteten. Dabei können die Schülerinnen und Schüler auf entsprechend hinweisende Fragen der Lehrerin oder des Lehrers die zwei wesentlichen Arten der Behinderung unterscheiden. Dies war zum einen der Zeitverlust, der durch den erzwungenen Aufenthalt an den einzelnen Grenzstationen entstand, da eine – z. T. sehr genaue – Visitation der Reisenden und ihrer mitgeführten Gepäckstücke erfolgte. Zum anderen verteuerten die bei jedem Grenzübertritt fälligen Zollgebühren die Waren teilweise erheblich, wenn z.B. die Reise quer durch Deutschland erfolgte.
Die Karikatur auf der Kopiervorlage 6: „Grenzverlegenheit“ verdeutlicht in zugespitzter Weise die Verhältnisse in den deutschen Klein(st)staaten und dass auch hier bei Ein- und Ausreise Zollgebühren zu entrichten waren. Zum besseren Verständnis des karikierten Sachverhalts sollte eine Deutschlandkarte zu Hilfe genommen werden.

Tafelbilder

Beitritt zum Zollverein

Vorteile	Nachteile
für die deutschen Einzelstaaten	
- Handel mit anderen Mitgliedsstaaten billiger und frei	- Verlust der Zollhoheit
- Warenproduktion in größerem Maßstab rentabel	- Außenzoll und Wirtschaftspolitik der Union wird vom großen und wirtschaftlich starken Preußen bestimmt
- Das Reisen wird erleichtert	- Handel mit Nichtmitgliedern eventuell erschwert
- Zusammenschluss zu einem deutschen Nationalstaat wird leichter	- Verlust von Souveränität

↘ ↙

Umorientierung der Handelsströme

Eisenbahnbau: Hoffnungen und Wirklichkeit (List)

	nicht erfüllt	angenähert
Kein Krieg	x	
Keine Inflation	x	
Keine Hungersnot		x
Kein Nationalismus	x	
Keine Arbeitslosigkeit	x	
Keine Unwissenheit		x
wirtschaftlicher Aufschwung in Landw. u. Industrie		x
Bildung durch Reisen		x
Gesundheit durch Reisen		x

Zusatzinformationen zum Verfassertext

a) Beseitigung der Binnenzölle in europäischen Staaten
Zollverein:
Schaffung gemeinsamer Märkte durch Aufhebung von Binnenzöllen oder durch Zusammenschlüsse

1790	Frankreich
1834	Deutscher Zollverein
1848–1874	Schweiz
1850	Österreich-Ungarn
1851	Russland-Polen
1853	Dänemark-Schleswig
1860–1870	Italien
1874–1890	Norwegen-Schweden

(Nach Knaurs großer Historischer Weltatlas, S. 211)

b) Vereinheitlichung von Maßen, Gewichten und Währung
„Am schlimmsten war das Durcheinander bei Maß und Gewicht; jede Stadt verstand bei Längenmaß etwas anderes unter Fuß oder Elle, Klafter oder Rute und ebenso stand es mit dem Flächenmaß Morgen oder Joch und beim Hohlmaß Schoppen, Scheffeln oder Malter. [...] Endgültig ist erst 1868 im Zollverein die Einheit von Münze, Maß und Gewicht erreicht worden, nachdem 1838 die Schaffung des Vereinstalers und 1840 des Zollvereinszentners einen ersten Schritt aus dem Wirrwarr gebracht hatten und die einheitliche deutsche Wechselordnung das einzige vom Frankfurter Parlament beschlossene Gesetz geblieben war, das in allen deutschen Staaten zur Einführung gelangte.“
(F. Schnabel, a.a.O., S. 402f.)

c) Eisenbahn als Fortschrittsmotor
Erst 1787 gab es in Preußen eine Staatsstraße, die sich mit den römischen messen konnte, erst 1859 gab es seit römischen Zeiten wieder eine feste Rheinbrücke.

Fahrzeiten und Kosten 1835:

Strecke	km	Fahrzeit	Preis
Antwerpen – Mecheln mit Postkutsche	20	3 Stunden	3 Franken
Mecheln – Brüssel	km	Fahrzeit	Preis
mit Eisenbahn	28	1/2 Stunde	1 Franken

Investitionen bis 1880: 9 Mrd. Goldmark, davon 41 % als Aufträge an die Industrie.

Im Zollverein gab es

im Jahr	1846	1861
	417	665 Maschinenfabriken
mit	12 046	35 562 Arbeitern.

1912 leisteten die Eisenbahnen in Preußen Transporte, für die man 13 Millionen Pferde gebraucht hätte; für ihre Ernährung hätte die gesamte landwirtschaftliche Nutzfläche Preußens kaum gereicht.
Es verließ die Firma Borsig in Berlin: 1832 die 1., 1854 die 100., 1858 die 1 000. Lokomotive. Noch 1891 gab es innerhalb Deutschlands fünf Zeitzonen, bei deren Betreten die Reisenden ihre Uhren jedesmal umstellen mussten.

Zusatzinformationen zu den Materialien

M1: Vgl. „Ergänzungen zum Angebot des Schülerbuchs" c). Der englische Lokomotivführer Wilson in Frack und Zylinder erhielt ein Gehalt von 1 500 Gulden, eine Summe, die selbst höchsten deutschen Staatsbeamten nicht gezahlt wurde. Im Jahr 1996 verdiente der Lok-Führer eines ICE zwischen 4 500 und 5 500 DM. Wesentlich mehr verdienen Piloten, deren Prestige mit dem der ersten Lok-Führer vergleichbar ist.

M2: Das Bild vermittelt die Dynamik des Eisenbahnbaus. Noch kannte man keinen Beton, sondern mauerte die Pfeiler hoch, und es gab wenig arbeitssparende Baumaschinen. Daher erforderte der Strecken- und Viaduktbau ganze Heere von Arbeitskräften. Die enormen Investitionen waren nur möglich, weil man langfristig starkes Wachstum und hohe Gewinne erwartete.

M3: Arbeit mit der Karte: Bestimmte Reisemöglichkeiten von X nach Y zu bestimmten Jahren feststellen. Fehlende Verbindungen mussten mit der Post oder der „Diligence" (vgl. M4) zurückgelegt werden. Weitere Möglichkeiten: Mietwagen, zu Fuß und per Anhalter.

M4: Der Text hat die Verkehrsverhältnisse von nahezu 100 Jahren im Blick. Zu den Orts- und Streckenangaben vgl. Karte M3 Schülerbuch, S. 162. Die Schnellpost oder „Diligence" wurde von verbesserten, gut gefederten Reisewagen bedient, die auf den inzwischen weitgehend makadamisierten, d.h. nach der Erfindung des Schotten John L. MacAdam (1756–1836) geteerten und befestigten Straßen liefen. – Reizvoll ist der Hinweis auf die Relativität der menschlichen Ansprüche und der daraus abgeleitete Blick in die Zukunft.

M5–M7: Die drei Texte stellen Fortschrittsoptimismus und Ängste gegenüber, die sich gewöhnlich an neue Technologien knüpfen.

M5: Lists Text ist ein Beispiel für Fortschrittsoptimismus. Man sollte klären, welche Hoffnungen Lists sich erfüllt, welche nicht erfüllt haben (vgl. „Tafelbild 2"), und die Frage erörtern, warum weder Krieg noch Inflation, noch Nationalismus, noch Arbeitslosigkeit durch den technologischen Fortschritt des Eisenbahnbaus beseitigt und wie weit die anderen Ziele annähernd erreicht wurden.

M6: Ein Beispiel für typische Ängste vor einem Strukturwandel, der sich für bestimmte Bereiche auch nachteilig auswirken kann. Die Eingabe vertritt die Interessen der Land- und Forstwirtschaft, die im Königreich Hannover noch eine ungleich größere Rolle spielte, wo es 1846 noch keine Maschinenfabrik gab, als in Preußen bereits 131 und in Sachsen schon 232 Maschinenfabriken arbeiteten. Angst vor Einfuhr (Hannover gehörte damals nicht zum Zollverein, vgl. Karte M3) und Strukturwandel auf seine Kosten (vgl. M6b im vorhergehenden Kapitel, Schülerbuch, S. 159) machen sich hier Luft. Sinkende Kornpreise bedeuten billigeres Brot, sinkende Holzpreise billigeres Baumaterial, ließen aber Gewinneinbußen für Land- und Forstwirtschaft befürchten.

M7: Für Einwände gegen neue Technologien lassen sich immer auch Fachgutachten finden, die wie dieses wissenschaftlich nicht haltbar sind, aber die Öffentlichkeit ängstigen.

M8: Die politischen Auswirkungen der „siamesischen Zwillinge" („Siamesische Zwillinge" = zusammengewachsene, also unzertrennbare Zwillinge, nach den Siamesen Eng und Chang 1811–1874 benannt) wurden schon 30 bzw. 42 Jahre vor der Gründung des Deutschen Reiches gesehen.

M9: Der Text macht Preußens politische Ziele deutlich, die es 42 Jahre später erreichte. Auch für den von Preußen geförderten Eisenbahnbau (2. deutsche Strecke Berlin–Potsdam 1835) spielt das eine Rolle.

Ergänzungen zum Angebot des Schülerbuchs

a) Ein Amerikaner in Deutschland vor 1834:
„Ich habe diese kleinen Ländchen ‚Länder' genannt, weil sie sich selber so nannten. Aber ich kann mich wirklich nicht über einen gewissen Yankee wundern, der sie in Anbetracht seiner Vorstellung von Größe ‚Landstückchen' nannte. Sein Wagen wurde an der Grenze eines dieser Fürstentümer angehalten; er war noch nicht gereist und kannte noch nicht den Zauber der Höflichkeit. Er behielt den Hut auf dem Kopfe und benahm sich, als ob er dem Herrn Oberkontrolleur im Zollamt zu befehlen hätte. Als er aber sah, dass seine Koffer herumgeworfen wurden und man in scharfem Tone die Schlüssel von ihm forderte, sagte er: ‚Hier, Hände weg! Ich bin nicht deshalb von den Vereinigten Staaten gekommen, um mich von Ihnen kontrollieren zu lassen. Legt die Koffer wieder auf den Wagen. Ich will hier überhaupt nicht passieren. Ich will wieder umkehren, ich habe keine besondere Eile und kann gern einen Tag verlieren. Euer Land ist gar kein Land, es ist nur ein Fleck. Ich werde lieber drum herum gehen.'"

(Aus: H.W. Welchert, „Aus der deutschen Idylle", in: F. Schnabel, „Deutsche Geschichte im 19. Jahrhundert", Herder Verlag Freiburg 1949, S. 143)

b) Reisen wie im Mittelalter:
Helmuth von Moltke (1800–1891), Chef des preußischen Generalstabes, schreibt über die Zeit um 1815:

„Ein Besuch von Berlin aus nach Potsdam erforderte die Zurüstung einer Reise, Frankfurt an der Oder lag zwei Tagesreisen entfernt; man nahm Abschied von den Freunden und richtete sich auf alle Beschwerlichkeiten übler Witterung, schlechter Nachtquartiere und umgeworfener Wagen ein. Herden von Pferden keuchten über steile Höhen und durch tiefe Täler, überall wurden Pflaster-, Brücken- und Geleitgeld erhoben. Wirklich waren die Landstraßen vom Mittelalter fast unverändert bis zu uns gekommen, nur dass die Raubritter durch legale Wegelagerung der Zollstätten verdrängt waren."

(Zit. nach: Schnabel, a.a.O., S. 387)

c) Mit der Eisenbahn ins Paradies:
Friedrich List, „Über die Bedeutung der Eisenbahn", 1830:
„Die Eisenbahn wird den Juristen, den Nationalökonomen, den Theologen, den Erziehern, den Künstlern, den Chemikern ermöglichen, zusammenzukommen und ihre Erfahrungen auszutauschen und ihre Arbeit zu befruchten. Sie wird Teuerung eines Landesteiles unmöglich machen. Sie wird ermöglichen, dass jeder dort Arbeit sucht, wo seine Arbeit verlangt wird. Sie wird strategisch sowohl für den Angriffs- wie für den Verteidigungskrieg von größter Bedeutung sein. Sie wird im Frieden die Verwaltung verbilligen. Sie wird jeden Einzelnen unendlich vollkommener und glücklicher machen als jetzt."

(Aus: „Wege der Völker", H. 8, „Restauration und Liberalismus", Diesterweg Verlag, Frankfurt 1992)

d) Maße, Gewichte und Münzen in Deutschland im ersten Drittel des 19. Jahrhunderts
Als Längenangabe war damals die **Elle** gebräuchlich:
1 Elle in Preußen entsprach 66,69 cm
1 Elle in Bayern entsprach 58,37 cm

Eine bestimmte Menge wurde nach **Scheffeln** gemessen.
1 Scheffel in Preußen maß 0,5 hl.
1 Scheffel in Württemberg maß 1,735 hl.

Als Gewichtsmaß diente das **Pfund**.
1 preußisches Pfund wog 467,8 g
1 bayerisches Pfund wog 560,1 g

In Preußen rechnete man nach **Talern**, in den meisten süd- und südwestdeutschen Staaten nach **Gulden**, in Hamburg nach **Mark.**

e) Sicherheitsrisiko Eisenbahn:
„Can anythin be more ridiculous than the idea that locomotives might safely travel twice as fast as horsecoaches [...]? We devise the Parliament to fix the speed at eight miles an hour, which is looked upon as the safety limit. The railway can't be relied on."

(„Quarterly Review", 1825)

Zu den Arbeitsvorschlägen und Fragen

a) In England begann die Industrielle Revolution sechs Jahrzehnte vor dem Bau der ersten Eisenbahn (1829), in Deutschland kam die Industrialisierung erst durch die Eisenbahn in Schwung. Weitere Gründe für die vorteilhaften Startbedingungen in England nennt der Marginalie „Die Natur hilft mit" (vgl. Schülerbuch, S. 154). Sie waren in Deutschland so nicht gegeben.
b) Väter/Großväter bis 1800: Normale Postkutsche, Strecke Königsberg–Berlin–Leipzig, 14-Tage-Reise, unbequem
Fanny 1832: Schnellpost Königsberg–Berlin 72 Stunden = 3 Tage. Bequemer wurde es seit 1848: Königsberg von Leipzig und Berlin (in 10 Stunden) mit Eisenbahn erreichbar, wesentlich schneller, billiger, bequemer, in der 4. Wagenklasse auf Holz sitzen
c) vgl. „Zusatzinformationen zu den Materialien", M5.
d) vgl. „Zusatzinformationen zu den Materialien", M6
Als Gegenwartsbezug bietet es sich an, die vorherrschenden Ängste auf dem Gebiet der gentechnisch veränderten Lebensmittel aufzugreifen und zu thematisieren.

5. Lebensverhältnisse und Arbeitsbedingungen ändern sich

Konzeption

Die Themen des Kapitels sind die Überbevölkerung und die Entstehung der Klassengesellschaft, wobei die Arbeitsbedingungen der Fabrikarbeiter, insbesondere die Fabrikarbeit von Frauen und Kindern, im Mittelpunkt der Materialien stehen. Dabei sollen die Verhältnisse nicht an denen der entwickelten Industriegesellschaften gemessen werden, sondern an denen der angeblich „idyllischen" und besseren Lebens- und Arbeitsbedingungen der vorindustriellen Zeit.

Aspekte der Unterrichtsgestaltung

Vorschläge für den Themeneinstieg:
- Marginalie, S. 164: „Die Stadt als Magnet";
- M1 und M2 kontrastiert mit Bildern von Zuwanderern nach Deutschland und Elendviertel in Ländern der Dritten Welt heute;
- M3, M4a und 4b.

Teilthemen:
- Bevölkerungsdruck als soziales Problem;
- Das Problem der „Klassengesellschaft";
- Kinderarbeit;
- Frauenarbeit.

Problem-/Fragestellungen:
- Wie wirkte sich der Bevölkerungsdruck auf die soziale Lage aus?
- Wie veränderte Fabrikarbeit die Lebensverhältnisse?
- Kinderarbeit als Problem damals und heute;
- Frauenarbeit als Problem damals und heute.

Vorschläge für Sozial- und Arbeitsformen:
- Diskussion mit verteilten Rollen (Sozialreformer, Unternehmer, Arbeitereltern, staatliche Behörden zur Einschränkung von Kinderarbeit vgl. M4a–M4c);
- Erkundung von Auswanderung oder Binnenwanderung einer Ortschaft im Umkreis der Schule durch eine Arbeitsgruppe.

Tafelbild

Zusatzinformationen zum Verfassertext

a) Lösung des Pauperismusproblems:
„Fundamentalfaktum, mit dem jede Erörterung des Pauperismus zu beginnen hat, ist das vor der Mitte des 18. Jahrhunderts einsetzende und länger als ein Jahrhundert anhaltende vehemente Bevölkerungswachstum. Von dieser dritten Expansionswelle der europäischen ‚demografischen Revolution', deren Charakter und Auswirkungen in Mitteleuropa beschrieben worden sind, ging ein unaufhaltsam ansteigender Druck auf all jene Ressourcen aus, die den deutschen Gesellschaften im Rahmen ihrer soziopolitischen und ökonomischen Verfassung zur Verfügung standen, um den Menschen zu ermöglichen, ihr Leben zu fristen. Dass die Bevölkerungsvermehrung überhaupt in diesem Umfang derart lang anhalten konnte, setzte ein komplexes Ineinandergreifen mehrerer vorantreibender Kausalfaktoren, darunter insbesondere zwei ökonomische Bedingungen, voraus: Der vordringende Agrarkapitalismus, die Modernisierung der Landwirtschaft und Ausdehnung der Bodenkultivierung schufen erstens einmal Arbeitsstellen auf den vergrößerten Gütern und in den bäuerlichen Betrieben, sie vermehrten die Zahl der Landarbeiter, aber auch der Kleinstellenbesitzer; zum zweiten halfen die wachsenden Erträge, die verbesserte Produktivität, die erhöhte Marktquote, dazu wiederum in kurzer Zeit verdoppelte Mengen kleiner Subsistenzwirtschaften, die anschwellende Bevölkerung, auch außerhalb der Agrargesellschaft, zu ernähren.

Im Prinzip gab es fünf Möglichkeiten, um mit diesem nicht nur anhaltenden, sondern sich auch noch verschärfenden Problem einer wachsenden Bevölkerung und nachhinkender wirtschaftlicher Möglichkeiten – der malthusianischen ‚Falle' – auf die Dauer fertig zu werden.
1. Die auf ihrem Weg in den Agrarkapitalismus voranschreitende Landwirtschaft konnte weiterhin Menschen eine neue Existenz bieten – aber in den späten 30er Jahren hatten die Güter und Bauernwirtschaften offenbar mit einem scharf abfallenden Grenznutzenwert des Personalbestandes eine Wendemarke erreicht, wonach sich die Einstellung neuer Arbeitskräfte immer weniger lohnte; der Kleinstellenausbau ging ungleich langsamer als vorher weiter; die ‚ländliche Armut' wuchs sprungartig an.
2. Das Handwerk war bis zu diesem Zeitpunkt schon überfüllt, im folgenden Jahrzehnt völlig überlaufen. Das galt insbesondere auf dem Lande, aber auch in den Städten. An der geschilderten Verdoppelung der Handwerkerzahl innerhalb weniger Jahre lässt sich diese extreme Überbesetzung klar ablesen. Kurzarbeit, verringerte Kapazitätsausnutzung, mithin Unterbeschäftigung und sinkendes Einkommen, schließlich Arbeitslosigkeit waren die Folge – auch das Handwerk hatte das Ende seiner Aufnahmefähigkeit erreicht.
3. Das protoindustrielle Heimgewerbe trat gleichzeitig in seine tödliche Krise ein, da es der Substitutionskonkurrenz der englischen, zum Teil auch schon der einheimischen Industrie nicht mehr gewachsen war.
4. Wenn die Heimat nicht mehr ausreichende Arbeitschancen bot, wurde selbst die Auswanderung ins Ungewisse attraktiv. Waren bereits in den 20er Jahren rund 21 500 Emigranten registriert worden, stieg ihre Zahl in den 30er Jahren auf rund 151 100, in den 40er Jahren sogar auf 418 800 an, so dass in dieser Zeit bereits mindestens 585 400 offiziell erfasste Menschen Deutschland verlassen haben. Der Menschenexport wirkte wie ein Ventil zur Minderung der sozialen Spannungen und es scheint für die Hauptzentren dieser Auswanderung zuzutreffen, dass das Ausmaß dieses von der Not erzwungenen Abzugs von Arbeitskräften ziemlich dicht an die dort fehlende Stellenzahl herankam, so dass die Auswanderung, etwa aus Südwestdeutschland, der sozialen Krise dort ihre äußerste Schärfe nahm.
5. Schließlich blieb der Ausbau der Industrie; er begann aber in den späten 30er Jahren und frühen 40er Jahren gerade in die Vorphase der Industriellen Revolution einzutreten und wirkte sich daher erst nach ihrem Durchbruch weithin spürbar also erst in der Hochkonjunktur nach 1850 als Auffangbecken der Arbeitssuchenden aus. Die Industrialisierung, der mit ihr verbundene Aufbau des Verkehrssystems, der massenhafte Wohnungsbau im Zuge der Urbanisierung – kurzum: Das neuartige, von der Industrialisierung getragene wirtschaftliche Wachstum seit der Jahrhundertmitte hat dann das Pauperismusproblem gelöst."

(Rudolf Stadelmann, „Soziale Ursachen der Revolution von 1848", in: Hans-Ulrich Wehler, „Moderne deutsche Sozialgeschichte" (Neue wissenschaftliche Bibliothek, Bd. 10), Verlag Kiepenheuer & Witsch, Köln 1976, S. 284–286).

Zusatzinformationen zu den Materialien

M1 und **M2**: Die Bilder veranschaulichen die Notlagen, die sich aus dem schnellen Bevölkerungswachstum in Deutschland ergeben.

M1: Die Entstehungszeit des Bildes ist aus dem Stand der Technik ungefähr zu erschließen: Das große Dampfschiff führt noch Segel, um Kohle zu sparen; auch sind im Hintergrund noch große, abgetakelte Segelfrachter zu erkennen, d.h. das Bild ist im letzten Drittel des 19. Jahrhunderts entstanden. Zu dieser Zeit war die Auswanderung nach Übersee, um die es sich hier handelt, bereits gut organisiert und von den Behörden kontrolliert, um den Auswanderern erträgliche Bedingungen zu garantieren und sie vor betrügerischer Ausbeutung durch die kommerziellen Vermittler zu schützen. Besonders die großen Hafenstädte waren daran interessiert, dass der jahrzehntelange Auswandererstrom in geordneten Bahnen floss. Auch die Kirchen betreuten die Auswanderer. Vor dem Bau der Eisenbahnen und der großen Überseeschiffe war Auswanderung ein riskantes und anstrengendes Unterfangen. Die dargestellte Stimmung ist eher gedrückt als freudig und erwartungsfroh angesichts der bevorstehenden Risiken und der ungewissen Zukunft in einem fremden Land, dessen Sprache man zudem im Normalfall noch nicht beherrschte.

M2: Bretterbuden vor dem Cottbusser Tor, von den Bewohnern „Barackia“ genannt. Die Bewohner waren vielfach aus Wohnungen in Mietskasernen ausgewiesen worden, für die sie die Miete nicht mehr zahlen konnten. Die Lebensumstände sind erbärmlich. Zum größten Teil vor der Witterung nur unzureichend geschützt hausen die Menschen zusammengepfercht auf engstem Raum – und das unter primitivsten Bedingungen. Die wenigen Habseligkeiten passen auf einen kleinen Handwagen, vor den Mensch und Hund gespannt werden. Kinder streunen durch die Barackensiedlung und werden von den Erwachsenen brutal vertrieben (rechts im Bild). Dies zeigt auch, dass sich der größte Teil des Lebens außerhalb der Baracken abgespielt hat. Die Behörden duldeten aber solche Notlager nicht. Als die Bewohner im Juni 1872 zur Räumung aufgefordert wurden, verbarrikadierten sie sich. Obwohl viele Zuschauer protestierten, ging die Polizei mit dem blanken Säbel vor, der allerdings nur mit der flachen Seite zum Schlagen benutzt werden durfte. Bis 15. September riss die Feuerwehr die Buden ein (vgl. E. Schwalm [Hrsg.], „Folienbuch Geschichte 2“, Lehrerheft, Klett-Perthes Gotha, S. 106f.) – Gegenwartsbezug: Vergleichbares passiert heute in Armutsländern.

M3: Der Regierungsrat schildert 1834 einen Extremfall, auf den er während einer Inspektionsreise trifft. Die Behörden bemühen sich aufgrund der jeweiligen Gesetze (vgl. Marginalie „Sozialpolitik durch Gesetze“ im Schülerbuch, S. 175), die schlimmsten Auswüchse von Ausbeutung zu verhindern.

M4a–M4c: Die Texte sollen zeigen, dass die Einstellung zum Kind und zur Kinderarbeit von den wirtschaftlichen und gesellschaftlichen Umständen abhängig und deshalb in verschiedenen Zeiten, Ländern und sozialen Schichten sehr unterschiedlich ist.

M4a: Es war seit Mitte des 18. Jahrhunderts anerkannter Grundsatz, dass „Müßiggang“ „aller Laster Anfang“ ist und es für Kinder daher wünschenswert sei, möglichst mit nützlicher Arbeit belastet oder wenigstens beschäftigt zu sein.

M4b: Die selbstverständliche Kinderarbeit auf dem Lande wurde bis ins 20. Jahrhundert hinein auch in den Industrieländern relativ wenig kritisiert. Auf die notwendige Hilfe der Kinder im elterlichen Betrieb während der Ernte oder bei der Weinlese nahmen auch die Schulen mit ihrer Ferienordnung Rücksicht.

M4c: Wo Eltern in der Armut ihre große und noch wachsende Kinderzahl vor allem als Last empfinden, sind sie an Gesetzen zum Kinderschutz wenig interessiert und keineswegs dankbar, wenn ihre Kinder kein Geld mehr verdienen dürfen – heute in Pakistan ebenso wie früher in Deutschland.

M5a und **M5b**: Beide Bilder sind im Bereich Maschinenbau anzusiedeln und spiegeln etwa den gleichen technischen Stand wider. In beiden Bildern stehen bewährte Facharbeiter im Mittelpunkt, denen ihre Arbeit offenbar wichtig ist (vgl. M5 links vorne). Das Opfer der Arbeit („Unfall“, oberes Bild), um das sich fürsorglich vier Personen kümmern, ist geradezu heroisch dargestellt. Die proper gekleidete Ehefrau (?) wird von einem mit Hut bürgerlich gekleideten Herren mit mitleidsvoller Geste hereingeführt: eine idealisierte Darstellung der Arbeitsbedingungen, gesehen durch eine wohlwollende bürgerliche Brille, von Kritik keine Spur. Erst recht soll das Bild „Vor der Vollendung“ (M5b) den Stolz des Unternehmers, aber auch der Ingenieure, Meister und Facharbeiter zeigen, die ein solches Werk der Technik zustande bringen: Homo faber, selbst die Katze nimmt daran teil.

M6: Die Fabrikordnungen zu Beginn der Industrialisierung zeigen, dass für das Funktionieren einer Fabrik, wo viele Arbeitsgänge ineinander greifen, ein Maß an Arbeitsdisziplin nötig ist, das uns heute selbstverständlich erscheint, den Menschen aber, die vom Bauernhof oder aus einer Handwerkstatt kamen, keineswegs selbstverständlich war. Die Verbote in § 9 Nr. 5, 7 und 8 und § 22 Nr. 2 deuten auf einen vorindustriellen Schlendrian hin (wie Friedrich List sich ausdrückt), bei dem Arbeitszeit und Freizeit noch nicht auf die Minute voneinander abgegrenzt sind. Selbstbewusstes Auftreten oder gar Kritik und Wünsche nach Besserung der Verhältnisse wurden unterdrückt. (Altenstadt liegt bei Schongau in Bayern.)

M7a: „Weib“ hat hier keinen herabsetzenden Klang, sondern meint Ehefrauen („Mann und Weib“). Der Text setzt die Familie mit mehreren Kindern voraus.

M7b: vgl. „Zu den Arbeitsvorschlägen und Fragen“ a) und b).

M8: Zwei Stunden Fußmarsch waren für viele Menschen nicht ungewöhnlich.

M9: vgl. „Zu den Arbeitsvorschlägen und Fragen“ b).

Ergänzungen zum Angebot des Schülerbuchs

a) Überbevölkerung und Einstellung zum Kinderreichtum:
Der Wissenschaftler Justus Möser schreibt um 1800 einen fiktiven Brief:
„Nun, mein liebes Kind! Ich will nichts mehr dagegen sagen, lass deinem Dutzend Kindergen je eher je lieber die Blattern (Pockenschutzimpfung*) geben [...] Aber siehe auch hernach zu, wie du deine acht Mädgen an den Mann bringest. Denn das will ich dir wohl im voraus sagen, dass kein einziges davon sterben werde [...]. Wo will es aber endlich hinaus, wenn das so fort geht: wenn die Brut, die jetzt erhalten ist, sich mit gleichem Eifer vermehrt [...]? Vordem dankte eine gute Mutter dem lieben Gott, wenn er redlich mit ihr teilte und auch noch wohl ein Schäfgen mehr nahm; man erkannte es als ein sicheres Naturgesetz, dass die Hälfte der Kinder unter dem zehnten Jahr dahinsterben müsste [...]"

* Pockenimpfung von E. Jenner 1796; die Pocken sind seit 1979 weltweit ausgerottet.

(Zit. nach Josef Schmid, „Bevölkerungssoziologie", Rowohlt Verlag, Reinbek 1976, S. 127)

b) Glücklichste Jahre?
Als stummer Impuls am Ende der Bearbeitung des Kapitels kann die folgende Aussage – auf einer OHP-Folie den Schülerinnen und Schülern präsentiert – genutzt werden, erstens, um diese Aussage zu hinterfragen („Für wen trifft das Gesagte zu?") und zweitens, um die erarbeiteten Sachverhalte anhand dieser Aussage zusammenzufassen („Wie sahen diese ‚glücklichsten Jahre' für Arbeiter und deren Familien aus?").

Aus einer Pfarrchronik im Saulgau zwischen Ulm und Meersburg:
„Die Jahre von etwa 1830 bis 1845 gehören zu den glücklichsten der Weltgeschichte."

c) Lebensverhältnisse:
Ein Beispiel für mündliche Überlieferung als historische Quelle:
Alte Leute aus Arbeiterfamilien berichten – z.B. Johann A. aus Großkellnbach:
„Geboren bin ich in Großkellnbach bei Landau an der Isar. Meine Eltern waren Arbeitsleute. Mein Gott, 13 Kinder sind bei uns auf die Welt gekommen. Fünf sind am Leben geblieben. Zum Schluss waren wir da nur noch zu viert. Essen – ich kann mich eigentlich nicht erinnern, dass es bei uns was anderes gegeben hat als immer so Mehlsuppe am Abend oder Kaffee und Brot. Das hat man dann eingebrockt. Dann marsch ins Bett. Das war alles. Ich kann mich nicht erinnern, dass es mal was anderes gegeben hat. Dann sind mal wieder Kartoffeln ausgebraten worden. Die waren auch recht gut. Das war eigentlich alles. Fleisch? Da ist im Jahr einmal eine Sau geschlachtet worden. Das ist dann geräuchert worden. Das war eigentlich das einzige Fleisch, das es im Jahr über gegeben hat. Was im Haus angefallen ist, das hat alles die Mutter getroffen. Mit Waschen fing es an. Und da ist geflickt worden, nicht so wie heute. Dass sich mal einer hingesetzt hat und auf ein Hemd zwei, drei Flicken macht, nein, das kennt man ja heute nicht mehr. Hosen, als Bub, mein Gott, einmal ist der Hosenboden durchgewesen, dann sind die Knie durchgewesen, dann sind die Ärmel und die Ellenbogen durchgewesen – das ist alles geflickt worden. Mit Schuhen war's knapp. Den ganzen Sommer über barfuß gelaufen ja und, ja – da sagen sie immer von den goldenen Zeiten früher! Mein lieber Freund! Die täten sich heute alle umschauen! Goldene Zeiten! Das waren dreckige Zeiten, mein Lieber! Da hat's dann man eine Hose gegeben, wenn sie eine gekauft haben. Die war natürlich zu groß. Die hat man fünf Jahre haben müssen. Schuhe war das Gleiche. Da wurden immer größere gekauft, die man noch drei Jahre anhaben kann. Da wurden anfangs ein Paar Strümpfe reingetan, wenn sie wackelten oder ein Papier, dann haben die es schon getan. Ich kann mich erinnern, wie meine Mutter gesagt hat zum Vater: ‚Vater, was soll ich morgen kochen?' Und da hat er oft gesagt: ‚Mir ist das gleich.' Dann habe ich immer gedacht: ‚Mein Gott, bist du dumm. Sag doch einmal, du möchtest ein Fleisch oder so was.' Ich muss mich heute noch wundern, dass mein Vater, der immer schwer hat arbeiten müssen, dass er es mit so einem Essen so lange ausgehalten hat. Mein Gott, wir waren arme Teufel. – Jetzt will ich Ihnen mal was sagen. Da ist mein Vater abends mal heimgekommen. Da haben wir Kinder noch aufbleiben dürfen. Den Vater haben wir ja sehen wollen. Dann ist er reingekommen mit einem hinkenden Fuß. Da hat von der Dampfmaschine das eine Rad das Gehen angefangen und da hat er es aufhalten wollen und da ist ihm das Rad über die Zehen rüber, und das seh ich noch: Der große Zeh der ist fast ganz zerquetscht. Mutter hat ihm aus den Stiefeln rausgeholfen und da haben sie den Fuß eingebunden. Der ist am anderen Morgen mit dem Fuß wieder in die Arbeit gegangen. Doktor, so was hat man nicht gekannt. Aber krankfeiern oder so was, das hat es gar nicht gegeben. Der hat arbeiten müssen. Das kann sich heute niemand vorstellen."

(aus: R. Blank [Hrsg.] „Das häusliche Glück - mit Interviews aus Arbeiterfamilien", München 1975, S. 227ff.)

d) Das Arbeiterleben aus der Sicht eines Wuppertaler Arbeitermädchens stellt eine Moritat aus dem Jahr 1875 dar – sie war im Kaiserreich verboten:

Die Lebensgeschichte von Mina Kleinpfalz, von ihr selber aufgeschrieben:

„Mein Vater war ein Trinker – sonst nichts,
Meine Mutter die strickte und spann.
Der Speicher war die Miete nicht wert,
Wo mein ärmliches Leben begann,
Wo mein ärmliches Leben begann.

Zum Tanzen war uns're Kammer nicht,
Nur Wanzen war'n viele dabei.
Die tanzten des nachts über unser Gesicht,
Sieben Kinder machten Geschrei,
Sieben Kinder machten Geschrei.

Wir saßen bis zum Hals im Dreck,
Die Krätze bekam ich mit vier.

Die off'nen Beine der Brüder gingen nicht weg,
So elendig hausten wir,
So elendig hausten wir.

Im Winter biss uns die Kälte oft sehr,
Und wir litten große Not.
Aschenreste gaben nicht viel Wärme her,
Sonst heizten wir nur mit Kot,
Sonst heizten wir nur mit Kot.

Essen war – was wir bekamen – wohl nicht,
Sehr wenig war's und auch noch schlecht.
Und war'n wir mal auf etwas Fleisch erpicht,
War grad' eine Laus uns recht,
War grad' eine Laus uns recht.

Das Elend machte das Leben uns schwer,
Als Kleidung war'n Lumpen uns gut.
Wir schrieen uns an und stritten oft sehr,
Wir wissen wie weh Hunger tut,
Wir wissen wie weh Hunger tut."

Zu den Arbeitsvorschlägen und Fragen

a) Vgl. M8: Die Arbeitszeit dauerte „von fünf Uhr morgens bis abends sieben Uhr", d.h. pro Tag 14 Std.; multipliziert mit sechs Arbeitstagen pro Woche ergibt sich eine wöchentliche Arbeitszeit von 84 Stunden; vgl. dagegen Schülerbuch, S. 176, M6, Z. 31. Über die materielle Not der Arbeiter zur Zeit der Frühindustrialisierung vgl. die Lieder „Weberlied/Das Blutgericht" (13) und „Bet und arbeit" (14) auf der Compact-Disc „Historische Lieder", Klett Bst.-nr. 415542.
b) So weit Männer auf einem Arbeitsplatz durch Frauen ersetzt werden konnten, was keineswegs für alle Arbeitsplätze zutraf, (vgl. Bild aus der Maschinenindustrie, Schülerbuch, S. 180, M2), zog man Frauen vor, weil sie billiger waren (vgl. Schülerbuch, S. 168, M9). Zu einer Zeit, als man es als selbstverständlich ansah, dass der Mann als Vater, Ehemann oder Bruder für das Mädchen oder die Frau zu sorgen hatte, hielt man die unterschiedliche Entlohnung für die gleiche Arbeit, gewissermaßen als soziale Komponente, für richtig. Der ungleiche Lohn zementiert natürlich auch ein Geschlechterverhältnis, das vorindustriellen Ursprungs ist und bis in die Gegenwart nachgewirkt hat. Dasselbe galt für den Fall der Entlassung. Damals betrachtete man die Erwerbsarbeit für verheiratete Frauen überhaupt als – leider – notwendiges Übel, geeignet, den Zusammenhalt der Familie aufzulösen (vgl. M7a Engels 1845 und M7b Roscher eine Generation später).
c) vgl. „Zusatzinformationen zu den Materialien", M4a –M4c.
d) vgl. „Zusatzinformationen zum Verfassertext und M6. Die Einstellung vieler Fabrikanten barg Misstrauen und Verachtung gegenüber der „Arbeiterklasse", vor deren Aufbegehren sie Angst hatten.

6. Die moderne Großstadt entsteht

Konzeption

Die Entstehung der modernen Großstadt ist diejenige Folge von Industrialisierung und Bevölkerungsanstieg, die den Alltag des größten Teils der Bevölkerung am stärksten verändert hat. Auf den knappen zwei Seiten werden mit dem Verfassertext (vgl. Schülerbuch, S. 169f.), der Karte M1, Bild M2 und Text M3 die Probleme des schnellen Wachstums von Städten gezeigt, während aus der Zeitleiste M4 abzulesen ist, wie fortschreitende Technik und industrielle Produktion eine eindrucksvolle Verbesserung der großstädtischen Lebensverhältnisse ermöglichte (vgl. E. Schwalm [Hrsg.] „Folienbuch Geschichte 2", Lehrerheft Klett-Perthes, Gotha, S. 103ff.) Insofern veranschaulicht dieses Kapitel die Veränderung der Lebensverhältnisse, von denen im vorhergehenden Kapitel die Rede war.

Aspekte der Unterrichtsgestaltung

Vorschläge für den Themeneinstieg:
– Karte M1 (vgl. Schülerbuch, S. 169) und Bild M2 (vgl. Schülerbuch, S. 165).

Problem-/Fragestellungen:
– Wie verändern sich die Wohn- und Lebensverhältnisse in den großen Städten durch den technischen Fortschritt? (vgl. „Ergänzungen zum Angebot des Schülerbuchs", M4);
– Mietskasernen = Sachzwang oder sozialer Skandal? (vgl. Marginalie: „Wohin mit den Massen?", S. 169); Bild M2 (vgl. Schülerbuch, S. 170) und Bild M2 (vgl. Schülerbuch, S. 165); „Zusatzinformationen zum Verfassertext", Tafelbild.

Vorschläge für Arbeits- und Sozialformen:
– Erkundung der Wachstumsringe einer Stadt der Schulregion durch eine Arbeitsgruppe;
– Erkundung der Daten des Ausbaus der technischen Infra- und der Verkehrsstruktur einer größeren Stadt oder eines Landkreises durch eine Arbeitsgruppe.

Tafelbild

Strukturwandel: Großstädte entstehen

Probleme:
Jedes Jahr
- werden mehr Jugendliche erwachsen als im vorhergehenden,
- finden relativ weniger junge Menschen Arbeit auf dem Lande (trotz steigender Produktion),
- wandern mehr junge Menschen in die Städte,
- wird die Wohnungsnot in den Städten größer,
- bauen Geldgeber möglichst schnell auf möglichst engem Raum möglichst viele enge und einfache (= primitive) Wohnungen.
- werden die täglichen Wege länger,
- nimmt der Bedarf an Lebensmitteln und Waren, Licht und Heizung, nehmen die Wasser- und Abwassermengen und der Müll in den Städten zu.

Lösungshilfe:
Nutzung technischer Entwicklungen, wie
- Omnibus, Straßenbahn, U-Bahn,
- Wasser- und Abwasserversorgungssysteme,
- Beleuchung mit Öl, Gas,
- Elektrizität und vieles andere (Post, Telefon)

Zusatzinformationen zum Verfassertext

Wohnungsbau war damals Sache privater Investoren, erfolgte also nach marktwirtschaftlichen (kapitalistischen) Grundsätzen. Sachzwänge bestanden einmal in dem ungeheuren Wohnungsbedarf, der möglichst schnell befriedigt werden sollte, und in dem Zwang, die Wege zu den Fabriken mit ihren Tausenden von Arbeitsplätzen, die ja zu Fuß zurückzulegen waren, nicht zu weit werden zu lassen. Auch ist fraglich, wie weit die Menschen in den Dörfern und Kleinstädten, aus denen sie kamen, besser untergebracht waren. Ein Blick auf die Wohn- und Obdachlosenprobleme in heutigen Industrieländern – von Entwicklungsländern gar nicht zu reden – kann bei den Schülern Verständnis für die „unmöglichen" Zustände jener Zeit wecken.
Auf die große Ost-West-Wanderung, die Entstehung des Ruhrgebietes einschließlich der Zuwanderung einer großen Zahl polnischer Arbeiter musste im Schülerbuch aus Gründen des Umfangs verzichtet werden.

Zusatzinformationen zu den Materialien

M1: Die Karte veranschaulicht das Thema Verstädterung. Berlin war preußische Hauptstadt und ab 1871 Reichshauptstadt. Dies und die Tatsache, dass Berlin auch eine Industriestadt ersten Ranges wurde, erklärt ihr Wachstum zur größten deutschen Stadt. Groß-Berlin mit seinen 20 Stadtbezirken mit einer gewissen kommunalen Selbstverwaltung wurde unter Einbeziehung umliegender Dörfer und Städte aber erst am Ende des Ersten Weltkrieges geschaffen.

M2 und **M3**: Wenn man bedenkt, für wie viele Menschen Wohnungen fast ohne Baumaschinen und ohne die arbeitssparende Technik des Betongießens Stein auf Stein gebaut werden mussten, versteht man den ungeheuren Arbeitsaufwand, der erforderlich war. Mit den heutigen sechs Wochen Jahresurlaub und der 38-Stunden-Woche – die weit außerhalb des damaligen Erwartungshorizontes lagen – wäre die Wohnungsnot noch wesentlich größer gewesen als in M3 (vgl. Schülerbuch, S. 170) dargestellt. Diese harten Tatsachen machen es auch eher verständlich, dass Behörden von „Überbevölkerung" erst dann sprachen, wenn mehr als sechs Personen (in der Regel zwei Eltern und vier Kinder) in einem Zimmer wohnten.
M3: Z. 1: „Wer würde es glauben ..."; Sombart schrieb für das gebildete und interessierte Bürgertum, das in die Arbeiter- und Elendsviertel gewöhnlich nicht kam. Selbst heute im Zeitalter der Massenmedien nehmen die meis-ten Menschen wenig von dem wahr, was außerhalb ih-res Lebenskreises vorgeht (vgl. Kopiervorlage 7: „Die moderne Großstadt entsteht").

M4: vgl. unten „Zu den Arbeitsvorschlägen und Fragen"

Ergänzungen zum Angebot des Schülerbuchs

a) Berlin um 1815:
„Innerhalb der Stadt war das Straßenpflaster teilweise erbärmlich. Trottoirs zu legen begann man erst sehr allmählich. Die Beleuchtung bei Nacht blieb weit hinter dem zurück, was jetzt die kleinsten Städte leisten. In weiten Zwischenräumen wiegten sich vereinzelte Öllampen in der Mitte von eisernen Ketten, die über die Straßen weggespannt waren und im Winde ein melancholisches Gequieke hören ließen und so spärliches Licht verbreiteten, dass die meisten Leute abends mit Laternen in der Hand gingen oder sich solche vorantragen ließen. Während der Sommermonate gab es gar keine Straßenbeleuchtung; die lange Abenddämmerung und der Mond wurden als genügende Stellvertreter für dieselbe angesehen. –
Flure und Treppen im Innern der Häuser zu beleuchten, daran dachte kaum jemand, obgleich die Treppen vielfach so unzweckmäßig angelegt waren, dass man schon bei Tage kaum ohne Licht hinauffinden konnte. Erst 1826 wurden in Berlin die ersten Gasflammen angezündet."
(F. Eberty, „Jugenderinnerungen eines alten Berliners", Berlin 1878, in: „Deutsche Sozialgeschichte", hrsg. von W. Poels, C. H. Beck Verlag, München 1973, S. 12).

b) Berlin 1834–1870:
„Die besseren Wohnungen hatten ihre Klosetträume, aber ohne Abfluss. Nachts durchfuhren geschlossene Wagen von der Größe unserer allergrößten modernen Möbelwagen die Straßen. Jeder dieser Wagen führte etwa hundert verdeckte Eimer. Zehn bis zwölf mit Laternen ausgerüstete alte Frauen begleiteten das unheimliche Gefährt, drangen mit leeren Eimern in jedes Haus, holten die gefüllten und stellten sie in den Wagen. Kam man um diese Zeit nach Hause, dann musste man mit fest an Nase und Mund gepresstem Taschentuch das Treppenhaus durcheilen!"
(W. Poels [Hrsg.], „Deutsche Sozialgeschichte", S. 16f.)

Zu den Arbeitsvorschlägen und Fragen

a) Innerhalb der sechzig Jahre von 1850–1910 musste für 10 786 000 Menschen Wohnraum geschaffen werden, d.h. für durchschnittlich 179 766 Personen pro Jahr.
b) Die Straßen wurden entweder mit Öllampen beleuchtet oder blieben dunkel; gekocht wurde mit Holz oder Braunkohle. Man ging zu Fuß; nur wenige Personen konnten sich einen Mietwagen leisten und noch weniger Städte hatten einen eigenen Omnibus (lat. = für alle), also das erste öffentliche Nahverkehrsmittel, zu dem das Wachstum der Großstädte zwang, in Berlin 14 Jahre nach New York.
Innerstädtische Eisenbahnlinien (vgl. M1) wurden durch die baulich schon geschlossene City bereits unterirdisch geführt und beschleunigten das innerstädtische Fortkommen. Zur Kanalisation vgl. „Ergänzungen zum Angebot des Schülerbuchs“. Die „Elektrische“, wie die Berliner die Straßenbahn noch in den 30er Jahren nannten, war schneller und sauberer als Omnibusse oder Bahnen, die, von Hunderten von Pferden gezogen, die Straßen verdreckten (vgl. Schülerbuch, S. 179, M1).
c) vgl. „Zusatzinformationen zu den Materialien“, M3.
d) Individuelle Antworten

7. *Die Soziale Frage im 19. Jahrhundert*

Konzept

Der Begriff „Soziale Frage“ ist historisch auf die mit der ersten Industrialisierung verbundenen sozialen Spannungen eingeengt worden, obwohl sowohl Armut und Elend als auch Unterdrückung und sehr ungleiche Verteilung von Macht und Besitz in der Zeit vor der industriellen Revolution sehr viel größer waren als in der Zeit seither. Ob es Kritik, Theorien und Erregung über soziale Zustände gibt, hängt offenbar vom Bewusstseinsstand der Beteiligten ab, und zwar nicht nur – und nicht einmal in erster Linie – von dem der benachteiligten Unterschichten, sondern von den zunehmenden Ansprüchen an die „soziale Gerechtigkeit“ und Menschenwürde bei Angehörigen der Oberschicht und Intellektuellen. Diese Erkenntnis soll in diesem kurzen Kapitel geklärt werden. Als die radikalste und folgenreichste Theorie der Sozialen Frage wird dabei die Lehre von Marx und Engels erwähnt.

Aspekte der Unterrichtsgestaltung

Vorschläge für den Themeneinstieg:
– M1, M3, Marginalie, S. 171: „Wer stellte die Soziale Frage?“

Problem-/Fragestellungen:
– Wie ist der Begriff „Soziale Frage“ genau zu definieren (vgl. Tafelbild)?
– Wie sieht die von Karl Marx erstrebte und erwartete Revolution aus und wie soll sie die „Soziale Frage“ lösen?

Vorschläge zu Sozial- und Arbeitsformen:
– Definition des Begriffs „Soziale Frage“ in Arbeitsgruppen oder einzeln, Zusammenführung im Plenum (vgl. Tafelbild);
– Unterrichtsgespräch zu den Begriffen „Mehrwert“, „Verelendung“; „Klassenkampf als Motor des Ablaufs der Geschichte“, „klassenlose Gesellschaft“.

Tafelbild

Soziale Frage

Aufgeklärte Bürger stellen die Soziale Frage, denn sie empören sich über
– die Armut und Unsicherheit der wirtschaftlichen Existenz der Masse der Bevölkerung,
– die Machtlosigkeit der Massen,
– die Ungleichheit des Besitzes,
– die Unpersönlichkeit der Fabrikarbeit
– die Zunahme der Lohnabhängigen
weil sie an das Ideal der Gleichheit und Freiheit glauben.
Im 18. Jahrhundert gab es den Begriff der „Sozialen Frage“ nicht, obwohl Armut, Machtlosigkeit und Ungleichheit nicht kleiner waren.

Zusatzinformationen zum Verfassertext

a) Verelendungstheorie:
Für die Konzentration des Kapitals und die Verelendung breiter Massen erwartete Karl Marx folgende Entwicklungen:
„Die [...] kleinen Industriellen, Kaufleute und Rentiers, Handwerker und Bauern, alle diese Klassen fallen ins Proletariat ab, [...] teils dadurch, dass ihr kleines Kapital für den Betrieb der großen Industrie nicht ausreicht und sie der Konkurrenz mit den größeren Kapitalisten erliegen, teils dadurch, dass ihre Geschicklichkeit durch neue Produktionsweisen entwertet wird. So rekrutiert sich das Proletariat aus allen Klassen der Bevölkerung.“
(Karl Marx/Friedrich Engels, „Manifest der Kommunistischen Partei“, MEW, Bd. 4, Dietz Verlag, Berlin 1949, S. 46)

b) Zur Verelendungstheorie schreibt Werner Sombart:
„1. Es ist ganz sicher nicht wahr, dass die Armen ärmer geworden sind – im Gegenteil: Die Ärmsten sind heute ‚reicher‘ als vor hundert Jahren, ganz gleich, ob man die ärmsten Hunderttausend oder die ärmsten zehn Millionen nimmt.
2. Es ist sicher nicht wahr, dass die mittleren Schichten des Einkommens – sagen wir zwischen 900 und 3 000 Mark – schwächer geworden seien – im Gegenteil: Sie werden (durch raschen Zuwachs von unten) immer kräftiger. So waren in diesen Schichten in Preußen 1892–1893 81,89 %, 1910 88,7 % aller Zensiten veranlagt [...]. Diese Ziffern sind für denjenigen nicht auffal-

lend, der weiß, dass eine der Eigenarten der kapitalistischen Entwicklung gerade darin besteht, Existenzen mit einem mittleren Einkommen in unübersehbarer Fülle ins Leben zu rufen: kleinkapitalistische Unternehmer, hochgelohnte Qualitätsarbeiter, höhere Angestellte, Agenten, besser situierte Ladeninhaber, Wirte und dgl.
3. Es ist sicher nicht wahr, dass die Zahl der Reichen immer mehr zusammenschrumpfe – im Gegenteil: bei 10 000, 20 000, 50 000, 100 000 Mark, wo immer man die Grenze ziehen mag, immer wird das Ergebnis sein, dass Leute mit derartigen Einkommen sich rascher vermehren als irgendeine andere Spezies der Einkommensbezieher.
[...]
Ich meine nun: Wenn ein Wirtschaftssystem es fertig bringt, die doppelte Anzahl Einwohner eines Landes nicht nur ebenso reichlich, sondern reichlicher mit ‚Glücksgütern' auszustatten, wenn es ihm – in Ziffern gesprochen – gelingt, vierzig Millionen Menschen zu erhalten, ohne das Existenzniveau der großen Masse wesentlich zu senken, so ist dieses eine Leistung, die beispielslos in der Geschichte dasteht."

(W. Sombart, „Die deutsche Volkswirtschaft im 19. Jahrhundert", Kohlhammer Verlag, Stuttgart [8]1954, S. 431, 436)

c) Hans Ulrich Wehler in: „Das Ende der Legenden":
„Wichtiger Bestandteil der Lehre von Marx ist die Verelendungstheorie, d. h. die Vorhersage, dass die Masse der Bevölkerung im kapitalistischen System unvermeidlich verelenden und auch mittlere Existenzen ins Proletariat herabfallen würden. Schon zu Marx' Lebzeiten war bei nüchterner Untersuchung erkennbar, dass die weitgehend privatwirtschaftliche Industrialisierung Verelendung nicht verursacht, sondern allmählich überwunden hat. Auch das Schema von den zwei Klassen der Ausbeuter und der Ausgebeuteten kann die komplizierte gesellschaftliche Wirklichkeit und die durchaus nicht einheitliche Interessenlage weder der Lohnabhängigen noch der Besitzenden angemessen wiedergeben. Dazu ein Zitat aus einer Besprechung des Buches ‚Arbeiter im Deutschen Kaiserreich 1871–1914' von Gerhard A. Ritter und Klaus Tenfelde, Bonn 1995: ‚Vorbei ist es mit der Legende, dass der Industriekapitalismus ein mächtiges Proletariat erzeugt [...]. An die Stelle der marxistischen Zielvision setzen die Autoren [...] die wirkliche Lebenswelt der Arbeiter und ihrer Organisationen, die Vielfalt der Arbeiterklassen, ihr ganz unterschiedliches Schicksal, ihre politischen Erfolge und Misserfolge. Dabei wird die größte Leistung deutlich: der den mächtigen Gegnern aufgezwungene Lernprozess, dessen Ergebnis der moderne Sozialstaat mit seiner politisch gezähmten und regulierten Marktwirtschaft und seiner historisch beispiellosen Wohlstandsverteilung ist."

(Zit. nach „Der Spiegel" 18/1992)

Es bleibt abzuwarten, ob man die Aussage des letzten Satzes auch angesichts der globalisierten Wirtschaft der letzten Jahre des 20. Jahrhunderts aufrechterhalten kann.

Zusatzinformationen zu den Materialien

M1: Die provozierende Karikatur eignet sich auch als Einstieg. Die Kritik an den sozialen Verhältnissen um die Mitte des 19. Jahrhunderts bezieht sich immer wieder auf England, das im Prozess der Industrialisierung und seinen Folgen noch um mindestens eine Generation vor Deutschland lag.
Oben im Bild wird das angeblich luxuriöse Nichtstun der Kapitalistenklasse drastisch karikiert: links die elegante Kutsche mit vier Dienern, halblinks der feine Herr, dem Sekt serviert wird, halbrechts die Dame auf dem Kanapee, die in den Spiegel schaut, mit Schoßhund und Papagei, ganz rechts ein Affe (?), der von einem Schwarzen bedient wird, wohl eine Anspielung auf Englands Kolonialherrschaft.
Links unten, ausgeschlossen vor den Elenden, die Hoffnung mit ihrem Anker. Den Hauptteil des Bildes nimmt das Elend ein: Kinder schuften im Bergwerk, die beiden Männer sind Arbeits- oder Kriegsinvaliden, zerlumpte Kinder in Hunger und Schmutz, in der Mitte ein Förderkorb. Der dicke Aufseher mit dem Schlüsselbund bewacht die Goldsäcke. Wie immer in der Propaganda: krasse Schwarz-Weiß-Malerei. Da der „Punch" aber vor allem ein Blatt für die Oberschicht war, sind Absicht und Adressaten des Bildes eindeutig.

M2: Die Revolution ist nach Marx das Ergebnis einer nicht mehr erträglichen Verelendung (vgl. „Zusatzinformationen zum Verfassertext"). Also gehört zum Proletariat dann die ganz große Mehrheit der Bevölkerung. Diese Revolution wird und soll zu einer gewaltigen Machtkonzentration führen, da Staat und Wirtschaft jetzt in einer Hand sind. Erst jetzt wird Industrialisierung zu einem erstrebenswerten Ziel.
Z. 2–3: „Überlieferte Eigentumsverhältnisse" = Privateigentum an Produktionsmitteln einschließlich Grund und Boden.
Z. 4–5: „Überlieferte Idee" = Da nach Marx das Sein das Bewusstsein bestimmt, werden auch Weltbild und Moralvorstellungen von den Eigentumsverhältnissen geprägt.
Z. 7: „Proletariat zur herrschenden Klasse" (= Diktatur der großen Mehrheit über die kleine Minderheit der Bourgeoisie = „Demokratie").
Z. 14–15: „Produktionskräfte vermehren" = Ziel schnellen industriellen Wachstums.

M3: Der Text führt in eine reale Lebenssituation ein, die zeigt, wie Bewusstseinswandel, durch von Intellektuellen verfasste Texte angestoßen, auch Arbeiter und Arbeiterinnen erfasst. Das Bild M1 auf der folgenden Seite 173 illustriert den Vorgang politischer Bewusstseinsbildung, für die sich auch hier eine junge Frau interessiert. Anna Altmanns Vater las den „Volkswillen". Sie wuchs also in einem Haus auf, in dem politisches Bewusstsein herrschte. So wird auch verständlich, dass sie sich früh von den kirchen- und obrigkeitsfrommen Vorstellungen eines braven kleinen Mädchens löste. Die Praxis, aufmüpfige Arbeiter zu feuern – oder gar noch Schlimmeres –, ist in vielen Ländern, vor allem in den sich rasch industrialisierenden Ländern Asiens, gang und gäbe, weil dort Kritik in besonderem Maße trifft.

Ergänzungen zum Angebot des Schülerbuchs

a) Verelendung und Industrialisierung:
T.S. Ashton über die Industrialisierung als Rettung vor der Verelendung:
„Ein Historiker hat über ‚das Desaster der industriellen Revolution' geschrieben. Wenn er dabei meint, dass die Jahre 1760–1830 durch Kriege verdunkelt und durch Teuerung freudlos gemacht wurden, dann ist gegen diesen Satz nichts einzuwenden. Wenn er aber meint, dass die technischen und ökonomischen Veränderungen selbst die Quelle des Elends gewesen seien, dann ist diese Meinung sicherlich abwegig. Das zentrale Problem dieser Zeit war es, wie man Generationen von Kindern ernähren, kleiden und beschäftigen sollte, die an Zahl bei weitem diejenigen aller früheren Zeiten übertrafen. Irland stand demselben Problem gegenüber. Weil es dieses nicht lösen konnte, verlor es in den vierziger Jahren über ein Fünftel seiner Bevölkerung durch Auswanderung, Hungertod oder Krankheit. Wenn England eine Nation von Ackerbauern und Handwerkern geblieben wäre, dann wäre es kaum demselben Schicksal entgangen, und bestenfalls – hätte wohl das Gewicht einer wachsenden Bevölkerung die Sprungkraft seines Geistes niedergedrückt. Es wurde bewahrt nicht durch seine Herrscher, aber durch diejenigen, die, während sie ohne Zweifel ihre eigenen beschränkten Ziele verfolgten, Verstand und Einfälle hatten, neue Produktionsmittel und neue Methoden der Industrieorganisation entwickelten. Es gibt heutzutage in den Ebenen Indiens und Chinas Männer und Frauen, die, hungrig und von Krankheiten geplagt, ein Leben führen, das – von außen gesehen – nur wenig besser ist als das ihres Viehs, das sich am Tage mit ihnen plagt und nachts ihre Schlafplätze teilt. Solche asiatischen Lebensstandards und solche nicht mechanisierte Greuel sind das Schicksal derer, die ihre Bevölkerungszahl vermehren ohne dabei durch eine industrielle Revolution zu gehen."

(T.S. Ashton, „The Industrial Revolution 1760–1830", Oxford University Press 1948, S. 161)

b) „Die gute, alte Zeit" – vor der Industriellen Revolution?
„Wenn wir etwa die Lebenserinnerungen eines aus einfachsten Verhältnissen aufgestiegenen Mannes wie des Berliner Gewerbeschuldirektors Friedrich Klöden befragen, so sind wir überwältigt von der Verbesserung der äußeren Lebensumstände in diesem Zeitraum. Was für eine Roheit, Beschwerlichkeit und grausame Härte im Berliner Kasernenviertel und den ostpreußischen Landstädten um 1790, [...]. Es gab (um 1840) keine Residenzen mehr, die auf Kosten der Untertanen zweitausend Personen am Hofe und tausend Pferde im Marstall unterhielten wie einst der Kurfürst Karl Theodor von der Pfalz. Es gab keine Hoffeste mehr, die wie das Ludwigsburger Prachtfeuerwerk Karl Eugens einen Aufwand von 300 000 Gulden verursachten, und es gab keine obersten Beamten mehr, wie jenen sächsischen Erstminister Graf Brühl, der seinen Gästen 500 verschiedene Kleider, 100 seidene Schlafröcke, 843 Tabakdosen und 1 500 Perücken vorzeigen konnte, die er seinem armen Ländchen abgepresst hatte. Die persönliche Verschwendungssucht und der skrupellose Menschenhandel, die bösen Finanzpraktiken und die unsinnige Soldatenspielerei des 18. Jahrhunderts waren verschwunden, und wenn auch in einigen Bundesländern wie Bayern, Kurhessen und Braunschweig noch skandalöse Vorgänge im fürstlichen Haushalt zu bemängeln waren, so war doch bei der Mehrzahl der Schlösser der Aufwand bei weitem nicht mehr so aufreizend und die Mittel der Geldbeschaffung längst nicht mehr so empörend wie im Zeitalter des ausgehenden Absolutismus."

(Rudolf Stadelmann, „Soziale Ursachen der Revolution von 1848", in: Hans-Ulrich Wehler, „Moderne deutsche Sozialgeschichte", Köln [5]1976, S. 141)

Zu den Arbeitsvorschlägen und Fragen

a) Die Ständekämpfe im antiken Rom, der Bürgerkrieg in Rom z. Z. der Gracchen und die Zunftaufstände im Mittelalter waren heftige soziale Konflikte, die Bürgerkriege auch sehr blutige Konflikte. Zur Kritik des Begriffes „Klassenkampf" vgl. „Zusatzinformationen zum Verfassertext".
b) Die Frage ist, ob sie als solche gestellt wurde, und das muss mit „nein" beantwortet werden. Bis zur Aufklärung wurde die vorhandene Ordnung als von Gott gewollt hingestellt, den Mächtigen und Wohlhabenden aber ins Gewissen geredet, etwas für die Armen zu tun und wenigstens Almosen zu geben. Seit der Reformation haben einige reformatorische religiöse Gruppen Gleichheit aus christlichen Motiven herzustellen versucht (Thomas Münzer).
c) Vgl. „Zusatzinformationen zu den Materialien", M3. *„Die"* Unternehmer: Der bestimmte Artikel in der Frage kann zu einer unzulässigen Verallgemeinerung verleiten, die aus einem einzigen Textbeispiel nicht zu belegen ist. Dass es sich hier um eine weit verbreitete Praxis handelt, können die Schülerinnen und Schüler nur im Vertrauen auf den repräsentativen Charakter der Quellenauswahl im Buch, durch Informationen der Lehrerin bzw. des Lehrers oder durch eigene Nachprüfung in der Literatur erkennen. Die ungenaue Formulierung der Frage kann daher den Anlass für eine kleine Übung in Quellenkritik bieten.
d) Nach Marx ist das Privateigentum an Produktionsmitteln die Ursache der Sozialen Frage. Ihre Lösung ist die Zentralisierung der Produktionsmittel in den Händen des Staates, d.h. die Verstaatlichung. In der ehemaligen DDR sprach man von „Vergesellschaftung" und nannte die verstaatlichten Betriebe „Volkseigene Betriebe" (VEB).

8. Wer löst die Soziale Frage?

Konzeption

Das Kapitel stellt dar, welche Faktoren und Kräfte geholfen haben, den Pauperismus zu überwinden, soziale Spannungen zu mildern und der neuen sozialen Gruppe der Fabrikarbeiter das Gefühl zu vermitteln, ein anerkannter Teil der Gesellschaft zu sein.

Aspekte der Unterrichtsgestaltung

Da dieses Kapitel keinen einheitlichen inhaltlichen Schwerpunkt besitzt, kann dieser individuell gesetzt werden. So bietet es sich auch als Einstieg an, auf eine vorbereitende Hausaufgabe zurückzugreifen. Hierbei sollten die Schülerinnen und Schüler M3 des vorherigen Kapitels (vgl. Schülerbuch, S. 172) mit M1 und M3 (vgl. Schülerbuch, S. 173 und S. 175) dieses Kapitels in Verbindung bringen. Hieran kann sich alternativ die Bearbeitung der Marginalien „Arbeiter organisieren sich in Gewerkschaften, Arbeitervereinen ..." sowie „... und Arbeiterparteien" und „Reform oder Revolution" anschließen oder es werden zunächst M6 (anhand Frage a) und M10 (mit Frage c) bearbeitet und dann anhand des Verfassertexts ausgeweitet. Der komplexe Sachverhalt kann dann unter Verwendung der Frage b) und M8 eingesetzt werden, wobei auch M6 und M8 (vgl. Schülerbuch, S. 245) verwendet werden sollten. Die Kopiervorlage 8: Wer löst die Soziale Frage? kann entweder zum Kontrastieren von M11 oder zur Unterstützung von M8a) eingesetzt werden. Auch ein Einstieg über den auf der Kopiervorlage 8 dargestellten Sachverhalt ist möglich.
Der Teilbereich „Unternehmerfürsorge" kann über die Karikatur M9 eingeleitet und mit M5 erweitert werden. Hieran lässt sich die Bearbeitung der Marginalie „Unternehmer: Fürsorge in ..." anschließen und mit M11 und Frage c) in Beziehung setzen,
Die kirchliche Fürsorge kann auch anhand von kurzen Einzelreferaten vorgestellt werden, wobei örtliche Gegebenheiten mit einbezogen werden können (Stichwort: „Was machen Innere Mission und Caritas heute?")

<u>Andere Vorschläge für den Themeneinstieg:</u>
- Marginalien, S. 173–174: „Sind die Maschinen schuld"
- „... und Arbeiterparteien", M6
- Materialien M5, M9, M10, M11 und M13

<u>Teilthemen:</u>
- Gewerkschaften und Arbeiterparteien (Marginalien, S. 173: „Arbeiter organisieren sich in Gewerkschaften.", „... und Arbeiterparteien"
- Unternehmer (Marginalie, S. 174: Unternehmer: Fürsorge in wohlverstandenem Einzelinteresse)
- Kirchen (Marginalie, S. 175: Kirchen: Predigt und Nächstenliebe)
- Sozialpolitik (Marginalie, S. 175: Sozialpolitik durch Gesetze)

<u>Problem-/Fragestellungen:</u>
- Soziale Gegensätze als Klassenkampf (M8–M11, M13);
- Abbau sozialer Spannungen (M2, M5, M7) zur Vermeidung von Revolution und aus sozialer Verantwortung.

<u>Vorschläge für Arbeits- und Sozialformen:</u>
- Diskussion: Schaffen Maschinen Arbeitslosigkeit? (vgl. „Ergänzungen zum Angebot des Schülerbuchs")
- Pro- und- Contra-Debatte: Arbeiterrecht (vgl. M10) oder Herr im Haus (vgl. M11)?

Tafelbild

Industrialisierung ohne Revolution	
Kapitalistische Dynamik, Unternehmer →	Industrialisierung → Wirtschaftswachstum → Überwindung des Pauperismus → steigender Lebensstandard
Gewerkschaften →	bessere Arbeitsbedingungen → höhere Löhne → mehr soziale Gerechtigkeit
Unternehmer →	Fürsorge → besseres Betriebsklima
Kirchen →	Linderung von Not und Forderung nach mehr gutem Willen auf beiden Seiten
Gesetzgeber →	Gesetze zur sozialen Absicherung der Arbeiter und zum Arbeiterschutz

Zusatzinformationen zum Verfassertext

a) Gewerkschaften:
Mitgliederzahlen der Gewerkschaften im Deutschen Reich [abgerundet]:

1875	50 000
1891	412 000
1905	1 300 000
1914	3 000 000

(= 40 % der Industriearbeiter)
(F.W. Henning, „Die Industrialisierung in Deutschland 1800–1914", Schöningh Verlag, Paderborn 1973, S. 272)

b) Kirche:
Mit einem Rundschreiben, das nach den ersten Worten des lateinischen Textes „Rerum novarum" heißt, wurde von Papst Leo XIII. eine Soziallehre der katholischen Kirche begründet:
„Die Besitzlosen sind [...] nicht minder Bürger als die Besitzenden, das heißt, sie sind wahre Teile des Staates, die am Leben der aus der Gesamtheit der Familie gebildeten Staatsgemeinschaft teilnehmen, und sie bilden zudem, was sehr ins Gewicht fällt, in jeder Stadt bei weitem die größere Zahl der Einwohner [...]. Es ist also eine Forderung der Billigkeit, dass man sich seitens der öffentlichen Gewalt des Arbeiters annehme, damit er von dem, was er zum allgemeinen Nutzen beiträgt, etwas empfängt, so dass er in Sicherheit hinsichtlich Wohnung, Kleidung und Nahrung ein weniger schweres Leben führen kann."
(Zit. nach H. Pönike, „Die sozialen Theorien im 19. Jahrhundert in Deutschland", Schöningh Verlag, Paderborn 1974, S. 151)

Zusatzinformationen zu den Materialien

M1: Das Bild M1 fügt sich an den Text M3 im vorhergehenden Kapitel an (vgl. Schülerbuch, S. 172). Der Maler sympathisiert offenbar mit der Tätigkeit des Agitators, der als solider, von seiner Sache überzeugter älterer Arbeiter erscheint. Vertreter verschiedener gesellschaftlicher Gruppen hören aufmerksam zu: zwei Arbeiter, ein junger Angehöriger des Bürgertums (Angestellter?), ein strickendes, nahezu erwachsenes Mädchen und ein Schuljunge.

M2: Das Bild „Rauhes Haus" ergänzt die Marginalie, S. 175: „Kirchen: Predigt und Nächstenliebe". Es geht hier um Arbeit und Ausbildung als Schutz vor Verwahrlosung. In der Werkhalle erlernen Kinder unter Anleitung unterschiedliche Handwerke und Berufe: Schneider, Schreiner, Schuhmacher u.a. Im Hintergrund wird Stroh gedroschen.

M3: Das Bild ergänzt die Marginalie, S. 173: „Arbeiter organisieren sich ...", indem es auf den Anteil der Frauen in der Arbeiterbewegung hinweist. Junge, bürgerlich gekleidete Frauen herrschen vor. Das Frauenwahlrecht wurde in Deutschland 1919, in den meisten anderen Ländern etwas später, in der Schweiz erst in der zweiten Hälfte des 20. Jahrhunderts eingeführt. Ab 1900 wurden Mädchen zum Abitur und zum Universitätsstudium in Deutschland zugelassen.

M4: Arbeitsvermittlung wurde zu einer wichtigen Einrichtung in den großen Städten und Industriegebieten mit ihrem ständigen Wandel und Schwankungen im Arbeitskräftebedarf. Das Bild unterstellt ein großes Angebot an Arbeitskräften. 1927 hat der Staat die Arbeitsvermittlung als Monopol übernommen. Zuständig dafür ist seit 1952 die Bundesanstalt für Arbeit in Nürnberg, die nicht nur für Arbeitsvermittlung, sondern auch für Arbeitslosenversicherung, Berufsberatung, Ausbildungsförderung und Hilfsmaßnahmen für Arbeitslose (ABM) zuständig ist. Anfang der 90er Jahre wurden wieder private Arbeitsvermittler zugelassen.

M5: Soziale Fürsorge von Betrieben beginnt vor ihrer gesetzlichen Regelung. Die Zahlen zeigen die Verhältnisse 10 Jahre vor Bismarcks Sozialgesetzgebung (Schülerbuch S. 242 f.) – Unterschiedliche Bewertungen sind aus M9 und in M10 ersichtlich.

M6: Das „Erfurter Programm" war für die SPD jahrzehntelang maßgeblich. Die meisten Forderungen sind in der Bundesrepublik seit langem selbstverständlicher, durch die Verfassung abgesicherter Bestandteil der Gesellschaftsordnung. Von heute aus gesehen erweist sich die SPD in diesem Programm als sehr fortschrittliche Partei.
§3: Man sah in einem Heer mit langer Dienstzeit und Berufssoldaten das gefügige Instrument einer arbeiterfeindlichen Regierung – im Gegensatz zum Volksheer, das mehrheitlich aus Arbeitern bestand.
§7: Die Schulen sollten dem Einfluss der Kirchen entzogen werden, die Wohlhabenderen sollten ihre Kinder in den ersten Schuljahren nicht mehr auf Privatschulen schicken können.
§8: Die Todesstrafe wurde in Deutschland erst 1949, in vielen Staaten einschließlich der USA bis heute (1996) nicht abgeschafft.
§9: Seit 1883 gab es die gesetzliche Pflicht zur Krankenversicherung für Arbeiter. Die SPD wollte aber eine kostenlose, d.h. aus Steuermitteln finanzierte Versorgung.
§10: Die stufenweise (progressive) Einkommenssteuer wurde in Deutschland wenige Jahre später, natürlich auch gegen erhebliche Widerstände, eingeführt. Die direkten Abgaben sind nicht abgeschafft worden, da die progressive Einkommenssteuer sozial ausgleichend wirkt. Auch auf Zölle und die erwähnten anderen Maßnahmen hat der Staat nicht verzichtet, ganz gleich unter welcher Regierung. Die Forderungen der SPD (vgl. Z. 28–41) sind seit 1919 gesetzlich vorgeschrieben bzw. fortentwickelt worden.

M7: Die Länge der wöchentlichen Arbeitszeit als Indiz für die Entwicklung der „Arbeiterfrage". Ab Mitte des Jahrhunderts entstehen so viele neue Arbeitsplätze, dass die „Reservearmee der Arbeitslosen" spürbar abnimmt. Der Kampf der sich organisierenden Arbeiter führt im Zusammenhang mit der Steigerung der Produktivität durch arbeitssparende Maschinen zu einem sich beschleunigendem Rückgang der Arbeitszeit.

M8a–M8c: Vgl. „Zu den Arbeitsvorschlägen und Fragen", b).

M9: Die Aussage der Karikatur lautet: Soziale Maßnahmen der Unternehmer haben nur den Zweck, die Arbeiter an den Betrieb zu binden und ihren Anschluss an die Gewerkschaft und die SPD zu verhindern. Verglichen mit den Einschüchterungsmaßnahmen, wie in Kapitel 7, M3 (vgl. Schülerbuch, S. 172) dargestellt oder in M11 (vgl. Schülerbuch, S. 177) angedroht, könnte man ihr Motiv als wohlwollenden oder aufgeklärten Egoismus des Unternehmers bezeichnen.

M10 und **M11**: Die beiden Texte zeigen unversöhnliche Standpunkte.
M10 stellt den Anspruch, die Machtverhältnisse und damit die Eigentumsverhältnisse zu ändern.
M11 besteht auf der uneingeschränkten Macht des Eigentümers in seinem Betrieb.

M12: Die Gründung von „Konsumanstalten" (kurz „Konsum" genannt) sollte die kaufenden Arbeiter vor dem Gewinnstreben der Händler schützen. Gegen die Lebensmittelketten und Supermärkte der letzten Jahrzehnte konnten sie aber nicht mehr bestehen. Auf dem Bild kaufen ausschließlich Frauen ein. Das Fahrrad als Transport- und Fortbewegungsmittel spielte für den Arbeiter dieselbe Rolle wie etwa seit 1970 das Auto.

M13: Der Text ergänzt die Marginalie S. 173: „Arbeiter-organisieren sich in Gewerkschaften ..." und zeigt das tiefe Misstrauen der Behörden.
Z. 9: Former = Eisengießereiarbeiter
„Der Ausbruch des Streiks" (Auftaktdoppelseite, S. 147): Der Maler stellt den Unternehmer mit Zylinder vor seiner Villa links den empörten Arbeitern gegenüber, die aus ihrer trostlosen Arbeitswelt rechts kom-

men, um ihre Forderungen zu stellen. Ihre Haltung ist unterschiedlich. Die Frauen der Arbeiter sind abwartend oder ängstlich gezeichnet (vgl. T. Petersen [Hrsg.], „Folienbuch Geschichte 4", Folie 22, Verlag Klett-Perthes, Gotha 1996).

Ergänzungen zum Angebot des Schülerbuchs

a) Technologische Arbeitslosigkeit?
Eine Kölner Zeitung schrieb im Jahre 1818:
„Eine Maschine macht oft die Arbeit von 1 000 Menschen entbehrlich und bringt den Gewinn, den sonst alle diese Arbeiter teilten, in die Hände eines Einzigen. Jede [...] Dampfmaschine vermehrt die Zahl der Bettler und es steht zu erwarten, dass sich bald alles Vermögen in den Händen einiger tausend Familien befinden und der übrige Teil des Volkes als Bettler in ihre Dienstbarkeit geraten wird."
(W. Trog, „Die nationale und die Industrielle Revolution", Hirschgraben Verlag, Frankfurt a.M. 1964, S. 47f.)

b) Friedrich List schreibt um 1830:
„Es giebt kein Bild, dessen Anblick besser geeignet wäre, von den unendlichen Vortheilen der Maschinen einen entsprechenden Begriff zu geben, als ein von zwei Menschen bedientes Dampfboot, das an einem von hundert Arbeitern stromaufwärts gezogenen Schiff vorüberfliegt. Wie anstrengend für die Arbeiter, wie erbärmlich und elend in ihren Leistungen erscheint hier die Arbeit; dort wie wunderbar kraftvoll, wie siegreich, wie groß die Leistung, wie würdig und mühelos die Stellung des Menschen! Was aber sollen jene acht und neunzig Männer thun, deren Arbeit überflüssig wird, wenn zwei von ihnen mit Hülfe eines neuen Dampfbootes zehn Mal mehr zu leisten vermögen als zuvor das ganze Hundert mit dem baaren Gewicht ihres Körpers? Die Antwort ist leicht: Sie werden fürs Erste an dem neuen Dampfboot bauen helfen; sodann werden sie ihre Kräfte dazu verwenden, denjenigen Mehrbetrag an Producten und Fabricaten produciren zu helfen, der durch den erleichterten Dampfboottransport nothwendig geworden ist; alsdann werden sie in denjenigen Steinkohleminen arbeiten, welche erst durch die Dampfmaschinen zugänglich gemacht worden sind; endlich werden sie durch den Transport dieser Mehrproduction an Steinkohlen, und durch all die tausend neuen Industriezweige, welche diese Mehrproduction in Gang setzt, Beschäftigung finden."
(Friedrich List, in: W. Treue, W. Pönicke, M. Manegold [Hrsg.], „Quellen zur Geschichte der Industriellen Revolution", Musterschmidt Verlag, Göttingen 1966, S. 1927)

c) Warum Arbeit knapp wird:
Um Waren und Dienstleistungen im Wert* von einer Million DM hervorzubringen, waren notwendig:

1955	39 Erwerbstätige
1965	25
1975	18
1985	14

* Zu den Preisen von 1985
(Aus: „Umbrüche in der Industriegesellschaft", Bd. 284, hrsg. von der Bundeszentrale für politische Bildung, Bonn 1990, S. 99)

Zu den Arbeitsvorschlägen und Fragen

a) Alle im Programm der SPD von 1891 erwähnten Punkte und Forderungen betrafen Veränderungen, die ohne revolutionären Umsturz des politischen Systems möglich waren und zur Vermeidung einer Revolution beitragen mussten (vgl. „Zusatzinformationen zu den Materialien", M5).
b) Der Polizeipräsident berichtet pflichtgemäß „staatserhaltend", aber nicht feindselig, Treitschke ohne jedes Verständnis für die Arbeiterbewegung und die Zeichen der Zeit, Fontane einfühlsam und tolerant. Mit Schlüssen auf die politische Einstellung auf Grund solch kurzer Texte, deren Zusammenhang und Verfasser den Schülern sonst nicht bekannt sind, muss man sehr vorsichtig sein. Man kann nur sagen: Die Äußerung des Polizeipräsidenten klingt gemäßigt konservativ, die Treitschkes erzkonservativ, die Fontanes liberal.
c) Die Humanität einzelner Fabrikanten wird anerkannt, doch kann ihre Großzügigkeit die Soziale Frage nicht lösen, wenn die Gesellschaftsordnung nicht geändert wird. Bei Krupp (vgl. M11) wird ganz deutlich, dass es der Arbeiterbewegung letztlich um die rechtlich abgesicherte Teilhabe an der Macht geht.
d) 1839: Gesetzliche Einschränkung der Kinderarbeit in Preußen
1848: Innere Mission
1863: Allgemeiner deutscher Arbeiterverein (vgl. Schülerbuch, S. 174)
1869: Sozialdemokratische Arbeiterpartei
1871: Allgemeines und gleiches Wahlrecht in der Verfassung des Deutschen Reiches
1875: Sozialistische Arbeiterpartei Deutschlands
ab 1883: Sozialversicherungsgesetz
1889: Carl-Zeyß-Stiftung
1890: Sozialdemokratische Partei Deutschlands (SPD)
1891: Erfurter Programm der SPD
1897: Caritas
1919: Schrittweise Einführung gesetzlichen Urlaubs
Heute: Staatliche Wirtschafts- und Sozialpolitik, gewerkschaftliche Tarifpolitik, kirchliche und private Aktivitäten.

9. Deutschland wird Industrieland

Konzeption

Das Kapitel schließt inhaltlich an Kapitel 3 „Deutschland auf dem Wege zur Industrialisierung" an (vgl. Schülerbuch, S. 156–159) und behandelt wichtige Phänomene einer Gesellschaft, die nun auf dem Wege zur Hochindustrialisierung ist. Die Probleme einer privatwirtschaftlich und marktorientierten Wirtschaft werden zum ersten Mal am Beispiel Deutschland zwischen 1871 und 1913 gezeigt. Sie sind mutatis mutandis auch auf andere Staaten und auf das 20. Jahrhundert übertragbar. Gleichzeitig soll das Kapitel die Schüler an die Bedeutung von und den Umgang mit Statistiken heranführen, die als historische Quellen bei diesem Thema eine besondere Rolle spielen.

Aspekte der Unterrichtsgestaltung

Vorschläge für den Themeneinstieg:
- M8 und M4: Strukturwandel;
- M5 und M6: industrieller Aufstieg.

Teilthemen:
- Industrieller Aufstieg;
- Strukturwandel;
- Wachstumsschübe und Krisen;
- Umgang mit Statistiken.

Problem-/Fragestellungen:
- Strukturwandel und Konzentration als Folge des industriellen Aufstiegs;
- Die Wirtschaft wächst in Konjunkturzyklen;
- Wie verhält sich die nominale zur realen Einkommensentwicklung?

Vorschläge für Arbeits- und Sozialformen:
- Die wesentlichen Aussagen von Statistiken in Worte fassen (einzeln oder zu zweit);
- Statistiken grafisch veranschaulichen.

Alternativ ist ein Einstieg in das Kapitel dergestalt möglich, dass von Lehrerin oder Lehrer als stummer Impuls lediglich der folgende Satz an der Tafel notiert oder auf einer OHP-Folie präsentiert wird:

Zwischen 1780 und 1850 stieg in Deutschland die Anzahl der Beschäftigten in Manufakturen, Fabriken und Bergwerken von 80.000 auf 600.000.

Die Schülerinnen und Schüler werden aufgefordert, sich hierzu zu äußern. Wenn anschließend berichtet wird, dass der Zahlenwert von 1850 gerade 4 Prozent aller Beschäftigten entspricht, kann hiervon – nach einer vergleichenden Analyse von M8 – zwanglos auf den Material-Themenschwerpunkt des Kapitels „Umgang mit statistischem Material" übergeleitet werden. Hierbei sollte zunächst im Schülerbuch die Seite 181 bearbeitet und exakt darauf geachtet werden, dass die Begriffe „Reallohn" und „Nominallohn" begrifflich und inhaltlich gegeneinander abgesetzt werden können. Hierdurch wird eine anschließende Interpretation von M3 wesentlich erleichtert. Steht genügend Unterrichtszeit zur Verfügung, sollte der zusätzliche Arbeitsvorschlag f) unbedingt bearbeitet werden. Dies bietet sich auch als nachbereitende Hausaufgabe an. Zur Vertiefung und Zusammenfassung der gewonnenen Erkenntnisse in Bezug auf statistische Manipulationsmöglichkeiten eignet sich die Abbildung „Statistikkritik (II)" (vgl. Lehrerband, S. 158).

Tafelbilder

Phasenschema des Konjunkturverlaufs

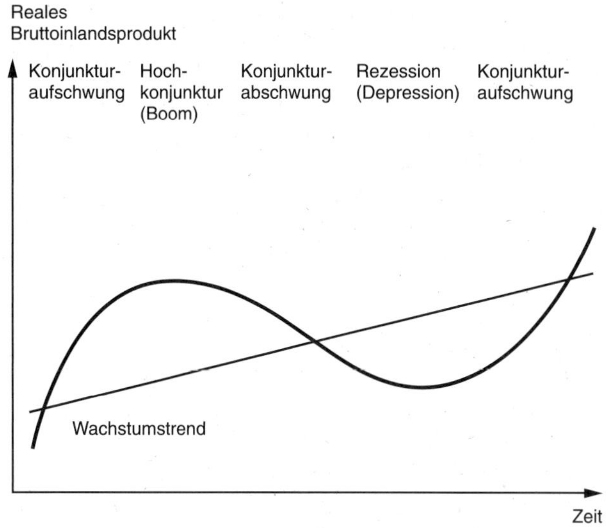

Entwicklung der Beschäftigungsstruktur I

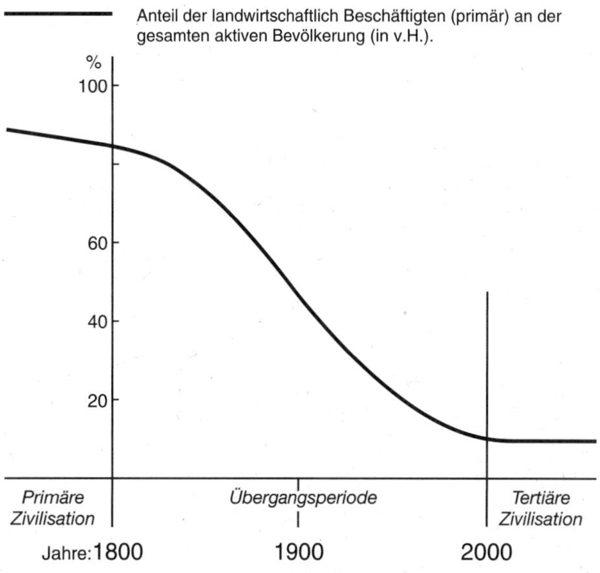

Entwicklung der Beschäftigungsstruktur II

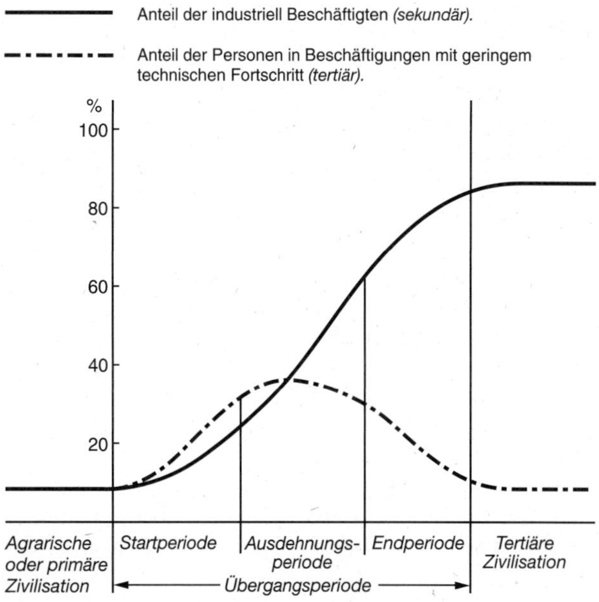

Zusatzinformationen zum Verfassertext

Nach dem Deutsch-französischen Krieg musste Frankreich 1871 eine Kriegsentschädigung von 1,4 Mrd. Taler an das Deutsche Reich zahlen, was dreimal so viel war wie die Summe des im Reich umlaufenden Geldes. Diese zufließenden Gelder ließen die Zinsen sinken und ermöglichten es dem Staat, Anleihen zurückzuzahlen. Die Unternehmer nutzten diese Gelegenheit und den Optimismus im Gefolge von Sieg und Reichsgründung zu umfangreichen Investitionen und Gründung neuer Betriebe, so dass diese Jahre Gründerjahre genannt wurden. 1873 bereits folgte, im Zusammenhang mit einem weltwirtschaftlichen konjunkturellen Abschwung, der „Gründerkrach" mit Konkursen, Preisstürzen und Entlassungen. Die für Industrieländer charakteristischen Schwankungen im Marktgeschehen machten sich bemerkbar (vgl. „Ergänzungen zum Angebot des Schülerbuchs").

Zusatzinformationen zu den Materialien

M1: Auf die Bedeutung der „Elektrischen" wurde hingewiesen. Hier sollte die Lehrerin oder der Lehrer die schnelle industrielle Anwendung der Erfindung von elektrischem Strom (Kraftwerke, Fernleitungen, Beleuchtung, Verkehrstechnik) und die Entstehung von Arbeitsplätzen betonen (vgl. Bild M2) Bei der Opel-Werbung handelt es sich um eine Fahrradreklame: Opel stellte Fahrräder her, ehe das Unternehmen Automobile baute. Offenbar sollten die Frauen als Kundschaft gewonnen werden.

M2 veranschaulicht die Schaffung von Arbeitsplätzen und wird angesichts heutiger leerer, weil computergesteuerter Fabriksäle zur Frage der Schülerinnen und Schüler nach Vollbeschäftigung durch Ausweitung des tertiären Sektors führen (vgl. auch M4 und Tafelbild „Entwicklung der Beschäftigungsstruktur II").

M3: Entwicklung von Lohn- und Lebenshaltungskosten. Betrachtet man lediglich die Zahlenwerte des Nominallohnes, so ist – spätestens ab 1895 – ein deutlicher und starker Anstieg zu verzeichnen. Dieser Anstieg für sich genommen ist aber nicht aussagekräftig. Die Veränderungen bei den Preisen müssen dabei mit berücksichtigt werden. Geschieht dies, ist der zu verzeichnende Anstieg schon nicht mehr so stark. Wird dieser Reallohn nun zu den Lebenshaltungskosten in Beziehung gesetzt, so zeigt sich, dass der Lebensstandard von Arbeitnehmern in Deutschland sich von 1870 bis 1895 verbessert hat, da der Reallohn deutlich zugenommen und die Lebenshaltungskosten abgenommen haben. Zwischen 1895 und 1905 lag der Anstieg der Reallöhne – statistisch gesehen – über dem der Lebenshaltungskosten, danach zogen die Lebenshaltungskosten stärker an als es die Reallöhne taten, was natürlich zu einem Rückgang des Lebensstandards bei den Arbeitnehmern führen musste.

M4: Die Statistik bietet rechts Zahlen über den absoluten Zuwachs der Beschäftigten. Der relativ größte Sprung ergibt sich von 1850–1900. Sie zeigt außerdem den prozentualen Anteil der Sektoren an der angegebenen absoluten Zahl.
Mögliche kritische Fragen der Schüler lassen sich nur unter Heranziehung weiterer Informationen, die jedes Statistische Landesamt gibt, beantworten. Wie viel Einwohner hatte „Deutschland" jeweils? Wer wird als Beschäftigter gezählt? Wie werden die Sektoren voneinander abgegrenzt?

M5: Die Eisenproduktion war bis 1910 der entscheidende Indikator für Industrialisierung und damit auch für politische Bedeutung. Auffällig ist das Vorpreschen Deutschlands und der USA.

M6: Bank- und Kreditwesen als Anzeiger für die wachsende Bedeutung des Kapitals, was auf die Entstehung von Großbanken schließen lässt. Die Zahl der Banken steigt auf das 4,3fache, die der Beschäftigten auf das 29,5fache. Die Konzentration des Bankwesens in Berlin lässt auf die deutlich gestiegene Bedeutung der Stadt als Wirtschaftsmetropole und Reichshauptstadt schließen.

M7: Großbritannien fällt stark zurück, Frankreich etwas weniger, Deutschland überholt Großbritannien zwischen 1900 und 1910, die USA sind ab 1900 Spitzenreiter in der Weltindustrieproduktion. Eine Addition der Anteile der vier Länder ergibt für 1870 68 %, für die folgenden Jahre 72 % der Weltindustrieproduktion. Die Schülerinnen und Schüler können über die Ursachen und politischen Folgen dieser Zahlen spekulieren. Hinweis: Ein relativer Rückfall ist kein absolutes Sinken der Produktion; er bedeutet also kein Absinken des Sozialprodukts und des Wohlstands.

M8: Der Arbeitsplatzsaldo (Gewinn minus Verlust) fällt zwar positiv aus, aber die Umschichtung der Arbeitsplätze als Teil des sozialen Wandels erwies sich für viele Betroffenen als sehr hart.

Ergänzungen zum Angebot des Schülerbuchs

Kartelle in Deutschland

1875: 8
1890: 210
1900: 300
1910: 673

(Nach: H. König, „Kartelle und Konzentration", in: H. Arndt [Hrsg.], „Die Konzentration des Kapitals in der Wirtschaft", Bd. 1, Berlin 1960, S. 304)

Das Diagramm auf der folgenden Seite zeigt die Schwankungen der Preise für Industriewaren in Deutschland.
Wann sprechen wir von einer Krise, wann von einer guten Wirtschaftslage (Hochkonjunktur)?

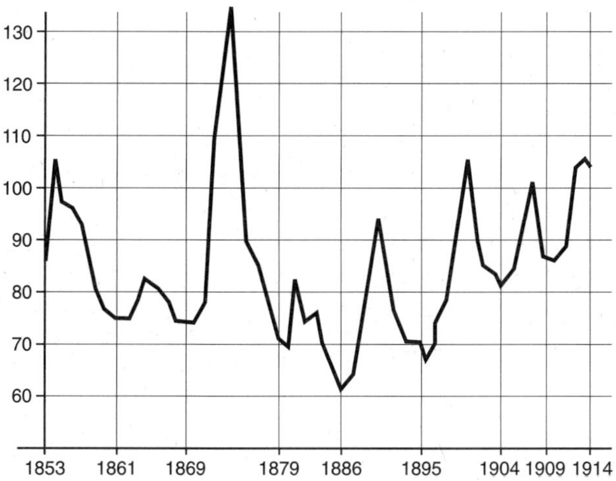

Nach: F. W. Henning, „Die Industrialisierung in Deutschland 1800–1914", Schöningh Verlag, Paderborn 1973, S. 274)

Zu den Arbeitsvorschlägen und Fragen

a) Gründe: Rationalisierung und Steigerung der landwirtschaftlichen Produktion, Ausweitung der industriellen Produktion und seit 1984 (tatsächlicher Höhepunkt im Jahr 1970 mit 48 %) Rückgang des Anteils an Beschäftigten infolge starker Rationalisierung auf 37 % der Erwerbspersonen im Jahr 1993. Entwicklung: Weiterer Rückgang der Beschäftigten im produzierenden Gewerbe seit 1995, aber auch noch jährlicher Verlust von Arbeitsplätzen in der Landwirtschaft sowie Verlagerung von Produktionsanteilen in Billig-Lohn-Länder führt zu über vier Mio. deutscher Arbeitsloser im Februar 1996.
Die Vollbeschäftigung wird vermutlich nur durch eine weitere Reduzierung der durchschnittlichen Arbeitszeit und deutliche Ausweitung des Dienstleistungssektors zu erreichen sein. Der Strukturwandel und das spätere Berufsleben der Schüler wird auch von politischen Entscheidungen beeinflusst. Je schneller der Strukturwandel fortschreitet, desto mehr Flexibilität wird der Einzelne im Laufe des Arbeitslebens aufbringen müssen.
b) Berufe beim Bau und Betrieb von Kraftwerken, Stromkabeln und -leitungen, Produktion, Wartung und Reparatur von Stromerzeugern, Akkumulatoren, Elektromotoren und Geräten in Fabriken, Verkehrsmitteln und Haushalten, Glühbirnen.
c) Preiskartelle verteuern die Ware oder Dienstleistung für den Käufer und Verbraucher, da sie den Wettbewerb behindern (vgl. „Ergänzungen zum Angebot des Schülerbuchs"). Dadurch verzögern sie strukturelle Anpassungen und wirtschaftliches Wachstum, was ein Grund für ihr Verbot und die Tätigkeit des Kartellamtes in Berlin ist. Kartelle erhalten unter Umständen aber auch Arbeitsplätze, die sonst im Wettbewerb verloren gingen.
d) Überwindung des Pauperismus (Armutselend), Minderung der sozialen Spannungen. Der Zuwachs an Wohlstand ist eine wichtige Rechtfertigung der liberalen Marktwirtschaft. Doch auch die ungleiche Verteilung des Wohlstands kann als ungerecht empfunden werden und zu neuen sozialen Konflikten („Verteilungskämpfen") auf höherem materiellen Niveau führen.

Zusätzliche Arbeitsvorschläge:
e) „Suche die verschiedenen Arten von Diagrammen im Schülerbuch (vgl. z. B. S. 106f., 125, 154, 176, 182f.) und stelle noch einmal ihre Aussage und die Grenzen ihrer Aussagen fest." (Anwendung und Übung des Umgangs mit Statistiken)
f) „Zeichne die Entwicklung des Reallohnes in M3 um, indem du die Zeitachse erst halbierst und dann verdoppelst." (Hier wird veranschaulicht, wie ein Schaubild trotz korrekter Zahlenangaben manipuliert werden kann). „Beginne die %-Achse bei 60 statt bei 0. Wie verändert sich jeweils der optische Eindruck, ohne dass Werte falsch wiedergegeben sind? Welcher Interessengruppe könnte an der einen, welcher an der anderen Darstellungsart gelegen sein?"
g) „Sieh nach, was du in einer Bücherei (Schul- oder Stadtbücherei) an statistischen Jahrbüchern findest, und suche die neuesten Zahlen zu den Angaben in M4 und, soweit möglich, in M5 und M7."

Zum Umgang mit Statistiken:
Bei der Einführung in die Arbeit mit Statistiken sei empfohlen, in drei Schritten vorzugehen:
1. Verbalisieren, d.h. die Schüler formulieren die Statistik in Sätzen.
2. Die Schülerinnen und Schüler veranschaulichen sich die Aussagen eventuell in einem Entwurf zu einem Schaubild und prüfen, ob die Aussagen plausibel erscheinen (Plausibilität als erstes grobes Prüfungsinstrument).
3. Wenn die Aussagen nicht plausibel erscheinen, ziehen sie Erkundigungen ein (vgl. g). Wenn ja, prüfen sie Bedeutung und Konsequenzen der Informationen für den Zusammenhang, in dem die Statistik genutzt werden soll.

Beispiel für die Grenzen der Aussagekraft von statistischen Angaben:
1995 lag die Arbeitslosenquote in den USA mit 4,3% niedriger als in allen OECD-Staaten.
Aber: Im Gegensatz zu den meisten OECD-Staaten verdienten 80% aller männlichen Arbeitnehmer in den USA pro Arbeitsstunde 11% weniger als 1973, also 22 Jahre zuvor. Die durchschnittlichen Bruttolöhne aller Beschäftigten ohne Leitungsfunktion lagen um 19% niedriger; für das unterste Drittel der Einkommenspyramide fiel das Einkommen um 25%. Das Bruttosozialprodukt pro Kopf der Bevölkerung stieg in der gleichen Zeit um ein Drittel.
(Nach: Hans-Peter Martin/Harald Schumann, „Die Globalisierungsfalle", Rowohlt Verlag, Reinbek 1996, S. 164ff.)

Statistikkritik (I):

Beispiel für Verschiebung der Perspektive bei gleichem Sachverhalt

Jeder Steuerzahler muss zahlen ...	Pro Kopf der Bevölkerung wird aufgewendet ...
im Jahr weit über 200 DM	am Tag nicht einmal 30 Pfennig
für Polizei und Gerichte	für Rechtspflege und Aufrechterhaltung der Ordnung und Sicherheit

Statistikkritik (II):

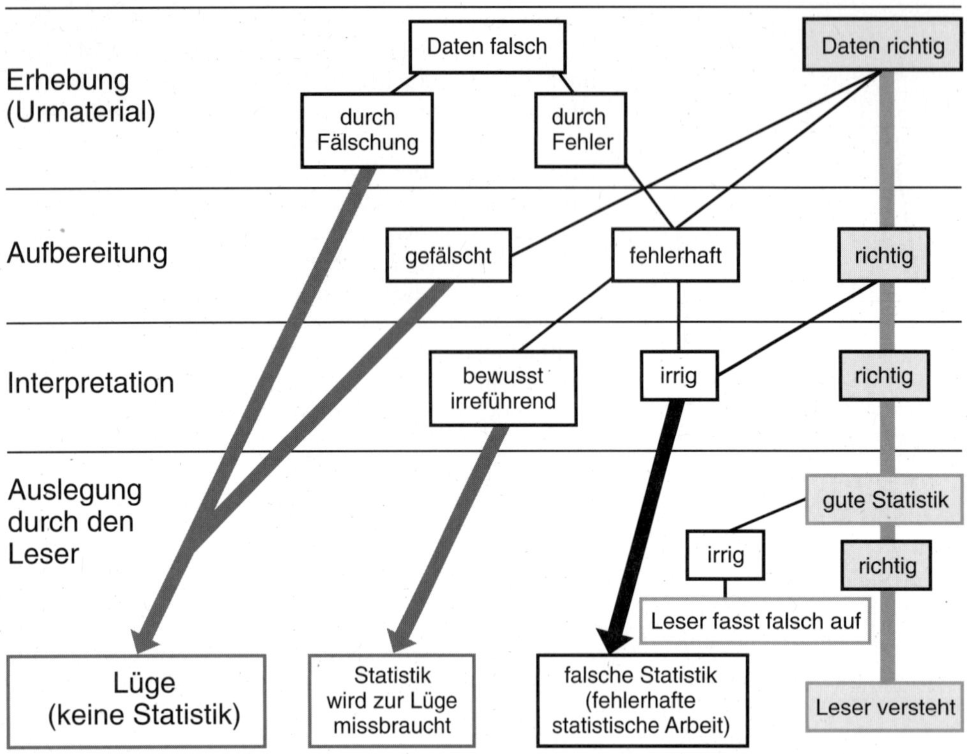

Fragen:

Stimmen die verwendeten Daten (z.B. Steuerlisten, Volkszählung, Umfragen)?

Vermitteln Auswahl und Darbietung (z.B. Schaubilder) richtigen Eindruck?

Welche Schlüsse zieht der interpretierende Verfasser?

Welche Schlüsse zieht der Leser (Schüler)?

(Nach: Helmut Swoboda, „Knaur's Buch der modernen Statistik", München 1971, S. 214)

10. Die Industrielle Revolution beendet eine Epoche

Konzeption

Das Kapitel ordnet das Phänomen der Industrialisierung in den welthistorischen Zusammenhang ein und will den Schülern noch einmal den Blick für das Unerhörte und bis dahin völlig Unbekannte dieser Entwicklung und die Lebensform der entwickelten Industriegesellschaft schärfen. Sie sollen erkennen, dass es drei Arten von Kritik an der Industrialisierung gegeben hat bzw. noch gibt:
1. Die Kritik an den sozialen Folgen seit der Mitte des 19. Jahrhunderts,
2. Die Kritik an den kulturellen Folgen etwa 1900 und
3. die Kritik an den ökologischen Folgen seit etwa 1970.

Möglichkeiten der Unterrichtsgestaltung

Vorschläge für den Themeneinstieg:
- M1–M4, Marginalie, S. 184: „Eine Epoche von neun Jahrtausenden";
- Marginalie, S. 184: „Eine Epoche ...", Absatz 1 und 2, M1 und M2
- Marginalie, S. 184: „Eine Epoche...", Absatz 3, M3 und M4.

Problem-/Fragestellungen:
- Kann man die Zeit von der Einführung der Landwirtschaft in der Jüngeren Steinzeit bis zum Beginn der Industrialisierung mit Recht als eine „Epoche" bezeichnen?
- Was kennzeichnet die Epoche der Industrialisierung von ihrem Beginn bis heute?

Vorschläge für Arbeits- und Sozialformen:
- Unterrichtsgespräch

Als alternativer Beginn der Unterrichtstunde bietet sich die Kopiervorlage 9: „Umwelt im Umbruch" an. Das motivierende Moment ist hierbei die überraschende Erkenntnis, dass dieser Textauszug (identisch mit M1 – allerdings ohne Datierung) vom Anfang des 20. Jahrhunderts auch auf unsere heutigen Verhältnisse passen kann (vgl. aber auch „Zusatzinformationen zu den Materialien", M1). Er zeigt, dass damals bereits die Veränderung der Umwelt durch den Menschen – was auch die Karikatur aus heutiger Zeit verdeutlicht – als Bedrohung empfunden wurde. Die letztendliche Konsequenz aus einer ungebremsten Umweltzerstörung gibt der Ausspruch der Cree-Indianer in provokanter Weise wieder.

Tafelbild

Industrielle Revolution eröffnet Epoche des exponentiellen Wachstums

Wachstumsrate in % jährlich =	Verdoppelung des Ausgangswertes in Jahren
0,5	140
1,0	70
2,0	35
4,0	18
5,0	14

Zusatzinformationen zu den Materialien

M1: Der Name „Bund für Heimatschutz" weist darauf hin, dass es hier weniger um Naturschutz als um die Angst vor dem Verlust der vertrauten und historisch verklärten Umwelt geht, die man mit dem Begriff der national verstandenen „deutschen Heimat" verbindet, und damit um die Angst vor dem Verlust nationaler Identität.

M2: Der grenzenlose Fortschrittsoptimismus des Textes ist sicher auch als Teil von Wahlpropaganda zu verstehen. Doch gehörten utopische Züge als Erbschaft von Karl Marx schon immer zur Ideologie der sozialistischen Arbeiterbewegung, denn es geht hier nicht in erster Linie um den technisch-industriellen Fortschritt als solchen, sondern um die Aussicht, dass er mit Hilfe der SPD auch den Arbeitern in vollem Umfange zugute kommt. Diese Vision hat sich im Laufe der zweiten Hälfte des Jahrhunderts in erstaunlichem Maße verwirklicht. Ob damit „das wahrhaftige Evangelium des Menschenglücks auf Erden" erreicht wurde, ist eine Frage, zu der auch die Schülerinnen und Schüler einiges zu sagen haben.

M3: Das Bild veranschaulicht die Versieglung der Natur vor allem durch den Bau von Verkehrsflächen sehr deutlich und gelangt dabei zu einer ähnlichen Aussage wie M1. Im Text M2 ist von solchen „Grenzen des Wachstums" nichts zu spüren, denn wohl niemand dachte daran, dass sich zwischen 1904 (vgl. M2) und 1981 (vgl. M3) die Zahl der Menschen auf der Erde fast vervierfachen würde.

M4: Das Foto weist auf die Gefahr der Ausrottung von Tierarten hin, die durch den Wunsch der Käufer nach Exotik gefördert wird. Viele Staaten bemühen sich, dieser Gefahr durch Abschuss- und Einfuhrverbote zu begegnen. Eine sehr viel größere Gefahr für die Vielfalt der Tierwelt ist allerdings die Zerstörung ihrer Lebensgundlagen durch zivilisatorische „Erschließung" und tief greifende Änderung ihrer Lebensräume. (vgl. „Ergänzungen zum Angebot des Schülerbuchs").

Ergänzungen zum Angebot des Schülerbuchs

a) In einem Kommentar der „Goslarer Zeitung" zur Gründung des „Bundes Heimatschutz" vom 5. April 1904 heißt es auf der Titelseite:
„Wie eine ansteckende Krankheit, [...] die mit der schnellen wirtschaftlichen Entwicklung unseres Vaterlandes gekommen ist, greifen der Materialismus und der Industrialismus um sich, alles ideale Streben erstickend und das durch das Alter Geweihte, das durch geniale menschliche und natürliche Schöpferkraft Geheiligte rücksichtslos vernichtend. Wenn man die Opfer betrachtet, die diese Krankheit in den letzten Jahren gefordert hat, so muss man zu der Überzeugung kommen, dass unserem deutschen Volkstum Gefahr droht, dass bei dem Tanze ums goldene Kalb deutscher Sinn und deutsche Art immer mehr und mehr erstickt werden."

b) Die Methode der Zerstörung:
Aus der Rede des Philosophen Ludwig Klages während einer Tagung der „Freien Jugend" 1913:
„Wir täuschten uns nicht, als wir den Fortschritt leerer Machtgelüste verdächtig fanden, und wir sehen, dass Methode im Wahnwitz der Zerstörung steckt. Unter den Vorwänden von ‚Nutzen', ‚wirtschaftlicher Entwicklung', ‚Kultur' geht er in Wahrheit auf die Vernichtung des Lebens aus. Er trifft es in allen seinen Erscheinungsformen, rodet Wälder, streicht die Tiergeschlechter, löscht die ursprünglichen Völker aus, überklebt und verunstaltet mit dem Firnis der Gewerblichkeit die Landschaft und entwürdigt, was er von Lebewesen noch übrig lässt, gleich dem ‚Schlachtvieh' zur bloßen Ware, zum vogelfreien Gegenstand eines schrankenlosen Beutehungers. In seinem Dienst aber steht die gesamte Technik und in deren Dienste wieder die weitaus größte Domäne der Wissenschaft."

(Ludwig Klages, „Mensch und Erde", in „Mensch und Erde – ein Denkanstoß", Bonn 1980, S. 11–28).

c) Hans-Peter Dürr, Direktor am Max-Planck-Institut für Physik in München in einer Erwiderung auf den Vorschlag eines Biomanagements zur Rettung des Lebensraums Erde:
„[...] Einer Zerstörung wohlgemerkt, die von Menschen selbst, besser: dem ‚Manager' der nördlichen Hemisphäre verursacht worden ist und weiter betrieben wird [...]. Und dies aus der Mitte Europas, auf dem Hintergrund der letzten 150 Jahre Industriegeschichte:
– unermessliche Zerstörungen von natürlichen (physischen und biologischen) Ressourcen mit wachsender Beteiligung von Wissenschaft und Technik, deren bisherige Höchstleistung die Atombombe darstellt;
– unseren Verstand überschreitende industrielle Vernichtungsorgie von Menschen, von sozialen Strukturen und unersetzlichen Werten durch zwei von den Industriestaaten, insbesondere Deutschland, angezettelte Weltkriegen;
– ein Wachstumsglaube, der die Umwelt fälschlicherweise nicht als natürliche, beschränkt robuste Lebensgrundlage, sondern als einen dem Menschen zugeeigneten, unendlich ergiebigen Steinbruch und als beliebig schluckfähige Müllkippe betrachtet."

(Aus: „Der SPIEGEL", 5/1996, S. 155)

d) Aus dem neuen Bericht des Club-of-Rome 1995: Korrelation der CO_2- und der Temperatur-Veränderungen im Zeitraum von 160 000 Jahren von heute bis zum Jahr 2100:

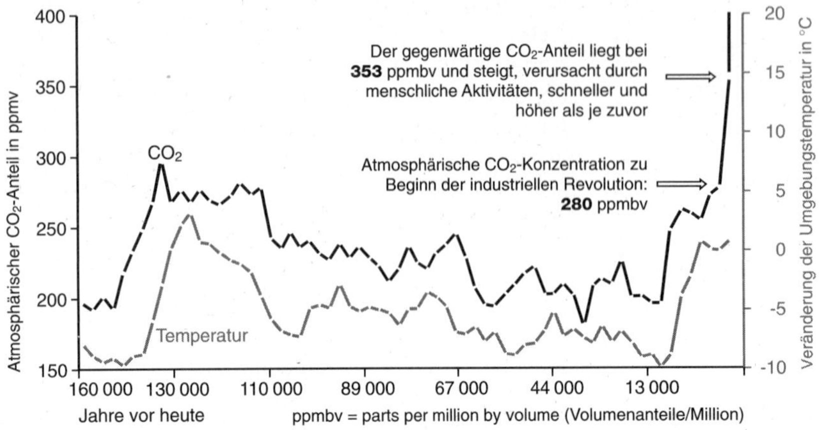

„Die Vostock-Expedition zur Antarktis hat einen engen Zusammenhang zwischen CO_2-Konzentrationen und weltweiter Temperaturentwicklung im Verlauf der letzten 160 000 Jahre nachgewiesen. Auch wenn die Rückkoppelungsschleifen noch nicht ausreichend verstanden werden, müssen wir davon ausgehen, dass ein weiterer Anstieg der CO_2-Konzentrationen und anderer Treibhausgase die Temperaturen weltweit ansteigen lassen wird. Das Intergovernmental Panel on Climate Change (IPCC) sieht eine Reduzierung der Treibhausgasemissionen um etwa 60–80 Prozent als essenziell an, um eine gefährliche Beschleunigung der globalen Erwärmung zu verhindern."

(Wouter van Dieren, „Mit der Natur rechnen. Der neue Bericht des Club of Rome", Basel, Boston, Berlin, 1995, S. 298f.)

Zu den Arbeitsvorschlägen und Fragen

a) Bauern brauchten sehr viel weniger Nahrungsraum als Jäger und Sammler, konnten also auf der gleichen Fläche wesentlich mehr Menschen ernähren. Sie waren sesshafter, weil an ihre Felder gebunden. Das engere Zusammenleben in größeren Gemeinschaften führte zu Hausbau und geschlossenen Siedlungen. Durch Erfahrungsaustausch, Begabungsvielfalt und Arbeitsteilung in den größeren Verbänden entwickelten sich nacheinander Erfindungen und die Beherrschung der Natur: Töpfern, Weben, Verarbeitung von Metall u.a.

b) Kraftquellen: Muskeln von Mensch und Tier, Wind (Mühle, Segel), Wasser (Mühle). Die Reisegeschwindigkeit war nicht schneller als die eines Pferdes und die Nachrichtenübermittlung fand auf Hör- und Sichtweite statt.

c) Uhr, Buchdruck, Kompass, Schießpulver.

d) Vgl. „Zusatzinformationen zu den Materialien", M1 und M2.

e) Gebildete Bürger, die in einem gewissen Wohlstand lebten, Zeit und Geld für Reisen und einige geschichtliche Kenntnisse hatten, interessierten sich eher für Natur- und Heimatschutz als Arbeiter, die sich benachteiligt fühlten, mit ihrem knappen Lohn sich nur das Lebensnotwendige leisten konnten, keinen Urlaub kannten, auf eine bessere Zukunft hofften und wenig Bildungswissen besaßen (vgl. auch „Zusatzinformationen zu den Materialien", M2).

f) Kritikpunkte sind: Raubbau an der Natur; katastrophale Veränderung des Erdklimas durch Abgase aus Fabriken, Kraftfahrzeugen, Flugzeugen, Rinderherden; Überbevölkerung; atomare Verseuchung durch Unglücksfälle oder Terrorismus.

Literatur zum Weiterlesen

„So lebten sie zur Zeit der ersten Eisenbahn", 72 S. farbig ill., Tessloff Verlag (Ab 12 J.)
Ursula Wölfel, „Jacob Leinewebersohn, geb. 1821", dtv junior 70174 (Ab 14 J.)
Margaret Llewelyn Davis (Hg.), „So haben wir gelebt. Englische Arbeiterinnen erzählen", Ullstein TB 30153
Els Pelgrom, „Umsonst geht nur die Sonne auf." Eine Erzählung über Kinderarbeit vor 100 Jahren. dtv junior 70189 (Ab 12 J.)
(In den Niederlanden preisgekrönt: Staatspreis!)

Filme und Medien:
Dia-Reihen:
FWU 1002636 „Industrielle Revolution in England" (Serie): 1. „Handarbeit und maschinelle Fertigung" (am Beispiel Drehbank und Spinnrad), 4 sw, 7 f.
FWU 1002637 2. „Bevölkerungswachstum, Beschäftigungs- und Sozialstruktur" (Grafiken), 10 f.
FWU 1002638 3. „Arbeits- und Lebensverhältnisse", 12 sw.
FWU 1002909: In der Fabrik, 10 sw. und 2 f.

Filme:
FWU 3203954: 100 Jahre Gewerkschaften, Teil 1: 1890 bis 1918, sw. und f. , 15 Min.
FWU 3203955: 100 Jahre Gewerkschaften, Teil 2: 1918 bis 1945, sw. und f., 16 Min.
FWU 3210029: 100 Jahre Gewerkschaften, Teil 3: 1945 bis 1989, sw. und f., 17 Min.
FWU 3210204: Industrialisierung im 19. Jahrhundert, sw. und f., 16 Min.

VI. Deutsche kämpfen für Einheit, Freiheit und soziale Gerechtigkeit

Einleitung

Nach dem Wiener Kongress, mit dem die europäischen Mächte ohne die Mitwirkung ihrer Völker die Ära der Revolution abzuschließen versuchten, gingen alle europäischen Staaten gegen die politisch-sozialen Oppositions- und Emanzipationsbewegungen vor. Sie zu beenden gelang ihnen nicht, wohl aber sie zu behindern. Das europäische Neuordnungswerk des Wiener Kongresses, das den revolutionären Ideen den Grundsatz einer dynastisch-legitimen Staatlichkeit entgegensetzte, wurde durch eine Reihe von revolutionären Unruhen in Frage gestellt, die in der Revolution von 1848/49 gipfelten. Das Geschehen lief auf unterschiedlichen Ebenen ab, auf der europäischen Ebene, wo die Idee der Aufklärung mit ihren Forderungen nach Menschenrechten grenzüberschreitend ihren Niederschlag fand, auf der nationalen Ebene, die im „Deutschen Bund" mit dem Wunsch nach Einheit verknüpft war, und auf der regionalen Ebene, wo innerhalb der Einzelstaaten Verfassungen, die die Kompetenzverteilung zwischen Monarch und Volksvertretung regelten, eingeführt oder modernisiert wurden. Zur nationalen Frage trat die soziale Frage, die der Revolution ständig neue Akteure zuführte und letztlich zu einer Entfremdung zwischen der liberalen Mehrheit der Paulskirche und den mehrheitlich demokratischen Aufständischen führte.
Vormärz und Revolution werden nicht ausschließlich aus der Sicht der deutschen Frage dargelegt, sondern in einer europäischen Dimension. Dies wird bereits in der Darstellung von Frédéric Sorrieu auf der Auftaktdoppelseite deutlich (vgl. Schülerbuch, S. 186/187). Unter den deutschen Nachbarländern werden die liberalen und demokratischen Bestrebungen in Frankreich und die Forderungen der Polen nach einem Nationalstaat exemplarisch vertieft (vgl. Schülerbuch, S. 196/197). Die Revolution von 1848/49 wird nicht nur ereignis-, sondern vor allem auch sozialgeschichtlich hinterfragt. Der Rolle nicht nur der Bourgeoisie, sondern auch der der Handwerker, Arbeiter, Frauen und der nationalen Minderheiten kommt dabei eine besondere Bedeutung zu.

Aspekte der Unterrichtsgestaltung

Vorschläge für den Themeneinstieg:
- Auftaktdoppelseite: Vergleich der deutschen Teilung 1848 mit der heutigen Situation in Europa.
- Die politische Geografie des Deutschen Bundes 1848 (vgl. M1, Schülerbuch, S. 189) in Verbindung mit der Karte M1 im Schülerbuch auf S. 210.
- Wiederholung: die deutsche Rückständigkeit und die Fortschritte durch die preußischen Reformen (vgl. Kapitel 8.2 im Schülerbuch, S. 143–145).

Leitende Problem- und Fragestellungen:
- Warum war es in Deutschland schwieriger, eine Revolution durchzuführen, als in Frankreich?
- In welche Phasen lässt sich die Revolution von 1848/49 einteilen?
- Welche Ziele verfolgten die Kaufleute, die Bauern, die Handwerker und die Fabrikarbeiter?
- Worin unterschieden sich die Revolutionsziele in Preußen, in Österreich und in den süddeutschen Staaten?
- Warum scheiterte die Revolution? Welche Ergebnisse hatten trotzdem Bestand?
- Wie wurden die Rechte von Minderheiten diskutiert?
- Welche Handlungsabläufe lassen sich feststellen? Wer blieb passiv?

1. Erhalten, was besteht, oder wiederherstellen, was war? – Der Wiener Kongress

Konzeption

Im ersten Kapitel der Unterrichtseinheit wird die politische und geografische Konstellation des „Deutschen Bundes" im Kontext zu dem neuen europäischen Mächtegleichgewicht gezeigt. Es geht dabei um die Stellung des Deutschen Bundes und seiner Mitgliedsstaaten im europäischen Staatensystem, um die bundesrechtlichen Beziehungen der Einzelstaaten untereinander und um die Bedeutung politischer Ideologien für das Staatensystem. Eine Landkarte (vgl. Schülerbuch, S. 189) verdeutlicht den Unterschied zwischen den europäischen Zentralstaaten und dem deutschen Partikularismus. Zwei inhaltlich entgegengesetzte Texte (M3 und M4) weisen auf den Widerspruch zwischen den restaurativen Bedürfnissen der Monarchen und den nationalen Hoffnungen des Bürgertums hin (vgl. Schülerbuch, S. 190).
Im Unterschied zu den kurzlebigen Friedensschlüssen seit 1795 prägten die territorialen Neugliederungen auf dem Wiener Kongress ein Jahrhundert lang die Grundzüge der politischen Landkarte Europas. Das europäische System der „Pentarchie", also der Vorherrschaft von fünf Großmächten, zu denen später noch Italien stieß, währte bis zum Ersten Weltkrieg. Im Mittelpunkt des Unterrichtsgeschehens steht in dieser Einheit deshalb die Arbeit mit Landkarten. Während in den vorangegangenen Kapiteln die französische, amerikanische und englische Geschichte im Vordergrund standen, werden nun die territorialen Veränderungen Polens dargestellt.

Aspekte der Unterrichtsgestaltung

Vorschläge für den Themeneinstieg:
- Arbeit mit Landkarten. Vergleich der Karte auf S. 189 im Schülerbuch mit den Karten auf S. 70, S. 137 und S. 141 unter besonderer Berücksichtigung der Situation Polens;
- Marginalie „In Wien soll Europa neu geordnet werden" (vgl. Schülerbuch, S. 188) in Verbindung mit M1 auf S. 189 im Schülerbuch.

Teilthemen:
- Legitimität, Restauration, Solidarität (vgl. Marginalie „Gemeinsame Prinzipien ..." im Schülerbuch, S. 188, M2 und historischer Grundbegriff „Restauration" auf S. 189 im Schülerbuch);
- „Deutscher Bund" M1 und M4 (vgl. Schülerbuch, S. 189f.).

Leitende Problem- und Fragestellungen:
- Zusammenstellung der wichtigsten Beschlüsse des Wiener Kongresses, vgl. *Arbeitsblatt 14: Der „Wiener Kongress"*
- Erklärung der Begriffe „Legitimität", „Restauration" und „Solidarität"
- Wie veränderte sich aufgrund der Wiener Beschlüsse von 1815 die politische Lage Deutschlands gegenüber der Zeit vor 1803? (vgl. Marginalie „Deutscher Bund, kein Bundesstaat", S. 188f., M1, S. 141 und M1 auf S. 189).
- Inwieweit wurde beim „Deutschen Bund" der Grundsatz der Legitimität verlassen?
- Arbeitsfrage d) im Schülerbuch auf S. 190 in Verbindung mit M1 (Schülerbuch, S. 189)

Tafelbild

Der Wiener Kongress 1814/15

Ziele	→ Maßnahmen
Legitimität: von Gott abgeleitete Herrschaft	Europa: Mächtegleichgewicht zwischen England, Frankreich, Österreich, Preußen und Russland. „Heilige Allianz" fast aller Monarchen
Restauration: Wiederherstellung der alten Ordnung	Deutschland: Deutscher Bund – loser Staatenbund – Kleinstaaterei – Streit zwischen Preußen und Österreich um die Vorherrschaft
Solidarität: gemeinsames Vorgehen gegen Revolutionen	Polen: bleibt zwischen Preußen, Österreich und Russland geteilt – Preußen erhält Posen – Zar wird polnischer König
	Frankreich: bleibt Zentralstaat in den Grenzen von 1792

Zusatzinformationen zum Verfassertext

Während ihrer im September 1814 begonnenen Verhandlungen in Wien wurde die Versammlung im März 1815 aufgeschreckt: Napoleon hatte Elba verlassen und war im Triumphzug nach Paris zurückgekehrt. Ludwig XVIII. räumte den Thron kampflos, denn seine Truppen waren jubelnd zu Napoleon übergelaufen. Sofort erhielten die noch am Rhein stehenden preußischen und englischen Truppen unter Blücher und Wellington Marschbefehl. Um ihre Vereinigung zu verhindern, griff Napoleon bei Waterloo in Belgien die Stellungen Wellingtons an. Das rechtzeitige Eintreffen Blüchers entschied die Schlacht am 18. Juni 1815. Napoleons „Herrschaft der 100 Tage" war zu Ende. Er wurde nach St. Helena im Südatlantik verbannt. Der „Deutsche Bund" war unter dem Eindruck der Ereignisse am 8. Juni 1815 gegründet worden.

Zusatzinformationen zu den Materialien

M1: Der Kongress setzte die alten Regierungen in Spanien, Portugal, den Niederlanden, der Schweiz, Neapel-Sizilien, Piemont-Sardinien, Toscana, Modena, Parma, dem Kirchenstaat sowie in einigen nord- und mitteldeutschen Territorien wie Kurhessen, Braunschweig, Oldenburg, Hannover und den Hansestädten wieder in ihre Ämter ein. Nicht restauriert wurden dagegen in Italien die Republiken Venedig und Genua, in Deutschland die linksrheinischen ehemaligen Reichsstände und die zwischen 1803 und 1806 säkularisierten und mediatisierten Territorien und Städte.
Die neu geschaffenen Staaten in Italien, Polen und Deutschland wurden aufgelöst und aufgeteilt. Österreich gab seine ehemals vorderösterreichischen Gebiete auf und wuchs in Richtung Ost- und Südosteuropa. Es erwarb Salzburg und in Italien Venedig und die Lom-

bardei, dazu als Sekundogenituren (Besitzrecht des zweitgeborenen Sohnes) Toscana, Modena und Parma. Dagegen verzichtete es zugunsten Badens auf seine Besitzungen am Oberrhein und zugunsten Hollands auf das heutige Belgien. Belgien war als Kompensation für Kolonialabtretungen (Ceylon, südafrikanische Kapkolonie, Singapur) an England gedacht. Der russische Zar wünschte seine politischen Erwerbungen von 1807 und 1809 um die restlichen preußisch-polnischen Gebiete, d.h. vor allem um das Großherzogtum Warschau zu erweitern. Preußen war zum Verzicht bereit, wollte dafür aber Sachsen annektieren. Der Kompromiss sah dann vor, dass Preußen Posen und Thorn behielt, Sachsen teilweise annektierte und außerdem seine früheren westlichen Landesteile im Rheinland vergrößern und daraus dic Rheinprovinz und Westfalen bilden konnte. Damit verlor Preußen Gebiete im Osten und wuchs im Westen nach Deutschland hinein, wo ihm nun auch die Aufgabe zufiel, die Grenzen des Deutschen Bundes gegenüber Frankreich mit zu sichern.

M2: Die Karikatur dient der Überprüfung, ob der Wiener Kongress die Forderungen der Revolutionäre von 1789 zu erfüllen vermochte. Über der Scheibe steht: „Electricité Républicaine donnant aux Despostes une Commotion que renverse leurs Trônes" („Die republikanische Elektrizität stürzt die Throne der Despoten"). Die französische Karikatur spiegelt die Hoffnungen der französischen Revolutionäre wider, sie könnten mit der Erklärung der Menschen- und Bürgerrechte auf Grund ihrer republikanischen Verfassung die Throne Europas mit dem „kaiserlichen Schelm" Joseph, dem preußischen Tyrannen, dem spanischen Despoten und auch den päpstlichen Stuhl mit den Stromstößen ihrer Elektrisiermaschine stürzen.

M3: Seit 1818/20 gewann die Mainlinie eine neue Bedeutung: Alle süddeutschen Staaten von Bayern (1818) über Baden (1818) und Württemberg (1819) bis Hessen-Darmstadt (1820) wurden Verfassungsstaaten. Südlich des Mains entstand ein konstitutionelles Deutschland, das sich von der Mehrzahl der altständisch verfassten Bundesstaaten oder der absolutistisch regierten Staaten wie Österreich deutlich unterschied. Das monarchische Prinzip blieb zwar unangetastet, aber die Zweikammersysteme der Ständeversammlungen wurden zu einem wichtigen politischen Integrationsinstrument.

M4: Stein, Karl Reichsfreiherr vom und zum (1757–1831), Staatsmann und Reformer Preußens. 1804 bis 1808 Minister des Zoll-, Fabriken- und Handelsdepartements. Stein ging 1812 auf Einladung Alexanders I. nach Russland, setzte sich 1813 im Hauptquartier der Verbündeten und später auf dem Wiener Kongress für die Schaffung eines deutschen Einheitsstaates ein (vgl. auch Schülerbuch, S. 145, M2).

Ergänzung zum Angebot des Schülerbuchs

Die Bundesakte des Deutschen Bundes vom 8. Juni 1815:

Artikel 1: Die souveränen Fürsten und freien Städte Deutschlands, mit Einschluss ihrer Majestäten des Kaisers von Österreich und der Könige von Preußen, von Dänemark und der Niederlande, und zwar der Kaiser von Österreich und der König von Preußen, beide für ihre gesamten, vormals zum deutschen Reich gehörigen Besitzungen, der König von Dänemark für Holstein, der König der Niederlande für das Großherzogtum Luxemburg, vereinigen sich zu einem beständigen Bunde, welcher der Deutsche Bund heißen soll.

Artikel 2: Der Zweck desselben ist: Erhaltung der äußeren und inneren Sicherheit Deutschlands und der Unabhängigkeit und Unverletzbarkeit der einzelnen deutschen Staaten [...]

Artikel 5: Österreich hat bei der Bundesversammlung den Vorsitz [...]

Artikel 11: Alle Mitglieder des Bundes versprechen, sowohl ganz Deutschland als jeden einzelnen Bundesstaat gegen jeden Angriff in Schutz zu nehmen, und garantieren sich gegenseitig ihre sämtlichen unter dem Bunde begriffenen Besitzungen [...]

Die Bundesglieder machen sich ebenfalls verbindlich, einander unter keinerlei Vorwand zu bekriegen, noch ihre Streitigkeiten mit Gewalt zu verfolgen, sondern sie bei der Bundesversammlung anzubringen [...]

Artikel 13: In allen Bundesstaaten wird eine landesständische Verfassung stattfinden.

Artikel 14: Um den im Jahre 1806 und seitdem mittelbar gewordenen ehemaligen Reichsständen und Reichsangehörigen, in Gemäßheit der gegenwärtigen Verhältnisse, in allen Bundesstaaten einen gleichförmig bleibenden Rechtsstand zu verschaffen, so vereinigen die Bundesstaaten sich dahin [...], dass diese fürstlichen und gräflichen Häuser fortan nichts desto weniger zu dem hohen Adel in Deutschland gerechnet werden, [...] sie und ihre Familien bilden die privilegierteste Klasse, [...] insbesondere in Ansehung der Besteuerung [...]

Artikel 16: Die Verschiedenheit der christlichen Religionsparteien kann in den Ländern und Gebieten des Deutschen Bundes keinen Unterschied in dem Genuss der bürgerlichen und politischen Rechte begründen. Die Bundesversammlung wird in Beratung ziehen, wie auf eine möglichst übereinstimmende Weise die bürgerlichen Verbesserungen der Bekenner des jüdischen Glaubens in Deutschland zu bewirken sei und wie insonderheit denselben der Genuss der bürgerlichen Rechte, gegen die Übernahme aller Bürgerpflichten, in den Bundesstaaten verschafft und gesichert werden könne [...]

Artikel 18: Die verbündeten Fürsten und freien Städte kommen überein, den Untertanen der Deutschen Bundesstaaten folgende Rechte zuzusichern: Grundeigentum außerhalb des Staates, den sie bewohnen, zu erwerben und zu besitzen, [...] die Befugnis des freien Wegziehens aus einem deutschen Bundesstaat in den andern, der erweislich sie zu Untertanen annehmen will; auch in Zivil- und Militärdienste desselben zu treten [...]

(Aus: Johannes Hohlfeld [Hg.], „Dokumente der Deutschen Politik und Geschichte", Bd. 1, Berlin 1952, S. 1ff.)

Zu den Arbeitsvorschlägen und Fragen

a) Legitimität, Restauration und Solidarität. Als nicht legitim wurde das revolutionäre republikanische Prinzip der Machtergreifung betrachtet, ebenso die widerrechtliche Thronbesteigung (Usurpation) nach napoleonischem Muster. Als legitim galten dagegen das monarchische Erbrecht und alle zwischenstaatlichen Verträge, sofern sie nicht ausdrücklich aufgehoben worden waren. Dadurch konnten die Säkularisationen und Mediatisierungen in Deutschland beibehalten werden. Bald nach 1806 wurden aus Preußen, Bayern, Württemberg, Hessen-Darmstadt, Nassau und anderen deutschen Ländern moderne Staaten, die zu den fortschrittlichsten in Europa zählten. Insofern war die Wahrung der Legitimität keinesfalls gleichbedeutend mit Restauration. Diese wurde nur an wenigen Orten in Europa wirksam, so in Spanien, wo man die Inquisition wieder einführte, und im Kirchenstaat, wo die Juden wieder im Getto wohnen mussten. Dagegen ging die Verfassung Ludwigs XVIII. immer noch von der Volkssouveränität aus und unterschied sich dadurch grundlegend vom vorrevolutionären Absolutismus.
Hilfreich für die Erklärung der Vereinigung, „die mit Gottes Hilfe [...] unauflösbar werden wird“, ist das zusätzliche Angebot eines Zitats aus der Stiftungsurkunde der Heiligen Allianz vom 26.9.1815:
„Infolgedessen wird als einziger Grundsatz, sei es zwischen den genannten Regierungen, sei es zwischen ihren Untertanen, gelten, dass sie sich gegenseitige Dienste erweisen [...] und sich insgesamt nur als Glieder ein und derselben christlichen Nation betrachten, während die drei verbündeten Fürsten sich selbst nur als Beauftragte der Vorsehung ansehen, um drei Zweige ein und derselben Familie zu regieren, nämlich Österreich, Preußen und Russland“.
b) Legitimität und Restauration. Zu beantworten mit Hilfe des Verfassertexts und des Glossarbegriffs „Restauration“ auf S. 189 im Schülerbuch.
c) Stein stellte sich eine Nation als Einheit von Kultur, Sprache und Bildung vor, die von einem konstitutionellen Monarchen und einer bürgerlichen Volksvertretung geführt wurde.
d) Die Grenzen des Deutschen Bundes stimmten mit den Grenzen des deutschen Siedlungsgebietes nicht überein. Deutschschweizer, West- und Ostpreußen gehörten nicht zum Deutschen Bund. Dagegen lebten Tschechen, Slowenen und Italiener innerhalb der Bundesgrenzen. Das dänische Herrscherhaus nahm für Holstein, das englische für Hannover und das holländische für Luxemburg an der Bundesversammlung teil. Der preußische König herrschte dagegen in Posen, Ost- und Westpreußen, der österreichische Monarch in Galizien und Lombardo-Venetien.

2. Die politische Opposition wird unterdrückt – das „System Metternich“

Konzeption

Die ersten beiden Jahrzehnte des 19. Jahrhunderts waren nicht nur in Preußen, sondern auch in Süddeutschland „die eigentlich revolutionären Jahre der deutschen Geschichte“ (L. Gall). Während in Preußen vor allem die wirtschaftlichen Reformen vorangetrieben wurden, entstanden in Süddeutschland Verfassungen, die die Privilegien des Adels einschränkten. Zum wichtigsten Träger nationaler und freiheitlicher Bestrebungen wurde für einige Jahre die deutsche Studentenschaft. Die Farben der Burschenschaft „Schwarz-Rot-Gold“, von den Lützower Jägern übernommen, wurden bald zu den Farben der deutschen National- und Freiheitsbewegung. Im Oktober 1817 führte das Wartburgfest, das der Feier des 300. Jahrestages der Reformation, aber auch des 4. Jahrestages der Leipziger Völkerschlacht gewidmet war, über 500 Teilnehmer aus 13 Universitäten zu der ersten großen politischen Demonstration in der neueren deutschen Geschichte zusammen. Die Ermordung August von Kotzebues wurde für Metternich und die meisten anderen Regierungen zum willkommenen Anlass, Machtmittel gegen die Einheits- und Freiheitsbewegung einzusetzen. Dass die Restauration keine isoliert deutsche Erscheinung, sondern letztlich ein von den „legitimen Monarchen“ der „Heiligen Allianz“ gewünschtes gesamteuropäisches Ziel darstellt, zeigt deren in M3 beschriebene Reaktion auf Einheits- und Freiheitsbewegungen einerseits in Griechenland und andererseits in Italien und Spanien (vgl. Schülerbuch, S. 194).
Die „Karlsbader Beschlüsse“ bieten ein Lehrstück für die Unterdrückung politischer Überzeugungen durch die staatliche Macht (vgl. *Arbeitsblatt 15: „Das System Metternich“*). Die Beschreibung der damaligen Vorgänge schärft nicht nur den Blick für die staatlichen Angriffsformen, sondern sie unterstreicht zugleich den Wert der zur Abwehr solcher Angriffe entwickelten rechtsstaatlichen Schutzmechanismen, wie sie heute u.a. in dem Verbot der Richterentziehung (Art. 101 GG) sowie durch die in Art. 104 GG normierten Rechtsgarantien durch Freiheitsentziehung erfüllt sind. Kristallisationskern des Unterrichtsgeschehens ist die studentische Feier auf der Wartburg. Am Beispiel dieser Veranstaltung, ihrer Ursachen und Folgen, können wesentliche Ziele liberaler und konservativer Bestrebungen verdeutlicht werden.
Ein reizvolles Angebot der Unterrichtseinheit ist die Einübung des Umgangs mit Karikaturen. Die „Karlsbader Beschlüsse“ von 1819 erwähnten in den Zensurbestimmungen Karikaturen nicht ausdrücklich. Trotzdem wurden sie zwar häufig der Zensur unterworfen, aber nicht ganz so streng wie das gedruckte Wort. Die schon im Vormärz beliebten Karikaturen schwollen während der Revolution von 1848/49, wo die Zensur aufgehoben war, zu einer wahren Flut von Veröffentlichungen an. Das Ausmaß lässt sich zum Beispiel daran erkennen, dass in einem Antiquariatskatalog von 1866 in Leipzig

eine Karikaturen-Flugblattsammlung mit 800 Nummern angeboten wurde, die sich nur auf die Paulskirche bezog. Die Karikatur „Die gute Presse“ (vgl. Schülerbuch, S. 193, M2) sollte ausführlich besprochen werden. Dafür allein muss eine Unterrichtsstunde veranschlagt werden.

Aspekte der Unterrichtsgestaltung

Vorschläge für den Themeneinstieg:
- Interpretation der Karikatur M2 (vgl. Schülerbuch, S. 193);
- Bearbeitung des Quellentextes M4b (vgl. Schülerbuch, S. 194);
- Beschreibung des Bildes im Flugblatt M3 (vgl. Schülerbuch, S. 194);
- Marginalien „Das Verlangen nach Freiheit und Gleichheit“ und „Für Ehre, Freiheit, Vaterland“ (vgl. Schülerbuch, S. 191).

Teilthemen:
- politische Karikaturen (vgl. „Schlüssel“, S. 193 und die Karikaturen M2 und M5, Schülerbuch, S. 193, 195; vgl. auch *Arbeitsblatt 15: „Das System Metternich“*;
- Wartburgfest in Marginalie „Für Ehre, Freiheit, Vaterland“ (vgl. Schülerbuch, S. 191) und M6 (vgl. Schülerbuch, S. 195);
- Die Karlsbader Beschlüsse (vgl. Schülerbuch, S. 192), M1 (S. 192) und M4a (vgl. Schülerbuch, S. 194).

Leitende Problem- und Fragestellungen:
- Warum trafen sich Studenten 1817 auf dem „Wartburgfest“? (vgl. Marginalie „Für Ehre, Freiheit, Vaterland“, Schülerbuch, S. 191 und M4 (vgl. Schülerbuch, S. 194);
Erklärung der Begriffe „Liberalismus“ und „Konservatismus“ (vgl. Kastentext im Schülerbuch, S. 192);
- Nennen der wesentlichen Inhalte der „Karlsbader Beschlüsse“ (vgl. Marginalie „Karlsbader Beschlüsse ...“, Schülerbuch, S. 192 und M4a, Schülerbuch, S. 194)
- Erarbeitung von Frage d) im Schülerbuch, S. 185 im Zusammenhang mit dem Verfassertext;
- In welchen anderen europäischen Staaten gab es Freiheitsbewegungen (vgl. M3, Schülerbuch, S. 194)?

Vorschläge für Arbeits- und Sozialformen:
- Die Schülerinnen und Schüler sammeln Karikaturen zu politischen Tagesfragen aus unterschiedlichen Medien und bilden an Wandzeitungen Cluster.
- Einzelne Gruppen stellen anhand von Lexika in Gruppenarbeit Sozialbiografien von Arndt, Jahn, Kotzbue u.a. zusammen.

Tafelbild

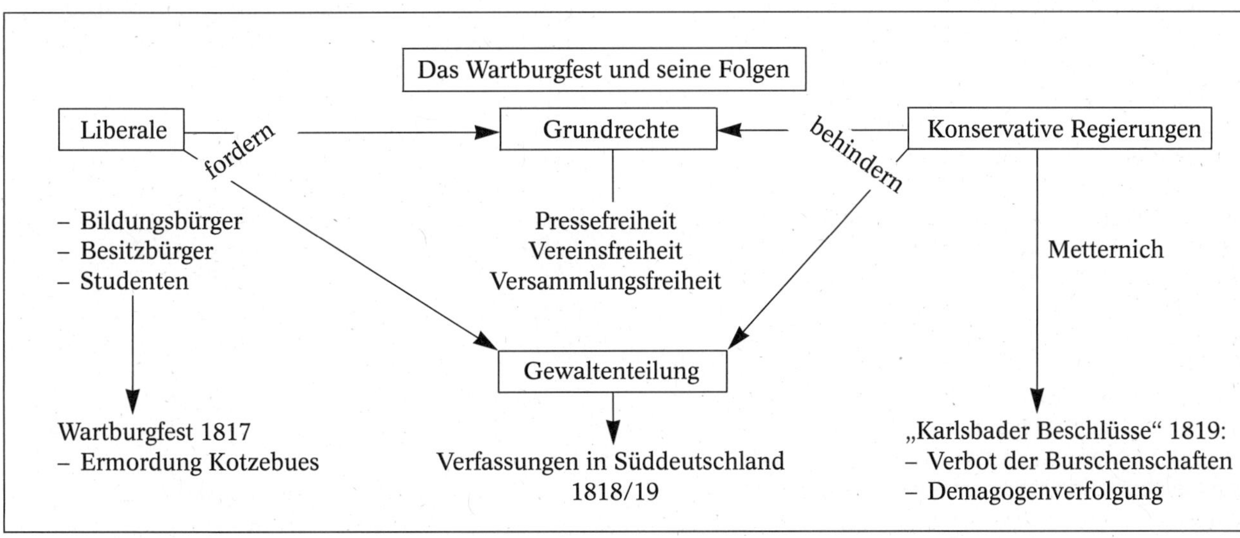

Zusatzinformationen zum Verfassertext

Die liberale Regierung in Weimar, die das Wartburgfest geduldet und sogar gefördert hatte, musste bald das Ausmaß der Probleme erkennen, die sie sich damit aufgeladen hatte. Einer Demarche Preußens und Österreichs begegnete Carl August noch mit Gelassenheit. Die Weimarer Regierung stellte die Bücherverbrennung als einmalige jugendliche Entgleisung dar, die am insgesamt positiven Charakter des Wartburgfestes nichts änderte. Die Lage spitzte sich zu, als im Januar 1818 eine russische Note eintraf. In ihr wurden aus Petersburg massive Vorwürfe an den Großherzog gerichtet, der mit seiner duldsamen Politik seine Verpflichtungen gegenüber den übrigen Bundesstaaten verletzt und seine Verantwortung für die europäische Friedensordnung vernachlässigt habe. Die Attacke einer ausländischen Garantiemacht der Wiener Friedensordnung war für Carl August peinlich, zumal der Thronfolger Carl Friedrich mit einer Schwester des Zaren verheiratet war. Ein weiterer Skandal aus damaliger Sicht folgte: August von Kotzebue, Lustspielautor und russischer Staatsrat, der seit kurzer Zeit in Weimar lebte, wurde von dem Jenaer Historiker Heinrich Luden als Informant des Zaren entlarvt. Da der der Jenaer Burschenschaft nahe stehende Luden seine Erkenntnisse in einer Zeitschrift veröffentlicht hatte, geriet die Weimarer Pressefreiheit ein weiteres Mal unter Beschuss. Die Angelegenheit wuchs sich zu einer Staatskrise aus, in deren Verlauf der sächsische Außenminister zurücktrat. Nachdem dann Kotzebue durch Karl Ludwig Sand ermordet wurde, der in Jena studiert hatte, konnte die Weimarer Regierung die Ausführung der „Karlsbader Beschlüsse" nicht mehr verweigern, handhabte aber die Pressezensur sehr viel großzügiger als die meisten anderen Staaten des Deutschen Bundes.

Zusatzinformationen zu den Materialien

M1: Da die Bestimmungen der „Karlsbader Beschlüsse" politische Versammlungen nur bis zu 20 Personen zuließen, traf man sich unter dem Deckmantel der Geselligkeit. Die Mitglieder der Bürgervereine kamen aus dem Besitz- und Bildungsbürgertum. Es könnte sich bei den dargestellten Personen um Kaufleute, wohlhabende Handwerksmeister, Professoren, Advokaten, Beamte u.a. handeln.

M2: Die Karikatur „Die gute Presse" erschien 1847 im „Leuchtturm, Monatsschrift zur Unterhaltung und Belehrung für das deutsche Volk", einer entschieden liberalen Zeitschrift, die im Vormärz mehrfach mit der Zensur in Konflikt geriet. Die Legende unter dem kleinen Bild lautet:
„Süße heilige Zensur,
Lass uns gehn auf deiner Spur;
Leite uns an deiner Hand
Kindern gleich am Gängelband!"
Die Zensur wird hier versinnbildlicht durch eine Schere, die in der einen Hand einen Zensurstift als Spazierstock hält, in der anderen mehrere Ruten und ein Bündel Seile, an die die Presse – in Form von unmündigen Buben – gekettet ist. Der Zensur voran schreitet ein blinder Maulwurf, der eine Fahne mit sich führt, auf der ein Krebs als Symbolfigur des Rückschritts zu sehen ist. Die Fledermäuse am Himmel verkörpern die dunklen Mächte der Reaktion. Der Zeichner scheint Österreich besonders im Blickfeld gehabt zu haben, darauf deutet die Figur des kaiserlichen Kanzleidieners mit dem Spitz hin (in Wien nennt man Polizeispione „Spitzel"). Er ist als Schafsbock dargestellt – wohl als Sinnbild der Reaktion.

Zum „Schlüssel" „Karikaturen – historische Quellen zur eigenen Urteilsfindung"
Karikaturen (italienisch: caricare = überladen) sind ironische, witzige, künstlerische Darstellungen mit dem Ziel, über das Lachen Kritik zu üben. Ziel ihrer entlarvenden, beißenden überspitzten Satire sind bekannte Politiker, politische Programme und Entscheidungen oder gesellschaftliche Zustände. Sie sind keine Abbildungen der Wirklichkeit, sondern sie verfremden, verzerren, übertreiben und sind politisch meist einseitig. Solche Zerrbilder agieren häufig aus der Sicht des Schwächeren, des wirtschaftlich Unterlegenen oder desjenigen, der für mehr Freiheit, Demokratie und Gerechtigkeit eintritt. Nur selten offenbart eine Karikatur beim oberflächlichen Hinsehen die ganze Breite ihrer Aussage. Der Betrachter wird vielmehr vom Zeichner zum intensiven Mitdenken aufgefordert. Der Wahrheitsgehalt der Karikatur stellt sich erst dann heraus, wenn die Aussage auf die Wirklichkeit bezogen und überprüft wird. Politische Karikaturen sind nicht bloß einfache Illustrationen, die Heiterkeit erzeugen sollen. Sie wollen darüber hinaus bei dem Betrachter etwas bewirken; ihn betroffen und nachdenklich machen und ihn vielleicht sogar politisch aktiv werden lassen.
Karikaturen fanden als visuelle Satire vor allem seit der Französischen Revolution in Form politischer Karikaturen überall in Europa Verbreitung. Alois Sennefelders Erfindung des chemischen Steindrucks (1798/99) und die damit gegebene Möglichkeit des Flachdruckverfahrens mit Hilfe eines Steins kann als Grundlage für den Erfolg der Karikatur im 19. Jahrhundert gelten. In Deutschland waren es im 19. Jahrhundert vor allem politisch satirische Periodica wie „Simplizissimus", „Wahrer Jakob", „Fliegende Blätter", „Eulenspiegel" und „Kladderadatsch", die sich der zeitkritisch kommentierenden Karikatur bedienten. Gerade in Zeiten der Pressezensur waren solche Darstellungen ein beliebtes Mittel des politischen Kommentars.
Die wesentliche Aufgabe der unterrichtlichen Beschäftigung mit Karikaturen besteht darin, deren Thesen zu erkennen. Das erfordert Identifizierungs- und Zuordnungsarbeiten und ein intensives Nachdenken darüber, welche Aussage der Zeichner transformieren will. In fast allen didaktisch-methodischen Veröffentlichungen werden Leitfragen genannt, die bei der Erschließung von Karikaturen hilfreich sind. Herbert Uppendahl z.B. schlägt bei der Auswertung den Rückgriff auf die bei der früheren Propagandaforschung entwickelten „Laswellschen Formel" vor: „Wer sagt was zu wem auf welchem Kanal und mit welcher Wirkung?" (Herbert Uppendahl, Hans-Jürgen Pandel u.a. [Hg.] „Möglichkeiten des Einsatzes von Karikaturen", in „Handbuch Medien im Geschichtsunterricht", Düsseldorf 1982, S. 459–492). Er stellt für Karikaturen folgende Leitfragen auf:

Aussage (Was?)

Was sieht man?
Welches Problem/Ereignis ist dargestellt?
Welche Personen sind zu erkennen?
In welchen Lebenssituationen?
Welcher Widerspruch wird aufgedeckt?

Stil (Wie?)

Was fällt besonders auf?
Welche Mittel verwendet der Karikaturist?
Auf welche Weise spricht er uns an?

Sender (Wer?)

Wer hat die Karikatur gezeichnet?
In wessen Diensten?
Was ist über den Karikaturisten bzw. seinen Auftraggeber bekannt?
Welche Ziele verfolgt der Karikaturist?
Welche bzw. wessen Partei ergreift er?

Zeit/Ort (Wann?)

Wann ist die Karikatur entstanden? Wo ist sie entstanden?
Was wissen wir aus anderen Quellen über diese Zeit?

Intention (Warum?)

Was will der Karikaturist erreichen?
Wen/Was greift er an und warum tut er das?

Wirkung (Welche?)

Welche Emotionen löst die Karikatur aus?
Wie wirkt die Karikatur (auf die Zeitgenossen, auf uns, auf andere)?

Weg (Kanal)

Wie wird die Karikatur verbreitet (Zeitung, Flugblatt, Fernsehen usw.)?
Wem gehört das Kommunikationsmittel?
Wer entscheidet über die Platzierung der Karikatur?

Der Einsatz von Karikaturen als Medium des politischen Meinungsprozesses in einem problemorientierten Unterricht kann die Argumentations- und Urteilsfähigkeit der Schüler entwickeln. Dabei werden sowohl rationale als auch emotionale Lernzielebenen angesprochen. Der durch häufiges Abstrahieren und Verbalisieren fehlenden Kreativität im Geschichtsunterricht kann darüber hinaus auch durch die ästhetische Komponente der Darstellung entgegengewirkt werden.
Freilich gibt es auch Probleme: Karikaturen wirken auch meinungsbildend. Sie können nicht nur Feindbilder entlarven, sondern auch Feindbilder aufbauen und Vorurteile wecken oder bestätigen. Ihr häufiger Gebrauch in totalitären Systemen macht die große Gefahr sichtbar, wenn man etwa die antisemitischen Darstellungen im „Stürmer“ zurückverfolgt. Der „Stürmer“ befand sich im Privatbesitz des ehemaligen Volksschullehrers Julius Streicher, der es verstand, eine besonders „volkstümliche“ Propaganda zu inszenieren. Statt sich mit der Opposition argumentativ auseinander zu setzen, zog es die nationalsozialistische Propaganda vor, den politischen Gegner u.a. in Karikaturen lächerlich zu machen.
Im ersten Jahrzehnt des Bestehens der Bundesrepublik Deutschland erschienen nahezu keine Karikaturen in den Medien. Kaum ein Redakteur traute sich, diese in Misskredit gekommene Möglichkeit des politischen Kommentars im demokratischen Staat wieder zu beleben. Erst Ende der 60er Jahre erwachte die Karikatur mit der Studentenbewegung aus ihrer Lethargie (vgl. Traute Petersen [Hrsg.] , „Folienbuch Geschichte 3“, Lehrerheft, Klett-Perthes, Gotha 1995, S. 37ff., S. 65ff., S. 97ff.).
Da sich Karikaturen nicht als Abbild eines Geschehens verstehen, sondern nur als Kommentar oder Werturteil, setzen sie bei den Schülern gründliches Sachwissen voraus. Von daher bietet sich die Karikatur vor allem in der Schlussphase des Unterrichts an. Häufig werden aber Karikaturen in der Einstiegsphase benutzt, um ein Problem aufzuwerfen, dessen Lösung während der gesamten Unterrichtsstunde angestrebt wird. Dies bedeutet häufig, dass dem Unterricht ein Werturteil vorangestellt wird, das das Meinungsspektrum der Schüler einengt. Da Karikaturen politisch einseitig sind, ja oft geradezu verletzend wirken können, kommt der Auswahl durch den Lehrer besondere Bedeutung zu. Er muss auf Ausgewogenheit achten und sollte deshalb Vergleiche antagonistischer Darstellungen oder von Darstellungen und Texten anbieten, die auf unterschiedlichen Wertesystemen beruhen.

M3: Unter der allegorischen Darstellung „Griechenlands Befreyung vom Türkenjoche“ des Flugblattes steht ein Aufruf, der für die Erklärung des Bildes hilfreich ist:
„Jetzt oder nie! Des Schicksals Würfel liegen;
Jetzt gilt es, sterben oder siegen;
Euch ruft das Vaterland.
Ergreifft die Waffen, Söhne der Hellenen!
Ein schöner Sieg wird eure Thaten krönen,
Des Nachruhms Unterpfand.

Jetzt oder nie, zerbrecht die Sklavenketten,
Setzt alles dran die Freiheit euch zu retten,
Des Lebens höchstes Gut.

Hoch aufgelodert sind der Rache Flammen,
Sie schlagen über Mahineds Thron zusammen,
Löscht sie aus mit Türkenblut.

Auf Stambuls Wälle pflanzt das Glaubenszeichen
Der Halbmond muss dem Kreuze weichen,
Dem Griechen der Barbar.
Und wären ihrer auch wie Sand am Meere,
Euch bleibt der Sieg, Gott ist mit eurem Heere,
Drum mutig, tapfre Schaar!"

Das Kreuz mit der Dornenkrone in der Bildmitte symbolisiert die Leiden, die die christliche Bevölkerung Griechenlands unter der mohammedanischen Herrschaft der Türken zu erdulden hatte. Der vom Blitz getroffene stürzende Halbmond und das Kreuz im Strahlenkranz auf der Kuppel im Hintergrund versinnbildlichen die religiöse Dimension des griechischen Freiheitskampfes (vgl. Jacques Aldebert u.a., „Europäisches Geschichtsbuch“, Ernst Klett Verlag, Stuttgart 1993, S. 290).

M5: Die Karikatur „Der Denkerclub“, die zwischen 1820 und 1830 entstanden ist, verdeutlicht die Folgen der „Karlsbader Beschlüsse“. Die Karikatur aus dem Milieu des Biedermeier steht im Zusammenhang mit der Quelle M4b (vgl. Schülerbuch, S. 194), wo das Spitzelwesen der zentralen Mainzer Untersuchungskommission beschrieben ist.

M6: Zum Verständnis des Textes hilft die Verfassungsurkunde der Deutschen Burschenschaft vom Oktober 1818: „Die allgemeine deutsche Burschenschaft ist die freie und natürliche Verbindung der gesamten auf den Hochschulen sich bildenden deutschen Jugend zu einem Ganzen, gegründet auf dem Verhältnis der deutschen Jugend zur werdenden Einheit des Deutschen Volkes. Die allgemeine deutsche Burschenschaft als freies Gemeinwesen stellt als den Mittelpunkt ihres Wirkens folgende, allgemein anerkannte Sätze auf:

a) Einheit, Gleichheit und Freiheit aller Burschen untereinander, Gleichheit aller Rechte und Pflichten.
b) Christliche deutsche Ausbildung jeder geistigen und leiblichen Kraft zum Dienste unseres Vaterlandes."

Ergänzungen zum Angebot des Schülerbuchs

1.) Die Ermordung August von Kotzebues durch Karl Ludwig Sand am 23. März 1819

(Aus: „Fragen an die deutsche Geschichte", S. 52)

2.) Zwei in Mannheim erscheinende Zeitungen äußern sich zur Pressefreiheit.
a) Der „Wächter am Rhein" vom 18. Mai 1832:
„Die Pressefreiheit verbreitet Wahrheit, denn des Menschen Verstand, wenn ihm die Wahrheit vorgehalten wird, unterscheidet sich leicht von der Lüge. Die Vorurteile schwinden. Die Abgeschmacktheit des angeborenen Adels wird sichtbar, die Ungerechtigkeit angeborener Privilegien wird unerträglich. Die Untertanen sehen ein, dass wir alle gleich geboren sind; dass ihr Gesamtwille ihr Regent ist; dass der Fürst nicht von Gottes Gnaden und zu eigenem Vorteil, sondern aus Volksauftrag zu Volksnutzen regieren muss. Was das Volk einsieht, das setzt es durch, denn die eigentliche Macht ist in seiner Hand."

b) Die „Mannheimer Zeitung" vom 31. Mai 1832:
„Die Zensur als Präventiv-Maßregel (Vorsorgemaßnahme) verhütet die Ausbrüche der Leidenschaft und lässt die Extreme, [...] welche den Umsturz der Dinge herbeiführen könnten, nicht zu [...]. Die Revolution dagegen schreit um Pressefreiheit, weil sie die Religion, den Staat und die guten Sitten umstürzen will. Hat sie dieses mittels des Hebels der Pressefreiheit bewirkt, hat sie eine so genannte öffentliche Meinung hervorgerufen, die nichts anderes ist als ein Terrorismus der Journale, so übt sie eine viel strengere Zensur als je die legitimen Regierungen".

Zu den Arbeitsvorschlägen und Fragen

a) Liberale Bestrebungen des Besitz- und Bildungsbürgertums und der Studenten, Freiheitskampf der Griechen, Spanier und Italiener.
b) Durch „Missbrauch ihres Einflusses auf die Gemüter der Jugend" und „Verbreitung verderblicher oder die bestehenden Staatseinrichtung untergrabender Lehren" u.a. Nach dem Zweiten Weltkrieg verhängten die Spruchkammern der Alliierten im Rahmen der Entnazifizierungsmaßnahmen neben der Vermögensentziehung und dem Freiheitsentzug in ihren Besatzungszonen auch Berufsverbote. In der Bundesrepublik geschah dies im Rahmen des sog. Extremistenbeschlusses („Radikalenerlass"), der durch einen Beschluss des Bundeskanzlers und der Regierungschefs der Länder am 28.1.1972 für den öffentlichen Dienst herbeigeführt wurde und Bewerber für den öffentlichen Dienst auf eine Mitgliedschaft in extremistischen Organisationen hin überprüfen sollte. Die Ausführung des Beschlusses wurde in den einzelnen Bundesländern unterschiedlich gehandhabt.
c) Die Karikatur in der Darstellungsweise des Biedermeier stellt eine Reaktion auf die „Karlsbader Beschlüsse" dar, insbesondere auf die Wirkung der Mainzer Untersuchungskommission.
d) „Turnvater" Friedrich Ludwig Jahn dürfte die Anregung zur Bücherverbrennung gegeben haben. Er hatte schon 1810 öffentlich verkündet, dass „unreife Bücher weitaus gefährlicher (sind) als unreife Kartoffeln" und „schlechte Bücher verderblicher als ungesundes Fleisch". (F. L. Jahn, „Das deutsche Volkstum", Dresden o.J. [1938], S. 83). Daraus hatte er natürlich die Schlussfolgerung gezogen, dass es Bücher gebe, die „von Henkershand samt ihren Verfassern verbrannt zu werden verdienen".
Hermann Rafetseder („Die öffentliche Hinrichtung von Büchern im historischen Wandel", Wien/Köln/Graz 1988) hat die Geschichte der Bücherverbrennungen erforscht und dabei ihre Funktion als Instrument des geltenden Rechts, als eine Art bildliche Hinrichtung („in effigie") des Autors, aber auch als Zensurmaßnahme hervorgehoben. Vor allem im kirchlichen Rechtswesen, im evangelischen wie im katholischen, sind eine Fülle solcher Maßnahmen bekannt. Auf dem Wartburgfest, das u.a. aus Anlass des 300. Jahrestages der Reformation stattfand, berief sich einer der Redner deshalb auch auf die Verbrennung der päpstlichen Bannbulle durch Martin Luther.

3. *„Singst du das Lied der Freiheit ..." – das Schicksal eines Liberalen*

Konzeption

Dieses Paradebeispiel liberalen Protests während des Festes auf der Schlossruine Hambach bei Neustadt a.d. Hardt in der damaligen bayerischen Rheinpfalz steht im Zusammenhang mit einer seit der Französischen Revolution nie ganz abgerissenen Freiheits- und Demokratiebewegung, die am Beispiel der Sozialbiografie Philipp Jakob Siebenpfeiffers aufgezeigt wird. Die Verbundenheitsproklamationen mit anderen Völkern wie Grie-

chen, Polen und Franzosen stellen die politische Protestbewegung in einen übernationalen und der Völkerfreundschaft zugewandten Rahmen (vgl. Auftaktdoppelseite 186/187).
Mit dem Kampf um nationale Einheit und politische Freiheit wird ein wichtiger Strang des epochalen Modernisierungsprozesses erfasst, der von der traditionellen Ständegesellschaft zur Industriegesellschaft, von der Souveränität der Monarchen zum Verfassungsstaat der freien Bürger führt. Mit dem Kampf um nationale Selbstbehauptung geht das Streben um die Verwirklichung der Ideen von 1789 einher. Der prägende Einfluss der Befreiungskriege auf die Entstehung eines deutschen Nationalgefühls ist unbestritten. Dies darf aber nicht den Blick auf die Multidimensionalität der Ursprünge der nationalen Bewegung verstellen. Eine besondere Rolle spielt dabei, dass das Ende des Reiches einerseits zu einem Nationalbewusstsein mit den Dynastien und dadurch mit den Partikularstaaten führte, zum anderen aber in der Romantik der Wunsch nach dem mittelalterlichen Kaiserreich auflebte. Die Materialien thematisieren dabei u.a. die Rolle der Frau, wie sie in der Romantik gesehen wird und wie sie die Redner auf Schloss Hambach definieren.
Im Mittelpunkt des Unterrichtsgeschehens steht die Sozialbiografie eines der Hauptakteure des Hambacher Festes: Philipp Jakob Siebenpfeiffer. Die Sozialbiografie unterscheidet sich grundsätzlich von der üblichen Biografie, die eine Personalisierung geschichtlicher Vorgänge anstrebt und der heute im Geschichtsunterricht kaum mehr ein Platz zukommt. Sozialbiografien arbeiten besonders die sozialen Hintergründe und Bedingtheiten eines Menschenlebens sowie die soziale Gebundenheit von Lebensformen und Karrieren heraus. Es geht dabei um das sozial Typische, nicht um das persönlich Einmalige. Dabei werden diejenigen Merkmale eines Individuums dokumentiert, die für seine Zeit oder Gruppe typisch sind, z.B. der Umstand, dass, wie es ein Mitglied der Zentralen Untersuchungskommission charakterisierte, man nicht für ein Verbrechen den Täter, sondern umgekehrt für den Täter ein Verbrechen suchte. Sozialbiografien gewährleisten vor allem bei jüngeren Schülern eine sehr viel tiefere innere Veranschaulichung als z.B. Schaubilder und Statistiken (vgl. Schülerbuch, S. 181ff.). Das sozialbiografische Verfahren bietet Erfolg versprechende unterrichtliche Möglichkeiten. Anschauungs-, Lebens- und Erfahrungsnähe sind gegeben. Ein ursprüngliches Interesse an menschlichen Daseinsproblemen kann bei den meisten Schülern erwartet werden (vgl. Joachim Rohlfes, „Geschichte und ihre Didaktik“, Göttingen 1986, S. 243f.).

Aspekte der Unterrichtsgestaltung

Vorschläge für den Themeneinstieg:
- Vergleich von M3 (vgl. Schülerbuch, S. 198) und Auftaktdoppelseite (vgl. Schülerbuch, S. 186/187);
- Einführung in eine Sozialbiografie (vgl. Marginalien „Philipp Jakob Siebenpfeiffer: Berufsausbildung ...“, S. 196 bis „Siebenpfeiffer im Exil“, S. 198);
- Interpretation der „Michels-Ode“, (vgl. M4b Schülerbuch, S. 199);
- Bildbeschreibung (vgl. M5, Schülerbuch, S. 199).

Teilthemen:
- Sozialbiografie Siebenpfeiffers (vgl. Verfassertext im Schülerbuch, S. 197f., M1, M2, M6);
- Hambacher Fest und Demagogenverfolgungen (vgl. M4 und M6, Schülerbuch, S. 199f.);

Leitende Problem- und Fragestellungen:
- Welche Rolle spielten die Emigranten, welche die Frauen auf dem Hambacher Fest? (vgl. M6 und Marginalie „Das ‚Hambacher Fest‘“, Schülerbuch, S. 198), dazu Frage d) im Schülerbuch, S. 200;
- Worin unterscheidet sich eine Sozialbiografie von einer üblichen Biografie?
- Wie reagierten die Fürsten auf das Hambacher Fest?
- Unterschiede und Gemeinsamkeiten von Hambacher Fest und Wartburgfest?
- Beschreibung des Bildes aus dem Biedermeier (M5, vgl. Schülerbuch, S. 199).

Vorschläge für Arbeits- und Sozialformen:
- Die Aufgabe a) wird in arbeitsgleicher Partner- oder Gruppenarbeit strukturiert;
- Brainstorming zu Frage f). Die Nationalhymne wird, soweit noch nicht geschehen, auswendig gelernt;
- In Gruppenarbeit werden Informationen über Börne, Heine, Wagner, Hoffmann von Fallersleben und die „Göttinger Sieben“ zusammengetragen.

Tafelbild

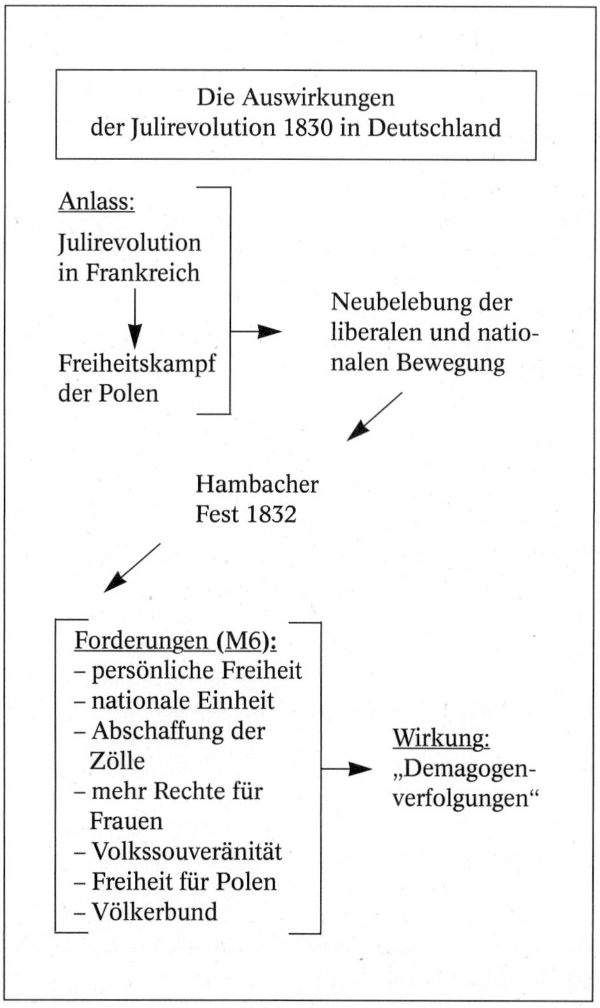

Zusatzinformationen zum Verfassertext

Preußen erfuhr die Auswirkungen der Julirevolution vor allem über den Umweg der polnischen Revolution in seinen östlichen Landesteilen. Die Unterstützung, die der Aufstand von Posen aus fand, gab Anlass zu Grenzschließung, Truppenkonzentration und Unterstützung des russischen Heeres mit Nachschub und Transportmaterial. Gleichzeitig wurde die bisherige Sonderstellung der polnischen Provinzen Preußens abgebaut, obwohl es dort zu keinem offenen Aufstand gekommen war. Dadurch wurde nicht nur die Loyalität der Polen untergraben, sondern auch die Distanz des liberalen Bürgertums zum Staat vertieft, der nunmehr Reaktion statt Reform zu verkörpern schien. Posen besaß seit 1815 innerhalb Preußens einen Sonderstatus. Allerdings erhielten hier die Polen weitaus weniger Sonderrechte als in Kongresspolen, vor allem weil zu dieser Zeit neben 521 000 Polen auch 216 000 Deutsche und 50 000 Juden in der Provinz Posen lebten. So lag z.B. die Rechtsprechung meist in den Händen deutscher Richter, denen es oft an polnischen Sprachkenntnissen fehlte. Dagegen förderte Preußen den Ausbau des Volksschulwesens. Die Zahl der Schulen stieg zwischen 1820 und 1839 von 400 auf 1 000. Preußen anerkannte zu dieser Zeit auch die Gleichberechtigung der polnischen Sprache mit der deutschen.

Einer Revolution gleich kamen die Ereignisse in Braunschweig, wo der verhasste Herzog Karl II. gestürzt und sein Schloss in Brand gesetzt wurde. Sein Bruder Wilhelm verkündete eine Verfassung. Auch in Hannover, Kurhessen und Sachsen führten die Ereignisse von 1830 zu neuen Verfassungen.

Zusatzinformationen zu den Materialien

M1: Lithografie nach einer Zeichnung von Bolgard. Das Bild zeigt Siebenpfeiffer an ein Pult gelehnt, auf dem Exemplare seiner 1830 herausgegebenen Zeitschrift „Rheinbayern" und seiner 1831–1832 veröffentlichten Tageszeitung „Der Westbote" liegen.

M2: Bekanntmachung des Verbotes des „Westboten" im Verordnungsblatt des Fürstentums Schaumburg-Lippe aufgrund des Pressegesetzes der „Karlsbader Beschlüsse". Die 1819 eingeführte Zensur war eine Vorzensur. Sie umfasste alle Publikationen unter 20 Bogen (320 Seiten), d.h. vor allem Zeitungen, Zeitschriften, Broschüren und weniger umfangreiche Bücher, Schriften also, die wegen ihres Preises breite Massen erreichten. Bis 1830 konnte sich dadurch keine nennenswerte kritische Presse entfalten. Kritik blieb dickleibigen Bänden vorbehalten. Als aber ab den 30er Jahren Verleger, Redakteure und Schriftsteller immer mutiger und listiger gegen die Zensoren angingen, indem sie im Ausland drucken ließen und ständig neue Zeitungen gründeten und die noch unzensierten Auflagen rasch verkauften, verschärfte sich auch die Handhabung der Zensur. Zur Vorzensur trat das Verbot von Zeitungen oder ganzen Verlagen.

M3: Der Historiker Heinrich von Treitschke beschrieb das Hambacher Fest:

„Am 26. Mai waren alle die Landstraßen, die rheinauf und rheinab durch die Ebene oder aus dem Odenwalde [...] führen, dicht bedeckt mit langen Zügen von Wagen und Fußgängern; überall prangten die deutschen Farben. Mindestens fünfundzwanzigtausend Köpfe strömten in der Feststadt zusammen, die Glocken läuteten, die Geschütze donnerten, auf dem Gebirge brannten Freudenfeuer. Zum zweiten Male sollte eine Bergfeier für die Geschichte des Deutschen Bundes bedeutungsvoll werden; aber welch ein Abstand zwischen der christlich-vaterländischen Begeisterung der Burschen auf der Wartburg und dem weltlichen Radikalismus dieser neuen Tage. [...] Am Morgen des 27. setzte sich der Festzug in Bewegung; dreihundert Handwerksburschen sangen [...] ein Gedicht von Siebenpfeiffer [...]. Inmitten der Frauen, die ausdrücklich und dem Rufe zahlreich gefolgt waren, schritt ein Fähnrich mit dem weißroten Banner Polens, dem folgten die Festordner mit der deutschen Fahne, worauf geschrieben stand: ‚Deutschlands Wiedergeburt'."

M4: Bis 1848 gab es an den Universitäten kein selbstständiges Fach „Literaturwissenschaft". Wenn sie überhaupt betrieben wurde, dann von „Germanisten" (z.B. den Gebrüdern Grimm, Uhland, Gervenius und Hofmann v. Fallersleben). Sie waren schon aufgrund ihres „deutschen" Forschungsgegenstandes (anstelle eines preußischen oder bayerischen) verdächtig. Es wurde im Vormärz viel gelesen, schon wegen der weitgehenden Alphabetisierung und den immer billiger werdenden Druckerzeugnissen. Die Anzahl der Salons, Lesezirkel, Lesevereine und Leihbibliotheken nahmen ständig zu. Die Zahl der Buchhandlungen verdoppelte sich zwischen 1820 und 1840.

„Philister" nach der Definition des „Brockhaus": „Studentensprache a) der ins bürgerliche Leben (Philisterium) eingetretene einstige Student; b) zumal in Südtschl. der ‚Alte Herr' einer studentischen Verbindung; c) überhaupt jeder Nichtakademiker. Allgemein: ein engherziger, spießiger, unbeschwingter Mensch".

Die Figur des „deutschen Michel" wird abgeleitet vom Erzengel Michael. Im Dreißigjährigen Krieg trug die Gestalt noch heroische Züge. Erst in den Karikaturen des Vormärz wird der Michel als Bauernbursche mit Helm und Kniehosen dargestellt (vgl. *Arbeitsblatt 16: „Das Jahr 1848"*).

M5: Das Bild zeigt das Ideal der Bürgerlichkeit im Biedermeier: Die ganz in der Aufgabe der Hausfrau und Mutter aufgehende Gattin, der abwesend blickende Gatte, der wohl Wichtigeres zu tun hat und von seiner Familie kaum Notiz nimmt, die unterschiedlichen Rollen der Töchter und Söhne (rechts der nicht ganz angepasste Künstler), die gotische Kirche im Blick aus dem Fenster. In dieser Körperhaltung drückt sich der durch das Walten der Reaktion und insbesondere der „Karlsbader Beschlüsse" und die Demagogenverfolgung erzwungene Rückzug ins Private aus. Er wurde nicht von allen als schlimm empfunden, zumal sich für die „Philister" die angenehmen Züge des „Nachtwächterstaats" zunehmend zeigten.

Die „Stuttgarter Zeitung" vom 5. Januar 1996 beschreibt die Rolle mit einiger Ironie:

„Die Rolle der Frau im Biedermeier definiert sich nach dem Zusammenbruch der sittenlosen Adelsgesellschaft neu innerhalb des aufstrebenden Bürgertums. Rousseaus Ruf ‚Zurück zur Natur' folgend, wurde die Frau als von Natur aus passives, schwaches, in erster Linie zur Fortpflanzung bestimmtes Wesen definiert, wofür sie dem schöpferischen, aktiven Mann ‚blumentopfartig zur Einsaat zur Verfügung stand' [...] Auch in geistiger Hinsicht lag die kreative Leistung allein beim Mann. ‚Der Mann ist der Gott, das Weib die Materie [...]', bemerkte etwa Ernst Moritz Arndt 1806 [...]. Rousseau zufolge ist die Frau dazu geschaffen ‚zu gefallen' und ‚sich zu unterwerfen'. So erscheint sie in der Kunst des Biedermeier blütenumkränzt in ihrer Jugend mit blütengleichen Hauben bis ins hohe Alter als ‚gefällige Dauerblüte'. Sie ist keusch, sanftmütig bis zur Unterwürfigkeit, erheitert den Gatten Harfe spielend, Früchte (und Kinder) darbietend, und hält ihn innerhalb einer weit verbreiteten ‚Erheiterungsikonografie' bei Laune [...]. Von Kindesbeinen an strickt sie, spinnt, näht und stickt, damit sie nicht durch Müßiggang auf sündige Gedanken kommt. Wenn sie überhaupt liest, dann nur in frommen Büchern".

M6: Radikal-demokratische Rede, im Tafelbild unter „Forderungen" stichwortartig ausgewertet.

M7: Das „Lied der Deutschen" ist ein vormärzliches Gedicht des an der Universität Breslau lehrenden und im Zuge der „Demagogenverfolgungen" aus Preußen verstoßenen Germanistikprofessors August Heinrich Hoffmann von Fallersleben. Beweggrund seiner Dichtung war vor allem die Sehnsucht nach der geistigen Einheit. Deutlich zeigt sich der Geist der Romantik: „Deutsche Frauen, deutsche Treue". Daneben eröffnet sich dem Liberalen der nationale Aspekt, nachdem die Rheinkrise (1840/41) im Deutschen Bund die Gemüter erregt hatte. Nach außenpolitischen Misserfolgen im Orient war in Frankreich die Forderung nach Aufhebung der Wiener Verträge von 1815 erhoben worden. Man wollte die linksrheinischen Gebiete zurückgewinnen. Nationalistische Töne auch auf deutscher Seite waren die Antwort.

Hoffmann von Fallersleben verkaufte im August 1841 sein „Deutschlandlied" an den Verleger Julius Campe, der es zusammen mit der Melodie Haydns unverzüglich veröffentlichte. Die haydnsche Melodie galt ursprünglich einem anderen Text, und zwar dem Huldigungstext für den letzten Kaiser des Heiligen Römischen Reiches, Franz II.: „Gott erhalte Franz den Kaiser".

Diesem Huldigungstext ging ein anderes Lied voraus: Ein Geburtstagslied für König Friedrich II. (1795): „Heil dir im Siegerkranz" (Melodie aus England entlehnt – vgl. „God save the Queen"). Dieses Lied – der „König" wurde durch „Kaiser" ausgetauscht – war nach 1871 offiziöse deutsche Nationalhymne. In Konkurrenz dazu stand das „Lied der Deutschen". Es wurde im Ersten Weltkrieg gesungen, um nationale Gesinnung zu demonstrieren.

In der Weimarer Republik wurde das „Lied der Deutschen" zur offiziellen deutschen Nationalhymne erklärt (Erklärung des Reichspräsidenten Friedrich Ebert vom 11. August 1922).

Im Nationalsozialismus diente das Lied der Unterstreichung der faschistischen Begründung der deutschen kulturellen, politischen und rassischen Sonderart gegenüber dem slawischen Osten und dem romanischen Westen und der daraus resultierenden großdeutschen Expansionsgelüste.

Nach der Abschaffung der schwarz-rot-goldenen Reichsflagge am 13. März 1933 wurde die Nationalhymne zunächst unter der schwarz-weiß-roten Fahne mit dem Hakenkreuz und ab 1935 unter der ausschließlichen Hakenkreuzflagge gesungen. – Ab 1940 wurde eine zweite „Hymne", das Horst-Wessel-Lied („Die Fahne hoch"), obligatorisch, verbunden mit dem „Deutschen Gruß". Der Alliierte Kontrollrat verbot das Deutschlandlied am 14.07.1945.

Mit der Gründung zweier deutscher Staaten begann ein doppelter „Hymnenstreit". In der Bundesrepublik wollte Theodor Heuss eine neue Hymne durchsetzen: Der Text stammte von Rudolf Alexander Schröder, die Melodie lieferte Hermann Reutter: „Land des Glaubens, deutsches Land/Land der Väter und der Erben,/Uns im Leben und im Sterben/Haus und Herberg, Trost und Pfand". Konrad Adenauer hielt nichts von diesem Vorschlag. Er verwies den Bundespräsidenten in einem Brief vom April 1952 darauf, dass doch gerade Ebert das Lied zur deutschen Nationalhymne erklärte und der Missbrauch des Liedes durch „die Vernichtung des alten Deutschland" an Schärfe verloren habe.

Am 6. März 1952 erklärte die Bundesregierung das „Deutschlandlied" erneut zur Nationalhymne, und zwar unter der Maßgabe, dass bei „staatlichen Veranstaltungen die dritte Strophe gesungen werden soll". Heuss gab resigniert nach: „Ich habe den Traditionalismus und sein Beharrungsvermögen unterschätzt," antwortete er in einem Brief vom 2.05.1952 an Adenauer und ergänzte, „da ich [...] mit mir selber im Reinen bleiben will, muss ich nach meiner Natur auf eine ‚feierliche Proklamation' verzichten".

Einen anderen Hymnenstreit gab es in der DDR. Wilhelm Pieck beauftragte den späteren Kultusminister, Johannes R. Becher, mit der Abfassung eines Hymnentextes: „Auferstanden aus Ruinen/und der Zukunft zugewandt/lass uns dir zum Guten dienen/Deutschland einig Vaterland [...]". Die Musik Hans Eislers fand das Wohlwollen des Politbüros der SED. Die Krise folgte, als Ulbricht zu Beginn der 70er Jahre auf ein „einig Vaterland" zu verzichten befahl. Die DDR-Hymne wurde auf die Melodie Eislers reduziert. Fortan textlos, konnte sie nicht mehr gesungen werden (vgl. Peter Wapnewski „Die Deutschen und ihr Lied", in: „Zeitmagazin" v. 29.12.1989, S. 16ff.).

Aus Anlass der deutschen Vereinigung schrieb Bundespräsident Richard von Weizsäcker am 19.08.1991 an Bundeskanzler Kohl: „Die 3. Strophe des Hoffmann-Haydn'schen Liedes hat sich als Symbol bewährt. Sie wird im In- und Ausland gespielt, gesungen und geachtet. Sie bringt die Werte verbindlich zum Ausdruck, denen wir uns als Deutsche, als Europäer und als Teil der Völkergemeinschaft verpflichtet fühlen. Die 3. Strophe des Liedes der Deutschen [...] ist die Nationalhymne für das deutsche Volk." In einer Erwiderung vom 23.08.1991 gab Bundeskanzler Kohl namens der Bundesregierung seine Zustimmung.

Ergänzungen zum Angebot des Schülerbuchs

1.) „Polens Freiheitskampf" (deutsches Werbeblatt für den polnischen Aufstand um 1830).

(Aus: „Fragen an die deutsche Geschichte", S. 99)

Die Julirevolution in Frankreich und der erfolgreiche Kampf der Belgier für ihre Unabhängigkeit entfachte das Nationalgefühl der Polen, die seit den polnischen Teilungen auf die Selbstregierung verzichten mussten. Die Liberalen in vielen Teilen Europas solidarisierten sich mit den Polen, so auch deutsche Liberale auf dem Hambacher Fest 1832. Der Aufstand wurde von Russland blutig niedergeschlagen und das Land auf den Status einer russischen Provinz zurückgestuft.
Der polnische Aufständische, bekleidet mit einer Litewka, das Schwert und die polnische Nationalfahne (mit dem polnischen Adler mit zerrissener Kette) in der Hand, zertritt, auf einem Berg stehend, die Ketten. Auch der polnisch-russische Doppeladler streift seine Ketten ab.

2.) Trotz der Bundestagsbeschlüsse bezüglich der „Demagogenverfolgungen" verfasste der Dramatiker Georg Büchner (1813–1837) zusammen mit dem hessischen Schuldirektor und Pfarrer Ludwig Weidig eine anonyme Flugschrift „Der Hessische Landbote". Sie sollte an die in Hessen hochbesteuerte Landbevölkerung verteilt werden, der Plan wurde aber vorher verraten. Büchner konnte in die Schweiz fliehen; Weidig starb in der Untersuchungshaft. In ihrem Flugblatt hieß es:
„Friede den Hütten! Krieg den Palästen! Im Jahr 1834 siehet es aus, [...] als hätte Gott die Bauern und Handwerker am fünften Tage und die Fürsten am sechsten gemacht, und [...] zu diesen gesagt: ‚Herrschet über alles Getier, das auf Erden kriecht' und hätte die Bauern und Bürger zum Gewürm gezählt. Das Leben der Vornehmen ist ein langer Sonntag: Sie wohnen in schönen Häusern, sie tragen zierliche Kleider, sie haben feiste Gesichter und reden eine eigene Sprache; das Volk aber liegt vor ihnen wie Dünger auf dem Acker [...]
Hebt die Augen auf und zählt das Häuflein eurer Presser, die nur stark sind durch das Blut, das sie euch aussaugen, und durch eine Armee, die ihr ihnen willenlos leihet. Ihrer sind vielleicht 10 000 im Großherzogtum und eurer sind es 700 000 und also verhält sich die Zahl des Volkes zu seinen Pressern auch im übrigen Deutschland [...]
Deutschland ist jetzt ein Leichenfeld, bald wird es ein Paradies sein."

(Fritz Bergemann [Hrsg.], „Georg Büchner. Werke und Briefe", Bd. 1, Frankfurt a. M. 1979, S. 333f.)

3.) Der liberale rheinische Industrielle David Hansemann verfasste 1840 eine Denkschrift an den preußischen König Friedrich Wilhelm IV.:
Wärmste Besorgnisse flößt gewiss jedem preußischen Staatsmanne die starke und außerordentliche Zunahme des demokratischen Elementes ein, um so mehr, als gerade dieses Element erfahrungsgemäß seine [...] Herrschaft leicht durch Umsturz begründet. Es mögen hier die Ursachen angedeutet werden, die zur Ausbildung [...] des demokratischen Elementes sowie zu dessen Gefährlichkeit beitragen müssen:
1. Das Maschinenwesen. Es vermehrt auf der einen Seite die Zahl der besitzlosen Menschen [...] Auf der anderen Seite vermindert es den Preis der Fabrikate [...] dergestalt, dass die Kleidung [...] schon zum Gleichmachen [...] der Stände beiträgt [...]
4. Die preußische Heeresverfassung, die [...] die unteren Volksklassen zum Bewusstsein ihrer Kraft bringt [...]
7. Die Allgemeinheit des Unterrichts. Das Prinzip der Gleichheit [...] bringt die Gefahr des Umsturzes [...]. Gerade die freisinnigsten [Staatsmänner] sind deshalb gegen die Gleichheit der Freiheit [...]. Damit Vernunft und Fähigkeit herrschen, muss der politische Einfluss der höheren und wohlhabenden Volksklassen stärker sein als der von den übrigen auszuübende [...]
Wer von öffentlichen Unterstützungen lebt, wer kein Besitztum hat, [...] wer keinen den hinreichenden Unterhalt sichernden Erwerb treibt, wer seine Kinder durch öffentliche Unterstützungsanstalten unterhalten lässt, dem mögen die bürgerlichen Rechte auch weniger zugute kommen als dem, welcher besitzt, erwirbt oder für seine Kinder und Eltern pflichtgemäß sorgt."

(Hans Fenske [Hrsg.], „Vormärz und Revolution 1840–1848", Darmstadt 1976, S. 29f.)

Zu den Arbeitsvorschlägen und Fragen

a) 1789 geboren als Sohn eines Schneiders; Arbeit als Schreiber; 1810 Jurastudium; österreichischer Verwaltungsdienst; Teilnehmer an den Freiheitskämpfen; als 29-jähriger Funktion ähnlich der eines heutigen Landrats; Begeisterung für die französische Julirevolution; 1830–1832 Herausgeber einer politischen Zeitschrift, dann einer Zeitung, die verboten wurde (vgl. M2); Zurückstufung zum „Zuchthausdirektor"; Hauptredner beim Hambacher Fest (M6); nach 14 Monaten Untersuchungshaft überraschender Freispruch; erneute Ankla-

ge wegen Beamtenbeleidigung und Verurteilung; 1833 Flucht in die Schweiz; 1845 gestorben.
b) Volkssouveränität, politische Gleichheit, nationale Einheit.
c) Verletzung der Würde und Sicherheit des Bundes und einzelner Bundesstaaten; Gefährdung des Friedens und der Ruhe; Auflösung der „Bande des Vertrauens und der Anhänglichkeit zwischen Regenten und Volk"; Vernichtung der Autorität der Regierungen; Angriff auf die Unverletzlichkeit der Fürsten; Aufforderung zur Gewalt gegen Personen und Eigentum; Herbeiführung von Aufruhr und Anarchie; Umgestaltung Deutschlands; Aufforderung zur Bildung staatsgefährdender Vereine.
d) Nationale Begeisterung vor allem für den polnischen Freiheitskampf. Polen und Franzosen werden in M6 als „der Deutschen Brüder" bezeichnet, Siebenpfeiffer spricht sogar von einem „Völkerbund".
e) Der „deutsche Philister" (vgl. „Zusatzinformationen zu den Materialien", M4) wird als angepasster Untertan verspottet und als „hausbacken, erbärmlich und feige" bezeichnet. Er erwähnt in der Michels-Ode die Freiheitskriege, den „Wiener Kongress" und die „Karlsbader Beschlüsse".
f) Vgl. „Zusatzinformationen zu den Materialien", M7.

4. Revolution in Deutschland

Konzeption

Das Kapitel beschreibt und hinterfragt Ursachen, Anlass, Ablauf und Ergebnis der Märzereignisse. Nach einem narrativen Einstieg am Beispiel Berlins über die politische und soziale Situation des Deutschen Bundes am Vorabend der Revolution gibt der Verfassertext einen Überblick über die französische Februarrevolution und die deutschen Märzrevolutionen in Preußen, Österreich und den Mittelstaaten. Die politischen Forderungen, die auf zahlreichen Volksversammlungen vorgetragen werden, weisen eine noch bemerkenswerte Einheitlichkeit auf. Abweichende Ziele verfolgten vor allem die Bauern in Süddeutschland und Österreich und die österreichischen Nationalitäten.

Aspekte der Unterrichtsgestaltung

Vorschläge für den Themeneinstieg:
- Narrativer Einstieg durch lautes Lesen der Marginalie „Berlin im Februar 1848" bis zum ersten Absatz (vgl. Schülerbuch, S. 201);
- Bildvergleich M1 und M2 (vgl. Schülerbuch, S. 202f.)
- Märzforderungen der Bauern (vgl. M4) und der Kleinbürger (gl. M5).

Teilthemen:
- Die deutsche Märzrevolution in den Kleinstaaten: Ursachen, Anlass, Folgen (vgl. M4 und M5);
- Die Revolutionen in Wien und Berlin (vgl. M1–M3, M6).

Leitende Problem- und Fragestellungen:
- Unterscheidung der politischen Rechte der Franzosen nach der Februarrevolution von den Rechten der deutschen Bürger und Arbeiter;
- Welche Bedeutung kam den „Märzministern" zu?
- Warum war es so wichtig, dass viele Staaten des „Deutschen Bundes" Verfassungen bekamen?
- Beschreibung des revolutionären Geschehens in Berlin (vgl. Marginalien „Berlin im Februar 1848", „Barrikadenkämpfe" und „Revolution in Berlin" Schülerbuch, S. 201ff.
- Welche Forderungen äußerten das Bürgertum (vgl., Marginalie „Deutsche Märzrevolution", Schülerbuch, S. 203), die Bauern (vgl. M4), die Handwerker und Arbeiter (vgl. M5)?

Vorschläge für Arbeits- und Sozialformen:
- Lautes Vorlesen der Marginalie „Berlin im Februar 1848" durch einen Schüler;
- Arbeitsteilige Gruppenarbeit bei der Beschreibung der Bilder M1, M2 und der Karikatur M3 (vgl. Schülerbuch, S. 201ff.);
- Arbeitsteilige Gruppenarbeit bei der Erschließung der Textquellen M4, M5a und M5b sowie M6a und M6b.

Tafelbild

Deutsche Märzrevolution 1848

Unruhen →	Forderungen (M5a) →		Wirkungen
– Volksversammlungen	– Gesetzgebung durch das (deutsche) Volk →	Einheit	– Presse-, Versammlungsfreiheit
– Demonstrationen	– Freiheit der Presse, Vereinigungsfreiheit →	Freiheit	– Abschaffung der Abgaben der Bauern
– Bauernunruhen	– Allgemeines Wahlrecht, Volksbewaffnung →	politische Gleichheit	– „Märzminister"
– Revolution in Wien und Berlin	– kostenlose Schulbildung, Schutz vor Arbeitslosigkeit, Ende der Vorrechte der Grundherrn →	soziale Gleichheit	– Verfassungen in Österreich und Preußen – preußischer König verspricht Einheit.

Zusatzinformationen zum Verfassertext

1848 traf die politische Legitimationskrise auf eine ökonomische Krise. Zur Nationalidee und der Verfassungsbewegung trat die soziale Protestbewegung.
Eine wesentliche Seite des Vormärz war die zunehmende „Konstituierung und Organisation der Kulturnation“ (Hagen Schulze) gewesen. Am Vorabend der 48er Revolution dürfte es in Deutschland etwa 300 Turnvereine mit insgesamt 90 000 Mitgliedern gegeben haben, ein beachtliches, politisch mobilisierbares Potential. Parallel dazu hatten sich in großer Zahl patriotische Gesangsvereine, Sängerbünde und Liedertafeln organisiert, die u.a. bei gesamtdeutschen Sängerfesten zusammenkamen. Die 40er Jahre waren auch die Blütejahre der bürgerlich getragenen nationalen Denkmalbewegungen, die u.a. den Bau des Hermannsdenkmals im Teutoburger Wald, der Walhalla in Regensburg oder die Vollendung des Kölner Doms vorantrieben. Die eigentliche Brisanz erhielt die nationale Opposition durch die zunehmende soziale und ökonomische Misere. Das Elend des Pauperismus rückte in den Vordergrund. Dem oft grauenhaften Elend sowohl bäuerlicher Tagelöhner als auch städtischer Gelegenheitsarbeiter standen die Behörden rat- und tatenlos gegenüber. Die Protestpartei zerfiel deshalb immer deutlicher in das Lager der Liberalen und das der Demokraten. Die Forderung nach einem deutschen Nationalstaat, dem Hauptantrieb der Märzrevolution, bildete ihr gemeinsames Bindeglied.

Zusatzinformationen zu den Materialien

M1: Die Barrikaden mit der schwarz-rot-goldenen Fahne u.a. aus umgestürzten Wagen, Fässern und Pflastersteinen. Deutlich sichtbar links die Kanonenrohre, aus denen die in M2 hergestellten Kanonenkugeln geschossen werden. Preußisches Militär mit Säbeln und auf Musketen aufgepflanzten Bajonetten stehen Barrikadenkämpfer mit Kanonen und Piken gegenüber. Handwerker und in geringerem Umfang Arbeiter aus den Maschinenbaubetrieben im Norden Berlins stellten den Kern der Kämpfenden, doch fanden sich unter den Barrikadenkämpfern und ihren Helfern Angehörige aller Volksschichten einschließlich solcher der „besseren Stände“.

M2: Erschmelzen und Gießen von Kanonenkugeln aus dem Blei, das aus den Fensterfugen zwischen den Butzenscheiben entfernt wird. Die Arbeit über dem Feuer der Schmelztiegel teilen sich Männer mit bürgerlicher Kleidung, mit Arbeitskleidung, Frauen und Kinder. Mit ihm wird das flüssige Blei mit ca. 250° C in eine Form gegossen, die am rechten unteren Bildrand neben den Kugeln angedeutet ist.

M3: Das Bürgertum mit den durch Kronen verzierten Fahnen der Einzelstaaten, die Vertreter konstitutioneller Monarchien also, werden von Vertretern des Adels, des Bürgertums und der Arbeiter mit schwarz-rot-goldenen Fahnen verdrängt.

M4: Der Text fährt fort:
„Der inzwischen herbeigekommene Rentbeamte [...] überreichte der Menge endlich im Namen seiner Herrschaft die folgende Verzichtsurkunde: 1. Die Grundherrschaft wolle zu den Gemeindebedürfnissen gleich anderen Bürgern mit ihrem Steuerkapital beitragen; 2. verzichte sie auf das Marktstandgeld jeder Art, sowohl bei Krämer- als bei Viehmärkten; 3. auf die Bürgerannahmetaxen; 4. die Jagden und Fischereien sollten verpachtet werden und das Pachtgeld in die Gemeindekassen fließen; 5. verzichte sie auf das Präsentationsrecht bei den Bürgermeisterwahlen; 6. hebe sie die Abzugssteuer von den Auswanderern auf; 7. leiste sie Verzicht auf alle so genannten alten Abgaben jeder Art'“.

M5: Seit dem 27. Februar fanden zunächst im Westen und Süden Deutschlands die ersten großen Volksversammlungen und Demonstrationen statt. Überall wurden Forderungskataloge aufgestellt, die an lokale und staatliche Behörden gerichtet waren, an Gemeinderäte und Landtage, an die Fürsten und deren Regierungen. Die Inhalte wiesen eine bemerkenswerte Einheitlichkeit auf. Man verlangte mit Nachdruck die sofortige Aufhebung aller Einschränkungen der politischen Rechte, die Herstellung der Presse-, Versammlungs- und Vereinigungsfreiheit und die Einführung eines allgemeinen und gleichen (Männer-)Wahlrechts, die allgemeine Volksbewaffnung und die Vereidigung des Heeres auf die Verfassung, die Erweiterung der Rechte der Volksvertretung oder deren Schaffung in Preußen und Österreich, die Ministerverantwortlichkeit, eine neue, bürgerliche Gerichtsverfassung mit Schwurgerichten und mündlichen Verhandlungen, eine volksnähere Verwaltung, die Gleichheit der politischen Rechte für die Angehörigen aller Religionsbekenntnisse, die Lösung der sozialen Frage, den Schutz vor Arbeitslosigkeit und sozialer Not, eine Verbesserung der allgemeinen und unentgeltlichen Volkserziehung und schließlich ein deutsches Parlament und die Schaffung eines Nationalstaates. Die Ergebnisse von M5a sind im „Tafelbild“ zusammengefasst.

M6: Friedrich Wilhelm IV. und die Verfassungsfrage. Zeitgenössische Karikatur zur Rede des Königs vom 11.04.1847.

(Aus: „Fragen an die deutsche Geschichte“, S. 51)

M6a und der Brief Friedrich Wilhelms IV. (vgl. M5 im Schülerbuch, S. 218) verdeutlichen, dass der Kaiser wohl nicht wirklich hinter der Märzrevolution stand, sondern nur dem äußeren Druck nachgab.

Ergänzungen zum Angebot des Schülerbuchs

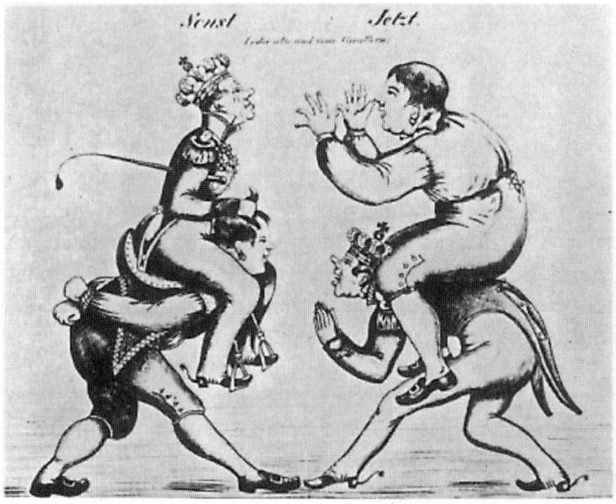

(Aus: W. Siemann, „Die deutsche Revolution 1848/49...", S. 30)

1.) Die Karikatur zeigt den „deutschen Michel", der lange als Lasttier der Fürsten missbraucht wurde, nun seinen Unterdrücker abgeworfen hat und ihn unterdrückt. Hat nach den Märzereignissen wirklich eine Neuverteilung der Macht im Hinblick auf Volkssouveränität stattgefunden? Wie fest sitzt Michel im Sattel?

2.) Schon am 27. Februar 1848 – nur vier Tage nach dem Beginn der Februarrevolution – verfassten Mannheimer Bürger eine Bittschrift und sandten sie an das badische Parlament:

„Eine ungeheure Revolution hat Frankreich umgestaltet. Vielleicht in wenigen Tagen stehen französische Heere an unseren Grenzmarken, während Russland die seinigen im Norden zusammenzieht. Ein Gedanke durchzuckt Europa. Das alte System wankt und zerfällt in Trümmer. Aller Orten haben die Völker mit kräftiger Hand die Rechte sich selbst genommen, welche ihnen ihre Machthaber vorenthielten. Deutschland darf nicht länger geduldig zusehen, wie es mit Füßen getreten wird. Das deutsche Volk hat das Recht zu verlangen: Wohlstand, Bildung und Freiheit für alle Klassen der Gesellschaft, ohne Unterschied der Geburt und des Standes.

Die Zeit ist vorüber, die Mittel zu diesen Zwecken lange zu beraten. Was das Volk will, hat es durch seine gesetzlichen Vertreter, durch die Presse und durch Petitionen deutlich genug ausgesprochen. Aus der großen Zahl von Maßregeln, durch deren Ergreifen allein das deutsche Volk gerettet werden kann, heben wir hervor:

1. Volksbewaffnung mit freien Wahlen der Offiziere.
2. Unbedingte Pressefreiheit.
3. Schwurgerichte nach dem Vorbilde Englands.
4. Sofortige Herstellung eines deutschen Parlaments.

Diese vier Forderungen sind so dringend, dass mit deren Erfüllung nicht länger gezögert werden kann und darf.

Vertreter des Volkes! Wir verlangen von euch, dass ihr diese Forderungen zu ungesäumter Erfüllung bringt. Wir stehen für dieselben mit Gut und Blut ein und mit uns, davon sind wir durchdrungen, das ganze deutsche Volk."

(Friedrich Hecker, „Die Erhebung des Volkes in Baden", Basel 1848, S. 17f.)

3.) Über das Berlin nach der Revolution berichtet der Arzt Rudolf Virchow schon am 24.03.1848:

„Für den Augenblick haben wir Ruhe, aber die Ruhe eines Vulkans [...]. Schon beginnt unter der Bürgerschaft (Bourgeoisie) die Reaktion gegen die Arbeiter (das Volk). Schon spricht man wieder von Pöbel; schon denkt man daran, die politischen Rechte ungleichmäßig unter die einzelnen Glieder der Nation zu verteilen; schon wagt man, die Presse zu terrorisieren und die Regierung beginnt allmählich wieder einen Ton anzustimmen, der dem Ton vor dem 18. März sehr nahe verwandt ist [...]. Aber die Volkspartei ist wach und sie ist auch mächtig. Sie wird dahin sehen, [...] dass nicht eine Bourgeoisie die Früchte eines Kampfes genießt, den sie nicht geschlagen hat [...]. Der Anblick Berlins heute, verglichen mit dem vor 14 Tagen, ist wahrhaft traumhaft. Überall Leben, überall Waffen, überall freie und öffentliche Rede. Ganz Berlin hängt voll deutscher Fahnen und die Straßen haben durchaus ein außerordentlich buntes und belebtes Aussehen gewonnen [...]. Die Berliner sind natürlich voll Siegesstolz und jeder Straßenjunge tut, als ob er mehrere Soldaten getroffen hätte. Das ist etwas ganz Neues und fast das Wichtigste bei der Sache, dass wir jetzt Selbstgefühl, Selbstachtung, Selbstvertrauen gewonnen haben. Diese Eigenschaften sind das erste Bedürfnis für die Selbstregierung, welche die einzige der Völker würdige Form des Staates ausmacht. Wünschen wir nur, dass die Selbstregierung nicht noch einmal durch Waffengewalt erkämpft werden muss, denn ein zweiter Kampf würde gewiss ungleich blutiger sein als der erste."

(Rolf Weber [Hg.], „Revolutionsbriefe 1848/49", Frankfurt a.M. 1973, S. 87ff.)

Zu den Arbeitsvorschlägen und Fragen

a) Vor dem Hintergrund einer europäischen Wirtschaftskrise verschärften sich die sozialen und politischen Spannungen in Deutschland. Die Erhebungen in Frankreich gegen die Herrschaft der Bourgeoisie wurden zum auslösenden Moment für Aufstände und Demonstrationen gegen die deutsche Zersplitterung, gegen die Reste der absolutistischen Feudalordnungen vor allem in Südwestdeutschland und Österreich und gegen das Fehlen von Verfassungen in Österreich und Preußen. Im österreichischen Vielvölkerstaat kam dazu noch der Widerstand der Tschechen, Ungarn und Italiener gegen die habsburgische Fremdherrschaft. Die Folgen waren die Einsetzung von Märzministern, die Flucht Metternichs, die Einberufung einer preußischen Nationalversammlung und die Zustimmung des preußischen Königs zur Wahl eines deutschen Parlaments.

b) Dem Text zu entnehmen. Angesichts der hartnäckigen Verweigerung einer Verfassung nach 1847 ist zu vermuten, dass die Rede vom 21. März 1848 ebenso wie seine demonstrative Verbeugung am 19. März vor den Gefallenen im Schlosshof wohl nicht der Überzeugung des Königs entsprang, sondern nur seiner durch die Bildung einer liberalen Regierung, den Rückzug des Heeres aus Berlin und der Schaffung einer Bürgerwehr ausgelösten Demütigung (vgl. Eberhard Schwalm [Hrsg.]. „Folienbuch Geschichte 2", Folie 19, „Revolution in Berlin

1848", Klett-Perthes, Gotha 1993). Die Ablehnung der Kaiserkrone (vgl. Schülerbuch, S. 218, M5) verdeutlicht die wirkliche Einstellung Friedrich Wilhelms IV.
c) Unruhen und Demonstrationen gab es u.a. in Baden, Württemberg, Bayern, dem Großherzogtum Hessen, Kurhessen, Frankfurt, Sachsen, Sachsen-Weimar-Eisenach, Hannover, Braunschweig, Oldenburg, Mecklenburg, Hamburg, Bremen, Lübeck, Österreich und Preußen. Zeitgenössische Darstellungen finden Schüler u.a. in Zeitungsarchiven.

5. Wie soll ein deutscher Nationalstaat aussehen?

5.1 Das erste Nationalparlament berät eine Verfassung

Konzeption

Das Kapitel befasst sich mit dem Zustandekommen, den Aufgaben und den Zielen der Frankfurter Nationalversammlung und es verdeutlicht die Probleme, mit denen sich die Parlamentarier konfrontiert sahen. Dabei werden auch die unterschiedlichen politischen und sozialen Ziele der Abgeordneten deutlich. Die demokratische bürgerliche Linke war republikanisch gesinnt, forderte die uneingeschränkte Volkssouveränität und betonte die Notwendigkeit tief greifender sozialer Reformen. Auf der anderen Seite wollten große Teile des liberalen Lagers der Revolution Grenzen setzen. Eine große Rolle spielte dabei die Furcht vor sozialrevolutionären Bestrebungen und unkontrollierten Volksbewegungen, eine Furcht, die sich seit der „Schreckensherrschaft" der Französischen Revolution im liberalen Denken fest eingenistet hatte.
Einerseits hatten die Abgeordneten der Paulskirche Grundrechte und Staatsaufbau zu beschließen, andererseits führte die provisorische Zentralgewalt die Aufgaben des Frankfurter Bundestages fort und versuchte noch vor der Verabschiedung der Verfassung zusätzliche Aufgabenbereiche von den Einzelstaaten zu übernehmen. An diesen Grundfragen entzündeten sich unendliche Debatten. Einen musikalischen Eindruck vermittelt das Lied „Das Reden nimmt kein End" auf der Compact-Disc des Ernst Klett Verlags „Historische Lieder" (Klett Bst.-nr. 415542). Die Unterrichtseinheit verzichtet darauf, die Schwäche der Zentralregierung am Beispiel der komplizierten Krise um Schleswig-Holstein vertieft zu thematisieren. Im Mittelpunkt steht stattdessen die eigentliche Verfassungsfrage.

Aspekte der Unterrichtsgestaltung

Vorschläge für den Themeneinstieg:
- Das Lied „Das Reden nimmt kein End" (vgl. CD „Historische Lieder", Klett Best.- nr. 415542);
- Lautes Vorlesen der Quelle M3 (vgl. Schülerbuch, S. 208);
- Interpretation der Karikatur M5 (vgl. Schülerbuch, S. 209).

Teilthemen:
- Vorparlament und Wahl der Nationalversammlung;
- Verfassungsdiskussion über die großdeutsche oder kleindeutsche Lösung, über Zentralstaat oder föderativen Aufbau oder Republik (vgl. die Marginalien „Monarchie oder Republik?", „Großdeutsch oder kleindeutsch?" und die Materialien M2, M5 und M6, Schülerbuch, S. 206ff.).

Leitende Problem- und Fragestellungen:
- Welche Aufgaben hatte die Nationalversammlung in der Paulskirche zu lösen?
- Erklärung der Begriffe „großdeutsch", „kleindeutsch" (vgl. Schülerbuch, S. 207f.), „Monarchie", „Republik," „konstitutionelle Monarchie" (vgl. Kastentext Schülerbuch, S. 117), „Bundesstaat", „Staatenbund" (vgl. M6);
- Beschreibung der geplanten Reichsverfassung von 1849 (vgl. M2);
- Wie kam es zum Zusammentritt des Vorparlaments, wie zur Wahl der Nationalversammlung? (vgl. Marginalie „Das Vorparlament und die Nationalversammlung", Schülerbuch, S. 206);
- Welche Aufgaben hatte der „Reichsverweser"?
- Was versteht man unter einem „Zweikammersystem" (vgl. M5)?
- Schilderung der Entstehung von Fraktionen in der Paulskirche.

Vorschläge für Arbeits- und Sozialformen:
- Rollenspiel zu Frage a) (vgl. Schülerbuch, S. 209);
- Zuordnung der Inhalte von M4 zu den Grundrechten des GG in Partnerarbeit;
- Arbeitsteilige Gruppenarbeit bei der Beschreibung der Bilder M1, M2 und der Karikatur M3;
- Arbeitsteilige Gruppenarbeit bei der Erschließung der Textquellen M4, M5a, M5b, M6a und M6b.
- *Arbeitsblatt 17: „Warum scheiterte die Revolution?"*

Tafelbild

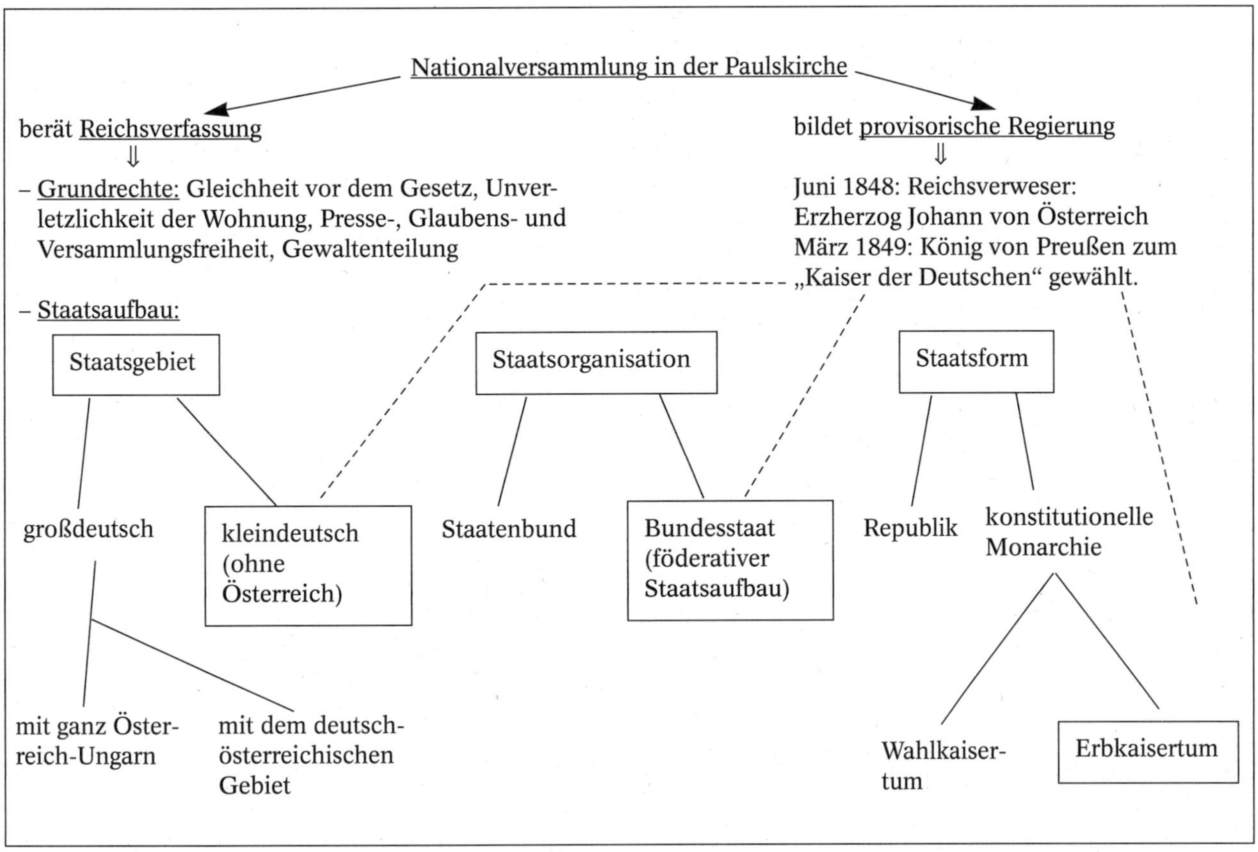

Zusatzinformationen zum Verfassertext

Die Nationalversammlung ging über ihre eigentliche Aufgabe, eine Verfassung zu entwerfen, weit hinaus, indem sie eine Regierung berief und damit den Bundestag endgültig ausschaltete. Dies war ein sichtbarer Ausdruck nationaler Einigkeit. In einem besonderen Reichsgesetz vom 28. Juni 1848 verfügte die Nationalversammlung die Einführung der Provisorischen Zentralgewalt, gebildet aus Reichsverweser, Ministerpräsident und Reichsministerien für das Äußere, Innere, die Finanzen, Justiz, den Handel und Krieg. Das Parlament traf damit bereits eine Vorentscheidung für die künftig geplante Staatsform der konstitutionellen Monarchie.
Im Juni 1848 bestand noch die feste Hoffnung, Österreich einbeziehen zu können. Die Tagespolitik erwies sich von nun an immer mehr als schwere Belastung für die eigentliche Verfassungsarbeit. Die Nationalversammlung tat sich überaus schwer, ihre völkerrechtliche Anerkennung zu gewinnen. Weder Frankreich noch Großbritannien erkannten die Zentralgewalt an; nur die USA, Schweden, die Niederlande, Belgien, Sardinien, Neapel, Griechenland und die Schweiz waren dazu bereit. Genauso wenig Einfluss erreichte die Regierung im Inland, vor allem, weil ihr eine funktionierende Verwaltung als Unterbau fehlte. Als Reichskriegsminister Eduard von Peucker, selbst preußischer General, am 16. Juli 1848 verfügte, dass alle deutschen Truppen am 6. August 1848 mit angelegten deutschen Farben eine Parade zur Huldigung des Reichsverwesers durchzuführen hätten, folgten die meisten Klein- und Mittelstaaten, während sich Preußen und Österreich, Bayern, Sachsen und Württemberg dieser vermeintlichen Zumutung stillschweigend entzogen.
Die Macht des Reichskriegsministers beschränkte sich auf die Bundestruppen, die in den Bundesfestungen verfügbar waren. Mit deren Hilfe wurden mehrfach kleinere Aufstände niedergeworfen, wenn einzelne Bundesstaaten um Hilfe nachsuchten. Bei solchen gegen Revolutionäre gerichteten Aktionen fiel die Zentralgewalt auch bei vielen Liberalen in Ungnade. Auch die im September beschlossene Martikularumlage, mit der die Reichsausgaben finanziert werden sollten, ging nur schleppend und völlig unzureichend ein. „Die Reichszentralgewalt war deshalb kaum mehr als eine Versammlung einiger idealistischer Liberaler, deren Macht an der Tür ihres Sitzungszimmers endete“ (Hagen Schulze). Die Verfassung war im Kern ein Kompromiss zwischen bürgerlichen Liberalen und bürgerlichen Demokraten. Als erste deutsche Verfassung wurde sie weder oktroyiert, noch war sie eine Übereinkunft zwischen Monarch und Volksvertretung, sondern wurde im Namen des Volkes beschlossen.

Zusatzinformationen zu den Materialien

M1: Die Abgeordneten saßen im Halbkreis, rechts die gemäßigten Liberalen, links die radikalen Demokraten, in der Mitte linkes und rechtes Zentrum. Eine Beschreibung der Zuhörertribüne findet sich in M3 (vgl. Schülerbuch, S. 208). Die Versammlung erreichte nie ihre gesetzliche Mitgliederzahl von 649 Abgeordneten, da viele Wahlkreise in Böhmen und Mähren die Wahl boykottiert hatten, die übrigen 585 Abgeordneten waren auch nicht immer vollzählig versammelt, weil sie z.B. gleichzeitig ein Landtagsmandat wahrnahmen. In der Regel zählte die Versammlung 400–450 Abgeordnete, bei Abstimmungen, wo es auf jede Stimme ankam, bis zu 540 Personen. Da manche Mitglieder ausschieden und ihren Stellvertretern Platz machten, zählte die Versammlung über die Gesamtzeit ihres Bestehens 812 Mitglieder. Diese Zahl wird häufig den Berufsstatistiken der Abgeordneten zugrunde gelegt.

M2: Die Einzelstaaten mussten auf beträchtliche Souveränitätsrechte verzichten. In Frankfurt wünschte man eine starke Reichsgewalt: Die auswärtige Vertretung und die Entscheidung über Krieg und Frieden und über das Reichsheer gingen auf die Zentralgewalt über. Die Einheit von Verkehr, von Zöllen einer einheitlichen Währung und einer Reichspost schufen die Voraussetzung für einen reibungslosen Handel. Die Gesetzgebungsgewalt des Reichstags, der für alle Reichsbürger gültige Grundrechtskatalog und die Institution des Reichsverfassungsgerichts bildeten das unitarische Element, das mit dem Staatshaus das föderative Gegengewicht erhielt. Die Erbmonarchie erhielt den Charakter, den Ludwig Uhland in den Satz kleidete: „Es wird kein Haupt über Deutschland leuchten, das nicht mit einem vollen Tropfen demokratischen Öls gesalbt ist.“ Der Kaiser bekam ein aufschiebendes (suspensives) Veto, das unwirksam wurde, wenn es in drei Sitzungsperioden überstimmt wurde. Der Reichstag mit seinen zwei Häusern wurde im allgemeinen, gleichen und unmittelbaren Mehrheitswahlrecht gewählt. Er besaß aber keine unmittelbare parlamentarische Kontrolle über die Reichsregierung.

M3: Zusammen mit M1 auswertbar.

M4: Hier bietet sich ein Vergleich mit dem Grundgesetz an (vgl. „Zu den Arbeitsvorschlägen und Fragen“, c).

M5: Durch Personifizierung macht die Karikatur komplizierte Zusammenhänge auf einen Blick erkennbar. Deutschland ist der Wagen. Ein Revolutionär hält die neue Fahne, ein anderer hält das Zeichen der Gerechtigkeit, ein dritter treibt die schmucklosen Pferde. Ihm entgegen sitzt ein Fürst auf dem reich geschmückten Kutschbock. Der Bundesrat wird auch heute noch, so wie seit 1871, von den Länderregierungen und nicht von den Parlamenten bestimmt. 1849 gab es in dieser Frage einen Kompromiss.

M6: Ludwig Uhland (1787–1862) Dichter und Germanist. Seit 1820 Mitglied der zweiten württembergischen Kammer. Vertreter des großdeutschen Reichsgedankens. Karl Biedermann (1812–1901), Staatswissenschaftler, Führer der sächsischen Nationalliberalen.

Ergänzungen zum Angebot des Schülerbuchs

1.) Im Frankfurter Vorparlament, das am 31. März 1848 in Frankfurt zusammentrat, prallten schon am ersten Verhandlungstag die gegensätzlichen Meinungen über die zukünftige Staatsform hart aufeinander.

a) Den Grundsatz der Demokraten formulierte der badische Rechtsanwalt Gustav Struve in einem Antrag:
„Aufhebung der erblichen Monarchie und Ersetzung derselben durch frei gewählte Parlamente, an deren Spitze frei gewählte Präsidenten stehen, alle vereint in der föderativen Bundesverfassung nach dem Muster der nordamerikanischen Freistaaten.“

(Aus: E.R. Huber, „Deutsche Verfassungsgeschichte seit 1789“, Bd. 2, Stuttgart 1968, S. 271)

b) Der liberale hessische Politiker Heinrich von Gagern entgegnete seinem Vorredner:
„Sprechen Sie die Ansichten dieser Versammlung aus [...], dass wir an der Monarchie festhalten, dass wir zwar eine Versammlung bilden, welche die Freiheit will und um des Volkes und der Volkssouveränität willen besteht, aber dem Prinzip der Monarchie im Staat treu bleibe und zugleich der Notwendigkeit der Durchführung einer Einheit huldigen.“

(Aus: W. Klötzer u.a. [Hg.], „Ideen und Strukturen der deutschen Revolution 1848“, Frankfurt a.M. 1974, S. 19).

2.) Versammlung des „Politischen Clubs“ in Berlin. Seit März gab es in Deutschland politische Vereine. Die wichtigsten waren die konstitutionellen Vereine, die die liberale Mehrheit in der Nationalversammlung unterstützten, die demokratischen Vereine, die, wie die Linken in der Paulskirche, radikal-demokratische Forderungen vertraten, sowie die Arbeiter- und Handwerkervereine, die eine Verbesserung der Lage dieser Bevölkerungsschichten anstrebten. Die Vereine wollten die Bevölkerung für ihre politischen Ziele gewinnen und auch durch Briefe an die Abgeordneten der Paulskirche deren Entscheidung beeinflussen.

(Aus: „Fragen an die deutsche Geschichte“, S. 116)

3.) Am 18. Mai 1848 traten die über 500 der in die deutsche Nationalversammlung gewählten Abgeordneten erstmals zusammen. Tags darauf schrieb der Komponist Richard Wagner dem demokratischen Abgeordneten Jacob Wigand:
„Ich besorge viel Unheil, wenn das deutsche Parlament nicht folgenderweise beschließe: [...] Der bisherige deutsche Bundestag ist aufgehoben. Das Parlament schließt somit die einzige konstituierende (verfassungsmäßige) Gewalt in sich sowie die Befugnis, die exekutive Gewalt provisorisch aus ihrer Mitte als Ausschuss zu ernennen [...]. Sofortige Einführung der Volksbewaffnung [...]. Nun hängt es von dem Benehmen der Fürsten ab, welches Los sie sich bereiten wollen: Beginnen sie feindselig, protestieren sie, so

sind sie samt und sonders in Anklagezustand zu versetzen [...]. Erst wenn diese Frage entschieden ist [...], möge die Versammlung an die Verfassungsarbeit gehen [...]. Wie nutzlos würde eine Verfassung dem jetzigen Zustande Deutschland gegenüber sein! Das Parlament muss die einzelnen Staaten erst noch vollkommen revolutionieren."

(Rudolf Weber [Hrsg.], „Revolutionsbriefe 1848/49", Frankfurt a.M. 1973, S. 87ff.)

4.) Von 812 in das deutsche Parlament in der Paulskirche gewählten Abgeordneten waren:
115 höhere Verwaltungsbeamte
110 Richter und Staatsanwälte
106 Advokaten
94 Universitäts- und Gymnasialprofessoren
46 Landwirte
44 Berufslose
39 Geistliche
37 mittlere Beamte
35 sonstige Akademiker
35 Kaufleute
30 Lehrer
23 Ärzte
21 Bürgermeister
20 Schriftsteller
18 Offiziere
14 Fabrikanten
11 Diplomaten
7 Verleger und Buchhändler
4 Handwerker
3 Bibliothekare

(Nach E.R. Huber, „Deutsche Verfassungsgeschichte seit 1789", Bd. 2, Stuttgart 1968, S. 610)

Zu den Arbeitsvorschlägen und Fragen

a) Das Rollenspiel setzt die gründliche Lektüre des Verfassertextes, der Karte im Schülerbuch auf S. 189 und der Nationalitätenkarte auf S. 210 voraus. Auf Rollenspielkarten können zusätzlich zum Verfassertext Argumente für oder gegen eine Einbeziehung Österreichs in den zu gründenden Zentralstaat angeboten werden.

Rollenspielkarte1:
Der Abgeordnete Fritsch sagte am 19. Oktober 1848 in der Paulskirche:
„Die moralische Kraft von 15 Millionen Österreichern geht Ihnen verloren, wenn diese Ausscheidung stattfindet. Ja noch mehr, es geht Ihnen der Vorteil verloren, den Deutschland aus der mittelbaren Verbindung mit den nichtdeutschen Provinzen Österreichs bezieht. Sie verlieren dadurch eines der bedeutendsten Handelsgebiete. Sie verlieren die Produkte dieser Länder. Sie verzichten auf das produktenreiche Ungarn und Galizien; die deutsche Industrie verliert den Verkehr in diesen Ländern. Sie verliert den deutschen Hafen Triest und den großen Ausgangspunkt der deutschen Produkte und Fabrikate nach Süden. – Ein weiterer Verlust ist der, dass der unmittelbare Einfluss Deutschlands auf Italien verloren geht [...]. Der Einfluss, der dadurch verloren geht, käme unseren Gegnern zustatten; begierig würde er von Frankreich und England aufgegriffen werden [...]. Wir wollen und erstreben die Verbindung mit der Moldau und Walachei und den unteren Donauländern. Wie aber können sie hergestellt werden, wenn die österreichische Monarchie von Deutschland getrennt ist oder auch nur, wenn die nichtdeutschen Länder Österreichs von uns geschieden sind?"

(Zit. nach: W. Lautemann/W. Schlenke [Hrsg.], „Geschichte in Quellen", Bd. 5, München 1980, S. 188f.)

Rollenspielkarte 2:
Der Abgeordnete Friedrich Dahlmann sagte am 19. Oktober 1848 in der Paulskirche:
„Aus schweren Lebensjahren habe ich die Erfahrung geschöpft, dass wir vor allen Dingen einer einheitlichen Gewalt bedürfen [...]. Uns tut ein Herrscherhaus not, welches gänzlich in Deutschland lebt und in nichts anderem. Ein solches Herrscherhaus kann uns Österreich nicht sein [...], denn es hängen an diesem Österreich, bei all seinem verdienten Ruhme, zu viele außerdeutsche Sorgen an [...]. An den Hohenzollern Preußens können wir ein solches Herrscherhaus nicht nur haben, sondern [...] es ist keine Zukunft für Deutschland möglich ohne Preußen [...] Deutschland muss als solches endlich in die Reihe der politischen Großmächte des Weltteils eintreten; das kann nur durch Preußen geschehen und weder Preußen kann ohne Deutschland noch Deutschland ohne Preußen genesen."

(Zit. nach: Franz Wigard, „Stenographische Berichte der deutschen Nationalversammlung", Frankfurt a.M. 1848/49, Bd. 7, S. 4819ff.)

Der Abgeordnete von Gagern meinte:
„Ist es nicht im Gesamtinteresse der Nation, sowohl Österreichs als des übrigen Deutschlands, dass wenigstens das übrige Deutschland sich fester aneinander anschließe; auch wenn Österreich wegen seiner außerdeutschen Provinzen unter gleichen Bedingungen in diesen engeren Bund nicht eintreten kann, dabei aber nichtsdestoweniger ein enges Bundesverhältnis zwischen Österreich und dem übrigen Deutschland aufrechterhalten werde? [...] Die staatliche Trennung und die Auflösung der österreichischen Monarchie und das Aufgeben ihrer weltgeschichtlichen [...] Aufgabe liegt nicht im deutschen Nationalinteresse."

(Zit. nach: W. Lautemann/M. Schlenke [Hrsg.], „Geschichte in Quellen", Bd. 5, München 1980, S. 195ff.)

b) M2 auf S. 203 und M1 auf S. 207 lassen den Interessenkonflikt zwischen vorwiegend aus Handwerkern bestehenden Akteuren hinter den Barrikaden und den dem Besitz- und Bildungsbürgertum entstammenden Liberalen der Paulskirche erkennen.
c) Grundrechte 1848:
§ 137. Vor dem Gesetz gibt es keinen Unterschied der Stände. Der Adel ist als Stand aufgehoben [...]
§ 138. Die Freiheit der Person ist unverletzlich [...]
§ 143. Jeder Deutsche hat das Recht, durch Wort, Schrift, Druck und bildliche Darstellung seine Meinung frei zu äußern [...]
§ 144. Jeder Deutsche hat volle Glaubens- und Gewissensfreiheit [...]
§ 161. Die Deutschen haben das Recht, sich friedlich und ohne Waffen zu versammeln [...]

Grundgesetz der Bundesrepublik Deutschland:
Art. 3 (1). Alle Menschen sind vor dem Gesetz gleich [...]
Art. 2 (2). Jeder hat das Recht auf Leben und körperliche Unversehrtheit. Die Freiheit der Person ist unverletzlich [...]
Art. 5 (1). Jeder hat das Recht, seine Meinung in Wort, Schrift und Bild frei zu äußern und zu verbreiten und sich aus allgemein zugänglichen Quellen ungehindert zu unterrichten [...]
Art. 4 (1). Die Freiheit des Glaubens, des Gewissens und die Freiheit des religiösen und weltanschaulichen Bekenntnisses sind unverletzlich [...]
Art. 8 (1). Alle Deutschen haben das Recht, sich ohne Anmeldung oder Erlaubnis friedlich und ohne Waffen zu versammeln [...]

5.2 Deutsche im Ausland – Fremde in Deutschland

Konzeption

Die Unmöglichkeit, 1848 einen Nationalstaat zu errichten, in dem nur Deutsche lebten, zeigt das Beispiel Posens. Die Nationalitätenkarte (vgl. Schülerbuch, S. 210) verdeutlicht die Vermischung der Sprachnationen in Osteuropa, die preußischen Bestrebungen und Auszüge aus der Posendebatte die unterschiedlichen politischen Vorstellungen (vgl. Marginalie „Die Nationalversammlung berät die nationale Frage" sowie die Materialien M1–M3 im Schülerbuch, S. 210f.).
Im Mittelpunkt des Unterrichts steht die Minderheitenfrage in Posen. Dazu ist es notwendig, auf die Geschichte Polens seit den drei Teilungen zurückzugreifen. Die Grenzen Polens vor der ersten Teilung sind in die Nationalitätenkarte eingetragen (vgl. M1). M3 verdeutlicht die von den Gedanken der Einheit und Freiheit getragenen Grundstimmung des Paulskirchenparlaments, M2a–M2c dann bereits die unterschiedlichen, teilweise nationalistischen Positionen in Preußen und der Paulskirche. Parallelen zu aktuellen Minderheitsfragen bieten sich an.

Aspekte der Unterrichtsgestaltung

Vorschläge für den Themeneinstieg:
– Kartenarbeit: Vergleich von Karte M1 auf S. 210 im Schülerbuch mit Karte M1 auf S. 189;
– Die Zukunft Polens: M2a und M2b;
– Wiederholung: Die polnischen Teilungen 1772, 1793 und 1795.

Teilthemen:
– Minderheiten im „Deutschen Bund" (vgl. M1);
– Umgang mit Minderheiten damals und heute (vgl. M2 und M3).

Problem- und Fragestellungen:
– Frage a) (vgl. M1, Schülerbuch, S. 210 und M1, Schülerbuch, S. 189);
– Beschreibung des Umgangs der preußischen Regierung mit der polnischen Bevölkerung in Posen (vgl. M2a). Wie dachte der Abgeordnete Ruge darüber (vgl. M2b)? Wie reagierte die Nationalversammlung (vgl. Marginalie „Die Nationalversammlung berät die nationale Frage", Schülerbuch, S. 210);
– Welche Minderheiten in Europa sehnen einen Nationalstaat herbei?
– Welche Lösungsmöglichkeiten bieten Minderheiten in einer Staatsnation Gleichberechtigung (vgl. M3)?

Vorschlag für Arbeits- und Sozialformen:
– Wandzeitung mit aktuellen Minderheitenkonflikten.

Tafelbild

Lösungsmöglichkeiten für nationale Minderheiten

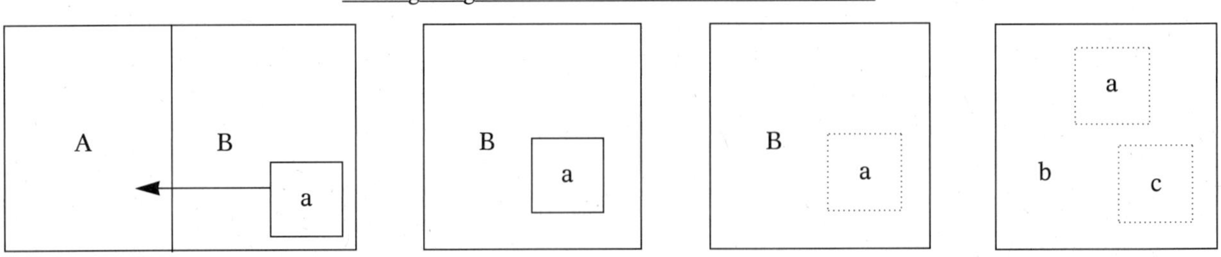

Bevölkerung a wird ausgesiedelt (z.B. Sudetendeutsche, Siebenbürger Sachsen 1945, auch „ethnische Säuberungen" in Serbien)

Bevölkerung a bekommt Autonomie z.B. eigene Schulen (z.B. Österreicher in Südtirol)

Sprache von a wird unterdrückt, Bevölkerung assimiliert (z. B. Polen in Posen)

alle Sprachen sind gleichberechtigt (z.B. Schweiz, Belgien)

Zusatzinformationen zum Verfassertext

„Was ist des Deutschen Vaterland?“, fragte 1813 Ernst Moritz Arndt, „Ist's Preußenland? Ist's Schwabenland? Ist's, wo am Rhein die Rebe glüht? Ist's, wo am Belt die Möwe zieht? O nein! Nein! Nein! Sein Vaterland muss größer sein!“ Arndts vierstrophiges Lied kommt zu dem Schluss: „Soweit die deutsche Zunge klingt, Und Gott im Himmel Lieder singt, das soll es sein! Das, wackrer Deutscher, nenne dein!“ (vgl. CD „Historische Lieder“, Klett Bst.-nr. 415542).

Eine deutsche Sprachnation war geografisch unmöglich. Nach dem Prinzip „im Zweifel für Deutschland“ beschloss die Nationalversammlung gegen den Widerstand der politischen Linken im Juli 1848 entlang einer von Preußen festgelegten Demarkationslinie die Eingliederung aller überwiegend deutsch besiedelten Teile Posens in den deutschen Nationalstaat. Der anfangs noch gezeigten Polenbegeisterung der Parlamentarier stand der nationale Egoismus entgegen. Im Oktober entschied die Versammlung bei nur 80 Gegenstimmen auch die Einbeziehung der österreichischen Länder des „Deutschen Bundes“ einschließlich Böhmens. Dort teilte sich die deutsche Bevölkerung zur tschechischen im Verhältnis zwei zu drei. Ganz Südtirol, vom Brenner bis zum Gardasee, gehörte zum „Deutschen Bund“. Den Anspruch Welschtirols auf Autonomie lehnte die Nationalversammlung empört ab.

Anders lagen die Verhältnisse in Schleswig, das nicht dem „Deutschen Bund“ angehörte. Der dänische König wollte im März 1848 das Herzogtum und die dort wohnende deutsche Bevölkerungsmehrheit dem dänischen Staat einverleiben. Im Interesse Preußens, aber auch im Auftrag der Nationalversammlung marschierten preußische Truppen ein. Als jedoch Russland und England zur Wahrung der Grenzen von 1815 Einspruch erhoben, schloss die preußische Regierung mit der dänischen den Waffenstillstand von Malmö – ohne Rücksicht auf die Nationalversammlung und deren eigentlichem Ziel nach einem Nationalstaat für alle Deutschen. Um einen Bruch mit der preußischen Regierung zu vermeiden, stimmte die Mehrheit der Nationalversammlung im September dem Waffenstillstand zu. Als empörte Studenten und Bürger in Frankfurt gegen diese Entscheidung demonstrierten und bei den Unruhen zwei konservative Abgeordnete ermordet wurden, mussten preußische und österreichische Truppen aus der Bundesfestung Mainz herbeigerufen werden, um die Nationalversammlung zu schützen. Das Parlament verlor dadurch an Ansehen, die Revolution an Geschlossenheit und Kraft.

Die Unterrichtseinheit behandelt exemplarisch das Beispiel Posen (vgl. Schülerbuch, S. 211): Nach der dritten polnischen Teilung 1895 bestand die Hälfte des preußischen Staatsgebiets aus ehemals polnischen Ländern, und rund 3 Millionen der damals 8 Millionen Preußen waren Polen. Nach dem raschen Triumph Napoleons über die preußische Armee, eingeleitet durch die Doppelschlacht bei Jena und Auerstedt, drangen französische Truppen über Berlin und Pommern 1806 in die polnischen Provinzen Preußens vor. In ganz Südpreußen, wo die Polen auf diesen Augenblick lange gewartet hatten, brach eine leidenschaftliche Erhebung los. Preußische Steuerräte, Bürgermeister und Verwaltungsbeamte wurden meist gewaltsam vertrieben. Napoleon zwang Preußen im Tilsiter Frieden von 1807, seine Erwerbungen aus der zweiten und dritten polnischen Teilung, dazu noch das Kulmerland und den größten Teil des Netzedistrikts herauszugeben. Aus den abgetretenen preußischen Teilen Polens entstand das „Herzogtum Warschau“, dem 1809 das seit 1795 österreichische Westgalizien angegliedert wurde.

Der Wiener Kongress warf die polnische Frage nicht grundsätzlich neu auf, sondern erörterte nur die Frage, was aus dem Herzogtum Warschau werden sollte. Der preußischen Regierung war weit mehr an einer Westverschiebung ihres Staates mit der Gewinnung der Rheinprovinz, Westfalens und der Provinz Sachsen gelegen als an der Wiedergewinnung ihrer polnischen Provinzen. Sie gab sich deshalb bei der Arrondierung der preußischen Ostgrenzen mit den westlichen Teilen des Herzogtums Warschau, insbesondere der Weichsel-Festung Thorn und der Stadt Posen, zufrieden. Den größten Teil des Herzogtums bekam der russische Zar Alexander I. in Personalunion („Kongresspolen“). Das Beispiel Alexanders der Tolerierung polnischer Selbstständigkeit in „Kongresspolen“ wurde in Preußen aufmerksam verfolgt und in vieler Hinsicht nachgeahmt. Die westlichen Gebiete des Herzogtums Warschau erhielten als „Großherzogtum Posen“ eine Sonderstellung innerhalb Preußens. Fast alle Landratsposten, die gesamte Kommunal- und Polizeiverwaltung und die niedere Gerichtsbarkeit wurden polnisch besetzt. Aus der Übertragung der Gewerbefreiheit und der Städteordnung bis hin zur Eröffnung der Eisenbahnstrecke Berlin-Posen 1842 resultierte ein wirtschaftlicher Aufschwung. Die Erhöhung der Zahl der Volksschulen von 400 auf über 1 000 zwischen 1820 und 1839, in der die jeweilige Muttersprache gelehrt wurde, verdeutlicht die liberale Toleranz der Anfangsjahre. Die Geistesbewegung der Romantik, die die Anerkennung der nationalen Individualität verlangte, und die Polenbegeisterung des Revolutionsjahres 1830 trugen das ihre dazu bei, den 521 000 Polen neben den 218 000 Deutschen in Posen ein hohes Maß an nationaler Identität zu sichern.

Der polnische Aufstand von 1830 gegen die restriktive Politik des 1825 auf den Thron gekommenen Nikolaus I. und die Entdeckung, dass weite Kreise des polnischen Adels in Posen den Erhebungsversuch unterstützt hatten, bewirkte eine Verschiebung der preußischen Politik. Gegen mehr als 1 000 Polen, vorwiegend Angehörige des Adels, wurden Hochverratsprozesse angestrengt, die allerdings häufig mit Freispruch endeten. Die Praxis des neuen Kurses wurde durch Oberpräsident Eduard Flottwell (vgl. M2a) eingeleitet und unter den meisten seiner Nachfolger fortgeführt: Die deutsche Sprache dominierte immer deutlicher als Gerichts- und Amtssprache und die lokale polnische Selbstverwaltung musste einem besonders intensiven Beamtenapparat weichen.

Die deutsche Märzrevolution von 1848 schien zunächst die gleichzeitige Verwirklichung des polnischen und deutschen Nationalstaates anzustreben. Wiederum wurden in Berlin die deutschen und polnischen Farben gezeigt und sogar ein Krieg gegen Russland zugunsten eines freien Polens erwogen. In der Polendebatte vom 24.–27. Juli 1848 in der Paulskirche siegte dann der nationale Machtwille, der Prinzipienpolitik als Schwäche und Sentimentalität verwarf. Die Ergebnisse blieben letztendlich ohne Bedeutung, da 1851 die preußischen Ostprovinzen wieder aus dem „Deutschen Bund" ausgegliedert wurden.

Zusatzinformationen zu den Materialien

M1: Die Karte verdeutlicht die Schwierigkeit, die Sprachnation mit dem Nationalstaat in Übereinstimmung zu bringen. Innerhalb des Deutschen Bundes in seinen von der Frankfurter Nationalversammlung beschlossenen Grenzen leben u.a. Dänen, Italiener, Polen, Slowenen und Tschechen, außerhalb der Bundesgrenzen u.a. Deutschschweizer und Deutsche in Schleswig, Polen, Ungarn und Rumänien.

M2a: Die Praxis des neuen Kurses in Posen, der 1830 begann, stand vornehmlich im Zeichen des neuen Oberpräsidenten Eduard Flottwell, dem unter dem Eindruck des polnischen Aufstandes Ende 1830 die Leitung der Provinzialverwaltung in Posen übertragen worden war. Flottwell war zuvor Regierungspräsident von Marienwerder und war nun bestrebt, die westpreußischen Grundsätze staatlicher Einschmelzungs- und Eindeutschungspolitik durchzusetzen, u.a. durch eine Zurückdrängung ständischer Privilegien der Selbstverwaltung des polnischen Adels zugunsten eines teilweise aus gedienten Offizieren und Unteroffizieren bestehenden Beamtenapparates. Flottwell betrieb eine deutliche Germanisierungspolitik, die sich u.a. darin ausdrückte, dass er konfiszierte polnische Adelsgüter an deutsche Interessenten veräußerte. Mit Hilfe der auf Posen ausgedehnten preußischen Reformen, die zu wirtschaftlichem Wachstum führten und durch Förderung von Schulen und Kultur, glaubte Flottwell eine Hinwendung der polnischen Untertanen in den preußischen Nationalstaat am ehesten bewirken zu können.

M2b: Die chauvinistische Rede des Schriftstellers Wilhelm Jordan (1819–1904) war nicht mehr auf Einheit und Freiheit gerichtet, sondern kündigte deutschnationale Machtpolitik an. Jordan sprach von einem „gesunden Nationalegoismus" und disqualifizierte den „Polenrausch" als „schwachsinnige Sentimentalität".

M3: Mit Hilfe der Nationalitätenkarte lösbar. Im Vergleich mit M2a und M2c wird der Unterschied zwischen dem ursprünglich liberalen Anspruch und der Realität deutlich.

Ergänzungen zum Angebot des Schülerbuchs

1.) Einer der Kritiker der preußischen Polenpolitik, Freiherr von Stein, macht in der „Nassauer Denkschrift" vom Juni 1807 präzise Vorschläge zur künftigen Neugestaltung des preußischen Verhältnisses zur polnischen Nation:

„Die Teilung von Polen zeigt das traurige Bild einer durch fremde Gewalt unterjochten Nation, die in der selbstständigen Ausbildung ihrer Individualität gestört wurde, der man die Wohltat einer sich selbst gegebenen freien Verfassung entriss und an ihre Stelle eine ausländische Bürokratie aufdrang. Die erobernde Nation [...] übertrug die innere Landesverwaltung an schreibselige formenreiche Behörden, sie erhöhte die Abgaben und entfernte die Einländer von jeder wirksamen Teilnahme an der Verwaltung der Angelegenheiten ihres Vaterlandes [...]. Die polnische Nation ist stolz auf ihre Nationalität, sie trauert, sie, ihre Sprache, ihren Namen erlöschen zu sehen, und feindet den Staat an, der ihr dieses Leid zufügt. Sie würde zufrieden gestellt werden, sie würde diesem Staat anhängen, wenn man ihr eine Verfassung gäbe, bei der ihr Nationalstolz beruhigt und ihr der Besitz ihrer Individualität gesichert wird. Diese nicht zu zerstören, sondern auszubilden, wird jeder für einen Gewinn ansehen, der nicht mechanische Ordnung, sondern freie Entwicklung und Veredelung der eigentümlichen Natur jedes Völkerstammes für den Zweck der bürgerlichen Gesellschaft hält."

(Zit. nach: Martin Broszat, „Zweihundert Jahre deutsche Polenpolitik", München 1963, S. 77f.)

Der preußische König wandte sich im Mai 1815 in einer Proklamation an die Polen des Großherzogtums Posen:

„Auch Ihr habt ein Vaterland und [...]. Ihr werdet Meiner Monarchie einverleibt, ohne Eure Nationalität verleugnen zu dürfen [...]. Ihr werdet wie die übrigen Provinzen meines Reiches eine provinzielle Verfassung erhalten. Eure Religion soll aufrechterhalten [werden]. Eure Sprache soll neben der deutschen in allen öffentlichen Verhandlungen gebraucht werden und jedem unter Euch soll nach Maßgabe seiner Fähigkeiten der Zutritt zu den öffentlichen Ämtern des Großherzogtums sowie zu den Ämtern, Ehren und Würden meines Reiches offen stehen. Mein unter euch geborener Statthalter [der polnische Adlige Fürst Antoni Henry Radziwill] wird bei Euch residieren. Er wird mich mit euren Wünschen und Bedürfnissen und Euch mit den Absichten meiner Regierung bekannt machen. Euer Mitbürger, Mein Oberpräsident, wird das Großherzogtum nach den von Mir erhaltenen Anweisungen organisieren."

(Zit. nach Martin Broszat, a.a.O., S. 85)

Der preußische Kultusminister Stein zum Altenstein erläuterte 1823 die preußische Politik in Posen:

„Was die Ausbreitung der deutschen Sprache betrifft, so kommt es hierbei zunächst darauf an [...], ob nur auf ein allgemeines Verstehen der deutschen Sprache unter den polnischen Einwohnern [...] hingewirkt werden solle oder ob man etwa die Ansicht habe, die ganze Nation [...] zu germanisieren. Nach dem Urteil des Ministers ist nur das Erstere nötig, ratsam und ausführbar [...]. Religion und Sprache sind die höchsten Heiligtümer einer Nation, in denen ihre ganze Gesinnungs- und Begriffswelt gegründet ist. Eine Obrigkeit, die diese anerkennt, achtet und schätzt, darf sicher sein, die Herzen der Untertanen zu gewinnen."

(Zit. nach Martin Broszat, a.a.O., S. 90f.)

2.) Triumphzug polnischer Revolutionäre durch die Straßen Berlins am 20. März 1848 (vgl. S. 183).

(Aus: „Illustrierte Geschichte der Deutschen Revolution", S. 165)

Zu den Arbeitsvorschlägen und Fragen

a) Innerhalb des „Deutschen Bundes" in seinen von der Frankfurter Nationalversammlung beschlossenen Grenzen lebten u.a. Dänen, Italiener, Polen, Slowenen und Tschechen, außerhalb der Bundesgrenzen u.a. Deutschschweizer und Deutsche in Schleswig, Polen, Ungarn und Rumänien.
Die in Deutschland lebenden Vertriebenen und Aussiedler kommen aus den Gebieten östlich von Oder und Neiße, dem Sudetenland und den deutschen Siedlungsgebieten Ostmittel- und Südosteuropas. Hier leben heute noch etwa 3 Millionen Deutsche; 1939 waren es noch annähernd 17 Millionen. In der Bundesrepublik leben ca. 6 Millionen Ausländer, die vor allem als Gastarbeiter, zu einem wesentlich geringeren Teil als Asylbewerber oder Arbeitskräfte aus EU-Ländern einreisten.
b) Vorparlament: Einbeziehung von Ost- und Westpreußen, Schleswig.
Nationalversammlung 1848: Teilung Posens, Verzicht auf Schleswig.
Kleindeutsche Lösung: Verzicht auf Österreich.
c) Ruge:
- Wiederherstellung Polens als Gebot der Humanität und Gerechtigkeit,
- Aufhebung der Unterdrückung der slawischen Völker als „Frage der deutschen Ehre",
- durch die Befreiung der Polen deren Freundschaft gewinnen.

Jordan:
- Aufgabe der deutschen Bewohner in Posen und Polen als „unbewusster Verrat" der Polenfreunde,
- Freigabe Polens ist Politik der Schwäche und der Furcht,
- Volksegoismus als Antriebskraft für die Nation nötig, wird begründet mit
- Recht des Stärkeren und Recht der Eroberung.

5.3. Politische Gleichheit – auch für Arbeiter und Frauen?

Konzeption

Der Versuch einer Durchsetzung der Gleichberechtigung auf ökonomischem, politischem, sozialem und kulturellem Gebiet einerseits von Arbeitern und zum anderen von Frauen weist mancherlei Gemeinsamkeiten auf. Sie ermöglichen es, die beiden Komplexe in einem Kapitel zusammenzufassen. Beide Emanzipationsbewegungen führen ihren Ursprung auf das Jahr 1848 zurück, auch wenn einzelne Wurzeln bereits vor diesem Datum erkennbar sind. Frauen, Handwerker und Industriearbeiter fühlten sich der sozialen und demokratischen Bewegung verbunden. Das Recht auf Arbeit, eine gerechte Bezahlung und das Recht auf unentgeltliche Bildung gehörten zu ihren besonderen Anliegen, die sie oft auch gemeinsam in Vereinen und Zeitungen vertraten. Auf dem Berliner Arbeitskongress wurde im August 1848 ausdrücklich verkündet, dass die weiblichen Arbeiter von allen erhobenen Forderungen nicht ausgenommen seien und gleiche Rechte genießen sollten.

Aspekte der Unterrichtsgestaltung

Vorschläge für den Themeneinstieg:
- Marginalien „Vertritt die Nationalversammlung alle Deutschen?" und „Frauen verlangen die gleichen Rechte" (vgl. Schülerbuch, S. 212);
- Karikatur M1 in Verbindung mit „Schlüsselbegriff" Karikaturen (vgl. Schülerbuch, S. 193) und M1 (vgl. Schülerbuch, S. 207) sowie M3 (vgl. Schülerbuch, S. 175);
- M4 als Kontrast zu M1;
- M3a und M3b.

Teilthemen:
- Arbeiter und Handwerker als Minderheit (vgl. M2 und M3);
- Frauen als Minderheit (vgl. M1 und M4).

Problem- und Fragestellungen:
- Soziale und politische Forderungen der Handwerker und Arbeiter (vgl. M3a);
- Soziale Lage und wirtschaftliche Abhängigkeit der Frauen Mitte des 19. Jahrhunderts;
- Warum war die Nationalversammlung kaum in der Lage, sich um die Belange von Frauen und Arbeitern zu kümmern?

Vorschläge für Arbeits- und Sozialformen:
- Die Themenbereiche „Arbeiter" und „Frauen" lassen sich arbeitsteilig erfassen. Gruppen können jeweils M1 und M2 beschreiben und Inhaltsangaben von M3 und M4 zusammenstellen.

Tafelbild

Forderungen: Politische Gleichheit → aktives und passives Wahlrecht
und
Soziale Gerechtigkeit

Handwerker und Arbeiter (M3b)	Frauen (M4)
– gerechte Entlohnung – kürzere Arbeitszeiten – Bildung von Gewerkschaften – Einführung einer progressiven Einkommenssteuer – unentgeltlicher Unterricht – unentgeltliche Bibliotheken – Beschäftigung von Arbeitslosen durch den Staat	– eigenes Einkommen – gleicher Lohn für Männer und Frauen – Beseitigung der Abhängigkeit von Männern – Bildung von Frauenvereinen

Zusatzinformationen zum Verfassertext

„Zum Proletariat gehören alle", schrieb der Buchbindergeselle Friedrich Sander im Juli 1848, „die ohne feste Stellung im Leben, ohne eigenes Geschäft und ohne Besitz sind, die kein gesichertes fremdes Eigentum haben, deren Existenz nach dem bloßen Erwerb ihrer Arbeit abhängt, den sie jedoch noch mit einem Arbeitgeber teilen müssen. Proletarier ist der Handarbeiter und Tagelöhner, der Gesell, der Gehilfe und das Subjekt, der Fabrikarbeiter und alle die, welche bei der Industrie als Lohnarbeiter ihr Brot finden."

(Zit. nach R. Rürup, „Deutschland im 19. Jahrhundert. 1815–1871", Göttingen 1984, S. 96)

Eine soziale Einheit waren die lohnabhängigen Bevölkerungsgruppen nicht. Der soziale Abstand zwischen gelernten und ungelernten Fabrikarbeitern war beträchtlich. Das Einkommen der Fachkräfte war oft mehr als dreimal so hoch als das der ungelernten Arbeiter; auch Einkommensunterschiede von 10:1 waren durchaus möglich. Landarbeiter verdienten in der Regel 20% weniger als ungelernte Fabrikarbeiter und Frauen erhielten in den Fabriken einen um mindestens ein Drittel geringeren Lohn als ihre männlichen Kollegen. Die Wünsche und Hoffnungen von Handwerkern, bäuerlichem Proletariat, Fach- und ungelernten Fabrikarbeitern waren inhomogen. Trotzdem vollzog sich 1848 der erste Übergang von einer Vielzahl proletarischer Interessengruppen zu einem solidarischen Klassenbewusstsein. Die „Allgemeine Deutsche Arbeiterverbrüderung" unter der Führung von Stephan Born umfasste Ende 1848 immerhin 170 Ortsvereine mit 15 000 Mitgliedern. Auch die erwerbstätigen Frauen bildeten keine einheitliche soziale Gruppe, fanden sich aber erstmals gemeinsam in Frauenvereinen zusammen. Zu den berufstätigen Frauen gehörten:

1. Die Frauen und Töchter der bürgerlichen Mittel- und Oberschicht, die selten berufstätig waren (mit Ausnahme des Gouvernanten-, Lehrerinnen- oder Gesellschafterinnenberufs für ledig Gebliebene).
2. Die in der Landwirtschaft, im Handel und im Gewerbe häufig in Familienbetrieben tätigen Frauen.
3. Die ledigen oder verheirateten oft kinderreichen Fabrikarbeiterinnen.
4. Die zahlreichen unverheirateten Dienstmädchen und verheirateten Dienstboten.

Zusatzinformationen zu den Materialien

M1: Ein Vergleich zur Darstellung der Paulskirche (Schülerbuch, S. 207, M1) mit Präsidium und Rednerpodium bietet sich an. Die Karikatur hat auf die dortige Sitzordnung offensichtlich Bezug genommen. Allerdings sind vom Karikaturisten „typisch weibliche" Verhaltensweisen in den Mittelpunkt gerückt. Eine realistische Darstellung von Frauenversammlungen findet sich in M3 (vgl. Schülerbuch, S. 175).
Bildbeschreibung: In einem großen Kaffeehaus mit Präsidentenplatz und Rednertribüne wie in der Paulskirche findet eine recht stürmische Versammlung des politischen Damenklubs statt. In der Bildmitte die Dame mit „Emanzipationspfeife" am Rednerpult. Unter dem Beifall der Umstehenden verlangt sie: „Kein Mann darf ohne Frau ausgehen!" Strickstrumpf und Gebetbuch liegen unbeachtet auf dem Boden. Ein Hund hat, das allgemeine Durcheinander nutzend, einen Tisch mit Geschirr, Kaffee und Kuchen umstoßen können, ein Kind sucht ängstlich das Weite. Im Vordergrund ist zwischen der „Proletarierin Misère" und „Frau von Rokoko" mit Mops im Arm ein heftiger Wortwechsel entbrannt, der eine Bürgerfrau besorgt ihr Stück Kuchen in Sicherheit bringen lässt. (Nach: Margit Arnscheidt, „Politische Druckgrafik der Revolution 1848/49", Ausstellungskatalog Mannheim 1978) Das Blatt stammt von dem gebürtigen Wertheimer Wilhelm Völker, der in den Revolutionsjahren mit zahlreichen Karikaturen hervorgetreten ist. Es erschien als Bildbeilage der 1848/49 in Frankfurt verlegten satirischen Zeitschrift „Der Satyr".

M2: Das 1849 entstandene Gemälde zeigt Arbeiter, vermutlich sind es Handwerksgesellen, als selbstbewusst auftretende Klasse. Sie überreichen im Düsseldorfer Rathaus (9. Oktober 1848) eine Petition mit dem Verlangen nach Arbeit und versetzen damit die Stadtverordneten in Angst und Schrecken. Johann Peter Hasenclever, ein Maler der Düsseldorfer Schule, sympathisierte wie viele seiner Kollegen mit der demokratischen Bewegung (vgl. dazu E. Schwalm, [Hrsg.], „Folienbuch Geschichte 2", Lehrerheft S. 95f., Klett-Perthes, Gotha 1993)

M3: Auf dem Berliner Arbeiterkongress gründeten ca. 40 Delegierte aus verschiedenen deutschen Arbeiter- und Handwerkervereinigungen einen Zusammenschluss, die „Allgemeine deutsche Arbeiterverbrüderung". Der 23 Jahre alte Vorsitzende des Berliner Handwerkvereins, der gelernte Schriftsetzer Stephan Born (1824–1898) gab 1848 die Zeitung „Das Volk" heraus, ein Organ für die Berliner Arbeiter. Nach der Niederlage der Revolution absolvierte Born ein Studium, wurde Gymnasiallehrer und später Honorarprofessor für deutsche Literatur an der Universität Basel. – In M3b werden soziale und demokratische Forderungen von Handwer-

kern und Industriearbeitern zusammengefasst. Die im Schülerbuch nicht enthaltenen Forderungen lauten:
„6. Regelung der Zahl der Lehrlinge, welche ein Meister halten darf [...]
7. Aufhebung aller für das Reisen der Arbeiter gegebenen Ausnahmegesetze [...]...
8. Herabsetzung der Wählbarkeit für die preußische Kammer auf das 24. Jahr."

M4 und **M5**: vgl. „Ergänzungen zum Angebot des Schülerbuchs"

Ergänzungen zum Angebot des Schülerbuchs

1. Louise Otto-Peters – eine Sozialbiografie (Schülerbuch, S. 214):
Die Journalistin und Schriftstellerin Louise Otto-Peters war nicht radikal, sie trug keine Männerkleidung und sie rauchte keine Zigarren – im Gegensatz zu vielen Emanzipierten der Vormärzzeit. Trotzdem war sie ihr Leben lang eine hartnäckige Kämpferin für die Gleichberechtigung der Frauen in Politik und Gesellschaft; sie starb am 13. März 1895 in Leipzig. Sie war eine Galionsfigur der ersten deutsche Frauenbewegung. In sozialkritischen Romanen und unzähligen Zeitungsartikeln hatte sie sich für eine bessere Erziehung der Mädchen eingesetzt und nachdrücklich das Recht der Frauen auf Erwerbstätigkeit gefordert: „Die Teilnahme der Frauen an den Angelegenheiten des Staates ist nicht allein ein Recht, sie ist eine Pflicht der Frauen", formulierte die 24-Jährige 1844 auf eine Frage Robert Blums, Herausgeber der Zeitschrift „Vaterlandsblätter".
Die Tochter eines Justizrates wurde am 26. März 1919 in Meißen geboren. Ihr Vater hielt die jüngste der vier Töchter schon früh zur Zeitungslektüre an, politische Gespräche waren in der Familie Otto an der Tagesordnung. Als Louise 17 Jahre alt war, starben die Eltern, und das junge Mädchen beschloss, mit ihren Schwestern allein zu leben – für damalige Verhältnisse ein mutiges und ungewöhnliches Unterfangen. 1849 erschien die erste Ausgabe ihrer „Frauen-Zeitung", die sie unter dem Motto „Dem Reich der Freiheit werb' ich Bürgerinnen" herausgab. Schon Ende 1850 fiel die Zeitschrift dem sächsischen Pressegesetz zum Opfer, das Frauen die Herausgabe von Zeitschriften verbot – Louise sprach spöttisch von der „Lex Otto". Das preußische Vereinsgesetz untersagte Frauen außerdem die Mitgliedschaft in Vereinen, „welche bezwecken, politische Gegenstände in Versammlungen zu erörtern".
1851 verlobte sich Louise Otto im Gefängnis Bruchsal mit dem Revolutionär und Schriftsteller August Peters, heiraten konnten die beiden allerdings erst 1858 – Peters musste eine siebenjährige Zuchthausstrafe absitzen. Nach Jahren gemeinsamer publizistischer Arbeit starb 1864 ihr Mann. Louise gründete im folgenden Jahr zusammen mit der Lehrerin Auguste Schmidt den „Allgemeinen Deutschen Frauenverein", dessen Ziel es war, Frauen die Arbeit „als ein unentbehrliches Element sittlicher Vervollkommnung in vollem Umfange zugänglich zu machen". Die Verbesserung der weiblichen Bildung gehörte zu den vornehmsten Zielen des Verbands. „Die Erziehung des Weibes muss eine andere werden. Der Unterricht darf nicht da enden, wo die eigentliche Denkfähigkeit erst beginnt", forderte Louise Otto. Von 1866 an gab sie als Vereinsorgan des Frauenverbandes die Zeitschrift „Neue Bahnen" heraus, die sie bis zu ihrem Tode redigierte. Ihren Leitsatz hatte sie schon 1848 als „Adresse eines deutschen Mädchens" veröffentlicht: „Die Geschichte aller Zeiten hat es gelehrt, und die heutige ganz besonders, dass diejenigen, welche selbst an ihre Rechte zu denken vergaßen, auch vergessen wurden."

Politischer Damenklub, Karikatur aus dem „Satyr" 1848. Hier zeigen die Frauen im Gegensatz zu M1, auf S. 212 im Schülerbuch typische männliche Verhaltensweisen: Sie trinken Bier und rauchen Zigarren.

(Aus: „Illustrierte Geschichte der deutschen Revolution 1848/49", S. 195)

Zu den Arbeitsvorschlägen und Fragen

a) Vgl. „Zusatzinformationen zu den Materialien", M1.
b) In seiner sozialkritischen Zeitung „Das Volk", dem Organ des „Berliner Handwerkervereins" verfolgt Born auf politische Gleichheit und soziale Gerechtigkeit gerichtete Ziele (vgl. „Zusatzinformationen zu den Materialien", M3).

6. Warum scheiterte die Revolution?

Konzeption

Mit Hilfe der Zeittafel, die die Ereignisse in Frankreich denen in Preußen, Österreich und den Kleinstaaten gegenüberstellt, wird ein Überblick über die sehr unterschiedlichen Einflüsse auf das Ende der Revolution gegeben. Die Darstellung nimmt die Parallelität der Ereignisse wieder auf und geht dann kurz auf die der Reichsverfassungskampagne und das Wiedererstehen des „Deutschen Bundes" ein.

Aspekte der Unterrichtsgestaltung

<u>Vorschläge für den Themeneinstieg:</u>
– Zeittafel und Marginalien „Das Ende der Revolution in Frankreich" bis „Die Machtlosigkeit der Nationalversammlung", Schülerbuch, S. 215ff.;
– M2 in Verbindung mit M5, eine der bekanntesten Textquellen des 19. Jahrhunderts;
– Vergleich der Karikaturen M3 und M7.

Teilthemen:
- Die Gegenrevolution in Frankreich, Österreich und Preußen (vgl. Marginalien „Das Ende der Revolution in Frankreich“ bis „... und in Preußen“ vgl. Schülerbuch, S. 215f. sowie die Materialien M1, M2 und M7);
- Die Machtlosigkeit der Nationalversammlung (vgl. M3 und M5);
- Die Reichsverfassungskampagne (vgl. Marginalien „Aufstände für...“ und „Wiederherstellung...“, Schülerbuch, S. 217 und M4);
- *Arbeitsblatt 17: „Wann scheiterte die Revolution?“*

Problem- und Fragestellungen:
- Ende der Revolution in Frankreich, Preußen und Österreich (vgl. Zeittafel, Schülerbuch, S. 215 und Marginalien „Das Ende der Revolution in Frankreich“ bis „... und in Preußen“, vgl. Schülerbuch, S. 216f.);
- Warum scheiterte die Nationalversammlung in der Paulskirche? (vgl. Marginalie „Die Machtlosigkeit der Nationalversammlung“ und M5);
- Warum wollte Friedrich Wilhelm IV. die Kaiserkrone nicht? (vgl. M2 und M5);
- Erklärung des Dreiklassenwahlrechts (vgl. Kastentext auf S. 217 und M8);
- Frage a) als Gesamtwiederholung der Revolutionszeit;
- Wie wurden die Rechte der Frauen nach 1848 eingeschränkt? Welche Erklärung gab „Hermine“? (vgl. M6).

Vorschläge für Arbeits- und Sozialformen:
- Die Schülerinnen und Schüler erschließen das komplexe Thema durch Strukturierung in Form eines Mind Map. Auf Packpapier werden dabei um das Thema auf „Ästen“ Stichworte zum Scheitern der Revolution in Frankreich, den Kleinstaaten, Österreich und Preußen festgehalten. Die Methode eignet sich auch für eine Gesamtwiederholung der 48er Revolutionsepoche;
- Frage a) der „Arbeitsvorschläge und Fragen“ eignet sich zur Gruppenarbeit;
- Fächer übergreifende Behandlung der Märzrevolution im Musikunterricht mit den beiden Liedern „Trotz alledem“ und „S'ist wieder März geworden“ auf der CD „Historische Lieder“ (Klett Bst.-nr. 415542).

Tafelbild

Das Scheitern der Revolution von 1848/49

Gegenrevolution in Wien und Berlin →

Ablehnung der Kaiserkrone durch Friedrich Wilhelm IV. →

Machtlosigkeit der Nationalversammlung →

Regierungen:
- Einschränkung der Grundrechte;
- Behinderung der Rechte der Einzelparlamente;
- Wiederherstellung des „Deutschen Bundes“.

← Erhebung für die Reichsverfassung im Mai 1949

Zusatzinformationen zum Verfassertext

Am 18. September 1848 versuchten radikale Demokraten, die Paulskirche zu stürmen. Zwei konservative Abgeordnete wurden dabei getötet. Die Nationalversammlung musste zu ihrem eigenen Schutz aus der Bundesfestung Mainz Truppen herbeirufen. Der Vorfall ist das sichtbare Zeichen des Beginns der Radikalisierung der Revolution, deren Verlauf nun immer weniger von den Liberalen des Vormärz gesteuert wurde. Das Bürgertum suchte nach den Erfahrungen radikaler Aufstände in Baden, Hessen, der Pfalz und im Rheinland das Bündnis mit den alten Mächten, die Sicherheit und Ordnung versprachen. Die Monarchen in Preußen und Österreich hatten den Stimmungswechsel erkannt und sich mittlerweile vom Revolutionsschock erholt. Die Aufständischen in Österreich hatten sich gegenseitig in ihren Zielen blockiert, die konstitutionelle, die soziale und die nationale Bewegung überkreuzten sich.
Auch das Bürgertum in Preußen sah keinen Sinn darin, dass sich die liberale Bürgerwehr mit Handwerkern und Arbeitern Straßenschlachten lieferte. Als am 3. April 1849 eine Delegation der Abgeordneten der Paulskirche Friedrich Wilhelm IV. die Kaiserkrone antrug, hatte dieser sein ursprüngliches Versprechen, die Nationalbewegung zu unterstützen, längst verdrängt und sich wohl eher an die Demütigungen erinnert, die er während der Märzereignisse hinzunehmen hatte. Auf der anderen Seite war ihm auch klar, dass eine Annahme der kleindeutschen Kaiserkrone unweigerlich einen Krieg mit Österreich heraufbeschworen hätte.

Zusatzinformationen zu den Materialien

M1: Preußisches Militär mit Pickelhaube vertreibt sowohl Liberale als auch Demokraten. Am 8. November 1848 zogen Truppen unter General von Wrangel kampflos in Berlin ein. Das Parlament, das einen liberalen Verfassungsentwurf erarbeitet hatte, wurde aus der Stadt gejagt und der König oktroyierte eine Verfassung. Ende 1848 hatte die Gegenrevolution dort gesiegt, wo in Deutschland die wirkliche Macht lag.
M2: Im Mittelpunkt steht die „Germania“ als Personifikation von Germanien, die seit der ottonischen Zeit als gekrönte Frauengestalt mit dem Wappen des Deutschen Reiches dargestellt wird, das seit dem 14. Jahrhundert den Doppeladler trägt, der 1806 vom österreichischen Kaiserreich übernommen wurde. Vor ihr steht Heinrich v. Gagern (von Mai bis Dezember 1848 Präsident der Nationalversammlung und später Leiter des Reichsministeriums), der sich im Oktober 1848 für eine kleindeutsche Lösung in einem engeren Bund ohne und in einem weiteren Bund mit Österreich ausgesprochen hatte. Ihre Wortwahl („kleener Hampelmann“ für den Präsidenten der Nationalversammlung) ist bezeichnend. Rechts im Hintergrund Friedrich Wilhelm IV. mit dem russischen Bären. Russland nutzte jede Gelegenheit, um die Bildung von Nationalstaaten in Europa zu verhindern und drang immer wieder auf die Einhaltung der 1815 festgelegten europäischen Friedensordnung.

M3: Der deutsche Michel, der die Zeit vor 1848 friedlich verschlafen hatte, während er von vielen Kronen und Zeptern beherrscht wurde, musste nun für seine Sorglosigkeit teuer bezahlen. Der Preis für seine Gutgläubigkeit ist der Galgen. Er ist eingerahmt von den Herrschern Preußens und Österreichs mit Bajonetten, Kanonen, Pulver und Schwert.

M4: Die Aufständischen werden über die Dresdener Elbbrücke in die Gefangenschaft geführt. Die volkskundlichen Darstellungen der „Neuruppiner Bilderbogen" (Neuruppin bei Potsdam) aus den Verlagen Gustav Kühn und Oehmigke & Riemenschneider waren vor allem in Norddeutschland weit verbreitet (vgl. auch E. Schwalm [Hrsg.], „Folienbuch Geschichte 2", Lehrerheft, S. 94f., Klett-Perthes, Gotha 1993).

M5: Die Antwort Friedrich Wilhelms IV. an die Delegation der Paulskirche (vgl. „Ergänzungen zum Angebot des Schülerbuchs") war verbindlich, „in flittergestickte Windeln gehüllt", wie er später sagte. Gegenüber Bunsen äußerte er, was er wirklich dachte.

M6a/b: Am meisten wurden Frauen in den beiden größten Bundesstaaten Preußen und Bayern behindert. Nur die Männer konnten bestimmen, ob Reformen zu Gunsten der Frauen durchgeführt wurden oder nicht. Frauen waren auf das Wohlwollen der Männer angewiesen. Da sie von Teilen des öffentlichen Bildungswesens ausgeschlossen waren, mussten sie sich zudem die nötigen rechtlichen, politischen und wirtschaftlichen Kenntnisse für Aktivitäten in der Frauenbewegung im Selbststudium aneignen.

M7: Die Darstellung karikiert das Bürgertum, das sich von der sozialen Revolution abwendet, um sich mit Reformen, die in Übereinkunft mit Krone und Adel zustande kommen, zufrieden zu geben. Manche Bürger lieben es, sich mit Titeln zu schmücken oder landwirtschaftliche Güter zu erwerben, um es dem Adel gleichzutun.

M8: Bürgerlich liberales Verständnis der Teilhabe der ärmeren Bevölkerungsschichten an der politischen Gleichheit.

Ergänzungen zum Angebot des Schülerbuchs

1.) Vgl. Kopiervorlage 10: Die Vertreibung der Linken des preußischen Parlaments aus dem „Hotel Mylius" in Berlin am 27. November 1848 („Illustrierte Zeitung" 1848)

2.) Antwort Friedrich Wilhelms IV. auf die Ansprache Simsons an die Delegation der Nationalversammlung im Rittersaal des königlichen Schlosses in Berlin:

„Meine Herren!

Die Botschaft, als deren Träger Sie zu mir gekommen sind, hat mich tief ergriffen, sie hat meinen Blick auf den König der Könige gelenkt und auf die heiligen und unantastbaren Pflichten, welche mir als dem Könige meines Volkes und als einem der mächtigsten deutschen Fürsten obliegen. Solch ein Blick, meine Herren, macht das Auge klar und das Herz gewiss.

In dem Beschluss der deutschen Nationalversammlung, welchen Sie, meine Herren, mir überbringen, erkenne ich die Stimme der Vertreter des deutschen Volkes [...]. Aber meine Herren, ich würde Ihr Vertrauen nicht rechtfertigen, ich würde dem Sinne des deutschen Volkes nicht entsprechen, ich würde Deutschlands Einheit nicht aufrichten, wollte ich mit der Verletzung heiliger Rechte und meiner früheren ausdrücklichen und feierlichen Versicherung, ohne das freie Einverständnis der gekrönten Häupter, der Fürsten und der freien Städte Deutschlands eine Entschließung fassen, welche für sie und die von ihnen regierten deutschen Stämme die entschiedensten Folgen haben muss [...].

Dessen aber möge Deutschland gewiss sein und das, meine Herren, verkündigen Sie in allen seinen Gauen: Bedarf es des preußischen Schildes und Schwertes gegen äußere und innere Feinde, so werde ich auch ohne Ruf nicht fehlen; ich werde dann getrost den Weg meines Hauses und meines Volkes gehen, den Weg der deutschen Ehre und Treue."

(Zit. nach W. Lautemann/M. Schlenke, „Geschichte in Quellen", Bd. 5, München , S. 221f.)

3.) Vgl. *Arbeitsblatt 17: „Warum scheiterte die Revolution?"*

4.) Die Auswirkungen des preußischen Dreiklassenwahlrechts wurden vor allem in den Großstädten besonders deutlich. Als Beispiel für das Regierungsviertel der Hauptstadt Berlin; der Wahlbezirk Nr. 58, in dem 189 Wahlberechtigte wohnten. Über diesen Wahlbezirk schrieb ein Jornalist zu Beginn der 90er Jahre des vorigen Jahrhunderts:

„Von den 189 Personen wählten zwei Finanzgrößen in der ersten Klasse, vier Finanzgrößen und ein Rittergutsbesitzer in der zweiten Klasse. Der schäbige Rest der übrigen 182 Wähler, die sämtlich zur dritten Klasse verdammt waren, bestand aus folgenden Personen: einem Reichskanzler [Graf Caprivi, Reichskanzler von 1890–1894] und drei Ministern, 8 Reitknechten und Stallgehilfen, 2 Großgrundbesitzern, 56 Kutschern, Lakaien [herrschaftliche Diener] und Kammerdienern, 6 Kommerzienräten, geheimen Kommerzienräten und Bankiers, 9 Gärtnern, Köchen, Kellnern und Arbeitern, 11 Geheimräten und anderen Studierten, 46 Büro- und Kanzleidienern, Portiers und Heizern, außerdem noch aus 40 Kaufleuten, Fabrikanten, Architekten, Schriftstellern, Hausmeistern, Kastellanen [Schlossverwalter] und ähnlichen."

(Zit. nach: „Wähler 3. Klasse. Das alte preußische Wahlrecht", Schulfunk WDR, gesendet am 16. März 1992.)

Zu den Arbeitsvorschlägen und Fragen

a) Die Argumente können dem Verfassertext entnommen werden.

b) Erfolge der Nationalversammlung waren u.a. die Bildung von Fraktionen mit Kontakten zu politischen Klubs und die Verabschiedung eines Katalogs von Grundrechten mit Signalwirkung. Die Revolution gilt als Beginn der organisierten Arbeiter- und der Frauenbewegung. Einzelstaatliche Verfassungen, z.B. in Preußen, blieben, wenn auch in modifizierter Form, erhalten. Auch die von den Bauern erkämpfte Abschaffung vieler Feudalrechte blieb erhalten (vgl. Lied „Trotz alledem“ auf der CD „Historische Lieder“, Klett Bst.-nr. 415542).

c) vgl. „Zusatzinformationen zu den Materialien“ M6a und M6b im Lehrerband, S. 187.

d) Bei den Grundrechten der Nationalversammlung galt Gleichheit nur im Hinblick auf den Staat und sicherte dort Steuergleichheit, gleiches Wahlrecht, gleiche Dienstpflicht und gleichen Ämterzugang. In der gesellschaftlichen Dimension wurde das Gleichheitsprinzip nur begrenzt verwirklicht, so lange noch die Standesschranken aufrechterhalten blieben. Das preußische Dreiklassenwahlrecht entsprach zusätzlich den Interessen des Besitzbürgertums, das seinerseits Teilhabe an der politischen Macht einforderte, aber Angst hatte, diesen Machtzuwachs mit den ihm nachgeordneten Bevölkerungsschichten teilen zu müssen.

e) Die „Abendpost“ unterstützt das politische Anliegen der Frauenbewegung (vgl. Z. 27–30) und lehnt ihre Diskriminierung ab (Z. 9–14). Die Zeitung wirft den „Kammer-Herren“ Furcht und Feigheit vor.

Literatur zum Weiterlesen

Louis Bergeron, François Furet, Reinhart Koselleck, „Das Zeitalter der europäischen Revolutionen 1780–1848“, Fischer Weltgeschichte, Bd. 26, Frankfurt a.M. 1969.

Martin Broszat, „Zweihundert Jahre deutsche Polenpolitik“, Suhrkamp Verlag, Frankfurt 1963.

Bundeszentrale für politische Bildung [Hrsg.] „Deutsche Verfassungsgeschichte 1849–1919–1949“, Bundeszentrale für politische Bildung, Bonn o.J. (1991).

Deutscher Bundestag (Hrsg.), „Fragen an die deutsche Geschichte“, Bonn 1991.

Peter Burg, „Der Wiener Kongress. Der Deutsche Bund im europäischen Staatensystem“, in: „Deutsche Geschichte in neuester Zeit“, hrsg. von Martin Broszat, Wolfgang Benz und Hermann Graml, dtv München 1985.

Wolfgang Hardtwig, „Vormärz“, in: „Deutsche Geschichte in neuerster Zeit“, hrsg. von Martin Broszat, Wolfgang Benz und Hermann Graml, dtv München 1985.

Dieter Langewiesche, „Europa zwischen Restauration und Revolution. 1815–1848“, Oldenbourg-Verlag, München 1989.

Rosemarie Nave-Herz, „Geschichte der Frauenbewegung in Deutschland“, Bundeszentrale für politische Bildung, Bonn 1988.

Guy Palmade, „Das bürgerliche Zeitalter“, Fischer Weltgeschichte, Bd. 27, Frankfurt a.M. 1974.

Heinz Rürup, „Deutschland im 19. Jahrhundert 1815–1871“, in: „Deutsche Geschichte“, Bd. 8, Kleine Vandenhoeck-Reihe, hrsg. v. Joachim Leuschner, Verlag Vandenhoeck und Ruprecht, Göttingen 1984.

Hagen Schulze, „Der Weg zum Nationalstaat. Die deutsche Nationalbewegung vom 18. Jahrhundert bis zur Reichsgründung“, in: „Deutsche Geschichte in neuester Zeit“, hrsg. von Martin Broszat, Wolfgang Benz und Hermann Graml, dtv, München 1985.

Wolfram Siemann, „Die deutsche Revolution“ 1848/49“, edition suhrkamp, Frankfurt a.M. 1985.

Medien/Filme

FWU 32 10 276 „Frauengeschichte in Deutschland“, 15 Min.

FWU 32 10 205 „Der Wiener Kongress und die Bildung des Deutschen Bundes“, 14 Min.

FWU 32 10 116 „ Die Revolution 1848/49“, 16 Min.

Videokassetten

FWU 42 00 191 „Das Hambacher Fest 1832“, 21 Min.

FWU 42 00 749 „Die Paulskirche“, 23 Min.

VII. Doch noch ein deutscher Nationalstaat – die Erfüllung der deutschen Geschichte?

Einleitung

Das Heilige Römische Reich Deutscher Nation, dessen Untergang 1806 durch die Gründung des Rheinbundes besiegelt wurde, war kein Nationalstaat, auch keine Vorform davon, sondern ein Rechts- und Friedensverband. Die Gründung eines deutschen Nationalstaates auf bürgerlich revolutionärem Weg war 1848/49 letztlich daran gescheitert, dass es unmöglich war, die Grenzen der Sprachnation mit denen der Herrschaftsgebiete überkommener Dynastien in Einklang zu bringen. Durchsetzbar wurde die kleindeutsche Lösung, die zunächst noch von einem engeren und einem weiteren Bund entsprechend der Vorstellungen Freiherr v. Gagerns ausging, erst durch die preußisch-autoritäre Konstruktion einer „Revolution von oben". Der Verfassungskonflikt schien Bismarck als Bündnispartner für die liberale Nationalbewegung zunächst auszuschließen. 1866 wurde die alte Rivalität um die mitteleuropäische Führung zum Entsetzen der Liberalen dann militärisch entschieden. In deren Urteil stieg nach dem Erfolg das Ansehen Bismarcks vom unmoralischen Junker zum bejubelten politischen Reformator. Dass er die Priorität auf Einheit und nicht auf Freiheit setzte, vergab man ihm. Damit endete ein halbes Jahrtausend österreichischer Vormachtstellung in Mitteleuropa. Die Habsburger Monarchie war als multinationale Großmacht vom Kampf der Nationalitäten um einen eigenen Staat am stärksten in ihrer Existenz bedroht. Ein Jahrzehnt nach der 48er Revolution, bei der es durch russische Hilfe noch einmal gelungen war, das „Gleichgewicht der Mächte" zu stabilisieren, überstand sie den Ansturm nationaler Bewegungen nicht mehr. In Oberitalien verlor sie ihren Besitz an den neu gegründeten italienischen Nationalstaat und die kleindeutsche Nationalstaatengründung beraubte sie ihrer politischen Vormachtstellung im Deutschen Bund.
Das Deutsche Reich resultierte aus drei Kriegen. Es war von oben geschaffen worden, ein Ergebnis von Fürstenverhandlungen. Davon blieb es geprägt. Die Militärs nahmen den bedeutendsten Platz in der Gesellschaft ein, die Liberalen hatten Zwang und Gewalt akzeptiert. Der Nationalstaat, zunächst von Liberalen und Demokraten gewollt, gipfelte im Nationalismus der Rechten und der Demonstration militärischer Stärke als Mittel aggressiver Forderungen an das Ausland. Auch Bismarcks Diplomatie half nicht immer. Im Frieden von Frankfurt gab er den Militärs nach und annektierte Elsass-Lothringen. Damit legte er den Grund für einen neuen Konflikt.

Inhalte und Schwerpunkte

Das Großkapitel hat seinen Schwerpunkt in der Erarbeitung von Grundeinsichten zur Verfassung und politischen Kultur, zu wirtschaftlich-sozialen Entwicklungen und zur Außen- und Innenpolitik des Kaiserreichs, zu Problemkreisen also, die auf das Engste mit der „preußischen" Lösung der „Deutschen Frage" verknüpft sind. Der Großabschnitt beginnt mit der nationalen Einigung Italiens, um sich dann vor allem der Entstehung und inneren Entwicklung des zweiten Deutschen Kaiserreichs im Zusammenhang mit seinen Nachbarstaaten zu widmen, insbesondere der Situation, dass der neue Nationalstaat durch seinen systemimmanenten Nationalismus von vornherein zum Scheitern verurteilt war. Wie im vorangehenden Großabschnitt werden deshalb auch hier wieder Minderheitenfragen thematisiert, sowohl hinsichtlich nationaler Minderheiten wie Dänen, Elsässern und Polen als auch einer religiösen Minderheit wie den Juden und schließlich politischer Minderheiten wie den Sozialdemokraten oder der politische Katholizismus. Sozial- und alltagsgeschichtliche Kapitel über die Gesellschaft des Kaiserreichs, die Lebensgewohnheiten von Adel, Bürgertum und Arbeitern, die gesellschaftliche Funktion des Militärs, die schulische Erziehung und die Rolle von Frauen geben Einblick in die Interdependenz von staatlicher Lenkung und privaten Lebensgewohnheiten.

Auftaktdoppelseite 220/221

Die Auftaktdoppelseite thematisiert den Zeitabschnitt. Im Gegensatz zum doppelten Ziel von Einheit und Freiheit der Revolutionäre von 1848/49 (vgl. Schülerbuch, S. 220, Bild links unten) wird durch Bismarcks Machtpolitik mit militärischen Mitteln eine Einheit ohne Freiheit herbeigeführt.
Die Gründung des Deutschen Reiches von 1871 resultierte aus den unter preußischer Führung gemeinsam errungenen Siegen der deutschen Staaten in Frankreich und den dadurch ausgelösten nationalen Emotionen. Zugleich bedeutete es eine Niederlage des bürgerlichen Liberalismus. In ihren Einzelheiten geht die Reichsgründung auf ein zähes Ringen zwischen Bismarck und den im Oktober und November 1870 nach Versailles geladenen Ministern der süddeutschen Staaten zurück.
Bismarck verhandelte mit den süddeutschen Delegierten getrennt, um damit das an politischem Gewicht starke Bayern zu isolieren, das zunächst eine Bundeslösung mit einem engeren (norddeutschen) und einem weiteren (kleindeutschen) Bund bevorzugt hatte. Nachdem Württemberg, Baden und Hessen einem Beitritt zum Norddeutschen Bund zugestimmt hatten, blieb für Bayern nur noch der Ausweg, einige partikularistische Sonderrechte auszuhandeln. Dazu gehörten neben einem starken Gewicht im Bundesrat mit 6 Stimmen (Preußen hatte 17 Stimmen) und der Vizepräsidentschaft im Bundesrat das eigene Post- und Fernmeldewesen und vor allem die bayerische Militärhoheit in Friedenszeiten (vgl. Schülerbuch, S. 220/221, Hintergrundbild).

Die Auftaktdoppelseite deutet an, dass das Militär im neuen Reich einen bedeutenden Platz in der Gesellschaft besetzte, so natürlich auch beim symbolischen Akt der Reichsgründung am 18. Januar 1871 in Versailles (vgl. Schülerbuch, S. 221, Bild rechts oben). Das Gemälde über die Reichsgründung wird im Zusammenhang mit M1 und dem Schlüsselbegriff „Historienmalerei – was hat sie mit Geschichte zu tun?“ (vgl. Schülerbuch, S. 229) beschrieben. Das Reich war durch „Eisen und Blut“ (vgl. Schülerbuch, S. 227, M5a) gegründet worden – die Kehrseite dieser Politik verdeutlicht das kleine Bild auf Seite 221 rechts unten. Dem Bürgertum war 1848 obrigkeitsstaatlicher Militarismus fremd und suspekt gewesen. Zu den während der 48er Revolution geforderten Grundrechten (vgl. die Fahnenaufschriften im Bild auf Seite 220 des Schülerbuchs) gehörte neben der Presse- und Versammlungsfreiheit die „Aufhebung des stehenden Heeres und Einführung einer Volksbewaffnung mit vom Volk gewählten Führern“ (vgl. Schülerbuch, S. 205, M5a). Im Frieden von Frankfurt gab Bismarck den Wünschen des Militärs nach und annektierte Elsass-Lothringen. Im deutschen Bewusstsein handelte es sich dabei um eine notwendige geschichtliche Korrektur der Eroberungen Ludwigs XIV. und des als legitim empfundenen Prinzips einer Kulturnation. In Frankreich wurde der gleiche Vorgang als Verlust eines Landes empfunden, das als Teil der französischen Staatsnation galt (vgl. Schülerbuch, S. 230, M2). Von nun an standen sich zwei unterschiedliche Nationalideen unversöhnlich gegenüber.

Aspekte der Unterrichtsgestaltung

Vorschläge für den Themeneinstieg:
- Auftaktdoppelseite: Bildinterpretation, Gegensatz zwischen der bürgerlichen Revolution und der militärischen Einigung „von oben“;
- M5a (vgl. Schülerbuch, S. 227), eine der bekanntesten Textquellen des 19. Jahrhunderts;
- Marginalie „Nationen und Völker in Mittel- und Osteuropa“ (vgl. Schülerbuch, S. 222);
- Kartenvergleich Deutschland im Jahr 1815 und im Jahr 1871 (entweder Wandkarte oder M1, Schülerbuch, S. 189 und M3, Schülerbuch, S. 226);

Leitende Problem- und Fragestellungen:
- Wie kam es zur Einigung Italiens?
- Beschreibung der Gründung des Deutschen Reiches unter Bismarck;
- Wie ging Preußen-Deutschland mit nationalen Minderheiten und mit Juden um?
- Erklärung der Verfassung von 1871;
- Welche Ziele verfolgte Bismarck mit seiner Außenpolitik?
- Wie verfuhr Bismarck mit dem politischen Gegner (Zentrum, Sozialdemokraten)?
- Die Lebensverhältnisse von adligen, bürgerlichen und Arbeiterfamilien im Kaiserreich;
- Beispiele des wachsenden Nationalismus in Staat und Gesellschaft.

1. Völker wollen Nationalstaaten werden

Konzeption

Die deutsche Nationalstaatenbildung verlief parallel zu dem erfolgreichen Versuch Italiens und dem erneuten glücklosen Versuch der Polen. Sie war nur möglich nach einer Schwächeperiode des europäischen Mächtesystems nach dem Krimkrieg. Um das Kapitel nicht zu überfrachten, wurde auf die Darstellung des Krimkrieges verzichtet. Im Mittelpunkt der Unterrichtseinheit steht die heute wieder aktuelle Frage nach der Bildung von Staaten, deren Grenzen mit denen der Kulturnation übereinstimmen. Nach einem Rückblick auf die deutsche Situation, die bereits in Kapitel 5.2 exemplarisch am Beispiel Posens dargestellt wurde, werden nun Italien, Polen und Österreich-Ungarn thematisiert.

Aspekte der Unterrichtsgestaltung

Vorschläge für den Themeneinstieg:
- Marginalie „Nationen und Völker in Mittel- und Osteuropa“ (vgl. Schülerbuch, S. 222);
- M2 (vgl. Schülerbuch, S. 224) in Verbindung mit Karte M1 erarbeiten.
- *Arbeitsblatt 18: „Nationalstaaten in Europa“*

Teilthemen:
- Nationen in Osteuropa (vgl. M3, M4, Marginalien „Nationen und Völker in Mittel- und Osteuropa“ bis „Ungarn bleibt ein Vielvölkerstaat“, S. 222f. auch M2, S. 211 und M10, S. 241);
- Die Einigung Italiens (vgl. M1 und M2).

Leitende Problem- und Fragestellungen:
- Aus welchen Einzelstaaten entstand Italien (vgl. M1)? Welche Rolle spielte dabei Napoleon III. (vgl. M2)? Warum ging die Einigung von Piemont-Sardinien aus (vgl. Marginalie „Italien will die Einheit“)?
- Wie unterscheidet sich eine Kulturnation von einer Staatsnation (vgl. Kastentext, Schülerbuch, S. 223)?
- Wie war das Verhältnis zwischen Österreich und Ungarn nach 1867 geregelt (vgl. Marginalie „Ungarn bleibt ein Vielvölkerstaat“ und M4, Schülerbuch, S. 224)
- Welche osteuropäischen Staaten strebten nach Autonomie (vgl. M3 und M4)?

Tafelbild

Kulturnation – Nationalstaat

Frankreich →	Staatsnation, Zentralstaat
Deutschland →	Staatenbund mit Teilen Preußens und Österreichs
Polen →	Kulturnation unter preußischer, österreichischer und russischer Herrschaft
Italien →	Kulturnation aus 7 Einzelstaaten, größtenteils unter Fremdherrschaft, zwischen 1859 und 1870 Bildung eines Nationalstaates
Österreich-Ungarn →	Bundesstaat mit vielen Nationalitäten (Deutsche, Ungarn, Tschechen, Polen, Italiener, Slowaken, Kroaten, Serben, Slowenen, Ukrainer)
Schweiz →	Staatsnation mit unterschiedlichen Kulturnationen, Bundesstaat

Zusatzinformationen zum Verfassertext

Fast 40 Jahre lang hatte die Heilige Allianz die nach Unabhängigkeit strebenden Völker Europas in Schach gehalten. Als 1849 Russland dem Haus Habsburg half, den ungarischen Aufstand niederzuwerfen, schien die „alte Ordnung" noch einmal gesichert zu sein. Aber die Zerwürfnisse zwischen den Staaten der Heiligen Allianz wuchsen. Zum endgültigen Bruch des Bündnisses kam es 1853, als der russische Zar Nikolaus I. (1825–1855) alte Ausdehnungswünsche Russlands nach Konstantinopel und in den Mittelmeerraum verwirklichen wollte. England war aber an der Erhaltung des Osmanischen Reiches interessiert, mit dem es lebhafte Handelsbeziehungen unterhielt. Napoleon III. sah in dem Konflikt zwischen England und Russland eine Gelegenheit, sich in das europäische Kräftespiel einzuschalten, um die auf dem Wiener Kongress beschlossenen europäischen Grenzen zugunsten Frankreichs verschieben zu können. So bot er entgegen russischen Erwartungen England seine Hilfe an. Als Nikolaus I. die Donaufürstentümer Moldau und Walachei besetzte, fühlte sich auch Österreich betroffen. Es fürchtete an seinen Grenzen ein übermächtiges Russland und stellte seine Armee drohend an der russischen Grenze auf. Dazu meinte Fürst Schwarzenberg: „Wir werden Europa in Staunen versetzen über das Maß unserer Undankbarkeit". Preußen blieb als einzige europäische Großmacht neutral.
Der Krieg (1853–1856) wurde auf der Halbinsel Krim im Schwarzen Meer ausgetragen. Die verbündeten Engländer und Franzosen, denen sich auch Piemontesen angeschlossen hatten, besiegten nach langen und verlustreichen Kämpfen das russische Heer. Um Russland auch in Zukunft vom Mittelmeer fern zu halten, beschlossen die Sieger im Frieden von Paris, die Dardanellen für Kriegsschiffe zu sperren. Aus den von Russland beanspruchten Fürstentümern Moldau und Walachei bildeten sie später den neuen Staat Rumänien. Der Krimkrieg veränderte die Machtverhältnisse in Europa. Die russisch-österreichische Freundschaft zerbrach, dagegen erwarb sich Preußen aufgrund seiner Neutralität das Vertrauen Russlands. England und Frankreich kamen einander näher und das bisher eher unbedeutende Piemont-Sardinien gewann die Beachtung und Unterstützung Frankreichs, als es die Schaffung eines italienischen Nationalstaates anstrebte.
Die geschwächte Position Russlands nach dem Krimkrieg gab den Polen neue Hoffnung. Der neue, als liberal geltende Zar Alexander II. (1855–1881) hatte gegenüber den Autonomiebestrebungen der Polen Zugeständnisse gemacht, 1861 auch in Polen die Bauernbefreiung durchgeführt, die Universität Warschau wieder eröffnet und eine Verfassung für die Polen in Auftrag gegeben. Den polnischen Patrioten war dies zu wenig. Eine polnische Untergrundbewegung in Paris löste im Januar 1863, auch in der Hoffnung auf die Hilfe des französischen Kaisers Napoleon III., einen Aufstand aus. In einem harten Guerillakrieg gewannen die Aufständischen, darunter viele Bauern, große Teile Russisch-Polens. Alexander änderte daraufhin seine Politik. Seine Liberalität endete dort, wo seine Souveränität angetastet wurde. Er ließ den Aufstand rücksichtslos niederschlagen. Etwa 30 000 Polen wurden getötet, ebenso viele verschleppt. Alexander zog die bereits genehmigte Verfassung zurück, hob die Universität Warschau auf und leitete nunmehr eine unerbittliche Russifizierungspolitik ein. Das polnische Grundschulwesen wurde eingeschränkt, die polnischen Verwaltungseinrichtungen nur noch von Russen besetzt. In Litauen und Weißrussland wurde der Gebrauch der polnischen Sprache in Öffentlichkeit und Kirche sowie der Landerwerb durch Polen untersagt. (vgl. „Informationen zur politischen Bildung", H. 142/143, S. 14f.)

Zusatzinformationen zu den Materialien

M1: Die Karte ermöglicht auch einen umfassenderen Exkurs zur italienischen Einigung. In einem Geheimtreffen in den Vogesen vereinbarten Napoleon III. und Cavour, die österreichische Regierung zu einem Krieg zu provozieren. Im Juni 1859 gelang es den verbündeten Franzosen und Piemontesen, die österreichische Armee zu schlagen und die Lombardei zu erobern. Zum Dank für die französische Hilfe trat Piemont-Sardinien die Region Savoyen und Nizza an Frankreich ab. Noch während der Kriegshandlungen vertrieben Aufständische in den mittelitalienischen Staaten ihre Regierungen. Im März 1860 bestätigten Volksentscheide den Wunsch der Bevölkerung nach Anschluss an Piemont-Sardinien. Die Einheitsbewegung erfasste auch Süditalien. Von Guiseppe Garibaldi geführte Freiheitskämpfer landeten im Mai 1860 auf Sizilien. Eine Welle der Begeisterung schlug ihnen entgegen. In weniger als fünf Monaten gelang es den Freischaren, das Königreich beider Sizilien zu erobern. Das Parlament Italiens trat im März 1860 in Turin zusammen und Viktor Emanuel II. nahm den Titel eines Königs von Italien an. Die letzte Etappe der Einigung – die Eingliederung Venetiens 1866 und des restlichen Kirchenstaates, d.h. Roms – erreichten die Italiener im Zusammenhang mit den Kriegen um die deutsche Einigung.

M2: Geplant war ein Staatenbund aus vier italienischen Staaten unter Vorsitz des Papstes. Die Quelle im Schülerbuch fährt fort:
„[...] Wie sollte Italien dann organisiert werden? [...] Die Poebene, die Romagna [...] würden das Königreich Oberitalien bilden, über das das Haus Savoyen herrschen würde. Dem Papst würde man Rom und das umliegende Gebiet belassen. Der Rest des Kirchenstaates würde mit der Toskana das Königreich Mittelitalien bilden. Die Grenzen des Königreiches Neapel erführen keine Veränderungen. Diese vier italienischen Staaten würden einen Staatenbund nach Art des Deutschen Bundes bilden, dessen Vorsitz man dem Papst geben würde, um ihn über den Verlust des größten Teils seines Staates hinwegzutrösten".
Auch viele deutsche Demokraten hatten 1848 die Meinung vertreten, man müsse erst gleich große Einzelstaaten innerhalb des deutschen Bundes schaffen, bevor die Herstellung eines Bundesstaates nach amerikanischen Vorbild möglich wäre. Richard Wagner schrieb im Mai 1848: „Hat die Frankfurter Versammlung die Aufgabe, eine Deutschland einigende Verfassung zustande zu bringen, so muss sie zunächst die Hand an die Ungleichheit der deutschen Binnenstaaten legen; sie muss eine Kommission niedersetzen, welche nach dem Grundsatz, Staaten unter 3 und über 6 Millionen Bevölkerung nicht mehr zuzulassen, eine vernünftige und naturgemäße Herstellung des deutschen Staatenbundes in Vorschlag bringen soll."

M3: Vgl. „Zusatzinformationen zum Verfassertext".

M4: Der Grundgedanke des Toleranzgesetzes ist nicht die Anerkennung der Nationalitäten als politisch-kulturelle Körper, sondern einerseits die Zubilligung landsmannschaftlicher Autonomie, andererseits die Sicherstellung von Individualrechten. Das Verlangen der Serben, Slowaken, Ruthenen, Rumänen in Ungarn war dagegen auf nationale Gemeinschaftsrechte gegründet.

Zu den Arbeitsvorschlägen und Fragen

a) Victor Emanuel soll als Beschützer der unterdrückten Bevölkerung von Massa (bei Modena, vgl. M2) auftreten. Cavour will Italien als Nationalstaat und Napoleon III. will Savoyen gewinnen.
b) 1863 vergeblicher Aufstand in Russisch-Polen, 1867 wird Österreich Doppelmonarchie, in Ungarn erhalten die Nationalitäten Minderheitenrechte.
c) 1772: erste Teilung Polens: Gebietsabtretungen an Preußen, Österreich, Russland.
1793: zweite Teilung, Abtretung an Preußen und Russland.
1795: dritte Teilung: Das restliche Gebiet Polens wird von Preußen, Österreich und Russland annektiert.
1815: Wiener Kongress: Posen preußisch; Bildung des „Königreichs Polen" in Personalunion mit Russland; Krakau wird freie Stadt.
1830: Julirevolution in Frankreich; Novemberaufstand in Polen.
1863: Aufstand in Russisch-Polen zugunsten eines Nationalstaates.
d) vgl. Zusatzinformationen zu M4.
e) Kurden, Tibeter, Nordiren, Katalonen, Tschetschenen, Palästinenser, Franzosen in Kanada u.a. In Deutschland bis 1989 zwei Staaten in einer Kulturnation. Die Durchsetzung des Selbstbestimmungsrechts der Völker nach ethnischen Gesichtspunkten führte vor allem nach dem Ersten Weltkrieg und nach der Teilung Jugoslawiens und der Tschechoslowakei zur Aufteilung Europas, aber auch Afrikas in viele kleine Staatsgebilde, von denen manche politisch fast ohne Gewicht und wirtschaftlich kaum lebensfähig sind. Weitere Minderheiten fordern ihre Unabhängigkeit. Aus diesem Grund hat sich in den letzten Jahrzehnten eine Anschauung verbreitet, die das Zurücktreten der nationalen Souveränität gegenüber einer stärkeren internationalen Verflechtung betont. Der Schriftsteller Robert Musil schrieb dazu 1936:
„Wir Deutsche, das ist die Fiktion einer Gemeinsamkeit zwischen Handarbeitern und Professoren, Schiebern und Idealisten, Dichtern und Kinoregisseuren, die es nicht gibt. [...]. Der deutsche Bauer steht dem französischen Bauer näher als dem deutschen Städter, wenn es darauf ankommt, was ihre Seelen reell bewegt. [...]. Gerade gesprochen, ist die Nation eine Einbildung in allen Fassungen, die man ihr gab."
(Robert Musil, „Tagebücher, Aphorismen, Essays", Hamburg 1955, S. 616f.)

2. Die Einigung Deutschlands – durch Krieg statt durch Revolution

2.1 Die Rivalität zwischen Preußen und Österreich

Konzeption

Nach dem Scheitern der Revolution und des ersten gesamtdeutschen Parlaments und nach dem Fehlschlag des Einigungsversuchs unter preußischer Führung 1848/49 war, wie der württembergische Publizist und Landtagsabgeordnete Paul Pfitzer schon 1842 voraussagte, „von Handel und Gewerbefleiß mehr nationale Förderung zu erwarten als von den konstitutionellen Bemühungen der Publizisten und Verfassungsfreunde. In einer Zeit, wo die materiellen Interessen so viel gelten", fuhr er fort, „ist es auch natürlich, dass viele alles Heil für Deutschland von dem deutschen Zollverein erwarten, der in der Tat zur Zeit [...] die einzige reale Macht in ihren Diensten ist. Wohlstand, Gewerksmacht, Handelsgröße wollen auch die Regierungen, und da dies alles nur durch Einigung zu erlangen ist, so gilt der Zollverein mit Recht jetzt für den ersten Vorkämpfer und Verteidiger des neuen Deutschlands."
Die Reichsgründung ist demnach keineswegs nur eine Folge von „Eisen und Blut", sondern wohl eher von „Kohle und Stahl". Den bismarckschen Kriegen wird deshalb kein allzu breiter Raum gegeben, sie sind in M4 zusammengefasst und können anhand dieser Zusammenstellung auf die Tafel oder auf eine Folie übertragen werden.

Aspekte der Unterrichtsgestaltung

Vorschläge für den Themeneinstieg:
- Wiederholung: Stand der Industrialisierung im Zollverein und in Österreich z.B. durch die Verwendung der Karte der Eisenbahnstrecken M3 im Schülerbuch auf S. 162);
- Quellentexte auf *Arbeitsblatt 19: „Die Annexion von Elsass-Lothringen“*
- M5a und M5b in Verbindung mit M2.

Teilthemen:
- Die wirtschaftliche Entwicklung Preußens und Österreichs (vgl. „Ergänzungen zum Angebot des Schülerbuchs“, M1);
- Verfassungskonflikt in Preußen (vgl. Marginalie „Heereskonflikt in Preußen“ und M2);
- Kriege gegen Dänemark und Österreich (vgl. M3–M5).

Problem- und Fragestellungen:
- Warum besaß Preußen die wirtschaftliche Vormacht in Deutschland?
- Beschreibung der territorialen Veränderungen Preußens seit 1864 und des Deutschen Reichs von 1871 im Vergleich zum „Deutschen Bund“ (vgl. M3);
- Erklärung des preußischen Heereskonflikts. Wie reagiert Bismarck (vgl. M4 und M5, dazu auch Frage c)?

Vorschläge für Arbeits- und Sozialformen:
- Erarbeitung der territorialen Veränderungen hinsichtlich einerseits der kleindeutschen Lösung, andererseits einer Vergrößerung Preußens und schließlich der Annexion Elsass-Lothringens durch die Verwendung des *Arbeitsblattes 19: „Die Annexion von Elsass-Lothringen“* und M3. Die sich ergebenden Fragestellungen können anhand von M4 bearbeitet werden.

Tafelbild

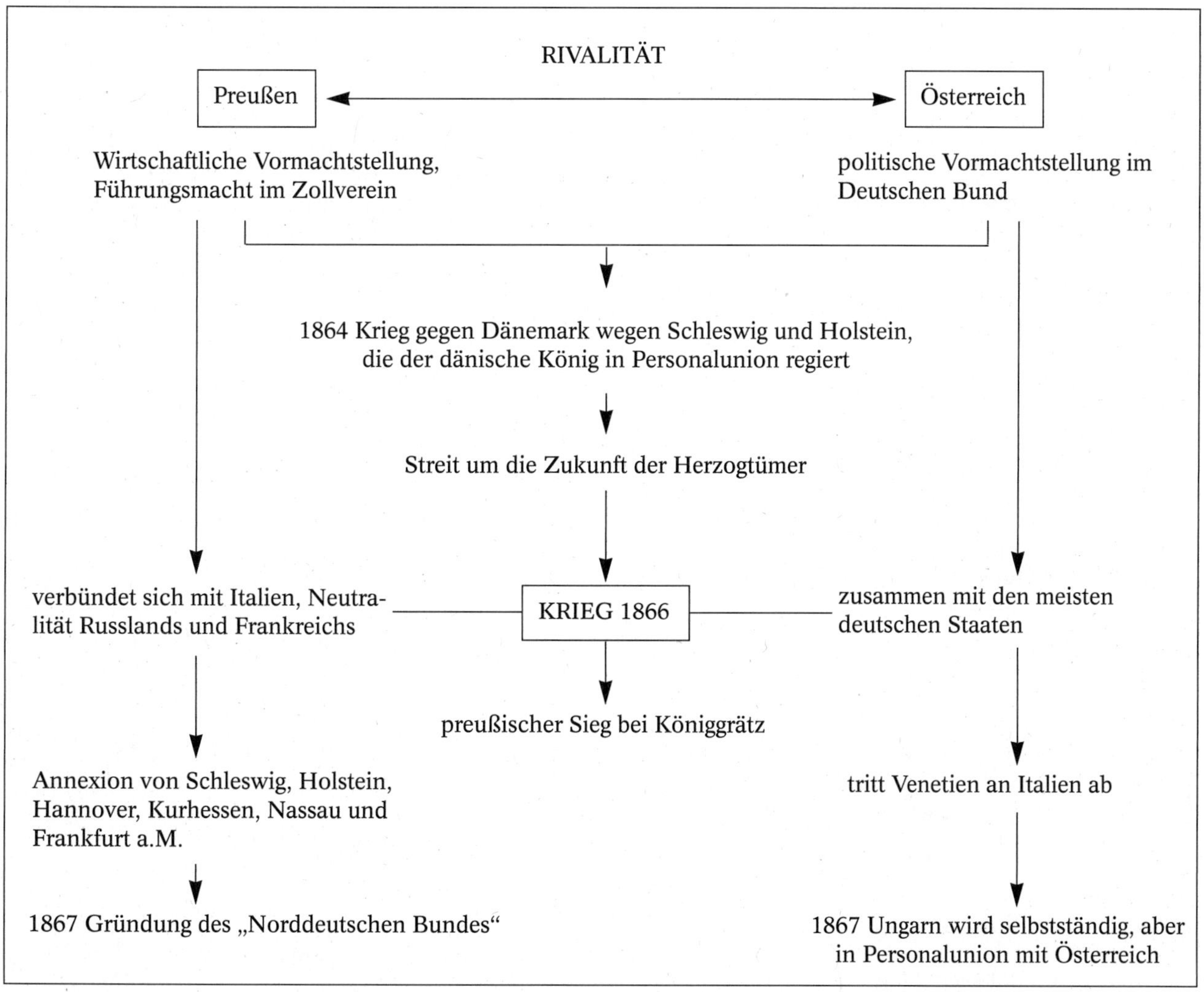

Zusatzinformationen zum Verfassertext

Im März und April 1850 tagten in Erfurt Vertreter der norddeutschen Kleinstaaten und Preußens und gründeten eine kleindeutsche Union unter preußischer Führung. Als die österreichische Regierung demgegenüber die Wiederherstellung des Deutschen Bundes forderte, schien sich ein Krieg zwischen Preußen und Österreich anzubahnen. Erst als sich Russland auf die Seite Österreichs stellte und viele preußische Konservative einen Konflikt mit dem habsburgischen Kaiserstaat ablehnten, wich die preußische Regierung zurück. Im Vertrag von Olmütz (29.11.1850) willigte sie in die Wiederherstellung des alten deutschen Bundes unter österreichischer Führung ein. Das weitere Geschehen orientierte sich am wirtschaftlichen Erfolg.
Preußen war die wirtschaftlich stärkste Macht in dem 1834 gegründeten „Deutschen Zollverein", dem Österreich nicht angehörte. Zwischen 1853 und 1856 schnellten die Exporte des Zollvereins von 357 auf 456 Millionen Taler empor, während diejenigen Österreichs im selben Zeitraum von 184 auf 150 Millionen Taler zurückgingen. Gegenüber der wirtschaftlichen Überlegenheit Preußens mit seinen Industriezentren in Oberschlesien, im Ruhrgebiet und im Saarland fiel die rohstoffarme Habsburger Monarchie mit ihren verkehrsmäßig schwer erschließbaren Alpenregionen immer weiter zurück.
Um trotzdem die preußische Vormachtstellung im Zollverein zu brechen, wollte die Regierung in Wien 1850 den Zollverein mit dem österreichischen Zollgebiet vereinigen. Allerdings verlangte sie, dass die geplante Zollunion nach außen durch Schutzzölle abgeschirmt war, um die noch schwache Industrie Österreichs von der englischen und französischen Konkurrenz zu schützen. Dagegen vertraten in Preußen die am Export ihres Getreides interessierten ostelbischen Grundbesitzer ebenso wie die Kaufleute und auch ein großer Teil der Industriellen eine freihändlerische Wirtschaftspolitik. Auch die preußische Regierung wollte den Zollverein verhindern, um damit den österreichischen Einfluss in Deutschland zu schwächen. Entscheidend war, wie sich diejenigen Mittelstaaten verhalten würden, die dem Zollverein angehörten. Nach langwierigen Verhandlungen fassten sie mehr Vertrauen zu dem wirtschaftlich starken Partner und lehnten 1853 die Zollunion ab. Als Preußen dann 1862 einen Handelsvertrag mit Frankreich unterzeichnete, der erhebliche Zollsenkungen zwischen beiden Ländern vorsah, traten alle anderen Zollvereinsstaaten der Vereinbarung bei. Damit war Österreich endgültig isoliert und wirtschaftlich aus Deutschland hinausgedrängt.

Zusatzinformation zu den Materialien

M1: Neben den Bildern der Kaiserproklamation (vgl. Schülerbuch, S. 221 und 229) ein weiteres bekanntes Historiengemälde aus dem 19. Jahrhundert. Der Augenzeuge Christian Sell idealisiert den Kriegsschauplatz, selbst die Verwundeten zeigen Haltung. Im Mittelpunkt des Bildes über die preußische Siegesstimmung nach der Schlacht von Sadowa (bei Königgrätz) zu Pferd der König mit dem Kronprinzen sowie Bismarck und Moltke. Hurra-Stimmung bei den Soldaten. Die Verwundeten werden vor den Blicken des Königs hinter Geschützen geschickt verborgen.

M2: Pickelhauben waren Lederhelme mit Metallbeschlägen und Metallspitzen, die seit 1842 von der preußischen Infanterie getragen wurden. Die Karikatur symbolisiert Preußens „Revolution von oben".

M3: Die obere Karte stellt Preußen und Österreich mit ihren jeweiligen Bundesgenossen vor dem preußisch-österreichischen Krieg dar. Beide Staaten besitzen Gebiete innerhalb und außerhalb der Bundesgrenzen. Die untere Karte zeigt Preußen-Deutschland mit den preußischen Annexionen, die eine Arrondierung des zuvor zweigeteilten preußischen Staates bewirken, den „Norddeutschen Bund" und Österreich-Ungarn ohne Venedig nach der Teilung zur Doppelmonarchie.

M4: In knapper Form wird die militärische Auseinandersetzung zwischen Preußen und Österreich vom gemeinsamen Eingreifen in Dänemark 1864 bis zur Gründung des „Norddeutschen Bundes" 1867 dargestellt.

M5a und **M5b**: Schon vor der Berufung zum preußischen Ministerpräsidenten rechnete Bismarck mit einer militärischen Auseinandersetzung mit Österreich. Der Streit um die Beute nach dem gemeinsamen Einmarsch nach Dänemark lieferte den Anlass. M5b gibt eine der denkwürdigsten Aussagen Bismarcks wieder (vgl. Schülerbuch, S. 227). Die Rede hielt er vor der Budgetkommission des Abgeordnetenhauses gleich in den ersten Tagen nach seiner Ernennung zum Ministerpräsidenten und Außenminister. Sein Biograf Engelberg hält diese Äußerung für ein „denkwürdiges Missgeschick". Denn Bismarck wollte die Abgeordneten eigentlich beschwichtigen, er hatte die Absicht, dem Heereskonflikt die Schärfe zu nehmen. Und dafür fiel ihm Symbolträchtiges ein: Als Friedenszeichen zeigte er den streitbaren Liberalen einen Ölzweig, den er aus Frankreich mitgebracht hatte. Doch der Trick zog nicht und er stieß plötzlich die Worte hervor, die seine politische Strategie offen legten. Das vielzitierte „Blut-und-Eisen"-Wort wurde später abgewandelt. Der deutsche Nationalstaat sei vielmehr durch „Kohle und Stahl" geschaffen worden.

Ergänzungen zum Angebot des Schülerbuchs

1.) Wirtschaftliche Kräfte Preußens und Österreichs 1865/66

	Preußen	Österreich mit Ungarn und Venetien
Bevölkerung	19,3 Mio.	37,5 Mio.
davon landwirtschaftlich	45%	70%
Getreideernte	0,8 Mio. t	0,7 Mio. t

Zahl der Dampfmaschinen	15 000	3 400
Jährliche Kohleförderung	12 Mio. t	5,7 Mio. t
Roheisenerzeugung	850 000 t	460 000 t
Staatseinnahmen (Taler)	240 Mio.	292 Mio.
Militärausgaben	45 Mio.	51 Mio.

(Nach Hermann Aubin u.a., „Handbuch der deutschen Wirtschafts- und Sozialgeschichte", Bd. 2, Stuttgart 1976, S. 600)

2.) Österreich, das dem „Deutschen Zollverein" nicht angehörte, wollte 1850 eine „österreichisch-deutsche Zolleinigung" herbeiführen. Fürst Schwarzenberg schrieb deshalb im Juli 1850 an den österreichischen Gesandten in Berlin:
„Die Vorteile, welche Deutschland und Preußen selbst von einer solchen Zolleinigung zu erhoffen haben, können nicht hoch genug veranschlagt werden. Der sich öffnende große Markt, die sich gegenseitig ergänzende, stärkende und aneifernde Industrie, die größere Macht, [...] die geistige Einheit, [...] die Gleichheit der Interessen [...] werden die Befriedigung [...] der deutschen Volksstämme erbringen. Auch darf nicht vergessen werden, dass kaum je in der Weltgeschichte ein Augenblick wiederkehren wird, welcher der Verwirklichung dieser österreichisch-deutschen Zolleinigung günstiger als der gegenwärtige ist, wo das Streben nach größerer Einigung noch immer so lebendig sich kundgibt, dass wiederkämpfende Sonderinteressen leicht überwunden werden, und wo die Ereignisse der Jahre 1848 und 1849 alles Bestehende in Fluss gebracht und neuen Formen schmiegsam gemacht ha-ben."
(Helmut Böhme [Hrsg.], „Die Reichsgründung", München 1967, S. 83)

3.) Die baden-württembergische Zentralstelle für Handel und Gewerbe – eine staatliche Gewerbeförderungsbehörde – stellte im Dezember 1851 in einem Schreiben an das württembergische Finanzministerium fest:
„Die natürlichen Häfen des Zollvereins liegen an der Nord- und Ostsee, [...] die Handelsplätze Österreichs aber, abgesehen von den Versendungen Böhmens auf der Elbe, an dem adriatischen Meere. Die Ströme des Zollvereins und ein weit ausgedehntes und sich immer mehr vervollständigendes Eisenbahnnetz leiten den Zug seines Handels wesentlich nach dem Norden und dem Westen. Mit Ausnahme der Donau [...] führt kein schiffbarer Strom nach dem Osten, und die Erbauung von Eisenbahnen gegen das mittelländische Meer in der Zahl derjenigen gegen den Norden wird in den Terrainverhältnissen bleibende Schwierigkeiten finden [...].
Hiermit sind wir an einem Punkte angelangt, wo ganz von selbst die Alternative sich aufdrängt, ob es für Württemberg geraten sei, den Zollverein mit Preußen zu verlängern oder eine Zolleinigung mit Österreich anzustreben? [...] Wir unsererseits sind über den bei jener Alternative anzuratenden Weg nicht im Ungewissen [...]. Eine Trennung vom Zollverbande mit Preußen, welches auf einer langen Strecke den Rhein an beiden Ufern beherrscht, würde die nachteiligsten Störungen im Handel herbeiführen."
(Helmut Böhme, „Vor 1866. Aktenstücke zur Wirtschaftspolitik der deutschen Mittelstaaten", Frankfurt a. M. 1966, S. 18ff.)

4.) „Die Gelegenheit ist günstig"

entweder **groß** zu werden, und auf die Wünsche des Preußischen Volkes, oder — der populärste Mann in Deutschland zu werden und auf dessen allgemeinen Wunsch — einzugehen!

(„Geschichte und Geschehen" 9, Ausgabe N, S. 152)

Diese Karikatur erschien wenige Tage nach dem Einmarsch preußischer Truppen in das von Österreich verwaltete Holstein 1866 in der Zeitschrift „Kladderadatsch". Österreich wird von den meisten Mittelstaaten unterstützt. Würde Bismarck jetzt nachgeben, würde er entlassen. Die öffentliche Meinung wäre dafür, der innere Friede wieder hergestellt. Bismarck wäre der „populärste Mann". Will aber Preußen auf dem Weg zum kleindeutschen Nationalstaat weitergehen, muss Bismarck Österreich provozieren. Er erreicht dies durch Forderungen nach einer Bundesreform. Liberale Vorstellungen wie ein „Deutsches Parlament", „Direktwahlen", „Budget-Recht" hätten das Ende des Vielvölkerstaates bedeutet. Für die Bundesstaaten schlägt Bismarck darüber hinaus auch noch eine „Reorganisation der 1. Kammer", also die Einschränkung von Privilegien vor. Damit kann Preußen „groß" werden (Annexionen und „Norddeutscher Bund") und die Einigung betreiben, ohne die Liberalen zu verärgern.

5.) Den Krieg gegen Österreich kommentierte der Rechtsgelehrte Rudolf von Ihering vor und nach Königgrätz so:
„Gießen, 1. Mai 1866 [...]. Mit einer solchen Schamlosigkeit, einer solchen grauenhaften Frivolität ist vielleicht nie ein Krieg angezettelt worden wie der, den Bismarck gegenwärtig gegen Österreich zu erheben sucht. Das innerste Gefühl empört sich über einen solchen Frevel an allen Grundsätzen des Rechts und der Moral. [...]. Man fragt sich staunend: Ist es denn wahr, dass Lügen, welche die ganze Welt als solche erkennt, von oben herab als Tatsache verkündet werden können? Österreich soll gegen Preußen rüsten. Jedes Kind weiß hier das Gegenteil. Preußen ist aber der angegriffene Teil, dieses Preußen, welches den Todfeind Österreichs, Italien, zum Kampf auf Leben und Tod gegen dasselbe aufhetzt. Ach! was müssen wir erleben, welche grauenhafte Zukunft steht uns bevor [...]. Deutsche gegen Deutsche bewaffnet, ein Bürgerkrieg, ein Komplott [...] ohne allen Schein des Rechts, ohne Anteil des Volkes, rein von einigen Diplomaten ins Leben gerufen."

„Gießen, 19. August 1866. Welches Stück Geschichte liegt zwischen meinem letzten Briefe und dem gegenwärtigen [...]. Wie habe ich seit Jahren die Italiener beneidet, dass ihnen gelungen, was uns das Geschick noch auf eine ferne Zukunft [...] zu versagen schien, wie habe ich den deutschen Cavour und Garibaldi [...] herbeigewünscht. Und über Nacht ist er uns erstanden in dem viel geschmähten Bismarck. Soll man nicht glauben zu träumen, wenn das Unmögliche möglich wird? [...] Ich beuge mich vor dem Genie eines Bismarcks [...] Wie wunderbar hat der Mann alle Fäden des großartigen Gewebes gesponnen, wie fest und sicher, dass keiner derselben riss, wie genau hat er alle Mittel und Hebel gekannt und benutzt – seinen König, Napoleon, sein Heer, die Verwaltung, Österreich und seine Kräfte – kurz, ein Meisterstück der Berechnung! [...] Was uns Uneingeweihten als freventlicher Übermut erschien, es hat sich hinterher herausgestellt als unerlässliches Mittel zum Ziel [...]. Ich gebe für solch einen Mann der Tat [...] hundert Männer der liberalen Gesinnung, der machtlosen Ehrlichkeit."

(Rudolf von Ihering in Briefen an seine Freunde, Leipzig 1913, S. 19f., 206f.)

Zu den Arbeitsvorschlägen und Fragen

a) Für Bismarck stand fest, dass die „großen Fragen der Zeit" nur mit taktischen und machtpolitischen Überlegungen zu entscheiden sind und nicht „durch Reden und Majoritätsbeschlüsse" wie 1848 (vgl. „Zusatzinformationen zu den Materialien" M5a und M5b). Das Besitzbürgertum hatte ebenso wie der Adel Angst vor weiteren revolutionären Unruhen. Es wollte aus wirtschaftlichen Gründen die Einheit und politische Freiheit, fürchtete aber die politische Gleichheit, wie sie die Demokraten verlangten. Diese Ängste der Liberalen nutzte Bismarck für seine kleindeutsche Machtpolitik. Er war sich klar darüber, dass die Liberalen nach dem Erfolg der politischen und wirtschaftlichen Einheit bereit waren, auf Teile der bürgerlichen Gleichheit zu verzichten. Der Vielvölkerstaat Österreich, der an der Struktur des „Deutschen Bundes" festhielt, wäre an einer Stärkung der Rechte des Bundestages in einzelne Nationalstaaten zerbrochen.

b) Vgl. „Zusatzinformationen zu den Materialien", M2.

c) „Realpolitik" ist ein von dem Publizisten Ludwig von Rochau (1810–1873, seit 1871 nationalliberales Mitglied des Reichstags) geprägter politischer Begriff. Er sollte den deutschen Liberalismus, der sich nach seiner Ansicht 1848/49 allzu sehr von reiner Ideologie hatte leiten lassen, zur Anpassung seines Programms an die politische Wirklichkeit mahnen. Bismarck gilt in seiner Innen- und Außenpolitik als Repräsentant realistischer Politik. Politische Entscheidungen konnten für Bismarck durch taktisches Überlegen (1866 Verzicht auf österreichische Gebietsabtretungen), Paktieren wie 1864 und 1865, eine Politik der Stärke und Machtpolitik (1866) durchgesetzt werden.

In seiner Schrift „Grundsätze der Realpolitik, angewendet auf die staatlichen Zustände Deutschlands" von 1853 schrieb Rochau:

„Herrschen heißt Macht üben und Macht üben kann nur der, welcher Macht besitzt. Dieser unmittelbare Zusammenhang von Macht und Herrschaft bildet die Grundwahrheit aller Politik und den Schlüssel der ganzen Geschichte. Es ist ein irregeleiteter Stolz des menschlichen Geistes, welcher jenen Verhältnissen Anerkennung verweigert [...]. Das Recht verhält sich zur Macht wie die Idee zur Tatsache. Dieses rein begriffliche Verhältnis wird zum realen nur, wenn und insofern die Rechtsidee sich zur öffentlichen Macht verkörpert [...]. Die politische Macht kennt keine Grenze als eine andere Macht und zwischen Mächten, die einander ausschließen, ist der Vernichtungskampf eine durch kein Räsonnement zu beseitigende Notwendigkeit."

2.2 Der Deutsch-Französische Krieg und die Reichsgründung

Konzeption

Der Vertrag von Frankfurt schuf in Mitteleuropa einen großen Staat mit 42,5 Millionen Einwohnern (Frankreich 36 Mio., England 32 Mio.), dessen preußische Vormacht über keine parlamentarische, wohl aber über eine militärisch-bürokratische Tradition verfügte. Das Reich war das Ergebnis eines Krieges, es war von oben geschaffen. Bismarcks Diplomatie strebte danach, Feindseligkeiten zu beenden, wenn politische Ziele erreicht waren. Dem widersprachen der Kaiser und die Militärs. Im Frieden zu Frankfurt musste Bismarck dem Druck nachgeben. Mit der Annexion Elsass-Lothringens wurde dadurch ein Konfliktpotential geschaffen, das letztlich einen wesentlichen Grundstein für die Auseinandersetzungen des 20. Jahrhunderts legte. Das Kapitel beschreibt den Weg zum preußisch-deutschen Reich unter der Führung Bismarcks, thematisiert in M2 die Annexion Elsass-Lothringens und in M3a den Vergleich zwischen dem Nationalstaat, den die Liberalen 1848/49 erhofften, und dem 1871 geschaffenen Machtstaat.

Der Verfassertext gibt einen Überblick von der Gründung des „Norddeutschen Bundes" bis zur Reichsgründung. Ein reizvolles Zusatzangebot des Kapitels ist die Beschäftigung mit der Historienmalerei, die in einem Methodenelement am Beispiel von M1 erklärt wird. Weitere Historienbilder finden sich u.a. auf S. 202 (vgl. M1), S. 203 (vgl. M2) und S. 225 (vgl. M1).

Aspekte der Unterrichtsgestaltung

Vorschläge für den Themeneinstieg:
- Marginalien „Annäherung an die süddeutschen Staaten" und „Streit um eine Thronkandidatur" (vgl. Schülerbuch, S. 228);
- *Arbeitsblatt 20: „Die Emser Depesche"*,
- M2 in Verbindung mit M3 im Schülerbuch auf S. 226.

Teilthemen:
- Die spanische Thronkandidatur;
- Reichsgründung;

– Historienmalerei am Beispiel der Bilder von A. Werner (vgl. Auftaktdoppelseite, Bild rechts oben, Schlüsselbegriff auf S. 229 und M1).

Problem- und Fragestellungen:
– Ursachen, Anlass und Folgen des deutsch-französischen Krieges;
– Beurteilung der Annexion Elsass-Lothringens (vgl. M2 und Kastentext im Schülerbuch, S. 223);
– Welche Ziele verfolgte Bismarck mit dem Krieg gegen Frankreich (vgl. M2 und M3, Schülerbuch, S. 230);
– Beantwortung von Frage b) anhand der Materialien M3a und M3b.

Vorschläge für Arbeits- und Sozialformen:
– Arbeitsteilige Auswertung der Historienbilder im Schülerbuch auf den Seiten 202, 203, 225 und 229 unter dem Aspekt der Beurteilung, ob es sich eher um Wunschbilder als um gemalte Wirklichkeit handelt (vgl. dazu auch E. Schwalm [Hrsg.], „Folienbuch Geschichte 2“, Klett-Perthes 1993, Folie 22).
– Zusätzlich auflockern kann den Fachunterricht das Lied „Was ist des Deutschen Vaterland?“, das die reichlich verblasenen nationalistischen Vorstellungen bürgerlicher Kreise ausdrückt (vgl. CD, „Historische Lieder“, Klett Bst.-nr. 415542).

Tafelbilder

Preußischer Verfassungskonflikt (1861–1866)

Preußisches Abgeordnetenhaus (Volksvertretung) → verweigert finanzielle Mittel → Preußische Heeresreform (ab 1861)
- Vermehrung des Heeres
- dreijährige Dienstzeit

König Wilhelm I. → Oberbefehlshaber des Heeres, will Reform → Preußische Heeresreform

König Wilhelm I. → beruft 1862 → Ministerpräsident Bismarck

Ministerpräsident Bismarck → bewilligt ohne Volksvertretung Mittel für Heeresreform

Preußisches Abgeordnetenhaus → genehmigt nach den militärischen Erfolgen nachträglich die Mittel

Die Gründung des Deutschen Reiches

1866 →	1867 →	1870 →	1871
Krieg Preußens gegen Österreich, Annexion von u.a. Hannover, Schleswig und Holstein	Gründung des „Norddeutschen Bundes“, „Schutz- und Trutzbündnisse“ mit den süddeutschen Staaten	Bismarck provoziert Kriegserklärung Frankreichs. Hilfe durch Truppen der süddeutschen Staaten	Sieg bei Sedan, Gründung des „Deutschen Reiches“, Kaiserproklamation in Versailles

Zusatzinformationen zum Verfassertext

Am 2. September 1870 geriet Napoleon III. mit 100 000 Mann bei Sedan in Gefangenschaft. Zwei Tage später wurde in Paris die Dritte Republik ausgerufen und eine „Regierung der nationalen Verteidigung“ gebildet. Sie widersetzte sich zunächst den deutschen Wünschen nach einer Annexion des Elsass und Lothringens und beschloss, den Krieg fortzusetzen und alle diensttauglichen Männer einzuberufen. Der Krieg zog sich noch weitere sechs Monate hin, aber die Widerstandskraft der französischen Truppen ließ nach. Die Enttäuschung darüber führte in Paris zu einer Volkserhebung und zur Bildung einer sozialistischen Gemeinderegierung (Pariser Kommune). Diese führte in der von deutschen Truppen belagerten Hauptstadt eine Reihe sozialer Maßnahmen durch, so die Bildung einer Arbeitergenossenschaft zur Leitung der Fabriken und die Einführung des unentgeltlichen Schulbesuchs. In einem blutigen Bürgerkrieg, während der die Regierungstruppen gefangene Kommunarden erschossen und die sich verteidigenden Kommunarden öffentliche Gebäude in Brand steckten und Geiseln erschossen, unter denen sich auch der Erzbischof von Paris befand, besiegten Regierungstruppen Ende Mai die Aufständischen. Dabei hatten sie die Unterstützung der Deutschen, die zu diesem Zweck Kriegsgefangene freigaben.

…ommune"

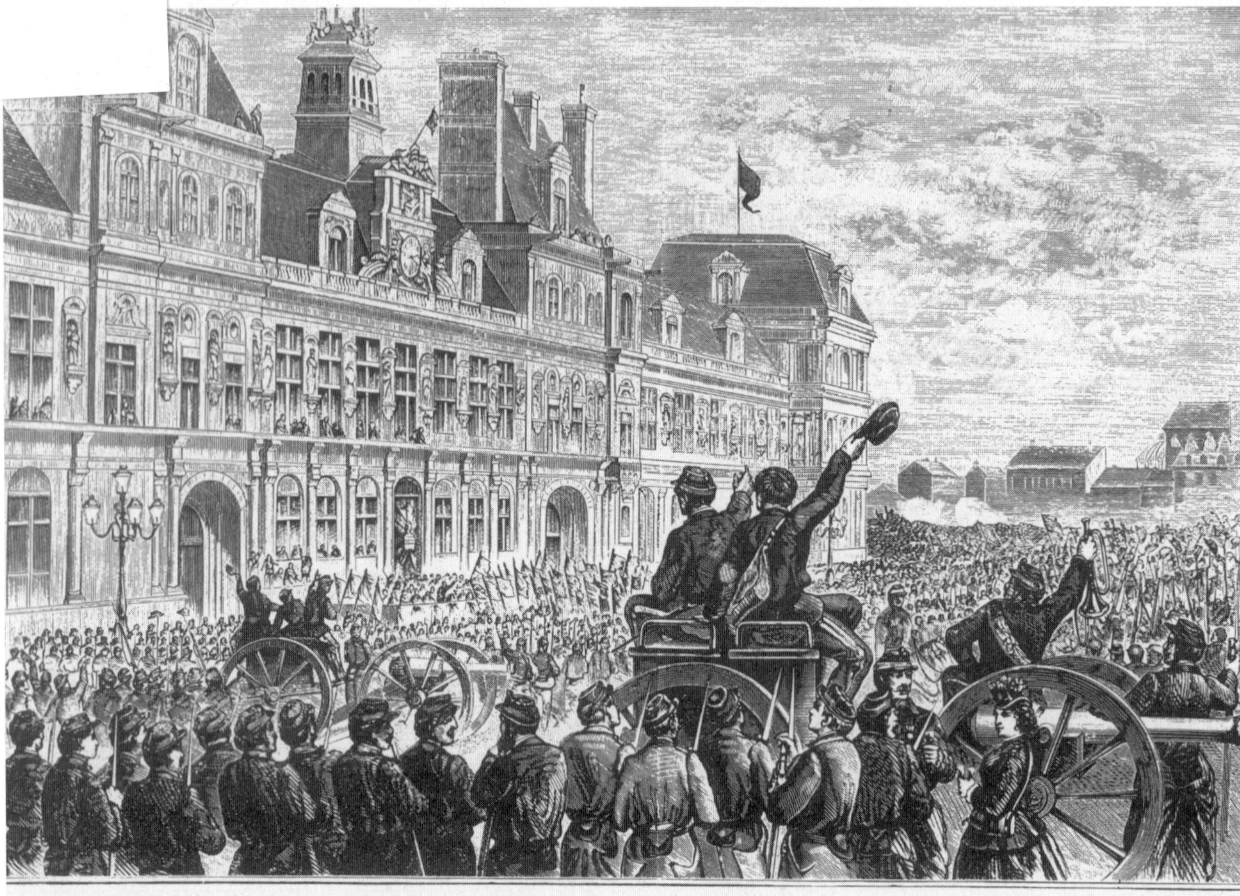

Die Proklamierung der Kommune.

(Aus: „Geschichte und Geschehen III", Ernst Klett Verlag, Stuttgart, S. 198)

Vor dem Rathaus von Paris wird am 28. März 1871 vor der Nationalgarde und 200 000 Bürgern die Regierung des neu gewählten Gemeinderates (Commune) ausgerufen (zeitgenössische Lithografie).

Zusatzinformationen zu den Materialien

M1: Selbst wenn Historienmalerei historisches Geschehen verklärend wiedergibt, kann sie als Malerei unter Umständen trotzdem eine große künstlerische Leistung vollbringen. Die eigentliche Historie tritt dann aber dahinter zurück. Das geschichtliche Ereignis wird meist überhöht dargestellt, oft in dramatischer Zuspitzung. Als malender Chronist wird der Künstler oft sogar im Auftrag der abgebildeten Akteure tätig, so auch bei Werners Kaiserproklamation. Die Malerei kommt meist in solchen Epochen vor, in der der Wunsch nach Selbstdarstellung oder Legitimierung, wenn nicht gar Verherrlichung der Gegenwart einhergeht mit monumentalen Bildformaten. Sie war als politische Zweckargumentation während der nationalistischen Epochen des 19. Jahrhunderts ebenso beliebt wie in sozialistischen Ländern in unserem Jahrhundert (vgl. E. Schwalm [Hrsg.], „Folienbuch Geschichte 2", Folien 20, 22 und T. Petersen [Hrsg.], „Folienbuch Geschichte 4", Folien 6 und 19; beide Bände Klett-Perthes 1993, 1996).
Lange vor dem Bild (M1), das die kaiserliche Familie Bismarck zu dessen 70. Geburtstag (1. April 1885) schenkte, malte Anton Werner ein wesentlich weniger bekanntes Gemälde (vgl. Schülerbuch, S. 221). Die ganze Szene (im Spiegelsaal des Sonnenkönigs, der bei der bitteren Kälte des Januartages unheizbar war), wirkt erheblich nüchterner, ruhiger, sogar steifer, ohne Pathos. „Alles so kalt, so stolz, so glänzend, so prunkend und großtuerisch und herzlos und leer", hatte der bayerische Prinz Otto die Kaiserproklamation beschrieben. Bismarck erscheint statt im Weiß der Kürassieruniform im schlichten dunkelblauen Waffenrock links fast an die Wand gedrückt. Korrekt sind lediglich das orangefarbene Band mit dem Schwarzen-Adler-Orden, die hohen Reitstiefel und die Pickelhaube in der Hand. Das Militärische ist in dem Bild stark zurückgedrängt. Der Blick des Betrachters wird auf den Kaiser gelenkt.

M2: Das Selbstbestimmungsrecht wurde schon von der politischen Linken in der Paulskirche für unterdrückte Völker beansprucht. Im Programm der Fraktion des „Deutschen Hofes" vom 27. Oktober 1848 heißt es: „Die Partei der Linken [...] will Gleichberechtigung aller Nationalitäten Sprache, Sitte usw., sie will auswärtigen Völkern das Recht ihrer Selbstbestimmung vollständig und uneingeschränkt gewahrt wissen."

M3a und **M3b**: Rudolf Eucken (1846–1926, Professor in Basel und Jena, 1908 Nobelpreis für Literatur) ist ein für Politik aufgeschlossener Intellektueller, der die Zeit des Kaiserreiches bewusst erlebt hat. Er vertritt einen im Wesentlichen bismarckfreundlichen, aber keineswegs unkritischen Standpunkt. Benjamin Disraeli

(1804–1881) wurde 1848 Führer der englischen Konservativen, amtierte bis 1868 mehrfach als Schatzkanzler und von 1874–1889 als Premierminister mit deutlich imperialistischer Zielsetzung. Im Hinblick auf die von England immer wieder beschworene Gleichgewichtspolitik in Europa wertet Disraeli den Sieg über Frankreich als für England unerwünschte „Revolution“. Im Gegensatz zu der innenpolitischen Sicht von Eucken argumentiert Disraeli außenpolitisch.

Ergänzungen zum Angebot des Schülerbuchs

1.) Definition „Deutsches Reich“: Aus dem Ostfrankenreich entwickelte sich das mittelalterliche deutsche Kaiserreich (Kaiserkrönung Ottos d. Großen 962), das sich als Nachfolger des weströmischen Kaisertums verstand. Im 15. Jahrhundert wurde die Bezeichnung „Heiliges Römisches Reich Deutscher Nation“ geläufig. Angesichts der Siege Napoleons I. löste Kaiser Franz II. das Reich 1806 auf und nannte sich „Kaiser von Österreich“. Nach dem fehlgeschlagenen Versuch von 1848/49, einen kleindeutschen Nationalstaat zu schaffen, gelang es Bismarck 1871 durch eine „Revolution von oben“, ein von Preußen dominiertes (zweites) Kaiserreich zu gründen. Als Kaiserreich hatte das „Deutsche Reich“ bis 1918 Bestand, als (Weimarer) Republik bis 1933. Mit seiner „Machtergreifung“ nahm Hitler für sich in Anspruch, das „Dritte Reich“ gegründet zu haben, das seit 1938 als „Großdeutsches Reich“ Österreich und andere Gebiete einschloss. Das auf übersteigertem Nationalismus und verbrecherischem Rassenwahn gegründete Hitlerreich wurde nach dem Zweiten Weltkrieg (1939–1945) von den Siegermächten aufgelöst. Zwischen 1949 und 1990 existierten die „Bundesrepublik Deutschland“ und die „Deutsche Demokratische Republik“ nebeneinander als Staaten innerhalb einer gemeinsamen Kulturnation.

2.) Der Historiker und preußische Nationalliberale Heinrich von Treitschke äußerte zur Annexion von Elsass-Lothringen:
„Der Gedanke [...], welcher, zuerst leise klopfend wie ein verschämter Wunsch, in vier raschen Wochen zum mächtigen Feldgeschrei der Nation wurde, lautet kurzab: Heraus mit dem alten Raube, heraus mit Elsass und Lothringen! [...] Wir schulden dem Weltteil eine dauerhafte Sicherung des Völkerfriedens und wir werden sie, so weit Menschenkräfte reichen, nur dann erlangen, wenn von den befestigten Pässen der Vogesen deutsche Feuerschlünde in das welsche Land herniederschauen und unsere Heere in wenigen Märschen in die Ebene der Champagne herabsteigen können, wenn [...] das geschwächte Frankreich nicht mehr wagen darf, uns anzugreifen [...]. Von der heiligen Notwendigkeit dieser großen Tage wird die Lehre von dem Selbstbestimmungsrechte aller deutschen Stämme, die lockende Losung vaterlandloser Demagogen, jämmerlich zuschanden. Diese Lande sind unser nach dem Recht des Schwertes und wir wollen über sie verfügen kraft eines höheren Rechtes der deutschen Nationen, die ihren verlorenen Söhnen nicht gestatten kann, sich für immer dem Deutschen Reiche zu entfremden.“

(Karl M. Schiller [Hrsg.], „Heinrich von Treitschke. Aufsätze, Reden, Briefe“, Meersburg 1929, S. 451ff.)

3.) 1870 schrieb der französische Schriftsteller und Religionswissenschaftler Ernest Renan in einem Brief an den deutschen Philosophen und Theologen David Friedrich Strauß:
„Unsere Politik ist die Politik des Rechtes der Nationen, die Ihre ist die Politik der Rassen: [...] Abgesehen davon, dass sie auf einem Irrtum beruht, da sehr wenig Länder reinrassig sind, kann die zu stark betonte Aufteilung der Menschheit in Rassen nur zu Ausrottungskriegen führen [...]. Unter dem Vorwand einer germanischen Etymologie (= Wissenschaft von der Herkunft und Bedeutung der Wörter) haltet Ihr so manches lothringische Dorf für preußisch. Die Namen von Wien (Vinobona), Worms (Borbitomagus) und Mainz (Moguntiacum) sind gallischen Ursprungs; aber wir werden diese Städte deshalb nie von Euch fordern. Wenn aber eines Tages die Slawen das ursprüngliche Preußen, Pommern, Schlesien, Berlin fordern werden, weil deren Namen slawischen Ursprungs sind, wenn sie an der Oder und Elbe so handeln werden, wie Ihr an der Mosel, was werdet Ihr dann sagen? Nation ist kein Synonym (= kein bedeutungsgleiches Wort) für Rasse. Die kleine Schweiz, die so stabil ist, zählt drei Sprachen, drei oder vier Rassen und zwei Religionen. Eine Nation ist eine große, für Jahrhunderte (nicht für die Ewigkeit) geschlossene Vereinigung von Provinzen, die einen Kern bilden und um den sich andere Provinzen scharen, die untereinander durch gemeinsame Interessen oder zu Interessen gewordene akzeptierte Fakten (= anerkannte Tatsachen) verbunden sind [...] ich wage zu behaupten, dass keine Nation wegen dieser falschen Art zu urteilen mehr zu leiden haben wird als die deutsche.“

(Zit. nach C. Schöndube, „Die Wiederentdeckung der nationalen Minderheiten in Westeuropa“, Beilage zur Wochenzeitung „Das Parlament“, Nr. 18, 1975, S. 5f.)

Zu den Arbeitsvorschlägen und Fragen

a) Bismarck provozierte den Krieg, um den Anschluss der süddeutschen Staaten an den „Norddeutschen Bund“ zu erreichen. Aber auch Napoleon III. stand unter innenpolitischem Druck und strebte nach einem Landgewinn als Kompensation für seine Neutralität im Krieg mit Italien, wie er sie nach seiner Hilfe bei der italienischen Einigung erhalten hatte.
b) Eucken argumentiert innenpolitisch, Disraeli außenpolitisch; vgl. „Zusatzinformationen zum Verfassertext“, M3.
c) „Kulturnation“, „Staatsnation“ (vgl. vor allem Kastentext im Schülerbuch, S. 223): Eine Kulturnation ist durch gemeinsame Merkmale wie Sprache, Geschichte, Abstammung, Brauchtum, Religion u.a. gekennzeichnet, unabhängig davon, ob sie von Staatsgrenzen durchschnitten ist. Eine Staatsnation, ein Nationalstaat, ist eine Willensgemeinschaft, gegründet auf dem nach Renan „klar ausgedrückten Wunsch, das gemeinsame Leben fortzusetzen“. Trotz ihrer Zugehörigkeit zur deutschen Kulturnation wollten die Elsässer und Lothringer lieber zum französischen Nationalstaat gehören.

eutsche Reich – eine itutionelle Monarchie

Konzeption

Die Reichsverfassung von 1871 („Bismarckverfassung“) ist zwar nur noch eine geringfügige Modifikation der Verfassung des „Norddeutschen Bundes“ im Jahr 1867, das für die entscheidende Zäsur in Mitteleuropa bedeutender war als das Jahr 1871. Trotzdem ist es sinnvoll, ihre vertiefte Behandlung wegen des besseren Verständniszusammenhangs erst im Anschluss an die Reichsgründung durchzuführen. Die bayerischen und württembergischen Reservatrechte sind zumindest in der Mittelstufe kaum von Interesse, so dass auf ihre Darstellung verzichtet wird.

Aspekte der Unterrichtsgestaltung

Vorschläge für den Themeneinstieg:
- Verfassung der Bundesrepublik Deutschland;
- Marginalie „Bismarcks Verfassung sichert Preußens Vorherrschaft“ (vgl. Schülerbuch, S. 231);
- Wiederholung der Gewaltenteilung (vgl. Schlüsselbegriff „Ein Verfassungsschema interpretieren“, Schülerbuch, S. 117).

Teilthemen:
- Die Reichsverfassung von 1871 (vgl. M1);
- Nationalitätenpolitik (vgl. M2).

Problem- und Fragestellungen:
- Beschreibung des Verfassungsschaubilds (vgl. M1);
- Wie beeinflusste die Wahlkreiseinteilung nach 1871 die Zusammensetzung des Reichstags (vgl. Marginalie „Ein demokratisches Wahlrecht?“);
- Umgang mit polnischen Minderheiten in Preußen (vgl. M2, Schülerbuch, S. 232 und M2, Schülerbuch, S. 211).

Tafelbild

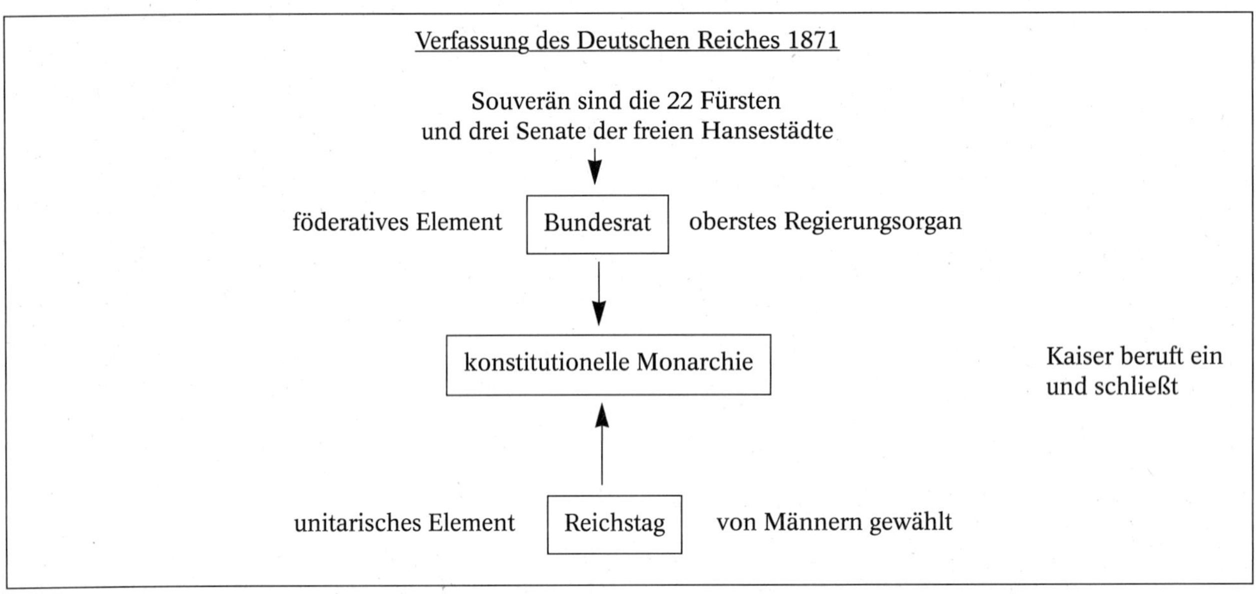

Zusatzinformationen zum Verfassertext

Vorläufer der Reichsverfassung von 1871 war die Verfassung des „Norddeutschen Bundes“ von 1867. Der „Norddeutsche Bund“ war ein Bundesstaat. Seine Organe waren der Bundesrat und der Norddeutsche Reichstag. Der Bundesrat, bestehend aus weisungsgebundenen Vertretern der Regierungen der Einzelstaaten, repräsentierte das höchste Regierungsorgan des Bundes mit Gesetzesinitiative und dem Recht aller exekutiven Gewalt. In ihm fand das föderative Element der Verfassung seinen Ausdruck. Dem Bundesrat gegenüber stand als zentrales unitarisches Organ der „Norddeutsche Reichstag“. Er wirkte an der Bundesgesetzgebung zwar mit, war aber von der Regierungsbildung ausgeschlossen und besaß nicht das Recht einer parlamentarischen Kontrolle der Regierungsgewalt. Die Klammer zwischen Bundesrat und Reichstag bildete das Bundespräsidium, das der König von Preußen innehatte. Er war oberster Bundesfeldherr und hatte das Recht der völkerrechtlichen Vertretung des Bundes, die Entscheidung über Krieg und Frieden und der Auflösung und Berufung des Parlaments.

Auch die Verfassung von 1871 stellt einen Bundesvertrag zwischen Einzelstaaten dar. Der Bund bezeichnete sich als „Deutsches Reich“ und der König von Preußen, dem das Präsidium des Bundes zustand, führte den Titel „Deutscher Kaiser“. Die Zustimmung des Reichstags zum Bundesvertrag entsprach dem Vereinbarungsprinzip des konstitutionellen Staates, dieser Beschluss war aber nicht der konstitutionelle Akt. Trotz des Kaisers an der Spitze war das „Deutsche Reich“ verfassungsrechtlich

keine Monarchie, denn der Kaiser war nicht der Souverän. Die Souveränität lag gemeinsam bei den 22 Fürsten und den drei Senaten der Freien Hansestädte, die sich im Bund zusammengeschlossen hatten. Das staatsrechtliche Organ der Ausübung dieser Souveränität war der Bundesrat, in dem die an Instruktionen gebundenen Vertreter der Fürsten und Senate saßen. In ihm waren die Einzelstaaten mit ihrem jeweils abgestuften Stimmrecht vertreten.
Für die Gesetzgebung war die Zustimmung von Bundesrat und Reichstag erforderlich, kein Gremium konnte von dem anderen überstimmt werden. Aber der Bundesrat war kein Parlament, er war vielmehr das oberste Regierungsorgan des Reiches und war als solches auch an der Reichsverwaltung beteiligt. Die Beziehung zwischen Regierung und Reichstag war durch diese Konstruktion kompliziert. Lediglich der Reichskanzler trat dem Reichstag als verantwortlicher Minister gegenüber, die Reichsstaatssekretäre waren weisungsgebundene Untergebene des Kanzlers im Beamtensinn. Auch der Reichskanzler war in seinem politischen Wirken nicht frei, er bestimmte nicht die „Richtlinien der Politik". Er führte die Stimmen Preußens im Bundesrat (17 von insgesamt 58), die wiederum von der kollegialen preußischen Regierung angewiesen wurden. Der Kanzler konnte dort wie im Bundesrat versuchen, seine Politik durchzusetzen. Kronprinz Friedrich nannte die Reichsverfassung „das kunstvoll gefertigte Chaos". (Nach: „Informationen zu politischen Bildung", Nr. 133, 1969)

Zusatzinformation zu den Materialien

M1: Vgl. „Zusatzinformationen zum Verfassertext".

M2: Durch Bismarcks Politik der kleindeutschen Einigung unter preußischer Führung erfuhr das Problem der polnischen Minderheit in Preußen eine wesentliche Akzentverschiebung. Auf bürgerlich-liberaler Seite war die vormärzliche Ansicht, dass die Gründung eines deutschen Nationalstaates mit der Gewinnung der polnischen Souveränität verbunden sein müsse, längst einem pragmatisch-egoistischen Nationalismus gewichen. Die Vorstellung von einer Interdependenz der polnischen und der deutschen Frage wurde jetzt von der entstehenden deutschen Arbeiterbewegung übernommen. Der Verzicht auf Posen oder auch nur auf die rein polnischen Teile der Provinz – wie noch nach der Polendebatte der Paulskirche (vgl. Schülerbuch, S. 211, M2) beschlossen – stand für die preußische Regierung nicht mehr zur Debatte. Auch die Liberalen in der Norddeutschen Bundesversammlung und später im Reichstag waren nicht gewillt, den ohnehin „kleindeutschen" Zusammenschluss durch Gebietsabtretungen zu schmälern. Bismarck vertrat in der polnischen Frage die Idee der Einschmelzung des Polentums in den deutschen Staat. Dem von den Polen in Anspruch genommenen ethnisch-sprachlichen Nationalitätenprinzip, das bei der Annexion Elsass-Lothringens zur Anwendung kam, stellte Bismarck in Posen den Begriff des preußischen „Volkes", also den der Staatsnation gegenüber. Mit dem wachsenden preußisch-deutschen Prestige- und Machtwillen ergab sich ein Prozess zunehmender Radikalisierung der Polenpolitik in den Ostprovinzen, bei der nicht nur die polnische Sprache unterdrückt, sondern zur Zeit des Kulturkampfes auch der Einfluss katholischer Geistlicher zurückgedrängt wurde. Das fortschrittliche preußische Schulwesen, das bisher von der polnischen Bevölkerung als hilfreiches Mittel kultureller Hebung dankbar angenommen worden war, wurde jetzt als feindliches Instrument der Entnationalisierung empfunden. Der Stimmungsumschwung gegen die preußische Regierung erfuhr durch Maßnahmen gegen den Klerus, insbesondere die Entlassung und Verhaftung von Geistlichen, die sich der Ausführung der Kulturkampfgesetze widersetzten, zusätzliche Förderung. Germanisierungspolitik und Kulturkampf endeten nicht in einer Schwächung, sondern führten zu einer Stärkung des polnischen Nationalbewusstseins.

Zu den Arbeitsvorschlägen und Fragen

a) Unterschiede bei der Bestellung des Bundesrates bzw. des Staatenhauses; 1849 stärkere Zentralgewalt als 1871. Die Minister trugen 1849 wesentlich mehr Verantwortung, 1871 waren sie nur Staatssekretäre, also weisungsgebundene Untergebene des Reichskanzlers ohne Ministerverantwortlichkeit. Gemeinsam ist das Zweikammersystem und das allgemeine gleiche, geheime Männerwahlrecht.
b) Zum Dreiklassenwahlrecht vgl. Glossarbegriff im Schülerbuch, S. 217. Das Wahlrecht zum Reichstag ist M1 auf S. 231 zu entnehmen.
c) Eine parlamentarische Regierung ist nur dem Parlament verantwortlich, in einer konstitutionellen Monarchie, bei der die Rechte des Monarchen durch die Verfassung beschränkt sind, dem Monarchen. Im Deutschen Reich trat der Reichskanzler zwar formal dem Reichstag als verantwortlicher Minister gegenüber. Da er aber vom Reichstag nicht gestürzt werden konnte, war diese Verantwortlichkeit ohne Bedeutung.
d) Vgl. „Zusatzinformationen zu den Materialien", M2.

4. Das neue Deutsche Reich – Unruhestifter oder Bewahrer des Friedens?

Konzeption

Das Thema des vierten Kapitels behandelt die Frage, wie das Deutsche Reich nach seiner Gründung den veränderten Kräfteverhältnissen in Europa Rechnung trug. Im Gegensatz zu den Kriegsbündnissen im Vorfeld der deutschen Einigung (1864, 1866, 1870) zielten die diplomatischen Bemühungen Bismarcks in dem von ihm errichteten Bündnissystem auf eine Friedenssicherung zur Erhaltung des Status quo. Sie wiesen damit eine neue außenpolitische Qualität auf. Weil Bismarck von allen europäischen Regierungen als Urheber dieses Systems anerkannt wurde, gewann das Deutsche Reich seine Führungsrolle auf dem Kontinent.
Exemplarisch konzentriert sich das vorliegende Kapitel auf den Beginn dieser Entwicklung: die Sicherung des

Friedens auf dem Berliner Kongress. An diesem Beispiel, aber auch mit Blick auf den heute noch schwelenden Nationalitätenkonflikt auf dem Balkan sollen die Schwierigkeiten gezeigt werden, die sich aus einer unterschiedlichen Interessenlage aller Beteiligten ergaben und daher keine dauerhafte Lösung erlaubten. Es muss aber als Erfolg der Diplomatie gewertet werden, wenn dank der Autorität Bismarcks und der Kompromissbereitschaft seiner Verhandlungspartner immerhin eine zeitweilige Friedenssicherung möglich war. Das Ergebnis hat Bismarck jedoch gezeigt, auf welch tönernen Füßen der Frieden in Europa weiterhin stand, und ihn veranlasst, ab 1879 ein Bündnissystem aufzubauen, dessen Grundzüge aus den Materialien M2 und M4 hervorgehen.

Aspekte der Unterrichtsgestaltung

Vorschläge für den Themeneinstieg:
- Kapitelüberschrift: Warum ist sie als Frage formuliert?
- M2 (vgl. Schülerbuch, S. 234),
- M4 (vgl. Schülerbuch, S. 235).

Teilthemen:
- Das außenpolitische Gewicht Deutschlands nach der Reichsgründung (Marginalien „Unsicherheit durch veränderte Machtverhältnisse“ und „Diplomatie statt Krieg“, Schülerbuch, S. 233),
- Bedrohungsängste bei den Nachbarn Deutschlands und Einkreisungsfurcht in Deutschland (M2, Schülerbuch, S. 234),
- Friedenssicherung durch Diplomatie: Der Berliner Kongress als Fallbeispiel (Marginalie „Die Diplomatie bewährt sich“, Schülerbuch, S. 234, M1 und „Ergänzungen zum Angebot des Schülerbuchs“ (2), Lehrerband, S. 204),
- Bismarcks Bündnissystem (M3, Schülerbuch, S. 235).

Leitende Problem- und Fragestellungen:
- vgl. „Zu den Arbeitsvorschlägen und Fragen“ a);
- Welche Verschiebung des Kräftegleichgewichts brachte Belastungen für die Zukunft?
- Wie konnte Bismarck das Misstrauen des Auslands abbauen?
- Warum brachte der Berliner Kongress keine dauerhafte Balkanlösung?
- Welche Gefahren bestanden für die Zukunft?
- Wie versuchte Bismarck das Deutsche Reich außenpolitisch abzusichern?
- Wo lagen die Grenzen seines Bündnissystems?

Tafelbild

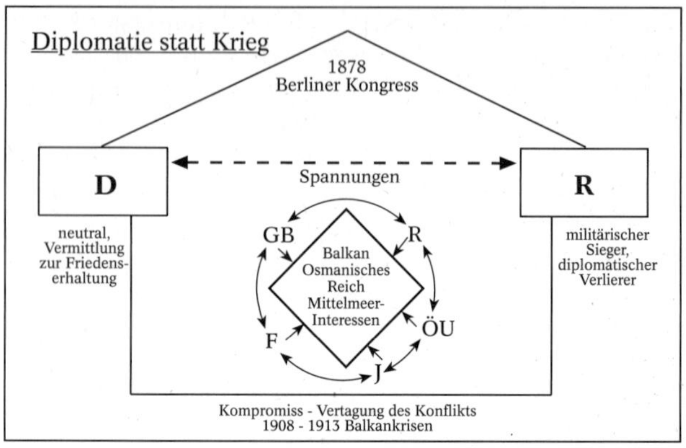

Zusatzinformationen zum Verfassertext

Ihren Höhepunkt erreichte die Orientkrise um das von inneren Konflikten geschüttelte Osmanische Reich im russisch-türkischen Krieg. Er war im Sommer 1877 ausgebrochen und hatte nach der verlorenen Schlacht von Plewna im Dezember 1877 die Pforte zum Waffenstillstand gezwungen. Russland konnte im Frieden von San Stefano (März 1878) der Türkei harte Friedensbedingungen diktieren: Rumänien, Serbien und Montenegro wurden aus dem Staatsverband des Osmanischen Reiches herausgelöst und durch angrenzende türkische Gebiete erweitert. Hauptgewinner der türkischen Niederlage aber war Bulgarien, das um beinahe das Dreifache erweitert, und abgesehen von seiner Tributpflicht gegenüber der Pforte, ein autonomes Fürstentum wurde. Dieser Gewaltfrieden zeigte deutlich, dass Russland die Absicht hatte, Bulgarien zu einem Satellitenstaat zu machen, von dem aus es in Zukunft seine Dominanz auf dem Balkan ausspielen konnte. Auch die Meerengenfrage hatte Russland im Frieden von San Stefano zu seinen Gunsten geregelt, indem im Kriegsfall die neutrale Handelsschifffahrt durch die Dardanellen und den Bosporus künftig zugelassen, Kriegsschiffen jedoch die Durchfahrt verboten wurde. Diese außerordentliche Stärkung der russischen Position auf dem Balkan musste England, das sich um die Früchte aus dem Krimkrieg betrogen fühlte, und Österreich-Ungarn beunruhigen, das seine politische Rolle in der Balkanregion beeinträchtigt sah, obwohl Russland der Donau-Monarchie Bosnien und die Herzegowina zu überlassen bereit war. Um einen allgemeinen europäischen Krieg zu vermeiden, stimmte Russland unter Druck einer Konferenz in Berlin zu, die die Verhältnisse im Orient neu ordnen sollte.

Die Orient-Krise bzw. der Berliner Kongress (13.6.1878–13.7.1878) boten Bismarck die Chance, für einen begrenzten Zeitraum Hauptziele seiner Außenpolitik zu realisieren, die er im Kissinger Diktat vom 15.6.1877 (vgl. „Ergänzungen zum Angebot des Schülerbuchs“) niedergelegt hatte: Er wollte einen befriedigenden Ausgleich zwischen England und Russland, in dem England die Herrschaft über Ägypten geboten wurde, wobei er die zu erwartenden Spannungen mit Frankreich einkalkulierte, und Russland die Herrschaft über das Schwarze Meer erhalten sollte. Durch eine Stärkung Russlands

sollte eine für Deutschland positive Rivalität zwischen dem Zarenreich und der Donau-Monarchie geschaffen werden, die diese Staaten von einer „antideutschen Konspiration" abhalten konnte. Zentrales Anliegen Bismarcks war es, Frankreich zu isolieren und die Spannungen zwischen den Großmächten an die Peripherie Europas abzulenken, um Deutschland in seiner Mittellage vom Druck zu entlasten.
Das Ergebnis des Berliner Kongresses entsprach in etwa diesen Zielvorstellungen und brachte dadurch dem „ehrlichen Makler", der keine territorialen Interessen auf dem Balkan für Deutschland reklamiert hatte, neben persönlichem Prestige letztendlich für das Deutsche Reich einen beträchtlichen Stabilitätsgewinn, der freilich auf hart kalkulierten Risiken basierte. Weil das Osmanische Reich als Spielball der Machtinteressen der Großmächte behandelt wurde, wurde auf seine und des Balkans Kosten der Friede in Europa wiederhergestellt. Im Kongressergebnis spiegeln sich die Kompromisse wider:

1. Das Osmanische Reich blieb auf dem Balkan präsent, weil Österreich-Ungarn und Großbritannien die Herrschaft der weitgehend lebensunfähigen Pforte einem Machtzuwachs Russlands in dieser Region vorzogen. In der Meerengenfrage konnte im Kriegsfall künftig der Sultan bestimmen, welchen Flotten die Passage gestattet würde.
2. Russland musste auf den Großteil seiner Kriegsbeute verzichten, konnte aber die Verluste des Krimkrieges kompensieren.
3. Bulgarien wurde nicht die von Russland gewünschte „Balkangroßmacht", sondern blieb auf das Gebiet zwischen Donau und Balkan beschränkt. Ostrumelien wurde mit voller Selbstverwaltung wieder türkische Provinz, während Mazedonien, das im Frieden von San Stefano ebenfalls Bulgarien zugeschlagen worden war, uneingeschränkt unter der türkischen Hoheit blieb.
4. Rumänien, Serbien und Montenegro rückten zu souveränen Staaten auf.
5. Österreich-Ungarn erhielt das Besatzungsrecht in Bosnien und der Herzegowina sowie im Sandschak von Novibazar, der Montenegro von Serbien trennte, wodurch der Bildung eines großserbischen Nationalstaates vorgebeugt wurde. Mit der Etablierung Österreich-Ungarns in diesem Raum handelte sich die Donaumonarchie auf Dauer schwerwiegende Probleme ein, da keines der Balkanvölker und keine der auf dem Balkan nebeneinander existierenden Religionen durch die getroffene Regelung zufrieden gestellt wurde.

Zusatzinformationen zu den Materialien

M1: Vgl. „Zu den Arbeitsvorschlägen und Fragen", b).

M2: Das Schaubild soll die Isolierung Frankreichs verdeutlichen.

M3: Die erwähnten Bündniszwecke zeigen den defensiven Grundcharakter des bismarckschen Bündnissystems.

M4: Die Äußerung Bismarcks fällt in eine kritische Phase seiner Bündnispolitik. Das Dreikaiserbündnis konnte wegen der Spannungen zwischen Österreich-Ungarn und Russland nicht erneuert werden. Der Rückversicherungsvertrag mit Russland war eine Notlösung und enthielt in seinem „ganz geheimen Zusatzprotokoll", das Österreich-Ungarn unbekannt war, Zugeständnisse an Russland in Interessenregionen Österreich-Ungarns. Deutschland konnte in dieser Situation an einer Verschärfung der Lage seines Zweibundpartners mit Russland nicht interessiert sein. Die Quelle unterstreicht nochmals den Defensivcharakter der Bündnispolitik Bismarcks.

Ergänzungen zum Angebot des Schülerbuchs

Wird eine vertiefte Auseinandersetzung mit Bismarcks Bündnissystem angestrebt, erscheint es unerlässlich, die Prämissen seines Handelns in Schlüsselquellen kennen zu lernen. Deshalb folgen zwei Bismarck-Texte (Aktennotiz, Memoiren), die über ihre Inhalte hinaus auch Überlegungen zum Aussagewert verschiedener Quellenarten ermöglichen.
1.) Ein Diktat des Reichskanzlers Fürst von Bismarck in Kissingen am 15. Juni 1877:
„Ich wünsche, dass wir, ohne es zu auffällig zu machen, doch die Engländer ermutigen, wenn sie Absichten auf Ägypten haben: Ich halte es in unserem Interesse und für unsere Zukunft (für) eine nützliche Gestaltung, einen Ausgleich zwischen England und Russland zu fördern, der ähnliche gute Beziehungen zwischen beiden, wie im Beginn dieses Jahrhunderts, und demnächst Freundschaft beider mit uns in Aussicht stellt. Ein solches Ziel bleibt vielleicht unerreicht, aber wissen kann man das auch nicht. Wenn England und Russland auf der Basis, dass ersteres Ägypten, letzteres das Schwarze Meer hat, einig würden, so wären beide in der Lage, auf lange Zeit mit der Erhaltung des Status quo zufrieden zu sein, und doch wieder in ihren größten Interessen auf eine Rivalität angewiesen, die sie zur Teilnahme an Koalitionen gegen uns, abgesehen von den inneren Schwierigkeiten Englands für dergleichen, kaum fähig macht.
Ein französisches Blatt sagte neulich von mir, ich hätte „le cauchemar des coalitions"; diese Art Alp wird für einen deutschen Minister noch lange und vielleicht immer ein sehr berechtigter bleiben. Koalitionen gegen uns können auf westmächtlicher Basis mit Zutritt Österreichs sich bilden, gefährlicher vielleicht noch auf russisch-österreichisch-französischer; eine große Intimität zwischen zweien der drei letztgenannten Mächte würde der dritten unter ihnen jederzeit das Mittel zu einem sehr empfindlichen Drucke auf uns bieten. In der Sorge vor diesen Eventualitäten, nicht sofort, aber im Lauf der Jahre, würde ich als wünschenswerte Ergebnisse der orientalischen Krisis für uns ansehen:
1. Gravitierung der russischen und österreichischen Interessen und gegenseitigen Rivalitäten nach Osten hin; 2. der Anlass für Russland, eine starke Defensivstellung im Orient und an seinen Küsten zu nehmen und unseres Bündnisses zu bedürfen; 3. für England und Russland ein befriedigender Status quo, der ihnen dasselbe Interesse an der Erhaltung des Bestehenden gibt, welches wir haben; 4. Loslösung Eng-

lands von dem uns feindlich bleibenden Frankreich wegen Ägyptens und des Mittelmeers; 5. Beziehungen zwischen Russland und Österreich, welche es beiden schwierig machen, die antideutsche Konspiration gegen uns gemeinsam herzustellen, zu welcher zentralistische oder klerikale Elemente in Österreich etwa geneigt sein möchten.
Wenn ich arbeitsfähig wäre, könnte ich das Bild vervollständigen und feiner ausarbeiten, welches mir vorschwebt: nicht das irgendeines Ländererwerbes, sondern das einer politischen Gesamtsituation, in welcher alle Mächte außer Frankreich unser bedürfen, und von Koalitionen gegen uns durch ihre Beziehungen zueinander nach Möglichkeit abgehalten werden. Die Okkupation Ägyptens würde nach Englands Ansicht nicht hinreichen, um die Schwierigkeiten wegen der Dardanellen zu heben: Das System des Doppelverschlusses mit den Dardanellen für England und den Bosporus für Russland hat für England die Gefahr, dass seine Dardanellenbefestigungen unter Umständen durch Landtruppen leichter genommen als verteidigt werden können; das wird auch wohl die russische Mentalreservation dabei sein und für ein Menschenalter sind sie vielleicht mit dem Schluss des Schwarzen Meeres zufrieden. Diese Frage bleibt Sache der Verhandlungen und das Gesamtergebnis, wie es mir vorschwebt, könnte sich ebenso gut nach wie vor den entscheidenden Schlachten dieses Krieges ausbilden. Ich würde es für uns als ein so wertvolles ansehen, dass es die damit wahrscheinlich verbundene Schädigung unseres Pontusinteresses überwiegen würde, abgesehen von der möglichen Sicherung der letzteren durch die Verträge. Auch wenn ein englisch-russischer Krieg sich nicht sollte verhüten lassen, würde meiner Meinung nach unser Ziel dasselbe bleiben, d.h. die Vermittlung eines beide auf Kosten der Türkei befriedigenden Friedens."

(Aus: „Die große Politik der Europäischen Kabinette 1871–1914", Sammlung der Diplomatischen Akten des Auswärtigen Amtes, im Auftrage des Auswärtigen Amtes hrsg. v. J. Lepsius, A. Mendelssohn-Bartholdy und F. Thimme, Deutsche Verlagsgesellschaft für Politik und Geschichte, Berlin 1922, Bd. 2, Nr. 294.)

2.) Grundsätzliche Überlegungen zum Verhältnis von Staaten zueinander äußert Bismarck in seinen Memoiren im Rückblick auf den Berliner Kongress:
„Platonisch bleibt die Freundschaft eines großmächtlichen Kabinetts für die andern allerdings immer bis zu einem gewissen Grade; denn keine Großmacht kann sich in den ausschließlichen Dienst einer andern stellen. Sie wird immer ihre nicht nur gegenwärtigen, sondern auch zukünftigen Beziehungen zu den übrigen im Auge behalten und dauernde, prinzipielle Feindschaft mit jeder von ihnen nach Möglichkeit vermeiden müssen. Für Deutschland mit seiner zentralen, nach drei großen Angriffsfronten offenen Lage trifft das besonders zu."

(Otto von Bismarck, „Gedanken und Erinnerungen", Berlin, Safari Verlag o.J., S. 302.)

3.) 30 Jahre später

(„Der kochende Kessel!" [Karikatur aus der englischen Zeitschrift „Punch" auf die Balkankrise 1908])

Zu den Arbeitsvorschlägen und Fragen

a) Da Bismarck nach der Reichsgründung für Deutschland keine territorialen Interessen mehr reklamiert hatte, versuchte er, den neu entstandenen Nationalstaat als ernst zu nehmenden Machtfaktor in der Mitte Europas vor möglichen Angreifern zu sichern. Dabei rechnete er vor allem damit, dass Frankreich sich aus seinem Wunsch nach „Revanche" Bündnispartner gegen das Deutsche Reich suchen würde. Diese wollte er dem 1871 gedemütigten Nachbarland durch seine Bündnisse entziehen.
b) Auf „Doctor Bismarcks" Medizin bzw. Rezepte reagieren die Personen teils erwartungsvoll (Frankreich), teils skeptisch (Türkei) oder verärgert (Russland). Der Russe hat sich abgewandt und kehrt Bismarck den Rücken zu, weil er sich um den Großteil der Beute aus seinem erfolgreichen Krieg gegen die Türkei gebracht sieht.
c) Bismarcks Außenpolitik glich einem Spiel mit fünf Bällen. Mit dem von ihm aufgebauten Bündnissystem gelang es dem Deutschen Reich tatsächlich, Frankreich zu isolieren. Deshalb auch fehlt es in der Tabelle M3. Nach dem Zerfall der Bündnisse blieb von den ehemaligen Bündnispartnern lediglich Österreich-Ungarn im Ersten Weltkrieg Deutschland erhalten. Seine Führung glaubte sich darum besonders eng an den Vielvölkerstaat binden zu müssen.

5. *Der Nationalismus – eine wachsende Gefahr*

Konzeption

Obwohl die Nation im heute verstandenen Sinn (Nation = Staat als biologisch-schicksalshafte Gemeinschaft) als eine Schöpfung des 18. Jahrhunderts und somit als etwas relativ Neues zu sehen ist, evoziert der Begriff „Nation" im allgemeinen Bewusstsein, also auch bei Schülerinnen und Schülern, die Vorstellung ältester historischer Ursprünge. Eine solche Bewusstseinshaltung ist selbst das Ergebnis eines Legendenbildungsprozesses, der bei den einzelnen europäischen Völkern unter bestimmten historischen Voraussetzungen in Gang gesetzt worden ist, in Deutschland vorrangig durch die Geschichtsschreibung des 19. Jahrhunderts.

Eines der Ziele des vorliegenden Kapitels ist es, die Forcierung des deutschen Nationalbewusstseins nach der Reichsgründung von 1871 aufzudecken und dabei die Nation als „Willensakt zur gemeinsamen Zukunft, der sich ein historisches Mäntelchen umhängt" (Bodo von Borries) zu zeigen. Angesprochen werden vor allem die Phänomene, die der Integration der deutschen Staatsbürger in das neu geschaffene Reich dienen sollten und die sich zu einer gefährlichen Verabsolutierung der Eigengruppe steigerten, als diese Integration sich schwieriger als erhofft gestaltete.

Dabei wird neben die Selbsteinschätzung kontrastierend die Bewertung des deutschen Nationalismus durch das Ausland gestellt.

Als zusätzliches unterrichtsmethodisches Mittel zur musikalischen Untermalung dieser Form des deutschen Nationalismus sei auf die beiden Lieder „Was ist des Deutschen Vaterland?" und „Die Wacht am Rhein" der CD „Historische Lieder" (Klett Bst.-nr. 415542) hingewiesen.

Aspekte der Unterrichtsgestaltung

Vorschläge für den Themeneinstieg:
- M2 (vgl. Schülerbuch, S. 237) im Zusammenhang mit den vorausgehenden Kapiteln,
- M6 (vgl. Schülerbuch, S. 240),
- M1 (vgl. Schülerbuch, S. 236) im Perspektivenwechsel mit M9 (vgl. Schülerbuch, S. 241)

Teilthemen:
- Das Echo der Deutschen auf die Reichsgründung (Marginalien „Die Reichsgründung bringt den Nationalstaat" bis „Abgrenzung gegen innere und äußere Feinde", Schülerbuch, S. 236–238)
- Wachsender Nationalismus und zunehmender Militarismus in Deutschland z.B.
- Siegesfeiern, vgl. M1 und M4,
- Personenkult, vgl. M1–M3, M6 und „Ergänzungen zum Angebot des Schülerbuchs" (1), vgl. Lehrerband, S. 207),
- nationale Symbole, vgl. M1, M3 und M4c,
- Überbetonung militärischer Werte (vgl. M9) und „Ergänzungen zum Angebot des Schülerbuchs" (1);

Selbst…

…sammenarbeit …
…n (Vergleich von Lesebüchern/Jugend… türe damals und heute) und Musik (Melodien patriotischer Lieder und Hymnen), vgl. dazu „Was ist des Deutschen Vaterland?" und „Die Wacht am Rhein" auf der CD. „Historische Lieder" Klett Bst.-nr. 415542.

Tafelbild

Nationalstolz und Feindbild

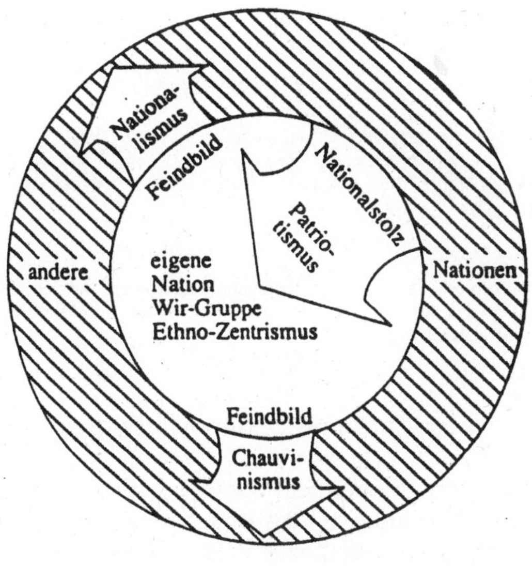

Zusatzinformationen zum Verfassertext

Zeittypisch waren die Sieges- und Friedensdenkmäler ebenso wie die Denkmäler für patriotische Dichter, die überall in Deutschland entstanden. Ein eindrucksvolles Beispiel für eine nationalistische Überhöhung des Patriotismus war das Denkmal für den Dichter der „Wacht am Rhein", Max Schneckenburger (1819–1849) (vgl. Schülerbuch, S. 239), das in Tuttlingen, nahe seines Geburtsortes Talheim auf Initiative eines Denkmalkomi-

tees errichtet wurde. Zu den Mitgliedern dieses Komitees zählten auch Angehörige des württembergischen Bildungsbürgertums, u.a. der Vorsitzende des Schwäbischen Sängerbundes, Otto Elben, und der Stuttgarter Prälat Karl Gerok (vgl. M4b).
An die Spitze des Komitees trat 1886 Prinz Hermann von Sachsen-Weimar. Nach Spendenaufrufen hatte es schon zwei Jahre später 24 000 Mark zusammen und konnte unter 29 eingereichten Denkmalentwürfen auswählen. Vorgabe für die Denkmalsgestaltung war die „schwungvolle Symbolisierung des Gedichts“, weil über das Aussehen Schneckenburgers wenig Genaues bekannt war. Darum zeigte lediglich der Denkmalsockel ein Medaillon mit dem Porträt des Dichters. Wie auf dem Niederwall-Denkmal, auf dessen Sockel fünf Strophen seines Liedes verewigt sind, erhob sich über ihm „militant-aggressiv“ die wehrhafte Germania: „Mit wahrer Befriedigung blicken wir hinauf zu der herrlichen deutschen Jungfrau, welche, das Schwert in der Scheide lockernd, hinauseilt zur Wacht am Rhein an die bedrohte Grenze“, so pries Prinz Hermann das Denkmal 1892 am Tag seiner Einweihung. Ihm sollte am Geburtstag Bismarcks und am Todestag Moltkes je eine auf deren Namen getaufte Eiche an die Seite gestellt werden. (Zit. nach F. Schmoll, „Verewigte Nation. Studien zur Erinnerungskultur von Reich und Einzelstaat im württembergischen Denkmalkult des 19. Jahrhunderts“, Silberburg-Verlag, Stuttgart 1995, S. 163ff.)

(Aus: Wilhelm Stöckle, „Das deutsche Kaiserreich, Ansichtskarten und Texte aus der wilhelminischen Zeit 1888-1918“, Ernst Klett Verlag, Stuttgart 1985, S. 37)

Zusatzinformationen zu den Materialien

M1: Das Bild verherrlicht allegorisch den Einzug des Kaisers in Berlin durch das Brandenburger Tor am 16. Juni 1871. Der Triumphzug wird angeführt von einem Lanzenreiter mit der Kaiserstandarte, die das neue Staatswappen zeigt. Dahinter schreiten personifiziert die „Gerechtigkeit“ (Gesetzbuch und Schwert) und die „Wissenschaft“ (Spiegel der Erkenntnis), die augenscheinlich auf das Gelöbnis des Herrschers bei der Kaiserproklamation hinweisen, der „Mehrer [...] nationaler Wohlfahrt, Freiheit und Gesittung“ sein zu wollen. Es folgt – korrespondierend zur Gruppe auf dem Brandenburger Tor – eine Quadriga von vier Schimmeln, die durch „wilde Männer“ (sonst Schildhalter von Wappen) im Zaum gehalten werden. Auf dem Streitwagen steht im Hermelinmantel Kaiser Wilhelm I. und steckt das Schwert in die Scheide als Zeichen des Sieges über Frankreich, den Posaunenengel über ihm der Welt verkünden. Andere Engel halten, hierarchisch gestuft, den Lorbeerkranz des Siegers, die preußische Königskrone und die Kaiserkrone über sein Haupt. Einer trägt ein Medaillon mit dem Bildnis seiner Mutter, der populären preußischen Königin Luise, und erinnert an den ersten Sieg über Frankreich in den Befreiungskriegen. An der rechten Seite des Kaisers reitet, lorbeerbekränzt und mit Marschallstab, der Kronprinz. Hinter ihm schreiten der Reichskanzler Bismarck und an dessen linker Seite der Generalstabschef Moltke, der im Krieg 1870/71 alle militärischen Weisungen gab. Die gesamte Gruppe ist umgeben von einem Meer von Fahnen, unter denen die sächsische Fahne (auf dem Bild links) und die preußische (rechts im Bild) deutlich zu erkennen sind.
Das Ungewöhnliche dieses Bildes vergegenwärtigt man sich am besten, wenn man bedenkt, dass hier Vorgänge im letzten Drittel des 19. Jahrhunderts, also mitten im Industriezeitalter, dargestellt werden.

M2: Bismarck wurde zu seinem 80. Geburtstag durch Delegationen, Briefe, Karten und Telegramme mit Glückwünschen überhäuft. Da er seit 1890 nicht mehr amtierte, nahm seine Gestalt („der Alte vom Sachsenwald“) geradezu mythische Züge an. Die Glückwunschkarte soll die Verehrung illustrieren, die ihm aus allen Bevölkerungsschichten entgegengebracht wurde. Zum weisen Staatsmann in schlichtem Zivil hochstilisiert, nimmt er vor einer Frieden verheißenden Kulisse (im Hintergrund die schützende Germania) die Hochrufe seiner begeisterten Anhänger entgegen. Der Gruß „Heil“, inzwischen bis zur Unaussprechlichkeit diskreditiert, geht auf die germanische Grußform „Sei heil!“ („Sei gesund“) zurück. Sie lebte im Mittelalter fort, geriet aber in der frühen Neuzeit in Vergessenheit und kam erst Ende des 19. Jahrhunderts als Gruß wieder auf.

M3: Die preußische Königshymne ist eine Reaktion auf die „Marseillaise“, weil sie erstmals im Zusammenhang mit Siegen preußischer Truppen über französische Einheiten im ersten Koalitionskrieg erklang. So ist auch die zweite Strophe zu verstehen:
„Nicht Ross' und Reisige
Sichern die steile Höh'
Wo Fürsten stehn;
Liebe des Vaterlands,
Liebe des freien Manns
Gründet den Herrscherthron
Wie Fels im Meer.“

M4: Die Materialien M4b und M4c erinnern an die Programmpunkte 3 und 4 der Sedanfeier 1912 des Alten Gymnasiums in Bremen. Sie sind sorgsam zusammengestellt und auf eine Steigerung bedacht. So greift z.B. „Des deutschen Knaben Tischgebet“, dessen beide Schlussverse durchaus ernst gemeint waren, die „Wacht am Rhein“ wieder auf. Das niederländische Dankgebet, das bei nationalistischen Feiern sehr beliebt war, leitet über zum Kaiserhoch.
Schneckenburgers „Wacht am Rhein“ entstand als patriotisches Lied im Zusammenhang mit der deutschen Rheinbewegung, die in den 40er Jahren des 19. Jahrhunderts französische Rheingrenzenpläne abzuwehren

versuchte. Obgleich defensiv gemeint, enthält es das verächtlich gemeinte Feindbild „Welscher". Solche Feindbilder fehlen in Nationalhymnen, die den Herrscher z.B. als Vater und ideale Zustände wie Glück und Frieden sowie Werte wie Freiheit und Einigkeit im eigenen Vaterland suggerieren sollen.
Der beliebte Einsatz von Hymnen und Liedern im Repertoire der Steigerung nationaler Gefühle beruht auf der größeren Suggestivkraft des gesungenen gegenüber dem gesprochenen Wort, wobei vor allem die Rhythmisierung zu einem Gefühl der Zusammengehörigkeit führt.

M5: Weil Verbrüderungsgedanken unbequem, Kritik am Militär verpönt und Aufrufe zur Revolution untragbar waren, wurde das Lied nach 1870 verboten. Es zeigt die gerne verborgene Kehrseite der angeblich allgemein akzeptierten Militarisierung. Die Verse 6 bis 8 der zweiten Strophe (Z. 14–16) werden illustriert durch den „furor teutonicus" (vgl. M9)

M6: Pflanze will das Irrationale der Handlungsweise herausstellen, das letztendlich ein besonders fruchtbarer Boden für den Nationalismus war.

M7: Dieser Schulbuchtext, mit dem das Unterrichtswerk abgeschlossen wurde, spiegelt in seinem Stolz und in seinem Pathos die Einstellung der Generation von 1870/71 wider. Er ist als eine Replik auf das Bismarck-Wort von „Blut und Eisen" (vgl. M9, rechtes Bild) zu verstehen.

M8: Der Text der Rede bietet einen Anlass, über die Pflichtauffassung Wilhelms II. zu sprechen.

M9: Die französische Karikatur bezieht ihre Aussagekraft aus dem Kontrast: Aus den finsteren Wäldern im Osten bricht der kriegerische Schrecken Tod bringend (Gesichtszüge des Soldaten) in eine friedliche, zivilisierte Welt ein (Blumen gegen Säbel). Das Barbarische wird durch den Gegensatz Mann – Frau noch verstärkt.
Die englische Karikatur spielt auf das Bismarck-Wort an: „Nicht durch Reden und Majoritätsbeschlüsse werden die großen Fragen der Zeit entschieden – das ist der große Fehler von 1848 und 1849 gewesen –, sondern durch Eisen und Blut." Auch diese Karikatur stellt das Barbarische der Deutschen heraus. Das Kind, mit dem Vorhängeschloss an sein Stühlchen gefesselt, bekommt aus einer übergroßen Flasche mit einem Riesenlöffel als ekelhafte Medizin eine Mixtur aus Blut und Eisen, (ein Anklang an Sparta?) eingeflößt, und zwar nicht von seiner Mutter, sondern durch einen Sanitäter, dem es – wohl eine Auswirkung des Tonikums – schon auffallend gleicht (Pickelhaube und Brille). Nationalismus und Chauvinismus waren keineswegs ausschließlich deutsche Erscheinungen. Die französische Karikatur zeichnet hier das eigene Land bewusst unschuldig und nicht kriegs- oder abwehrbereit. Mit Blick auf die Äußerungen Wilhelms II. (vgl. M8) konnten Franzosen und Engländer durchaus Angst verspüren.

M10: Die Angst vor Minderheiten, die sich einer Integration entziehen könnten, ist der Tenor der vertraulichen Schrift des Oberpräsidenten von Westfalen.

Ergänzungen zum Angebot des Schülerbuchs

Die nachstehenden Texte sehr unterschiedlicher Herkunft (Fach- und Jugendliteratur) sollen den Kult um Armee und Bismarck (in Uniform!), der für heutige Jugendliche schwer verständlich ist, griffiger machen. In diesem Sinne fasst Hagen Schulze die Folgen der Integrationsdefizite im neu geschaffenen Deutschen Reich zusammen:

1.) „Zur nationalen Integration Deutschlands, ‚des verspäteten Nationalstaates' (Helmut Plessner), taugte vor allem die Armee. Sie sah sich selbst als einzigen Garanten des Staates und der Monarchie, und dies nicht nur gegen äußere, sondern auch gegen innere Gegner, also gegen Sozialdemokraten, Katholiken und Liberale. Es zeigte sich, dass in der Öffentlichkeit die Leitbilder des preußischen Militärs die des bürgerlichen Liberalismus zunehmend übertrumpften. Nicht die zivilen Tugenden des für die deutsche Geschichte im 19. Jahrhundert so wesentlichen gebildeten und besitzenden Bürgertums waren gesellschaftlich maßgebend, sondern die des preußischen Garde-Leutnants. Gewiss, in der deutschen Provinz, vor allem in den Residenzen und Bürgerstädten des ‚Dritten Deutschlands', auch in Süddeutschland, blieb das schlichtere bürgerliche Selbstverständnis der ersten Jahrhunderthälfte bestehen, doch das zunehmende politische Schwergewicht der preußischen Dreiheit, Kaiserhof – Gutshof – Kasernenhof, prägte das deutsche Selbstbewusstsein. Hinzu kam die hohe Wertschätzung, die die Armee seit den Einigungskriegen in der Bevölkerung genoss: Sie war der Stolz der Nation. Diese Hochachtung übertrug sich auf jeden Heeresangehörigen und verschaffte ihm innerhalb seiner sozialen Umwelt erhöhte Reputation. Aus diesem Grund wurde auch die allgemeine Wehrpflicht nicht als Last, sondern als Auszeichnung und als soziale Chance empfunden; um Waffen und Uniformen lag ein romantischer, idealisierender Glanz, der von Presse und Literatur, mit Ausnahme weniger liberaler Zeitungen, verbreitet und verstärkt wurde. Auch im Zivilleben wurde es wichtig, ‚gedient' zu haben; Beamte und Lehrer bezogen ihr Selbstbewusstsein aus ihrem Reserveoffiziers-Status und übertrugen die Normen, die sie in der Armee kennen gelernt hatten, in die Ämter und Schulen. Dass dieser zunehmende ‚Gesinnungsmilitarismus' die politische Urteilsbildung beeinflusste, zunächst bei den Untertanen, dann auch bei den Regierenden, war nicht zu vermeiden.
Der wichtigste Grund dafür lag darin, dass die ‚innere Reichsgründung' nicht vorankam. Deutschland blieb innerlich zersplittert, die alte territoriale wie konfessionelle Spaltung ließ sich in kurzer Zeit so wenig überbrücken wie die tiefen sozialen Gräben, die sich im Gefolge der Industrialisierung zwischen Industrie und Landwirtschaft, Adel und Bürgertum, Kapital und Arbeit aufgetan hatten. Die politischen Parteien, die diese Gegensätze eigentlich aufnehmen und ausgleichen mussten, waren dieser Aufgabe nicht gewachsen, nicht zuletzt, da sie in der deutschen Verfassungsordnung nicht mit politischer Verantwortung und also auch nicht mit dem Zwang zum Kompromiss belastet waren."

(Hagen Schulze, „Staat und Nation in der europäischen Geschichte", C. H. Beck, München 1994, S. 259ff.)

2.) Über die Reichweite des Bismarck-Kultes gibt eine Geschichte aus einem Jugendbuch der Kaiserzeit Auskunft:

Bismarck kannte keine Lüge

„,Du musst es sagen, du musst es sagen, dass du schuld bist' ", flüsterte es in Ottos Seele. Aber wie sich gleich darauf Großmutter über ihn beugte, wie sie nachher beim Kaffee neben ihm saß und ihm so schöne, schöne Bleisoldaten aufgebaut hatte, da sank ihm der Mut.

Nach dem Kaffee ging Großmutter mit ihm spazieren. Er trottete still neben ihr mit gesenktem Haupte und antwortete kaum.

‚Schau einmal', sagte sie nach kurzem Wandern und blieb stehen, ‚wer ist das?'

Und als Otto die Augen hob, sah er das Standbild eines Mannes im schlichten Uniformrocke, den Kürassierhelm auf dem Haupte und die Hände auf den Pallasch gestützt. ‚Bismarck!', stammelte er mit aufleuchtenden Blicken.

‚Nach dem bist du genannt, Kind – weißt du das?'

‚Ja, Papa hat es mir gesagt.'

‚Und was steht unten am Sockel zu lesen?'

‚Wir Deutschen fürchten Gott, sonst nichts in der Welt', las der Junge.

‚Das ist ein herrliches Wort für ein ganzes Volk', sprach die Großmutter, ‚und der, der es sagte, übte es auch für sich selbst. Sieh ihn an, wie er da aufrecht, fast trotzig, steht. Der kannte keine Menschenfurcht, der hätte keine Lüge sprechen, keine fremde Lüge gutheißen können, der hätte die Wahrheit gesprochen und wäre eine Welt darum versunken. Mache ihm Ehre, deinem großen Namensgenossen!'

Otto antwortete nicht. Er ging schweigend mit der Großmutter weiter zum Kirchhof, wo Großvater lag. Dort nahm ihn Großmutter bei der Hand. ‚Der dachte auch so, Otto, der war ein guter Mensch!', sagte sie und trocknete eine Träne, die ihr an den Wimpern hing.

Als eine halbe Stunde später die Großmama in ihrer Stube saß und die Zeitung las, teilte sich der Türvorhang und Otto kam über die Schwelle. Auf den Zehen schlich er hinüber zur Großmama, ganz blass sah er aus.

‚Großmutter', sagte er, ‚nimm die Soldaten nur wieder – ich habe dir nicht die Wahrheit gesagt, weil ich Angst vor dir hatte – ich bin der Johanne in Magdeburg davongelaufen, weil ich mich mit ihr schämte; und sie hat so Angst gehabt um mich und hat noch obendrein Schelte gekriegt.'

Die alte Dame sah ganz entsetzt aus. ‚Aber Kind, Kind!', stotterte sie, ‚wie unglücklich hättest du uns alle machen können!'

‚Schilt mich nur lieber, Großmama!'

‚Nein – du bereust es ja! Ich bin froh, dass du gekommen bist und hast mich aufgeklärt.'

‚Gar nicht böse bist du?'

‚Wenn du mir versprichst, die Wahrheit immer hoch zu halten.'

‚Ja, Großmama, und Johanne will ich um Verzeihung bitten!'

Eben trat sie ein. ‚Madam, soll ich für den Jungen mal Stippstuten backen?'

‚Wenn du ihn wert hälst solcher Ehre.'

Dann lief er aus der Stube und spornstreichs aus dem Hause. Als Johanne ihn zum Essen rufen wollte, da fand sie ihn auf dem Platz vor dem Bismarck stehen und unverwandt sah er hinauf in die Züge des größten deutschen Mannes."

(W. Heimberg, „Ottos Ferienreise", in: „Gartenlaube-Bilderbuch, der deutschen Jugend gewidmet", 1890. Zit. n.: H. von der Mehden, „Vor allem eins mein Kind. Was deutsche Mädchen und Knaben zur Kaiserzeit gelesen haben", Hoffmann und Campe, Hamburg 1972, S. 271f.)

Zu den Arbeitsvorschlägen und Fragen

a) Patriotismus: Vaterlandsliebe;
Nationalismus: überspitztes, intolerantes Nationalbewusstsein, das Macht und Größe der eigenen Nation als höchsten Wert erachtet;
Chauvinismus: übertriebener Nationalismus.

b) Wenn Pflanze bei seiner Aufzählung des Wandschmucks in Arbeiterwohnungen neben Heiligenbildern die Bilder großer Deutscher erwähnt, und zwar der entgegengesetztesten politischen Lager und ideologischen Richtungen, wobei die Anhänger der „Internationale" und ihre geistigen Väter sicher keine Nationalisten waren, erscheint für diese Art der „Heldenverehrung" nur der Ausdruck „Patriotismus" angemessen.

c) Das anmaßend drohende Gehabe Wilhelms II., der mit dem „gesamten Volk" und mit „schärfsten Mitteln rücksichtslos" Deutschland Weltmachtgeltung verschaffen (erkämpfen?) will, steht in krassem Gegensatz zu dem Gelöbnis seines Großvaters bei der Reichsgründung, der eine den inneren und äußeren Frieden wahrende Entwicklung versprach.

d) Der Oberpräsident charakterisiert die als Berg- und Hüttenarbeiter ins Ruhrgebiet eingewanderten Menschen „slawischer Abkunft" durchgehend als „Elemente" und bescheinigt ihnen eine „niedere Gesittung". Sie sollen der „Germanisierung zugeführt" werden. Solch eine entlarvende Sprache ist nicht weit von der späteren nationalsozialistischen Untermenschen-Terminologie entfernt, zumal in seinem Germanisierungsplan der Rassendünkel recht unverhüllt sichtbar wird.

6. Genügt den Deutschen der Obrigkeitsstaat?

Konzeption

Der „permanente Ausnahmezustand", mit dem sich die Bürger des Deutschen Reiches letzten Endes abfanden, ist Schwerpunkt des vorliegenden Kapitels. Es zielt darauf ab, den Schülerinnen und Schülern strukturelle Einsichten in die politische Kultur des Kaiserreiches zu vermitteln. Sie ist bis 1890 durch den Konfrontationskurs Bismarcks gegenüber politischen Gruppierungen geprägt, die von ihm zu Feinden des Reiches erklärt worden waren. Am Beispiel seines Kampfes gegen das Zentrum, der von der Anlage des Kapitels eher kursorisch zu behandeln ist, und gegen die Sozialdemokratie vermittelt das Kapitel Einblicke in sein Bemühen,

- die bestehende Staats- und Gesellschaftsordnung zu verteidigen,
- die Autorität der Reichsführung im Kampf gegen eine sich formierende Opposition unter allen Umständen zu wahren,
- Gegensätze zwischen den Parteien für seine politischen Zwecke auszunutzen,
- Äquivalente zu seinem Konfrontationskurs zu schaffen.

Dabei sollen auch die Strukturfehler des rückwärtsgewandten Verfassungskonzepts von 1871 deutlich werden, die den Weg zu einer inneren Einheit des Staates verbaut haben. Mit seiner Politik der Niederhaltung der „Reichsfeinde" ist Bismarck politisch und persönlich gescheitert. Seine „unzeitgemäße" Innenpolitik geriet im Gegensatz zu seiner verdienstvollen Außenpolitik (vgl. Kapitel 4, Schülerbuch, S. 233–235) sehr bald ins Kreuzfeuer der Kritik. Sein erzwungener Rücktritt nach 28-jähriger Tätigkeit als preußischer Ministerpräsident und Reichskanzler seit 1871 kann nicht nur als Generationenkonflikt mit einem neuen Herrscher gesehen werden, der sein „persönliches Regiment" durchsetzen wollte, sondern er ist auch als grundsätzlicher Paradigmenwechsel, als eine Folge sich neu formierender politischer Kräfte zu bewerten. Ein neues Lebensgefühl ließ Bismarcks Innenpolitik überholt erscheinen und auf diesem Lebensgefühl basierte die Welt des Wilhelminismus, die im folgenden Kapitel exemplarisch behandelt wird.

Aspekte der Unterrichtsgestaltung

Vorschläge für den Themeneinstieg:
- M7 (vgl. Schülerbuch, S. 245),
- M6 (vgl. Schülerbuch, S. 245),
- M1 (vgl. Schülerbuch, S. 243, rechtes Bild).

Teilthemen:
- Die Parteien im Bismarckreich (Marginalien „Gewollte Machtlosigkeit der Parteien", vgl. Schülerbuch, S. 242f.), M7, M8 und „Ergänzungen zum Angebot des Schülerbuchs" (Parteiprogramme),
- Bismarcks Kampf gegen das Zentrum (Marginalie „Kulturkampf", vgl. Schülerbuch, S. 242), M5 (vgl. Schülerbuch, S. 244),
- Bismarcks Kampf gegen die Sozialdemokratie (Marginalie „Sozialistengesetz und Sozialgesetzgebung", Schülerbuch, S. 242), M3, M4, M6, M8 und M9 (vgl. Schülerbuch, S. 244f.),
- Die Sozialgesetzgebung, M2 (vgl. Schülerbuch, S. 244),
- Der „Neue Kurs" (Marginalie „Der Neue Kurs entzweit Kaiser und Kanzler", vgl. Schülerbuch, S. 243), M1.

Leitende Problem- und Fragestellungen:
- Welche Fehler wies die Verfassungskonstruktion von 1871 auf?
- Warum bekämpfte Bismarck nacheinander Zentrum und Sozialdemokratie?
- Welche Funktion kam der Sozialgesetzgebung zu?
- Weshalb eskalierte der Streit zwischen Bismarck und Wilhelm II. zum Konflikt um politische Grundsatzfragen?

Tafelbild

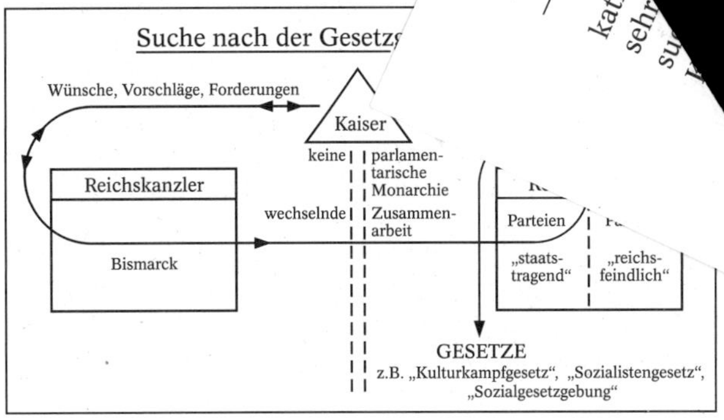

Zusatzinformationen zum Verfassertext

Weil die Verfassung von 1871 dem Deutschen Reich kein parlamentarisches System gebracht hatte, konnten die Parteien keine politische Verantwortung übernehmen: Es gab weder eine Regierungspartei noch eine Opposition, die darauf hoffen konnte, nach einem Wahlsieg die Regierung zu übernehmen. Die Parteiführer mussten also keine Rücksicht auf die Interessen des Staates, sondern nur auf die ihrer Wähler nehmen. Sie konnten keine Regierungskoalitionen bilden; sie waren also nicht zu Abstrichen an ihren Grundsatzprogrammen gezwungen. Deshalb entwickelten sie kaum die Fähigkeit, Kompromisse zu schließen. Politisch Andersdenkende wurden nicht als politische Gegner, sondern als „Feinde" behandelt.

Zusatzinformationen zu den Materialien

M1: Herausgearbeitet werden sollte die herablassende bzw. gleichgültige Haltung des Kaisers.

M2: Die mitten im Krieg herausgegebene Postkarte ist als Propagandamaßnahme zu bewerten, die die Heimatfront stärken soll. Sozialpolitische Maßnahmen der Gegner werden zwar eingeräumt, aber als verspätet hingestellt bzw. als „minderwertig" abqualifiziert. Dagegen stellt sich die Sozialpolitik des Deutschen Reiches als vorbildlich dar. Der Hinweis, dass sie „für alle Zukunft unerreicht in der Welt" sein werde, soll den Deutschen in der angespannten Kriegssituation die Angst vor einer ungewissen persönlichen Zukunft nehmen.

M3: Bismarck will die Sozialdemokraten nach dem 2. Attentat auf Kaiser Wilhelm I. isolieren, um sie bekämpfen zu können; er will sich aber mit den anderen Parteien nicht verfeinden.

M4: Als besonders harte Maßnahme ist die beabsichtigte Einschränkung der Freizügigkeit zu bewerten. Bebels Bericht weist auf die enge Zusammenarbeit von Polizei, Bahn und Post hin. Beachtenswert ist, wie man die Wahrung des Postgeheimnisses (Reichsverfassung § 142) umgeht, indem Briefe und Pakete erst nach der Auslieferung an den Empfänger beschlagnahmt werden.

M5: Bismarck war Machtpolitiker und Protestant und fürchtete wohl nicht zu Unrecht die Einmischung der ischen Kirche in die Innenpolitik des noch nicht gefestigten 2. deutschen Kaiserreichs. Deshalb ver-hte er mit dem „Kanzelparagrafen" jegliche Form der ommentierung bzw. Kritik seiner Politik in den katholischen Kirchen zu verhindern. – Bei der Besprechung sollte beachtet werden, dass ein Teil der Regelungen auch für die protestantische Kirche galt.

M6: Thöny zeigt die wachsende Bedeutung und Macht der Arbeiterschaft in der riesenhaften Gestalt des Arbeiters. Dieser stößt respektlos die Tür zum „Clubzimmer der regierenden Oberschicht" auf und verschafft sich Aufmerksamkeit. Um seine Aussageabsicht zu veranschaulichen, arbeitet der Karikaturist mit einer Verzerrung der Größenverhältnisse.

M7: In Uniform, mit Pickelhaube und Säbel an der Seite doziert Bismarck mit überlegener Geste und erhobener Peitsche vor den Abgeordneten. Sie tragen Zivil und haben einen Maulkorb um. Damit verdeutlicht diese Karikatur aus ungarischer Sicht, wer im Deutschen Reich den Ton angab und wer nichts zu sagen hatte.

M8: Die kleine Zahlenreihe zeigt das starke Anwachsen der Sozialisten im Reichstag von ursprünglich 2,2 % auf 27,7 % der Sitze im Jahr 1912.

M9: Der Berliner Polizeipräsident enthüllt die Zweischneidigkeit der getroffenen Maßnahmen gegen die Sozialdemokratie. Sie sind nur bedingt wirksam, geben den Sozialdemokraten aber gleichzeitig ein Agitationsmittel an die Hand.

Ergänzungen zum Angebot des Schülerbuchs

Um die Gründe für Bismarcks Einstellung gegenüber dem Zentrum und der Sozialdemokratie schärfer fassen zu können, folgen Auszüge aus den Parteiprogrammen beider Parteien sowie aus Bismarcks Reichstagsrede zum Sozialistengesetz. Die Vergeblichkeit seines Kampfes gegen die Sozialdemokratie karikiert der „Punch".

1.) Programmentwurf des Zentrums, Münster 1870:

„Für Wahrheit, Recht und Freiheit!

1. Manche Zeichen der Zeit [...] deuten auf Angriffsversuche gegen die kirchliche Freiheit. Es gilt daher, die verfassungsmäßig anerkannte Selbstständigkeit der Kirche unversehrt zu erhalten [...] und durch treue Verteidigung und Achtung der verfassungsmäßigen Rechte aller Religionsbekenntnisse auch die freie Bewegung der eigenen Kirche wirksam zu schützen.

2. Das feste Fundament der Familie ist die christliche Ehe [...]

3. Der Kampf der Parteien umwogt die Schule. Wer sie hat, der hat die Jugend [...] die christlichen Eltern haben ein unveräußerliches Recht auf christliche Erziehung ihrer Kinder; und ebenso unveräußerlich und heilig ist das Recht der Kirche an der Schule [...].

4. Das Vaterland der Deutschen ist Deutschland. Aber [...] Deutschland [war] nie ein zentralisierter Einheitsstaat [...]. Die Uniform des Einheitsstaates und die nivellierende Herrschaft eines allregierenden Zentrums widerspricht dem Volksgeiste[...]."

(Zit. nach W. Mommsen, „Deutsche Parteiprogramme", Isar Verlag München 1960, S. 212f.)

2.) Aus dem „Gothaer Programm" der Sozialistischen Arbeiterpartei Deutschlands aus dem Jahr 1875:

„I. [...] In der heutigen Gesellschaft sind die Arbeitsmittel Monopol der Kapitalistenklasse; die hierdurch bedingte Abhängigkeit der Arbeiterklasse ist die Ursache des Elends und der Knechtschaft in allen Formen. Die Befreiung der Arbeit erfordert die Verwandlung der Arbeitsmittel in Gemeingut der Gesellschaft und die genossenschaftliche Regelung der Gesamtarbeit mit gemeinnütziger Verwendung und gerechter Verteilung des Arbeitsertrages. Die Befreiung der Arbeit muss das Werk der Arbeiterklasse sein, der gegenüber alle anderen Klassen nur eine reaktionäre Masse sind.

II. Von diesen Grundsätzen ausgehend, erstrebt die Sozialistische Arbeiterpartei Deutschlands mit allen gesetzlichen Mitteln den freien Staat und die sozialistische Gesellschaft [...]."

(Zit. nach: W. Lautemann/M. Schlenke [Hrsg.], „Geschichte in Quellen", Bd. 5, München 1980, S. 878f.)

3.) 1878 sagte Bismarck bei der ersten Lesung des Sozialistengesetzes im Reichstag:

„[...] Ich komme zu der Frage zurück, wann und warum ich meine Bemühungen um soziale Verhältnisse aufgegeben habe und wann überhaupt meine Stellung zu der sozialen Frage eine andere geworden ist, sozialdemokratische mochte ich sie damals nennen. Es stammt dies von dem Augenblick her, wo im versammelten Reichstag [...] der Abgeordnete Bebel oder Liebknecht, aber einer von diesen beiden, in pathetischem Appell die französische Kommune als Vorbild politischer Einrichtungen hinstellte und sich selbst offen vor dem Volke zu dem Evangelium dieser Mörder und Mordbrenner bekannte. Von diesem Augenblick an habe ich die Wucht der Überzeugung von der Gefahr, die uns bedroht, empfunden [...]."

(Otto v. Bismarck, „Die gesammelten Werke", Bd. 11, Stollberg Verlag, Berlin 1929, 2. Aufl., S. 610)

(Aus: „Geschichte und Geschehen", Ausgabe N, S. 185)

4.) Bismarcks Kampf gegen die Sozialdemokratie aus der Sicht eines englischen Karikaturisten. Die Kiste trägt die Aufschrift: „Sozialistischer Springteufel" („Punch", 1878).

Zu den Arbeitsvorschlägen und Fragen

a) Die Einschätzung der bismarckschen Politik als einer Politik von „Zuckerbrot und Peitsche" erscheint gerechtfertigt. Während der Staat auf der einen Seite die politische Organisation der Arbeiter unterdrückt, bemüht er sich auf der anderen Seite um die Absicherung der Arbeiter gegenüber den Wechselfällen des Lebens durch eine richtungsweisende Sozialgesetzgebung.
b) Der traditionelle Einflussbereich der Kirche wird eingeschränkt. Sie wird auf die Verkündung des Christentums und auf karitative Tätigkeiten verwiesen, personell aber staatlichen Regelungen unterworfen. Die Gesellschaft wird damit enger an den Staat gebunden.
c) Vgl. „Zusatzinformationen zu den Materialien", M6.
d) Bismarck sah seine konservative Ordnung vor allem durch den Internationalismus der sozialistischen Bewegung bedroht. Ihr revolutionäres Potential wollte er möglichst in den Ansätzen ersticken. Dabei unterschätzte er die Willenskraft und den Organisationsgrad seiner Gegner. Daher waren die Maßnahmen des Sozialistengesetzes zwar für das einzelne Mitglied der Sozialdemokratie einschneidend, sie vermochten die Partei aber nicht dauerhaft zu schädigen (vgl. M8). Das undemokratische, obrigkeitsstaatliche Vorgehen zeigte sich darin, dass mit einem Ausnahmegesetz (M9) ein „Vernichtungskrieg" (M3) gegen die Sozialdemokratie geführt wurde, in dem Bespitzelung und Einschüchterung durch die Polizeibehörden (M4) an der Tagesordnung waren.
e) Der Kaiser fühlte sich einerseits stark, als er den politisch erfahrenen Kanzler fallen ließ, von dem er annahm, dass er ihm bei seinem beabsichtigten „persönlichen Regiment" im Weg sein werde. Andererseits konnte er den im Volk beliebten Bismarck nicht ignorieren und griff deshalb einen populären Ausspruch von ihm auf (vgl. auch „Zusatzinformationen zu den Materialien", M1).

7. „Die gute alte Zeit" – Leben im deutschen Kaiserreich

7.1 Schichten und Institutionen

Konzeption

Obgleich die Theorie vom „deutschen Sonderweg" zwischenzeitlich relativiert worden ist und die historische Forschung in anderen europäischen Ländern vergleichbare Erscheinungen nachgewiesen hat, bleibt für die Epoche nach 1871 als einer Zeit forcierter Industrialisierung in Deutschland eine auffallende Häufung von vormodernen Strömungen festzuhalten. Während hiervon die charismatische Rolle Wilhelms I. zu Beginn des Deutschen Reiches, die Schlüsselstellung des Militärs und die Bereitschaft, jederzeit einen Krieg zu führen, bereits im 5. Kapitel dieses Großabschnitts (vgl. Schülerbuch, S. 236–241), die Schwäche der gesetzgebenden Versammlungen, die Klassengesellschaft und der damit einhergehende Antisozialismus in Kapitel 6 (vgl. Schülerbuch, S. 242–245) angesprochen worden sind, befasst sich die vorliegende Unterrichtseinheit in ihrem 1. Teilkapitel mit dem Selbstverständnis wichtiger Gruppen und mit ihrem Einfluss im öffentlichen Leben:
- dem Geltungsanspruch des Adels,
- der Dominanz des Militärs,
- der Herrschaft der Beamten.

Es soll deutlich werden, wie diese Erscheinungen disziplinierend und integrierend das Lebensgefühl des Einzelnen in einer Gesellschaft bestimmt haben, die betont national ausgerichtet war. Als Kontrast hierzu wird der Antisemitismus als Mittel zur Ausgrenzung aus dieser Gesellschaft thematisiert.
Das 2. Teilkapitel wendet sich den Lebensverhältnissen im Bürgertum und im Arbeiterstand zu, wobei jeweils der Rolle der Frauen und der Mädchen besondere Aufmerksamkeit gilt.

Aspekte der Unterrichtsgestaltung

Vorschläge für den Themeneinstieg:
- M3 (vgl. Schülerbuch, S. 247),
- M1 (vgl. Schülerbuch, S. 246),
- M6 (vgl. Schülerbuch, S. 250).

Teilthemen:
- Gesellschaftliche Schichten des Deutschen Kaiserreichs (Marginalien „Die adlige Oberschicht wahrt ihre Privilegien", „Mittel- und Unterschichten wollen aufsteigen", „Am Rande der Gesellschaft: die Juden", vgl. Schülerbuch, S. 246, 248), M1–M3, M6,
- Staatstragende Institutionen (Marginalie „Staatstragende Institutionen: Militär, Verwaltung und Schulen", Schülerbuch, S. 247),
- Randgruppen der Gesellschaft, M4, M7 und M8 (vgl. Schülerbuch, S. 248, 250).

Leitende Problem- und Fragestellungen:
- Zu welchen Spannungen führte die Existenz zweier Welten zur gleichen Zeit?
- Wie kam es zur Dominanz des Militärs und zur Herrschaft der Beamten?
- Warum akzeptierte die Mehrheit der Bevölkerung den Obrigkeitsstaat trotzdem?
- Wie betrieben die einzelnen Schichten die Sicherung und Verbesserung ihrer Existenzgrundlage?
- Was bewirkte die Ausgrenzung der Juden aus der Gesellschaft?
- Welche Auswüchse führten zur Kritik an den gesellschaftlichen Zuständen?
- Welche Aussagen können historische Fotos über die Klassengesellschaft im Kaiserreich machen?

Vorschläge für Arbeits- und Sozialformen:
- Gruppenarbeit zu Fotos als historische Quelle in Verbindung mit M5 (Arbeitsauftrag).

Zusatzinformationen zum Verfassertext

Mit der wachsenden Bedeutung der Städte als Zentren einer sich formenden Industrie- und Dienstleistungsgesellschaft nahm auch das Gewicht des Bürgertums zu. Zwar blieb es politisch weitgehend einflusslos, dafür dominierte es aber in Handel und Gewerbe, Kultur und breiten Bereichen der Verwaltung. Vor allem die Angestellten als Teil des „neuen" Mittelstandes nahmen mit dem Anwachsen von Verwaltungsaufgaben in der Produktion, beim Absatz sowie im Rechnungswesen kräftig zu (1907 waren es ca. 2 Millionen Personen). Fach- und Aufsichtspersonal wurden mit der Ausweitung von Wissenschaft und Technologie in den Betrieben stärker als in der Vergangenheit benötigt. Sie alle waren Arbeitnehmer und damit unselbstständig, besaßen jedoch einen ausgeprägten Willen, sich von der Arbeiterschaft abzugrenzen, wobei sie besonders durch eigene Einrichtungen im Versicherungs- und Krankenkassenwesen vom Staat politisch begünstigt wurden. Hemd und Kragen und nicht der Arbeitskittel waren als Kleidungsstücke ihr Statussymbol. Die Angestellten strebten in ihrer Lebensführung selbst bei geringen Einkommen nach Bürgerlichkeit. Darum verfügte ein Viertel ihrer Haushalte in den 90er Jahren über ein Dienstmädchen. Selbst in ihrem Sprachstil und Freizeitverhalten achteten sie auf Distanz zu den Arbeitern, zumal ihre Angst, durch Nivellierung zu „Stehkragenproletariern" herabgewürdigt zu werden, groß und angesichts der Konkurrenz innerhalb ihrer eigenen Gruppe subjektiv berechtigt war. Auf der anderen Seite bestand zwischen ihnen und den Akademikern, Unternehmern und Selbstständigen eine Kluft, denn Angestellte galten ebenso wie die kleinen und mittleren Beamten als „Kleinbürger".

Zusatzinformationen zu den Materialien

M1: Beide Abbildungen vermitteln die „Gleichzeitigkeit des Ungleichzeitigen". Während die Aussage der Karikatur auf das Hofschranzengehabe des Feudalzeitalters zurückweist, eröffnet die Fotografie den Ausblick auf eine Fortschrittstechnologie, die erst ab der zweiten Hälfte des 20. Jahrhunderts das Leben in Deutschland bestimmen sollte. Dem Festhalten an veralteten Konventionen steht also die Möglichkeit des technischen Fortschritts gegenüber.

M2: Das Bild der Kaiserfamilie sollte einen bleibenden Eindruck vom Kaiser und seinem „herrlichen Haus" vermitteln. Die Familie erscheint als intaktes Ganzes, innerhalb dessen das Familienoberhaupt unangefochten die dominierende Stellung einnimmt (Bildaufbau). Der Kinderreichtum an „allerhöchster Stelle" mit gar sechs Söhnen sollte für die deutsche Familie vorbildhaft sein.

M3: Das Foto wirkt deshalb so echt, weil es die hierarchische Ordnung der Gesellschaft des Kaiserreichs zeigt: in der Mitte das Militär, zackig und aufrecht, daneben die bürgerlichen Honoratioren nach Geschlechtern getrennt, die Damen in weißen Kleidern mit Schärpen in den Landesfarben, die Herren in Frack und Zylinder; dahinter – in gebührendem Abstand – das „Volk". Es entsteht, besonders wenn man sich den erwarteten Gast hinzudenkt, der Eindruck einer geordneten Welt des Oben und Unten, die in Wirklichkeit aber eine spannungsreiche Klassengesellschaft darstellte.

M4: Die Spottkarte aus Karlsbad verhöhnt die Juden, indem sie sie zu einer Karikatur ihrer selbst macht. Ihre feine Kleidung steht im Kontrast zu ihren verunstalteten Gesichtern. Löw, Bär und Hirsch waren häufiger anzutreffende jüdische Familiennamen, ebenso wie Cohn, der hier für das abwertende Wortspiel „Cohnsorten/ Konsorten" benutzt wird.
Der Poststempel der Karte (1917) könnte den zeitgenössischen antisemitischen Vorwurf enthalten: Die Juden lassen es sich in einem Kurort gut gehen, während die deutschen Männer an der Front kämpfen.
Dass im Jahr 1901 ein Hotel „judenfrei" war, zeigt, dass Begriffe aus dem „Wörterbuch des Unmenschen" bereits vor dem Nationalsozialismus existierten.

M5: Ohne den Kontext des Gesamtbildes könnte man die Frau auf dem Bildausschnitt für eine Köchin beim Gemüseputzen halten. Dieser Eindruck wird durch die Gesamtaufnahme korrigiert. Kleidung (Uniformierung bis zur Kopfhaube), Haltung (strikt auf den Arbeitsplatz beschränkt) und Anordnung der Arbeitsplätze der Frauen (fabrikmäßig in Reih und Glied) lassen auf eine scharfe Arbeitsdisziplin schließen, die unter dem Diktat der Uhr an der Rückwand der Fabrikhalle und der des männlichen Aufsehers (Meisters?) und zwei weiblicher Aufsichtskräfte stehen. Unterschiede zwischen den einzelnen Arbeiterinnen gibt es nicht. Vielleicht wurde das Foto anlässlich eines Betriebsjubiläums oder einer Dokumentation moderner Arbeitstechniken in diesem Betrieb aufgenommen.

M6: Die Karikatur veranschaulicht das Schulsystem der Kaiserzeit gerade im Kontrast zur heute praktizierten Art der Staatsbürgerkunde sehr deutlich. Über der Klasse thront die Autorität, der Schutzmann mit gezogenem Säbel, auf dem Katheder. Diskussionen gibt es nicht; es wird gehorcht und mechanisch gelernt. Nicht zufällig dürfte die Schautafel mit Schaaf (sic!) und Tiger an der Wand hängen, denn so wünschte sich die Schulverwaltung die „Staatsbürger": als Schafe gegenüber der Obrigkeit und als Tiger gegenüber den Feinden.

M7: Der Handbuchartikel voller stereotyper antisemitischer Anschuldigungen zeigt, dass die Juden für alle negativ zu besetzenden Rollen taugten. Sie werden sowohl als Ausbeuter wie als Agitatoren dargestellt. Der Hinweis auf den Daseinskampf verweist (vgl. Z. 11) auf den Sozialdarwinismus. Deutlich spürbar sind die Angst vor Deklassierung (Z. 15f.) und der Sozialneid („in seinen gewandten Händen", Z. 9f.).

M8: Der Brief ist von einem Anpassungsstreben bis zur Aufgabe der eigenen Identität geprägt. Besonders die im Original unterstrichenen, im Druckbild des Schülerbuchs kursiv gesetzten Stellen unterstreichen diese Unterwürfigkeit eines Ausgegrenzten.

Ergänzungen zum Angebot des Schülerbuchs

Weil in Kapitel 7.1 das Bildmaterial absichtlich in den Vordergrund gestellt worden ist, ergänzen hier zwei Textquellen die Aussagen zu den staatlichen Sozialisationsinstanzen der Schule und der „Schule der Nation".

1.) Soziale Herkunft der Berliner Abiturienten nach Schultypen in Prozent

	Gymnasium		Realgymnasium		Oberrealschule	
	1882/86	1907/11	1882/86	1907/11	1882/86	1907/11
Akademische und andere Oberschichten	43,1	42,0	19,5	24,2	28,5	16,7
Neuer Mittelstand	18,9	25,5	15,9	23,7	13,3	41,8
Alter Mittelstand	32,7	27,8	38,6	43,6	51,1	30,9
Unterschichten mit Unterbeamten etc.	5,3	4,7	26,0	8,4	6,7	10,6

(Quelle: D. H. Müller, „Sozialstruktur und Schulsystem", S. 522, in: Th. Nipperdey, „Deutsche Geschichte 1866–1918. Arbeitswelt und Bürgergeist", Bd. 1, C. H. Beck, München 1990, S. 556)

2.) Der kritische Zeichner George Grosz berichtete über seine Schulzeit vor dem Ersten Weltkrieg:

„Ich besuchte die Oberrealschule in Stolp. Meine Mitschüler waren meist Jungen vom Lande, Gutsbesitzersöhne und Söhne kleiner Beamter und ehrgeiziger Mittelstandsfamilien. Denn die Söhne sollten einmal etwas ‚Besseres' werden und dafür war eine höhere Schule notwendig, deren Abgangszeugnis zum ‚Einjährigen Dienst' berechtigte. Hatte man nämlich nur eine Pantinen- oder Klippschule besucht, so musste man seine zwei bis drei Jahre dienen, und das war nicht verlockend.

In jenen milden, ruhigen Vorkriegszeiten wusste man in unserer Oberrealschule nichts von modernen Erziehungsprinzipien oder -methoden. Eine Klasse etwa, die sich selbst regiert, war einfach undenkbar, wäre auch kaum möglich gewesen. Was uns erzog, war im Grunde der schwarz-weiß-rote Rohrstock. Unsere Lehrer, durchweg protestantische Reserveoffiziere, sahen ihr Ideal in einer möglichst soldatischen Erziehung. Sie sagten fast immer: ‚Du willst doch mal ein guter Soldat werden, also nimm dich zusammen' – und das half dann auch meistens.

Jedenfalls nahmen wir es als gegeben hin. Es war ein altpreußisches, wahrhaft spartanisches Ideal: fünf bis sechs Rohrstockhiebe auf die mit männlicher Selbstverleugnung eigenhändig stramm gezogenen Hosen. Manchmal bekam der Rohrstock den Namen des zuletzt Verprügelten. Das war schlimm, aber zugleich ehrenvoll, wenn befohlen wurde: ‚Krause, hole mal den Grosz aus dem Pult!' Der Rohrstock wurde nämlich wie Schwamm und Kreide für die Tafel im Pult aufbewahrt und es wurde immer für eine Woche ein besonderer Rohrstockwart dafür bestimmt – eine Art Ehre, wie sie in den alten preußischen Regimentern dem Profosen zuteil wurde, der dafür sorgen musste, dass die Weidenruten für das Spießrutenlaufen auch ordentlich biegsam waren."

(George Grosz, „Ein kleines Ja und ein großes Nein. Sein Leben von ihm selbst erzählt", Rowohlt, Hamburg 1974, S. 41)

3.) Die „Eselsbank" – der letzte Platz in der Schule

(„Jugendlust. Illustrierte Wochenschrift", herausgegeben vom Hauptausschuss des Bayerischen Lehrervereins, geleitet von Seb. Düll, St. Jobst - Nürnberg 1893/94; aus: H. von der Mehden, „Vor allem eins mein Kind", S. 105)

4.) Über den militärischen Drill äußerte sich der Dozent an der Königlich Bayerischen Kriegsschule in München Fritz Endres:

„In den Händen der militärischen Vorgesetzten lag und liegt ferner ein wichtiger Teil unserer Volkserziehung [...] der Offizier muss die Arbeit des Volksschullehrers nach einer oft verhängnisvollen Pause wieder aufnehmen und das spröde und unbiegsamer gewordene Material für die Allgemeinheit nutzbar machen, muss neben der körperlichen und militärischen Ausbildung auch auf Hebung der sittlichen und geistigen Kräfte der Soldaten bedacht sein. Wer die prachtvolle Einleitung unserer Felddienstordnung kennt, weiß, mit welchem Ernst die Leiter der Armee die erzieherische Seite ihres Berufes beurteilen; wer etwas in die Praxis hineingesehen hat, muss zugeben, dass unsere höheren und niederen Offiziere mit ihrer Erziehertätigkeit Erfolge erzielen, deren Größe man im Laienpublikum erst dann richtig beurteilen würde, wenn sie einmal ausblieben. Der Soldat, der die Kaserne verlässt, ist immer körperlich gewandter und geistig regsamer als der Rekrut, der sie mit heiliger Scheu betritt. Die körperliche, die geistige, die charakterliche Erziehung unserer ungelenken Bauernburschen, unserer gescheiten, aber oft zuchtlosen und körperlich vernachlässigten Fabrikarbeiter, unserer intellektuell überfütterten, physisch und psychisch verkrüppelten akademischen Jugend ist das Verdienst unserer Offiziere und in vieler Hinsicht auch unserer oft geschmähten Unteroffiziere."

(F. Endres, „Militarismus" in: „Süddeutsche Monatshefte", April 1915, S. 144ff., Zit nach: H. F. Helmolt [Hrsg.], „Das Buch vom Kriege", Berlin o.J., S. 293f.)

Zu den Arbeitsvorschlägen und Fragen

a) Durch sein persönliches Regiment, seine Vorstellung von der herausragenden Rolle Deutschlands im Kreis der Völker, von der Notwendigkeit militärischer Stärke sowie durch sein markiges Auftreten, zumeist in Uniform, prägte Kaiser Wilhelm II. seine Untertanen derart, dass nicht nur seine Ziele, sondern auch sein Gehabe, ja selbst seine Barttracht von vielen Deutschen übernommen wurden. Dadurch wurde Deutschland in vielen Bereichen im Ausland häufig als Militärstaat wahrgenommen.
b) Die Juden wurden häufig als Wucherer und Ausbeuter (Wirtschaftsschädlinge), sozialdemokratische Agitatoren, Zersetzer des deutschen Volkstums und rücksichtslose Konkurrenten gebrandmarkt und als wachsende wirtschaftlich-soziale Macht gefürchtet. Neben überkommenen Vorurteilen enthält der Handbuchartikel Vorwürfe gegen emanzipierte Juden in gehobenen Berufen, deren Erfolge am Ende des 19. Jahrhunderts offensichtlich starke Neidkomplexe hervorriefen.
Isidor Russ muss mit seinem Vornamen außerordentlich negative Erfahrungen gemacht haben, so dass er als aufstrebender Geschäftsmann ohne Namensänderung für sich und seine Familie kein Fortkommen in Deutschland mehr sah.
Heutige Vorurteile gegenüber Minderheiten und Ausländern beruhen u.a. nach wie vor auf dem Unverständnis gegenüber einer anderen (oft durch die Religion bedingten) Lebensweise, auf der Angst vor Überfremdung und Sozialneid, besonders in der Furcht, Arbeitsplätze an Ausländer zu verlieren.

7.2 Familie und Beruf

Aspekte der Unterrichtsgestaltung

Vorschläge für den Themeneinstieg:
- M3 (vgl. Schülerbuch, S. 252)
- M2 (vgl. Schülerbuch, S. 252),
- M6a/b (vgl. Schülerbuch, S. 253),
- „Zu den Arbeitsvorschlägen und Fragen" a).

Teilthemen:
- Die Familie im Bürgertum und Arbeiterstand (Marginalien „Die bürgerliche Familie", „Die Arbeiterfamilie", M2, M3 und M6a/b),
- Die Rolle der Frauen und Kinder in der Familie (vgl. M3 und M6),
- Frauen im Beruf (vgl. M4 und M5).

Leitende Problem- und Fragestellungen:
- Worin unterschieden sich bürgerliche Familie und Arbeiterfamilie?
- Welche Merkmale wies die familiale Rollenverteilung auf?
- Warum bestanden Unterschiede in den Bildungsmöglichkeiten der Geschlechter?
- Welche Positionen nahmen Frauen in der Regel im Berufsleben ein?

Vorschläge für Arbeits- und Sozialformen:
- Gruppenarbeit: Je eine Gruppe analysiert detailliert eines der Fotos von M2 und trägt die Ergebnisse vor; anschließend Besprechung der Unterschiede und ihrer Ursachen,
- Aus Text- und Bildmaterial einen Fragenkatalog für eine Umfrage erstellen, aus der Aussagen über den sozialen Wandel innerhalb eines Jahrhunderts gewonnen werden können.

Zusatzinformationen zum Verfassertext

Von Interesse für die Einschätzung der sozialen Mobilität ist das Heiratsverhalten der kleinen und mittleren Beamten, in das wir durch die Personalakten anders als bei den Angestellten einen guten Einblick haben. In ihre Gruppe heirateten häufiger Handwerker- und Arbeitertöchter ein und nahmen damit praktisch eine der für sie ganz wenigen Aufstiegsmöglichkeiten wahr. Sie bot zwar auf den ersten Blick kaum materielle Vorteile, denn die Gehälter im Staatsdienst waren über weite Abschnitte des Beamtenlebens niedrig, aber die lebenslange Anstellung des Ehepartners, die in Aussicht stehende sichere Pension und die „Staatsnähe" waren etwas Erstrebenswertes, um das man in der Herkunftsschicht beneidet wurde.

Zusatzinformationen zu den Materialien

M1: Trotz der kleinen Parzellen waren die Schrebergärten Zufluchtstätten für Familien, die auf engstem Raum in Mietskasernen leben mussten. Außerdem entlasteten sie mit ihren Ernten das knappe Familienbudget.

M2: Die jeweilige Wohneinrichtung, die Gruppierung und die Haltung der abgebildeten Personen ergeben durch die unmittelbare Vergleichsmöglichkeit ein gutes Bild der verschiedenen sozialen Milieus.
a) Das großbürgerliche Wohnzimmer, der Salon, wird von dem massigen Buffet mit seinem Schauporzellan und der eleganten Standuhr beherrscht. Die Herrschaften am Tisch lassen sich vom Dienstmädchen mit Häubchen und weißem Arbeitskleid den Kaffee servieren. Die Atmosphäre wirkt gelockert, obwohl jeder seinen festen gesellschaftlichen Rang besitzt.
b) Die „gute Stube" in der kleinbürgerlichen Wohnung zeigt, wie sehr die Wertvorstellungen des „feudalisierten" Großbürgertums von den Kleinbürgern übernommen worden sind. In seiner Symmetrie wirkt in diesem nachempfundenen „Salon" alles etwas steif, macht aber deutlich, welch großer Wert auf „Ordnung" und „Haltung" gelegt wird, wie an Mienen und Körperhaltung der Personen zu erkennen ist. Zeittypisch sind die Matrosenanzüge, die sich allseitiger Beliebtheit erfreuten, nachdem sie durch den kaiserlichen Hof (Königin Victoria von England hatte ihrem dreijährigen Enkel, dem späteren Kaiser Wilhelm II., den ersten Matrosenanzug geschenkt) populär geworden waren.
c) In der Wohnküche der Arbeiterfamilie wirkt zwar alles billig, hat aber seinen festen Platz. Die Bordüre am Wandbord zeigt, dass man es trotz beengter Verhältnisse auch ein wenig gemütlich haben will. Die Kinder, wie

die „Orgelpfeifen“ aufgereiht, sind einfach, aber sauber gekleidet und lassen ahnen, welche tägliche Arbeit diese Mutter (ohne Dienstmädchen!) zu bewältigen hatte.

M3: Die überkommene Rollenverteilung zwischen den Geschlechtern und ihre geschlechtsspezifische Weitergabe an die Kinder ist aus den beiden Texten ersichtlich.

M4: Der Text ist Teil eines umfangreicheren Programms. Ausgewählt wurden die Passagen zur Mädchenbildung und Frauenarbeit. Interessieren sollten neben dem Eigenwert einer Berufsausbildung die Begründungen, warum eine Ausbildung der Mädchen angestrebt wird. Zahlreiche Frauen lebten als „mithelfende Familienangehörige“ bei Verwandten und führten als solche eine Art Aschenputteldasein.

M5: (Linkes Bild) vgl. „Zu den Arbeitsvorschlägen und Fragen“, b). Zum „Fräulein vom Amt“ (rechtes Bild) vgl. „Universitas“, H. 5/1995, S. 485ff.

M6: Der Kontrast zwischen den beiden Erziehungsvorstellungen könnte nicht größer sein. Er verweist auf eine typische Erscheinung einer Klassengesellschaft: Absicherung der persönlichen Existenz bei den „höheren Schichten“ gegenüber dem Proletarierelend.

Ergänzungen zum Angebot des Schülerbuchs

Da in Kapitel 7.1 der Verfassertext zugunsten des Arbeitsmaterials zurücktreten musste, werden anschließend Detailinformationen in Text, Bild und Statistik zur Situation der Familien im Kaiserreich gegeben, aus denen der Kontrast zur heutigen Zeit verstärkt lebendig werden kann.

1.) Thomas Nipperdey befasst sich mit Lebensumständen der bürgerlichen Familie:

„Eine Seite der bürgerlichen Familie war der Haushalt. Das war in vormaschineller Zeit, der Zeit von Öfen und lange auch vom Kohleherd, der Zeit von Kleidernähen und Flicken, ein ausgebreitetes und anstrengendes Tätigkeitsfeld, man denke nur an die normale Vielkinderfamilie. Und das war auch eine ökonomisch anspruchsvolle Aufgabe, denn man stand unter dem Gesetz der Knappheit, musste sparen, rechnen, billig einkaufen und Vorrats- und Restewirtschaft betreiben.
Zu dem bürgerlichen Haus gehörten auch die Pflichten der geselligen Repräsentation. Das ist kritisch und ironisch oft beschrieben worden. Nach der biedermeierlichen Gemütlichkeit und ausgebreiteten Geselligkeitskultur war das wieder stärker formell (obschon es natürlich auch informelle Geselligkeit ohne Zeremoniell durchaus gab). Das ‚Besuchemachen‘ (mit dem Abgeben der ‚Karten‘), der Austausch von Einladungen zu einem repräsentativen Essen in der Wohnung, die rechte Tischordnung, damit bewies man seine Geschäftsfähigkeit und sicherte die Heiratsfähigkeit der Töchter; Gerät und Personal musste man sich gegebenenfalls leihen. Jedenfalls, für die soziale Geltung spielte diese Geselligkeit (wie die Klavierstunde und die Sommerreise) ihre Rolle und der Aufwand stand oft in Diskrepanz zum kargen Normalbudget. Das Ansehen lockerer Vornehmheit war meist mit intensiver Arbeit erkauft.
Ein wesentliches Stück der bürgerlichen Familie, davon muss jetzt die Rede sein, war das Dienstmädchen; für die gröbere Hausarbeit, für die Küche, für die Kinder, oft noch durch eine Putz-, eine Wasch-, eine Bügel- oder Flickfrau unterstützt. Jeder bürgerliche Haushalt – auch der von Handwerkern und städtischen Volksschullehrern – hatte eigentlich ein Dienstmädchen, das war auch eine Frage des Sozialprestiges. Man kann die bürgerliche Familie definieren als die ‚mit Dienstmädchen‘.“

(Th. Nipperdey, a.a.O., S. 53)

2.) Frauen von Arbeitern warten am Lohntag vor der Baustelle auf ihre Männer (Zeichnung von Heinrich Zille, 1913)

3.) Jahresetat eines Beamtenhaushalts um 1890

Einnahme nebst den Zinsen von 9 000 Mk.	Mark
Ausgaben:	
Wohnung mit Mietsteuer	1 225,–
Heizung	140,–
Beleuchtung	45,–
Essen (170 Mk. monatlich)	2 040,–
Wäschereinigung	45,–
Mädchen für alles (monatlich 10 Mk., wird stets in der Provinz gemietet)	120,–
Dienstboten-Krankenversicherung	6,–
Bekleidung und Beschuhung:	
für die Hausfrau	85,50
für den Hausherren (nur Beschuhung)	17,–
für die Knaben	95,–
Schulgeld für die Knaben	240,–
Schulbücher, Hefte, Federn u.s.w.	24,75
Taschengeld:	
jedem Knaben monatlich 50 Pfg.	12,–
für die Hausfrau monatlich 10 Mk.	120,–
für den Hausherren monatlich 15 Mk.	180,–
Steuern nebst Witwenkasse	254,–
Neuanschaffungen von Geschirr u.s.w.	28,75
Zur Verbesserung von beschädigtem Zimmergerät, verdorbenen Schlössern u.s.w.	116,20
Nähsachen u.s.w.	131,85
Weihnachten und Geburtstage	152,50
Vereine	40,–
Zeitungen	26,–

Postwertzeichen	9,15
Arzt und Apotheke (dabei sechs Flaschen Chinawein mit Eisen)	76,30
Einige juristische Werke	27,–
Wohltätigkeitsausgaben (Vereine, Sammlungen)	46,–
Sparkasse für jedes Kind seit der Geburt vierteljährlich 5 Mk.	60,–
Reserve monatlich 5 Mk. zurückgelegt	60,–
Pferdebahn	82,50
Vergnügungen: einmal nach Potsdam, einmal nach Erkner, zweimal im Zoologischen Garten, Beträge für die Knaben bei Schulausflügen, einmal im Schauspielhause	62,–
Die Jahresgesellschaft	82,50
Gesamtbetrag	5 450,–

(Ingeborg Weber-Kellermann, „Frauenleben im 19. Jahrhundert", C.H. Beck, München 1983, S. 126)

Zu den Arbeitsvorschlägen und Fragen

a) Die Trennung der Lebensbereiche wird als naturgegeben hingestellt: der Mann draußen, frei, im Beruf, die Frau lediglich auf den Haushalt beschränkt. Die fast erwachsene Tochter muss sich durch ihre dienende Rolle auf ihre spätere Funktion als Hausfrau vorbereiten. In wohlhabenden Familien wächst sie, abgeschirmt von allen vermeintlich schädlichen Einflüssen, behütet auf. Die Kinder der „einfachen Leute" bekommen dagegen früh die Überforderung der Eltern durch überlange Arbeitszeiten und Haushalt „handfest" zu spüren.
Junge Mädchen mit Gouvernante sind heute unvorstellbar; auch das Rollenverständnis von Mann und Frau hat sich geändert, wenngleich die in M3a (vgl. Schülerbuch, S. 252) beschriebene Einstellung, besonders bei manchen Männern immer noch ein Wunschbild ist. Die Forderungen des „Allgemeinen Deutschen Frauenvereins" von 1905 sind heute weitgehend erfüllt. Allerdings hat sich der Grundsatz gleicher Lohn für gleiche Arbeit bisher immer noch nicht voll durchgesetzt.

b) Das Werbeprospekt erlaubt einen Blick in die Welt der Büros und der Angestellten. Dabei lässt sich ein deutliches Oben und Unten feststellen. In der „oberen Etage" sehen wir den Chef in seinem Privatkontor mit einem Geschäftspartner (oder Compagnon?). Neben ihm nimmt der Bürovorsteher Post entgegen. Im „Mittelbau" treffen wir ihn wieder, wie er Sekretärinnen Briefe diktiert. Im Hintergrund, räumlich getrennt, die Buchhalter an Stehpulten. Daneben arbeiten Bürogehilfen an Kopier- und Vervielfältigungsgeräten. Unten (im Keller? bei Licht!) sind in der Registratur andere bei der Ablage und mit dem Expedieren der Post beschäftigt, während ein Bürobote, die unterste Stufe der Hierarchie, Briefe zum Briefkasten bringt.
c) Vgl. „Zusatzinformationen zum Verfassertext", Lehrerband, S. 214

Literatur zum Weiterlesen

Lothar Gall, „Europa auf dem Weg in die Moderne 1850–1890", Oldenbourg Verlag München 1980, „Oldenbourg Grundriss der Geschichte", Bd. 14, hrsg. von Jochen Bleicken, Lothar Gall und Hermann Jakobs.
Hermann Glaser, „Bildungsbürgertum und Nationalismus. Politik und Kultur im Wilhelminischen Deutschland", dtv München 1993, in: „Deutsche Geschichte in neuester Zeit", hrsg. von Martin Broszat, Wolfgang Benz und Hermann Graml.
Manfred Görtenmaker, „Deutschland im 19. Jahrhundert", Bundeszentrale für politische Bildung, Bonn 1989.
Michael Stürmer, „Die Reichsgründung. Deutscher Nationalstaat und europäisches Gleichgewicht im Zeitalter Bismarcks", dtv München 1984, in: „Deutsche Geschichte in neuester Zeit", hrsg. von Martin Broszat, Wolfgang Benz und Hermann Graml.

Filme/Medien

Film:
FWU 3252430 „Zur Gesellschaft im Deutschen Kaiserreich", 17 Min., sw.
Video:
FWU 4201356 „Der Deutsch-französische Krieg 1870/1 und die Reichsgründung", 12 Min., sw. und f.

VIII. Imperialismus, Mächterivalität und Erster Weltkrieg

Einleitung

Der Abschnitt „Imperialismus, Mächterivalität und Erster Weltkrieg" ist im Anschluss an die Kapitel über die Entwicklung des Nationalstaatsgedankens von besonderer Bedeutung. Die Schüler und Schülerinnen lernen hier eine Epoche am Ende des „langen 19. Jahrhunderts" (Eric Hobsbawn) kennen, die in mancherlei Hinsicht eine Extremform nationalistischen Denkens war – das Zeitalter des Imperialismus. In den 1880er Jahren begannen die europäischen Staaten, deren Kolonialbesitz sich bis dahin im Wesentlichen auf einige wenige Küstenstreifen beschränkt hatte, aus unterschiedlichen Gründen große Teile Afrikas und Asiens in einem sich ständig beschleunigenden Prozess in direkter beziehungsweise indirekter Form unter ihre Herrschaft zu bringen. Die USA und Japan beteiligten sich seit den 1890er Jahren ebenfalls an diesem „Wettrennen" nach Kolonien und Einflusssphären.
Dieser durch moderne Technik sowie militärische und wirtschaftliche Überlegenheit gekennzeichnete Prozess der systematischen Europäisierung der Erde ist jedoch nur ein Aspekt dieser Epoche; ein anderer, integral hiermit zusammenhängender Aspekt ist das Anwachsen der Rivalität der global miteinander konkurrierenden Imperialismen. Diese Rivalität entlud sich schließlich im Ersten Weltkrieg, der „Urkatastrophe des 20. Jahrhunderts" (George F. Kennan).
Die imperialistische Vergangenheit vieler europäischer Mächte, die seit dieser Zeit bestehende Asymmetrie der wirtschaftlichen Beziehungen und die Suche der ehemaligen Kolonien nach einer eigenen kulturellen Identität belasten auch heute noch in erheblichem Maße das Verhältnis der „Ersten" zur „Dritten Welt". Die mittel- und unmittelbaren Folgen dieser Epoche sind für Schüler und Schülerinnen auch heute noch in ihrem Alltag in vielerlei Form – alltägliche Berichte über Armut und Verelendung in weiten Teilen Afrikas, blutige ethnische Auseinandersetzungen zwischen Staaten, deren Grenzen durch die Kolonialmächte gezogen wurden, und die Konflikte über eine allgemeine Verbesserung der „terms of trade" – konkret erfahrbar.
Zugleich gehen, wie Wolfgang J. Mommsen kürzlich betonte, von der ehemals kolonialen Peripherie heute Kräfte der sozialen Bedrohung und potenzieller Destabilisierung auf Europa aus. So sieht sich die westliche Zivilisation durch den Islam, zumindest in seinen fundamentalistischen Ausprägungen, deutlich herausgefordert. Parallel dazu wächst aufgrund der sich weiter drehenden Spirale von Armut, Verelendung und Unterentwicklung die Furcht vor einem zunehmenden Strom von Einwanderern aus der nichteuropäischen bzw. nichtwestlichen Welt. (Wolfgang J. Mommsen, „Europa und die außereuropäische Welt", in: 39. Versammlung deutscher Historiker in Hannover, 23.–26.9.1992, Stuttgart 1994, S. 416).
Diesen negativen Folgen gegenüber gilt es aber auch, ungeachtet der großen humanen Kosten, zu bedenken, dass der „Prozess der Expansion Europas [...] unter anderem auch ein säkularer Akkulturationsprozess gewesen ist, durch welchen westliche Wertideale, westliche Lebensformen, westliche Technologie und Wissenschaft, westliche Modelle politischer Organisation – beispielsweise der Nationalstaat mit bürokratischem Verwaltungsstab – und vieles andere mehr an die Peripherie gebracht worden sind, Dinge, auf die auch die heutigen Führungseliten in der postimperialistischen überseeischen Welt keinesfalls verzichten wollen." (Zit. nach: Wolfgang J. Mommsen, „Die Epoche des europäischen Imperialismus", in: „Praxis Geschichte", Heft 1 (1993), S.7).
Obwohl für die Unterrichtseinheit nicht viele Stunden zur Verfügung stehen, sollen in ihr die wichtigsten Aspekte des imperialistischen Zeitalters behandelt werden. Die Kapitel bieten daher teilweise eine größere Zahl an Materialien in der Form von Primärtexten, Bildern, Karikaturen, Statistiken, Karten und Liedern (vgl. „Historische Lieder" z.B. „Heia Safari" ein Lied aus den deutschen Kolonien in Afrika, Klett Bst.-nr. 415542) an, während sich der Verfassertext auf die wichtigsten Informationen beschränkt. Diese Art der Aufbereitung ermöglicht unterschiedliche methodische Zugriffe bei der Behandlung der in den einzelnen Abschnitten thematisierten Aspekte; dieses Vorgehen versucht jedoch auch, dem Gedanken der Multiperspektivität Rechnung zu tragen. Um das Interesse der Schülerinnen und Schüler an dem gelegentlich etwas „trockenen" oder komplexen Stoff zu erhöhen, wurde darüber hinaus in den Abschnitten, in denen dies angebracht erschien, auf plastische bzw. provokative zeitgenössische Darstellungen und Stellungnahmen zurückgegriffen.

Inhalte und Schwerpunkte

Die einzelnen Kapitel behandeln die wichtigsten Aspekte des Zeitalters des Imperialismus:
In einem ersten Abschnitt (Kapitel 1 bis 3) werden schwerpunktmäßig die Aufteilung der Erde unter die Kolonialmächte, die Antriebsfaktoren für ihre Expansion nach Übersee und die Versuche der Legitimierung von Herrschaft über andere Völker sowie – am Beispiel des Deutschen Reiches – die Ursachen, Formen und Auswirkungen imperialistischer Politik exemplarisch behandelt.
Die Rivalität unter den Großmächten steht im Mittelpunkt der Kapitel 4 bis 6. Ausgehend von dem Weltmachtanspruch des Deutschen Reiches und den daraus resultierenden Folgen für das Staatensystem werden zwei internationale Krisen – die Marokkokrisen sowie die Balkankriege – exemplarisch behandelt. Zentrale Aspekte zeitgenössischer Macht- und Prestigepolitik sollen den Schülerinnen und Schülern dabei ebenso vermittelt werden wie die Interdependenz von Innen- und Außenpolitik.
Die Kapitel über den Ersten Weltkrieg (Kapitel 7 bis 7.3) behandeln aus verschiedenen Blickwinkeln die Entste-

hung, den Verlauf und die innenpolitische Dimension dieses Krieges. Kapitel 7.4 ist einerseits ein Beispiel für unterschiedliche Formen der „Vergangenheitsbewältigung“; andererseits ist es als ein Methodenkapitel zur Erschließung von Denkmälern und vergleichbaren Objekten konzipiert.

Auftaktdoppelseite 254/255

Vorschläge für den Themeneinstieg:
- Auftaktdoppelseite: Bild- und Karteninterpretation; Wiederholung der Geschichte der Anfänge der europäischen Expansion mit Hilfe der Weltkarte;
- Brainstorming: Stichworte zum Thema „Erste – Dritte Welt“;

Die Bilder bzw. die Karikatur wurden ausgewählt, da diese in plastischer Weise zentrale Elemente der nun beginnenden Unterrichtsreihe thematisieren und aufgrund ihrer Ausdrucksstärke den Schülerinnen und Schülern Sprechanlässe zur Artikulierung ihrer bereits vorhandenen Kenntnisse, ihrer Betroffenheit und ihrer Lerninteressen bieten.

Problem-/Fragestellungen:
- Aus welchen Gründen beginnen die europäischen Mächte in der zweiten Hälfte des 19. Jahrhunderts, überseeische Gebiete direkt bzw. indirekt ihrer Herrschaft zu unterwerfen?
- Welche Folgen hat diese Expansion für das Leben der Menschen in diesen Gebieten und für die weitere Entwicklung dieser Länder in politischer, wirtschaftlicher und kultureller Hinsicht?
- Was bedeutet das allgemeine „Streben nach einem Platz an der Sonne“ für das Verhältnis der Großmächte untereinander?
- Worin sind die Ursachen für den Ausbruch des Ersten Weltkrieges zu sehen und warum wird dieser vielfach als die „Urkatastrophe dieses Jahrhunderts“ bezeichnet?

Hinweise zu den Bildern der Auftaktdoppelseite

Die Karikatur „Ein Spuk am hellen lichten Tag“ ist Teil einer ganzen Reihe von Karikaturen über das imperialistische Vordringen nahezu aller Mächte in China, die das der Sozialdemokratie nahe stehende Satiremagazin „Der wahre Jacob“ in den Jahren 1900/1901 veröffentlichte. Unmittelbarer Anlass für die Veröffentlichung war die vom deutschen „Weltmarschall“ Graf Waldersee angeführte „Strafexpedition“ gegen den Aufstand der sog. Boxer in China, dessen prominenteste Opfer der deutsche Botschafter und ein japanischer Gesandter im Sommer 1900 geworden waren. In teilweise äußerst drastischer Weise wollte „Der wahre Jacob“ damit deutlich machen, dass es den Mächten, die in seltener Einigkeit gemeinsam gegen die aufständische chinesische Bevölkerung vorgingen, nicht um Sühne für ein begangenes Unrecht, sondern um die Sicherung und Erweiterung ihrer Interessenssphären im „Reich der Mitte“ ging.

Die Postkarte „Negerweiber an der Kette“, abgestempelt am 1.8.1906 in Daressalam/Deutsch-Ostafrika, gehört mit zu jenen Zeugnissen, die ein ungeschminktes Bild von der Einstellung vieler Kolonialherren gegenüber der einheimischen Bevölkerung vermitteln. Diese Postkarte, die offenbar Frauen beim Straßenbau (?) zeigt, ist zugleich ein Beleg dafür, dass die einheimische Bevölkerung häufig mit Gewalt zur Arbeit bei der Erschließung des Landes oder auch auf den Plantagen gezwungen wurde, wenn sie nicht, wie alle Hereros, die sich nach der Niederschlagung des Aufstandes in Deutsch-Südwestafrika den deutschen Truppen ergaben, in großem Umfang generell zur Kettenarbeit verurteilt wurden.

Das Gemälde ist ein Ausschnitt aus dem Tryptichon „Der Krieg“, das Otto Dix (1891–1969) zwischen 1929 und 1932 in Dresden malte. Dix wollte den Krieg, wie er später schrieb, „realistisch darstellen, damit er auch verstanden wird. Der Künstler will arbeiten, damit die anderen sehen, wie so etwas gewesen ist. Ich habe vor allem die grausamen Folgen des Krieges dargestellt. Ich glaube, kein anderer hat wie ich die Realität des Krieges so gesehen, die Entbehrungen, die Wunden, das Leid.“ (Aus: D. Schubert, „Otto Dix in Selbstzeugnissen und Bilddokumenten“, Rowohlt-Verlag, Reinbek 1980, S. 96f.)

1. *Die Europäer verteilen die Welt*

Konzeption

Dieses erste Kapitel des Großabschnitts hat eine doppelte Zielrichtung: Zum einen soll es den Schülerinnen und Schülern zusammen mit der eng damit zusammenhängenden Auftaktdoppelseite einen kompakten Überblick über das Phänomen „Imperialismus“ geben; zum anderen sollen ihnen insbesondere die plastischen Bilder und Karikaturen Sprechanlässe für strukturierende Fragen an das Thema und mögliche Gegenwartsbezüge geben.

Die zum Auftakt geschilderte Beschießung Alexandrias im Jahre 1882 durch englische Kriegsschiffe vermittelt den Schülerinnen und Schülern ein erstes konkretes Beispiel kolonialer Besitzergreifung. Daran anknüpfend werden in diesem Kapitel in kompakter Form die wichtigsten Aspekte des Imperialismus – Rivalität unter den Kolonialmächten und unterschiedliche Formen kolonialer Herrschaft – aufrissartig behandelt.

Die Karte und die Bilder auf der Auftaktdoppelseite einerseits, die Karikatur (M1, vgl. Schülerbuch, S. 257) aus dem „Kladderadatsch“ über „Fassadenmalerei“ andererseits unterstreichen die Komplexität des Themas. Methodisch sind diese Materialien zugleich geeignet, das Arbeiten mit Karten, Bildern und Karikaturen zu vertiefen.

Aspekte der Unterrichtsgestaltung

Vorschläge für den Themeneinstieg:
- M1 als stummer Impuls; die Karikatur zeigt die Globalisierung der Welt und die Inbesitznahme durch die europäischen Mächte.
- „Erzählen“ der Einstiegsgeschichte: Die Beschießung Alexandrias durch britische Kriegsschiffe (vgl. Marginalie „Ägypten – ein Land wird abhängig“);

– Vergleich der Karte auf der Auftaktdoppelseite mit der im Lehrerband, S. 237.

Teilthemen:
– Die Beschleunigung der europäischen Expansion im 19. Jahrhundert (vgl. Marginalie „Alle wollen Kolonien");
– Das „Wettrennen" um Kolonien verursacht Krisen/Kriege unter den miteinander rivalisierenden Mächten;
– Die unterschiedlichen Formen von Kolonialherrschaft.

Problem-/Fragestellungen:
– Imperialismus und Mächterivalität als komplementäre Entwicklungen (M1);
– Warum gibt es unterschiedliche Typen kolonialer Herrschaft?
– Imperialismus, industrielle Entwicklung und technischer Fortschritt (vgl. Begriff „Imperialismus", Schülerbuch, S. 257).

Vorschläge für Arbeits- und Sozialformen:
– Liste der Kolonien der einzelnen Länder mit Hilfe der Karten in Gruppenarbeit erarbeiten lassen.

Tafelbild

Kolonialmächte bis 19. Jahrhundert	ab ca. 1880 zusätzlich
Spanien Portugal Niederlande Großbritannien Frankreich	Deutsches Reich Belgien Italien Dänemark Russland USA Japan

Zusatzinformationen zum Verfassertext

Ein ausführlicher Überblick über den „Imperialismus" kann hier aufgrund der Komplexität und der unterschiedlichsten Ausprägungen dieses Phänomens einerseits, der vielfältigen Deutungsversuche von Historikern und der vergleichsweise wenigen Stunden, die insgesamt zur Verfügung stehen, andererseits nicht gegeben werden. Für einen komprimierten Überblick und zur Vertiefung wichtiger theoretischer Fragen sei auf den Beitrag von Wolfgang J. Mommsen, „Das Zeitalter des Hochimperialismus", in: „Funkkolleg Jahrhundertwende", Bd. 2 Reinbek, sowie dessen Buch „Imperialismustheorien. Ein Überblick über die neueren Imperialismustheorien", 3. Aufl. Göttingen 1987, verwiesen.

Zusatzinformationen zu den Materialien

Die Karikatur im „Kladderadatsch" wurde im März 1884 veröffentlicht, als der Wettlauf der europäischen Mächte nach Kolonien seinem Höhepunkt zusteuerte. Sie zeigt England bei der Eroberung Ägyptens, Russland bei der Expansion nach Zentralasien und Frankreich bei der Vergrößerung seines Kolonialreiches in Südostasien. Abgesehen von den alten Kolonialmächten Spanien, Portugal und Holland fehlen das Deutsche Reich, das seine erste Kolonie – Deutsch-Südwestafrika – allerdings nur wenig später gründete, und Belgien, dessen König seit den 1870er Jahren systematisch den Kongo zu einer privaten Kolonie machte, ein im europäischen Vergleich einzigartiges Phänomen.

Ergänzungen zum Angebot des Schülerbuchs

1.) Karte im F.-W. Putzger, „Historischer Weltatlas", S. 108, „Koloniale Ausbreitung und Entwicklung bis 1930".
Ein Vergleich dieser Karte mit der auf der Auftaktdoppelseite (Schülerbuch, S. 254) vermittelt den Schülerinnen und Schülern einen plastischen Eindruck von der Beschleunigung der Aufteilung der Erde im letzten Drittel des 19. Jahrhunderts sowie der Vergrößerung der Zahl der Mächte, die sich an dem Wettrennen um Kolonien beteiligten.

2.) Die großen Kolonialreiche

a) Großbritannien

Besitzungen in	1881 qkm	1881 Bevölkerung	1912 qkm	1912 Bevölkerung
Europa	375	172 613	328	246 458
Amerika	9 267 707	5 278 366	10 335 558	9 534 141
Afrika	670 953	2 141 645	6 209 602	35 833 501
Asien	4 400 768	243 697 000	5 281 000	324 628 804
Australien/ Ozeanien	8 055 489	2 616 131	8 261 341	6 452 978
Insgesamt:	22 395 292	253 905 755	30 087 829	376 695 882

b) Frankreich

Besitzungen in	1881 qkm	1881 Bevölkerung	1912 qkm	1912 Bevölkerung
Afrika	320 972	3 288 756	6 480 200	27 292 626
Asien	60 007	1 863 000	720 759	17 294 392
Amerika	124 504	257 548	82 000	452 005
Australien/ Ozeanien	21 103	61 000	623 770	3 458 107
Insgesamt:	526 586	5 470 304	7 906 729	48 497 130

c) Deutsches Reich

Besitzungen in	1895 qkm	1895 Bevölkerung	1912 qkm	1912 Bevölkerung
Afrika	2 385 100	6 950 000	2 657 300	11 163 539
Neuguinea	255 900	387 000	242 000	602 478
Südsee-Inseln	400	12 824	2 600	37 985
China	–	–	552	173 225
Insgesamt:	2 641 400	7 349 824	2 902 452	11 977 227

d) USA

1912 Besitzungen in	qkm	Bevölkerung
Mittelamerika und Westindische Inseln	10 567	1 272 267
Pazifik	297 027	8 387 918
Insgesamt:	307 594	9 660 185

e) Andere Mächte

	qkm	Bevölkerung	
Belgien	2350000	15003315	(1912)
Italien	247300	194579	(1895)
	1590156	1419551	(1912)

(aus: Peter Alter, „Der Imperialismus. Grundlage, Probleme, Theorien", Ernst Klett Verlag, Stuttgart 1991, S. 8f.)

2. „Die Bürde des weißen Mannes" – Warum teilen die Europäer die Welt auf?

Konzeption

Während die Auftaktdoppelseite und das erste Kapitel dieses Großabschnitts darauf abzielten, den Schülerinnen und Schülern einen allgemeinen Überblick über das Phänomen Imperialismus zu vermitteln, geht es im zweiten Kapitel darum, die vielfältigen Motive und Legitimationsversuche der Befürworter imperialistischer Expansion sowie die Argumente zeitgenössischer und späterer Kritiker dieser Politik kennen zu lernen. Neben den Motiven der Täter – Sendungsbewusstsein, Zivilisationsidee, sozialdarwinistischer Rassegedanke, ökonomische Aspekte und Machtstaatsgedanke – sollen zugleich auch die Folgen für die Opfer – Eingriffe in die herkömmliche Arbeitsverfassung, traditionelle Rechtsnormen und bestehende Eigentumsverhältnisse sowie überlieferte kulturelle und religiöse Werte – thematisiert werden.
Diese Aspekte können im Unterricht selbstverständlich nicht erschöpfend behandelt werden, zumal imperialistische Expansion nie auf ein einziges, ausschlaggebendes Motiv zurückgeführt werden kann. Darüber hinaus hat insbesondere die Imperialismusforschung der letzten Jahre deutlich gemacht, dass imperiale Expansion nicht nur das Resultat politischer Entscheidungen in den Metropolen war; es gab auch „vor Ort", an der Peripherie, „men on the spot", die in oft nur schwer zu kontrollierender Weise und in einem Interaktionsprozess mit lokalen eingeborenen Eliten Fakten schufen. Diese Eliten wollten durch begrenzte Kompromisse ein Höchstmaß an Eigenständigkeit behaupten oder waren aus massivem ökonomischem Eigeninteresse zur Kollaboration bereit.
Um die Schülerinnen und Schüler nicht zu verwirren, empfehlen sich diese Aspekte für einen kurzen Lehrervortrag.

Aspekte der Unterrichtsgestaltung

Vorschläge für den Themeneinstieg:
– Überschrift „Die Bürde des weißen Mannes" bzw. Text des Kipling-Gedichtes (vgl. „Ergänzungen zum Angebot des Schülerbuchs") als stummer Impuls;
– M1 und M2 sind anschauliche sprechende Belege für die Überzeugung, anderen Völkern die europäische Zivilisation beibringen zu müssen.

Teilthemen:
– machtpolitische,
– ökonomische,
– ideologische und
– kulturelle Aspekte des Imperialismus

Problem-/Fragestellungen:
– Frage zu Marginalie „Wirtschaftliche Interessen und Ausbeutung" (vgl. Schülerbuch, S. 258), M2–M5, M7, M10 sowie das Kipling-Gedicht (vgl. „Ergänzungen zum Angebot des Schülerbuchs", Lehrerband, S. 222);
– Imperialismus als Sendungsbewusstsein (vgl. T. Petersen, „Folienbuch Geschichte 3", Fol. 1, Verlag Klett-Perthes, Gotha 1995);
– Direkte und indirekte Auswirkungen der imperialistischen Expansion, M9, M10;
– Was ist unter dem Begriff „Sozialdarwinismus" zu verstehen?

Vorschläge für Arbeits- und Sozialformen:
– Motive und Rechtfertigungen imperialistischer Expansion bzw. die zeitgenössische und spätere Kritik an ihr in Gruppen erarbeiten lassen; Klasse für „Befürworter" und „Gegner" einteilen.
Die ausgewählten Materialien im Schülerbuch decken die ganze „Bandbreite" der Argumente der Befürworter bzw. Gegner imperialistischer Expansion ab. Sie sind plastisch und ausdrucksstark und daher für Schülerinnen und Schüler „ansprechend".

Tafelbild

Imperialismus	
Motive	Folgen
Zivilisationsidee Sendungsbewusstsein ökonomische Motive Machtstaatsgedanke	Veränderung bestehender kultureller, rechtlicher und religiöser Traditionen Ausbeutung Rivalität mit anderen Mächten

Zusatzinformationen zu den Materialien

M1 enthält eine „klassische", zeitgenössische Rechtfertigung imperialistischer Expansion. Das Sendungsbewusstsein vieler Europäer lässt sich daran sehr gut herausarbeiten. Das von Moritz Hoffmann zwischen 1885 und 1890 für die Gewerbeausstellung in Bremen gemalte Bild ist Teil einer Reihe von Motiven über die Südsee-Expeditionen, die der ehemalige Leiter der zoologischen Sammlung in Bremen, Dr. Otto Finsch (1839 –1917), Ende der 1870er/Anfang der 1880er Jahre u.a. im Auftrag des Bankiers Adolph von Hansemann unternommen hatte, um den pazifischen Raum zu erkunden und Verträge über den Erwerb von Land für das von Hansemann geleitete Neuguinea-Konsortium zu schließen. Im Katalog der Gewerbeausstellung von 1890 heißt es:
„Die Eingeborenen [...] haben sich zutraulich um Dr. Finsch versammelt und heißen ihn willkommen. Dazu gehört nach weit verbreiteter Papuasitte zumeist das Anbieten von Betelnüssen. [...] Im Vordergrund

Landesprodukte: ein gefesseltes Schwein, Kokosnüsse, rechts Paradiesvogel und Krontaube als charakteristische Repräsentanten der Vogelwelt Neu-Guineas."

(Zit. nach: Deutsches Historisches Museum [Hrsg.], „Bismarck – Preußen, Deutschland und Europa", Berlin 1990, S. 446).

Deutsche Kriegsschiffe, die das Forschungsschiff „Samoa", auf dem Finsch reiste, begleiteten, hissten im November 1884 die Reichsflagge in Neu-Britannien (Neu-Guinea).

M2: Der Politiker und Kaufmann Cecil J. Rhodes (1855–1902), der einer englischen Pastorenfamilie entstammte und der zunächst als Parlamentsmitglied, später als Premierminister der Kap-Kolonie zu den einflussreichsten Befürwortern englischer Expansion gehörte, war von der Überlegenheit der weißen Rasse zutiefst überzeugt. Der vorliegende Auszug, der seiner Schrift „Draft of Ideas" aus dem Jahre 1877 entnommen ist, spiegelt die Grundgedanken seiner Imperialismuskonzeption wider, die darauf abzielte, so viel Land wie möglich britischer Herrschaft zu unterwerfen und dort ein einheitliches, vom „Kap bis Kairo" reichendes Kolonialreich zu errichten.
Rhodes, der sich selbst stolz als „größte[n] lebende[n] Imperialiste[n]" bezeichnete, ist zugleich aber auch ein Beispiel für die unterschiedlichen Antriebsfaktoren imperialistischer Politik. So glaubte Rhodes einerseits, dass die imperialistische Expansion ein Mittel zur Lösung der „sozialen Frage" sei; andererseits verfolgte er, der zu den reichsten Minenbesitzern gehörte, bei der Expansion im südlichen Afrika auch handfeste materielle Interessen.

M3a und **M3b** machen am Beispiel einer Debatte im französischen Parlament deutlich, dass imperialistische Expansion bereits damals keineswegs unumstritten war. So wurde der französische Ministerpräsident Jules Ferry (1832–1893), den die Opposition für einen kostspieligen und verlustreichen Kolonialkrieg in Indochina verantwortlich machte, im Sommer 1885 gestürzt. In der in Auszügen abgedruckten Rede verteidigt er seine Politik der Annexion von Annam, Tongking, Laos sowie Madagaskars in klassischer Weise unter Hinweis auf die ökonomische Notwendigkeit für das Mutterland, die an Ideen der französischen Revolution anknüpfende „mission civilisatrice" Frankreichs und die sozialdarwinistischem Gedankengut entspringende Sorge, im allgemeinen Kampf der Staaten ums Dasein auf einen der hinteren Plätze zurückzufallen. Der damalige Oppositionsführer George Clemenceau (1841–1929), Ministerpräsident von 1906–1909 und 1917–1920 kritisiert hingegen unter Hinweis auf die Entwicklung der indischen und chinesischen Kultur sowie der Realität des Alltags in den Kolonien die Idee der Überlegenheit bestimmter Rassen. Clemenceau formuliert damit eine bis heute gültige Kritik am Imperialismus.

M4: Diese idealisierende Abbildung verdeutlicht am Beispiel des Sprachunterrichts den besonderen kulturimperialistischen Charakter des französischen Imperialismus. Sie zeigt den Lehrer als „Zivilisationsagenten", dem die Schüler gerne folgen.

M5: Die deutsche Kolonialpolitik wurde aufgrund mehrerer Aufstände in Deutsch-Südwest- und Deutsch-Ostafrika und der hohen Kosten, die in einem eklatanten Gegensatz zu dem erhofften Nutzen standen, nach der Jahrhundertwende in der Öffentlichkeit und im Reichstag heftig kritisiert. Der Berliner Bankier Bernhard Dernburg, der 1907 die Leitung des neu geschaffenen Reichskolonialamtes übernommen hatte, versuchte die bisherige Kolonialpolitik im Reichstag unter Hinweis auf deren – angeblich – ökonomischen Nutzen zu verteidigen. Die Argumente, die er dabei anführte, gehörten zum „Allgemeingut" der Befürworter kolonialer Expansion in Deutschland und anderen Staaten.

M6: Das zaristische Russland gehörte zwar nicht zu den „klassischen" Kolonialmächten in Afrika und Ozeanien; seit der Mitte des 19. Jahrhunderts unterwarf Russland – nicht zuletzt als Kompensation für die Niederlage im Krimkrieg – jedoch systematisch angrenzende Gebiete in Mittelasien und Fernost. Dabei kam es immer wieder zu Spannungen mit Großbritannien, das die Sicherheit seiner Besitzungen in Indien bedroht sah, sowie mit Japan, das im ausgehenden 19. Jahrhundert ebenfalls im Fernen Osten zu expandieren begann. 1904 griff Japan Russland schließlich an, um dem russischen Imperialismus in Fernost Einhalt zu gebieten und die eigenen Expansionsziele zu verwirklichen. 1907 einigten sich England und Russland friedlich über eine Aufteilung der Interessenssphären in Persien, Afghanistan und Tibet.
In dem abgedruckten Schreiben an die anderen Großmächte vom 21.11.1864 versucht der russische Außenminister Gortschakow (1798–1883) insbesondere England, das das russische Eindringen in die eigene Interessenssphäre im östlichen Mittelmeerraum und im Mittleren Osten als Bedrohung auffasste, zu beschwichtigen. Die Motive, die Russland veranlassten, in angrenzende Regionen zu expandieren – gemeint sind die Eroberung des Kaukasus (1864 beendet) und der islamischen Chanate in Mittelasien (1864–1885) – seien, so betonte Gortschakow in geschickter Weise, durchaus vergleichbar mit denen, die die anderen Großmächte zur Expansion in Asien und Afrika veranlasst hätten.

M7: Die USA begannen erst nach Abschluss der Erschließung des Westens (vgl. Schülerbuch, S. 98ff.) überseeische Politik zu betreiben. Objekte des amerikanischen Imperialismus, der – von den 1898 eroberten Philippinen abgesehen – Formen indirekter Herrschaft bevorzugte, waren der pazifische Raum sowie Mittel- und Südamerika.

M8 illustriert den Zusammenhang von Imperialismus und Gewalt am Beispiel der Hinrichtung sog. Sepoys, d.h. indischer Soldaten, die sich zum Dienst in der englischen Kolonialarmee verpflichtet hatten. Empört über die forcierte Eroberungs- und Modernisierungspolitik der East India Company, die zunächst allein, seit 1784 im Namen der englischen Regierung die indischen Besitzungen Englands verwaltet hatte, meuterten Teile der einheimischen Truppen. Dieser Aufstand wurde nach anfänglichen Erfolgen der Aufständischen blutig niedergeschlagen. Die East India Company wurde 1858 aufgelöst und Indien als Vizekönigtum direkt der Regierung unterstellt.

M9 illustriert einerseits den Zusammenprall unterschiedlicher Kulturen aus der Sicht eines Stammesvolkes; andererseits ist sie ein Beleg für die integrale Verknüpfung von Gewalt, Handel und kultureller Beeinflussung im Rahmen des Expansionsprozesses.

M10 beleuchtet ausschnittartig einen Teil der Probleme – willkürliche Grenzziehungen ohne Rücksicht auf die ethnische Zusammensetzung der Bevölkerung, teilweiser Verlust der eigenen kulturellen und religiösen Identität – und Konflikte im heutigen Afrika, für die das Vordringen der Europäer aus der Sicht eines afrikanischen Historikers maßgeblich verantwortlich ist.

Ergänzungen zum Angebot des Schülerbuchs

1.) Rudyard Kipling, „The White Man's Burden" (Auszüge, 1889)

„Nehmt auf euch des weißen Mannes Bürde–
schickt die Besten, die ihr erzieht, hinaus!
Lasst sie schwer bewaffnet wachen
über eine Menge, wankelmütig und wild
eure frisch eingefangenen Völkerschaften,
die halb Kinder sind, halb Teufel.

Nehmt auf euch des weißen Mannes Bürde–
gebt den hungernden Mäulern zu essen
und gebietet der Seuche Einhalt."

(Zit. nach Harm Mögenburg, „Imperialism is in the Air. Der Weg in den Imperialismus", in: „Geschichte lernen", Heft 31, 1993, S. 16)

2.) Als Kontrast zu dem in M5 propagierten ökonomischen Nutzen von Kolonien bietet es sich an, die Struktur des deutschen Außenhandels 1910–1913 sowie die regionale Verteilung der deutschen Kapitalanlagen im Ausland von einer Arbeitsgruppe darstellen zu lassen.

Zu den Arbeitsvorschlägen und Fragen

a) und b) vgl. „Zusatzinformationen zu den Materialien", M1 und M2.
c) Hierbei sollten beispielsweise die vielen Spendenaufrufe für die Opfer von Krieg, Vertreibung und Hunger in den ehemaligen Kolonien, die durch Zeitungs- und Fernsehberichte bekannten verschiedenen Einrichtungen und Projekte der Entwicklungshilfe einerseits und die Diskussion über armutsbedingte Zuwanderung („Asylbewerber") und Bedrohung durch fundamentalistische Strömungen (Stichwort: Salman Rushdie) andererseits genannt werden.

a) Die Struktur des deutschen Außenhandels 1910/13 in Millionen Mark

Land	Exporte nach	Anteil am Gesamtexport	Import aus	Anteil am Gesamtimport
Deutsche Kolonien[1]	51,9	0,6	49,8	0,5
Halbkoloniale Gebiete Deutschlands[2]	357,1	4,1	323,9	3,1
Übriges Europa	6269,0	72,4	5495,7	54,8
USA	670,8	7,8	1457,0	14,5
Argentinien, Chile Brasilien	507,0	5,9	887,3	8,9
Übriges Afrika	136,3	1,6	398,8	4,0
Asien (ohne China)	328,0	3,8	823,7	8,2
Brit.-Indien	111,9	1,3	479,9	4,8
Japan	108,8	1,3	41,0	0,4
Australien, Neuseeland	88,4	1,0	280,0	2,8

(Zusammengestellt nach: Peter Hampe, „Die ökonomische Imperialismustheorie", Kritische Untersuchungen, Münchner Studien zur Politik, Bd. 24, München 1976, S. 179)

[1] Deutsch-Ostafrika, Deutsch-Südwestafrika, Kamerun, Togo, Kiautschou, Deutsch-Neuguinea, Samoa
[2] Bulgarien, Rumänien, Serbien, Türkei, Marokko, China (einschließlich Hongkong)

b) Regionale Verteilung der deutschen Kapitalanlagen im Ausland in Millionen Mark

	1898	1904	1914	% des Gesamtkapitals (1914)
USA und Kanada	2,0	3,0	3,7	15,7
Russland	?	?	1,8	7,7
Europa	?	?	8,9	37,8
Lateinamerika	2,9	3,3	3,8	16,2
Afrika und Asien ohne Deutsche Kolonien	1,0	1,4	2,5	10,7
Deutsche Kolonien	?	0,2 (1906)	0,5	2,1
Osmanisches Reich	0,4	0,7	1,8	7,7
Sonstige Gebiete	?	?	0,5	2,1

(Aus: A. Brückmann, „Historisch-politische Weltkunde. Die europäische Expansion. Kolonialismus und Imperialismus 1492-1918", Stuttgart 1993, S. 74)

3. Das Deutsche Reich als Kolonialmacht

Konzeption

Das deutsche Kolonialreich existierte im Vergleich zu denen anderer europäischer Mächte nur vergleichsweise kurze Zeit. Nachdem die Kolonien bereits während des Krieges von den Alliierten erobert worden waren, erklärte der Versailler Vertrag von 1919 das Deutsche Reich endgültig aller Kolonien verlustig. Daher dürften die Schülerinnen und Schüler über Deutschlands koloniale Vergangenheit kaum etwas wissen.
Da der deutsche Imperialismus jedoch ein wichtiger Teil der eigenen Geschichte ist und er auch ein konkretes Fallbeispiel für Motive, Ziele und Wirkungen imperialistischer Expansion bietet, ist eine ausführliche Behandlung im Unterricht gerechtfertigt.

Aspekte der Unterrichtsgestaltung

Vorschläge für den Themeneinstieg:
- Lehrervortrag: Gründung der deutschen Kolonie Südwestafrika;
- Lied: „Heia Safari" (vgl. CD „Historische Lieder", Klett Bst.-nr. 415542);
- M3 fasst die Motive der deutschen Kolonialbewegung zusammen und ermöglicht Vergleiche mit denen anderer Länder; eventuell als Rede vortragen lassen und die Wirkung diskutieren.

Teilthemen:
- Industrieller und technischer Fortschritt und Imperialismus (vgl. M1);
- Sendungsbewusstsein, M2;
- Imperialismus und Gewalt (vgl. M5, M7) sowie als Fallbeispiel die Materialien über Ursachen und Folgen der Erhebung der Hereros in Südwestafrika (vgl. „Ergänzungen zum Angebot des Schülerbuchs");
- Imperialismus und einheimische Kultur (vgl. die Quellenauszüge M6, M8).

Problem-/Fragestellungen:
- Inwieweit können nationalistische Agitationsverbände wie die „Gesellschaft für deutsche Kolonisation" die deutsche Außenpolitik beeinflussen (vgl. M3)?
- Was versteht man unter „Sozialimperialismus" (vgl. die Rede Wilhelm Liebknechts, M4)?
- Wie begründen die Deutschen das eigene Streben nach Kolonien und wie versuchen sie, ihre Herrschaft durchzusetzen (vgl. M2, M3, M6, M7)?

Zusatzinformationen zum Verfassertext

Einen komprimierten Überblick über den gegenwärtigen Stand der Forschung über den deutschen Imperialismus, der mit der offiziellen Erklärung vom 24.4.1884, dass die von dem Bremer Kaufmann Adolf Lüderitz 1883 erworbenen Gebiete unter dem Schutz des Deutschen Reiches stünden, seinen Anfang nahm, geben Harm Mögenburg, „Imperialism is in the Air. Der Weg in den Imperialismus", in: „Geschichte lernen", H. 31, 1993, S. 21, sowie Horst Gründer, „Geschichte der deutschen Kolonien", Paderborn 1985, S. 79–100. Weitere, über den Verfassertext hinausgehende wichtige Informationen werden in den „Zusatzinformationen zu den Materialien" gegeben.

Zusatzinformationen zu den Materialien

M1: Das Plakat der „Deutschen Ost-Afrika-Linie" illustriert das „Zusammenwachsen" der Welt durch moderne Verkehrsmittel. Zugleich erklären diese – wie die moderne Technik überhaupt – die Überlegenheit der Europäer gegenüber der einheimischen Bevölkerung. Regelmäßige Schiffsverbindungen mit den Kolonien und deren Erschließung durch Eisenbahnen trugen darüber hinaus dazu bei, den Prozess der Durchdringung Afrikas und Asiens in erheblichem Maße zu beschleunigen und deren wirtschaftliche Rentabilität zu erhöhen.
„Die ‚Regelmäßige Reichs-Post-Dampfer-Verbindung zwischen Hamburg und den Ost-Afrikanischen Küstenplätzen', die das Plakat annonciert, wurde erst 1890 eingerichtet, nachdem die Reichsregierung eine Subventionierung der Route in Aussicht gestellt hatte. Hamburger Kaufleute, darunter Woermann, beteiligten sich an der ‚Ost-Afrika-Linie', die allerdings ein Zuschussgeschäft blieb." (Zit. nach Deutsches Historisches Museum (Hrsg.) „Bismarck – Preußen, Deutschland und Europa", Berlin 1990, S. 452).

M2: Das Cover dieses nur wenige Jahre nach ihrer Gründung von dem Direktor des Victoria-Gymnasiums in Potsdam verfassten Buches über „Unsere Kolonien: Land und Leute" ist ein plakatives Beispiel für den weit verbreiteten Glauben an eine zivilisatorische Mission der Europäer. So schüttelt ein Kolonialoffizier (erkennbar am Degen) einem offenkundig dankbarem Einheimischen „freundschaftlich" die Hand.

M3 und **M4** beleuchten die Haltung der Befürworter bzw. Gegner deutscher Kolonialpolitik in der Bismarck-Ära. Carl Peters (1856–1918) gehörte mit zu den bedeutendsten, zugleich aber auch umstrittensten deutschen Kolonialpionieren.
„Die Motive für sein kolonial-politisches Engagement und seine kolonialerobernden Aktivitäten lagen zum einen in der Absicht, dem neuen deutschen Nationalstaat durch koloniale Expansion ein großes Zukunftsziel vor Augen zu stellen, d.h. die deutsche Kolonialexpansion [...] als die überseeische Fortsetzung der deutschen Einheitsbewegung zu betrachten, zum anderen in der Befriedigung eines unbezähmbaren Ehrgeizes und fast pathologischen Geltungsbedürfnisses. [...]. In seiner aggressiven Kolonialpolitik gab es nur eine Devise, die rücksichtslose und entschlossene Bereicherung des eigenen Volkes auf anderer schwächerer Völker Unkosten'."

(Zit. nach: Horst Gründer, „Geschichte der deutschen Kolonien", Paderborn 1985, S. 85f.)

Am 28.3.1884 gründete er mit anderen Befürwortern deutscher Expansion die „Gesellschaft für deutsche Ko-

lonisation". Diese vertrat einen „radikalen Nationalismus und extremen Expansionismus bei gleichzeitigem vulgären Antisozialismus sowie einen pseudowissenschaftlichen axiomatischen Sozialdarwinismus und antisemitistisch ausgerichteten Antirassismus" (Zitiert nach: ebd., S. 42).
Nachdem Peters 1891 als „Kaiserlicher Kommissar" für das Kilimandscharo-Gebiet in Deutsch-Ostafrika aus persönlichen Gründen einen Afrikaner und eine Afrikanerin (seine Konkubine) hatte hinrichten lassen, wurde er aus dem Staatsdienst entlassen.
Wilhelm Liebknecht (1826–1900) gehörte zu den Gründervätern der SPD. Neben einer kleinen Gruppe Linksliberaler gehörten die Sozialdemokraten mit zu den entschiedendsten Gegnern deutscher Kolonialpolitik, in der sie nur ein Mittel zur Existenzverlängerung des Kapitalismus und der Ablenkung von innenpolitischen Problemen des preußisch-deutschen Obrigkeitsstaates sahen. In der Reichstagsdebatte über die Dampfersubventionsvorlage am 4.3.1885, die die Errichtung von Postdampferlinien nach Ostasien, Afrika und Australien vorsah, legte Liebknecht den Standpunkt der SPD, anknüpfend an die Unterkonsumtions- und Kapitalüberschusstheorie, ausführlich dar.

M5: Dieses Foto zeigt eine Gruppe halbverhungerter Hereros in Deutsch-Südwestafrika. Nach einem Aufstand gegen die willkürliche Behandlung durch die deutschen Kolonialherren, insbesondere die deutschen Siedler und Händler, flohen die Hereros in die von deutschen Truppen fast hermetisch abgeriegelte Wüste, wo zwischen 60 000 und 80 000 Stammesangehörige verdursteten. Aufgrund der Befehle des Kommandeurs der deutschen Schutztruppen, General Ludwig v. Trotha, bezeichnen viele Historiker dessen Vorgehen als gezielten Völkermord. Im Vergleich zu M2, das die positiven Seiten deutscher Kolonialpolitik herauszustreichen versucht, dokumentiert dieses Foto in eindrucksvoller Weise deren brutale Kehrseite.

M6: Hendrik Witbooi (1838–1905) war ein führender Häuptling der Nama, die zusammen mit den Herero zu den größten Stämmen in Südwestafrika zählten. Zu Beginn der Kolonialherrschaft hatte er heftigen Widerstand geleistet, sich aber 1894, nachdem sich auch die anderen Stämme unterworfen hatten, schließlich doch der deutschen Oberhoheit gefügt, die durch Schutzverträge, die die Rivalität unter den Stämmen geschickt ausnutzten, abgesichert wurde. In der Folgezeit unterstützte er die Deutschen loyal, selbst noch 1904 im Kampf gegen die aufständischen Hereros, bevor er sich diesen aus Verzweiflung über die brutale deutsche Unterdrückungspolitik anschloss. Am 29.10.1905 starb er an den Wunden, die er während dieser Kämpfe erlitten hatte.
Der hier abgedruckte Brief stammt aus der Frühzeit der deutschen Expansion in Südwestafrika; er richtet sich an den „Kapitain Joseph Fredericks von Bethanien", der den Deutschen durch die Verpachtung von Land entgegenkam, und versucht, diesem die Folgen einer Zusammenarbeit mit diesen für das alltägliche Leben der Einheimischen sowie die überlieferten Eigentumsverhältnisse, Kultur und rechtliche Normen bewusst zu machen.

M7 ist ein klassisches Beispiel dafür, wie große Teile Afrikas unterworfen wurden, aber auch, wie „men on the spot" und Abenteurer wie Karl Peters zunächst auf eigene Faust handelten, um die Regierungen in den Metropolen durch Presseagitation und den Druck von Interessenverbänden zu einer förmlichen Anerkennung ihrer „Erwerbungen" zu zwingen. Reichskanzler Otto v. Bismarck bemerkte zu derartigen Verträgen: „Der Erwerb von Land ist in Ostafrika sehr leicht, für ein paar Flinten besorgt man sich ein Papier mit einigen Negerkreuzen."

M8: Die Bilder gehören zu den zahlreichen Fotos, die von Ethnologen, Angehörigen der Schutztruppen, Kaufleuten und Kolonisten aus unterschiedlichen Gründen gemacht wurden und die den kolonialen Alltag widerspiegeln. So zeigt das obere Foto einen Häuptling mit seinen zwanzig Frauen, der, von seiner eigenen Kleidung abgesehen, offenbar weiterhin entsprechend den eigenen Normen und Wertvorstellungen lebte, die u.a. auch die Polygamie erlaubten, während auf dem unteren Bild ein Lehrer zu sehen ist, der, in Anpassung an europäische Normen, nach der Trauung von einem Missionar fotografiert wurde.

Ergänzungen zum Angebot des Schülerbuchs

Die folgenden Materialien ermöglichen – in Ergänzung von M5 und M6 – am Beispiel der deutschen Politik in der Kolonie Südwestafrika eine Betrachtung der Beziehungen und Konflikte zwischen Kolonialherren und einheimischer Bevölkerung.

1.) Gesuch der weißen Einwohner des Bezirks Windhoek an die Kolonialabteilung des Auswärtigen Amts vom 21.7.1900 gegen die mögliche Abschaffung der Prügelstrafe:
„Aus den Verhandlungen des Reichstags ersehen wir, dass beantragt worden ist, in unseren Kolonien die Prügelstrafe bei Eingeborenen abzuschaffen. Ohne Zweifel liegen diesem Antrag humane Ansichten zu Grunde, wie solche aber nur in der Heimat entstehen können, wo man wohl Fragen über Eingeborene theoretisch erörtern kann, aber jede praktische Erfahrung für dieselben noch gänzlich fehlt. Da wir nun in der Aufhebung der Prügelstrafe bei Schwarzen eine ernstliche Bedrohung der gesunden wirtschaftlichen Entwicklung unserer Kolonie sehen, so halten wir es für unsere Pflicht, die Kolonial-Abteilung des Auswärtigen Amtes sehr ergebenst zu bitten, der Gefahr vorzubeugen, welche unserer Kolonie durch Aufhebung der Prügelstrafe drohen würde. Die erste Vorbedingung für eine richtige Behandlung der Eingeborenen ist, dass man sich über ihre Lebensanschauung und ihren Gesichtskreis klar wird. Unsere Eingeborenen leben seit Urzeiten in Faulheit, Rohheit und Stumpfsinn in den Tag hinein; je schmutziger sie sind, desto wohler fühlen sie sich. Für jeden Weißen, der unter Eingeborenen gelebt hat, ist es nicht gut möglich, dieselben als Menschen im europäischen Sinne anzusehen; sie müssen erst mit endloser Geduld, Strenge und Gerechtigkeit im Laufe der Jahrhunderte erzogen werden. Für Milde und Nachsicht hat der Eingeborene auf

die Dauer kein Verständnis; er sieht nur Schwäche darin und wird infolgedessen anmaßend und frech gegen den Weißen, dem er doch nun einmal gehorchen lernen muss, denn er steht geistig und moralisch doch so tief unter ihm.
Ehrgefühl darf man bei dem Eingeborenen nicht suchen, weshalb auch entehrende Strafen für ihn zwecklos sind. Entziehung der Freiheit fasst er falsch auf, bekommt er doch bei Gefängnis seiner Meinung nach gute Wohnung und besseres Essen, als er selbst hat. Als Strafe war ihm bisher nur körperliche Züchtigung bekannt und die muss naturgemäß auch beibehalten werden, bis er in späteren Zeiten einmal mehr Mensch geworden ist. Wie die Erfahrung gelehrt hat, haben die in Südafrika geborenen Weißen ihre Eingeborenen zu den relativ brauchbarsten Arbeitern erzogen; sie kränkeln nicht an einer übertrieben humanen Auffassung, sondern geben ihren Eingeborenen bei Bedarf ihre verdiente Züchtigung. Der Eingeborene fühlt sich bei ihnen wohl und arbeitet gern bei ihnen. Ob die Prüfelstrafe beibehalten wird oder nicht, der eingeborene Kapitän [Häuptling] wird sich nicht daran kehren, wodurch letzterer eine größere Gewalt über die Eingeborenen bekommt als der Weiße, der dadurch in seinem Ansehen sinken muss.
Wir wiederholen deshalb nochmals unsere ergebene Bitte, uns in der Erziehung der Eingeborenen nicht die Hände zu binden, sondern die notwendige Prügelstrafe bei denselben gütigst bestehen zu lassen."
75 Unterschriften.

2.) Berichte über die Vernichtung der Herero.
a) Der Gouverneur Theodor Leutwein (1849–1921) berichtete am 23.2.1904 an das Kolonialamt:
„In Kolonialfragen muss neben dem Führer immer der Diplomat stehen. Die Aufständischen müssen wissen, dass ihnen auch noch ein Rückweg freisteht, welcher nicht auf alle Fälle zum Tode führt. Andernfalls treiben wir sie zur Verzweiflung und ein nicht enden wollender Krieg ist die Folge, bei welchem der Nachteil auf unserer Seite ist. Denn die Eingeborenen haben dann nichts mehr zu verlieren, als das ohnehin verlorene Leben, während wir infolge des Stillstandes unserer Kolonisationsarbeit täglich Einbuße erleiden. [...]
Was nun die künftigen Unterwerfungsbedingungen betrifft, so stimme ich mit der hohen Abteilung darin überein, dass es für die Hereros nach allen ihren Untaten nichts anderes mehr geben kann als bedingungslose Übergabe. Auf der anderen Seite kann ich mich auch nicht mit denjenigen unüberlegten Stimmen einverstanden erklären, welche die Hereros nunmehr vollständig vernichtet sehen wollen. Abgesehen davon, dass ein Volk von 60 000–70 000 Seelen sich nicht so leicht vernichten lässt, würde ich eine solche Maßregel für einen schweren wirtschaftlichen Fehler halten. Wir bedürfen der Hereros noch als kleine Viehzüchter und besonders als Arbeiter. Nur politisch tot muss das Volk gemacht werden. Wenn es einigermaßen zu erreichen ist, so dürfen sie keine Stammesregierung mehr besitzen und müssen in Reservate eingedämmt werden, welche für ihre Bedürfnisse gerade ausreichen."

b) Der neue Befehlshaber der deutschen Schutztruppen, General Lothar v. Trotha, schrieb am 4.10.1904 an den Chef des Generalstabs der Armee, General Alfred v. Schlieffen:
„Es fragt sich nun für mich nur, wie der Krieg mit den Herero zu beendigen sei. Die Ansicht darüber bei dem Gouverneur und einigen ‚alten Afrikanern' einerseits und mir andererseits gehen gänzlich auseinander. Erstere wollten schon lange verhandeln und bezeichnen die Nation der Herero als notwendiges Arbeitsmaterial für die zukünftige Verwendung des Landes. Ich bin gänzlich anderer Ansicht. Ich glaube, dass die Nation als solche vernichtet werden muss, oder, wenn dies durch taktische Schläge nicht möglich war, operativ und durch die weitere Detail-Behandlung aus dem Lande gewiesen wird. Es wird möglich sein, durch die erfolgte Besetzung der Wasserstellen [...] und durch eine rege Beweglichkeit der Kolonnen die kleinen nach Westen zuströmenden Teile des Volkes zu finden und sie allmählich aufzureiben. [...] Da ich mit den Leuten weder paktieren kann noch ohne ausdrückliche Weisung Seiner Majestät des Kaisers und Königs will, so ist eine gewisse rigorose Behandlung aller Teile der Nation unbedingt notwendig, eine Behandlung, die ich zunächst auf meine eigene Verantwortung übernommen und durchgeführt habe, von der ich auch, so lange ich das Kommando habe, ohne direkte Weisung nicht abgehe. Meine genaue Kenntnis so vieler zentralafrikanischer Stämme, Bantu und anderer, hat mir überall die überzeugende Notwendigkeit vorgeführt, dass sich der Neger keinem Vertrag, sondern nur der rohen Gewalt beugt. Ich habe gestern vor meinem Abmarsch die in den letzten Tagen ergriffenen Orlog-Leute [Krieger] kriegsgerichtlich verurteilt, aufhängen lassen und habe alle zugelaufenen Weiber und Kinder wieder in das Sandfeld [...] zurückgejagt. [...] Andererseits ist die Aufnahme der Weiber und Kinder, die beide zum größten Teil krank sind, eine eminente Gefahr für die Truppe, sie jedoch zu verpflegen eine Unmöglichkeit. [...]
Deshalb halte ich es für richtiger, dass die Nation in sich untergeht und nicht noch unsere Soldaten infiziert und an Wasser und Nahrungsmitteln beeinträchtigt. Außerdem würde irgendeine Milde von meiner Seite von Seiten der Herero nur als Schwäche aufgefasst werden. [...] Dieser Aufstand ist und bleibt der Anfang eines Rassenkampfes, den ich schon 1897 in meinen Berichten an den Reichskanzler für Ostafrika vorausgesagt habe."

(Alle Materialien aus A. Brückmann, „Historisch-politische Weltkunde. Die europäische Expansion. Kolonialismus und Imperialismus 1492-1918", Stuttgart 1993, S. 113–115).

c) Ein Herero-Christ antwortete nach Beendigung des Aufstandes auf die Frage nach dessen Ursachen:
„Der Krieg ist von ganz anderen Dingen gekommen und hätte nicht (zu) kommen brauchen. Einmal waren es die ‚Sturrmann' [Kaufleute] mit ihrem schrecklichen Wucher und eigenmächtigen, gewaltsamen Eintreiben. Für 1 sh Schuld wollten sie nach Jahresfrist 5 sh und für 1 L [Pfund] nach 12 Monaten 5 L Zinsen haben und wer nicht zahlen wollte oder konnte, den

verfolgten und plagten sie. Dann ist es der Branntwein gewesen, der die Leute schlecht und gewissenlos gemacht hat. Wenn jemand trinkt, dann ist es ihm gleich, was er tut. Aber das schlimmste Übel ist, was viel böses Blut und Streit hervorgerufen hat, die Vergewaltigung unserer Frauen durch Weiße. Manche Männer sind totgeschossen (worden) wie Hunde, wenn sie sich weigerten, ihre Frauen und Töchter preiszugeben, und drohten, sie mit der Waffe in der Hand zu verteidigen. Wären solche Dinge nicht geschehen, wäre kein Krieg gekommen, aber er ist bei solchen Vergewaltigungen ausgebrochen. Er war mit einem Male da und da war kein Halten mehr, jeder rächte sich und es war, als sei kein Verstand mehr unter den Massen."

(Zitiert nach W. Nikolay, „Der Hereroaufstand von 1904 in Südwestafrika. Das deutsche Reich als Kolonialmacht", in: „Praxis Geschichte", Heft 1, 1993, S. 40).

Zu den Arbeitsvorschlägen und Fragen

a) Hier sollte auf die zivilisatorischen, national-völkischen und ökonomischen Aspekte sowie den Machtstaats- und Prestigegedanken einerseits (M1, M3), die Notwendigkeit, die soziale Frage durch gesellschaftliche und wirtschaftliche Reformen zu lösen anstatt sie zu „exportieren", andererseits verwiesen werden. Die Sozialimperialismusthese, die in M4 angesprochen wird, sagt vom Deutschen Reich wie auch von anderen Staaten, dass sie imperiale Politik betrieben, um von den durch den sich beschleunigten Industrialisierungsprozess verursachten inneren Spannungen zwischen den führenden Schichten und dem wachsenden Industrieproletariat durch glanzvolle Erfolge in Übersee und eine Stabilisierung des ökonomischen Wachstums im eigenen Land abzulenken.
b) Siehe dazu die Erläuterungen zu den Materialien sowie zu M2, M5 und M7 im vorangehenden Kapitel.
c) Siehe dazu die Erläuterungen zu M6 sowie zu Kapitel 2 („Konzeption").

4. *Das Deutsche Reich – ein neues Weltreich?*

Konzeption

Wie der einleitende Absatz deutlich macht (vgl. Marginalie „Deutschland will Weltmacht werden"), ist das Streben des Deutschen Reiches, sich als gleichberechtigte Weltmacht im Staatensystem zu etablieren, das zentrale Thema dieses Kapitels. Die Schülerinnen und Schüler sollen zunächst erkennen, warum das Deutsche Reich in den 1890er Jahren glaubte, die primär kontinental ausgerichtete Politik Bismarcks (vgl. Schülerbuch S. 233–235) endgültig aufgeben und in gleicher Weise wie die anderen Weltmächte Großbritannien, Russland und die USA „Weltmacht" werden zu müssen. Um diesen Anspruch umzusetzen, begann das Deutsche Reich 1897/98 zielstrebig, eine große Flotte zu bauen. Dadurch initiierte es einen Rüstungswettlauf. Dieser verschärfte die latenten Spannungen zwischen den Großmächten, die sich von dem Auftreten des Deutschen Reiches bedroht fühlten.

Diese komplexe historische Situation verlangt sowohl eine deutliche Reduktion als auch eine Konkretisierung. Verfassertext und Materialteil beschränken sich daher darauf, die wichtigsten Entwicklungslinien und Problemfelder nachzuzeichnen und zu thematisieren. Die Materialien sind so ausgewählt, dass sie die Motive der Befürworter und der Kritiker der deutschen Politik und die Folgen der deutschen Kolonialpolitik beleuchten, indem sie zentrale Aspekte und generalisierbare Mechanismen des Wettrüstens vor 1914 problematisieren.

Aspekte der Unterrichtsgestaltung

<u>Vorschläge für den Themeneinstieg:</u>
– M1 auf OHP, dazu – als Kontrast – die Stellungnahme des französischen Generals sowie die Karikatur aus dem „Punch";
– M2, da die Banknote ein klassischer, bildhafter Ausdruck des deutschen Selbstverständnisses ist.
– M3 stellt eine einprägsame Rede vor, die die Motive der deutschen Weltpolitiker verdeutlicht.

<u>Teilthemen:</u>
– Der deutsche Weltmachtanspruch (vgl. M1–M3), Bild „Deutschlands Kriegsflotte" (vgl. „Ergänzungen zum Angebot des Schülerbuchs");
– Der Wandel der Mächtekonstellation in Europa nach der Jahrhundertwende (vgl. Marginalie, „Die Konstellation der Mächte ändert sich");
– Allgemeines Wettrüsten, M3–M8, Grundbegriff „Wettrüsten" (vgl. Schülerbuch, S. 267).

<u>Problem-/Fragestellungen:</u>
– Unterschied zwischen Kontinental- und Weltpolitik, Verfassertext, Lehrervortrag, M3;
– Wie entsteht ein Wettrüsten, welche Folgen hat es auf die Innen- und Außenpolitik eines Staates und welche Möglichkeiten gibt es, dieses zu verlangsamen bzw. zu beenden?

<u>Vorschläge für Arbeits- und Sozialformen:</u>
– Rollenspiel: Diskussion von zwei Schülern/Gruppen (gestützt auf M3a und M3b) über die Notwendigkeit bzw. die Gefahren der deutschen Welt- und Flottenpolitik;
– Herausarbeiten der englischen Haltung zur deutschen Flottenpolitik und der unterschiedlichen Positionen innerhalb der Reichsregierung 1911/12 (vgl. M4, M5) mit anschließender Diskussion der Frage: „Gab es Möglichkeiten für eine Beendigung des Wettrüstens und warum wurden diese nicht genutzt?"

Tafelbild

Deutsche Weltpolitik

↓

Ziel: gleichberechtigte Weltmacht neben Großbritannien, Russland und USA

↓

Mittel: Bau einer mächtigen Flotte und eine offensive Außenpolitik

↓

Folgen: Spannungen mit anderen Mächten und deren Misstrauen gegenüber dem Deutschen Reich

↓

Lösungsmöglichkeiten:
Konfrontationskurs Verhandlungen über politische Kompromisse

Zusatzinformationen zum Verfassertext

Das Familienfoto auf S. 266 des Schülerbuches ist ein Beispiel für die Popularität der Marine vor allem in den Kreisen des Bürgertums. Nach dem Vorbild des Kaisers und seiner Familie haben die Eltern ihren Kindern Matrosenanzüge angezogen. Damit bringen sie zugleich zum Ausdruck, dass sie mit der kaiserlichen Welt- und Seemachtpolitik übereinstimmen.

Zusatzinformationen zu den Materialien

M1: Dieses – im Original heute verschollene – an ikonografische Traditionen des absolutistischen Herrschergemäldes anknüpfende Bild ließ Wilhelm II. 1890 für die deutsche Botschaft in Paris malen. Mit diesem Gemälde, das in Anlage, Ausdruck und Herrscherpose direkt an ein ähnlich programmatisches Gemälde Ludwigs XIV. erinnerte (vgl. Schülerbuch, S. 44 und Lehrerband, S. 44) wollte er sein eigenes Herrschaftsverständnis und – so das Urteil von Zeitgenossen – den „gewaltigen Willen und die unzerbrechliche Kraft" des hohenzollernschen Herrscherhauses demonstrieren. Dieses Gemälde, das wie viele andere ähnlich repräsentative Gemälde in großer Auflage verbreitet wurde, prägte seit den 1890er Jahren das Bild des Kaisers im In- und Ausland (vgl. dazu Klaus-D. Pohl, „Das Bild des Kaisers. Formen der Selbstdarstellung", in: „Der letzte Kaiser. Wilhelm II. im Exil", hrsg. im Auftrage des Deutschen Historischen Museums von Hans Wilderotter und Klaus-D. Pohl, Berlin 1991, S. 241–269). Dieses Selbstverständnis Wilhelms II. steht in einem auch für Schülerinnen und Schüler bemerkenswerten Kontrast zur Wirkung des kaiserlichen Auftretens nach außen. Die damit verknüpften Besorgnisse der anderen europäischen Mächte illustriert die von John Tenniel am 6.5.1890 im Londoner „Punch" veröffentlichte Karikatur das „L'enfant terrible" (vgl. dazu E. Schwalm [Hrsg.], „Folienbuch Geschichte", Bd. 2, Klett-Perthes, Gotha 1993, S. 118 ff.). Russland, Österreich, Frankreich und England beobachten mit Sorge, wie Wilhelm II. das Boot zum Schaukeln bringt. Kindlicher Übermut und die Vorliebe für unzeitgemäßes monarchisches Verhalten, verdeutlicht an der Krone des mittelalterlichen Heiligen Römischen Reiches, werden bewusst als Stilmittel zur Charakterisierung des Kaisers benutzt. Um den Kontrast zwischen dem eigenen Selbstverständnis und der Wirkung nach außen exemplarisch herauszuarbeiten, dürfte es sich empfehlen, die Karikatur auf einer Folie zu vergrößern.
Die Stellungnahme eines französischen Generals (am Bildrand links) ist eine weitere Quelle für eine detaillierte Analyse von Herrscherporträts und vergleichbaren Parallelen in der Gegenwart.

M2: Der „blaue Hunderter". Dieser Hundertmarkschein löste im Jahre 1908 den im Neorenaissancestil gehaltenen bisherigen Hundertmarkschein ab. Zugleich verkündete er ein politisches Programm:
„Unter den schützenden Ästen zweier wurzelreicher Eichenstämme dampften auf einem nahen Küstengewässer drei Großkampfschiffe in Kiellinie, deren Geschützrohre über schäumender Bugwelle am Betrachter vorbeidräuten. Am Ufer lag eine Ansammlung von Gerätschaften, deren Symbolgehalt unschwer zu entziffern war: ein Pflug mit eiserner Pflugschar repräsentierte die Landwirtschaft, der Amboss stand für die Schwerindustrie, das Zahnrad für Feinmechanik und Technologie, Warenballen und Hermesstab für Handel, Banken und Versicherungen. Mit der Reichskrone geschmückt, auf ihren Schild mit dem Reichsadler gestützt und die Rechte am Knauf eines Schwertes mit preußischen Wappenfarben saß, den Blick aus dem Bild seitwärts gedreht, im Krönungsmantel eine füllige Germania, das Haupt mit Lorbeer geschmückt. [...] Im Ganzen war dies weniger Kunst als mehr eine ‚tour de force' von Herrschaftszeichen, Bekundungen sozialen Harmoniestrebens und militärischer Kraftsymbolik. Letztere drängte sich – im Gegensatz zu früheren Geldscheinen, auf welchen die Germania noch ungewappnet erschien – so unübersehbar in den Vordergrund, dass der Betrachter nicht umhinkonnte, sich des Schlachtflottenbaus und der Einkreisungsängste zu erinnern, des Kanzlerwortes vom ‚Platz an der Sonne' und des Kaiserworts von der ‚schimmernden Wehr'. Der ‚blaue Hunderter' zeigte in Wahrheit ein Niemandsland: Beschwörung einer sozialen Harmonie der Klassen und Gruppen, die es nicht gab, und Erinnerungen an eine militärische Sicherheit, die längst verloren war."

(Zit. nach: Michael Stürmer, „Das ruhelose Reich. Deutschland 1866–1918", o.O., o.J., S. 96).

M3a verdeutlicht die im Verfassertext (vgl. Marginalien „Deutschland will Weltmacht werden" und „Braucht das Deutsche Reiche eine Flotte?") und in M2 ostentativ herausgestellten Motive für den Übergang des Deutschen Reiches zur Welt- und Seemachtpolitik seit 1897/98. In zeittypischer Weise und von sozialdarwinistischem Gedankengut beeinflusst, rechtfertigt der Staatssekretär des Auswärtigen, Bernhard von Bülow, die Einbringung einer Novelle, durch die die Flotte nach nur zwei Jahren verdoppelt werden sollte. Aufgrund seiner industriellen Entwicklung und seines Bevölkerungszuwachses habe das Deutsche Reich das gleiche Recht auf ein Weltreich wie die anderen Weltmächte. Um diese Interessen zu wahren bzw. notfalls auch gewaltsam durchzusetzen, benötige es aber eine starke Flotte. Die

offensiven Elemente dieser Politik, d.h. die Errichtung der vollständigen Hegemonie auf dem Kontinent und die „Beerbung" der bisher unumstrittenen ersten Welt- und Seemacht, Großbritannien, wird damit sorgfältig verschleiert.
Auf die erste Novelle folgten noch drei weitere (1906, 1908, 1912), durch die die Stärke der deutschen Flotte schließlich auf die stattliche Zahl von 61 Großkampfschiffen, 40 Kleinen Kreuzern, 144 Torpedobooten und 72 U-Booten anwuchs. Aus englischer Sicht stellte diese Streitmacht, die unmittelbar vor der eigenen „Haustür" stationiert war, eine massive Bedrohung der eigenen Sicherheit dar. So bemühte sich Großbritannien zwar, diese Bedrohung durch Verhandlungen auszuschalten, gleichzeitig ließ es das Deutsche Reich aber nicht im Zweifel darüber, dass die eigenen Rüstungen zur Wahrung der englischen Machtstellung und Sicherheit im gleichen Tempo verstärkt würden, wie die kaiserliche Flotte vergrößert würde.

M3b: Im Gegensatz zu der Argumentation Bülows, wonach Welt- und Flottenpolitik ein Mittel zur Wahrung legitimer deutscher Interessen seien, weist die Resolution der oppositionellen SPD auf die Gefahren einer Politik hin, die ihre Ziele mit Hilfe militärischer Hochrüs-tung zu operationalisieren versucht. Darüber hinaus betont die SPD die mit dem Flottenbau verbundenen Kosten, die vor allem die breite Masse der Bevölkerung, nämlich die Arbeiter, zu tragen habe, während eine kleinere Schicht von Interessenten von den Rüstungsaufträgen profitiere.

M4 erläutert die Sicht eines der verantwortlichen Politiker jenes Landes, gegen das sich der deutsche Flottenbau von Anfang an richtete, Großbritannien. Der englische Außenminister, Sir Edward Grey, verdeutlichte in dieser in versöhnlichem Ton gehaltenen Rede im Unterhaus im Herbst 1911, die u.a. das Ziel hatte, die durch das englische Eintreten für Frankreich in der Marokkokrise zusätzlich belasteten Beziehungen zu Deutschland zu verbessern, noch einmal, warum Großbritannien den deutschen Flottenbau und damit die deutsche Außenpolitik mit großem Misstrauen betrachtete.

M5a und **M5b** lassen unterschiedliche Strömungen innerhalb der deutschen Politik am Vorabend des Ersten Weltkrieges erkennen. Nachdem in den Jahren 1908–1911 deutlich geworden war, dass das Deutsche Reich einen Rüstungswettlauf gegen Großbritannien nicht gewinnen konnte, versuchte Reichskanzler Bethmann-Hollweg, das deutsch-englische Verhältnis durch Verhandlungen zu verbessern; zumindest wollte er es nicht durch ein weiteres Forcieren der Flottenpolitik wie vom Kaiser, vom Staatssekretär des Reichsmarineamtes, Großadmiral v. Tirpitz, und Teilen der Öffentlichkeit gefordert, durch eine weitere Vergrößerung der Flotte verschärfen. Die Vorteile einer Politik der Entspannung durch Verhandlungen betont – wenn auch vergeblich – der deutsche Botschafter in London, Graf Metternich, in einer direkt an den Kaiser gerichteten ausführlichen Denkschrift. Die Gegenposition dazu umreißt noch einmal ein im offiziösen Organ des Reichsmarineamtes, dem Jahrbuch für die deutschen Seeinteressen „Nauticus", veröffentlichter Artikel. Darin wird noch einmal ausdrücklich betont, dass nur eine Politik der Stärke den angestrebten „Platz an der Sonne" realisieren konnte.

M6 und **M8** verdeutlichen am Beispiel der Rüstungsausgaben bzw. des Baus großer Kriegsschiffe noch einmal die Dimensionen wie auch die Beschleunigung des Rüstungswettlaufs vor 1914, in dem das Deutsche Reich schließlich die Führung übernahm.

M7 bietet in Form einer Karikatur einen guten Sprechanlass, das Problem der Verständigung bei gleichzeitiger gegenseitiger Hochrüstung zu thematisieren. Diese Karikatur entstand anlässlich des Besuches des englischen Kriegsministers, Lord Haldane, in Berlin im Februar 1912. Im Gegenzug für den deutschen Verzicht auf eine weitere Vergrößerung der deutschen Flotte bot Haldane englische Konzessionen auf kolonialem Gebiet (vgl. M5a) an. Diese Verhandlungen scheiterten aber an der Unnachgiebigkeit Kaiser Wilhelms II. und des Staatssekretärs im Reichsmarineamt, Großadmiral Tirpitz.

Ergänzungen zum Angebot des Schülerbuchs

Der zeitgenössische Einband einer Publikation über den deutschen Schlachtflottenbau ist wie der „blaue Hunderter" geeignet, moderne Formen politischer Propaganda zu vergegenwärtigen, wie sie während der Durchsetzung der Flottenpolitik üblich waren. Zugleich unterstreicht dieser Einband noch einmal die generelle Zielsetzung des Schlachtflottenbaus.

Eine mögliche Interpretation könnte wie folgt lauten: „Die zwingende Wirkung der Bildelemente: Albtraumhafte Begegnung im oberen Bildabschnitt, fixierende Kanonenrohre, die Bugwelle, zeigen, dass der Koloss ‚nicht zu bremsen ist'; die Reaktion in einer solchen Begegnung kann nur panischer Schrecken sein. Die vor der Erdkugel wehende Kriegsflagge stärkt den Betrachter wieder, denn er gehört zu jenen, deren Flagge der kosmischen Dimension angehört: ‚Uns gehört die Welt'."

(Zitiert nach Wolfgang Bickel, „Deutschland zur See. Triviales Strandgut eines politischen Kraftaktes", in „Praxis Geschichte" 1/1993, Westermann-Verlag, S. 19).

Zu den Arbeitsvorschlägen und Fragen

a) vgl. „Zusatzinformationen zu den Materialien", M3a und M3b.
b) vgl. „Zusatzinformationen zu den Materialien" M1–M4.
c) vgl. „Zusatzinformationen zu den Materialien" M1 und M2.
d) Hier sollte unter Einbeziehung des Grundbegriffs „Wettrüsten" (vgl. Schülerbuch S. 267) auf das Rüstungswettläufe generell kennzeichnende Aktions-Reaktions-Schema und die dadurch ausgelöste Rüstungsspirale (erkennbar in M6 und M7), die unterschiedliche Perzeption von Rüstungen sowie die in M5a bzw. im Verfassertext angedeutete Möglichkeit von Verhandlungen hingewiesen werden (vgl. Marginalie „Das Ausland reagiert mit Misstrauen").
e) Ausgehend vom Verfassertext und unter Rückgriff auf das bismarcksche Bündnissystem (vgl. Schülerbuch, S. 233–235) sollten die Schülerinnen und Schüler erkennen, dass die europäischen Mächte, die unter Bismarck bis auf Frankreich durch unterschiedliche Verträge mit dem Deutschen Reich verbündet waren, sich in der wilhelminischen Ära in zwei einander feindlich gegenüberstehende Lager geteilt hatten. Ein Vergleich mit dem bismarckschen Bündnissystem (siehe die Karte im Schülerbuch, S. 234) sollte deutlich machen, dass es einen „Ring" um Frankreich bildete, während die Entente zwischen England, Frankreich und Russland seit 1907 einen als gezielte Einkreisung empfundenen „Ring" um Deutschland bildete.

5. Der „Panther" vor Agadir – das Deutsche Reich „spielt mit dem Feuer"

Konzeption

Durch das Aufgreifen der noch „offenen" Marokkofrage 1905 und 1911 versuchte das Deutsche Reich, sowohl die Festigkeit der 1904 geschlossenen „Entente Cordiale" zu „testen" als auch seinen Anspruch, als führende Groß- und Weltmacht bei der weiteren Verteilung der Erde mitsprechen zu können, durchzusetzen. Bei der 2. Marokkokrise spielte darüber hinaus der Gedanke eine Rolle, die 1912 bevorstehenden Reichstagswahlen durch einen außenpolitischen Erfolg zu beeinflussen.
Die Spannungen in Europa wurden durch diese äußerst aggressiv erscheinende deutsche Politik gegenüber Frankreich erheblich verschärft, die Entsendung eines Kanonenbootes zur Demonstration politischer Entschlossenheit und militärischer Stärke war international ein Novum.
Die deutschen diplomatischen Niederlagen bei diesen Aktionen, die u.a. auf die englische Unterstützung Frankreichs zurückzuführen sind, hatten zur Folge, dass im Innern, wo zunehmend energischer sichtbare Erfolge der kostspieligen Weltpolitik eingefordert wurden, zunehmend Stimmen laut wurden, die die Regierung aufforderten, die „berechtigten" deutschen Ansprüche ähnlich wie in der Bismarck-Ära mit „Eisen und Blut" durchzusetzen.
Die Schülerinnen und Schüler sollen die krisenhafte Zuspitzung der internationalen Lage durch eine aggressive Außenpolitik sowie die Interdependenz von Innen- und Außenpolitik am Beispiel der Erwartungen an die Regierung erkennen.

Aspekte der Unterrichtsgestaltung

<u>Vorschläge für den Themeneinstieg:</u>
– Lehrervortrag über das Erscheinen des Kriegsschiffes „Panther" vor Agadir;
– M3 ist ein provokativer Zeitungsartikel, der den Erwartungshorizont der nationalen Rechten verdeutlicht, zugleich aber auch die Gefahren weltpolitischer Ansprüche aufzeigt.
– M1 und M2 (kontrastierend).

<u>Teilthemen:</u>
– Die Marokkokrisen als „Krisenbarometer", Verfassertext, S. 270 im Schülerbuch;
– Öffentliche Meinung und Außenpolitik (vgl. M1, M3, M4, M6);
– Mächterivalität und Kriegsgefahr (vgl. M2, M3, M5, M6).

<u>Problem-/Fragestellungen:</u>
– Inwieweit kann die öffentliche Meinung die Außenpolitik eines Landes beeinflussen (vgl. M2, M4 sowie die Rede v. Heydebrands, Lehrerband, S. 230, die aufgrund ihrer unverkennbaren Schärfe und politischen Zielrichtung auch Schülerinnen und Schülern einen deutlichen Eindruck von den Auswirkungen derartiger Äußerungen auf die Außenpolitik vermitteln?)
– Warum verhallten warnende Stimmen (vgl. M6) ungehört?
– Welche Rückschlüsse erlaubt ein derartiges Vorgehen auf die maßgebenden Prinzipien deutscher Außenpolitik in der wilhelminischen Ära?

<u>Vorschläge für Arbeits- und Sozialformen:</u>
– Herausarbeiten der Haltung der deutschen und englischen Regierung sowie der rechten und linken Opposition in Gruppenarbeit; Diskussion der Ergebnisse.

Tafelbild

Der „Panthersprung"

Deutsche Motive		Reaktion der anderen Mächte
Prestige	◄►	Angst vor Krieg
Testen der „Entente"	◄►	Bündnispartner rücken zusammen
mögliche ökonomische Interessen		
Stärkung der Regierung im Innern	◄►	Misstrauen wächst weiter
Aufrüstung	◄►	Aufrüstung

Zusatzinformationen zu den Materialien

Die ausgewählten Materialien – einschließlich die in den „Ergänzungen zum Angebot des Schülerbuchs" – spiegeln in repräsentativer Weise die Haltung der jeweiligen Regierung und verantwortlichen Staatsmänner wider. Daher, aber auch aufgrund ihres plastischen Ausdrucks, sind sie sehr gut geeignet, Schülerinnen und Schülern die Komplexität der „Julikrise" zu vermitteln.

M1 ist ein klassisches Beispiel typischer Kolonialpropaganda. Es zeigt die strahlende französische Marianne und, im Hintergrund, einen französischen Kolonialoffizier, die der danach geradezu flehentlich bittenden einheimischen Bevölkerung „Kultur, Wohlstand und Frieden" bringen wollen. Aus einem großen Füllhorn verteilt Marianne großzügig die dazu notwendigen Gelder, während der Kolonialoffizier einem einheimischen Soldaten Befehle erteilt. Einen guten Kontrast zu diesem propagandistischen Bild über die französische Mission in Marokko bildet die Rede des Chefdenkers, überzeugten Pazifisten und Fraktionsvorsitzenden der französischen Sozialisten, Jean Jaurès (1859–1914), vor dem französischen Parlament im Jahre 1908. Diese Rede thematisiert noch einmal das Problem von Anspruch und Wirklichkeit der europäischen Kolonialpolitik.

M2 erläutert die vom Staatssekretär des Auswärtigen, Kiderlen-Wächter, in einer ausführlichen Denkschrift im Mai 1911 formulierten Ziele der deutschen Marokkopolitik. Vor dem Hintergrund der als „Einkreisung" empfundenen Selbstauskreisung des Reiches wollte die deutsche Regierung nicht nur ihren Anspruch deutlich machen, bei der Verteilung der noch freien Gebiete mitzureden, sondern zugleich auch Stärke demonstrieren. Das französische Vorgehen in Marokko, das mit den Vereinbarungen der Konferenz von Algeciras nicht im Einklang stand, bot dazu einen geeigneten Anlass. Da im Januar 1912 zugleich Reichstagswahlen anstanden, hoffte die Regierung, ein politischer Erfolg würde ihre eigene Position stärken, die durch eine Reihe innen- und außenpolitischer Misserfolge erheblich geschwächt war, und das weitere Anwachsen der oppositionellen Sozialdemokratie aufhalten.

M3 verdeutlicht die wachsende Ungeduld über die ausbleibenden Erfolge deutscher Weltpolitik in Teilen der Öffentlichkeit. Zunehmend unverhohlener forderten die konservativen und bürgerlichen Parteien im Reichstag sowie die nationalen Verbände und ihre Anhänger die Regierung auf, die „berechtigten Machtansprüche" notfalls mit Gewalt durchzusetzen.

M4, eine im Sommer 1911 veröffentlichte Karikatur aus dem „Simplicissimus" illustriert dieses weit verbreitete Gefühl, von den anderen Mächten, vor allem aber von England als dem „perfiden Albion", bei der Verteilung der Welt benachteiligt zu werden. Während der kleinere „Franzose" ein so großes Stück des marokkanischen „Kuchens" erhält, dass er es kaum essen kann, erhält der viel größere, aber als tumber Tor dargestellte „deutsche Michel" nur ein sehr kleines.

M5 beleuchtet die englische Haltung in der zweiten Marokkokrise. Aufgeschreckt von der Entsendung des deutschen Kanonenbootes nach Agadir befürchtete die von der deutschen Aktion völlig überraschte Regierung in London, dass das Deutsche Reich möglicherweise die gewaltsame Konfrontation mit den Ententemächten suche.
Nach einer Phase der Zurückhaltung machte die englische Regierung Ende Juli aus Sorge vor einem deutschen Angriff auf Frankreich unmissverständlich öffentlich klar, dass sie in diesem Fall auf der Seite des Ententepartners stehen würde. In der deutschen Öffentlichkeit wurde dies (vgl. auch M4) als ein erneutes Zeichen dafür gewertet, dass England Deutschland nicht den ihm zustehenden Platz in der Welt einräumen wolle.

M6: Der Vorsitzende der SPD, August Bebel, hielt diese Rede im Reichstag während einer hitzigen Debatte im November 1911. Aufgrund des Scheiterns der Marokkopolitik wurde die Regierung von der konservativ-bürgerlichen Reichstagsmehrheit in außergewöhnlicher Weise scharf angegriffen. Gleichzeitig richtete der Vorsitzende der konservativen Partei, v. Heydebrand (vgl. „Ergänzungen zum Angebot des Schülerbuchs"), heftige Angriffe gegen das für den deutschen Misserfolg vermeintlich verantwortliche England, die in der Androhung eines Krieges gipfelten. Vor diesem Hintergrund ist die Rede Bebels zu sehen. In ihr weist er auf die Gefahren einer Politik hin, die unter Androhung von Gewalt ihre Ziele zu verwirklichen suche. Die Folge davon seien Misstrauen, Wettrüsten und letzten Endes Krieg.

Ergänzungen zum Angebot des Schülerbuchs

Rede des Vorsitzenden der Reichstagsfraktion der konservativen Partei, Ernst v. Heydebrand und der Lasa, am 9.11.1911:

„Ich komme zu dem Abkommen selbst. Meine politischen Freunde sind von dem Abkommen nicht befriedigt. Wir hatten auch mehr und Besseres erwartet. Was wir preisgeben, ist doch ganz außerordentlich wichtig. Die Algecirasakte besagt aber erheblich anderes, als jetzt erreicht worden ist. Die Konzession ist so weitgehend, dass man wohl erwarten darf und dürfte, dass das, was wir eingetauscht haben gegen das Aufgeben des Einflusses in Marokko, einen hohen Wert haben sollte. Diesen hohen Wert können wir in dem Gewonnenen nicht erkennen. Man hat die wirtschaftliche Forderung in Marokko in schöne Paragrafen gebracht mit allerlei Zusicherungen. Jedermann weiß, dass derartige Zusicherungen auslegungsfähig und dehnbar sind. Man hat das Gefühl, dass die Rechte nicht nur Deutschlands, sondern aller anderen Länder, die hier aufgegeben worden sind, nicht genügend kompensiert worden sind. Wo ist die Sonderstellung des Deutschen Reiches? Sind wir bloß der Mandatar Europas? Hätten wir nicht beanspruchen dürfen, dass das Deutsche Reich ein Sonderrecht erhalten hätte? Davon schweigt vollständig des Sängers Höflichkeit. [...] Der Reichskanzler hat gesagt, dass von vornherein den fremden Regierungen mitgeteilt worden ist, dass wir keinen Landerwerb beabsichtigen. Wenn das der englischen Regierung auch mitgeteilt worden ist und es kommt dann eine solche Rede wie die des Herrn Lloyd George, die auf der Grundlage der Beratungen des ganzen Ministeriums beruht, so ist das eine Drohung, eine Herausforderung gewesen. (Lebhaftes Bravo!) [...] Wir wissen jetzt, wo unser Feind sitzt. (Lebhafte Zustimmung.) Das deutsche Volk weiß jetzt, wenn es seinen Platz an der Sonne sucht, wenn es den Platz sucht, der ihm von der Bestimmung zugewiesen ist, wo der Staat ist, der darüber zu entscheiden glaubt. (Lebhafte Zustimmung.) Das sind wir Deutschen nicht gewöhnt. Wenn die Reichsregierung nicht die Antwort gegeben hat, die nötig war und die wir nicht kennen, dann wird das deutsche Volk die Antwort geben. (Zustimmung.) Ich würde mich freuen, wenn wir die Antwort erfahren würden, die die deutsche Regierung nach England gegeben hat. Es handelt sich in dieser Frage um die Ehre Deutschlands und was da geschehen ist, lässt sich kein Volk gefallen, am allerwenigsten das deutsche Volk. (Lebhafte Zustimmung.) Wenn die Stunde der Entscheidung gekommen ist, so sind wir, das erkläre ich namens meiner sämtlichen politischen Freunde, nicht nur bereit, Opfer an Blut, sondern auch Opfer an Gut zu bringen. (Stürmischer Beifall.)

(Zitiert nach A. Brückmann, „Historisch-politische Weltkunde. Die europäische Expansion. Kolonialismus und Imperialismus 1492–1918", Stuttgart 1993, S.127f.)

Zu den Arbeitsaufträgen und Fragen

a)–d): vgl. „Zusatzinformationen zu den Materialien" M1–M6.

6. *Der Weg in den Krieg: die Balkankriege 1912/13*

Konzeption

Die Schülerinnen und Schüler sollen erkennen, dass lokale Konflikte auch den allgemeinen Frieden gefährden können, wenn Großmächte entweder direkt oder indirekt betroffen sind bzw. sogar, wie das Deutsche Reich 1914, diese als „Stellvertreterkriege" zur Realisierung anderer Ziele wie die Sprengung der Entente durch einen diplomatischen Erfolg zu instrumentalisieren versuchen.

Die Balkankriege 1912/13 eignen sich zur Thematisierung dieser Aspekte, da genuin nationale Ziele und direkte bzw. indirekte Interessen mehrerer Großmächte sich hier in vielfacher Hinsicht überschnitten. Zugleich trägt eine exemplarische Behandlung dieses Konfliktherds zu einem besseren Verständnis der komplexen Situation im Juli 1914 bei.

Aspekte der Unterrichtsgestaltung

Vorschläge für den Themeneinstieg:

– M3 drückt die Gefährlichkeit des Balkanproblems plastisch aus, und die Frage, was passiert, wenn ein Kessel überkocht, liegt nahe.

– Lehrervortrag über die Geschichte des Balkan im 19. Jahrhundert;

– Vergleich des Zitates aus der ungenannten süddeutschen Zeitung (vgl. Marginalie, „Der Balkan – Gefahrenzone ...", Z. 7–11) und M3 auf OHP.

Teilthemen:

– Das Problem von „Stellvertreterkriegen" (vgl. Marginalie, „Der Balkan – das Pulverfass Europas");

– Nationalismus und Kriegsgefahr (vgl. M1, M2, M4).

Problem-/Fragestellungen:

– Warum kann das Streben nach nationaler Selbstbestimmung den allgemeinen Frieden gefährden (vgl. M1–M4)?

– Welche Möglichkeiten bestehen, um das legitime Bedürfnis nationaler Minderheiten nach Wahrung ihrer Identität zu befriedigen?

– Der Balkan – damals und heute (vgl. M1 oder Karte aus einem Schulatlas).

Tafelbild

Die Balkankriege 1912–1913

Österreich-Ungarn		Serbien
Ziel: Zusammenhalt des Vielvölkerstaates	↔	Einheit aller Serben
Mittel: offensive Politik genüber Serbien	↔	offensive Politik gegenüber Österreich-Ungarn
Bündnispartner: Deutsches Reich	↔	Russland
	↓	

mögliche Folge: ein großer europäischer Krieg

Zusatzinformationen zu den Materialien

M1: Das Medium „Landkarte“ ist zur Erläuterung der Ursachen der latenten Krisen auf dem Balkan vor 1914 von großer Bedeutung. Diese Karte, die aus methodischen Gründen mit einer Karte der verschiedenen Nationalitäten verglichen werden sollte, vermittelt den Schülerinnen und Schülern einen unmittelbaren Eindruck von den damaligen Konfliktzonen. Ein Vergleich mit der Entwicklung nach dem Ersten Weltkrieg anhand weiterer Karten ist darüber hinaus geeignet, ihre Kenntnisse über die gegenwärtige Situation im ehemaligen Jugoslawien zu aktualisieren und nach möglichen Erklärungen in der Geschichte der Regionen und in diesen lebenden Nationalitäten zu suchen.

M2: Der Erfolg der verbündeten Balkanstaaten in dem im Oktober 1912 ausgebrochenen ersten Balkankrieg wurde in Österreich-Ungarn mit großer Sorge betrachtet. In der Regierung und in der Führungsspitze der österreichisch-ungarischen Armee mehrten sich daher die Stimmen, die die von Serbien ausgehende Bedrohung der territorialen Integrität und staatlichen Existenz des Vielvölkerstaates durch die rechtzeitige Auslösung eines Krieges endgültig beseitigen wollten. In einer ausführlichen Denkschrift, deren wichtigste Passagen hier abgedruckt sind, erläuterte der Chef des Generalstabs, Conrad von Hötzendorff, die Notwendigkeit eines baldigen Krieges. Die Sorge um die großserbischen Bestrebungen, der für Politiker und Militärs damals wichtige Prestigegedanke, die isolierte Position Österreich-Ungarns und seines einzigen verlässlichen Verbündeten, des Deutschen Reiches, unter den europäischen Großmächten kommen dabei deutlich zum Ausdruck.

M3: Diese Karikatur aus dem Londoner „Punch“ veranschaulicht in eindrucksvoller Weise, dass ein Konflikt auf dem Balkan grundsätzlich alle europäischen Großmächte betraf – auf dem Deckel sitzen Russland, England, Deutschland und Österreich-Ungarn, während Frankreich hinzueilt. Solange sich jedoch, wie 1908 und auch 1912/13, im Rahmen der Londoner Botschafterkonferenz alle Großmächte darum bemühten, ein „Überkochen“ des Kessels zu verhindern, bedrohten Balkankonflikte nicht den Frieden in Europa. Dies änderte sich jedoch in dem Moment, in dem (vgl. M2) eine Großmacht bereit war, in diese Konflikte einzugreifen, um eigene Ziele zu verwirklichen.

M4: Dieser Artikel der serbischen Zeitung „Piemont“ beschreibt in plastischer Weise die Haltung der großserbischen Kräfte gegenüber Österreich-Ungarn. Allein der Name „Piemont“, der bewusst auf die Rolle dieses italienischen Kleinstaates bei der Einigung Italiens (vgl. Schülerbuch, S. 222–224) anspielt, hat einen programmatischen Charakter. Die Wahl des Namens macht deutlich, dass sich das kleine Königreich Serbien in gleicher Weise wie das ebenfalls kleine Königreich Piemont als Keimzelle eines großen, einheitlichen Nationalstaates verstand und bereit war, dieses Ziel durch einen Nationalkrieg zu erreichen.

Zu den Arbeitsvorschlägen und Fragen

a) Siehe dazu die Erläuterungen zu M1–M4.
b) Hier sollten eventuell unter Zuhilfenahme des jüngsten Artikels über den Zerfall Jugoslawiens in Heft 4 (1996) der „Informationen zur politischen Bildung“ die ethnischen Konflikte in dieser Region des Balkan, die damaligen und heutigen Interessen der Großmächte sowie die damaligen (1912/13 Londoner Botschafterkonferenz, 1995 Konferenz von Dayton) thematisiert werden.

7. Der Erste Weltkrieg – eine Katastrophe für Europa

7.1 Die „Julikrise“: Weichenstellung für den Krieg?

Konzeption

Da der Erste Weltkrieg die „Urkatastrophe des 20. Jahrhunderts“ ist, soll dessen Ausbruch in der sachlich notwendigen und zeitlich möglichen Ausführlichkeit geschildert werden. Die Schülerinnen und Schüler sollen dabei aber nicht nur die Motive der handelnd Beteiligten analysieren, sondern auch zwischen Anlass und tieferen Ursachen unterscheiden lernen. Zugleich sollen sie am Beispiel dieser Krise die Komplexität politischer und militärischer Entscheidungsprozesse sowie die Problematik historischer Urteilsbildung erkennen.

Aspekte der Unterrichtsgestaltung

<u>Vorschläge für den Themeneinstieg:</u>
– M1 legt die Fragen nach den Folgen einer derartigen Tat nahe;
– M2 spiegelt das Denken deutscher Militärkreise prägnant wider und zeigt, dass Motive für einen Krieg bestanden, der Anlaß (vgl. M1) aber noch fehlte;
– M1 und M5 (unter Rückgriff auf M2 im Schülerbuch, S. 274).

<u>Teilthemen:</u>
– Anlass und Ursachen des Krieges (vgl. M1–M3, M5, M7);
– Die Haltung der Großmächte (vgl. M2, M3, M5, M6);
– Das Urteil der Geschichte (vgl. M9).

<u>Problem-/Fragestellungen:</u>
– Warum gibt es Krieg und keine diplomatische Lösung (vgl. M2–M7)?
– Was bedeutet ein großer Krieg für die Menschen (vgl. M8)?
– Wie wird der Krieg von der deutschen Regierung gerechtfertigt (M2, M4, M7)?
– Wie hätte der Krieg vermieden werden können?

<u>Vorschläge für Arbeits- und Sozialformen:</u>
– Herausarbeiten der Positionen der beteiligten Länder

in Gruppenarbeit mit anschließender allgemeiner Diskussion;
- Rollenspiel: Generalstabschef; Reichskanzler, deutscher Botschafter in London unter der Frage: Wie solle „man“ sich verhalten?

Tafelbild

Motive der Mächte während der „Julikrise“

Österreich-Ungarn:	Rache für die Ermordung Franz-Ferdinands Zurückdrängung des serbischen Nationalismus Erhalt des Großmachtstatus
Deutsches Reich:	Unterstützung des Bündnispartners Österreich-Ungarn Sprengung der Entente (politisch-militärisch) Präventivkrieg; so lange militärisch der Entente überlegen
Russland:	Unterstützung Serbiens (Panslawismus) Prestige
Frankreich:	Unterstützung des Bündnispartners Russland Angst vor Deutschland
Großbritannien:	Verletzung der belgischen Neutralität durch Deutschland Aufrechterhaltung des Gleichgewichts der Mächte auf dem Kontinent

Zusatzinformationen zu den Materialien

M1: Dieses Bild des Malers Felix Schwormstädt (1870–1938), das sich auf die Skizze eines Augenzeugens stützt, illustriert, wie der Attentäter Gavrilo Princip den österreichisch-ungarischen Thronfolger Franz Ferdinand und dessen Ehefrau erschießt.

M2 macht deutlich, dass führende deutsche Militärs bereits im Frühjahr 1914 auf die „rechtzeitige“ Herbeiführung eines Krieges drängten. Vor dem Hintergrund des allgemeinen Wettrüstens und angesichts der isolierten Lage des Deutschen Reiches war ein Präventivkrieg ihrer Meinung nach die einzige Möglichkeit, militärisch die Oberhand über die Entente zu behalten. Aufgrund der starken Stellung des Militärs im Kaiserreich wurde der Entscheidungsspielraum der Regierung bei zukünftigen Krisen gefährlich eingeengt.

M3 ist ein Beispiel für eine der wenigen warnenden Stimmen in der Regierung. Der deutsche Botschafter in London, Max Fürst von Lichnowsky (1860–1928), warnte die Regierung in Berlin Ende Juli 1914 mehrfach davor, den Konflikt zwischen Österreich und Serbien dazu zu benutzen, den Zusammenhalt der Entente zu „testen“. Eine politische Demütigung Frankreichs und Russlands oder sogar ein militärischer Sieg Deutschlands über diese beiden Verbündeten Englands zerstörte aus englischer Sicht das Gleichgewicht der Mächte auf dem Kontinent, so dass Großbritannien als damals führende Weltmacht auf deren Seite in den Krieg eintreten würde. Genau dieses Kalkül, die Entente zu sprengen, lag aber der Politik von Reichskanzler Bethmann Hollweg zugrunde. Es ist in der Forschung aber bis heute umstritten, ob der Kanzler 1.) mehr eine „diplomatische“ oder militärische „Lösung“ des Konflikts anstrebte und wie er 2.) die Haltung Englands in diesem Konflikt einschätzte. Die Warnungen aus London verhallten daher ebenso ungehört wie englische Vorschläge zu einer Vermittlung abgelehnt wurden. Erst als der englische Botschafter Ende Juli deutlich machte, dass England bei einem Kontinentalkrieg auf keinen Fall neutral bleiben würde, versuchte Bethmann Hollweg, Österreich in zwei so genannten Weltbrandtelegrammen zu Verhandlungen mit Russland zu bewegen. Diese Versuche kamen aber „zu spät, war[en] zu schwach und nicht konsequent genug, um noch den Frieden zu retten.“ (vgl. I. Geiss [Hrsg.], „Juli 1914. Die europäische Krise und der Ausbruch des Ersten Weltkrieges“, München [2]1980).

M4: Am 6. August 1914 veröffentlichte Wilhelm II. einen Aufruf „An das deutsche Volk“. In diesem betonte er einerseits, dass es sich um einen Verteidigungskrieg gegen eine Koalition von Gegnern handele, die dem Deutschen Reich „den Erfolg unserer Arbeit“ neiden. Andererseits forderte er das Volk entsprechend der Politik des Burgfriedens zur Einigkeit auf. „Ich kenne“, so verkündete er bereits am 4. August 1914 bei der Eröffnung des Reichstages, „keine Parteien mehr. Ich kenne nur noch Deutsche.“ Die Lösung der inneren Probleme des Kaiserreiches – Parlamentarisierung, Demokratisierung, Einschränkung des Einflusses des Militärs auf Staat und Gesellschaft, Integration der Arbeiterbewegung – wurde dadurch jedoch in, wie sich bald herausstellen sollte, verhängnisvoller Weise vorläufig vertagt.

M5: Die Tagebuchaufzeichnung des österreichischen Politikers Josef Redlich macht deutlich, dass die Donaumonarchie den lokalen Krieg mit Serbien wollte, um den weiteren Zerfall des Staates aufzuhalten. Der deutschen Rückendeckung sicher, nahm man dafür in Wien auch in Kauf, dass aus dem Eingreifen Russlands zu Gunsten Serbiens, dem sich das Zarenreich als die Schutzmacht aller Slawen verpflichtet fühlte, ein großer europäischer Krieg resultieren würde. Die Aufzeichnungen Redlichs weisen zugleich viele Parallelen mit der Denkschrift des österreichischen Generalstabschefs vom Januar 1913 (vgl. Schülerbuch, S. 274) auf.

M6 macht deutlich, dass das Kalkül der deutschen und der österreichischen Regierung in Russland durchaus erkannt wurde. Um die eigene Position auf dem Balkan zu wahren, war das Zarenreich im Gegensatz zu den vorangegangenen Krisen jedoch nicht bereit, eine Niederlage Serbiens hinzunehmen.

M7 ist ein weiterer Beleg dafür, dass auch Reichskanzler Bethmann Hollweg, der eher einen gemäßigten, um Verständigung – vor allem mit England (vgl. auch Schülerbuch, S. 269) – bemühten als einen radikalen, die Konfrontation mit anderen Großmächten suchenden außenpolitischen Kurs zu steuern versuchte, angesichts der Warnungen der militärischen Führung vor einer wachsenden Gefährdung des Reiches durch die Aufrüstung der Entente glaubte, im Juli 1914 offensiv handeln zu müssen. Diese Äußerungen gegenüber einem linksliberalen Abgeordneten beweisen in gleicher Weise wie Moltkes Äußerungen gegenüber dem Staatssekretär des Auswärtigen (vgl. M2) die Richtigkeit der Prophezeiung August Bebels vom November 1911 (vgl. Schülerbuch, S. 272).

M8: Diese Antikriegszeichnung eines unbekannten Künstlers (vermutlich aus dem Jahre 1916) illustriert in drastischer Weise die Folgen des Krieges für die menschliche Zivilisation.

M9a und **M9b:** Die Interpretationen von Fritz Fischer und Karl Dietrich Erdmann markieren zwei unterschiedliche Positionen in der neueren Forschung über die viel diskutierte „Kriegsschuldfrage“. Während Fritz Fischer – den Terminus „Schuld“ in Anlehnung an die unselige Kriegsschulddebatte nach 1918 bewusst vermeidend – unter Hinweis auf die deutsche Politik vor und während der „Julikrise“ die Hauptverantwortung des Deutschen Reiches betont, hebt Karl Dietrich Erdmann die Verantwortung der anderen Mächte hervor. Aus unterschiedlichen Gründen hätten sich auch diese nicht darum bemüht, den Krieg zu vermeiden.
Die durch die Fischer-Kontroverse ausgelösten intensiven Forschungen haben dazu geführt, dass in der Geschichtswissenschaft an der überwiegenden Verantwortung des Deutschen Reiches für den Ausbruch des Ersten Weltkrieges kein Zweifel mehr besteht. Weiterhin umstritten sind jedoch die Motive der Reichsleitung: Wollte diese angesichts der sich verstärkenden „Einkreisung“ durch die Ententemächte im Juli 1914 durch eine Politik am Rande des Krieges in defensiver Weise mit allerdings offensiven Mitteln „nur“ die außenpolitische Stellung des Deutschen Reiches im Staatensystem zu einem gerade noch möglichen Zeitpunkt politisch oder, falls unvermeidbar, auch militärisch verbessern – so einer der führenden Kritiker Fritz Fischers, Egmont Zechlin? Oder stand der Entschluss, zur Realisierung der eigenen machtpolitischen Ziele bzw., wie einige Historiker argumentieren, zur Stabilisierung der bedrohten sozioökonomischen Ordnung im Innern zu einem günstigen Zeitpunkt einen großen europäischen Krieg gezielt herbeizuführen, seit den ersten Julitagen 1914, wenn nicht sogar bereits seit 1912 fest?

Ergänzungen zum Angebot des Schülerbuchs

1.) Auszug aus dem Tagebuch von Bethmann Hollwegs Privatsekretär Kurt Riezler über die Einschätzung der Lage durch den Kanzler, 8.7.1914:
„Botschaft Kaiser Franz Josef durch Hoyos überreicht. Hoyos bei Zimmermann. Vielleicht entschließt sich der alte Kaiser doch noch, meint der Kanzler. Kommt der Krieg aus dem Osten, so dass wir also für Österreich-Ungarn und nicht Österreich-Ungarn für uns zu Felde zieht, so haben wir Aussicht zu gewinnen. Kommt der Krieg nicht, will der Zar nicht oder rät das bestürzte Frankreich zum Frieden, so haben wir doch noch Aussicht, die Entente über diese Aktion auseinander zu manövrieren.“
(aus: Winfried Baumgart, „Die Julikrise und der Ausbruch des Ersten Weltkrieges 1914“, Darmstadt 1983, S. 77f.)

2.) Am 25.7.1914 unterbreitete der englische Außenminister Edward Grey den anderen Mächten einen seiner Vermittlungsvorschläge zur Beilegung der Krise. An den englischen Botschafter in St. Petersburg, Buchanan telegrafierte er:
„Sie haben unter sehr schwierigen Umständen bezüglich Haltung Seiner Majestät ganz richtige Sprache geführt. Ich bin vollkommen damit einverstanden und kann von Seiten Seiner Majestät Regierung nicht mehr versprechen.
Ich bin nicht der Ansicht, dass hiesige öffentliche Meinung es gutheißen würde oder sollte, wenn wir wegen des serbischen Streitfalls in den Krieg träten.
Falls der Krieg aber ausbricht, können wir durch Entwicklung anderer Fragen hineingezogen werden und ich bin bestrebt, den Krieg zu verhüten.
Der schroffe, unerwartete peremtorische Charakter der österreichischen Demarche macht es fast unvermeidlich, dass Österreich und Russland in Kurzem gegeneinander mobilisiert haben werden. In diesem Falle scheint mir die einzige Friedensmöglichkeit darin zu liegen, dass die anderen vier Mächte gemeinsam Österreich und Russland auffordern, Grenze nicht zu überschreiten und den vier in Wien und St. Petersburg tätigen Mächten Zeit lassen, Beilegung der Sache zu versuchen.
Wenn Deutschland sich dieser Auffassung anschließt, bin ich entschieden der Ansicht, dass Frankreich und wir danach handeln sollten. Italien würde zweifellos gerne mitwirken.
Doch die Mitwirkung Deutschlands wäre notwendig. Weder Russland noch Österreich würden eine diplomatische Intervention oder Vermittlung dulden, wenn sie nicht offensichtlich unparteiisch wäre oder Freunde oder Verbündete beider Seiten einschlösse.“
(aus: W. Baumgart, a.a.O., S. 130f.)

3.) Reichskanzler Bethmann Hollweg antwortete daraufhin in einem Schreiben an den deutschen Botschafter in London, Max Fürst von Lichnowsky, am 28.7.1914:
„Sir Edw. Grey hat ausdrücklich und wiederholt erklärt, dass ihn der österreichisch-*serbische* Konflikt nichts angehe, dass er dagegen in einem österreichisch-*russischen* Konflikt zu vermitteln bereit sei und dabei auf unsere Mithilfe rechne. Mit diesem Standpunkt hatten wir uns vollkommen einverstanden erklärt. Jetzt hat Sir Edward diesen Standpunkt verlassen und unsere Vermittlungsaktion dahin erbeten, dass Österreich die serbische Antwort als genügend oder doch wenigstens als Grundlage für weitere Besprechungen ansehen möchte.
Das erste Petitum ist unerfüllbar. Wir können Wien unmöglich anraten, die serbische Antwort, die es sofort und ohne dass sie zu unserer Kenntnis gekommen wäre als ungenügend zurückgewiesen hat, nachträglich zu sanktionieren. Wir sind England weit entge-

gengekommen, wenn wir bezüglich des zweiten Petitums die Vermittlungsaktion übernommen haben.
Ich rechne mit Bestimmtheit darauf, dass England diesen unseren entgegenkommenden Schritt gebührend einschätzen wird. Ob die serbische Antwort bis an die Grenze des Möglichen geht, habe ich noch nicht nachprüfen können, da sie erst soeben in meine Hände gelangt ist. Verdächtig ist die Tatsache, dass Serbien, noch bevor es seine Antwort übergab, mobilisiert hat. Das lässt auf ein schlechtes Gewissen schließen.
Die Annahme Sir Edwards, dass es Österreich auf eine Niederwerfung Serbiens abgesehen habe, kann ich um so weniger als zutreffend ansehen, als es Russland ausdrücklich erklärt hat, es strebe keinerlei Territorialerwerb an oder wolle den Bestand des serbischen Königreichs antasten, eine Erklärung, die auf Russland ihren Eindruck nicht verfehlt hat. Österreich will – und dazu hat es nicht nur ein Recht, sondern auch die Pflicht – Sicherheit dagegen haben, dass nicht seine Existenz durch die großserbische Agitation, die schließlich in der Freveltat von Sarajevo ihren Ausdruck gefunden hat, immer weiter unterhöhlt wird. Das hat mit Prestigepolitik oder mit einem Ausspielen des Dreibundes gegen die Triple-Entente schlechterdings nichts zu tun.
So sehr wir in völliger Übereinstimmung mit England und hoffentlich in fortgesetztem Zusammenwirken mit ihm nach allen Richtungen bestrebt sind, den europäischen Frieden aufrechtzuerhalten, so wenig können wir ein Recht Russlands oder gar der Triple-Entente anerkennen, für die serbischen Umtriebe gegen Österreich einzutreten.
Ew. pp. ersuche ich ergebenst, nach diesen Gesichtspunkten Ihre Sprache zu regeln."

(aus: Immanuel Geiss, „Juli 1914. Die europäische Krise und der Ausbruch des Ersten Weltkrieges", München [2]1980, S. 237f.)

4.) Als der englische Außenminister dem Reichskanzler am 29.7.1914 deutlich machte, dass England in einem Kontinentalkrieg nicht neutral bleiben würde, drängte Bethmann Hollweg Wien, allerdings zu spät, zu schwach und nicht konsequent genug zu Verhandlungen:

„Tel. Nr. 200	Berlin, den 30. Juli 1914
Dringend!	A. 21.00
D.D. 441	E. 31. Juli, 3.00

Wenn Wien, wie nach dem telefonischen Gespräch Ew. Exz. mit Herrn von Stumm anzunehmen, jedes Einlenken, insbesondere des letzten greyschen Vorschlags, ablehnt, ist es kaum mehr möglich, Russland die Schuld an der ausbrechenden europäischen Konflagration zuzuschieben. S.M. hat auf Bitten des Zaren die Intervention in Wien übernommen, weil er sie nicht ablehnen konnte, ohne den unwiderleglichen Verdacht zu erzeugen, dass wir den Krieg wollten. Das Gelingen dieser Intervention ist allerdings erschwert dadurch, dass Russland gegen Österreich mobilisiert hat. Dies haben wir heute England mit dem Hinzufügen mitgeteilt, dass wir eine Aufhaltung der russischen und französischen Kriegsmaßnahmen in Petersburg und Paris bereits in freundlicher Form angeregt hätten, einen neuen Schritt in dieser Richtung also nur durch ein Ultimatum tun könnten, das den Krieg bedeuten würde. Wir haben deshalb Sir Edward Grey nahe gelegt, seinerseits nachdrücklich in diesem Sinne in Paris und Petersburg zu wirken, und erhalten soeben seine entsprechende Zusicherung durch Lichnowsky.
Glücken England diese Bestrebungen, während Wien alles ablehnt, so dokumentiert Wien, dass es unbedingt einen Krieg will, in den wir hineingezogen sind, während Russland schuldfrei bleibt. Das ergibt für uns der eigenen Nation gegenüber eine ganz unhaltbare Situation. Wir können deshalb nur dringend empfehlen, dass Österreich den greyschen Vorschlag annimmt, der seine Position in jeder Beziehung wahrt.
Ew. Exz. wollen sich sofort nachdrücklichst in diesem Sinne Graf Berchthold, eventuell auch Graf Tisza gegenüber äußern.
S.M. hat heute Abend nachstehendes Telegramm an den Kaiser Franz Joseph gerichtet:
‚Die persönliche Bitte des Zaren, einen Vermittlungsversuch zur Abwendung eines Weltenbrandes und zur Erhaltung des Weltfriedens zu unternehmen, habe ich nicht ablehnen zu können geglaubt und deiner Regierung durch meinen Botschafter gestern und heute Vorschläge unterbreiten lassen. Sie gehen unter anderem dahin, dass Österreich nach der Besetzung von Belgrad oder anderer Plätze seine Bedingungen kundgäbe. Ich wäre dir zu aufrichtigem Dank verpflichtet, wenn du mir deine Entscheidung möglichst bald zugehen lassen wolltest.'"

(aus: I. Geiss, a.a.O., S. 308f.)

Zu den Arbeitsvorschlägen und Fragen

a)–e) vgl. „Zusatzinformationen zu den Materialien" M1–M9.

7.2 Europa wird zum Schlachtfeld

Konzeption

Dieser Abschnitt soll den Schülerinnen und Schülern einen Eindruck der Dimension und – in großen Zügen – vom Verlauf des Krieges vermitteln. Sie sollen erkennen, dass
1) dieser Krieg zunächst Begeisterung auslöste,
2) dass diese Begeisterung von der Realität an der Front und neuen Formen der Kriegführung (Stellungskrieg, Einsatz moderner „effizienter" Waffen, Massensterben) innerhalb weniger Monate eingeholt wurde,
3) alle Mächte weit reichende Kriegsziele verfolgten,
4) Propaganda psychologisch eine zentrale Rolle bei der Legitimierung des Krieges zu spielen begann,
5) fakultativ, auch möglich in Unterkapitel 7.3, Friedensvorschläge keine Chance hatten, da sie die Verwirklichung weit reichender Kriegsziele unmöglich machten.

Aspekte der Unterrichtsgestaltung

Vorschläge für den Themeneinstieg:

- **M1**
- **M6**
- **M7**

Diese Bilder und die Karte strukturieren – je nach Akzentsetzung – zentrale Fragestellungen des Kapitels vor.

Teilthemen:
- Kriegsbegeisterung und Kriegsrealität (vgl. M1, M4, M6) in den „Ergänzungen zum Angebot des Schülerbuchs", (vgl. Lehrerband, S. 237f.);
- Industrialisierung des Krieges (vgl. M4, M6);
- Vom begrenzten Krieg zum Weltkrieg (vgl. M7);
- Kriegszielpolitik (vgl. M2 und Mb) in den „Ergänzungen zum Angebot des Schülerbuchs";
- Kriegspropaganda (vgl. M3, M5 sowie Mb) in den „Ergänzungen zum Angebot des Schülerbuchs".

Problem-/Fragestellungen:
- Was ist unter einer „Industrialisierung" des Krieges zu verstehen (vgl. Marginalie, „Krieg und moderne Technik", M6);
- Wie ist das Verhalten der Menschen zu Beginn des Krieges zu erklären (vgl. M1 und M4)?
- Was ist Propaganda, welcher Stilelemente bedient sie sich und welche Ziele verfolgt sie (vgl. M3, M5 sowie Mb) in den „Ergänzungen zum Angebot des Schülerbuchs"?
- Kriegsziele machen Frieden unmöglich: Argumente pro und kontra;
- Fakultativ: Warum gibt es keinen Frieden? Friedensvorschläge – Kriegsziele (vgl. „Ergänzungen zum Angebot des Schülerbuchs" 3).

Vorschläge für Arbeits- und Sozialformen:
- Herausarbeiten der Kriegsziele und Friedensvorschläge (vgl. M2 und „Ergänzungen zum Angebot des Schülerbuchs" 3) in Gruppenarbeit;
- Diskussion, evtl. in Form eines Rollenspiels von Befürwortern und Gegnern.

Tafelbild

Die Auswirkungen des Krieges

Kriegsbegeisterung	Wandel der Kriegführung	weit reichende Kriegsziele
↓	↓	↓
Ernüchterung/ Trauer/ Entsetzen	Massentod/unvorstellbare Zerstörung/ „Industrialisierung" des Kriegs	Kriegspropaganda/kein Verhandlungsfrieden

Zusatzinformationen zu den Materialien

M1 illustriert die Begeisterung, mit der die Menschen, die einen kurzen Krieg erwarteten, in den beteiligten Ländern im Sommer 1914 in den Krieg gezogen sind. Die Frage, ob diese Bilder tatsächlich die Realität des August 1914 widerspiegeln, ist in der historischen Forschung inzwischen allerdings umstritten. Neuere Arbeiten, die sich aus alltags- und mentalitätsgeschichtlicher Perspektive mit dem „Augusterlebnis" beschäftigen, kommen vielmehr zu dem Ergebnis, dass die Begeisterung für den Krieg keineswegs so groß und weit verbreitet war, wie es die vielen Bilder, Gedichte und Schriften zu suggerieren scheinen.

M2a und **M2b** sind zwei Beispiele für die Diskussion über Kriegsziele in allen am Krieg beteiligten Ländern. Diese Programme aus den ersten Monaten des Krieges lassen zugleich die prinzipielle Dynamik imperialistischer Interessen in Krieg und Nachkriegszeit erkennen. Die von Reichskanzler Bethmann Hollweg im September 1914 in Auftrag gegebene Denkschrift (vgl. M2a), deren Verbindlichkeit für die Politik des Reichskanzlers in der Forschung allerdings umstritten ist, ist eine erste Zusammenfassung der wichtigsten Kriegszielforderungen, die seit Anfang August von Parteien, Verbänden, Militärs und zivilen Ministerien erhoben wurden. Die Möglichkeit, den Krieg durch Verhandlungen zu beenden, wurde dadurch, insbesondere durch das deutsche Beharren auf einer Kontrolle Belgiens bzw. einer eventuellen Annexion von Teilen dieses neutralen Landes, sehr erschwert. Der Druck der Öffentlichkeit auf die Regierung trug maßgeblich dazu bei, deren Handlungsspielraum bei Verhandlungen einzuschränken.
Einer der wesentlichen Kritikpunkte an den Arbeiten Fritz Fischers über die deutsche Politik 1914–1918 war, die deutschen Kriegsziele nicht in den Zusammenhang mit denen der übrigen Kriegführenden eingeordnet und damit die unverkennbare Dialektik zwischen den Zielen der verschiedenen Parteien vernachlässigt zu haben.
Vor dem Hintergrund dieser durchaus berechtigten Kritik, die an der wesentlichen Verantwortung des Deutschen Reiches für den Ausbruch des Krieges nichts ändert, ist M2b ein Beleg dafür, dass auch die Alliierten von Anfang an entschlossen waren, die politische, militärische und wirtschaftliche Macht Deutschlands drastisch zu reduzieren. Die französisch-russischen Abmachungen vom September 1914 sind ein erster Ausdruck dieser Bestrebungen. Die Gesamtheit dieser Kriegsziele war weniger Ausdruck authentischen imperialistischen Machtstrebens als, vor allem in Frankreich, vielmehr einer obsessiven Sorge um die eigene Sicherheit.

M3 ist eine französische Propagandapostkarte aus dem Jahr 1914: Der deutsche Kaiser nennt seinen Offizieren und Soldaten die fünf Kontinente der Erde: „Deutschland, Asien, Afrika, Amerika und Ozeanien." Mit diesem Hinweis auf den deutschen Weltherrschaftsanspruch, der seit 1870/1871 in Frankreich als eine existentielle Bedrohung empfunden wurde, sollte der Widerstandswille der französischen Bevölkerung gestärkt werden.

M4a und **M4b** verdeutlichen einerseits den Enthusiasmus und den Glauben an eine höhere Mission, mit dem viele Freiwillige und Soldaten im Sommer 1914 in den Krieg zogen. Andererseits beleuchten sie schlaglichtartig den sich wandelnden Charakter des Krieges sowie die Not und Entbehrungen, unter denen die Soldaten zu leiden hatten.

M5 ist ein Beispiel für deutsche Propaganda während des Krieges. Je länger der Krieg dauerte, um so mehr bemühten sich Reichsleitung und Oberste Heeresleitung, den Siegeswillen durch gezielte, sich krasser Übertreibungen bedienender und auf vorhandene Vorurteile gegenüber Russen und Schwarzen stützender Propaganda zu stärken. Die abgebildete Postkarte ist ein Beispiel dafür: Sie zeigt einen vermutlich russischen Offizier und unter Anspielung auf den Einsatz afrikanischer Soldaten in der französischen Armee einen Schwarzen, die zwei „versklavte“ Deutsche zur Arbeit antreiben. Zugleich ist diese Postkarte eine Anspielung auf die in den 1890er Jahren feststellbare, stark von sozialdarwinistischem Gedankengut beeinflusste Überzeugung, dass Deutschland expandieren müsse, wenn es nicht auf den Status eines armen Ackerbauernvolkes herabsinken wolle.

M6 illustriert die bereits in M4b erwähnte Zerstörungskraft moderner Waffen. Große Teile Frankreichs und Belgiens, in denen zwischen 1914 und 1918 die Front verlief, wurden durch die Kämpfe und gezielte Zerstörungen in dieser Weise verwüstet.

M7 zeigt den Verlauf der Frontlinien zwischen 1914–1918 und verdeutlicht den Schülerinnen und Schülern die geografischen Dimensionen dieses Weltkrieges.

Ergänzungen zum Angebot des Schülerbuchs

a) Der Krieg aus der Sicht eines englischen Soldaten:
Der Soldat Charles Delvert beschrieb im Januar 1916 eine Nacht im Schützengraben an der Westfront:
„Licht aus. Sofort sind die Ratten und Läuse die Herren im Haus. Man hört die Ratten knabbern, rennen, springen, von Diele zu Diele flitzen, hört sie hinter den Wellblechwänden ihre schrillen kleinen Schreie ausstoßen. Unablässig rumoren sie herum und machen einen Heidenspektakel. Jeden Augenblick bin ich darauf gefasst, dass eine auf meiner Nase landet. Und dann machen sich wieder die Läuse und Flöhe an mir zu schaffen. Absolut unmöglich, hier ein Auge zuzutun. Gegen Mitternacht beginne ich dann einzudösen. Ein schrecklicher Krach lässt mich auffahren. Artilleriefeuer, das Krachen von Gewehren und MG-Feuer. Die Boches greifen wohl wieder Mont Têtu an. Gegen 1 Uhr 30 scheint das Ständchen wieder abzuklingen. Um 2 Uhr 15 geht es von Neuem los, diesmal mit geradezu beängstigendem Ungestüm. Alles zittert und bebt. Auch unsere eigene Artillerie donnert ohne Unterlass vor sich hin. Ab 3 Uhr werden die Abstände zwischen den einzelnen Kanonenschüssen länger und allmählich wird es wieder ruhiger. Ich nicke wieder ein, damit ich um 6 Uhr aufstehen kann. Auch die Ratten und Läuse stehen dann wieder auf: Zum Leben erwachen heißt hier nichts anderes, als zum Elend erwachen.“
(aus: Modris Ekstein, „Tanz über den Gräbern. Die Geburt der Moderne und der Erste Weltkrieg“, Reinbek 1990, S. 230)

b) Kriegsziele und Kriegspropaganda in Deutschland und Italien:
Ein illustratives Beispiel für die Forderung nach noch weiter reichenden Kriegszielen in der deutschen bzw. (in diesem Falle) der italienischen Öffentlichkeit sind diese während des Krieges verbreiteten Postkarten:

1. Die Postkarte „Neu-Geographie“, abgestempelt am 8.3.1915, zeigt ein Reich vom Kanal bis zum Baltikum.

(aus: Wilhelm Stöckle, „Ansichtskarten und Texte aus der wilhelminischen Zeit 1888–1918“, Stuttgart 1985, S. 53)

2. Auf der italienischen Postkarte „Nuova Europa“ haben Frankreich und Russland eine gemeinsame Grenze, während Deutschland zur Hälfte in Frankreich und zur anderen Hälfte in Russland sowie Österreich-Ungarn in Serbien „aufgegangen“ ist.

(aus: Stöckle, a.a.O., S. 53)

3. Friedensvorschläge
Bürgerliche Pazifisten, zu denen u.a. Albert Einstein gehörte, veröffentlichten im Oktober 1914 diesen Aufruf:
„Aufruf an die Europäer
Während Technik und Verkehr uns offensichtlich zur faktischen Anerkennung internationaler Beziehungen und damit zu einer allgemeinen Weltkultur drängen, hat noch nie ein Krieg die kulturelle Gemeinschaftlichkeit des Zusammenlebens so intensiv unterbrochen wie der gegenwärtige. Vielleicht kommt es uns allerdings auch nur deshalb so auffällig zum Bewusstsein, weil eben so zahlreiche Bande vorhanden waren, deren Unterbrechung wir schmerzlich verspüren. [...] Der heute tobende Kampf wird kaum einen Sieger, sondern wahrscheinlich nur Besiegte zurücklassen. Darum scheint es nicht nur gut, sondern auch bitter nötig, dass gebildete Männer

aller Staaten ihren Einfluss dahin aufbieten, dass [...] die Bedingungen des Friedens nicht die Quelle künftiger Kriege werden, dass vielmehr die Tatsache, dass durch diesen Krieg alle europäischen Verhältnisse in einem gleichsam labilen [...] Zustand geraten sind, dazu benutzt werde, um aus Europa eine organische Einheit zu schaffen. [...] Wir [...] betonen, dass wir fest davon überzeugt sind, dass die Zeit da ist, in der Europa als Einheit auftreten muss, um seinen Boden, seine Bewohner und seine Kultur zu schützen."

(aus: Dieter Fricke [Hrsg.], „Dokumente zur deutschen Geschichte 1914–1917", Frankfurt/M. S. 53)

Die Sozialistin Rosa Luxemburg Anfang 1916:
„die einzige Sicherung des Weltfriedens [...]
Der Weltkrieg dient weder der nationalen Verteidigung noch den wirtschaftlichen oder politischen Interessen irgendwelcher Volksmassen, er ist lediglich eine Ausgeburt imperialistischer Rivalitäten zwischen den kapitalistischen Klassen verschiedener Länder um die Weltherrschaft und um das Monopol in der Aussaugung und Unterdrückung der noch nicht vom Kapital beherrschten Gebiete [...]. Der Weltfriede kann nicht gesichert werden durch utopische oder im Grunde reaktionäre (rückständige) Pläne, wie internationale Schiedsgerichte kapitalistischer Diplomaten, diplomatische Abmachungen über Abrüstung, [...] europäische Staatenbünde, mitteleuropäische Zollvereine [...]. Imperialismus, Militarismus und Kriege sind nicht zu beseitigen oder einzudämmen, solange die kapitalistischen Klassen [...] ihre Klassenherrschaft ausüben. Das einzige Mittel, ihnen erfolgreich Widerstand zu leisten, und die einzige Sicherung des Weltfriedens ist die politische Aktionsfähigkeit und der revolutionäre Wille des internationalen Proletariats, seine Macht in die Waagschale zu werfen [...]. Gegen den Imperialismus muss der proletarische Klassenkampf im Frieden wie im Krieg konzentriert werden. Der Kampf gegen ihn ist für das internationale Proletariat zugleich der Kampf um die Macht im Staate."

(aus: Dieter Fricke, „Dokumente zur deutschen Geschichte 1914–1917", Frankfurt/M. S. 53)

Zu den Arbeitsvorschlägen und Fragen

a) Vgl. die Erläuterungen zu M1 und M4.
b) Vgl. die Erläuterungen zu M2. Darüber hinaus sollen die Schülerinnen und Schüler erkennen, dass eine Verwirklichung der Kriegsziele des Deutschen Reiches bzw. der Entente
1) eine vollständige „Neuordnung" Europas zur Folge gehabt hätte und beispielsweise aufgrund der Verletzung des Prinzips nationaler Selbstbestimmung in ähnlicher Weise wie durch die Annexion Elsass-Lothringens 1871 der „Friede" bereits den Keim zu neuen Kriegen beinhaltet hätte;
2) das Ausmaß der Kriegsziele sich von denen klassischer „Kabinettskriege" des 19. Jahrhunderts grundsätzlich unterschied;
3) wirtschaftliche Aspekte – Belgien wirtschaftlich eine deutsche Provinz bzw. Zahlung einer Kriegskontribution durch Deutschland und Österreich – eine große Rolle spielten.
c) Vgl. die Erläuterungen zu M1, M4 und M6.

7.3 Der Krieg verändert die Gesellschaft

Konzeption

In diesem Abschnitt sollen die Auswirkungen des Krieges auf die Gesellschaft thematisiert werden. Die Schülerinnen und Schüler sollen erkennen, dass
1) dieser Krieg sich nicht allein an den Fronten „abspielte", sondern dass die Heimat in zunehmendem Maße miteinbezogen wurde und unter den Auswirkungen zu leiden begann und
2) die Loyalität der Massen gegenüber dem bisherigen System durch die Auswirkungen des Krieges auf den Alltag einerseits, das Ausbleiben lange erwarteter Reformen des Obrigkeitsstaates andererseits zu schwinden begann;
3) die Soldaten an der Front nach vier Jahren sich zunehmend nach Frieden sehnten, anstatt für utopische Kriegsziele weiter zu kämpfen und
4) die militärische Führung sich weigerte, die Verantwortung für die Niederlage offen zu übernehmen, sondern stattdessen versuchte, diese auf die nach Reformen drängenden Kräfte in der Politik abzuwälzen.

Aspekte der Unterrichtsgestaltung

Vorschläge für den Themeneinstieg:

– **M1**
– **M2**
– **M7**
} Diese Quellen sind ausdrucksstarke Bilder, die den wachsenden Protest, das Leid und die Erschöpfung der Soldaten illustrieren und wichtige Aspekte dieses Abschnitts bündeln.

Teilthemen:
– Alltag im Krieg (vgl. M2–M4);
– Die militärische Niederlage (vgl. M5–M7) sowie 1) in den „Ergänzungen zum Angebot des Schülerbuchs", Lehrerband, S. 240 f.);
– Erschöpfung, Streiks und Unzufriedenheit mit dem System (vgl. M1, M4, M5, M7) sowie 2) und 3) in den „Ergänzungen zum Angebot des Schülerbuchs".

Problem-/Fragestellungen:
– Wie ist der Stimmungswechsel im Innern zu erklären (vgl. M2–M5) sowie 2) und 3) in den „Ergänzungen zum Angebot des Schülerbuchs";
– Vergleich der Haltung der alten Eliten (vgl. M6) sowie 1) und 3) in den „Ergänzungen zum Angebot des Schülerbuchs" sowie *Arbeitsblatt 21: „Der Krieg verändert die Gesellschaft"*; und der Forderungen großer Teile der Bevölkerung (vgl. M3, M5) sowie 2) und 3) in den „Ergänzungen zum Angebot des Schülerbuchs";
– Warum gibt es keine Reformen?
– Ist es gerechtfertigt, den Ersten Weltkrieg als eine Katastrophe für Europa zu bezeichnen (vgl. Marginalie, „Eine Katastrophe in Europa", Schülerbuch S. 285).

Tafelbild

Der Krieg verändert die Gesellschaft

Folgen des 1. Weltkrieges	Reaktionen der deutschen Bevölkerung	und der deutschen Regierung
Massensterben Hunger durch Blockade Frauenarbeit	Sehnsucht nach Frieden Forderung nach politischen Reformen	neue Offensiven vage Versprechen

↓

Streiks und Demonstrationen

↓

Revolution

Zusatzinformationen zu den Materialien

M1 zeigt den USPD-Politiker Adolph Hoffmann (1858–1930) bei einer Massenkundgebung während der großen Proteststreiks gegen den Krieg und für innere Reformen im Januar 1918. Fast eine Million Arbeiter legte damals in Berlin und anderen Orten die Arbeit nieder. Eine kleine Minderheit unter den Streikenden, die dem „Spartakusbund" angehörte, machte den vergeblichen Versuch, den Streik nach russischem Vorbild weiterzutreiben. Der Streik endete zwar nach wenigen Tagen mit einer Niederlage der Arbeiter, von denen viele zur Strafe an die Front eingezogen wurden; dieser Proteststreik war aber ein deutliches Anzeichen für die wachsende Unzufriedenheit großer Teile der Bevölkerung mit den bestehenden Zuständen im Reich und die Existenz eines, wenn auch noch kleinen Potentials revolutionärer, System sprengender Kräfte.

M2: Die beiden Fotos zeigen die Opfer des Krieges – eine trauernde Witwe und einen gefallenen Soldaten; in eklatantem Kontrast dazu steht die militärisch-fachlich „zutreffende", moralisch aber zutiefst Menschen verachtende Stellungnahme des Chefs der Obersten Heeresleitung, Generalfeldmarschall Paul von Hindenburg (1847–1934).

M3 ist ein eindrucksvolles Beispiel für das Denken und Fühlen einer Angehörigen der unteren Mittelschicht sowie für deren alltägliche Sorgen und Nöte. Anfängliche Kriegsbegeisterung, persönliche Trauer, wachsende soziale Spannungen zwischen unteren und oberen Schichten und die Sehnsucht nach Frieden werden hier in sehr plastischer Weise dokumentiert. Die Erosion der alten Ordnung und der Ausbruch der Revolution im November 1918 werden für die Schülerinnen und Schüler durch diese Stimme des „kleinen Mannes" plastischer und fassbarer.

M4 zeigt eine Frau in einer Geschossdreherei. Dieses Foto ist zwar ein Beleg dafür, dass Frauen in verstärktem Maße Männerarbeit übernehmen mussten; aber die weit verbreitete Annahme, dass weibliche Lohnarbeit während des Ersten Weltkrieges in beispielloser Weise zugenommen habe, gehört nach neueren Forschungen jedoch in den Bereich der Legende. Die prozentuale Steigerung der versicherungspflichtig beschäftigten Frauen lag mit ca. 17% durchaus im Trend der Vorkriegszeit und die überwiegende Mehrheit der in der Kriegsindustrie beschäftigten Frauen – in 2 594 Betrieben der Metallindustrie stieg die Zahl der beschäftigten Frauen von 63 570 auf 266 530 Personen (= 319%) im Jahre 1916 – war zuvor bereits als Dienstbotin, in der Landwirtschaft bzw. als Verkäuferin beschäftigt. Nach einer bayerischen Statistik, die aber wohl einen generellen Trend widerspiegeln dürfte, hatten vor 1914 nur 28% der Frauen keinen Beruf ausgeübt (vgl. dazu Ute Daniel, „Fiktionen, Friktionen und Fakten. Frauenlohnarbeit im Ersten Weltkrieg", in: Wolfgang Michalka [Hrsg.], „Der Erste Weltkrieg. Wirkung, Wahrnehmung, Analyse", München 1994, S. 530–562).

M5: Nach dem Scheitern der auch unter den Frontsoldaten mit großen Hoffnungen begonnenen Frühjahrsoffensive 1918 im Westen erlahmte deren Widerstandswille rapide, da das erhoffte Ende des Krieges weiterhin nicht absehbar war. Die Zahl der Soldaten, die freiwillig in Gefangenschaft ging, stieg ständig und fast eine Million so genannter Drückeberger entzog sich dem Dienst an der Front. Dieser „verdeckte Militärstreik" – so der Militärhistoriker Wilhelm Deist – „war die politische Antwort auf die Überspannung aller Kräfte der Nation im Diens-te einer Militärpolitik mit illusionären innen- und außenpolitischen Zielsetzungen. Die Massenbewegung unter den Soldaten zielte in erster Linie auf die Beendigung des Krieges, bildete aber auch eine der entscheidenden Voraussetzungen der Revolution und bestimmte deren Formen und Inhalte mit." (vgl. Wilhelm Deist, „Der militärische Zusammenbruch des Kaiserreichs. Zur Realität der ‚Dolchstoßlegende'", in: Wilhelm Deist [Hrsg.], „Militär, Staat und Gesellschaft. Studien zur preußisch-deutschen Militärgeschichte", München 1991, S. 233).

M6: Ende September 1918, nach dem Zusammenbruch der Verbündeten Österreich-Ungarn und Bulgarien, musste auch die Oberste Heeresleitung, die noch im August der politischen Führung trotz des Vordringens der Alliierten versichert hatte, „dass es gelingen werde, auf französischem Boden stehen zu bleiben und dadurch schließlich den Feinden unseren Willen auf[zu]zwingen", die militärische Niederlage eingestehen. Die Verantwortung dafür wurde aber in geschickter Weise auf die Politik abgewälzt. Dahinter stand zum einen die Absicht, die „Dolchstoß-These" in Zukunft als innenpolitische Waffe einzusetzen; zum anderen war dieses Vorgehen ein subtiler Staatsstreich auf Raten, glaubte die OHL doch, dass sich der Sturm der Entrüstung der Bevölkerung gegen die zu erwartenden harten Friedensbedingungen gegen die neue Regierung richten und diese stürzen werde: „Später hofft man dann", so berichtete der bayerische Militärbevollmächtigte in diesen Tagen, „sich wieder in den Sattel zu schwingen und nach dem alten Rezept weiter zu regieren."

M7 illustriert die in den Erläuterungen zu M5 beschriebene Erschöpfung der Frontsoldaten.

Ergänzungen zum Angebot des Schülerbuchs

1.) Eine ernüchternde und selbstkritische Einschätzung der gegenwärtigen Lage und der Politik der wilhelminischen Ära enthält die Tagebuchaufzeichnung von Vizeadmiral Hopman (1865–1942) vom 6.10.1918:
„Es ist gekommen, wie ich vorausgesehen, nicht nur in den letzten Wochen, sondern lange, lange vorher. Die Weltgeschichte ist das Weltgericht. Was Deutschland in den letzten drei Jahrzehnten gesündigt hat, muss es büßen. Es war politisch erstarrt durch das blinde Vertrauen, die sklavische Unterordnung unter den Willen eines in Eitelkeit und Selbstüberschätzung strotzenden Narren. Ohne Kampf kein Sieg! Politisch haben wir seit drei Jahrzehnten nicht gekämpft, sondern nur gespielt, gespielt wie die Kinder in Illusionen und Selbsttäuschungen. Daher sind wir politisch Kinder geblieben, keine Männer geworden und haben keine Männer hervorgebracht. Nun kommt die bittere Enttäuschung des Kindes, das sich plötzlich der harten grausamen Welt gegenübersieht. Alle unsere militärisch eigentlich unüberwindliche Kraft, unser Fleiß, unsere Arbeit, unsere Volkskraft sind nutzlos vergeudet, das herrliche, schier unerschöpfliche Kapital, das Bismarck vererbt hat, ist verloren. Möchten wir durch das Unglück doch endlich zur Besinnung kommen, dann werden unsere Kinder und Enkel die Früchte der blutigen Saat ernten, wenn sie auch anders aussehen werden, als jetzt die meisten Menschen denken. Es gibt eine neue Welt, eine neue Gesellschaftsordnung, eine neue Art des Kampfes, in dem Recht und friedliche Arbeit die Hauptrolle spielen werden. Der Deutsche hat das Zeug dazu, in solchem Kampfe nicht zu unterliegen, nur muss er politisch, d.h. vor allem innerlich bescheiden sein. Ich will nicht mehr schreiben, es ist mir zu schwer ums Herz. [...]"
(aus: Wolfdieter Bihl [Hrsg.], „Deutsche Quellen zur Geschichte des Ersten Weltkriegs", Darmstadt 1991, S. 476f.)

Die Stimmung unter den Soldaten 1917/18:
2.) Über „häufig wiederkehrende Fragen" verwundeter Soldaten in einem Reservelazarett berichtet ein Vertrauensmann für Aufklärungstätigkeit im November 1917:
1.) Trägt nicht Deutschland selbst durch seine militärische Rüstung in erster Linie Schuld am Kriegsausbruch?
2.) Hätte sich der Krieg nicht durch rechtzeitiges diplomatisches Einlenken noch vermeiden lassen?
3.) Ist das Geld für die Kriegsanleihe nicht verloren, nachdem die Stücke den Zeichnern bisher nicht ausgehändigt wurden?
4.) Wir kämpfen nur für die oberen Zehntausend.
5.) Der deutsche Arbeiter wird nach wie vor trotz aller schönen Reden in seiner elenden Lage verbleiben.
6.) Gegen die Kriegswucherer traut sich die Regierung nicht energisch vorzugehen.
7.) Kaiser- und Königtum (monarchische Verfassung) ist veraltet – Republik.
8.) Der deutsche Militarismus ist der größte Feind der persönlichen Freiheit – die Behandlung sklavisch.
9.) Warum tritt die Regierung gegen die Vaterlandspartei nicht strenger auf?
10.) Der Einfluss Preußens auf die deutschen Bundesstaaten ist zu groß.
11.) Preußen sollte doch hinsichtlich der Ernährung von den eroberten Ländern und nicht von Bayern unterstützt werden.
12.) Große Angst vor kommenden Steuern.
13.) Wenn Preußen ernstlich gewollt hätte, wäre der Friede längst schon zu Stande gekommen.
14.) Wozu brauchen wir Elsass-Lothringen?
15.) Wäre die Löhnung größer, so wäre auch der Patriotismus nicht dahin.
(aus: Bernd Ulrich/Benjamin Ziemann [Hrsg], „Frontalltag im Ersten Weltkrieg. Wahn und Wirklichkeit", Reinbek 1994, S. 189f.)

3) Auszug aus einem Bericht der Postüberwachungsstelle der 6. Armee vom 4.9.1918:
„[...] Kriegsmüdigkeit und Gedrücktheit ist allgemein. Die Briefschreiber haben sich mit der für sie nackten Tatsache: ‚Wir können nicht siegen' abgefunden und knüpfen daran sogar zum Teil die Anschauung, dass Deutschland unterliegen müsse. Eine gewisse Anzahl mahnt wohl zum Durchhalten und manche Zeilen zeugen neben vielen Stimmen des Missmuts und der Unzufriedenheit von Königstreue und unveränderter Liebe zum Vaterlande, das aller Opfer wert sei. Die Ziffer der Briefschreiber, die dem Vaterland offen den Tod wünschen, ist indes nicht viel geringer. Sie sagen: ‚Durch etwaige weitere Erfolge Deutschlands könne der Krieg nur verlängert werden, durch eine Niederlage hätten wir den ersehnten Frieden!' ‚Wir haben den gleichen Verdienst, ob nun unter französischer, englischer oder deutscher Herrschaft nach dem Kriege!' [...]
Es ist erstaunlich, welche Ansichten über Krieg und Ursache des Krieges in den Briefen zu Tage treten. Man schreibt zum Beispiel: er werde geführt, um den Arbeiterstand, in anderen Fällen den Mittelstand, auszurotten, und sei deshalb auch angestiftet worden. Dass die gebildeten Stände der Akademiker, höheren Beamten pp. jetzt oft weniger verdienen als ein Arbeiter in den Kriegsbetrieben, wird von einfachen Leuten, welche sich mit diesem Thema beschäftigen, nicht in Erwägung gezogen. Bei besonnenen Leuten aus mittleren Ständen wurde andererseits oftmals die Besorgnis vor den späteren wirtschaftlichen Folgen laut, die aus den heutigen unnatürlichen Löhnen, besonders der jugendlichen Arbeiter, erwachsen würden.

Ein Gefühl der Vaterlandsliebe wird in den Briefen fast gar nicht geäußert. Wie der Gesamteindruck der Postprüfung ergab, scheint beinahe ein gewisses Schamgefühl zu bestehen, einen vaterländischen Gedanken auch nur in Worte zu kleiden. Manchen Briefen liegt die Ansicht zu Grunde: ‚Wer eine gute vaterländische Gesinnung zeigt, hat Interesse am Kriege und durch ihn Gewinnst und Vorteil.' Andererseits ist die Unlust so groß und die Gleichgültigkeit, an der guten Sache mitzuwirken, so ausgeprägt, dass die Leute um dem ‚unnützen Morden' – wie sie in ihren Briefen schreiben – zu entgehen, sich zum Beispiel den Verlust des linken Armes und ähnliche Verletzungen wünschen. Das Interesse des Einzelnen am Kriege ist in den Hintergrund getreten; der Mann steht fast durchgehend auf dem Standpunkt: ‚Ich drücke mich von der Front, so gut ich kann! [...]"

(aus: Ulrich/Ziemann, a.a.o., S. 203f.)

Zu den Arbeitsaufträgen und Fragen

a)–c): Vgl. „Zusatzinformationen zu den Materialien" M1–M7.

7.4 Kriegerdenkmäler – Mahnung für die Zukunft oder Verherrlichung der Vergangenheit?

Konzeption

Der Streit über die Funktion von Kriegerdenkmälern – deutlich sichtbar in M1 – legt es nahe, am Beispiel dieser Denkmäler deren generelle Funktion und die damit verknüpften „Probleme" zu thematisieren. Die Schülerinnen und Schüler sollen dabei
1) den Wert von Denkmälern als historische Quelle erkennen,
2) den methodischen Umgang mit Denkmälern kennen lernen und
3) dieses Wissen am Beispiel eines Denkmals in der eigenen Stadt bzw. näheren Umgebung vertiefen.

Aspekte der Unterrichtsgestaltung

Vorschläge für den Themeneinstieg:

– M1
– M2 } Beide Bilder spiegeln deutlich die unterschiedlichen Auffassungen über den „Heldentod" wider und reizen zur Diskussion.

– Foto eines Denkmals vor Ort.

Literatur zum Weiterlesen

Rudolf v. Albertini, „Europäische Kolonialherrschaft. Die Expansion in Übersee von 1880–1940", München 1982.
Peter Alter, „Der Imperialismus. Grundlagen, Probleme, Theorien", Stuttgart 1989.
Michael Behnen (Hrsg.), „Quellen zur deutschen Außenpolitik im Zeitalter des Imperialismus 1890–1911", Darmstadt 1977.
Volker R. Berghahn/Wilhelm Deist (Hrsg.), „Rüstung im Zeichen wilhelminischer Weltpolitik. Grundlegende Dokumente 1890–1914", Düsseldorf 1988.
Berliner Geschichtswerkstatt (Hrsg.), „August 1914. Ein Volk zieht in den Krieg", Berlin 1989.
Wolfdieter Bihl, „Deutsche Quellen zur Geschichte des Ersten Weltkrieges", Darmstadt 1991.
Klaus Böhme, „Aufrufe und Reden deutscher Professoren im Ersten Weltkrieg", Stuttgart 1975.
Deutsches Historisches Museum (Hrsg.), „Bismarck-Preußen, Deutschland und Europa", Berlin 1990.
Deutsches Historisches Museum (Hrsg.), „Die letzten Tage der Menschheit. Bilder des Ersten Weltkrieges", Berlin 1994.
Andreas Eckert, „Zwei Afrikaner machen im Kaiserreich Karriere", in: „Damals 28" (1996), S. 12–19.
Modris Ekstein, „Tanz über den Gräbern. Die Geburt der Moderne und der Erste Weltkrieg", Reinbek 1990.
David K. Fieldhouse, „Die Kolonialreiche seit dem 18. Jahrhundert", Frankfurt/M. 1965.
Michael Fröhlich, „Imperialismus. Deutsche Kolonial- und Weltpolitik 1880–1914", München 1994.
Immanuel Geiss, „Juli 1914. Die europäische Krise und der Ausbruch des Ersten Weltkrieges", 2. Aufl. München 1980.
Dietrich Geyer, „Der russische Imperialismus. Studien über den Zusammenhang von innerer und auswärtiger Politik 1860–1914", Göttingen 1977.
Horst Gründer, „Geschichte der deutschen Kolonien", Paderborn 1985.
Karl Hammer, „Weltmission und Kolonialismus. Sendungsideen des 19. Jahrhunderts im Konflikt", München 1981.
Klaus Hildebrand, „Die deutsche Außenpolitik 1871–1918", München 1990.
Eric J. Hobsbawn, „Das imperiale Zeitalter 1875–1914", Frankfurt/M. 1989.
Peter Graf Kielmannsegg, „Deutschland und der Erste Weltkrieg", 2. Aufl. Stuttgart 1980.
Gunther Mai, „Das Ende des Kaiserreichs. Politik und Kriegführung im Ersten Weltkrieg", München 1987.
Robert K. Massie, „Die Schalen des Zorns. Großbritannien, Deutschland und das Heraufziehen des Ersten Weltkrieges", Frankfurt/M. 1993.
Wolfgang Michalka (Hrsg.), „Der Erste Weltkrieg", München 1994.
Barbara Mittler, „Eine deutsche Mustersiedlung an der Jiaozhou-Bucht", in: „Damals 28" (1996), S. 22–27.
Wolfgang J. Mommsen, „Kultur und Krieg. Die Rolle der Intellektuellen, Künstler und Schriftsteller im Ersten Weltkrieg", München 1996.
Ders., „Das Zeitalter des Imperialismus", Frankfurt/M. 1987.
Ders. „Europa und die außereuropäische Welt", in: „Bericht über die 39. Versammlung deutscher Historiker in Hannover", Stuttgart 1994, S. 415–437.
Ders., „Großmachtstellung und Weltpolitik 1870–1914. Die Außenpolitik des Deutschen Reiches", Berlin 1993.
Ders. „Imperialismustheorien. Ein Überblick über die

neueren Imperialismustheorien“, 3. Aufl. Göttingen 1987.
Thomas Nipperdey, „Deutsche Geschichte 1866–1918“, Bd. 2: „Machtstaat vor der Demokratie“, München 1992.
Jürgen Petschull, „Der Wahn vom Weltreich. Die Geschichte der deutschen Kolonien“, Hamburg 1984.
Ploetz, „Das deutsche Kaiserreich 1867/61–1918. Bilanz einer Epoche“, hrsg. von Dieter Langewiesche, Freiburg 1984.
Ploetz , „Geschichte der Weltkriege. Mächte - Ereignisse - Wirkungen 1900–1945“, hrsg. von Andreas Hillgruber und Jost Dülffer, Freiburg 1981.
„Praxis Geschichte“, „Imperialismus“, Januar 1993, H. 1., Theodor Schieder, „Staatensystem als Vormacht der Welt 1848–1918“, Frankfurt/M. 1982.
Gustav Schmidt, „Der europäische Imperialismus“, München 1985.
Gregor Schöllgen (Hrsg.), „Flucht in den Krieg? Die Außenpolitik des kaiserlichen Deutschlands“, Darmstadt 1991.
Ders., „Das Zeitalter des Imperialismus“, München 1985.
Wilhelm Stöckle, „Das deutsche Kaiserreich“, Stuttgart 1985.
Bernd Ulrich/Benjamin Ziemann (Hrsg.), „Frontalltag im Ersten Weltkrieg. Wahn und Wirklichkeit“, Frankfurt/M. 1994.
Hans-Ulrich Wehler, „Bismarck und der Imperialismus“, 3. Aufl. Köln 1977.
Ders., „Deutsche Gesellschaftsgeschichte“, Bd. 3: „Von der ‚Deutschen Doppelrevolution' bis zum Beginn des Ersten Weltkrieges: 1849–1914“, München 1995.
Philipp Witkop, „Kriegsbriefe gefallener Studenten“, München 1928.

Filme, Medien

„Frankreich in Afrika“, WDR/Südwest 1992, 30 Min., ab Klasse 9.
„Liebe zum Imperium“, BRD 1978, 60 Min., ab Klasse 9/10.
„Weltgeschichte als Kolonialgeschichte“, BRD 1976, 22 Min.
FWU 3200870 „Die USA auf dem Weg zur Weltmacht 2: Eintritt der USA in die Weltpolitik“ 13 Min. sw.
FWU 3203358 „Der Erste Weltkrieg: Der Weg in den Krieg“ 12 Min. sw.
FWU 3203359 „Der Erste Weltkrieg: Die Hölle von Verdun“ 10 Min. sw.
FWU 3210276 „Frauengeschichte in Deutschland: Der Kampf um Frauenrechte und Bildung im 19. Jahrhundert“ 15 Min.
FWU 3202080 „Der Untergang des Zarenreiches: 1900–1917“ 21 Min. sw.
FWU 3202081 „Russland unter Lenin und Trotzki: 1917–1924“ 22 Min. sw.
FWU 3203954 „100 Jahre Gewerkschaften. Teil 1: 1890–1918“ 15 Min. sw. und f.

Arbeitsblätter und Kopiervorlagen

Lösungen und Hinweise

1. Europa, ein vielschichtiger Erdteil (I)

1. Was verstanden die alten Griechen unter dem Begriff „Europa"? (S. 9)

2. Nenne vier politische und kulturelle Errungenschaften, die Europa dem antiken Griechenland verdankt! (S. 11)

3. Stimmt die Behauptung: Das Römische Reich war ein europäisches Großreich? (S. 10–12)

4. Erläutere kritisch den Beinamen Karl des Großen „Vater Europas"? (S. 13 ff.)

5. Früher betrachtete man das „christliche Abendland" (Westeuropa) als eine vorbildliche Einheit. Nimm Stellung! (S. 13 ff., 18 ff.)

6. Warum zählt man das Oströmische Reich (Byzanz) zur gemeinsamen europäischen Tradition? (S. 16 f.)

7. Welche Bedeutung besitzt die islamische Welt für Europa? (S. 18 ff.)

8. Nimm Stellung zu der Behauptung: Seit dem späten Mittelalter zerfällt die Einheit des „Abendlandes"! (S. 18 ff., 21 ff.)

1a. Europa, ein vielschichtiger Erdteil (II)

1. Welche Folgen hatte die Reformation in Europa? (S. 22)

2. Welche Rolle spielten Frankreich und seine Kultur im 17. und 18. Jahrhundert für Europa? (S. 24 f.)

3. Die Aufklärung beeinflusste die Europäer nachhaltig. Welche Ideale, welche Vorstellung von Europa besaßen die Aufklärer? Bestimme die Folgen der Aufklärung! (S. 25–29)

4. Im 19. und 20. Jahrhundert waren viele Europäer Anhänger des Nationalismus. Erkläre diesen Begriff und bestimme die Folgen des Nationalismus! (S. 28 ff., 32 f.)

5. Gegen Imperialismus und Nationalismus arbeitete die Pazifistin Bertha von Suttner. Stelle ihr politisches Programm für Europa zusammen! (S. 32 f.)

6. Nimm Stellung zu der Behauptung, dass die erste Hälfte des 20. Jahrhunderts für die Europäer und ihren Kontinent eine sehr negative Entwicklung brachte. (S. 32 f.)

7. Bestimme die Daten der westeuropäischen Integration: (S. 35 ff.)
   1952 1957
   1967 1979
   Gib die drei wichtigsten Organe der EU an! (S. 35 ff.)

8. Nenne zwei Vorteile und zwei Probleme der Europäischen Union! (S. 8 f., 35 ff.)

2. „Der Fürst ist von der Gewalt der Gesetze befreit“

Mitten in den Bürgerkriegen zwischen Katholiken und Calvinisten forderte der Rechtsgelehrte Jean Bodin die absolute Gewalt des Königs.

„Souveränität ist die absolute und dauernde Macht eines Staates [...] und bedeutet so viel wie höchste Befehlsgewalt. [...] Wenn wir sagten, dass nur derjenige absolute Gewalt besitzt, der ‚den Gesetzen' nicht unterworfen ist, so würde sich auf der ganzen Welt kein souveräner Herrscher finden, denn alle Fürsten der Erde sind den Gesetzen Gottes, der Natur und gewissen menschlichen Gesetzen, die allen Völkern gemeinsam sind, unterworfen. [...] Wohl gehört es notwendig zum Begriff der Souveränität, dass ihre Inhaber auf keine Weise den Befehlen eines anderen unterworfen sind, dass sie den Untertanen Gesetze geben, überholte Gesetze [...] aufheben und neue erlassen können. Das kann keiner, der selber den Gesetzen oder anderen, die Befehlsgewalt über ihn haben, untersteht. Dies ist gemeint, wenn das Gesetz sagt, der Fürst sei von der Gewalt der Gesetze befreit (‚Legibus absolutus')."

(Aus: Jean Bodin, „Sechs Bücher vom Staate". Zit. nach: „Geschichte in Quellen, Bd. 3: Renaissance, Glaubenskämpfe, Absolutismus", bearb. von Fritz Dickmann, München 1976, S. 257 f.)

1. Inwiefern ist für Bodin ein Herrscher an die Gesetze gebunden, inwiefern ist er „absolut“? - Trage deine Ergebnisse als Tabelle unten ein.

2. Bodins Auffassung war ein Idealentwurf, den es in Wirklichkeit nicht gegeben hat. Welche Macht hatte der französische König bis zu Ludwig XIV. in Wirklichkeit (vgl. Schülerbuch, S. 40 f.)?

3. Warum forderte Bodin gerade 1576 einen absoluten König? (vgl. Schülerbuch, S. 40, Marginalie „Aufstand der Fronde“).

3. Das Herrscherbild Ludwigs XIV.

Ergebnis der Betrachtung (1. Schritt) und Deutung (2. Schritt)

	1. Schritt Ergebnis der Bildbetrachtung	2. Schritt Ergebnis der Bilddeutung
1)		
2)		
3)		
4)		
5)		
6)		
7)		
8)		
9)		
10)		

Ergebnis des Vergleichs zwischen dem Porträt und der Karikatur

Ergebnis der Betrachtung und Deutung der Herrscherdarstellung von Heinrich II.:

	Ergebnis der Bildbetrachtung Fragen (1) bis (6)	Ergebnis der Bilddeutung Fragen (1) bis (6)
1)		
2)		
3)		
4)		
5)		
6)		

Ergebnis des Vergleichs zwischen den Herrscherbildern

Die Machtgrundlage Heinrichs II.	Die Machtgrundlage Ludwigs XIV.

4. Die Funktion von Disziplin und Drill in der preußischen Armee

1. Kriegsartikel Friedrich Wilhelms I.

- Warum sehen die Kriegsartikel so schwere Strafen für die Soldaten im Krieg vor? (Siehe M2 im Schülerbuch, S. 72)

- Schreibe die Antwort auf die Rückseite.

2. Die Soldaten

- Wer diente alles in der Armee? (Vgl. Marginalie „Ein unglückliches Mitteldring zwischen Bauer und Soldat“ und M5 im Schülerbuch, S. 72 f. bzw. 75).
- Friedrich II. schrieb 1753 in einem Lehrbuch für Generale, dass besonders die Ausländer in der Armee einer besonders strengen Disziplin zu unterwerfen seien. – Warum?

- Schreibe die Antwort auf die Rückseite.

3. Der militärische Kampf im Krieg

Die Schlacht bei Lobositz, 1. Oktober 1756 (Kupferstich von P. Benazech)

Beschreibe die Aussage des Bildes über den militärischen Kampf und bedenke dabei, was Friedrich II. in einer Instruktion (Anordnung) nach dem Siebenjährigen Krieg 1763 schrieb: „Überhaupt muss der gemeine Soldat vor dem Offizier mehr Furcht als vor dem Feind haben“.
Schau dir noch einmal das Bild an und stelle dir vor, du wärst einer der Soldaten im Feld. Versuche jetzt eine Antwort auf Friedrichs Aussage.

- Schreibe sie ebenfalls auf die Rückseite.

5. Die Pest zu London 1665

Daniel Defoe wurde um 1660 geboren. Sein bekanntestes Buch ist der Roman „Robinson Crusoe“. Sein „Journal of the Plague Year“ („Die Pest zu London“) erschien 1722. Defoe schildert darin die Ereignisse während des Pestjahres 1665, das er als kleines Kind noch miterlebt hatte. Die Menschen waren 1720/21 durch Meldungen einer erneuten Pestepidemie aufgeschreckt, die in Marseille wütete und über Amsterdam auch England zu erreichen drohte. Defoe wollte mit der Schilderung seine Zeitgenossen vor den abergläubischen Vorraussagen und wirkungslosen Quacksalbereien ihrer Vorfahren warnen, auch vor dem nutzlosen Einsperren Tausender befallener Familien in ihren Häusern. Erst 1894 wurde der Erreger, ein Bakterium entdeckt, die Übertragung auf den Menschen durch Flohstiche aufgeklärt. Dabei waren Ratten, die auf den Handelsschiffen aus dem Mittelmeerraum mitkamen, die Zwischenträger.

„Dieser Mann, der Unterküster John Jayward, [...] ging mit Totenkarren und Glocken herum, um die Leichen aus den Häusern abzuholen [...] er bekam die Pest nie [...] Seine Frau war zur selben Zeit Krankenwärterin [...[und auch sie wurde nicht angesteckt. John gebrauchte nie ein anderes Mittel gegen die Infektion, als dass er Knoblauch und Raute im Mund hielt und Tabak rauchte [...] Und seine Frau nahm Essig; sie wusch ihr Haar in Essig, besprengte ihre Kleider mit Essig [...], zog [...] Essig in der Nase hoch [...]

Man hatte sich keinerlei Gedanken über Maßnahmen zur Armenfürsorge gemacht. Es gab im Besitz der öffentlichen Hand keine Magazine oder Lagerhäuser für Korn oder Mehl [...] Sicher ist, dass der größte Teil der Armen oder der Schicht, die früher von ihrer Hände Arbeit oder vom Kleinhandel gelebt hatte, jetzt auf Wohltätigkeit angewiesen war; und wären nicht ungewöhnlich hohe Summen von wohltätigen [...] Menschen zu ihrem Unterhalt gestiftet worden, so hätte die City nicht durchkommen können [...] Alle Familien schränkten ihre Lebenshaltung so weit wie möglich ein, sowohl die, die geflohen, wie die, die geblieben waren, so dass eine unübersehbare Menge von Lakaien, Dienstleuten, Gehilfen, Verkäufern, Buchhaltern [...] und besonders armen Dienstmädchen auf die Straße gesetzt wurden, wo sie, ohne Freund und ohne Hilfe, ohne Broterwerb und ohne Unterkunft, sich selbst überlassen blieben [...] Viele von diesen waren die bejammernswerten Opfer der Verzweiflung [...] Man kann von ihnen sagen, dass sie nicht an der Pest selbst, sondern an ihren Folgen umkamen, nämlich durch Hunger und Entbehrung [...] Aber ach! dies war eine Zeit, wo jedermann so sehr um seine eigene Sicherheit besorgt war, dass keiner Mitleid für die Nöte der anderen übrig hatte; denn jeder hatte den Tod [...] vor der Tür stehen [...]“

(D. Defoe, „Die Pest zu London“, Ullstein TB, Frankfurt 1990, S.121 f., 125, 127, 129 f., 155)

1. Was weißt du noch über die Pest aus früheren Geschichtsstunden?
2. Wie versuchte man, sich vor der Ansteckung zu schützen?
3. Auf welche besonderen Londoner weist Defoe hin?

6. Aus dem Leben einer Frau aus der Unterschicht

Den Roman Moll Flanders veröffentlichte Daniel Defoe 1722. Darin erzählt Moll ihr Leben bis zum Jahre 1683. Wollte sie als junge mittellose Frau nicht verhungern oder äußerst schlecht bezahlte Dienste annehmen, konnte sie sich nur durch Betrügereien und Diebstähle über Wasser halten. Ihr wirkliches Ziel war darum die Heirat, um als Bürgersfrau in geordneten wirtschaftlichen Verhältnissen zu leben. Moll gehörte aber nicht zum Bürgertum, das Heiraten nach der Höhe der Mitgift arrangierte. Deshalb versuchte sie bei ihren Gaunereien immer so viel Geld zu sparen, dass sie auf dem „Heiratsmarkt" bessere Chancen hatte. Sie setzte auch Tricks und ihre Anziehungskraft ein, um nach der jeweiligen Verwitwung neue Ehemänner zu finden.

„Ich habe mir sagen lassen, dass der Staat in einem unserer Nachbarländer [...] die Kinder von den Verbrechern in seine Obhut nimmt. Man will nicht, dass diese bedauernswerten Geschöpfe unversorgt zurückbleiben, wenn die Eltern zum Tode, zur Galeere oder Strafverschickung verurteilt werden. Ein königlicher Erlass bestimmt [...], dass sie sofort in einem Waisenhaus Aufnahme finden [...] Ach, wäre das doch hierzulande auch Sitte gewesen! Dann wäre ich armes verlassenes Geschöpf nicht einsam und hilflos zurückgeblieben [...] So [...] führte mich ein böses Geschick schon frühzeitig auf einen Lebensweg, den selten einer betritt, ohne an Leib und Seele Schaden zu nehmen [...].

Ich machte auch [...] die Erfahrung, dass Ehen nicht immer im Himmel geschlossen werden, sondern meist auf kluger Berechnung beruhen; sie mussten den Interessen dienen und das Geschäft fördern. Liebe spielte dabei keine oder nur eine sehr geringe Rolle [...] Schönheit, Verstand, heiterer Sinn, gutes Benehmen und Frömmigkeit [...] waren nicht ausschlaggebend, nur das Geld machte eine Frau begehrenswert [...] Wenn sie auch krumm und lahm war, die Mitgift war nicht krumm und lahm [...] Die unsichere Lage, in der ich mich befand, ließ mir den Heiratsantrag eines passenden Bewerbers unbedingt notwendig erscheinen [...] Ich fand den geeigneten Mann ohne Schwierigkeiten [...] Ich hörte ihm ruhig zu [...], wenn er mir seine Liebe tausendfach beteuerte: Er liebte nur mich [...], er ersehne nur das eine, mit mir glücklich zu werden. Dabei wusste ich ganz genau, dass er es im Grunde nur auf mein Geld abgesehen hatte. Er hielt mich für sehr reich [...] Das war der richtige Mann für mich [...] Als wir verheiratet waren, musste ich ihm nun wohl oder übel mein kleines Vermögen übergeben und ihn sehen lassen, wie wenig es war."

(D. Defoe, „Glück und Unglück der berühmten Moll Flanders", Insel TB, Frankfurt 1983, S. 15 f., 82, 91, 93 f.)

1. Was erfährst du über das Strafsystem?

2. Beschreibe die Stellung der unversorgten Kinder, mittellosen Frauen und Witwen in der damaligen Gesellschaft.

7. Der französische Staatshaushalt 1787

Die Ausgaben übersteigen die Einnahmen um ____________ Livres, also um ________ % der Einnahmen.

Die ____ trugen vor allem zum Haushaltsdefizit bei.

Welche Entwicklung war zu erwarten, wenn sich die Haushaltspolitik nicht änderte?

____

Welche drei Maßnahmen wären für eine langfristige Sanierung des Haushalts erforderlich gewesen?

1. ____

2. ____

3. ____

Warum konnte der König diese Maßnahmen nicht durchsetzen?

____

Wer hatte in dieser „absoluten Monarchie" die größte Macht, der Monarch, der Adel, die adlige hohe Geistlichkeit oder das besitzende Bürgertum des dritten Standes?

____

8. Ereignisse in Frankreich 1789

Schaffe einen Überblick über die erste Phase der Französischen Revolution, in dem du die Nummern der u.a. Ereignisse stichwortartig einträgst.

Datum	Der König	Adel	Klerus	3. Stand: Bürger + übrige Bevölkerung (Paris, Land)
Januar				
5. Mai				fordern:
8. Mai			niederer Klerus	
17. Juni				
20. Juni	schließt Saal			
23.–27. Juni	gibt nach			
Anfang Juli				
14. Juli	auf Jagd			
16. Juli				
4./5. August				
26. Aug.				
5. Okt.				
6. Okt.				
2. Nov.				

1 beruft Generalstände ein, 2 Abstimmung geschlossen nach Ständen, 3 300, 4 300, 5 600 statt 300, 6 Beschwerdeheft, 7 eröffnet Generalstände in Versailles, 8 Abstimmung nach Köpfen, 9 lehnt ab, 10 fordern Vereinigung der 3 Stände, 11 3. Stand erklärt sich zur Nationalversammlung (NV), 12 geht über, 13 einige Adlige laufen über, 14 Ballhausschwur: Verfassung!, 15 empfiehlt Anschluss an NV, 16 konzentriert Truppen, 17 Verfassungsarbeit beginnt, 18 Bevölkerung von Paris erregt sich, 19 Sturm auf die Bastille, 20 zieht Truppen zurück, 21 Bauernaufstände, 22 Aufhebung der Privilegien, 23 Erklärung der Menschenrechte, 24 Brotpreis steigt, Lebensmittel werden knapp, 25 Frauen aus Paris holen 26 den König von Versailles nach Paris, NV folgt, 27 NV verstaatlicht Kirchengüter.

9. Erklärung der Menschen- und Bürgerrechte

Wir zitieren hier auszugsweise einige Artikel des Grundgesetzes der Bundesrepublik Deutschland. Schreibe die Ziffern der Erklärung der Menschen- und Bürgerrechte daneben, auf die unsere Grundrechte letztlich zurückgehen (M3). Versucht auch, die Gründe für abweichende Formulierungen zu finden.

Art. 1.1. Die Würde des Menschen ist unantastbar ... 2. Das Deutsche Volk bekennt sich darum zu unverletzlichen und unveräußerlichen Menschenrechten ...

____

Art. 2.1. Jeder hat das Recht auf die freie Entfaltung seiner Persönlichkeit, soweit er nicht die Rechte anderer verletzt und nicht gegen die verfassungsmäßige Ordnung oder das Sittengesetz verstößt. 2. ...

____

Art. 3.1. Alle Menschen sind vor dem Gesetz gleich. 2. ... 3. Niemand darf wegen seines Geschlechts, seiner Abstammung, seiner Rasse, seiner Sprache, seiner Heimat und Herkunft, seines Glaubens, seiner religiösen oder politischen Anschauung benachteiligt oder bevorzugt werden.

____

Art. 4.1. Die Freiheit des Glaubens, des Gewissens und die Freiheit des religiösen und weltanschaulichen Bekenntnisses sind unverletzlich. 2. ...

____

Art. 5.1. Jeder hat das Recht, seine Meinung in Wort, Schrift und Bild frei zu äußern und zu verbreiten und sich aus allgemein zugänglichen Quellen ungehindert zu unterrichten. Die Pressefreiheit und die Freiheit der Berichterstattung durch Rundfunk und Film werden gewährleistet. Eine Zensur findet nicht statt. 2. ...

____

Art. 20.2. Alle Staatsgewalt geht vom Volke aus. Sie wird in Wahlen und Abstimmungen und durch besondere Organe der Gesetzgebung, der vollziehenden Gewalt und der Rechtsprechung ausgeübt. 3. ...

____

10. Gegner der Französischen Revolution

Im Folgenden führen wir die Feinde der Französischen Revolution auf. Ordne ihnen die unten angeführten Motive zu (es können auch mehrere sein).

König: ______________________________

Adel: ______________________________

hoher Klerus: ______________________________

niederer Klerus: ______________ seit: ______________

Teile der bäuerlichen Bevölkerung, seit erste Interessen befriedigt sind: ______________

____

Bauern in der Vendée: ______________________________

ausländische Monarchen: ______________________________

1. Angst, Macht zu verlieren
2. Angst, Grundbesitz zu verlieren
3. Angst, Einfluss zu verlieren
4. Angst vor antireligiöser Politik, Treue zur Kirche
5. Loyalität zum König
6. Angst vor Verbreitung der Ideen der Revolution
7. altes Misstrauen und Feindschaft gegen Frankreich

11. Bevor eine neue Zeit begann

Wie heißt ...

1. die Interessenvertretung der Stände gegenüber dem König? ______

2. die Versammlung, die von 1789-1791 Gesetze gibt und die Verfassung erarbeitet? ______

3. eine Monarchie, die durch eine Verfassung beschränkt ist? ______

4. das Parlament der französischen Republik seit 1791? ______

5. die diktatorische Regierung 1793/94? ______

6. das Papiergeld als Gegenwert gegen den enteigneten Kirchenbesitz? ______

7. die allgemeine Wehrpflicht 1793? ______

Wie heißen ...

8. die revolutionären Gerichte? ______

9. die Anhänger Robespierres? ______

10. die von Robespierre bekämpften gemäßigten Revolutionäre, meist Besitzbürger? ______

11. die radikalen Handwerker und Arbeiter der Pariser Kommune? ______

12. Eine neue Zeit

Ordne die folgenden Stichwörter in beide Spalten und füge das Jahr der Neuerung in Frankreich hinzu. Beachte, dass viele Neuerungen oder Fortschritte auch wieder rückgängig gemacht wurden und dann wieder neu erkämpft werden mussten.

Vor	Jahr	Während und nach

Volkssouveränität, bürgerliche Gleichheit, absolute Monarchie, Gewaltenteilung, Feudalismus, Gottesgnadentum, Republik, Wehrpflicht für alle Männer, konstitutionelle Monarchie, Freiheit des Handels, Zunftzwang, Menschenrechte, Ehescheidung, gleiches Wahlrecht für Männer, Religionsfreiheit, Ungleichheit des Rechts, freie Marktpreise, Verbot von Arbeiter- und Handwerkervereinigungen, Streiks und Zunftzwang, Gewerbefreiheit, Schutz des Eigentums, Privilegien von Adel und Geistlichkeit, politische Clubs (= Parteien), Pressefreiheit, Söldnerheer, keine allgemeinen Wahlen, Preisregulierungen (Höchst- oder Mindestpreise), Merkantilismus, Unauflöslichkeit der Ehe, Pressezensur, katholische Konfession als Staatsreligion.

13. Über die Reorganisation des preußischen Staates

„Die Französische Revolution, wovon die gegenwärtigen Kriege die Fortsetzung sind, gab den Franzosen unter Blutvergießen und Stürmen einen neuen Schwung. Alle schlafenden Kräfte wurden geweckt, das Elende und Schwache, veraltete Vorurteile und Gebrechen wurden – freilich zugleich mit manchem Guten – zerstört [...] Der Wahn, dass man die Revolution am sichersten durch Festhalten am Alten und durch strenge Verfolgung der durch solche geltend gemachten Grundsätze entgegenstreben könne, hat besonders dazu beigetragen, die Revolution zu befördern und derselben eine stets wachsende Ausdehnung zu geben. Die Gewalt dieser Grundsätze ist so groß, dass der Staat, der sie annimmt, entweder seinem Untergange oder der erzwungenen Annahme derselben entgegensehen muss. Ja selbst die Raub- und Ehr- und Herrschsucht Napoleons und seiner begünstigten Gehilfen ist dieser Gewalt untergeordnet und wird es gegen ihren Willen bleiben [...] Also eine Revolution im guten Sinn, gerade hinführend zu dem großen Zwecke der Veredelung der Menschheit, durch Weisheit der Regierung und nicht durch gewaltsame Impulsion von innen oder außen – das ist unser Ziel, unser leitendes Prinzip. Demokratische Grundsätze in einer monarchischen Regierung: Dieses scheint mir die angemessene Form für den gegenwärtigen Zeitgeist. Die reine Demokratie müssen wir noch dem Jahre 2440 überlassen [...]"

1. Welche Forderungen zieht Hardenberg aus den Erfahrungen der Französischen Revolution?

Als der preußische König seinen Reformminister Stein auf Veranlassung Napoleons im November 1808 entlassen hatte, schrieb Stein über seine Reformen:
„Es kam darauf an, die Disharmonie, die im Volke stattfindet, aufzuheben, den Kampf der Stände unter sich, der uns unglücklich machte, zu vernichten, gesetzliche Möglichkeiten aufzustellen, dass jeder im Volk seine Kräfte frei in moralischer Richtung entwickeln könne, und auf solche Weise das Volk zu nötigen, König und Vaterland derart zu lieben, dass es Gut und Leben ihnen gern zum Opfer bringt [...]
Der letzte Rest der Sklaverei, die Erbuntertänigkeit, ist vernichtet, und der unerschütterliche Pfeiler jedes Thrones, der Wille freier Menschen, ist gegründet. Das unumschränkte Recht zum Erwerb des Grundeigentums ist proklamiert. Dem Volk ist die Befugnis, seine ersten Lebensbedürfnisse sich selbst zu bereiten, wiedergegeben. Die Städte sind mündig erklärt [...] (Es) sind nur wenige Hauptschritte noch übrig."

2. Welche Schritte hatte Stein mit seinen Reformen angestrebt?

3. Was war für Stein der Grundsatz, der seine Reformen bestimmte?

4. Welche Unterschiede und welche Gemeinsamkeiten lassen sich zwischen den Überlegungen Hardenbergs und der Erklärung Steins feststellen?

14. Der Wiener Kongress

1. Stelle die wichtigsten Grundsätze und Beschlüsse des Wiener Kongresses zusammen.

2. Wie war der „Deutsche Bund“ organisiert?

3. Wo besaßen deutsche Staaten Gebiete außerhalb des „Deutschen Bundes“?

4. Welche nichtdeutschen Herrscher gehörten zum „Deutschen Bund“?

5. Welche Gebiete gewann Preußen, welche Österreich?

6. Vergleiche die politische Landkarte Deutschlands von 1815 mit der Frankreichs.

Denkschrift des Freiherrn vom Stein vom 24. Juni 1815:
„Unsere neuen Gesetzgeber haben an die Stelle des alten Deutschen Reiches – mit einem Haupte, gesetzgebender Versammlung, Gerichtshöfen, einer inneren Einrichtung, die ein Ganzes bildete – einen Deutschen Bund gesetzt, ohne Haupt, ohne Gerichtshöfe, schwach verbunden für die gemeinsame Verteidigung. Die Rechte des Einzelnen sind durch nichts gesichert als die unbestimmte Erklärung, dass es ‚Landstände geben solle', ohne dass etwas über deren Befugnisse festgestellt ist (Art. 13) [...] Von so einer fehlerhaften Verfassung lässt sich nur ein sehr schwacher Einfluss auf das öffentliche Glück Deutschlands erwarten und man muss hoffen, dass die despotischen Grundsätze, von denen mehrere Kabinette sich noch nicht losmachen können, nach und nach durch die öffentliche Meinung, die Freiheit der Presse [...] zerstört werden."
(zit. nach W. Lautemann, M. Schlenke [Hrsg.], „Geschichte in Quellen", Bd. 4 1980, S. 26)

7. Kann man Stein zustimmen, wenn er meint, der „Deutsche Bund“ habe eine „fehlerhafte Verfassung“?

8. Hat Stein Recht, wenn er das „alte Deutsche Reich“ als „innere Einrichtung, die ein Ganzes bildete“, bezeichnet?

15. Das „System Metternich“

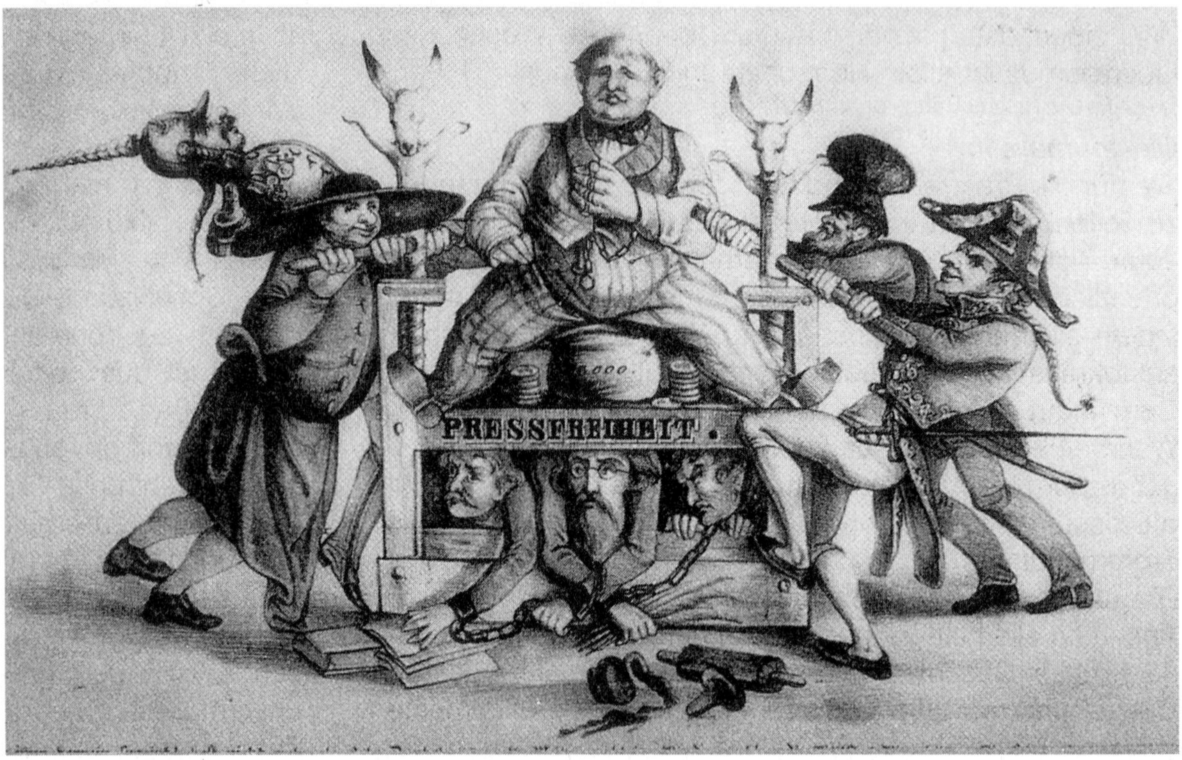

1. Beschreibe die Karikatur zur „Pressefreiheit“.

____

____

____

____

____

2. Zwei in Mannheim erscheinende Zeitungen äußern sich zur Pressefreiheit:

a) Der „Wächter am Rhein“ vom 18. Mai 1832:
„Die Pressefreiheit verbreitet Wahrheit, denn des Menschen Verstand, wenn ihm die Wahrheit vorgehalten wird, unterscheidet sich leicht von der Lüge. Die Vorurteile schwinden. Die Abgeschmacktheit des angeborenen Adels wird sichtbar, die Ungerechtigkeit angeborener Privilegien unerträglich. Die Untertanen sehen ein, dass wir alle gleich geboren sind; dass ihr Gesamtwille ihr Regent ist; dass der Fürst nicht von Gottes Gnaden und zu eigenem Vorteil, sondern aus Volksauftrag zu Volksnutzen regieren muss. Was das Volk einsieht, das setzt es durch, denn die eigentliche Macht ist in seiner Hand.“

b) Die „Mannheimer Zeitung“ vom 31. Mai 1832:
„Die Zensur, als Präventiv-Maßregel (Vorsorgemaßnahme), verhütet die Ausbrüche der Leidenschaft und lässt die Extreme, [...] welche den Umsturz der bestehenden Ordnung der Dinge herbeiführen könnten, nicht zu [...] Die Revolution dagegen schreit um Pressefreiheit, weil sie die Religion, den Staat und die guten Sitten umstürzen will. Hat sie dieses mittels des Hebels der Pressefreiheit bewirkt, hat sie eine so genannte öffentliche Meinung hervorgerufen, die nichts anderes ist als ein Terrorismus der Journale, so übt sie eine viel strengere Zensur als je die legitimen Regierungen.“

3. Wie soll die Pressefreiheit gemäß „Wächter am Rhein“ genutzt werden?

4. Was versteht die „Mannheimer Zeitung“ unter dem „Terrorismus der Journale“?

5. Vergleiche beide Veröffentlichungen.

16. Das Jahr 1848

1. Beschreibe die zeitgenössische Karikatur.

2. Schon am 27. Februar 1848 – nur vier Tage nach dem Beginn der Februarrevolution – verfassten Mannheimer Bürger eine Bittschrift und sandten sie an das badische Parlament:

„Eine ungeheure Revolution hat Frankreich umgestaltet. Vielleicht in wenigen Tagen stehen französische Heere an unseren Grenzmarken, während Russland die seinigen im Norden zusammenzieht. Ein Gedanke durchzuckt Europa. Das alte System wankt und zerfällt in Trümmer. Aller Orten haben die Völker mit kräftiger Hand die Rechte sich selbst genommen, welche ihre Machthaber ihnen vorenthielten. Deutschland darf nicht länger geduldig zusehen, wie es mit Füßen getreten wird. Das deutsche Volk hat das Recht zu verlangen:
Wohlstand, Bildung und Freiheit für alle Klassen der Gesellschaft, ohne Unterschied der Geburt und des Standes.
Die Zeit ist vorüber, die Mittel zu diesen Zwecken lange zu beraten. Was das Volk will, hat es durch seine gesetzlichen Vertreter, durch die Presse und durch Petitionen deutlich genug ausgesprochen. Aus der großen Zahl von Maßregeln, durch deren Ergreifen allein das deutsche Volk gerettet werden kann, heben wir hervor:
1. Volksbewaffnung mit freien Wahlen der Offiziere.
2. Unbedingte Pressefreiheit.
3. Schwurgerichte nach dem Vorbilde Englands.
4. Sofortige Herstellung eines deutschen Parlaments.
Diese vier Forderungen sind so dringend, dass mit deren Erfüllung nicht länger gezögert werden kann und darf. Vertreter des Volkes! Wir verlangen von Euch, dass Ihr diese Forderungen zu ungesäumter Erfüllung bringt. Wir stehen für dieselben mit Gut und Blut ein und mit uns, davon sind wir durchdrungen, das ganze deutsche Volk."

(Friedrich Hecker, „Die Erhebung des Volkes in Baden", Basel 1848, S. 17f.)

2a. Ordne die Forderungen den Begriffen „Einheit", „Freiheit", „politische Gleichheit", „soziale Gleichheit" zu.

3. Was ist mit dem „alten System" gemeint?

17. Warum scheiterte die Revolution?

a) Vor dem Dresdener Stadtgericht mussten sich am 25. August 1849 869 an den Kämpfen beteiligte Aufständische verantworten. Davon waren:

285 Handwerksgesellen	15 Studenten
126 Tagelöhner	15 Handwerkslehrlinge
50 Handwerksmeister	13 Lehrer
43 Kaufleute	13 Offiziere und Soldaten
35 Kellner und Kutscher	12 Bergleute
28 Fabrikarbeiter	10 Gastwirte
26 Advokaten und Bürgermeister	10 Buch- und Steindrucker
23 Schreiber und Expedienten	

(Nach: Christoph Klessmann, „Zur Sozialgeschichte der Reichsverfassungskampagne von 1849", in „Historische Zeitschrift", Bd. 219, 1974, S. 295)

1. Welche Berufsgruppe stellte die meisten Revolutionäre?

2. Wie ist es zu erklären, dass unter den Revolutionären nur wenige Fabrikarbeiter ausgewiesen sind?

3. Der Arzt Rudolf Virchow schrieb am 19.12.1848 aus Berlin an seinen Vater:
„Zwei große Revolutionen, eine des Volks und eine der Aristokratie, das wird nicht so leicht wieder zusammenfallen [...] Ich kann wohl sagen: Solche Jahre wünsche ich weder dir noch mir, noch sonst wem wieder; so etwas einmal erfahren zu haben, genügt vollkommen.
Aber ich befürchte, dass es nicht das letzte Mal gewesen ist. Der Boden für die Revolution ist geschaffen; jetzt wird er von der Reaktion beackert und über kurz oder lang wird ihn wieder das Volk bestellen [...] die alte Ruhe wirst du, glaube ich, nicht wieder einkehren sehen. Auch glaube ich nicht, dass du das wünschen kannst. Die Geschichte will vorwärts, ihre Aufgabe ist die geistige und leibliche Befreiung des Menschengeschlechts und ich bin noch jetzt überzeugt, wie vor etlichen Monaten, dass es dazu zunächst der Republik bedarf. Es ist freilich in diesem Augenblick schwer zu sagen, was die nächste Zeit bringen wird. In Frankreich, in Italien, in Österreich, bei uns hat die Konterrevolution (Gegenrevolution) gesiegt und sie fängt an, überall ihren Sieg schamlos zu benutzen."
(Rolf Weber [Hg.] „Revolutionsbriefe 1848/49", Frankfurt a.M. 1973, S. 282 f.)

3a. Was meinte Virchow mit der „Revolution der Aristokratie"?

4. Welche Hoffnungen hegte er?

5. Erkläre die Karikatur auf Friedrich Wilhelm IV. im Buch auf S. 204.

18. Nationalstaaten in Europa

Fast zwei Jahrzehnte vor der Erhebung in Italien 1848/49 schrieb der Gründer des Geheimbundes „Junges Italien“ und Vorkämpfer der nationalen Einigung Italiens Giuseppe Mazzini:

„Es gibt kein wahres Hindernis für 26 Millionen Menschen, welche für das Vaterland aufstehen und kämpfen wollen [...] Deutschland ausgenommen, haben wir allein unter den Völkern uns Einheit, Unabhängigkeit und Freiheit erst noch zu erkämpfen [...] Sagt dem Volke: Für dich gibt es kein Recht – keine Vertretung – kein Amt – keine besondere Würde – keine Liebe – keine Sympathie; für dich gibt es Tränen und Elend, bürgerliche, politische und kirchliche Unterdrückung [...] Streckt nach dem lombardischen Boden die Hand aus: da sind die Männer, die eure Knechtschaft verewigen; streckt sie nach den Alpen aus: da sind eure Grenzen – und stoßt den Ruf aus: ‚Hinaus, Barbar! Krieg den Österreichern!' – Das Volk wird euch folgen [...] Und es gibt ein Wort, welches das Volk überall versteht [...] Dieses Wort heißt Republik."

(Guiseppe Mazzini, „Schriften", Bd. 1, Hamburg 1968, S. 101 ff.)

1. Wofür trat Mazzini ein?

2. Welche Situation bestand in Italien 1815 (Karte, S. 189), 1820/1821 (M3, S. 194) und 1848 (Zeittafel, S. 215)?

Napoleon III., das italienische Volk, Kaiser Franz Josef und König Emanuel ziehen sich den italienischen Stiefel an. Karikatur um die Mitte des 19. Jahrhunderts.

3. Welche Ansprüche haben die drei Herrscher?

4. Was geschieht dem italienischen Volk?

19. Die Annexion von Elsass-Lothringen

a) Der Historiker und preußische Nationalliberale Heinrich von Treitschke äußerte zur Annexion von Elsass-Lothringen:
„Der Gedanke [...], welcher, zuerst leise anklopfend wie ein verschämter Wunsch, in vier raschen Wochen zum mächtigen Feldgeschrei der Nation wurde, lautet kurzab: heraus mit dem alten Raube, heraus mit Elsass und Lothringen! [...] Wir schulden dem Weltteil eine dauerhafte Sicherung des Völkerfriedens und wir werden sie, so weit Menschenkräfte reichen, nur dann erlangen, wenn von den befestigten Pässen der Vogesen deutsche Feuerschlünde in das welsche Land herniederschauen und unsere Heere in wenigen Märschen in die Ebene der Champagne herabsteigen können, wenn [...] das geschwächte Frankreich nicht mehr wagen darf, uns anzugreifen [...] Von der heiligen Notwendigkeit dieser großen Tage wird die Lehre von dem Selbstbestimmungsrecht aller deutschen Stämme, die lockende Losung vaterlandsloser Demagogen, jämmerlich zuschanden. Diese Lande sind unser nach dem Recht des Schwertes und wir wollen über sie verfügen kraft eines höheren Rechtes der deutschen Nationen, die ihren verlorenen Söhnen nicht gestatten kann, sich für immer dem Deutschen Reiche zu entfremden."
(Karl Schiller [Hrsg.], „Heinrich von Treitschke, Aufsätze, Reden, Briefe", Meersburg 1929, S. 451 ff.)

1. Wofür trat Treitschke ein?

2. Wogegen wandte er sich ausdrücklich?

3. Wie begründet er seine Meinung?

4. Worin unterscheidet sich Jakoby (Schülerbuch, S. 230, M2) von Treitschke?

b) 1870 schrieb der französische Schriftsteller und Religionswissenschaftler Ernest Renan in einem Brief an den Theologen und Philosophen David Friedrich Strauß:
„Unsere Politik ist die Politik des Rechtes der Nationen, die Ihre ist die Politik der Rassen: [...] Abgesehen davon, dass sie auf einem wissenschaftlichen Irrtum beruht, da sehr wenig Länder reinrassig sind, kann die zu stark betonte Aufteilung der Menschheit in Rassen nur zu Ausrottungskriegen führen [...] Unter dem Vorwand einer germanischen Etymologie (= Wissenschaft von der Herkunft und Bedeutung der Wörter) haltet Ihr so manches lothringische Dorf für preußisch. Die Namen von Wien [Vindobona], Worms [Borbitomagus] und Mainz [Moguntiacum] sind gallischen Ursprungs; aber wir werden diese Städte deshalb nie von Euch fordern. Wenn aber eines Tages die Slawen das ursprüngliche Preußen, Pommern, Schlesien, Berlin fordern werden weil deren Namen slawischen Ursprungs sind, wenn sie an der Elbe und der Oder so handeln werden, wie Ihr an der Mosel, was werdet Ihr dann sagen? Nation ist kein Synonym (= kein bedeutungsgleiches Wort) für Rasse. Die kleine Schweiz, die so stabil ist, zählt drei Sprachen, drei oder vier Rassen und zwei Religionen. Eine Nation ist eine große, für Jahrhunderte (nicht für die Ewigkeit) geschlossenen Vereinigung von Provinzen, die einen Kern bilden, die untereinander durch gemeinsame Interessen oder zu Interessen gewordene akzeptierte Fakten (= anerkannte Tatsachen) verbunden sind [...] ich wage zu behaupten, dass keine Nation wegen dieser falschen Art zu urteilen mehr zu leiden haben wird als die deutsche."
(Zit. nach C. Schöndube, „Die Wiederentdeckung der nationalen Minderheiten in Westeuropa", Beilage zur Wochenzeitung „Das Parlament", Nr. 18, 1975, S. 5 f.)

5. Wie begründet Renan seine Feststellung, dass Nation kein Synonym für Rasse sei?

6. Inwiefern hat sich der letzte Satz Renans später bewahrheitet?

20. Die „Emser Depesche“

Das Telegramm des Geheimrats Abeken, der König Wilhelm I. von Preußen während seines Kuraufenthaltes in Bad Ems als Vertreter des Auswärtigen Amtes begleitete, an Bismark vom 13. Juli 1870 und Bismarcks Redaktion des Telegramms:

Abekens Telegramm

S[eine] M[ajestät] der König schreibt mir:
„Graf Benedetti fing mich auf der Promenade ab, um auf zuletzt sehr zudringliche Art zu verlangen, ich sollte ihn autorisieren, sofort zu telegrafieren, dass ich für alle Zukunft mich verpflichte, niemals wieder meine Zustimmung zu geben, wenn die Hohenzollern auf ihre Kandidatur zurückkämen.

Ich wies ihn, zuletzt etwas ernst, zurück, da man à tout jamais [für alle Zukunft] dergleichen Engagements (Verpflichtungen) nicht nehmen dürfe noch könne. Natürlich sagte ich ihm, dass ich noch nichts erhalten hätte und, da er über Paris und Madrid früher benachrichtigt sei als ich, er wohl einsähe, dass mein Gouvernement (Regierung) wiederum außer Spiel sei (nicht beteiligt sei).“ S. M. hat seitdem ein Schreiben des Fürsten bekommen. Da S. M. dem Grafen Benedetti gesagt, dass er Nachricht vom Fürsten [Leopold von Hohenzollern] erwarte, hat Allerhöchstderselbe, mit Rücksicht auf die obige Zumutung, auf des Grafen Eulenburg und meinen Vortrag beschlossen, den Grafen Benedetti nicht mehr zu empfangen, sondern ihm nur durch seinen Adjutanten (hier: Person ohne politischen Rang) sagen lassen, dass S. M. jetzt vom Fürsten die Bestätigung der Nachricht erhalten, die Benedetti aus Paris schon gehabt, und dem Botschafter nichts weiter zu sagen habe.
S. M. stellt Ew. (Eurer) Exzellenz anheim, ob nicht die neue Forderung Benedettis und ihre Zurückweisung sogleich sowohl unseren Gesandten als in der Presse mitgeteilt werden sollte.

Bismarcks Redaktion

Nachdem die Nachricht von der Entsagung des Prinzen von Hohenzollern der Kaiserlichen französischen Regierung von der Königlich spanischen amtlich mitgeteilt worden ist, hat der französische Botschafter in Ems an S. M. den König noch die Forderung gestellt, ihn zu autorisieren, dass er nach Paris telegraphiere, dass S. M. der König sich für alle Zukunft verpflichte, niemals wieder seine Zustimmung zu geben, wenn die Hohenzollern auf ihre Kandidatur zurückkommen sollten.

S. M. hat es

darauf abgelehnt, den französischen Botschafter nochmals zu empfangen, und demselben
durch den Adjutanten vom Dienst
sagen lassen, dass S. M.

dem Botschafter nichts weiter mitzuteilen habe.

1. Vergleiche die beiden Fassungen der „Emser Depesche“ miteinander!

21. Der Krieg verändert die Gesellschaft

(Strichzeichnung aus dem Tagebuch des Korvettenkapitäns Bogislaw v. Selchow aus dem Sommer 1918)

1. Beschreibe die in der Zeichnung dieses Marineoffiziers deutlich werdende Haltung gegenüber der Kriegsführung und gegenüber dem Reichstag.

2. Vergleiche dessen Haltung gegenüber dem Reichstag mit den Forderungen der Soldaten in den Reservelazaretten.

Lösungen der Arbeitsblätter

1. Europa, ein vielschichtiger Erdteil (I)

Zu 1: zunächst eine Sagenfigur, dann einen Erdteil.

Zu 2: Demokratie, Theater, Philosophie, Sport (-Wettkämpfe).

Zu 3: Das Mittelmeer war sein Mittelpunkt. Weite Teile Europas waren lange Zeit einheitlich und friedlich verwaltet, hier wurde die antike Zivilisation verbreitet. Lange Nachwirkungen.

Zu 4: Er war als Kaiser Schutzherr der Kirche und beherrschte weite Teile Westeuropas. Ostrom, die Slawen und Nordeuropa blieben außerhalb, Ostrom bildete eine christliche Macht.

Zu 5: Einheit bestand in der katholischen Religion und der Kultur (Romanik, Gotik). Der Kaiser konnte die Vorherrschaft nicht durchsetzen. Gegensätze zwischen Papst und Kaiser, den Herrschern der vielen Staaten und Völker führten zu Gegnerschaften und Kriegen.

Zu 6: Es bewahrte die griechisch-römische Kultur und Zivilisation, wurde deshalb Vorbild (Mittel-, Osteuropa). Durch Mission Ausbreitung des orthodoxen Christentums im Balkan und in Russland.

Zu 7: Teile Europas wurden islamisch: Spanien und Balkan. Der Islam brachte im MA Wissenschaften, Kulturaustausch. Seit den Kreuzzügen herrschte in Europa eher ein Feindbild. Gegenwärtig nimmt der Islam in Mitteleuropa zu (Türken):

Zu 8: Papst und Kaiser verlieren an Einfluss und Bedeutung. Durch die Reformation wird die religiöse Spaltung vertieft. Erste Nationalstaaten entstehen. Reformation und Humanismus zeigen aber die kulturelle und geistige Einheit in Europa.

1a. Europa, ein vielschichtiger Erdteil (II)

Zu 1: Glaubensspaltung und Glaubenskriege.

Zu 2: Die europäischen Könige ahmten die absolutistische Herrschaft Ludwigs XIV. nach. Die französische Kultur wurde zum Vorbild und die französische Sprache europäische Verkehrssprache.

Zu 3: Ideale: Kritik von Tradition und Vorurteilen, Vernunft, Freiheit und Toleranz. Man betonte die Gemeinsamkeit der Europäer und wollte den europäischen Staatenbund. Folgen: Revolutionen, Demokratie, Industrialisierung.

Zu 4: Nationalismus bedeutete besondere Wertschätzung des eigenen Volkes und des Nationalstaates. Damit verbunden waren: Fremdenfeindlichkeit, Vorurteile. Folgen: vertiefte Gegensätze, Kriege.

Zu 5: Völkerverständigung durch gegenseitige Besuche, Kennenlernen der Menschen, Schiedsgerichtsbarkeit, Einigung Europas.

Zu 6: Zwei Weltkriege mit ca. 100 Mio. Toten, totalitäre Diktaturen mit Massenverfolgungen und Massenmorden, wirtschaftliche Not und die Teilung Europas nach 1945 in den kommunistischen Osten und demokratischen Westen bestimmten die Entwicklung.

Zu 7: 1952 Montanunion — 1957 EWG, EURATOM (Römische Verträge)
1967 Vereinheitlichung: EG — 1979 Direktwahl zum Europäischen Parlament
Gib die drei wichtigsten Organe der EU an! (S. 35ff.)
Europäisches Parlament, Europäische Kommission, Europäischer Rat/Rat der Europäischen Union

Zu 8: Vorteile: Freiheit für alle Menschen in der EU, gemeinsame Politik
Probleme: langsames Zusammenwachsen, Demokratiedefizit.

2. „Der Fürst ist von der Gewalt der Gesetze befreit“

Zu 1:
Der König ist
- den Gesetzen Gottes (Gebote),
- den Gesetzen der Natur und
- gewissen moralischen Gesetzen unterworfen.

Der König steht über den Gesetzen (absolut = losgelöst von den Gesetzen), weil
- er keinem Befehl eines anderen Herrschers unterworfen ist,
- er überholte Gesetze auflösen und neue erlassen kann.

Zu 2:
Der König allein
- entscheidet über Krieg und Frieden,
- ist oberster Gesetzgeber und Gerichtsherr,
- ernennt und entlässt die königlichen Minister,
- besitzt das Münzmonopol und stellt den Geldwert fest,
- verteilt Adelstitel, Privilegien und gewährt Begnadigungen.

Für die Steuererhöhung brauchte er jedoch die Zustimmung der Generalstände und neue Gesetze musste er sich von den Parlamenten bestätigen lassen.

Zu 3:
Gerade die chaotischen Zustände in Frankreich während der Glaubenskämpfe veranlassten Bodin, eine starke Zentralgewalt (König) zu fordern, die seiner Meinung nach allein wieder Recht und Ordnung einführen konnte.

3. Das Herrscherbild Ludwigs XIV.

	Ergebnis der Bildbeschreibung Ludwigs XIV.: 1. Schritt, Fragen (1) bis (10) zu M3	**Ergebnis der Bilddeutung Ludwigs XIV.: 2. Schritt, Fragen (1) bis (10) zu M3**
1)	Ludwig XIV. steht in der Bildmitte vor seinem Thron auf einem Podest. Er präsentiert sich wie ein Schauspieler, indem er sich leicht zum Betrachter dreht, die linke Hand in die Taille legt und sich mit der rechten auf sein Zepter stützt.	Er allein ist der Mittelpunkt Frankreichs. – Er ist der Hauptdarsteller und Regisseur auf der politischen Bühne und bestimmt, was und wie „gespielt“ wird.
2)	Er schaut den Betrachter von oben herab an. – Der Betrachter nimmt die Froschperspektive ein.	Er ist der Herrscher, zu dem man aufschauen muss.
3)	Er trägt einen überlangen blau-weißen Samtmantel, der mit goldenen Lilien bestickt ist, Seidenstrümpfe und rote Schnallenschuhe. Eine lange schwarze Lockenperücke schmückt seinen Kopf. An einer Kette über den Schultern trägt er ein Kreuz mit einer Taube.	Der Krönungsmantel mit den Lilien der Bourbonen weist ihn als Staatsoberhaupt aus dem Geschlecht der Bourbonen aus. Strümpfe und Schuhe entsprechen der Mode der Zeit. Die Allonge-Perücke (Verlängerungsperücke) lässt den König größer als in Wirklichkeit erscheinen, außerdem bedeckt sie seine Glatze. Er ist ein christlicher König, gesegnet mit der Kraft des Geistes.
4)	Der Thronsaal (Säule) ist kostbar eingerichtet (Teppich), ein schwerer roter Stoff mit Goldbordüre und Goldquasten ist über und neben ihm wie ein geöffneter Vorhang drapiert.	Der äußere Prunk zeigt die Erhabenheit des Herrschers. Der Vorhang unterstreicht, dass Ludwig seine Politik wie auf einer Theaterbühne spielt.
5)	Rot, Weiss und Blau sind die bestimmenden Farben.	Blau ist die Farbe der weltlichen, Rot die der kirchlichen Herrschaft, Weiß die Farbe des Geschlechts der Bourbonen.
6)	Die Krone (mit blauen und roten Edelsteinen verziert) liegt auf einem mit Samt (der gleiche Stoff wie der des Krönungsmantels) bedeckten Tisch im Hintergrund. Links neben der Krone liegt eine Schwurhand. Das Schwert (ebenfalls mit blauen und roten Edelsteinen verziert) trägt er an der linken Seite halb verdeckt durch den Mantel. Ludwig stützt sich auf das Zepter wie auf einen Spazierstock, um sich dem Betrachter besser präsentieren zu können.	Ludwig XIV. bedarf für seine Herrschaft nicht mehr der Krone, sie ist nur noch ein zusätzliches Ausstellungsstück. Das Schwert als Zeichen der außenpolitischen Macht hält er nicht mehr in der linken erhobenen Hand, um Feinde abzuwehren, seine reale Machtfülle braucht diesen äußeren Ausdruck nicht mehr. Das Zepter als Zeichen innenpolitischer Macht hält er nicht mehr in der erhobenen rechten Hand, um so seine Untertanen zu züchtigen, seine reale Machtfülle erlaubt es ihm, es nur noch als dekorativen Spazierstock zu gebrauchen.
7)	Auf dem Bild im Säulenschaft ist Justitia (= die Gerechtigkeit) als Person abgebildet, symbolisiert durch die Waage und das Schwert.	Ludwig XIV. will als Garant der Gerechtigkeit, die er mit dem Schwert verteidigt, gesehen werden.

	Ergebnis der Bildbeschreibung Ludwigs XIV.: 1. Schritt, Fragen (1) bis (10) zu M3	Ergebnis der Bilddeutung Ludwigs XIV.: 2. Schritt, Fragen (1) bis (10) zu M3
8)	Das Bild stammt aus der Werkstatt des königlichen Hofmalers Hyacinthe Rigaud.	Der größte Teil des Bildes wurde von den Assistenten des Hofmalers in Gemeinschaftsarbeit gefertigt. Rigaud selbst malte nur den Kopf Ludwigs, der nachträglich auf der Leinwand befestigt wurde. – Da der Hofmaler vom König bezahlt wurde, führte er dessen Wünsche genau aus.
9)	Ludwig XIV. wird in Lebensgröße dargestellt.	vgl. 2)
10)	Das Bild wurde 1701 gemalt, Ludwig XIV. ist 63 Jahre alt. Rigaud malte es für den spanischen Hof in Madrid, da der Enkel Ludwigs 1701 zum spanischen Thronfolger bestimmt wurde, nachdem mit Karl II. der letzte spanische Habsburger gestorben war. Da das Bild Ludwig XIV. aber sehr gefiel, gelangte es nie an den Madrider Hof, sondern er verleibte es seiner Versailler Kunstsammlung ein.	Das Bild Ludwigs XIV. am spanischen Königshof in Madrid sollte den Anspruch der Bourbonen auch auf den spanischen Königsthron unterstreichen und somit Ludwigs Vorrangstellung in Europa dokumentieren. – Der Streit um die Thronnachfolge löste den zwölf Jahre dauernden Spanischen Erbfolgekrieg aus.

	Ergebnis der Bildbeschreibung Heinrichs II.: Fragen (1) bis (6) zu M6, 1. Schritt	Ergebnis der Bilddeutung Heinrichs II.: Fragen (1) bis (6) zu M6, 2. Schritt
1)	Heinrich II. steht in der Mitte, über ihm thront in einer Mandorla Christus umgeben von zwei Engeln, neben ihm stehen die beiden Bischöfe Ulrich und Emmeran.	Heinrich II. ist König von Gottes Gnaden, er bedarf des Beistandes der Engel und der kirchlichen Machtträger.
2)	Heinrich schaut zum rechten Engel hinauf; er hat keinen Blickkontakt mit dem Betrachter des Bildes.	Der Blickkontakt zu den himmlischen Mächten ist wichtig.
3)	Er ist mit einem goldenen Gewand bekleidet, über der linken Schulter trägt er den blauen Krönungsmantel. Er steht barfuß.	Die blaue Farbe des Krönungsmantels steht für die weltliche Macht. Die nackten Füße sind Zeichen seiner Demut.
4)	vgl. 1)	
5)	Der König trägt ein goldenes Gewand und den blauen Krönungsmantel. Die Bischöfe tragen weiße Untergewänder und rote Übergewänder. Christus ist mit einem blauen Untergewand und einem roten Übergewand bekleidet.	Gold steht dem König zu, Blau ist die Farbe der weltlichen Macht, Rot ist die Farbe der geistlichen Macht.
6)	Christus setzt Heinrich als Zeichen seiner Königswürde die Krone auf. Der rechte Engel überreicht Heinrich das Schwert, das ihn seine Feinde fürchten lehren soll (Spruchband). Der linke Engel übergibt ihm die Lanze, um die Not abzuwehren. Der heilig gesprochene (Heiligenschein) Bischof Ulrich soll ihn segnen, der heilig gesprochene Bischof Emmeran ihm beistehen und ihm Trost geben (Spruchband).	Christus selbst setzt dem ottonisch-salischen König die Krone als Zeichen seiner Königswürde auf. Der Herrscher ist das Abbild und der Stellvertreter Christi auf Erden. Ohne Beistand des Himmels (Engel) ist seine außenpolitische Macht (Schwert) nichtig. Auch ist er ohne den Beistand des Himmels (Engel) nicht in der Lage, die Not (mit der Lanze) abzuwehren. Die heilige Lanze galt seit Heinrich I. als Sinnbild christlicher Barmherzigkeit. Er bleibt angewiesen auf die Heilsvermittlung und den Beistand der Kirche (heilig gesprochene Bischöfe).

4. Die Funktion von Disziplin und Drill in der preußischen Armee.

Zu 1:
Die Strafen wurden in Kriegszeiten für alle Vergehen verschärft, um die Disziplin vor den Schlachten in jedem Fall aufrecht erhalten zu können.

Zu 2:
Zum einen die Bauernsoldaten, die durch das Kantonssystem erfasst wurden, zum anderen freiwillige und unfreiwillige Söldner aus verschiedenen Ländern.

Die Bauernsoldaten und die Offiziere stammten aus dem gleichen Bezirk und hatten auch im Zivilleben miteinander zu tun. Dies festigte die gegenseitige Verbundenheit. Die ausländischen Söldner dagegen, vor allem die in die Armee gezwungenen Männer, waren sozial überhaupt nicht an die anderen Soldaten und Offiziere gebunden und deshalb versucht, jede Gelegenheit zur Flucht zu nutzen.

Zu 3:
Der Drill hatte eine doppelte Funktion: Zum einen traten sich in den Feldschlachten die gegnerischen Armeen in geschlossenen Linien, die aus drei Reihen bestanden, ohne Deckung vor dem gegnerischen Feuer und ohne Rücksicht auf Verluste entgegen (= die Lineartaktik war in den Kriegen des 18. Jahrhunderts weit verbreitet). Die Lineartaktik mit ihren drei Bewegungen (Vorrücken, Schwenken, Flügelvorziehen) als auch die blitzartige Durchführung der 108 Einzelgriffe beim Gewehrladen erforderten viele Monate härtesten Drills. Da die Reichweite des Infanteriegewehrs nicht mehr als 150 bis 225 Meter betrug und auch die Treffsicherheit relativ gering war, bestand die Taktik darin, den Gegner aus der geschlossenen Linearformation heraus durch ein schnelles, gleichzeitiges Salvenfeuer zu erschrecken. Die Schießgeschwindigkeit der preußischen Armee war unübertroffen. War die Formation des Gegners durch einige, schnell aufeinander folgende Salven aufgelöst, versuchte man den Gegner im Nahkampf mit dem Bajonett zu bezwingen.
Zum anderen konnten nur sehr harte Strafen sowie die übermäßige Furcht vor dem Offizier und eine ständige Bewachung im Feldlager die Soldaten daran hindern, in Massen vor der lebensgefährlichen Konfrontation mit dem Gegner zu desertieren.

Zitat: „Überhaupt muss der gemeine Soldat vor dem Offizier mehr Furcht als vor dem Feind haben" (zit. nach H.D. Schmid, „Fragen an die Geschichte", Bd. 3, Frankfurt/M., [3]1980, S. 36.

5. Die Pest zu London 1665

Zu 1: siehe GuG A2, S.116 f. und Lehrerband A2, S. 63–65.

Zu 2: Individuell durch Hausmittel wie Knoblauch, Kräuter, Tabakrauch, Essig, Flucht ins Umland. Offiziell durch bestellte Totengräber und Krankenpflegerinnen, Einschließen befallener Familien in ihren Häusern.

Zu 3: London war von einem Heer besitzloser Handwerker, Kleinhändler, Bediensteter aller Ränge ohne jede Ersparnisse bevölkert, die nur ihre Arbeitskraft verkaufen konnten. Neben einer dünnen Schicht von Begüterten waren sie in der Überzahl. In Notzeiten, wie jetzt bei der Pest, waren sie bei fehlender offizieller Vorsorge auf die Wohltätigkeit der Reichen angewiesen.
Zusatzinformationen: Das schnelle Bevölkerungswachstum Londons begann im 16. Jahrhundert. Um 1650 betrug die Einwohnerzahl etwa 375 000, um 1700 490 000 Personen. Da die städtische Sterblichkeitsrate sehr hoch lag – an der Pest waren zwischen 80 000 und 100 000 Menschen gestorben – beruhte das Wachstum auf dem Zuzug vom Lande. Und je mehr Menschen zuzogen, desto mehr Menschen waren nötig, die diese wiederum mit Gütern und Dienstleistungen versorgten. Dabei wuchs weniger die ursprünglich von einer Mauer umgebene City, als vielmehr die Vorstädte vor den 7 Toren (gates), die im Norden und Osten riesige Slums bildeten. Die seit der Tudor-Zeit immer wieder erlassenen Neubauverbote waren völlig wirkungslos geblieben.

6. Aus dem Leben einer Frau aus der Unterschicht

Zu 1: Drakonische Strafen wie der Tod, Galeere oder Deportation zur Zwangsarbeit in die amerikanischen Kolonien wurden bereits bei kleinen Eigentumsdelikten verhängt.
Zusatzinformation: Gegen Ende des 17. Jahrhunderts stand die Todesstrafe auf etwa 250 Delikte, eingeschlossen Mundraub, Taschendiebstahl, Einbruch, wenn der Warenwert mehr als einen Schilling betrug. Die meisten zum Tode Verurteilten waren jung und arm. Ein Junge wurde wegen des Diebstahls von 3 Schilling und eines Taschenmessers, ein Mädchen wegen des Entwendens eines Taschentuches gehenkt. Die Deportation ersetzte mehr und mehr die Todesstrafe, häufig wurde jetzt auch in Besserungsanstalten eingewiesen. Gelegentlich wurde die Todesstrafe erlassen. Konnte der Angeklagte einen Bibelvers vorlesen, wurde er nur noch „branded", d.h. mit einem Brandzeichen versehen. Öffentliche Prügelstrafen und das Zurschaustellen am Pranger bestanden weiter, zunehmend kamen Zuchthausstrafen dazu, vor allem bei Zahlungsunfähigkeit. In den von Privatleuten mit Gebühren der Insassen betriebenen Anstalten herrschten grauenhafte hygienische Zustände. Berüchtigt war das Londoner Zuchthaus Newgate.

Zu 2: Es gab keine staatliche Versorgung der Kinder in den Waisenhäusern, sondern nur die Aufbewahrung in privaten Pflegestellen, was oft den Grundstein für die spätere soziale Verwahrlosung legte. Mittellose Frauen, unverheiratet oder verwitwet, waren zur Sicherung des Lebensunterhaltes auf einen Heiratsmarkt angewiesen, der sie nach Vermögen einstufte. Nach der Heirat ging selbst das kleinste Vermögen in den Besitz des Mannes über, da Frauen keinen eigenen Rechtsstatus hatten, der Ehemann Nutznießer ihres Vermögens war und ohne ihre Zustimmung darüber verfügen konnte.
Zusatzinformation: Nur Frauen mit einer guten Mitgift („Portion") konnten bei der Verwitwung mit einem festen Unterhaltsbeitrag („jointure") rechnen. Die Mehrheit der Witwen in London des 17. Jahrhunderts war ohne Unterhalt, musste nach dem Armenrecht von 1601 vom zuständigen Stadtbezirk unterstützt werden, der das Armengeld durch Zwangsbeiträge von den vermögenden Bürgern einsammelte. Ein Vergleich mit der Entwicklung des Güterrechts in Deutschland liegt nahe, hängt aber von den Vorkenntnissen des/der Lehrenden ab. Eine ausführliche Erörterung findet sich bei Barbara Böttger, „Das Recht auf Gleichheit und Differenz", Münster 1990.

7. Der französische Staatshaushalt 1787

Die Ausgaben übersteigen die Einnahmen um 126 Mio. Livres, also um 25 % der Einnahmen.
Die Zinsen der Staatsschulden (50 % der Ausgaben) trugen vor allem zum Haushaltsdefizit bei.
Welche Entwicklung war zu erwarten, wenn sich die Haushaltspolitik nicht änderte? Ansteigen der Verschuldung bis zum Staatsbankrott.
Welche drei Maßnahmen wären für eine langfristige Sanierung des Haushalts erforderlich gewesen?

1. Senkung der Ausgaben
2. Steigerung der Einnahmen
3. Abbau der Schulden

Warum konnte der König diese Maßnahmen nicht durchsetzen?
Weil er sich gegen den ersten und zweiten Stand nicht durchsetzen konnte oder sich nicht traute.
Wer hatte in dieser „absoluten Monarchie“ die größte Macht, der Monarch, der Adel, die adlige hohe Geistlichkeit oder das besitzende Bürgertum des dritten Standes?
Adel und hohe Geistlichkeit

8. Ereignisse in Frankreich 1789

Datum	Der König	Adel	Klerus	3. Stand: Bürger + übrige Bevölkerung (Paris, Land)
Januar	(1) (2) ←	(3)	(4)	(5) (6)
5. Mai	(7)			fordern: (8)
8. Mai	(9)		niederer Klerus	(10) (12) →
17. Juni		(13) →		(11)
20. Juni	schließt Saal			(14)
23.-27. Juni	gibt nach (15)			
Anfang Juli	(16)			(17) (18)
14. Juli	auf Jagd			← (19)
16. Juli	(20)			
4./5 August		(22)		(21)
26. Aug.				(23) (24)
5. Okt.	←			(25)
6. Okt.	→			(26)
2. Nov.				(27)

9. Erklärung der Menschen- und Bürgerrechte

Art. 1: Zusammenfassung von 1, 2, 4, 6, 10, 11
Art. 2: 4
Art. 3: 1, 10
Art. 4: 10
Art. 5: 11
Art. 20: 16

10. Gegner der Französischen Revolution

1. Angst, Macht zu verlieren
2. Angst, Grundbesitz zu verlieren
3. Angst, Einfluss zu verlieren
4. Angst vor antireligiöser Politik, Treue zur Kirche
5. Loyalität zum König
6. Angst vor Verbreitung der Ideen der Revolution
7. Altes Misstrauen und Feindschaft gegen Frankreich

11. Bevor eine neue Zeit begann

1. Generalstände
2. Nationalversammlung
3. konstitutionelle Monarchie
4. Nationalkonvent
5. Wohlfahrtsausschuss
6. Assignaten
7. „levée en masse“
8. Revolutionstribunale
9. Jakobiner
10. Girondisten
11. Sansculotten

11	richtige Antworten:	sehr gut
10	richtige Antworten:	gut
8 und 9	richtige Antworten:	befriedigend
6 und 7	richtige Antworten:	ausreichend
5	richtige Antworten:	das reicht nicht

12. Eine neue Zeit

Vor	Jahr	Während und nach
Gottesgnadentum	1789	Volkssouveränität
Feudalismus, Privilegien	1789	bürgerliche Gleichheit
absolute Monarchie	1789	konstitutionelle Monarchie
	1789	Gewaltenteilung
Ungleichheit des Rechts	1789	Menschenrechte
Söldnerheer	1793	Wehrpflicht für Männer
keine allgemeinen Wahlen	1791	Zensuswahlrecht für Männer
Preisregulierungen	1789	freie Marktpreise
	1789	politische Clubs (Parteien)
Zunftzwang	1791	Handels- und Gewerbefreiheit
Merkantilismus	1791	Verbot von Arbeiter- und Handwerkervereinigungen
Unauflöslichkeit der Ehe	1792	Ehescheidung
Pressezensus	1789	Pressefreiheit
katholische Konfession Staatsreligion	1789	Religionsfreiheit

13. Über die Reorganisation des preußischen Staates

Zu 1: Wenn Preußen eine Revolution von unten vermeiden will, muss die Regierung einschneidende Veränderungen durchführen.

Zu 2: Herstellung des inneren Friedens zwischen den Ständen, freie Entwicklung der Kräfte für jedermann, Entwicklung der Liebe zu König und Vaterland mit der Bereitschaft zum Opfer von Gut und Leben.

Zu 3: Allgemeine Herstellung der Freiheit durch Aufhebung der Erbuntertänigkeit, durch freien Erwerb von Grundbesitz, Befreiung des wirtschaftlichen Lebens von staatlichen Fesseln, freie städtische Selbstverwaltung, um so die Monarchie auf dem „Willen freier Menschen“ zu gründen.

Zu 4: Während Hardenberg die Prinzipien der Französischen Revolution bewunderte und in ihrem Sinn eine „Revolution von oben“ befürwortete, steht Stein unter dem starken Eindruck des in England entwickelten Systems der Selbstverwaltung und des friedlichen Zusammenwirkens der Stände.

14. Der Wiener Kongress

Zu 1: – Schaffung eines auf dem Grundsatz der Solidarität begründeten Mächtegleichgewichts.
- Frankreich wurde in seine Grenzen von 1792 zurückverwiesen, im Übrigen aber in den Bund der Großmächte aufgenommen.
- Grenzziehung teilweise restauriert.
- Legitimität: Anspruch der Monarchen, ihre Herrschaft werde im göttlichen Auftrag wahrgenommen (Gottesgnadentum).
- Bundesverfassung für Deutschland.

Zu 2: Staatenbund aus 37 souveränen Fürsten und vier freien Städten. Österreich und Preußen traten dem Bund nicht mit ihrem gesamten Staatsgebiet bei, sondern nur mit den deutschsprachigen Gebieten.
Zu 3: Preußen in Posen, Ost- und Westpreußen, Österreich in Ungarn, Galizien und Lombardo-Venetien.
Zu 4: König von Dänemark, England, Niederlande für Luxemburg, Hannover und Holstein.
Zu 5: Preußen gewann die Rheinprovinz und Westfalen; Österreich gewann Salzburg und Oberitalien.
Zu 6: Frankreich, ein Zentralstaat; Deutschland, ein lose organisierter Staatenbund.
Zu 7: Der „Deutsche Bund" war ein locker organisierter Staatenbund und kein Bundesstaat. Der Zweck des Bundes bestand vor allem in der Sicherung der Unabhängigkeit und Unverletzlichkeit der Einzelstaaten. Der Bundestag war keine Volksvertretung, sondern ein Gesandtenkongress.
Zu 8: Hier beginnt auch bei Stein die romantische Verklärung des alten Reiches. Das mittelalterliche Reich mit seiner kaum überschaubaren Zahl kleiner und kleinster Herrschaften war seit dem Dreißigjährigen Krieg schwach nach innen und nach außen und durch politische und konfessionelle Spannungen und Konflikte der Reichsstände untereinander geprägt. Von einer politischen Einheit konnte kaum eine Rede sein. Die bunte Vielfalt der politischen Landschaft förderte das kulturelle Leben, hemmte aber den wirtschaftlichen und sozialen Fortschritt.

15. Das „System Metternich"

Zu 1: Journalisten werden in Ketten gelegt und unter einer Presse gefoltert. Ihre Peiniger sind Klerus und Militär verschiedener Bundesstaaten. Der auf einem Geldsack sitzende Besitzbürger macht keine Anstalten, Hilfe zu leisten. Die Spindeln der Presse sind mit Eselsköpfen verziert, wohl als Sinnbild der Reaktion.

Zu 2: Offenlegung der Schwächen des Feudalsystems.

Zu 3: Furcht vor journalistischer Meinungsführerschaft.

Zu 4: Der „Wächter am Rhein" ist demokratisch, die „Mannheimer Zeitung" konservativ.

16. Das Jahr 1848

Zu 1: Der Deutsche Michel, eine Symbolgestalt des Bauernburschen mit Zipfelmütze und Kniehosen, erwacht. Geweckt wird er von dem französischen Hahn. Er vertauscht die Nachtmütze mit der Sturmhaube und bewaffnet sich. Die Gestalten im Hintergrund wird er in Angst und Schrecken versetzen, den Pastor, den Fürstendiener, den Bürger und den Polizeibeamten.

Zu 2/2a: 1. politische Gleichheit, 2. Freiheit, 3. politische Gleichheit, 4. Einheit.

Zu 3: „System Metternich", Restauration, „Karlsbader Beschlüsse".

17. Warum scheiterte die Revolution?

Zu 1: Handwerker

Zu 2: Die Industrialisierung hatte in Deutschland erst begonnen, 14 % der Erwerbstätigen waren damals im Handwerk, 6 % in der Industrie beschäftigt. Dazu kam, dass Taglöhner Gelegenheitsarbeiter waren, die in Handwerk, bei Gemeinden oder in bürgerlichen Haushalten, häufig aber auch in Industriebetrieben arbeiteten.

Zu 3: Die Revolution des Großbürgertums im März 1848.

Zu 4: Hoffnung auf den Sieg über die Reaktion.

Zu 5: vgl. Schülerband, S. 205; M6a, M6b; S. 218, M5.

18. Nationalstaaten in Europa

Zu 1: Einheit, Freiheit, Unabhängigkeit von Österreich.

Zu 2: 1815: Italien, ein „geografischer Begriff“ aus Piemont-Sardinien, Lombardo-Venetien, Parma, Modena, Toskana, Kirchenstaat, Königreich beider Sizilien. Nach dem Ausbruch der spanischen Revolution brachen wegen Forderungen nach einer Verfassung auch in Neapel, Piemont und Lombardo-Venetien Aufstände aus. Die Aufstände wurden von österreichischen Truppen niedergeschlagen. 1848: Nach dem Sturz Metternichs erhoben sich die Italiener in Mailand und Piemont-Sardinien. Feldmarschall Radetzky schlug die Aufstände nieder.

Zu 3: Napoleon III. erhofft Gebietserweiterung für Frankreich (M2), Viktor Emanuel die Herrschaft über ganz Italien und Franz Josef den bisherigen beherrschenden Einfluss.

Zu 4: Das Volk ist barfüßig und in den Hintergrund gedrängt.

19. Die Annexion von Elsass-Lothringen

1. Für die Annexion Elsass-Lothringens.
2. Gegen das Selbstbestimmungsrecht.
3. Mit dem „Recht des Schwertes“.
4. Jakoby tritt für das Selbstbestimmungsrecht ein.
5. Beispiel Schweiz, wo Menschen mit unterschiedlicher Abstammung, Sprache und Religion einen Nationalstaat bilden.
6. Deutschland verlor den Ersten und Zweiten Weltkrieg.

20. Die „Emser Depesche“

Zu 1: In dieser druckgrafisch originalen Form ist die „Emser Depesche“ selten zu sehen, dabei zeigt sie augenfällig die Raffinesse, mit der ein so gewiefter Pressepolitiker wie Bismarck einen Text zu manipulieren verstand. Er hat, wie der Vergleich der beiden Texte zeigt, dem Telegramm Abekens nichts hinzugefügt (vgl. Abeken, Z. 1–11; Bismarck, Z. 1–13), sondern es allein durch Kürzungen (vgl. Abeken, Z. 31–45; Bismarck, Z. 26) und Raffungen (vgl. Abeken, Z. 31–45; Bismarck, Z. 31–36, 39–40) so zugespitzt, dass es ein so machtbewusster Herrscher wie Napoleon III. nur als Kampfansage verstehen konnte, die er auch prompt mit der Kriegserklärung beantwortete.

21. Der Krieg verändert die Gesellschaft

Zu 1: Der Marineoffizier als germanischer Meergott, obwohl die germanische Mythologie ein solches Wesen nicht kennt, erwürgt die Midgardschlange „Reichstag“. Damit soll angedeutet werden, dass der deutsche Reichstag auf den Kampf der gesamten deutschen Streitkräfte ebenso unheilvoll einwirkte wie die Midgardschlange, die der altnordischen Mythologie zufolge im Weltmeer rings um die als Scheibe gedachte Erde liegt, auf das Leben schlechthin. Im Mythos vom Götteruntergang (Ragnarök) töten sich Thor, der helfende und schützende Gott, und die Midgardschlange gegenseitig. Diese Zeichnung entspricht der Stimmung im deutschen Heer nach der Erklärung der OHL im August, dass eine Fortführung des Krieges aussichtslos sei.

Zu 2: Es ist anzunehmen, dass der Marineoffizier Bogislaw von Selchow die Äußerungen der verwundeten Soldaten im Lazarett (vgl. Schülerbuch, S. 240) für Vaterlandsverrat, hervorgerufen durch die „Umtriebe“ des Reichstags, gehalten hätte. Damit folgte er genau der Absicht der OHL, die Verantwortung für das militärische Scheitern der zivilen politischen Führung anzulasten und damit die künftige „Dolchstoßlegende“ zu lancieren (vgl. „Zusatzinformationen zu den Materialien“, M6, Lehrerband, S. 239 f.)

Kopiervorlagen

Kopiervorlage 1

Der Grundriss von Versailles

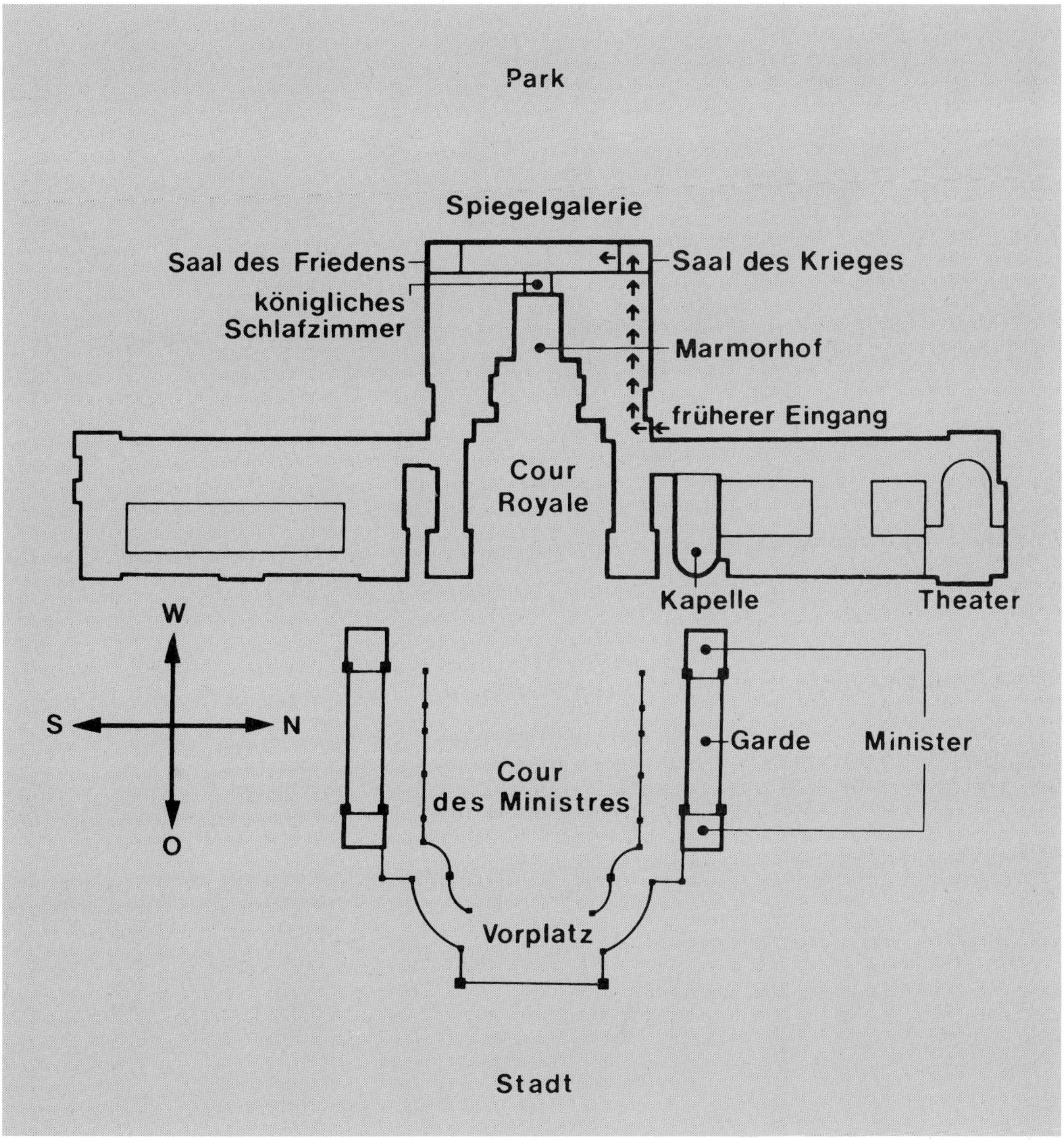

Der mittelalterliche Louvre

Die Heeresstärke Brandenburg-Preußens

1. Heeresstärke Brandenburg-Preußens

1660	8 000 Mann
1688	ca. 30 000 Mann
1740	83 000 Mann
1786	188 000 Mann

2. Heeresstärke in Europa 1740

	Bevölkerung	jährliche Staatseinnahmen	Sollstärke der Armeen
Frankreich	20 Millionen	60 Millionen Taler	203 800 Mann
Russland (europ. Teil)	19,5 Millionen	15 Millionen Taler	170 000 Mann
Österreich	13 Millionen	20 Millionen Taler	108 000 Mann
England	8 Millionen	24 Millionen Taler	36 000 Mann
Preußen	2,5 Millionen	7 Millionen Taler	99 446 Mann
Sachsen	1,7 Millionen	6 Millionen Taler	26 000 Mann
Bayern	0,7 Millionen	5 Millionen Taler	10 000 Mann

3. Einnahmen und Ausgaben Preußens 1740

Einnahmen	Ausgaben	
6 917 192 Taler	für Militärzwecke	5 039 663 Taler
	für Hof und Verwaltung	963 113 Taler
	für den Kriegsschatz	914 416 Taler

(nach: H. D. Schmid, „Fragen an die Geschichte", Bd. 3, Frankfurt/M. [3]1980, S. 35)

4. Ausgaben für Verteidigung in der Bundesrepublik 1991

Gesamthaushalt des Bundes:	403 536 000 000 DM
Davon für die Verteidigung:	55 495 000 000 DM

(nach: „Statistisches Jahrbuch für die Bundesrepublik Deutschland", 1994)

Die Apotheose oder der Tod des Königs

Hinrichtungen fanden damals, wie die beiden Abbildungen zeigen, meist auf niedrigem Richtblock in fast liegender Stellung statt, da man so Widerspenstige leichter niederhalten konnte. Der König hatte um einen höheren Richtblock gebeten, damit er davor knien könne, aber der Scharfrichter antwortete: „Er darf nicht höher sein." Seit 1996 kann man bei einem Londoner Versandhändler für £ 10.99 ein T-Shirt mit diesem Bild erwerben und dem monarchiefeindlichen Slogan: „Republic Now".

1. Was wird dargestellt?
2. Welche Unterschiede zur Hinrichtung auf der ADS sind wichtig?
3. Welche Funktion haben die Engel und Cherubim, der Lorbeerkranz, die Lanze?
4. Was bedeutet die Himmelfahrt des Hingerichteten?

Karl II., Gründer und Förderer der Königlichen Gesellschaft

Dieser Kupferstich Wenzel Hollars von 1662 befindet sich auf dem Titelblatt des Buches von Thomas Sprat, „Geschichte der Königlichen Gesellschaft“, 1667. Die Göttin des Ruhms verleiht dem König den Lorbeerkranz für seine ewig währenden Verdienste. Die Mitglieder, deren Hauptinteresse im Zeitalter Newtons den angewandten Naturwissenschaften galt, trafen sich regelmäßig im Cresham College, London, zu Vorträgen und Demonstrationen von Experimenten.

1. Welche Instrumente kann man erkennen?
2. Auf welche Forschungszweige weisen sie hin?
3. Welche Gründe lassen sich für den explosionsartigen Drang nach naturwissenschaftlicher Erkenntnis finden?

Zollverein und Eisenbahn: „Siamesische Zwillinge“

Reisen durch Deutschland vor 1834:

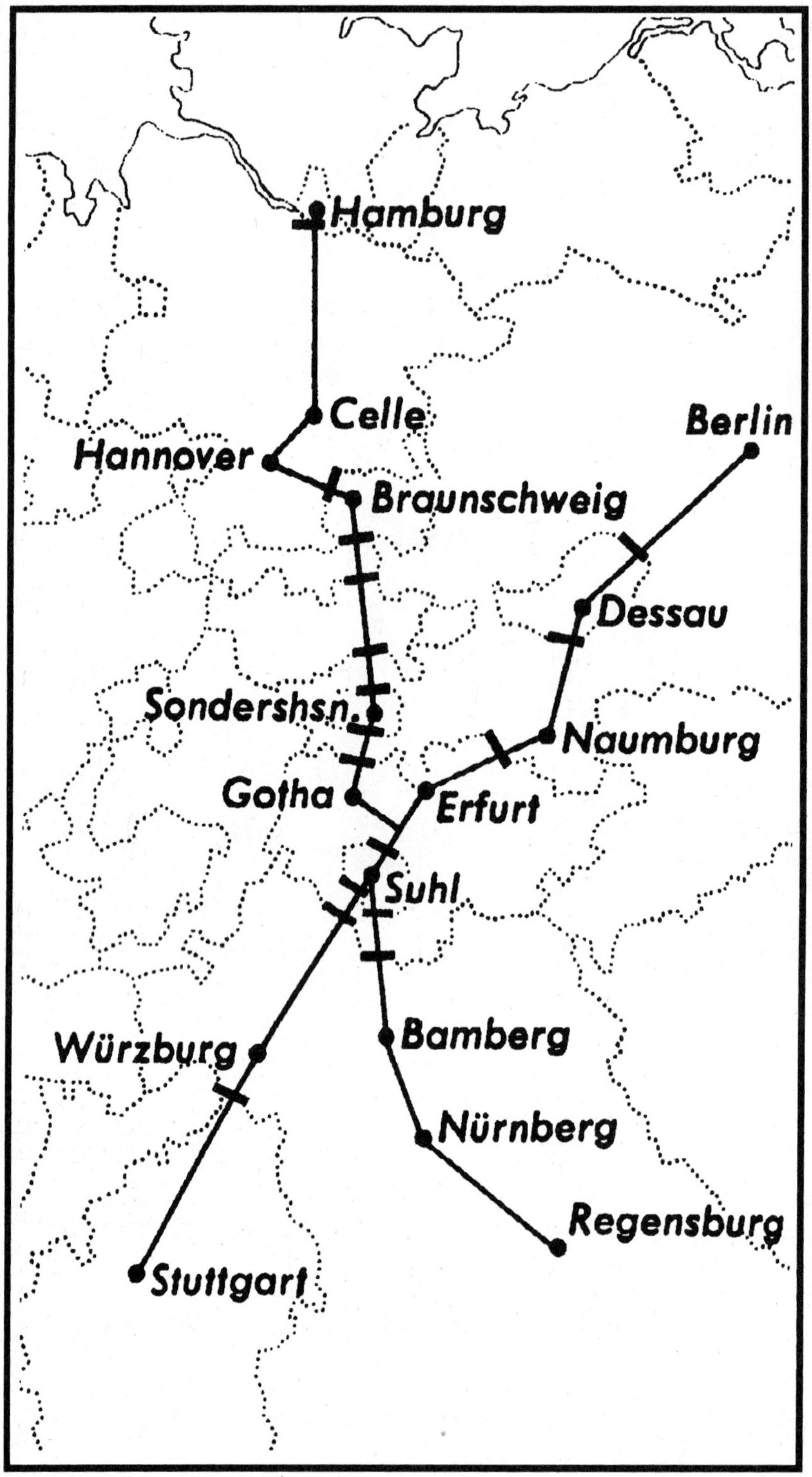

▮ = Zollschranken

├──────┤ 100 km

Zollverein und Eisenbahn: „Siamesische Zwillinge“

Grenzverlegenheit (1833)

„Sie sehen, Herr Grenzwächter, dass ich nix zu verzolle hab', denn was hinte auf'm Wagen ist, hat die Lipp'sche Grenze noch nicht überschritten, in der Mitt' ist nix und was vorn drauf is, is wieder über der Lipp'schen Grenze drüber.“

Die moderne Großstadt entsteht

Wohnverhältnisse in der Großstadt

Mietskaserne in Berlin

„Von wat is es denn jestorben?“
„Unse Wohnung is zu nass!“
(Heinrich Zille)

Grundriss einer Berliner Mietskaserne

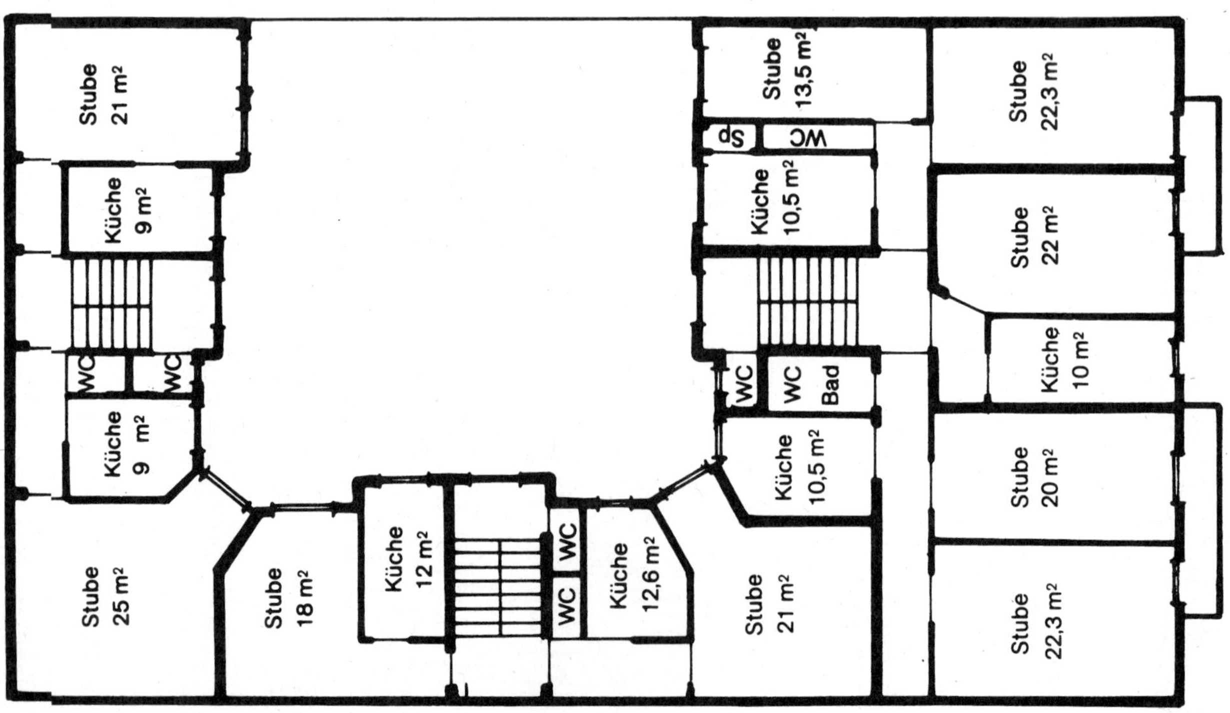

Wer löst die Soziale Frage?

Wenn der Riese ruht

(aus: „Geschichte betrifft uns", H. 6/87, „Geschichte der deutschen Arbeiterbewegung II")

„Mann der Arbeit, aufgewacht!
Und erkenne deine Macht!
Alle Räder stehen still,
Wenn dein starker Arm es will.

Deiner Dränger Schar erblasst,
Wenn du, müde deiner Last,
In die Ecke lehnst den Pflug,
Wenn du rufst: Es ist genug!"

Umwelt im Umbruch

„Der Mensch bemüht sich wirkungsvoller als alle anderen Lebewesen, die physikalische Umwelt zu verändern, um seine augenblicklichen Bedürfnisse zu befriedigen. Dabei zerstört er zunehmend die biologisch wichtigen Komponenten seiner Existenz. Weil der Mensch aber [...] zu den Endgliedern der komplexen Nahrungsketten gehört, bleibt seine Abhängigkeit von der natürlichen Umwelt bestehen, so hoch seine Technik sich auch entwickeln sollte. Die großen Städte sind daher nur noch Parasiten in der Biosphäre, wenn wir berücksichtigen, was mit Recht als vitale Rohstoffe bezeichnet werden kann, nämlich Luft, Wasser und Nahrung. Je größer die Städte sind, um so mehr von diesen Rohstoffen entziehen sie dem umliegenden Land, um so größer wird daher die Gefahr, die natürliche Umwelt zu schädigen. Der Mensch war mit der ‚Eroberung' der Natur so beschäftigt, dass er nur wenig daran gedacht und sich darum bemüht hat, die Konflikte zu lösen, die sich aus seiner Doppelrolle als Gestalter und gleichzeitig als Angehöriger der Ökosysteme ergeben." (Eugene P. Odum)

„Erst wenn der letzte Baum gerodet, der letzte Fluss vergiftet, der letzte Fisch gefangen ist, werdet ihr feststellen, dass man Geld nicht essen kann." (Cree-Indianer)

1. Vergleiche die Inhalte der beiden Texte mit der Aussageabsicht der Karikatur!

2. Welches Verhältnis von Mensch und Umwelt wird aus diesen beiden Texten deutlich?

Hinweise zu den Kopiervorlagen

Kopiervorlage 1: „Der Grundriss von Versailles"
Fragen:
1. Wer legt die Folie des Grundrisses in die Blickrichtung des Bildes?
2. (Eventuell notwendig: Welche Bauten sind auf dem Grundriss nicht eingetragen?)
3. In welche Richtung schaut Ludwig XIV. aus seinem Schlafzimmer? – Was könnte der Grund sein? (Denkt daran, wie Ludwig auch genannt wurde).
Antworten:
Zu 1: Osten muss oben erscheinen, d.h. die Folie steht auf dem Kopf.
Zu 2: Es fehlen die beiden Gitter, die den „Königshof" vom „Ministerhof" und den „Ministerhof" vom Vorplatz trennen. Ebenso sind die Marställe, die den Vorplatz östlich begrenzen, nicht eingetragen.
Zu 3: Nach Osten. Er versteht sich als Sonnenkönig (vgl. Schülerbuch, S. 42, Marginalie „Der Sonnenkönig")

Kopiervorlage 2: „Der mittelalterliche Louvre"
1. Vergleiche das Schloss von Versailles mit dem mittelalterlichen Louvre. Welche Aufgaben hatte das Versailler Schloss, welche der Louvre? – Zeige das am Schloss- bzw. Burgbau.
Antwort:
Vgl. „Aufgabe der Burg" und „Aufgabe des Schlosses", Lehrerband, S. 43.
(Quelle der Kopiervorlage: „Funkkolleg Kunst, Studienbegleitbrief 6", Tübingen 1985, S. 103)

Kopiervorlage 4: „Die Apotheose oder der Tod des Königs"
Zu 1: Bild A: Enthauptung durch einen Scharfrichter, niedriger Richtblock, liegende Position, Geistlicher und Zeuge anwesend, Soldaten mit Hellebarden, Zuschauer.
Bild B: Enthauptungsszene mit erhöhtem Richtblock, Zuschauer, berittene Soldaten.
Bild C: Apotheose, der Gerichtete wird aus der Dunkelheit der Erde von Engeln und Cherubim ins Himmelslicht getragen.
Zu 2: Abgeschlossene, von Soldaten eingerahmte Szene, Ausgrenzung der Öffentlichkeit, geheim zu haltener Vorgang, vgl. auch Antwort auf Frage d) im Lehrerband, S. 75.
Zu 3: Engel = Boten Gottes sowie Mittler zwischen Gott und Welt; Cherubim = Hüter des Geheiligten, Bewacher des Eingangs zum Paradies; Lorbeerkranz, immergrün, symbolisiert Ewigkeit und Unsterblichkeit, Märtyrertum; Lanze = Leidenswerkzeug, Zeichen der Passion.
Zu 4: Überwindung des Menschseins, Einheit der Seele mit Gott, in christlicher Sicht Märtyrer für den Glauben.

Kopiervorlage 5: „Karl II., Gründer und Förderer der Königlichen Gesellschaft"
Zu 1: von rechts oben Barometer, Sanduhr, Höhenwinkelmessgerät, Astrolabium (Rechenscheibe) in der Hand; rechts oben außen Zeitmaß (Glasen?), Waage, innen Streckenmessgerät, Abgreifzirkel, Hintergrund Jakobsstab (Höhenpeilung).
Zu 2: Mathematik, Geometrie, Astronomie, Chronometrie, Navigation.
Zu 3: praktische Erfordernisse bei Handel, Gewerbe Schifffahrt, Baukunst, Mentalitätsänderung, das Erbe puritanischen Erkenntnisdranges ins Innerweltliche gewandt, Ersatz des Glaubens durch Beobachtung und Vernunft.

Kopiervorlage 9: „Umwelt im Umbruch"
1. Der Mensch nimmt so gut wie keine Rücksicht auf die ihn umgebende Natur und Umwelt, von der er lebt und auf die er existenziell angewiesen ist. Seine Expansion, die er als einziges Lebewesen gezielt steuern kann, wirkt sich als „Eroberung der Natur" zunehmend zerstörerisch auf die Biosphäre aus.
2. Die Zivilisation des Menschen lebt gleichsam auf großem Fuß – einem Fuß, der rücksichtslos die ihn umgebende Natur platt tritt. Die Aussageabsicht des Ausspruchs der Cree-Indianer zielt in die gleiche Richtung und verdeutlicht zusätzlich die – in ihren Augen – unangebrachte Bedeutung, die dem Geld in der Zivilisation des „weißen Mannes" beigemessen wird: Mit Geld kann man zerstörte Natur nicht zurückkaufen.
Der britische Ökologe E. P. Odum bezeichnet in seinem Text die Städte als „Parasiten in der Biosphäre", welche die „vitalen Rohstoffe" des Menschen schädigen und schließlich zerstören. Seine Doppelrolle als Gestalter und gleichzeitig Angehöriger des Ökosystems Erde hat der Mensch noch nicht hinreichend erkannt.

Kopiervorlage 11: „Die politische Opposition wird unterdrückt"
1. Schulmeister bestraft Schüler.
2. Das Clubgesetz wird geprügelt;
der Pressefreiheit sind die Hände gebunden;
das Petitionsrecht ist gefesselt;
der Redefreiheit ist der Mund zugebunden;
das freie Versammlungsrecht ist in den Stock gesperrt.
3. Metternich oder ein anderer reaktionärer Staatsmann, denn auf der Landkarte:
Mächte der Reaktion (Österreich, Preußen, Russland)

Bildnachweis

S. 43 Hirschgraben Verlag, Frankfurt; S. 74 BCA-Verlag, London; S. 78 BCA-Verlag, London; S. 89 Chronik-Verlag, Dortmund; S. 135 dtv, München; S. 139 Verlag Vandenhoek & Ruprecht, Göttingen; S. 157 o. Schöningh-Verlag, Paderborn; S. 158 Knaur Verlag, München; S. 160 Birkhäuser Verlag, S. 168 Archiv Gerstenberg, Wietze; S. 172 Staatsbibliothek Preußischer Kulturbesitz; Bildarchiv Berlin; S. 174 Archiv Gerstenberg, Wietze; S. 175 Stadtarchiv Mainz; S. 178 Archiv Gerstenberg, Wietze; S. 183 Museum für deutsche Geschichte, Berlin; S. 185 Stadtbibliothek Berlin, Abt. Ratsbibliothek; S. 204 Archiv für Kunst und Geschichte (AKG), Berlin; S. 213 Verlag Hoffmann und Campe, Hamburg.

Nicht in allen Fällen war es möglich, den oder die Rechte-Inhaber der Abbildungen ausfindig zu machen. Berechtigte Ansprüche werden selbstverständlich im Rahmen der üblichen Vereinbarungen abgegolten.

1. Auflage 1 9 8 7 6 | 2010 2009 2008 2007

Alle Drucke dieser Auflage können im Unterricht nebeneinander benutzt werden. Die letzte Zahl bezeichnet das Jahr dieses Druckes.

Internetadresse: http: // www.klett.de

Redaktionelle Betreuung:
Dr. Jochen Grube

Druck: Digitales Medienzentrum, Dörzbach
ISBN 3-12-410033-6